중앙문화재연구원 학술총서 45

Koguryo Archaeology

고구려 고고학

강현숙
양시은
최종택

진인진

고구려 고고학

초판 1쇄 발행 | 2020년 7월 31일

엮 음 | 중앙문화재연구원
지 음 | 강현숙, 양시은, 최종택
발행인 | 김태진
발행처 | 진인진
등 록 | 제25100-2005-000003호
본문편집 | 배원일, 김민경
주 소 | 경기도 과천시 별양상가 1로 18 614호(별양동 과천오피스텔)
전 화 | 02-507-3077~8
팩 스 | 02-507-3079
홈페이지 | http://www.zininzin.co.kr
이메일 | pub@zininzin.co.kr

ⓒ 진인진 2020
ISBN 978-89-6347-443-4 93900

책을 펴내며

한반도와 중국을 가로지르는 압록강과 두만강, 그 너머 중국 땅에는 고구려의 흔적, 즉 우리의 역사가 자리하고 있습니다. 광활한 대륙을 호령했던 고구려의 옛 땅은 19세기 말 외세의 침략 속에서 이권에 의해 빼앗겼으며, 선조들의 공간과 시간은 국제정세 속에서 안팎으로 고단한 현재를 살고 있는 우리에게 자부심과 애틋한 마음을 불러일으키는 향수로 자리매김하였습니다.

한국고고학에서 중국 동북지방이 차지하는 역사·문화적 위상에 비해 고구려나 발해의 고고학 연구는 어려운 현실 속에 갇혀 있습니다. 기존 연구자들을 중심으로 열악한 여건 속에서 어렵게 명맥을 유지하고 있습니다. 중국의 동북공정이 본격화된 이후로 '유적보호'라는 미명아래 중국 내 고구려유적에 대한 접근이 어려워져 상대적으로 연구가 부진한 실정입니다.

2002년부터 시작된 중국의 동북공정은 2007년 외견상 종료되었으나, '영토 지상주의' 역사인식의 산물은 전문가 집단의 학술적인 차원을 뛰어 넘어 일반 중국인들의 인식체계를 바꾸는 왜곡된 역사관을 형성하고 있는 실정입니다. 이에 맞서 우리는 고구려의 역사를 확실히 지킬 수 있도록 물질문화에 대한 다각적 연구를 바탕으로 역사 바로세우기에 앞장서야 할 것입니다.

우리 연구원에서는 『한국 신석기문화 개론』을 비롯하여 각종 시대별 개론서와 상대적으로 접근이 어려웠던 『북방고고학개론』 등의 편찬을 통해서 그동안 축적된 고고학적 물질자료의 소개와 연구성과가 신진연구자의 연구지침서가 될 수 있도록 하였으며, 일반인들도 쉽게 접할 수 있도록 고고·역사 서적 출판에 앞장서고 있습니다.

이번 총서에는 고구려의 연구사와 방법을 비롯하여 당시의 물질문화에 대하여 폭넓게 수록하였습니다. 여러 가지 어려움에도 불구하고 옥고를 집필하여 주신 최종택·양시은 선생님과 이 학술총서가 간행될 수 있도록 책임연구를 맡아주신 강현숙 선생님께 감사드립니다.

또한 총서가 간행될 수 있도록 애써준 우리 연구원 연구기획실 직원 여러분, 어려운 여건에서도 간행을 맡아주신 김태진 사장님과 진인진 관계자 여러분께 감사드립니다.

중앙문화재연구원 원장　조 상 기

머리말

예나 지금이나 고구려에 대한 세간의 관심은 지대하다. 그러나 고구려 역사의 주 무대가 오늘날 중국 동북지방과 북한 지역인 까닭에 고구려의 자취를 되밟아보는 일은 쉽지 않고, 바로 이러한 어려움 때문에 고구려 고고학을 전공으로 선택하는 것을 주저하게 되지 않나 싶다. 현실이 그러하다 보니 오래전부터 고구려 고고학 개설서 집필의 필요성을 절실히 느껴왔지만, 글로 풀어낼 내용이 방대하여 쉽게 행동으로 옮기지는 못하였다. 그러던 2014년 어느 날 중앙문화재연구원의 조상기 원장에게서 고구려·발해 고고학 개설서를 출간하자는 제안을 받았다. 마침 고구려 토기와 고분, 성곽을 주제로 박사학위를 취득한 필자 3인은 논의 끝에 고구려와 발해를 나누어 집필하기로 하고, 고구려 고고학 개설서를 먼저 간행한 후에 발해 고고학 개설서를 출간하기로 의견을 모았다. 고구려 고고학과 발해 고고학을 한 권으로 묶기에는 고구려나 발해 모두 역사적 의미가 남다르고, 그 분량 역시 만만치 않다고 판단하였기 때문이었다.

이 책은 고고학 전공의 학생들이나 고대사 연구자들이 고구려 고고학 전반에 대해 쉽게 이해할 수 있도록 돕는 것에 주안을 두었다. 책은 7개의 장으로 구성하였는데, 첫머리에 고구려 고고학의 전반적인 흐름을 이해할 수 있도록 고구려 고고학을 개관하고, 120여 년에 걸친 조사 및 연구 현황을 정리하였다. 이어 고구려 고고학 연구에서 가장 많은 비중을 차지하는 도성과 관방유적, 고분에 대한 연구 성과를 주제별로 개설하였으며, 주요 건축유적과 최근 조사가 활발한 남한지역의 고구려 고분도 포함하였다. 유물 분야는 가장 많은 연구가 이루어진 토기와 와전을 중심으로 장신구, 무기와 무구, 마구, 농공구 등에 대한 연구 성과를 일별하였다. 책의 마지막 장은 고구려 고고학 연구의 현주소를 되짚어 보고 향후의 연구 방향과 과제를 전망하는데 할애하였다.

이상의 내용은 유적·유물에 대한 그간의 고고학적 조사 내용을 기반으로 작성함으로써 객관성을 담보하고자 하였다. 가급적 여러 연구 성과들을 폭넓게 정리하여 소개함으로써 특정한 일방적 주장은 최대한 배제하고자 노력하였다. 특히 유적과 유물의 경우 발굴조사보고서의 내용에 기초하여 서술하였으며, 연구나 해석에서 쟁점이 되는 내용을 함께 설명함으로써 오류나 편향된 시각을 갖지 않도록 노력하였다. 또한, 중국과 북한 연구자들의 연구 성과를 가능한 우리식 표현과 그림으로 바꾸어 고구려 고고학에 관심이 있는 일반인도 큰 어려움 없이 이해할 수 있도록 하였다.

한없이 늦어지는 원고에도 좋은 책을 만들기 위해 지연되는 것이려니 이해하고 인내해주신 중앙문화재연구원의 조상기 원장을 비롯한 담당자들과 편집 과정에서 여러 차례 수정된 원고와 그림에도 불구하고 묵묵히 출판을 담당해준 진인진과 배원일 팀장에게도 감사드린다. 책의 발간에 앞서 고구려 고고학 전공을 주저하는 학생들에게 꼭 필요한 책을 만들어야겠다는 다짐에도 불구하고 출간되기까지 꽤 많은 시간이 흘러 책의 완성도를 높이고자 그리 되었다는 변명도 무색하게 되었다. 녹록하지 않은 연구 환경에도 불구하고, 모쪼록 이 책이 고구려 고고학 연구의 진전을 견인하는 초석이 되기를 바라는 마음뿐이다.

2020년 여름

강현숙·양시은·최종택

목차

책을 펴내며   3

머리말   5

Ⅰ. 고구려 고고학 개관   15

Ⅱ. 고구려 유적 조사와 연구 개황   23
  1. 고구려 고고학 연구 제1기   27
  2. 고구려 고고학 연구 제2기   29
  3. 고구려 고고학 연구 제3기   33
  4. 고구려 고고학 연구 제4기   39

Ⅲ. 도성   45
  1. 졸본 도성   47
  2. 국내 도성   53
  3. 평양 도성   63

Ⅳ. 관방유적과 건축지   75
  1. 관방유적   77
  2. 건축지   127

Ⅴ. 고분   140
  1. 적석총   142
  2. 봉토분과 기단봉토분   178

3. 벽화분 184

4. 왕릉 211

5. 고분의 전개 230

6. 남한지역의 고구려 고분 236

Ⅵ. 고구려유물 259

1. 장신구 261

2. 토기 268

3. 와전 292

4. 무기와 무구 312

5. 마구 335

6. 농공구 및 기타 345

Ⅶ. 고구려 고고학의 과제와 전망 359

부록: 고구려 성 목록 366

참고문헌 387

표 목차

표 Ⅳ-1 환런 일대 고구려 성 현황   106

표 Ⅴ-1 적석총 형식 분류안   151
표 Ⅴ-2 고구려 왕릉 비정안   212
표 Ⅴ-3 국내성 시기 왕릉비정 초대형 적석총   216
표 Ⅴ-4 추정 능역   219
표 Ⅴ-5 평양성 시기 왕릉비정 고분   224

표 Ⅵ-1 고구려토기 호 · 옹류 크기   278
표 Ⅵ-2 고구려 토기 제작기술 관련 속성들의 시기별 일람표   288
표 Ⅵ-3 지안 고구려 고분 출토 평기와류 일람   294
표 Ⅵ-4 환런지역출토 무기류 일람표   314
표 Ⅵ-5 지안지역출토 무기류 일람표   318
표 Ⅵ-6 북한지역출토 무기류 일람표   323
표 Ⅵ-7 아차산일원 보루 출토 무기류 일람표   324

그림 목차

그림 Ⅰ-1 고구려유적 분포도   18

그림 Ⅱ-1 1913년에 촬영된 광개토왕릉비   25
그림 Ⅱ-2 고구려 고고학 연구 문헌의 연도별 현황   26
그림 Ⅱ-3 일제강점기 유적 조사광경   28
그림 Ⅱ-4 전동명왕릉 발굴조사광경   31
그림 Ⅱ-5 1973년 간행된 정찬영의 논문 표지   33
그림 Ⅱ-6 지안시 우산고분군 집석공로(集錫公路) 건설구간 고분   35
그림 Ⅱ-7 외이춘청의 『고구려고고』 표지와 목차   38
그림 Ⅱ-8 아차산 홍련봉 2보루 발굴조사 광경   41

그림 Ⅲ-1 환런 일대 주요 고구려 유적 분포도   49
그림 Ⅲ-2 오녀산성   50
그림 Ⅲ-3 고구려 전기 토기   51
그림 Ⅲ-4 하고성자성 남벽 층위도   52
그림 Ⅲ-5 지안 일대 주요 고구려 유적 분포도   54
그림 Ⅲ-6 지안 일대 위성사진   55

그림 Ⅲ-7 1910년대와 2000년대 국내성 평면도   56

그림 Ⅲ-8 국내성 남벽과 북벽   57

그림 Ⅲ-9 국내성 출토 고구려 토기   58

그림 Ⅲ-10 환도산성과 초석건물지   59

그림 Ⅲ-11 초석건물지 출토 양이부호와 연화문와당   60

그림 Ⅲ-12 평양 지역 일대 주요 유적분포도   64

그림 Ⅲ-13 대성산성과 안학궁 평면도   65

그림 Ⅲ-14 안학궁 출토 와당과 안학궁 3호분 및 출토 호   67

그림 Ⅲ-15 청암동토성 평면도와 출토 와당   69

그림 Ⅲ-16 평양성 복원도   71

그림 Ⅳ-1 고구려 성의 분포   78

그림 Ⅳ-2 고구려 천리장성 개념도   80

그림 Ⅳ-3 산성의 둘레에 따른 히스토그램과 입지에 따른 둘레 비교   82

그림 Ⅳ-4 환도산성 제2호 문지   86

그림 Ⅳ-5 고구려의 옹성   87

그림 Ⅳ-6 국내성의 어긋문과 적대   88

그림 Ⅳ-7 판축공법 개념도와 고려성산성의 판축 성벽   90

그림 Ⅳ-8 고구려 석성 기초부 조성 방식   91

그림 Ⅳ-9 고구려 석성의 성벽 축조 방식   93

그림 Ⅳ-10 환도산성의 성벽 모식도   94

그림 Ⅳ-11 석대자산성 치의 평ㆍ단면도   96

그림 Ⅳ-12 요동성도와 환도산성 동벽의 여장과 돌구멍   97

그림 Ⅳ-13 오녀산성 동벽의 여장과 돌구멍   98

그림 Ⅳ-14 대성산성과 호로고루의 수직기둥홈   99

그림 Ⅳ-15 고검지산성 제2호 등성시설   100

그림 Ⅳ-16 국내성 서벽 외곽의 배수로   101

그림 Ⅳ-17 환도산성 남문지 일대 배수로   101

그림 Ⅳ-18 홍련봉 2보루와 시루봉보루의 외황   102

그림 Ⅳ-19 환런 주변의 고구려 성 분포   105

그림 Ⅳ-20 지안 주변의 고구려 성 분포   108

그림 Ⅳ-21 요동-지안간 고구려 성의 분포   109

그림 Ⅳ-22 평양도읍기 서북방면 고구려 성 분포   113

그림 Ⅳ-23 평양 이남 지역의 고구려 성 분포   117

그림 Ⅳ-24 시루봉보루   120

그림 Ⅳ-25 홍련봉 2보루와 성벽 세부   122

그림 Ⅳ-26 아차산 보루군   124

그림 Ⅳ-27 건축물 기초의 분류   130

그림 Ⅳ-28 동대자 유적과 출토 유물   133

그림 Ⅳ-29 백옥제 이배   135

그림 Ⅳ-30 민주유적 동쪽 석주   136

그림 Ⅳ-31 민주유적 2호 건축지   137

그림 Ⅳ-32 정릉사지 건물 배치도   138

그림 Ⅴ-1 고구려 적석총 분포도   143

그림 Ⅴ-2 압록강 이남의 남파동 적석총 분포   144

그림 Ⅴ-3 환런 고력묘자 고분군 내의 열상 배치   144

그림 Ⅴ-4 환도산성에서 본 산성하고분군 전경   145

그림 Ⅴ-5 지안 통구고분군   146

그림 Ⅴ-6 환런 망강루 4호 적석총   147

그림 Ⅴ-7 지안 호자구 1호분   148

그림 Ⅴ-8 관뎬현 대청구고분군 전경   149

그림 Ⅴ-9 벽동군 룡평리 고분   150

그림 Ⅴ-10 적석총 축조와 분구형태   152

그림 Ⅴ-11 장구   155

그림 Ⅴ-12 간구자 AM2호묘   156

그림 Ⅴ-13 지안 오도령구문 적석총과 출토유물   157

그림 Ⅴ-14 지안 하활용 8호분   158

그림 Ⅴ-15 무기단석실적석총(토석혼봉)   159

그림 Ⅴ-16 기단적석총   160

그림 Ⅴ-17 지안 우산하 1068호분   160

그림 Ⅴ-18 지안 산성하 전창 195호분   161

그림 Ⅴ-19 지안 우산하 3105호분   162

그림 Ⅴ-20 계단적석총(목실과 석실)   163

그림 Ⅴ-21 적석총 변천   165

그림 Ⅴ-22 평양 대성산성 주변의 적석총   168

그림 Ⅴ-23 지안 만보정 242호분   170

그림 Ⅴ-24 지안 칠성산 1096호분   171

그림 Ⅴ-25 지안 우산하 3319호분   173

그림 Ⅴ-26 만보정 1078호분과 출토마구(둥근 범위 유물출토범위)   175

그림 Ⅴ-27 지안 우산하 1041호분(출토유물과 현실북벽 벽화)   177

그림 Ⅴ-28 삼실총 바닥토층 단면   179

그림 Ⅴ-29 석실의 여러 형태   181

그림 Ⅴ-30 석실의 여러 천장가구   182

그림 Ⅴ-31 황산남록 칠실총   184

그림 Ⅴ-32 벽화분 매장부 구조   188

그림 Ⅴ-33 석실내 기둥 189

그림 Ⅴ-34 벽화 여러 내용 190

그림 Ⅴ-35 감신총 벽화분 '王' 도안 191

그림 Ⅴ-36 고산동 1호분 벽화 192

그림 Ⅴ-37 중국 한·위·진 벽화분 194

그림 Ⅴ-38 만보정 1368호분과 석제 화덕 197

그림 Ⅴ-39 지안 마선구 1호분 198

그림 Ⅴ-40 지안 산성하 332호분 200

그림 Ⅴ-41 장천 1호분과 전실벽화(남, 동, 북벽) 201

그림 Ⅴ-42 지안 장천 2호분 203

그림 Ⅴ-43 안악 3호분 204

그림 Ⅴ-44 덕흥리벽화분 투시도 207

그림 Ⅴ-45 장무이무덤 출토명문전 209

그림 Ⅴ-46 영화9년명 동리묘와 안악 로암리고분 210

그림 Ⅴ-47 국내도성시기 왕릉비정 초대형적석총 215

그림 Ⅴ-48 천추총 가형석곽 부재와 태왕릉 석실과 가형석곽 218

그림 Ⅴ-49 장군총 221

그림 Ⅴ-50 평양도성시기 왕릉비정 고분 225

그림 Ⅴ-51 통구 오회분과 사신총 및 사회분 분포 227

그림 Ⅴ-52 진파리고분군과 정릉사 복원도 228

그림 Ⅴ-53 동명왕릉 능각 복원도 230

그림 Ⅴ-54 4~5세기대 다양한 고분 235

그림 Ⅴ-55 남한지역 고구려고분 분포도 238

그림 Ⅴ-56 연천 강내리고분군 배치도 239

그림 Ⅴ-57 남한지역 고구려 고분 평면도 각종 241

그림 Ⅴ-58 연천 신답리고분 전경 및 1호분 층위도 242

그림 Ⅴ-59 연천 신답리 1호분 석실 평·입면도 243

그림 Ⅴ-60 역내리 1호분 및 철정리 4호분 평·입면도 244

그림 Ⅴ-61 남한지역 고구려 고분의 관대시설 각종 245

그림 Ⅴ-62 남한지역 고구려 고분의 묘실 길이와 장축비 분포도 247

그림 Ⅴ-63 두정리고분군 출토 관정 및 강내리고분군 출토 관고리 각종 248

그림 Ⅴ-64 남한지역 고구려 고분 출토 토기류 각종 249

그림 Ⅴ-65 남한지역 고구려 고분 출토 은팔찌와 반지, 금박구슬 및 유리구슬 251

그림 Ⅴ-66 남한지역 고구려 유적 분포도 255

그림 Ⅴ-67 남한지역 고구려 유적 출토 고구려 토기 각종 256

그림 Ⅵ-1 관모 장식 및 개마총 벽화 262

그림 Ⅵ-2 청암리토성 출토 금동 보관과 진파리 1호분 출토 일상투조금동장식 263

그림 Ⅵ-3 과대장식 각종 264

그림 Ⅵ-4 귀걸이 편년표 267

그림 Ⅵ-5 용마산 2보루 출토 고구려 토기 각종 268

그림 Ⅵ-6 耿鐵華·林至德의 고구려 토기 편년표 269

그림 Ⅵ-7 魏存成의 사이장경옹 편년표 270

그림 Ⅵ-8 東潮의 고구려 토기 편년표 271

그림 Ⅵ-9 아차산 4보루 출토 고구려 토기의 제작흔 각종 274

그림 Ⅵ-10 아차산 4보루 출토 고구려 토기의 암문 각종 275

그림 Ⅵ-11 고구려 토기 기종구성도 277

그림 Ⅵ-12 사이장경호, 장경옹, 사이옹, 사이장경옹 각종 279

그림 Ⅵ-13 사이장경옹류 편년표 280

그림 Ⅵ-14 (양이)심발류 변천도 282

그림 Ⅵ-15 구형호류 변천도 283

그림 Ⅵ-16 시루류 변천도 285

그림 Ⅵ-17 오녀산성 제3기 문화층 출토 심발류 각종 286

그림 Ⅵ-18 망강루고분군 출토 유물 각종 287

그림 Ⅵ-19 고분출토 시유토기 각종 289

그림 Ⅵ-20 고구려 기와류 각종 293

그림 Ⅵ-21 지안 고구려 고분 출토 수키와 각종 294

그림 Ⅵ-22 지안 고구려 고분 출토 암키와 각종 295

그림 Ⅵ-23 고구려 와당 각종 298

그림 Ⅵ-24 고구려 와당 각종 299

그림 Ⅵ-25 고구려 와당 각종 300

그림 Ⅵ-26 고구려 수막새 제작기법 모식도 및 접합기법 300

그림 Ⅵ-27 고구려 권운문와당의 제형식 302

그림 Ⅵ-28 고구려 고분벽화에 묘사된 연화문 각종 304

그림 Ⅵ-29 태왕릉 출토 복선연화문와당 각종 306

그림 Ⅵ-30 고구려 복합연화문와당 각종 308

그림 Ⅵ-31 고구려 귀면문와당의 형식분류 309

그림 Ⅵ-32 고구려 특수 기와류 각종 310

그림 Ⅵ-33 지안지역 출토 고구려 전 각종 312

그림 Ⅵ-34 환런지역 출토 철촉 각종 315

그림 Ⅵ-35 환런지역 출토 철도, 철모 각종 316

그림 Ⅵ-36 환런지역 출토 철부, 철서, 철작 각종 316

그림 Ⅵ-37 환런지역 출토 찰갑편 각종 317

그림 Ⅵ-38 지안지역 출토 철촉 각종(1) 319

그림 Ⅵ-39 지안지역 출토 철촉 각종(2) 319

그림 Ⅵ-40 지안지역 출토 철도 각종 320

그림 Ⅵ-41 지안지역 출토 철모 각종 321
그림 Ⅵ-42 지안지역 출토 철모, 철부 각종 321
그림 Ⅵ-43 지안지역 출토 찰갑편 각종 322
그림 Ⅵ-44 지안지역 출토 마주 및 마갑편 각종 323
그림 Ⅵ-45 아차산보루 출토 철촉 각종 325
그림 Ⅵ-46 아차산보루 출토 철도 각종 325
그림 Ⅵ-47 아차산보루 출토 철모 각종 326
그림 Ⅵ-48 아차산보루 출토 철부 각종 326
그림 Ⅵ-49 아차산 4보루 출토 소찰주 328
그림 Ⅵ-50 아차산보루 출토 찰갑편 각종 329
그림 Ⅵ-51 마구 각 부위 명칭 335
그림 Ⅵ-52 재갈 각 부위 명칭 336
그림 Ⅵ-53 고구려 재갈 각종 337
그림 Ⅵ-54 고구려 등자 및 삼연지역 등자 각종 339
그림 Ⅵ-55 안장 각 부위 명칭 340
그림 Ⅵ-56 고구려 안장금구 각종 341
그림 Ⅵ-57 고구려 행엽 각종 342
그림 Ⅵ-58 고구려 반구형 운주 각종 343
그림 Ⅵ-59 고구려 입주부운주의 변천양상 344
그림 Ⅵ-60 로남리 제철유구와 오회분 4호묘 단야신 345
그림 Ⅵ-61 보습 및 볏 각종 347
그림 Ⅵ-62 가래날 각종 348
그림 Ⅵ-63 호미와 괭이 각종 349
그림 Ⅵ-64 쇠스랑 및 낫 각종 350
그림 Ⅵ-65 단야구 각종 351
그림 Ⅵ-66 공구 및 생활 용구 각종 352
그림 Ⅵ-67 생활 용구 및 기타 철기 각종 354
그림 Ⅵ-68 철제 용기류 각종 356
그림 Ⅵ-69 청동제 용기류 각종 357

I

고구려 고고학 개관

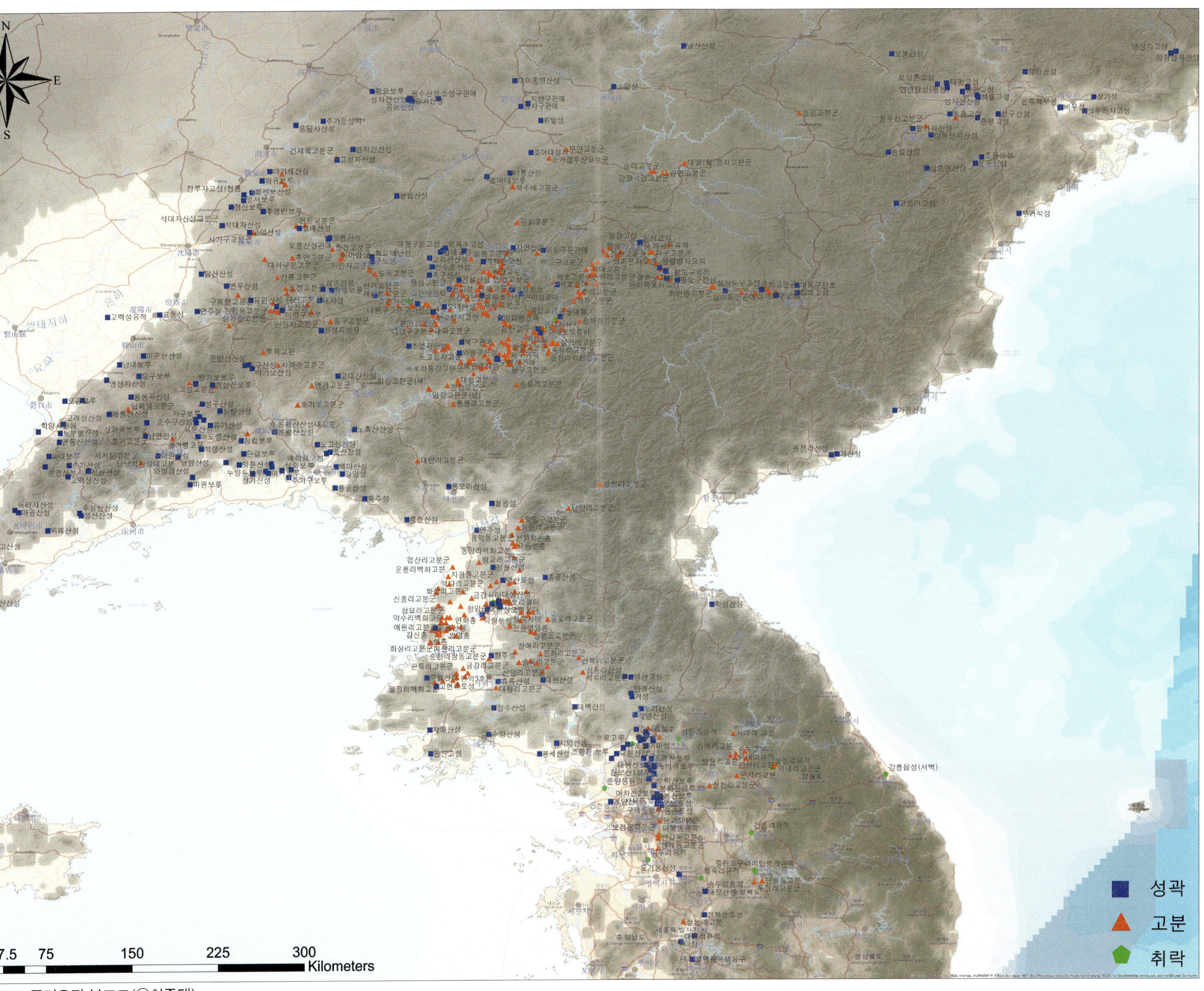

1 고구려유적 분포도(ⓒ최종택)

高
句
麗

『삼국사기』에 의하면 고구려는 기원전 37년에 건국하여 668년에 멸망하기까지 700여 년의 오랜 역사를 가진 동북아시아의 고대 국가 중 하나이다. 고구려라는 나라이름은 성을 뜻하는 구려(句麗)와 높고 크다는 고(高)가 합쳐진 큰 고을, 큰 성을 뜻한다. 고구려 사람은 주몽설화에 근거하여 부여족에서 기원하였다고도 하며, 중국 진나라 이전의 기록에 등장하는 맥족이 동쪽으로 이동하여 고구려 사람이 되었다고도 한다. 조선민족의 단혈성을 강조하는 북한에서는 예, 맥, 부여족 등을 모두 고대 조선 사람으로 보아서 고구려 사람도 고대 조선사람으로 설명한다. 한편, 고구려를 중국 고대 지방정권의 하나로 보려는 중국에서는 고구려 사람의 기원을 중국 황제족(黃帝族) 후손의 하나인 고이족(高夷族)이나 상나라 사람 또는 전설 속의 염제(炎帝) 후손이라는 등 여러 주장을 하지만 이는 역사적 실체가 없는 것으로 고구려를 우리 역사와 분리시키고, 중국의 역사로 편입시키려는 입장에 따른 것이다. 그러나 혼강 유역과 압록강 중류 및 그 지류역을 중심으로 분포하는 유적들로 미루어 볼 때 고구려는 외부에서 이주해 온 주민집단에 의해 성립했다기 보다는 압록강 유역에 살았던 주민들이 자연환경에 적응하면서 주변의 문화를 받아들이고, 북쪽의 부여에서 이주해 온 주민 일부가 더해져서 성립한 것으로 보인다. 여기에 건국 초부터 영역 확장을 시도하여 병합된 주변지역의 주민이 더해진 관계로, 고구려는 여러 집단의 주민으로 구성된 다종족 국가라고 할 수 있다.

고구려의 출발지라고 할 수 있는 압록강 중하류역과 지류역은 산이 높고 계곡이 깊으며, 하천을 따라서 평야가 형성되어 있어서 농사는 물론 사냥과 어로에도 유리한 자연조건을 갖고 있으며, 지리적으로도 압록강을 따라 사방으로 나아갈 수 있는 교통로 상의 중심지이기도 하다. 이러한 자연조건 하에서 압록강 유역 일대의 주민들은 이미 기원전 3세기부터 철기문화를 바탕으로 여러 개의 정치 집단을 형성하였다. 고구려 성립기의 이들 집단을 역사서에는 5부로 기록하였고, 5부는 시간의 흐름에 따라 통합되어 4세기대가 되면 왕을 정점으로 한 관료체제가 완성되었다. 따라서 4세기 이후 고구려 왕권이 각지로 확대되어감에 따라서 4·5세기대의 고구려왕은 왕 중의 왕이라는 의미에서 대왕 또는 태왕으로 불렸다.

광개토왕과 장수왕을 거치면서 정복전쟁에서의 성공으로 고구려는 북으로는 송화강 유역, 남으로는 금강 유역과 경상북도 북부, 서로는 요하 서쪽, 동으로는 연해주 일대에 이르는 넓은 영토를 갖게 되었다. 고구려 당시에 씌어진 광개토왕릉비와 모두루묘지는 당시 고구려 사람들이 천하 사방 중에서 고구려가 가장 성스럽고, 세계의 중심이라는 천하관을 갖고 있었음을 보여준다. 아울러 높고 큰 적석총과 유려한 필치와 화려한 색채의 다양한 내용을 담고 있는 벽화분은 고구려가 동북아시아에서 군사적 강국일 뿐 아니라 독자적인 세력권을 가진

문화대국으로 성장하였음을 잘 드러낸다. 그러나 6세기 중엽 이후가 되면서 왕권의 약화와 귀족의 정쟁으로 고구려는 분열되었고, 결국은 신라에 의해 멸망하게 되었다.

고구려의 오랜 역사를 잘 보여주는 것은 중국 동북지방과 북한 그리고 남한 일대에 남아 있는 유적과 유물이다(**그림 1-1**). 고구려 고고학 조사는 주로 중국 랴오닝성 환런(桓仁), 지린성 지안(集安)과 퉁화(通化), 그리고 평안남도 평양 일대와 황해도 일원의 성과 고분을 중심으로 이루어졌다. 그리고 남한에서도 1988년 몽촌토성 발굴조사에서 고구려 토기의 존재가 확인되면서 한강유역의 구의동과 아차산 일대의 보루, 임진강과 한탄강 유역의 호로고루, 당포성, 은대리성 그리고 금강 북안의 남성골산성과 월평동산성 등이 조사되었다. 고분은 연천 신답리고분, 강내리고분을 비롯해 춘천, 화천, 홍천 등 북한강유역, 용인, 성남, 화성, 판교 신갈 등 내륙지역은 물론 남한강 상류의 충주지역에 이르기까지 넓은 지역에서 확인되었다.

그간의 고구려 고고학 연구 역시 고분과 성곽을 중심으로 이루어졌다. 고분은 적석총과 봉토분, 벽화분의 기원과 구조 형식 및 변천과정에 대한 연구에서 시작하여 중국 지린성 지안시 일대 초대형 적석총의 주인공에 대한 관심과 왕릉 비정, 벽화분의 주인공 및 벽화 내용을 통한 고구려 생활 풍속 전반에 대한 복원과 중국 및 서역과의 대외 교류 등으로 확대되었고, 성곽은 도성과 지방 각지의 산성을 중심으로 연구가 진행되었다. 도성은 졸본성의 위치 비정 및 국내성과 환도산성의 도성 체계와 구조, 그리고 경관에 대한 연구가 진행되었다. 산성은 성의 구조와 분포, 축조기술 등을 통해 영역화 과정을 추적하거나 지방 지배 방식에 대한 연구로 이어지고 있다. 이외에도 지안 동대자유적이나 민주대대유지, 이수원자남유지 등에 대해서 그 시기와 성격에 관한 연구가 이루어지기도 하며, 평양 정릉사지를 비롯한 여러 사찰에 대해서도 단편적인 연구가 이루어지고 있다. 특히 건물지의 온돌 구조에 대한 연구는 건축지 연구의 주요한 주제로 부각되고 있다.

유물 연구는 고분이나 성에 비해 활발하지는 못한 실정인데, 중국이나 북한보다는 남한에서 활발한 편이다. 남한에서의 연구는 크게 두 가지 경향을 보인다. 하나는 남한에서 출토된 유물을 대상으로 한 것으로, 토기를 중심으로 연구가 이루어져 고구려 토기에 대한 이해를 구체화시키는데 도움이 되었다. 다른 하나는 마구나 갑옷, 장신구 등을 중심으로 것인데, 이는 고구려 유물 자체에 초점을 두었다기보다는 한반도 남부지역에서 출토되는 고구려 관련 문물에 대한 관심에서 출발하여 중국 북방과 신라, 가야, 왜와의 비교 연구가 중심이 되고 있다.

고구려 고고학의 시기구분은 유적, 유물 자료가 집중된 4, 5세기대를 중심으로 세 시기로 나누어 볼 수 있다.

첫 시기는 고구려가 건국 전인 기원전 2세기경부터 3세기대까지로 적석총이 중심이 되는 시기이다. 생활유적으로는 환런 오녀산성 3기 문화층과 하고성자토성 그리고 지안 마선구 건강유적이, 분묘유적으로는 환런 망강루 적석총을 비롯한 압록강 중하류역과 그 지류역의 적석총 유적이 대표적이다. 지안 통구분지의 마선구 2378호분, 마선구 626호분, 칠성산 871호분 등은 한변 길이 50m를 넘는 초대형 적석총으로 고구려 초기 왕릉으로 비정되는 무덤이다. 유물은 주로 조질의 토기와 철제 농공구, 화살촉 등 생활도구이며, 적석총과 건강유적에서 출토된 암, 수키와가 있다. 환런 망강루 4호와 6호 적석총에서 출토된 금제 이식은 부여 위수(榆樹) 노하심(老河深) 중층 목곽묘에서 출토된 것과 유사한 형태여서 고구려 건국에 대한 정보를 제공한다.

둘째 시기는 4~5세기대로, 3세기말에 유입된 횡혈식 장법이 정착 및 확산되는 한편, 평지성과 산성으로 이루어진 도성체계가 확립되고 고구려 각지에 산성이 축조된다. 지안 통구분지의 국내성과 환도산성 그리고 평양의 평지성과 대성산성은 평지성과 산성의 조합된 도성체계를 잘 보여주며, 도성으로 향하는 주요 교통로 상의 요충지에 자리한 지방 각지의 포곡식산성은 지방지배의 거점지 역할을 하였다. 고분은 적석총에서 봉토분으로 변화의 과도기에 해당된다. 지안 통구분지의 최상위 묘제는 석실계단적석총이며, 이와 함께 지안, 환런, 서북한 일대에서는 생활풍속도와 장식도가 그려진 벽화분이 축조되었다. 벽화분은 대개 봉토석실분이지만, 통구분지에서는 석실계단적석총에서도 벽화가 확인된다. 이 시기 적석총과 벽화분, 봉토분은 피장자의 사회적 성격을 달리하면서 병존하였다. 벽화는 묘주 초상화와 생활의 여러 장면을 그린 생활풍속도가 주 제재이며, 연꽃이나 둥근무늬, '王', 거북등무늬 등이 있다. 장식도는 생활풍속도와 함께 나타나지만, 장식도안만으로 구성되기도 하는데 특히 지안과 환런지역에서 유행하였다. 유물은 재질과 종류가 다양하다. 금속제 장신구, 장식대도와 무기류, 갑주와 마구류 및 각종의 용기류들이 있다. 특히 취사, 조리 용기에서부터 개인 식음기에 이르기까지 식생활 전모를 보여주는 용기류의 고분 부장은 생활풍속도 벽화의 내용과 결부되어 고구려 사람들의 계세관념을 잘 보여준다.

셋째 시기는 6세기 이후이다. 전기 평양성에서 586년 평양성(장안성)으로 궁성을 옮겼다. 후기 평양성은 평지성과 산성이 결합된 복합성으로 내성, 중성, 외성으로 구성되었으며 성 내부는 도로에 의해 바둑판식으로 구획된 리방제가 실시되었다. 고분의 중심은 봉토석실분이며, 적석총을 대신하여 사신도가 그려진 봉토석실분이 최상위 무덤이 되었다. 지안 통구 오회분 4호와 5호분, 통구 사신총, 호남리 사신총과 진파리 1호와 4호분, 강서 대묘와 중묘가 이 시기를 대표하는 사신도벽화분이며 토포리대총과 호남리 사신총은 기단을 가진 봉토분으로 적석총에서 봉토분으로의 계기적인 변화를 보여준다. 그러나 7세기대의 유적, 유물 자료는 충분하지 않고 연구도 활발하지 못한 상황이다. 문헌기록에 의하면 고구려가 668년 당나라와 신라의 연합군에 의해 평양성이 함락된 이후, 당나라는 평양에 안동도호부를 설치하였다. 평양의 안동도호부는 고구려 유민의 부흥운동과 신라군의 공격으로 이후 요동지역으로 옮겨가게 되었는데, 당나라에서는 요동지역의 고구려 유민들을 무마하기 위해 고구려 보장왕을 요동도독으로 삼고 조선왕에 봉하기도 하였다. 이러한 사정은 중국 랴오닝성 푸순(撫順) 고이산성 부근의 시가고분군이나 선양(瀋陽) 석대자산성 부근의 고분군을 통하여 유추해 볼 수 있다.

유적과 유물의 변화를 기준으로 한 고구려 고고학의 시기구분은 고구려 정치적 발전과정과도 밀접한 관련이 있다. 고구려 고고학에서 첫 시기는 고구려의 형성과 왕권국가의 성립과정을 보여주며, 둘째 시기는 중앙집권적 국가체제의 정비 및 대외 팽창을 보여준다. 그리고 셋째 시기는 6세기 중엽 이후의 쇠퇴, 멸망기와 대응된다.

최근 고고학 자료의 증가에 따라서 고구려 고고학 연구 또한 늘어나고 있지만, 고구려를 어떤 시각에서 바라볼 것인가하는 점은 여전히 과제로 남아있다. 중국과 북한이 바라보는 고구려는 서로 대척점에 있다고 할 수 있다. 중국에서는 고구려를 중국 동북지방에서 성쇠하였던 소수민족의 역사로 중국의 역사 범주에서 보고 중국으로부터의 영향을 부각시키고 있는 반면, 북한에서는 고구려를 역사상 가장 넓은 영토를 가졌던 천년 강국으로 인식하고 있기 때문이다. 이러한 인식의 차이는 고구려 고고학 조사와 해석에 투영되기도 하여서 역사분쟁을 야기하기도 한다. 더욱이 고구려 유적과 유물을 직접 접하기 어려운 상황에서 중국이나 북한의 고고학 자료를 무비판적으로 또는 구체적 검토없이 그대로 차용하는 것은 또 다른 왜곡을 야기할 소지가 있다. 때문에 고구려 고고학 연구가 객관성을 유지하기 위해서는 중국이나 북한에서 보고된 고구려 고고학 자료에 대한 비판적 검증이 선행되어야 하며 향후 이러한 문제를 해결하기 위해 중국과 북한, 남한의 공동 조사와 연구가 필요하다. 그렇게 할 때 과학적인 고구려 고고학 연구로 발전할 수 있을 것이다.

II

고구려 고고학
연구현황

고구려 고고학 연구의 시작은 넓게 보아 19세기 말 광개토왕릉비의 재발견부터라고 할 수 있다(그림 Ⅱ-1). 그러나 현대적 의미의 고고학 조사를 기준으로 한다면 1895년 도리이 류조 (鳥居龍藏)의 요동반도 답사를 최초의 연구라고 할 수 있다.[1] 이후 1907년에는 프랑스의 에두 아르 샤반느(Edouard Chavannes)가 국내성 일대를 답사한 후 보고문을 남겼으며, 이때 처음 으로 고구려 벽화고분이 서양에 소개되어 국제적인 관심을 유발하기도 했다(서길수 2006). 이 후 이어진 일제강점기 동안의 연구는 일본인의 전유물이었으며, 순수한 학문적인 목적보다

는 식민지 지배의 합리화를 목적 으로 연구가 이루어졌다는 점에 서 시작부터 왜곡되었다고 할 수 있다. 광복 이후에도 한반도가 남 북으로 분단되면서 고구려 고고 학 연구는 중국과 북한을 중심으 로 이루어질 수밖에 없었으며, 남 한지역에서 고구려 고고학 연구 가 본격화된 것은 1990년대 이후 의 일이다. 2000년대 이후 중국의 동북공정을 통한 고구려사 왜곡과 북한과 중국의 고구려 유적을 유 네스코 세계문화유산으로 등재하 는 과정에서 고구려사 문제가 국 제적인 이슈로 대두되기도 하였다. 이처럼 고구려 고고학 연구 과정 은 학문 외적인 요인으로 왜곡을 겪어왔다.

그림 Ⅱ-1 1913년에 촬영된 광개토왕릉비(ⓒ국립중앙박물관)

---

[1] 1876년 회인현(懷仁縣, 오늘날 중국 랴오닝성 환런현)의 관원이 광개토왕릉비를 발견하고 부분적인 탁 본을 실시함으로써 금석문 학자들을 중심으로 연구가 시작되었다. 그러나 이 비의 존재가 처음으로 기록에 등장하는 것은 그보다도 훨씬 전인 1445년에 편찬된 『용비어천가(龍飛御天歌)』이다. 같은 책 39장에는 고 려말 원나라 동녕부를 공격할 당시 이성계 장군이 이 비와 거대한 석분(태왕릉으로 추정됨)의 존재를 확인 한 내용이 기록되어 있다.

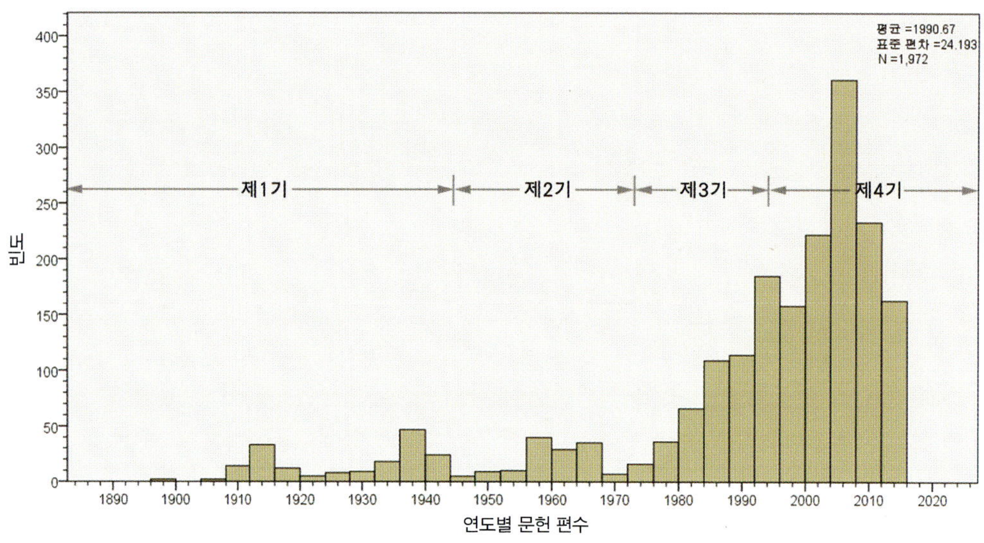

그림 Ⅱ-2 고구려 고고학 연구 문헌의 연도별 현황(최종택 2015: 64)

19세기말 이후 2014년까지 국내외에서 간행된 고구려 고고학 연구 문헌의 연도별 현황을 살펴보면 대체로 1920년, 1945년, 1970년과 1990년대 후반을 경계로 연구 문헌의 빈도 변화가 감지된다(그림 Ⅱ-2). 이러한 문헌의 빈도 변화와 연구사적으로 중요한 성과가 발표된 시점을 함께 고려하면 고구려 고고학 연구현황은 크게 네 개의 시기로 구분할 수 있다(최종택 2015). 우선 1945년을 기점으로 일제강점기와 이후의 시기를 구분할 수 있다. 다른 분야의 경우도 마찬가지이지만 고구려 고고학 연구에서도 일제강점기에는 한국인이나 중국인 연구자가 거의 전무하며, 조사연구의 목적도 순수한 학문적이라 할 수 없으므로 연구사의 획기로 설정할 수 있다. 1946년 이후에는 중국과 북한에서 현지 연구자들을 중심으로 고구려 고고학 연구가 시작되는데, 특히 북한에서의 연구가 활발히 진행되었으며, 정찬영에 의해 적석총의 형식분류와 편년의 기초적인 틀이 마련된 1973년을 기점으로 설정할 수 있다(정찬영 1973). 이후 중국과 북한에서의 연구는 시간대별로 다소 부침이 있으나 중국의 연구 성과가 증가하며, 1990년대 중반 이후에는 남한의 연구자도 증가한다. 연구 주제도 고분 중심에서 성곽과 유물 등으로 다양해지며, 연구 성과를 집대성한 개설서가 간행된다. 따라서 이 무렵을 기점으로 하나의 획기를 설정할 수 있는데, 구체적으로는 외이춘청(魏存成)에 의해 고구려 고고학 개설서가 간행된 1994년을 기점으로 설정하고자 한다(魏存成 1994). 이상과 같이 고구려 고고학 연구는 1945년과 1973년, 1994년을 기점으로 4개의 시기로 구분할 수 있다.

1. 고구려 고고학 연구 제1기(1895~1945년)

제1기는 도리이 류조가 요동반도 일대를 답사한 1895년부터 1945년 일본의 패전까지의 기간으로 대부분이 일제강점기에 해당한다. 이 기간 동안에는 평양과 지안(集安) 일대의 주요 고구려유적에 대한 조사가 이루어졌는데, 모든 조사는 일본인에 의해 진행되었다.

1909년 시작된 세키노 다다시(關野貞)와 야쓰이 세이이치(谷井濟一)를 중심으로 하는 일제의 고적조사는 1910년 조선총독부의 지원으로 조사에 탄력을 받는다. 평양과 지안 일대에 대한 세키노의 조사는 1917년까지 진행되었고, 도리이도 1905년과 1912년 두 차례에 걸쳐 지안 일대를 조사하였으며, 1918년에는 구로이타 가쓰미(黑板勝美)가 광개토왕릉비와 주변 지역에 대한 조사를 진행하였다. 한편 1907년에는 프랑스인 에두아르 샤반느가 지안 일대를 답사하고 벽화고분인 산연화총의 내용을 보고함으로써 서양에도 고구려유적이 소개되었다.

1918년 이후 조사는 한동안 중단되었다가 1935년 재개되어 1945년까지 지속되는데, 1940년 이후의 조사상황에 대해서는 보고문이나 기록이 부족하여 자세한 상황은 알기 어렵다(이순자 2009: 222). 1935년 이후의 조사는 우메하라 스에지(梅原末治), 이케우치 히로시(池內宏), 하마다 고사쿠(濱田耕作), 후지타 료사쿠(藤田亮策), 사와 슌이치(澤俊一) 등과 더불어 2~3세대 조선고고학자로 분류되는 오바 쓰네기치(小場恒吉), 노모리 겐(野守健), 고이즈미 아키오(小泉顯夫), 아리미쓰 교이치(有光敎一), 다쿠보 신고(田窪眞吾), 요네다 미요지(米田美代治) 등이 주로 참여하였는데(정인성 2011: 14), 역시 평양과 지안 일대의 고구려 고분과 성곽을 주요 조사대상으로 하고 있다.

일제강점기의 고적조사는 조선총독부 고적조사위원회가 설립된 1916년과 전시체제 하에서 조선고적연구회를 중심으로 조사를 실시한 1931년을 기점으로 하여 3기로 구분된다(이순자 2009: 14). 그러나 고구려 고고학의 측면에서 보면 1930년까지의 전반기와 1930년 이후의 후반기로 구분할 수 있는데, 발표된 문헌의 수를 보면 1910년대 중반 급증하던 문헌 수가 조사가 중단된 1918년 이후 급감하다가 1930년대부터 증가하기 시작하며, 고구려유적에 대한 조사가 재개된 1935년 이후 급증하는 현상을 보인다(그림 Ⅱ-2). 제1기에 간행된 문헌의 대부분은 조사보고문이며, 주로 고분과 성곽을 대상으로 하고 있어서 당시의 주된 관심이 새로운 자료의 획득에 집중되었던 것을 볼 수 있다. 고분과 성곽에 대한 개설적인 연구도 일부 있으나, 건축이나 유물에 대한 연구는 매우 저조하다.

이처럼 제1기의 주요 연구 성과는 새로운 자료의 획득이라 할 수 있다. 이 시기에 조사된 유적은 평양 주변과 지안 일대에 분포하는 주요 고분과 성곽을 거의 망라하고 있는데, 오늘날까지도 고구려 고고학 연구의 주요 자료가 되고 있다. 이때의 고분 조사는 봉분을 절개하여 석실을 확인하고 내부를 조사하는 것이 일반적이었던 것으로 보이며, 1930년대 이후에는 고분의 구조양식 확인과 벽화의 발견을 목표로 조사하였지만 현대적인 의미의 발굴과는 차이가 크다(그림 Ⅱ-3). 이러한 조사방법상의 문제와 함께 더 큰 문제는 당시의 조사내용에 대한 자세한 보고문이 간행되지 못하였다는데 있다. 1915년에 간행된 『조선고적도보(朝鮮古蹟圖譜)』1, 2권과 1929년에 간행된 『고구려시대의 유적(高句麗時代之遺蹟)』상·하권 및 1938년에 간행된 『통구(通溝)』상·하권을 제외하면 자세한 조사보고서가 간행되지 못하였다. 그리고 『조선고적도보』와 『고구려시대의 유적』은 조사내용을 기록하지 않은 도록의 성격이어서 자세한 조사상황이나 내용을 알기 어려우며, 논문 형태로 발표된 조사보고문에도 당시 조사에 대한 개괄만 있을 뿐 자세한 내용은 보고되지 못하고 있다.[2]

새로운 자료의 획득과 함께 고분의 구조와 형식에 대한 개설적 연구도 이루어졌는데, 고구려 고분을 축조재료에 따라 석총과 토총으로 나누고 석총을 토총에 선행하는 형식으로 이해하는 정도였다. 고분벽화의 발견과 조사는 당시에 상당한 충격을 주었고, 관심이 집중되었으나 중국 한·위진대의 고분벽화와 비교를 통해 중국의 고분벽화가 랴오양(遼陽)지방을 거

그림 Ⅱ-3 일제강점기 유적 조사광경(평남 대동군 미림리 고구려 고분, ⓒ국립중앙박물관)

---

2 일제강점기 동안에 행해진 고구려유적 조사 중 일부는 1945년 이후에 자세한 보고서가 간행된 경우도 있으나 대부분은 아직도 자세한 보고서가 간행되지 못하고 있으며, 2000년대 이후 당시의 조사상황이나 조사내용 및 유물에 대한 조사연구가 일부 이루어지고 있다(동북아역사재단 2008, 2009, 2010, 2011).

쳐 고구려로 전해졌다는 연구 외에는 대부분 개별적인 자료의 소개에 치중하는 선에 그치고 있다(전호태 2004: 307). 한편 광개토왕릉비와 인접한 태왕릉에서 출토된 명문전을 근거로 태왕릉의 주인공을 광개토대왕으로 비정하거나 장군총을 광개토대왕의 능으로 비정하는 등 지안 일대 대형 적석총의 주인공 문제에 대한 견해도 발표되었다. 1916년 이후 개별적인 고분의 구조에 대한 상세한 도면을 작성하는 등 고분의 구조에 대해 관심을 기울였으나 이 시기 고구려 고분의 구조와 형식 및 편년에 대한 종합적인 연구는 찾아보기 어렵다.

이 시기의 주요 조사가 환런, 지안, 평양 등 고구려 수도를 중심으로 행해졌으므로 당연히 오녀산성과 국내성, 산성자산성, 안학궁성, 장안성 등에 대한 연구도 이루어졌으며, 장안성에 대해서는 부분적인 발굴조사도 실시되었다. 이때의 도성지역에 대한 조사기록과 도면, 및 보고된 유물은 현재에도 중요한 연구 자료로 활용되고 있다. 도성지역 외에 산성에 대한 조사도 실시되었는데, 1940년과 1944년에는 푸순(撫順)의 고이산성에 대한 발굴조사가 실시되었으며 산성의 전체 구조와 성문 등이 조사되었다. 고분과 성곽 외에도 지안의 동대자유적, 평양의 원오리사지와 청암리사지 등 건축에 대한 조사도 실시되었는데, 이들 사찰 유적에 대한 발굴조사를 통해 고구려 가람배치가 처음으로 밝혀지게 되었다.

그밖에 조사를 통해 출토되거나 채집된 유물에 대한 연구도 이루어졌는데, 기와나 와당, 전, 니불 등에 대한 개설적인 소개가 주를 이루며, 이때 수집된 와당에 대한 연구는 1945년 이후 일본에서 이루어진 연구의 주요 대상이 되었다. 1941년 평양 진파리고분군 조사에서 일상투조금동장식(日像透彫金銅裝飾)이 출토되었는데, 현재까지도 고구려 금동제 장신구를 대표하는 유물로 평가되고 있다.

제1기의 고구려 고고학 조사연구는 도성지역의 대형고분에 대한 선택적이고 약탈적인 조사라는 측면과 새로운 자료의 획득이라는 양면성을 갖고 있다. 또한 식민지 지배의 정당성 확보라는 이념적 배경이 조사연구의 기저에 깔려 있었음을 고려할 때 고구려 고고학 연구는 시작부터 학문외적인 요인에 의해 왜곡되었다고 할 수 있으며, 이러한 역사의 질곡은 이후 남북분단과 중국의 자의적인 고구려사 인식과 함께 해결이 어려운 난제가 되고 있다.

2. 고구려 고고학 연구 제2기(1946~1973년)

제2기는 일본의 패전 이후 북한과 중국에서 현지인에 의해 고구려 고고학 연구가 시작되는 시기인데, 북한이 연구를 주도하는 시기이다. 광복 직후인 1946년 북한에서는 '보물 고적 명승 천연기념물 보존에 관한 법령'을 공포하고, 각 도에 '보물 고적 명승 천연기념물 보존회'를 설치하는 등 문화유산 보존에 관한 행정적인 조치를 취하였으며, 이듬해에는 평양과 지방에 박물관을 설립하였다(林永珍 1992). 이어 1949년에는 황해도 안악고분군을 발굴하였는데, 안악 3호분에서는 정교한 석실과 함께 벽화와 묵서가 발견되었다. 안악 3호분의 발굴은 한국전쟁 이후 중국과 일본 및 남한에도 알려져 크게 주목을 받았으며, 고구려 고분에 대한 관심이 촉발되는 계기가 되었다.

전쟁 후인 1954년 북한에서는 경제개발로 훼손 위험에 놓인 모든 유적에 대한 구제발굴을 제도화하여 고고학 연구에 필요한 자료의 집성이 국가적인 사업으로 이루어지게 되었는데(林永珍 1992: 104), 이를 통해 고구려유적에 대한 조사도 탄력을 받게 되었다. 1953년에는 1934년에 처음 발견된 요동성총에 대한 재조사가 이루어졌으며, 이듬해에는 공사 중에 평양 역전이실분이 확인되어 조사가 이루어졌다. 이후 가장리벽화고분(1956년), 약수리벽화고분(1957~1958년), 강서군 보림리, 후산리, 태성리고분군(1958년) 등이 조사되었으며, 1959년과 1960년에는 압록강과 독로강의 댐 건설과 관련한 구제발굴이 자성군 일대에서 실시되어 송암리, 조아리, 법동리 등에서 적석총이 대거 발굴되었다. 1962년에는 평양 장산동고분, 1963년에는 팔청리벽화고분, 복사리벽화고분, 전동명왕릉과 주변고분군, 1971년에는 수산리벽화고분 등 주요 벽화고분이 발굴되었으며, 1963년에는 대성산성 정비복원과정에서 3기의 연못이 발굴되었다(그림 Ⅱ-4). 한편 1963년 8월부터 1965년 7월까지 네 차례에 걸쳐 북한과 중국이 공동조사단을 꾸려 중국 지안과 환런 일대의 고구려유적을 조사하였다. 이후 중국 내부 사정으로 인해 북한 단독으로 조사보고서를 간행하였고, 추가조사가 이루어지지는 못했으나 고구려유적에 대한 국제적인 공동 연구의 초기 사례로 중요하다(사회과학원출판사 1967).

중국에서는 1956년 푸순 고이산성 발굴조사를 시작으로 고구려유적에 대한 조사가 실시되었으며, 같은 해 환런 고력묘자고분군과 연강고분군, 통화(通化) 강구촌 및 동강촌 고분군에 대한 조사가 이루어졌고, 1959년에는 이 고분들에 대한 발굴조사를 실시하였다. 한편 중국에서도 유적의 보존에 대한 국가 차원의 행정조치가 이루어졌는데, 1961년에는 광개토왕릉비와 통구고분군이 전국중점문물보호단위로 지정되었다. 이후 1962년부터는 지안 통구분지일대의 고분에 대한 조사가 시작되었는데, 1966년 문화대혁명으로 한동안 중단되었다가 1972년부터 조사가 재개되었다.

이 시기 중국에서는 지안지역을 중심으로 발굴조사를 실시하였는데, 1957년에는 동대

그림 II-4 전동명왕릉 발굴조사광경(1974년, ⓒ최종택: 조선중앙력사박물관 전시 사진 재촬영)

자유적을 발굴하였고, 1962년부터 1963년까지 지안일대에 대한 대대적인 유적조사를 실시하여 오회분 4호묘와 5호묘, 통구 12호분, 마선 1호분 등 주요 벽화고분을 재조사하였으며, 1966년에는 산성하 332호분, 산성하 983호분, 만보정 1368호분 등을 발굴하였다. 1968년에는 통구고분군에서 500여 기에 달하는 고분을 발굴하였으며, 1970년에는 장천 1호분, 1972년에는 만보정 78호분, 우산 41호분 등을 발굴하였다. 한편 1962년 조사에서는 패왕조산성, 관마장관애, 망파령관애 등 산성에 대한 조사도 함께 실시하였다. 그밖에도 1966년과 1970년 두 차례에 걸쳐 통구고분군에 대한 측량조사가 실시되었으며, 결과는 1997년의 3차 측량조사 결과와 함께 『洞溝古墓群-1997年調査測繪報告』(2002)으로 간행되었는데, 아직까지도 통구고분군의 분포와 입지를 연구하는데 중요한 자료가 되고 있다.

제2기에 간행된 문헌은 제1기보다도 약간 적은데, 북한에서 발표된 글이 가장 많다(최종택 2015: 70). 일본에서도 약간의 글이 발표되었는데, 1945년 이전에 조사된 자료를 정리 또는 종합한 것이 대부분이다. 중국에서는 소량의 문헌이 간행되었는데, 역시 조사보고문이 주를 이루고 있다. 북한에서는 논문이나 보고문 외에도 단행본이 15편이나 간행되었는데, 다른 지역과 달리 활발한 연구가 진행된 결과이다. 한편 남한에서도 전쟁 후 안악 3호분의 조사내용이 알려지면서, 고분벽화와 관련된 몇 편의 연구논문이 발표되었다. 이 시기의 연구 성과를 내용 면에서 살펴보면 조사보고가 가장 많지만 고분의 구조형식과 편년, 기원문제, 주인공과 관련된 문제 등에 대한 연구논문이 여러 편 발표되었다는 점에서 이전 시기와는 차이가 있다. 반면에 중국에서는 보고문과 개설서 및 자료소개 외에 연구논문이 발표되지 못한 점도 특징적이라 할 수 있다.

　제2기의 주요 연구 성과는 고분과 관련된 것이 주를 이루는데, 1949년 발굴된 안악 3호분이 연구의 시발이 되었다. 발굴조사 직후 벽화의 내용과 고분의 연대에 대한 글이 발표되었고(도유호 1949a, 1949b), 이어 중국과 일본에도 그 내용이 소개되었다(宿白 1952; 李進熙 1956). 1958년에는 발굴보고서가 간행되었으며(고고학 및 민속학연구소 1958), 남한에서는 발굴에 참여했던 연구자가 월남하여 안악 3호분의 발굴상황을 발표하기도 하였다(蔡秉瑞 1959). 안악 3호분의 연구에서 가장 관심이 집중된 분야는 피장자와 관련된 것이었는데, 발굴 직후에는 묵서명의 동수(冬壽)를 묘주로 이해하였으나 이후 이견이 제기되면서 1957년과 1959년 두 차례에 걸쳐 집중적인 토론회가 개최되었다. 토론결과 안악 3호분의 피장자를 고구려 왕으로 보는 견해가 지지를 얻게 되었으며(전주농 1959a), 이후 미천왕릉으로 공식화된다(박윤원 1963; 전주농 1963; 주영헌 1963a).

　한편 이 무렵 석실봉토분의 기원(도유호 1959; 채희국 1959), 벽화고분의 편년기준(주영헌 1961), 벽화고분의 구조형식과 벽화내용의 변천(주영헌 1960a, 1960b) 등에 대한 연구 성과가 차례로 발표되면서, 이후 벽화고분의 편년에 관한 연구로 집대성된다(주영헌 1961). 주영헌의 『고구려 벽화무덤의 편년에 관한 연구』(1961)는 일제강점기 이후 조사된 벽화고분을 구조형식과 벽화의 내용에 따라 편년한 것으로 당시까지의 연구를 집대성하여 이후의 연구에 이정표가 되었다는 점에서 중요하며, 이를 기점으로 제 2기를 전반과 후반으로 구분할 수 있다. 벽화고분에 대한 주영헌의 연구는 봉토분 전반에 대한 연구로 확대되어 봉토분의 기원과 변천에 대한 연구가 이루어지고(주영헌 1963b), 벽화고분의 기원과 변천에 대한 연구도 지속되며(전주농 1964; 주영헌 1965), 이러한 연구 성과들은 남한의 연구에도 반영되었다(金元龍 1973).

　1959년부터 압록강과 독로강유역의 적석총에 대한 발굴이 이루어지면서 연구도 진전이 있었는데(정찬영 1961; 주영헌 1962), 자성군 조아리, 서해리, 법동리, 송암리 일대의 고분군에 대한 자세한 보고서가 간행되어 연구의 탄력을 받게 된다(정찬영 1963). 발굴조사보고서를 작성한 정찬영은 적석총의 기원에 관한 연구(1967)를 발표하는 등 연구를 지속하여 1973년에는 「기원 4세기까지의 고구려묘제에 대한 연구」를 통해 적석총에 대한 그간의 연구를 집대성하였다(그림 Ⅱ-5). 이 글에서 정찬영은 지안지역을 포함하는 압록강 유역의 고분군과 독로강유역의 고분들을 망라하여 분석하였으며, 이를 바탕으로 적석총과 봉토분의 선후관계, 적석총의 기원과 편년 등을 종합적으로 고찰하였다. 적석총을 무단적석총과 기단적석총으로 대분한 후 기단적석총은 내부구조에 따라 수혈식 석곽, 연도 표시가 있는 석곽, 횡혈식석실

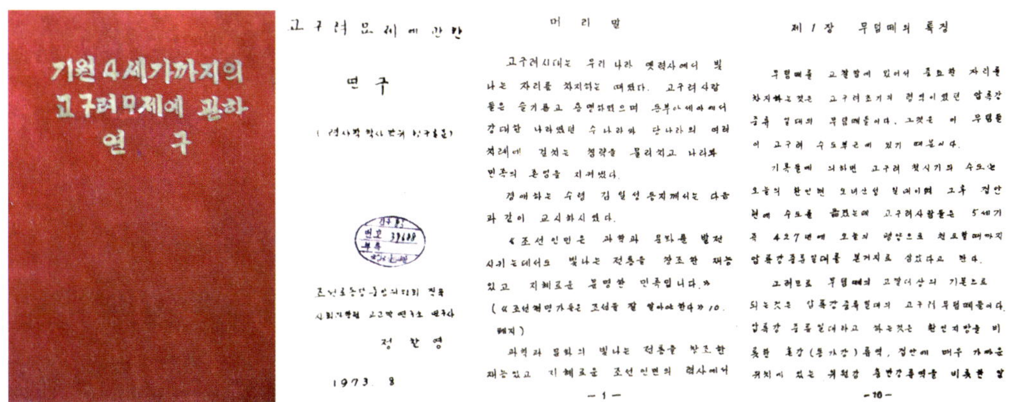

그림 Ⅱ-5 1973년 간행된 정찬영의 논문 표지와 내지(평양 국립중앙도서관 소장, 정연진 제공)

등으로 형식을 나누고 출토유물의 편년을 바탕으로 변천과정을 고찰하였는데, 이후 적석총 연구의 기본골격을 이루는 중요한 연구로 평가된다. 또한 고구려 적석총의 기원을 묵방리형 지석묘나 요동반도 남단의 강상, 루상적석묘에 두었는데, 이러한 그의 견해는 이후 연구자들에게 한동안 계승되었다.

이상과 같은 주영헌과 정찬영의 연구는 기존의 연구를 집대성하고 향후 연구의 기초를 제공하였다는 점에서 고구려 고분 연구의 새로운 이정표를 제시했다고 평가할 수 있다. 그 밖에도 이 시기에는 평양성과 대성산성을 중심으로 한 성곽 연구도 진행되었으며, 고분벽화에 등장하는 악기(전주농 1957) 및 건축(박황식 1965)에 대한 연구, 고구려 기와의 문양에 대한 연구(고고학 및 민속학연구소 1962) 등 개별적인 주제에 대한 관심도 시작되었다. 이처럼 제2기는 북한 연구자들이 주도하였으며, 고분의 기원 및 구조형식과 편년에 대한 연구는 다음 시기 연구를 견인한 것으로 평가된다.

3. 고구려 고고학 연구 제3기(1974~1994년)

제3기는 북한에서 고구려 고분에 대한 종합적인 연구가 발표된 이후 중국에서 처음으로 고구려 고고학 개설서(魏存成 1994)가 출간된 1994년까지의 시기이다. 제2기는 북한의 연구자들이 고구려 고고학 연구를 주도했지만 제3기는 중국의 연구자들이 연구를 주도한 시기이다. 제3기는 고구려 유물에 대한 종합적인 연구(耿鐵華·林至德 1984)가 발표된 1984년을 기점으로 전반과 후반으로 나누어 볼 수 있는데, 제3기 후반에 중국 연구자들의 관심 범위가 넓어지고, 연구 문헌도 증가한다. 한편 제3기 후반에 들어서 남한 연구자들에 의해 간행된 문헌이 증가하는데, 비록 중국이나 북한에서 발표된 조사 및 연구 성과들을 정리하는 형태였지만 남한에서 고구려 고고학에 대한 관심을 유발하는데 기여한 것으로 평가된다.[3]

이 시기에 간행된 문헌은 제2기의 3배가 넘는다(최종택 2015: 73). 특히, 중국의 연구 문헌이 이전 시기에 비해 10배가량 급증하였고, 연구 주제도 다양해졌다. 북한의 연구 문헌도 전 시기에 비해 증가하고 있으나 그 추세가 완만하며, 제3기 후반에는 남한의 연구 문헌이 급격히 증가하는 경향을 보인다. 이 시기에도 고구려 유적에 대한 조사는 북한과 중국을 중심으로 진행되었으나 중국에서의 조사가 더 활발해진 것도 이전 시기와의 차이점이다. 한편 1980년대 이후 일본인들의 중국 현지답사가 이루어지면서 일본인에 의한 연구도 활발히 진행되었다(林永珍 1992: 10).

북한에서는 1976년 공사 중에 우연히 덕흥리벽화고분이 발견되었는데, 내부에서 벽화와 함께 주인공과 관련된 묵서가 확인되어 주목을 끌었다. 같은 해 마구 일습과 토기 등이 출토된 지경동 1호분이 조사되었으며, 이어서 1979년에는 덕화리 1, 2호분이 발굴되었다. 1981년에는 안학궁 남쪽 대동강변에서 고구려 나무다리가 발굴되었으며, 1985년부터 황해도 신원의 장수산성에 대한 발굴이 3년에 걸쳐 실시되었다. 1987년에서 1989년에 걸쳐 초산군 연무리고분군을 비롯한 자강도 일대의 고분이 발굴되었고, 1988년에는 평양시 대성구역 안학동, 삼석구역 로산동 일대의 고분 20여 기가 발굴되었으며, 같은해 동암리고분, 평정리고분, 월정리고분 등 벽화고분도 새롭게 발굴되었다. 1990년에는 자강도 운평리고분군과 평양의 고산동 20호분에 대한 발굴조사가 있었으며, 1991년에는 덕화리 3호분, 1993년에는 룡흥리 벽화고분에 대한 발굴조사가 실시되었다. 그밖에 1993년부터 1997년까지 평양성 중구역에 대한 발굴조사가 실시되었는데, 자세한 사항은 보고되지 않고 있다. 1994년에는 강원도 철령에서 건물지가 조사되었는데 철제 기마모형이 출토되어 주목을 받았으며, 같은 해 평안남도 증산군 석다리고분에 대한 발굴조사가 실시되었다.

이 시기 중국에서는 지안지역의 개발과 관련된 구제발굴이 많이 실시되었는데, 1975년과 1976년에는 칠성산 96호분, 우산 68호분이 발굴되었고, 1976년 4월부터 5개월여의 짧은

---

3   1992년 중국과 수교가 이루어지기 전에는 북한은 물론 중국도 적성국가로 분류되어 일반인은 자료에 대한 접근 자체가 불가능하였는데, 한국정신문화연구원(현 한국학중앙연구원) 등 국가기관에 보관된 중국과 북한의 간행물을 통해 연구 성과들이 남한에 소개되었다.

기간 동안 우산고분군 56기, 산성하고분군 37기, 칠성산고분군 26기, 마선고분군 69기 등 모두 188기에 달하는 고분이 발굴되었다. 같은 해 동대파고분군이 발굴되었고, 이듬해에는 우산 1897호분이 발굴되었으며, 1978년에는 지안 오도령구문에서 공사 중 우연히 고분이 발견되었는데, 청동기가 출토되어 적석총의 기원과 관련하여 주목을 받았다. 1979년에는 정수장 건설을 위해 우산 서쪽의 전산자고분군 31기가 발굴되었으며, 1981년에는 댐 건설을 위해 노호초고분군이 조사되었고 삼실총에 대한 추가조사도 이루어졌다. 1983년에는 『집안현문물지(集安縣文物志)』(1984)를 편찬하는 과정에서 지안 외곽의 횡로 9대고분, 고마령고분 등을 조사하였으며, 1984년에는 지안-우시(無錫) 간의 도로 건설을 위해 우산고분군의 113기 고분에 대한 대규모 발굴을 실시하였다(그림 Ⅱ-6). 1985년에는 장천 4호분 발굴과 절천정총에 대한 추가조사가 실시되었으며, 1990년에는 간구자고분군, 1992년에는 환런의 미창구장군분, 1994년에는 우산 2112호분 등에 대한 발굴조사가 간헐적으로 이어졌다. 그밖에 흑구산성(1976년), 나통산성(1980년), 고이산성(1983년), 봉황산성(1985년), 최진보산성(1992~1993년) 등 산성에 대한 조사도 실시되었으며, 1984년에는 국내성에 대한 측량조사가 실시되었다.

한편, 남한에서는 1979년 중원고구려비가 발견되어 학계의 관심이 집중되었고, 이후 1981년과 1982년에 춘천 방동리(金元龍 1981)와 신매리(趙由典 1987)의 고구려 석실분이 조사되었으며, 1985년에는 고구려의 영향을 받은 순흥 읍내리벽화고분이 조사되었다. 그러나 방동리고분과 신매리고분에서는 유물이 출토되지 않아 고구려 고분으로 특정하지 못하였으며, 고구려유적에 대한 추가조사로도 이어지지 못하였다.

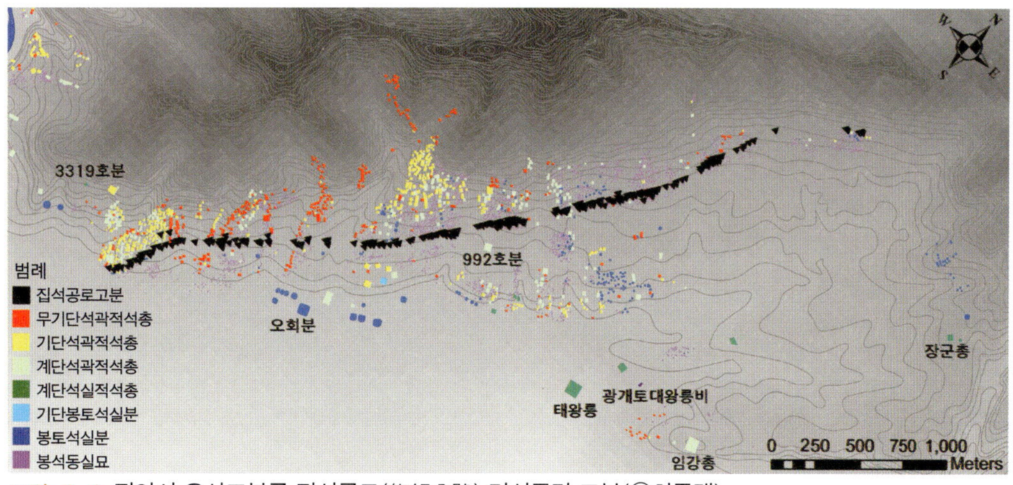

그림 Ⅱ-6 지안시 우산고분군 집석공로(集錫公路) 건설구간 고분(ⓒ최종택)

제3기의 연구 성과는 국가별로 차이가 있는데, 북한의 연구는 답보상태를 보이는 반면 중국에서는 매우 연구가 활발히 진행되었다. 제3기 후반에는 일본과 남한에서도 활발한 연구가 진행되었다. 이 시기 북한에서 이루어진 고분과 관련된 연구는 덕흥리벽화고분(김용남 1979)과 관련된 몇 편의 글과 압록강, 독로강일대의 고분조사 보고서(정찬영 1983) 등의 보고문을 제외하면 관련 연구성과는 매우 빈약하다. 봉토석실분의 기원에 관한 연구(주영헌 1984; 리창언 1991, 1993) 외에도 안악 3호분과 덕흥리고분의 피장자와 관련된 전통적인 주제에 관한 연구가 계속되기도 하지만 벽화고분에 등장하는 천문도(리준걸 1981), 복식(천석근 1981) 및 벽화의 표현 기법(리경식 1990) 등 연구 주제가 다양해진다.

이 시기에는 고분 외에도 성곽, 건축 그리고 유물에 대한 연구가 여러 편 발표되었다. 성곽 연구로는 장수산성과 관련된 연구 성과가 많이 발표되었고(안병찬 1990; 최승택 1991a, 1991b), 산성의 분포와 방어체계(박창수 1990) 등이 있으며, 정릉사지를 비롯한 고구려 사찰의 가람배치(한인호 1981, 1986; 장상렬 1990), 도성의 이방에 대한 연구(한인호·리호 1991) 등 건축에 관한 연구도 발표되었다. 그밖에 토기에 관한 연구 성과(리광희 1990, 1991a, 1991b) 및 새롭게 확인된 유물에 대해 소개한 글도 여러 편 발표되었다. 또한『조선고고학개요』(사회과학원고고학연구소 1979a),『고구려문화』(사회과학원고고학연구소 1979b),『고구려 고분벽화』(주영헌 1986) 등 그동안의 연구 성과를 정리한 개설서가 출판되었고, 1993년에는『조선유적유물도감』고구려편 4권이 간행되었다. 개설서와 도록의 일부는 일본어로 번역되어 일본에서 출판되기도 하였다.

연구 주제의 다양화와 함께 이 시기에는 새로운 연구자들이 대거 등장한다는 점도 주목되는 점이다. 그러나 이 시기에 발표되는 논문의 분량이 이전 시기에 비해 많이 줄어들었으며, 자세한 분석과 논증이 없이 자신의 견해를 주장하는 형태의 글이 대부분이다. 또한 기존에 간행되던 학술지가 모두 폐간되고, 1986년부터는『조선고고연구』만 간행되며, 여기에 실린 글의 일부는 학술적인 내용이라기보다는 일반 대중을 위한 개설적인 것이 많다. 개설서 및 도록의 출판과 함께 연구논문에서 보이는 이러한 외형적인 변화는 최근까지도 지속되는데, 고고학의 학문적 목표의 변화에 기인한 것인지 경제 등 사회상황의 변화에 기인한 것인지는 알 수 없지만 연구에 상당한 장애가 되고 있다.[4]

---

4   필자가 개인적으로 전해 들은 바에 따르면 김일성종합대학 도서관 등에는 학위논문을 포함한 상당한 양의 미간 원고가 보관되어 있다고 하며, 이 시기에 간행된 짧은 분량의 논문들은 이러한 글의 일부를 발췌

중국에서는 그간의 발굴성과를 바탕으로 한 고분 연구가 활발히 진행되었는데, 특히 적석총의 기원과 구조형식 및 편년과 관련된 것이 주를 이루고 있다. 적석총의 구조와 관련한 연구 초기에는 외부의 분형이 분류기준으로 강조되었으나 점차 매장주체부의 구조도 함께 고려되었다. 또한 연구자별로 분류기준과 용어에 차이가 있는데, 1980년대 후반에는 분류와 용어의 통일 및 편년에 대한 대체적인 합의가 이루어진 것으로 보인다(張雪岩 1979; 方起東·劉振華 1979; 李殿福 1980a; 陳大爲 1981; 方起東 1985; 魏存誠 1987, 1994; 徐光輝 1993; 孫仁杰 1993a).

1978년 지안 외곽에서 청동유물이 부장된 오도령구문고분의 조사를 계기로 적석총의 기원문제와 출현시점이 관심의 대상이 되었는데, 이 고분의 성격에 대해서는 최근까지도 논란이 계속되고 있다. 적석총의 기원에 대한 문제는 1990년 장백 간구자고분군의 발굴로 새로운 방향으로 전환되었다. 한편 연접식 적석총에 대한 연구(孫仁杰 1993b)와 적석총에서 출토된 관정과 관고리 등 장구에 대한 연구(孫仁杰 1993b) 및 묘제와 장속에 대한 연구(方起東 1993) 등도 있었는데, 적석총의 매장주체부의 구조를 이해하는데 중요한 역할을 하였다. 그밖에 벽화고분에 대한 연구(李殿福 1980b)나 묘주에 대한 연구(方起東 1986; 耿鐵華 1987; 魏存成 1993) 등도 이루어졌다.

도성과 산성(李殿福 1982; 栗谷 1983; 魏存成 1985a; 陳大爲 1986; 李殿福·孫玉良 1990; 梁志龍 1992), 도성방어체계(遲勇 1993)와 교통로(佟達 1993; 李健才 1994) 및 동대자건축유적(方起東 1982)에 대한 연구도 이루어졌는데, 이전 시기와 비교해 볼 때 연구 대상과 주제가 훨씬 확대되었다. 이 시기 연구 성과 중 주목되는 점은 유물에 대한 종합적인 연구가 이루어졌다는 것이다. 기존 연구는 고분의 편년을 위한 부수적인 대상으로 유물을 취급하였으나 1980년대 중반부터는 독자적인 연구대상으로 부각되기 시작하였다. 특히 지안지역에서 출토된 고구려 토기에 대한 연구(耿鐵華·林至德 1984)는 고분에서 출토된 토기를 태토와 제작기법, 기형 등을 근거로 3조로 구분하고 편년하였는데, 이후 유물 연구의 출발점이 되었다는 점에서 중요하다. 이후 지안출토 고구려 와당(林至德·耿鐵華 1985), 고분에서 출토된 사이전연호(魏存成 1985b), 금동신발(孫仁杰 1985), 마구(魏存成 1991), 농기구(耿鐵華 1989), 무기(耿鐵華 1993), 철솥(趙書勤 1993) 등에 대한 연구가 연속적으로 이루어졌다. 중국에서는 고분에 대한 연구 성과

하여 게재한 것으로 추정된다. 그 까닭이 무엇인지는 정확히 알 수 없으나 일부는 후에 단행본(손수호 2001; 리광희 2005)으로 간행되는 것으로 보아 북한의 출판제도나 정치·경제적인 상황과 관련된 것일 가능성이 크다.

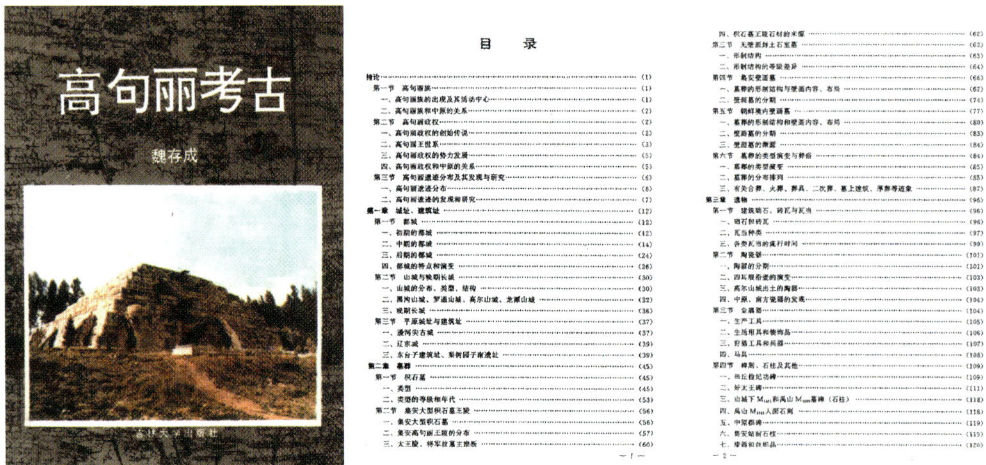

그림 Ⅱ-7 외이춘청의 『고구려고고』 표지와 목차

가 지속적으로 축적되었으며, 고분 외에도 도성과 산성, 건축 및 유물에 대한 다양한 주제의 연구가 활발히 진행되면서, 이러한 연구 성과들을 집대성한 개설서가 출간되었다. 외이춘청의 『고구려고고(高句麗考古)(1994)』는 중국에서 간행된 최초의 고구려 고고학 개설서로 학사적인 의미가 크다(그림 Ⅱ-7).

제3기 한국에서의 고구려 고고학 연구는 주로 북한의 연구 성과를 정리하는데 집중하였으나, 1980년대 말부터 적석총에 대한 분석을 통한 고구려의 성립과정(池炳穆 1987)을 시작으로 봉토분(姜仁求 1991; 강현숙 1994), 무기(金性泰 1993, 1994) 등에 대한 연구가 이루어졌다. 벽화고분에 대해서는 일찍부터 연구가 시작되어 개설서가 간행되었으며(金元龍 1980), 연구사적인 검토도 이루어졌다(全虎兌 1994).

일본에서는 일제강점기의 자료에 대한 연구가 지속되는 한편 중국과 북한에서 조사된 새로운 자료에 대한 소개가 꾸준히 계속되었다. 그밖에 중국이나 북한의 자료를 바탕으로 한 연구가 발표되기 시작하였는데, 적석총의 구조와 분류에 대한 연구(田村晃一 1982; 緖方泉 1985a, 1985b), 적석총의 피장자에 대한 연구(田村晃一 1984), 벽화고분에 대한 연구(永島暉臣愼 1982; 東潮 1988a), 유물에 대한 연구(東潮 1988b) 등이 대표적이다. 이 시기 일본인 연구자들은 중국의 고구려유적 답사가 가능하였고, 경우에 따라서는 북한의 고구려유적도 답사할 수 있었기 때문에 연구에 유리한 조건을 갖추고 있었으며, 일본고고학 특유의 정치한 분석을 바탕으로 주목할만한 연구들을 발표하였다.

제3기는 중국인 연구자들이 조사연구를 주도하였으며, 상대적으로 북한의 연구 성과는 빈약하다. 일본에서는 일제강점기에 수집된 유물에 대한 연구와 함께 중국의 조사 성과를 반영한 새로운 연구 성과들이 발표되었으며, 남한에서도 1980년대 후반부터 연구논문들이 발표되기 시작하였다. 이 시기에는 적석총의 구조형식과 편년에 대한 여러 견해들이 대체로 정리되었으며, 성곽과 건축 및 유물에 대한 연구도 활발히 이루어졌다. 중국에서는 광복이후의 연구 성과를 회고하는 글들이 여러 편 발표되었으며, 고구려 고고학에 대한 개설서가 처음으로 출판되어 그간의 연구를 집대성하는 동시에 이후의 연구를 견인할 계기가 마련되었다.

4. 고구려 고고학 연구 제4기(1995년 이후)

1992년 중국과의 수교 이후 한국인 연구자들의 중국내 고구려유적 답사가 가능해졌으며, 1994년에는 고구려 고분벽화에 대한 전시회 등을 통해 고구려에 대한 국민적 관심이 높아졌다. 또한 2002년 이후 한동안은 제한적이지만 공동조사 등의 형태로 북한지역의 고구려유적을 답사하는 일이 가능해졌다. 특히 2002년에 실시된 중국의 동북공정(東北工程)과 2004년의 고구려유적 유네스코 세계문화유산 등재 등을 통해 고구려에 대한 국민적 관심이 증폭되었으며, 그에 대한 대응으로 국내에서는 고구려연구재단이 설립되었다. 이러한 일련의 학문 내외의 환경변화로 인해 이 시기의 연구는 새로운 국면을 맞이하게 되었다.

이 시기에는 모두 1,169편의 연구 문헌이 간행되었는데, 이 기간 20년 동안에 발표된 문헌이 1994년까지 90여 년 동안 간행된 연구 문헌을 합친 것보다도 많다(최종택 2015: 80). 특히 동북공정이 실시된 2002년 이후에는 연구 문헌의 간행이 폭증한다. 이러한 현상은 남한과 중국에서 두드러지는데, 동북공정 실시 이후 13년 동안에는 간행된 문헌의 수가 급증하였다. 이러한 연구 문헌의 증가는 남한의 경우 폭증이라고 할 수 있을 정도이다. 아무튼 간행된 문헌만을 통해서 본다면 이 시기의 고구려 고고학 연구는 남한이 주도했다고 할 수 있다. 반면에 북한은 이전 시기에 비해 연구 문헌의 수가 오히려 줄어들었으며, 일본은 비슷한 수를 유지하고 있다.

북한에서는 고구려유적에 대한 조사가 매우 저조한 것으로 보이는데, 1995년 평양시 삼석구역 호남리 불당골고분과 평양시 승호구역 금옥리고분군이 발굴되었다. 2000년 이후에는 영천리고분(2001년)과 태성리 3호분(2001년), 송죽리고분(2002년), 옥도리고분(2010년)을 포함한 몇몇 고분이 발굴되었지만 이전 시기에 비하면 매우 저조하다.

중국에서도 1990년대 후반 유적조사가 감소하였지만 세계문화유산 등재와 유적의 정비복원을 목표로 한 발굴조사가 계획적으로 실시되었다. 환런에서는 1996년부터 1999년, 그리고 2003년에 오녀산성에 대한 발굴조사가 실시되었다. 지안에서는 2000년부터 2003년까지 국내성의 성벽과 문지시설 및 배수시설이 조사되었으며, 성 내부 건물지에 대한 발굴이 실시되었다. 2001년부터 2003년까지 환도산성 발굴조사가 실시되었는데, 성벽과 7개에 달하는 문지, 점장대와 궁전터 등이 조사되었다. 지안 통구분지의 대형고분에 대한 조사도 이루어졌는데, 2003년까지 마선 2378호분, 산성하 전창 36호분, 마선 626호분, 칠성산 871호분, 임강묘, 우산 2110호분, 칠성산 211호분, 서대묘, 우산 992호분, 마선 2100호분, 천추총, 태왕릉, 장군총 등 14기의 왕릉급고분에 대한 발굴이 실시되었다.

그밖에 선양(瀋陽) 석대자산성(1997~2004년), 푸순 시가구고분군(2000~2001년), 지안 마선구 안자구고분군(2002년), 통화 만발발자유적(2003년) 등에 대한 발굴조사도 진행되었다. 동북공정이 끝난 이후인 2008년에는 국내성 주거지와 우산 1041호분, 우산 901호분, 마선 1호분, 호자구 1호분 등에 대한 발굴조사가, 그리고 상활용 산서고분군(2008년)과 고검지산성(2011년), 지안 태왕진 신흥촌 적석묘(2011년) 등에 대한 조사도 진행되었다. 한편 2012년에는 지안 마선구에서 새로운 고구려비가 발견되어 또다시 학계의 관심이 집중되고 있다.

이 시기 중국에서의 발굴조사는 동북공정 및 세계문화유산 등재, 정비복원을 통한 관광자원화 등의 학문 외적인 목적하에 계획적으로 실시되었다는 특징이 있다. 정부 주도의 이러한 계획적인 발굴조사에는 많은 예산이 투입되어 광범위한 조사가 실시되고, 자세한 보고서가 간행되는 등 긍정적인 부분도 있으나 졸속발굴과 정비복원시의 원형 훼손이라는 문제도 심각하다.

이 시기에는 남한에서도 고구려유적의 조사가 이루어졌다(그림 Ⅱ-8). 1988년 몽촌토성에서 고구려 토기의 존재가 확인된 이후 1994년에는 아차산에서 20여 기의 고구려 보루가 조사되었는데, 1997년부터 발굴조사가 실시되어 7개 보루에 대한 발굴조사가 실시되었으며, 최근까지도 계속되고 있다. 또, 임진강 및 한탄강유역과 양주분지 일대에서도 다수의 고구려유적이 확인되어 연천 호로고루, 당포성, 은대리성 및 무등리 2보루, 양주 천보산 2보루, 태봉산보루에 대한 발굴조사가 실시되었다. 또한 청원의 남성골산성과 연기 나성, 대전 월평동유적 등 금강유역에 이르는 넓은 범위에서 고구려유적에 대한 조사가 실시되었다. 그밖에 임진강유역의 연천 신답리고분, 강내리고분을 비롯해 춘천, 화천, 홍천 등 북한강유역, 용인, 성남, 화성, 판교 신갈 등 내륙지역은 물론 남한강 상류의 충주지역에 이르기까지 넓은 지역

그림 Ⅱ-8 아차산 홍련봉 2보루 발굴조사 광경(ⓒ최종택)

에서 고분이 발굴되었다(최종택 2014).

　이 시기의 연구는 각각의 내용과 성과를 자세히 나열하기 어려울 정도로 너무 많아서 중국과 남한의 연구를 중심으로 개략적인 연구 경향을 살펴보기로 한다. 중국에서는 1994년 이후 고구려사의 귀속문제에 대한 논의가 대두되자 이에 대한 정부 차원의 연구계획이 준비되었던 것으로 보인다. 1999년에는 전국적인 규모의 고구려 학술토론회가 개최되었으며, 이후 2002년 동북공정을 통해 고구려사 전반에 걸쳐 정부 주도하에 일련의 연구들이 진행되었다. 고고학 분야에서는 고구려 왕릉 및 도성과 관련된 문제에 연구가 집중되었는데, 특히 왕릉과 주인공 비정 문제는 남한과 일본 학계에도 영향을 주어 이에 대한 연구 결과가 양산되었다.

　이 시기 중국에서는 이전과는 달리 다양한 단행본 개설서들이 출간되었다. 대표적인 것으로 고구려 고고학 및 유적개관(朴眞奭·姜孟山 2001; 魏存成 2001; 耿鐵華 2004a), 고구려의 역사와 문화 개관(耿鐵華·倪軍民 2000), 성곽에 대한 연구(王綿厚 2002), 왕릉과 귀족무덤에 대한 연구(孫仁杰·遲勇 2007; 張福有 外 2007; 耿鐵華 2008a), 벽화고분 및 벽화에 대한 연구(尹國有 2003; 耿鐵華 2008b), 와당에 대한 연구(耿鐵華·尹國有 2001) 등이 있으며, 고구려 고고학 연구사와 관련된 단행본도 출간되었다(李樂營·李淑英 2006; 耿鐵華·李樂營 2012; 耿鐵華 2013). 또한 이 시기에는 자세한 조사내용이 수록된 보고서가 여러 권 간행되었으며, 출토유물에 대한 도록도 간행되어 연구 자료의 공개라는 측면에서는 매우 긍정적으로 평가된다. 2007년까지 이어진 동북공정 기간 중 대학연구소를 비롯해 고구려 관련 연구기관이 여러 개 설립되었으며, 연구자도 증가하였다. 특히 길림대학, 통화사범대학, 연변대학 등에서 신진연구자들이 대거 배출되었으며, 연구 주제도 다양화되었다.

이 시기 남한에서는 중국과 북한의 고분과 성곽자료를 정리하는 작업과 연구 성과들이 꾸준히 지속되는 한편 남한의 고구려유적에 대한 연구들이 지속적으로 이루어졌다(최종택 2014). 2000년 이전 남한에서 간행된 단행본은 중국이나 북한의 연구 성과를 집성하는 것이었으나(申瀅植 1996; 余昊奎 1998, 1999), 2000년 이후에는 남한에서도 분야별로 연구 성과를 집대성한 개설서가 여러 권 간행되었다(전호태 2000; 강현숙 2005, 2013; 백종오 2006; 김일권 2008; 서길수 2009; 임기환 외 2009; 정호섭 2011; 최종택 2013; 양시은 2016a). 한편 고구려연구재단이 설립된 2004년 이후에는 재단의 지원으로 많은 연구가 이루어졌으며, 일부 북한과의 공동연구도 이루어졌다. 해마다 여러 차례의 고구려 관련 학술회의가 개최되었으며, 이를 통해 고구려 고고학 연구 성과를 정리하는 한편 새로운 연구들이 발표되었다. 또한 많은 수의 신진연구자들이 배출되었는데, 2000년 이후에 발표된 석사학위논문만 47편에 달하며, 박사학위논문도 7편이나 제출되었다. 공동연구 성과나 일제강점기 일본인들에 의한 조사연구와 유물에 대한 연구도 여러 권 간행되었다(동북아역사재단 2008, 2009, 2010, 2011).

이 시기 남한에서 이루어진 연구 주제는 매우 다양한데, 주요 내용만 열거하면 다음과 같다. 우선 고분과 관련해서는 적석총의 기원과 분포, 구조형식, 편년 및 봉토분의 기원과 변천 등 전통적인 주제 외에도 고분을 통해 본 고구려사의 전개 과정과 사회구조 및 왕릉급 고분의 구조와 주인공문제 등이 주요한 연구 주제로 다루어졌다(강현숙 2013). 그밖에 남한의 고구려고분에 대한 연구도 여러 편 발표되었다(崔鍾澤 2011). 성곽과 관련해서는 성곽의 구조와 시기별 특징, 성곽과 방어체계 등이 주요 연구주제로 다루어졌으며, 국내성과 평양성의 도성체계에 대한 연구도 활발히 진행되었다(양시은 2013, 2014; 여호규 2013). 또한 이 시기 남한지역의 고구려 성곽과 보루에 대한 연구도 상당한 성과를 거두었는데, 정밀한 발굴조사를 바탕으로 고구려 성곽의 축조방식에 대한 새로운 견해들이 제시되었다(沈光注 2006; 최종택 2013). 건축과 관련해서는 환도산성 왕궁지 및 안학궁성과 관련된 궁궐건축에 대한 연구와 사찰건축에 대한 연구가 있으나 다른 분야에 비해 연구가 부진한 편이다. 이 시기 유물에 대한 연구가 급격히 활발해졌는데, 토기, 기와, 와당, 무기, 마구, 장신구, 금속용기 등 모든 종류의 유물에 대한 자료집성과 형식분류 및 편년이 진행되었다.

일본에서도 몇 권의 단행본이 출판되었는데(東潮 1997, 2011; 田村晃一 2001), 아즈마 우시오

(東潮)의『고구려고고학연구(高句麗考古學研究)』(1997)는 1990년대 후반까지의 연구를 집대성하였으며, 고고자료에 대한 정치한 분석이 이루어졌다는 점에서 평가되고 있다. 북한에서는 고구려 고고자료를 집성한『조선고고학전서 중세편』9권이 간행되었으며, 그간의 연구 성과를 종합한 개설서도 간행되었다(손수호 2001; 리광희 2005).

이상으로 1995년 이후의 연구 성과를 중국과 국내를 중심으로 살펴보았는데, 이전 시기에 비해 연구자의 수가 증가하였으며, 연구 문헌의 발표가 폭증하였다. 이 시기 연구의 경향은 중국과 남한 공히 정부의 주관이나 지원하에 이루진 연구가 많다는 것인데, 학문 외적인 요인이 연구 결과에 반영될 수 있다는 점에서 긍정적이지만은 않은 것으로 평가된다. 다른 측면에서는 이 시기의 연구 경향은 기존 연구 성과의 집대성과 연구 주제의 다양화로 요약할 수 있는데, 신진연구자의 증가라는 측면과 함께 매우 긍정적으로 평가할 수 있다.

이상 19세기 말 이후 고구려 고고학의 연구 동향을 제1기(1895~1945년), 제2기(1946~1973년), 제3기(1974~1994년), 제4기(1995~2014년) 등 네 개의 시기로 나누어 살펴보았다. 제1기에는 일본인이 연구를 주도하였으며, 고분을 중심으로 한 새로운 자료의 획득을 중심으로 연구가 이루어졌다. 제2기에는 북한과 중국 현지인에 의한 연구가 시작되었다. 이 시기에는 북한의 연구자들이 연구를 주도하였으며, 적석총과 봉토분의 구조형식과 편년 등 연구의 기본적인 틀이 마련되었다. 제3기는 중국의 연구자들이 연구를 주도하였는데, 적석총의 기원과 구조형식에 대한 다양한 견해들이 제시되었으며, 1980년대에는 이에 대한 대체적인 합의가 이루어졌다. 또한 고분 외에도 성곽과 건축 및 유물 등으로 연구 주제가 확대되었으며, 현재 논의되고 있는 대부분의 주제에 대한 개설적인 연구가 이루어졌다. 1995년부터 현재에 이르는 제4기 동안에는 남한과 중국 연구자들이 연구를 주도하였는데, 2000년대 이후 남한 연구자들의 활동이 두드러지게 증가하였다. 이 시기 남한과 중국에서 양질의 자료가 확보되었고, 이를 바탕으로 새로운 연구 성과가 발표되었으며, 고분과 성곽 등에 대한 연구성과를 집대성한 개설서들이 발표되었다. 또한 이 시기에는 연구주제가 다양화되었고, 새로운 연구자들이 대거 등장하였는데, 이러한 점에서 향후의 연구 전망은 매우 긍정적으로 평가할 수 있다.

돌이켜보건대 고구려 고고학 연구는 시작부터 일제의 식민지 지배로 인한 왜곡을 겪었으며, 광복 후에도 남북의 분단, 중국의 동북공정 등 학문 외적인 요인의 영향을 벗어나지 못하고 있다. 그동안 많은 연구 성과가 축적되었지만, 여전히 학문 외적 요인이 고구려 고고학 연구에 장애가 되는 것 또한 엄연한 사실이며, 빠른 시간 안에 상황이 변화되기를 기대하기는 어려울 것으로 보인다. 학문 외적인 장애 요인을 극복하기 위한 방법이 마땅치 않은 것 또한

사실이지만, 남북한을 비롯한 국제적인 학술교류 및 연구 주제의 다양화와 새로운 연구방법
론의 개발 등 다음 시대를 맞이할 노력은 지속적으로 이루어져야 할 것이다.

III

도성

일반적으로 도성(都城)은 나라의 최고 통치자가 거주하면서, 국가의 정치, 경제, 사회, 문화 등에서 가장 중심이 되는 최상위급의 행정 도시를 의미하나, 해당 도시를 둘러싼 성곽 자체를 지칭하기도 한다. 고대 도성에는 왕이 평상시 거주하는 왕궁(또는 궁성), 제의시설인 종묘와 사직, 각종 업무가 이루어지는 행정 관청, 그리고 시장과 도로 등을 비롯한 각종 기반시설 외에도 수도 방어를 위한 성곽 등이 갖추어져 있다.

중국의 고대 도성은 통상적으로 왕 또는 제후들이 머무르는 궁을 보호하는 내성(內城)과 거주민들의 취락 등을 둘러싼 외곽(外郭)으로 구성된 방형의 큰 성곽도시의 형태이지만, 큰 산과 깊은 계곡이 많은 고구려에서는 중기까지도 도시를 둘러싼 대형 성곽의 구조가 아니라 왕도 내에 왕이 거주하는 궁성이 존재할 뿐이어서 중국과는 큰 차이를 보인다. 고구려에서는 6세기 후반 장안성으로 천도한 이후에서야 비로소 도시를 방어하는 성곽을 갖춘 전형적인 도성 구조가 확인된다.

주지하다시피 고구려는 환런(桓仁) 지역의 졸본(卒本)에서 건국하여 지안(集安) 지역의 국내성(國內城)으로 도성을 옮겼다가, 427년 평양(平壤) 지역으로 천도한 후, 586년에는 다시 평양 내 장안성(長安城)으로 도읍을 옮겼다. 물론, 문헌기록에는 보다 많은 천도 관련 기사가 확인되고 있지만, 고구려 도성은 기본적으로 왕도의 위치에 따라 환런(졸본), 지안(국내), 평양으로 나누어볼 수 있다.

그러나 그간의 고고학적인 조사에도 불구하고 여전히 각 도성의 구체적인 위치나 성격, 활용 시기에 대해서는 의견이 분분한데(양시은 2014a), 본 장에서는 문헌 기록과 고고학적인 성과를 종합하여 고구려 도성의 구조와 변천 양상에 대해 살펴보도록 하겠다.

1. 졸본 도성

고구려의 첫 번째 도성은 졸본으로, 『삼국사기』 고구려본기 동명왕 즉위년(기원전 37) 기사에는 주몽이 '졸본천(卒本川)에 이르러, 그 토양이 기름지고 아름다우며, 산하가 험하고 견고한 것을 보고 마침내 도읍하려고 하였으나, 궁실을 지을 겨를이 없었으므로 일단 갈대를 엮어 비류수(沸流水) 위에 살았다'라는 내용이, 그리고 성곽과 궁실은 그 이후로부터 3년이 지나 축조한 것으로 기록되어 있다. 또한《광개토왕릉비》에는 '비류곡 홀본(忽本) 서쪽 산 위에 성을 쌓아 도읍으로 삼았다'라고 하고, 『위서(魏書)』에는 '주몽이 흘승골성(紇升骨城)에 이르러

거취를 마련하였다'라고 전한다.

졸본은 대체로 지금의 중국 랴오닝성 환런현 일대로 비정된다. 환런 지역은 험준한 산으로 둘러싸인 분지 지형으로, 혼강(渾江)과 그 지류를 따라 넓은 들판이 펼쳐져있다. 환런 일대에는 하고성자토성(下古城子土城)과 오녀산성(五女山城), 그리고 강을 따라 망강루고분군(望江樓古墳群), 상고성자고분군(上古城子古墳群), 고력묘자고분군(高力墓子古墳群, 또는 고려묘자고분군) 등 고구려 이른 시기의 주요 적석총들이 분포한다(그림 Ⅲ-1). 고구려 영역 내에서 이른 시기 적석총의 대규모 군집과 함께 성이 존재하는 곳은 환런과 지안 밖에 없는데, 광개토왕릉비가 위치한 지안 지역은 국내성이 있었던 곳이므로 환런 일대가 졸본일 수밖에 없다.

그렇지만 졸본 도성의 구체적인 내용과 관련하여서는 여러 견해가 있다. 외이춘청(魏存成 1985a), 왕면허우(王綿厚 2002), 박순발(2012) 등은 흘승골성을 오녀산성으로, 졸본 평지성을 하고성자토성으로 비정하고 있다. 그리고 흘승골성이 오녀산성이라는 인식에는 동의하지만, 광개토왕릉비에 나타난 졸본(홀본)의 위치를 근거로 부이강(富爾江)과 혼강이 합류하는 지점에 자리한 나합성(喇哈城)을 평지 도성으로 파악하는 견해도 있다(王從安·紀飛 2004). 또 오녀산성의 동쪽, 대규모 고구려 고분군이 조성되어 있는 고력묘자촌 부근의 수몰지구를 졸본(梁志龍 2008)이나 평지 거점(양시은 2014a)으로 보기도 한다. 이 외에도 흘승골성을 하고성자토성으로, 졸본을 환런 일대의 평지를 총괄하여 지칭하는 것으로 파악하거나(耿鐵華 2001a), 졸본을 부이강과 혼강의 합류 지역으로, 그리고 위나암성(尉那巖城)을 오녀산성으로 보는 견해(노태돈 2012)도 있다.

이처럼 환런 일대에서 고구려 도성과 관련하여 거론되는 주요 유적으로는 오녀산성, 하고성자성, 나합성이 있다.

오녀산성은 사방이 깎아지른 절벽으로 둘러싸여 천혜의 요새를 이루는 오녀산 정상부(해발 806m)의 넓은 평탄지(남북 길이 600m, 동서 너비 110~200m)와 완만하게 경사진 동쪽 산기슭에 입지해 있다. 전체 성벽은 총 길이 4,574m인데, 대부분은 자연 절벽을 그대로 성벽으로 사용하였고, 돌로 쌓은 곳은 남벽과 동벽의 남단으로 565m에 불과하다. 그 중 1호 대형건물지는 6칸 규모의 초석 건물로, 길이 13.8m, 너비 6~7.2m이다. 건물지 내부에서 한나라 화폐인 오수전(五銖錢)과 왕망(王莽)대에 주조한 대천오십전(大泉五十錢) 등이 출토되어 비교적 이른 시기에 사용되었음이 밝혀졌다. 산성에서는 고구려 초기에 해당하는 제3문화층에서 평면 형태 원형 내지는 장방형의 수혈주거지(35호, 36호, 47호, 57호)도 발견되었는데, 주거지 내부에서는 온돌이 아닌 노지(57호)와 부뚜막(47호) 시설만 확인되었다. 출토 유물로는 잔석립이

그림 Ⅲ-1 환런 일대 주요 고구려 유적 분포도(王志剛 2015: 도1.1)

일부 혼입된 태토에 물레가 아닌 손으로 제작한 심발 계통의 토기(그림 Ⅲ-3:①, ②)와 철기(삽, 괭이) 등이 있다. 이러한 발굴조사 결과와 문헌기록을 종합해보면, 오녀산성은 산 위에 도읍하였다는 광개토왕릉비의 내용과 가장 일치하는 곳이므로, 『위서』에 전하는 흘승골성일 가능성이 크다.

한편, 『오녀산성』(遼寧省文物考古硏究所 2004) 보고서에서는 산성이 고구려 초기(제3문화층)와 중기(제4문화층)에 점유되어, 4세기말에서 5세기 초까지만 이용된 것으로 보았다. 그렇지만 제작 시기가 분명한 남한지역 고구려 토기와 비교해보면 산성에는 평양 천도 이후인 5세기 중후반에서 6세기대의 토기가 존재하고 있음이 확인된다. 이는 중국측 주장과는 달리 오녀산성이 고구려 초기부터 후기까지 계속 이용되었음을 보여준다. 다만 토기의 제작기법이나 세부 형태에서 6세기로 편년되는 아차산 보루군 출토품과 일부 차이가 나타나므로, 제4기 문화층 출토 토기는 대체로 고구려 중기와 후기에 걸치는 5~6세기가 중심이 된다(양시은 2020).

현존하는 석축 성벽의 경우에는 동일 시기 적석총의 석재 가공과 건축 기술 그리고 고구려 석성에 대한 최근의 발굴조사 결과와 비교해보면, 고구려 전기가 아닌 중기에 축조되었음을 추정해볼 수 있다. 그리고 오녀산성은 절벽으로 둘러싸인 자연 지세로 인해 별도의 인공 성벽이 없더라도 충분히 방어가 가능하였을 것인데, 고구려 전기 토기가 수습되는 환런 인근의 신빈 흑구산성이나 전수호산성 또한 이와 유사한 입지 조건을 갖추고 있다. 물론 쐐기꼴 성돌로 쌓은 성벽이 고구려의 다른 석성에 비해 정연하지 않은 점이나 자연절벽을 이용하여 초기 형태의 옹성 구조를 보여주는 서문지(그림 Ⅳ-5:①)는 오녀산성 석축 성벽의 축조 시기가 고구려 중기에서도 약간 이를 가능성을 시사한다.

‘오직 사찰(佛寺), 신묘(神廟), 왕궁(王宮), 관청(官府)에서만 기와를 사용한다’는 『구당서(舊唐書)』의 기록을 보면 고구려에서는 중기 이후 중요 건물에 기와를 사용하였고, 이는 치소성으로 활용된 고구려 성에서도 마찬가지였다. 실제로 주요 지역에 위치한 고구려 성에서는 초석 건물지나 장대지, 성문지 등에서 기와가 발견되는 경우가 많다. 그럼에도 불구하고 고구려의 초기 왕성이었던 오녀산성에서는 제4기 문화층에서도 기와 건물지가 전혀 확인되지 않고 있어, 국내로 천도한 이후부터는 치소성이 아닌 환런 일대 방어를 주 목적으로 하는 산성

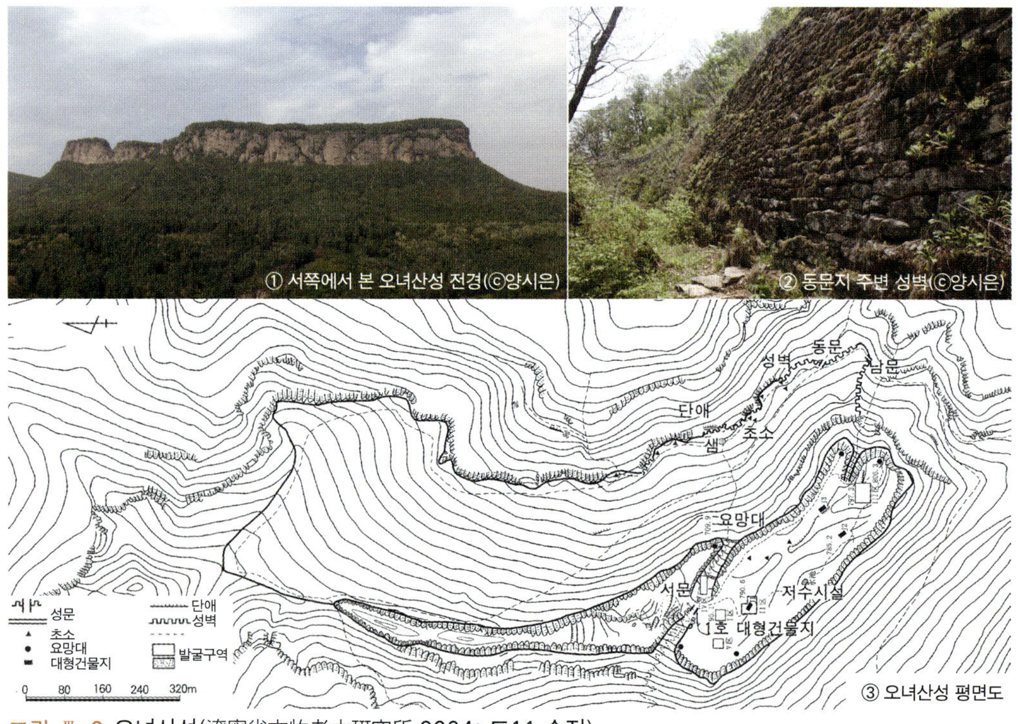

그림 Ⅲ-2 오녀산성(遼寧省文物考古硏究所 2004: 도11 수정)

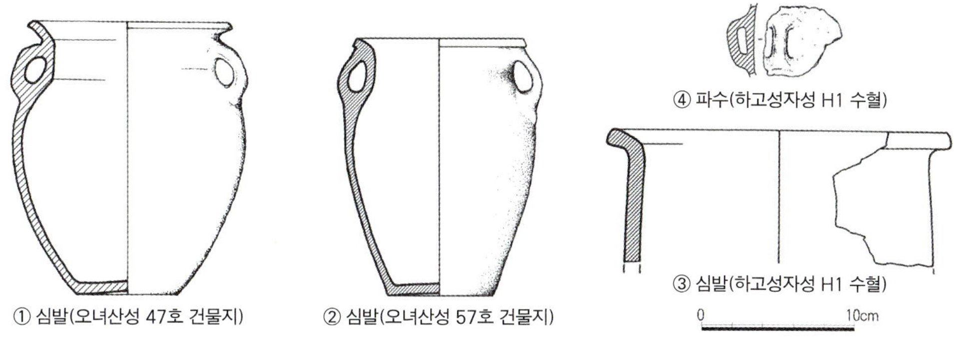

그림 Ⅲ-3 고구려 전기 토기(遼寧省文物考古研究所 2004)

으로 기능하였음을 짐작해볼 수 있다. 산성이 높고 험준한 오녀산의 꼭대기에 위치해 있기 때문에, 졸본 지역의 행정 지배를 위한 치소성보다는 졸본 일대를 방어하기 위한 산성(방어성)으로 활용된 것으로 추정된다.

결과적으로 현재 오녀산성에서 확인되는 고고학적 제 양상은 초기 도성으로서의 가능성과 국내도읍기에 도성으로 향하는 주요 길목을 지키던 중점 방어성으로서의 양상을 충실히 반영하고 있다고 할 수 있다. 평양도읍기에도 오녀산성은 폐기되지 않고 건국지라는 상징성을 지닌 졸본의 방어를 위해 계속 유지되었으나, 평양 도성으로 향하는 주 방어선에서 멀어지면서 주요 방어 기점으로서의 기능을 점차 상실하게 되었고, 이로 인해 그 지위와 운용 규모에서의 축소가 진행되었을 것으로 보인다(양시은 2020).

오녀산성은 별도의 성벽을 쌓지 않고도 방어가 가능한 천혜의 방어 요새이자 환런 분지 어디에서나 조망이 가능하다는 점에서 고구려 초기 도성으로서의 상징성을 갖기에 충분하다. 다만 높은 산 정상부에 위치한 관계로 왕이 일상적인 통치 행위를 수행하기 위해서는 불편한 점이 많았을 것이기 때문에, 졸본에는 평지에 별도의 거점 내지는 성이 있었을 것으로 추정된다. 주몽이 처음에는 비류수 위에 정착하였다는 『삼국사기』의 기록을 볼 때, 이러한 평지 거점은 강변에 위치하고 있었을 가능성이 있다. 이와 관련하여 환런 지역에서 확인되는 평지성으로는 하고성자성과 나합성이 있다.

혼강 상류의 부이강 합류 지점에 위치한 나합성은 한 변의 길이가 200m 가량인 평면 방형의 석축 평지성이다. 오녀산성에서 동쪽으로 약 12km 가량 떨어져 있다. 유적은 환런댐 건설로 인해 현재 수몰된 상태이지만, 갈수기에는 성벽이 지면에 드러나기도 한다. 1909년에 간행된 『회인현지(懷仁縣志)』에 성의 존재가 기록되어 있고, 2003년에는 환런현 문물관리소에 의해 성벽 일부가 조사되었다. 고구려 전기 도성의 후보지로 거론되기도 하지만(王從

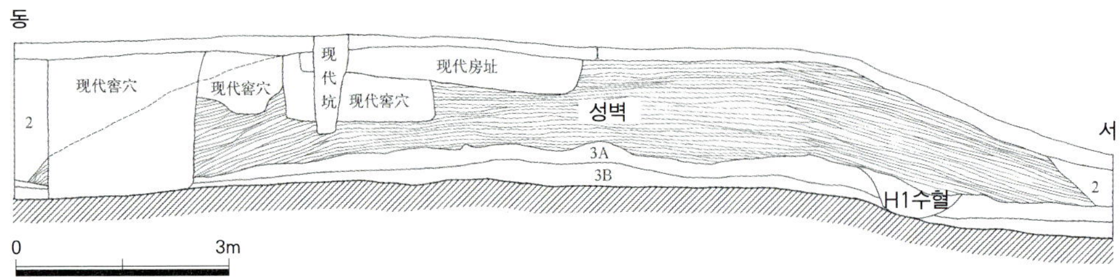

그림 Ⅲ-4 하고성자성 남벽 층위도(遼寧省文物考古研究所 2004: 306)

安·紀飛 2004), 정식 발굴조사가 이루어지지 않았을 뿐만 아니라, 잔존 석축을 성벽으로 판단하기 어렵고 주변에서 채집된 기와편이 모두 근래의 것이라는 주장(梁志龍 2008)도 있어, 현 상황에서는 구체적인 논의가 불가능하다.

환런 시가지에서 서북쪽으로 3km 떨어진 하고성자토성은 평면형태 장방형의 토성으로, 성벽의 전체 둘레는 1km 내외로 추정된다(遼寧省文物考古研究所 2004). 오녀산성에서 서남쪽으로 약 10km 떨어져 있다. 단면이 사다리꼴 형태인 성벽은 흙을 다져 축조하였고, 기저부 폭은 15.2m, 상단부 폭은 8.4m, 잔고는 1.4m이다. 남벽 아래에서는 성벽 축조 이전에 만들어진 수혈(H1)이 발견되었는데(**그림 Ⅲ-4**), 그 내부에서는 종위 대상파수와 심발 등 고구려 전기 토기가 출토되었다(**그림 Ⅲ-3:③,④**). 이러한 시굴조사 결과는 하고성자성이 한대(漢代) 토성을 재활용하였을 가능성이 높다는 외이춘청(魏存成 1985a)의 주장을 정면으로 반박하는 것이다. 이 밖에도 성 내에서는 고구려 전기로 편년되는 심발 계통의 토기와 중기에 해당하는 시루와 동이 등이 발견되었다. 그리고 귀면와당 1점도 보고된 바 있으나, 평기와가 전혀 발견되지 않아 성 내에 기와 건물지가 존재하였다고 보기는 어려운 상황이다.

『삼국사기』고구려본기에는 졸본에서 도읍을 옮긴 이후에도 신대왕 3년(167)부터 영류왕 2년(619)까지 총 8차례에 걸쳐 왕이 졸본에 있는 시조묘(始祖廟)에서 제사를 지낸 기록이 있다. 졸본은 건국지로서 상징적이고 중요한 의미를 지니고 있어 고구려 국가 성립기간 동안 왕실의 꾸준한 관리를 받았던 것으로 보인다. 신묘와 관청에 기와를 사용하였다는『구당서』의 기록으로 볼 때, 고구려 중기 이후 졸본의 시조묘와 왕이 머물렀을 평지 거점에는 당연히 기와 건물이 세워져 있었을 것인데, 하고성자성에서는 기와가 발견되지 않고 있다. 또 오녀산성이 흘승골성이라면,《광개토왕릉비》의 기록에 비추어 볼 때, 산성의 동쪽이 아닌 서쪽에 위치한 하고성자성은 졸본의 평지 도성이 되기 어렵다.

하고성자토성은 본격적인 발굴조사가 이루어진 것이 아니기 때문에, 그 축조 시기를 판단하기가 쉽지 않다. 다만 인근에 조성된 상고성자고분군을 통해 토성의 활용 시기를 간접적으로나마 짐작해볼 수 있을 뿐이다. 상고성자고분군은 일부 무기단적석총을 제외하면 대부분 기단적석총으로 구성되어 있다. 계단식적석총이 확인되지 않았고 2006년에 발굴조사 된 HSM4호분에서 니질 태토에 점열문 내지는 중호문과 점열문이 시문된 회색 토기가 출토되었다는 점에서 기단식적석총의 조영연대를 3~4세기대로 늦춰보기도 한다(梁振晶 2008). 상고성자고분군을 조영하였던 주체 세력은 고분군에서 약 1.5km 떨어진 곳에 있는 하고성자성에 거주하였을 가능성이 크고, 무엇보다도 성벽보다 먼저 조성된 수혈에서 심발형 토기를 비롯한 고구려 전기 토기가 출토되었다는 점에서 토성의 축조 시점은 고구려 건국보다는 다소 늦을 가능성이 있다.

그렇다면, 졸본의 평지 거점은 어디였을까? 환런 지역이 고구려의 초기 도읍이라면, 오녀산성의 동쪽에 위치하면서 동시에 이른 시기의 고구려 고분군이 존재하여야만 한다. 환런 일대에서 규모가 가장 큰 고분군은 고력묘자고분군으로 현재는 댐으로 인해 수몰된 상태이다. 고분군의 서북쪽으로 약 6km 떨어진 강 건너편에 오녀산성이 위치한다. 1956년 조사 당시에는 240여 기의 고분이 확인되었는데, 고분군 남단으로 대형 적석총 70~80여 기가 집중분포하고 있었다고 한다. 고분군은 다수의 적석총과 소수의 봉토분으로 구성되어 있는데, 적석총은 무기단적석총에서 계단적석총까지 모든 형식이 확인되었다(萬欣·梁志龍 1998). 적석총에서는 회전대를 이용하지 않고 손으로 제작한 심발과 초창기 형태의 호가 출토되어, 이른 시기부터 무덤이 조영되었음을 알 수 있다. 환런 일대에서 규모가 가장 클 뿐만 아니라 고분군의 조영 기간도 가장 길고, 또 대형 적석총도 다수 확인된다는 점에서 졸본 도성의 평지 거점은 고력묘자고분군 주변에서 찾아야할 것으로 생각된다(양시은 2014a).

다만 이 일대가 수몰된 관계로 더 이상의 추론은 무리이나, 환런 일대에 분포하고 있는 초기 적석총의 개체 수나 금제 귀걸이가 부장된 망강루고분군만으로는 당시 대규모 토목사업을 할 만한 노동력의 확보 내지는 강력한 왕권의 지배력을 상정하기도 어렵다(강현숙 2015). 고구려 초기에는 졸본의 평시 거점에 성곽이 축조되지 않았을 가능성이 있고, 더욱이 산상의 군사방어성이 평상시 거점보다 중시되었을 가능성 역시 배제할 수 없다(여호규 2015).

2. 국내 도성

고구려의 두 번째 도성이었던 국내 도성은 천도 시점에 대한 논란이 있기는 하지만, 지안고구려비와 광개토왕릉비, 태왕릉을 비롯한 초대형 왕릉급 적석총, 그리고 국내성과 환도산성이 자리하고 있는 중국 지린성 지안시에 소재하고 있었음은 분명하다. 지안 지역은 압록강 중류 일대에서 가장 넓은 평지가 펼쳐져 있는 곳으로, 만주의 소강남(小江南)이라고 불릴 정도로 따뜻하고 강수량도 풍부하며 서리가 내리지 않는 날이 많아 농사짓기에 알맞은 곳이다. 북쪽에 있는 노령산맥(老嶺山脈)에서 뻗어내린 용산(龍山, 507m), 우산(禹山, 762m), 칠성산(七星山, 706m) 등이 지안의 분지 지형을 감싸며 천혜의 자연 방어벽을 형성하고 있으며, 남쪽에 자리한 압록강 덕분에 수로를 통한 이동이 가능하다.

『삼국사기』 고구려본기 유리왕 22년(기원후 3) 기사에는 '겨울 10월에 왕은 국내(國內)로 천도(遷都)하고, 위나암성(尉那巖城)을 쌓았다'는 기록이 전한다. 외이춘청(魏存成 1985a)을 비롯한 상당수의 연구자들은 해당 기사와 『삼국사기』 지리지를 근거로 당시 고구려가 졸본에서 국내성으로 천도한 것으로 이해하고 있다.

반면 『삼국지(三國志)』 위서(魏書)에는 공손씨(公孫氏)가 건안(建安)년간(196~220년)에 고구려를 공격하여 파괴하였고, 이후 이이모(伊夷模)가 새로운 나라를 건설하였다(更作新國)는 기

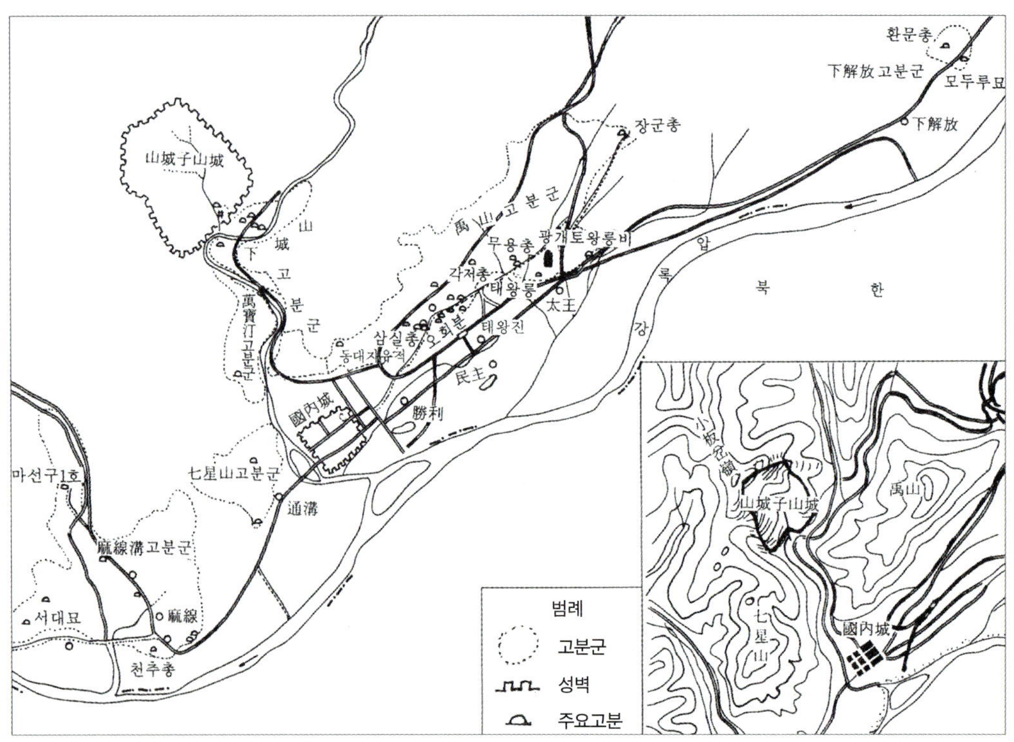

그림 Ⅲ-5 지안 일대 주요 고구려 유적 분포도(余昊奎 1998b: 그림2-1-1)

그림 Ⅲ-6 지안 일대 위성사진(ⓒ동북아역사재단)

사가 전한다. 이와 유사한 내용은 『삼국사기』 고구려본기의 고국천왕 즉위조(189년)와 산상왕 즉위조(197년)에 각각 기록되어 있는데, 건안년간을 고려한다면 산상왕대의 사건으로 이해하는 것이 합리적이다. 그리고 『삼국지』에는 왕위에 오르지 못한 발기(拔奇)가 공손강(公孫康)에게 투항했다가 비류수 일대로 돌아왔고, 이에 이이모(산상왕)가 나라를 새로 세운 곳이 244년 관구검(毌丘儉)이 침입했을 당시의 도성(환도성)이라는 내용도 전한다. 해당 기사는 1906년 지안의 소판차령(小板岔嶺)에서 발견된 관구검기공비(毌丘儉紀功碑)로 인해 사실로 입증된 바 있다. 다나카 도시아키(田中俊明)는 해당 기사에서 언급된 새로운 나라가 도성 전체를 지칭하는 것으로 보고, 국내로의 천도 시점을 유리왕대가 아닌 산상왕대에 행해진 것으로 판단하고 있다(東潮·田中俊明(박천수·이근우 역) 2008).

이처럼 국내 천도 시점에 대해서는 고대사학계를 중심으로 유리왕대설과 산상왕대설이 맞서 왔는데, 근래에는 태조왕대설(여호규 2005; 권순홍 2015)과 신대왕설(임기환 2015; 기경량 2017)도 제기되고 있다. 관련된 고고자료가 거의 없어 국내 천도 시점을 논하기가 쉽지 않지만, 관구검기공비의 존재로 볼 때 3세기 이전부터 이미 도성이 지안 지역에 소재하고 있었음은 분명해 보인다.

　사실 『삼국사기』에는 유리왕 22년의 국내 천도 기사 외에도, 산상왕 13년(209)에 환도(丸都)로 도읍을 옮긴(移都) 기사, 동천왕 21년(247)에 환도성이 화를 입어 다시 도읍으로 삼기 어렵게 되자 평양성(平壤城)을 쌓고 백성과 종묘사직을 옮긴(移民及廟社) 기사, 고국원왕 12년(342) 봄에 환도성(丸都城)을 수리하고 국내성(國內城)을 쌓은 다음, 가을에 환도성으로 거주를 옮긴(移居) 기사, 고국원왕 13년(343)에 다시 평양 동황성(東黃城)으로 거주를 옮긴(移居) 기사 등이 전하고 있다. 왕의 거처 이동과 관련된 이들 문헌기록은 2세기 말부터 4세기 전반까지 주변 국가와의 전쟁 등으로 인해 고구려의 상황이 그리 녹록지 않았을 뿐만 아니라 위나암성, 환도성, 평양성, 국내성, 평양 동황성 등 궁성과 관련된 여러 성이 존재하고 있었음을 짐작케 한다. 그렇지만 현재 지안 지역에서 확인되는 고구려 성은 국내성과 환도산성 뿐인데, 지금까지의 고고학 조사 결과만 놓고 보면 이들 두 성은 유리왕대 국내 천도와 관련되어 있다고 보기 어려운 상황이다.

　국내성은 전체 성벽 둘레가 2.74km에 달하는 평면형태 방형의 석축 평지성으로, 남쪽으로는 압록강이, 서쪽으로는 통구하(通溝河)가, 북쪽으로는 노령산맥이 자연 방어벽을 형성하고 있다. 1910년대에는 통구성(通溝城)으로 알려져 있었는데, 당시 폭 30척(9m), 높이 20척(6m)의 성벽에는 일정한 간격으로 치(42개)가 설치되어 있었고(그림 Ⅲ-7:좌), 북벽 바깥에

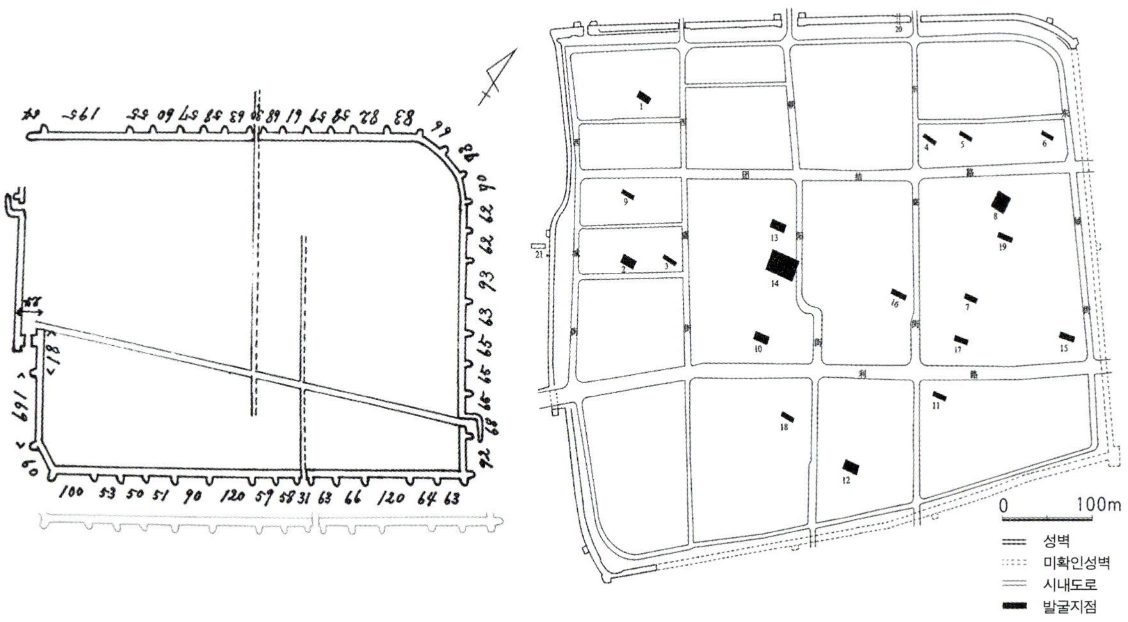

그림 Ⅲ-7 1910년대와 2000년대 국내성 평면도(吉林省文物考古硏究所 2004a)

는 해자가 조성되어 있었다고 한다. 1921년에는 집안현성(輯安縣城)이었던 국내성을 대대적으로 수리하면서 상당한 변형이 이루어지게 되었고, 1936년에 이케우치 히로시(池內宏)가 조사할 당시에는 북벽만이 기존 위치를 그대로 유지하고 있었을 뿐, 그 외에는 모두 개축되면서 위치가 약간씩 이동되었다고 한다(日滿文化協會 1938).

국내성에 대한 본격적인 조사는 신중국 성립 이후로, 1975~1977년에는 성벽 단면 절개 조사(集安縣文物保管所 1984), 1990년대에는 북벽 치, 2000~2003년에는 북벽과 서벽 그리고 성 내부에 대한 대대적인 발굴조사가 진행되었다(吉林省文物考古研究所 2004a). 2004년 국내성이 세계문화유산으로 등재된 이후 2008~2011년에는 남벽과 동벽에 대한 추가 조사가 이루어졌고(王志剛 2011), 현재는 동벽 일부 구간을 제외한 전체 성벽의 정비가 완료된 상태이다. 다년간에 걸쳐 조사가 이루어진 국내성의 전반적인 현황 및 축성 방식 등에 대해서는 그간 여러 논문과 보고서를 통해 비교적 상세히 보고된 바 있다.

한편, 1970년대 발굴조사에서는 국내성 성벽 아래에서 토성의 흔적을 발견하였다는 보고가 있었다(集安縣文物保管所 1984). 석축 성벽 아래에서 발견된 폭 7~8m, 잔고 1.7~2m 규모의 궁형(弓形)의 토축 다짐층(그림 Ⅲ-8:①-2층)에서 출토된 마제 석부와 석도, 환상석기 등을 근거로 이를 고구려 건국 이전에 축조된 한나라 고구려현성(高句麗縣城)의 토성벽으로 판단한 것이다. 그러나 리신취안(李新全 2004)은 해당 토성벽을 중국의 군현이 아닌 고구려가 축조한 것으로 보았으며, 리전푸(李殿福 2006)는 전국시기 연(燕)의 요동군 새외 거점성으로, 류쯔민(劉子敏 2006)은 서개마현(西蓋馬縣)에 있던 토착민 집단(高夷)이 세운 개마국의 성으로 추정하기도 하였다.

반면, 2000년대 초반 국내성 북벽에 대한 발굴조사에서는 1970년대에 확인하였다는 토루의 흔적을 발견하지 못하였으며, 2000년대 후반에 실시된 동벽 조사에서도 토축의 기초부

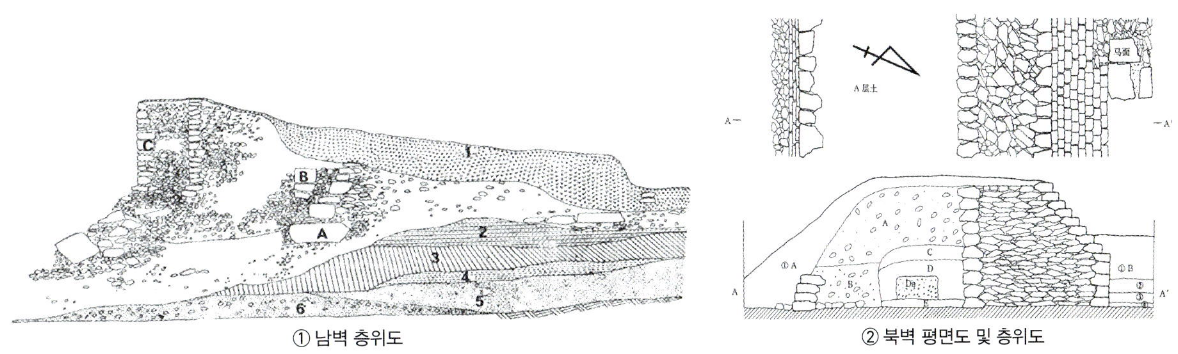

①남벽 층위도   ②북벽 평면도 및 층위도

그림 Ⅲ-8 국내성 남벽(集安縣文物保管所 1984: 도13)과 북벽(吉林省文物考古研究所 2004a: 도11)

와 석축성벽의 축조 시기는 4세기 초를 상회하기 어렵다고 보았다(吉林省文物考古研究所 2012).
사실 1970년대에 발견된 토축 다짐층은 한대 토성의 흔적이 아니라 고구려가 국내성 성벽
축조를 위해 조성한 기초 성토층이며, 이러한 다짐층은 남한의 호로고루나 당포성 등에서도
확인된다. 그리고 국내성의 해당 토층에서는 청동기시대의 석기와 함께 고구려 전기로 편년
되는 종위대상파수가 부착된 심발형 토기(그림 Ⅲ-9:①)가, 북벽 내부의 토축부에서는 회전
대로 제작한 니질 태토의 토기 파편(그림 Ⅲ-9:⑤)이 포함되어 있기 때문에, 국내성 석축 성
벽은 고구려 전기가 아닌 중기에 축조되었음을 알 수 있다. 결국 국내성의 초축 시점은 고국
원왕 12년(342)의 축성 기사와 연결시켜보는 것이 가장 합리적이다(양시은 2013a).

그리고 국내성이 고구려 중기에 조성되었음은 성 내부의 발굴조사 결과를 통해서도 추정
이 가능하다. 2003년도에 조사된 체육장 지점에서는 가장 아래 문화층에서 권운문와당, 시
유도기 및 동진대(東晉, 317~420년) 저장성(浙江省) 지역에서 제작된 청자 등이 출토되어 4세
기대 이후의 중요 건물지가 있었음이 밝혀졌다(吉林省文物考古研究所 2004a). 성 내부에서 고구
려 전기 토기가 수습되기는 하지만, 국내성 최하단부의 문화층에서는 대체로 4세기 이후의

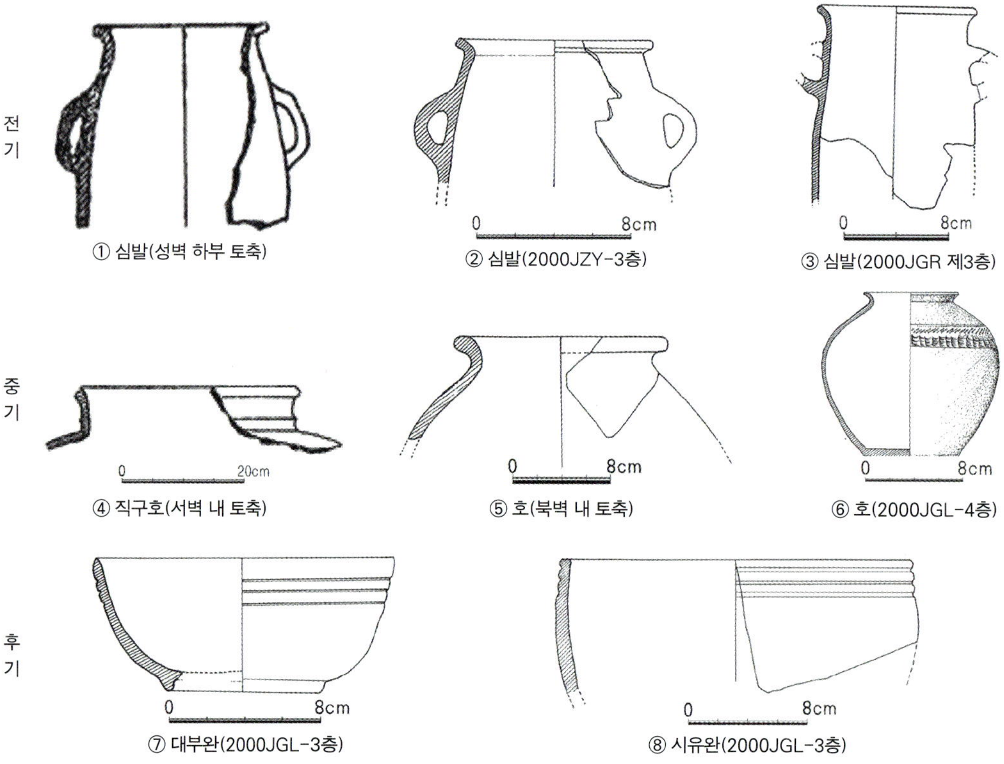

그림 Ⅲ-9 국내성 출토 고구려 토기(①,④: 集安縣文物保管所 1984; ②,③,⑤~⑧: 吉林省文物考古研究所 2004a)

유물이 출토되고 있다. 여호규(2005)는 국내성 내에서 발견된 권운문와당의 분포 양상을 통해 4세기 전반에는 이미 성 내부에 고급 건축 재료를 사용하는 건축물이 골고루 분포하고 있었기 때문에, 3세기 중후반 무렵 나부(那部) 지배세력의 집주와 더불어 국내성의 도성 경관이 본격적으로 형성되었을 것으로 추정한 바 있다. 그렇지만 아직까지는 국내성 일대에서 3세기대 건물지가 발견되지 않고 있다는 점에서 문제가 있다.

한편, 국내성에서 북쪽으로 2.5km 가량 떨어져 있는 환도산성(산성자산성)은 남쪽 계곡 입구를 정문으로 삼고 주변의 험준한 산 능선을 따라 석축 성벽을 쌓아 전체 둘레가 7km인 전형적인 포곡식(包谷式) 산성이다(그림 Ⅲ-10:좌). 2001~2003년에는 지린성 문물고고연구소 등이 남문지와 성 내 장대 및 초석건물지 등을 발굴조사 하였으며(吉林省文物考古硏究所 2004b), 2004년 세계문화유산으로 지정된 이후에는 성벽과 성 내부에 대한 지속적인 정비복원이 이루어졌다. 최근에는 전체 성벽을 따라 관람로가 조성된 상태이다.

환도산성은 『삼국사기』에 산상왕 2년(198)에 축조하였다는 환도성(丸都城)으로 추정되는데, 지금까지의 발굴조사에서는 5세기대 이후로 편년되는 유물만 주로 출토되었을 뿐 2세기 말 내지는 3세기대로 편년되는 유물이나 유구는 확인되지 않았다. 심지어 국내성에서 출토되는 4세기대 권운문와당도 환도산성에서는 발견되지 않고 있어, 고국원왕대 환도성이 도성으로 활용되었다는 문헌기록을 고고 자료가 뒷받침해주지 못하고 있다. 환도산성이 2세기 말부터 존재하고 있었음은 『삼국사기』와 『삼국지』 등의 문헌자료 외에도 《관구검기공비》를

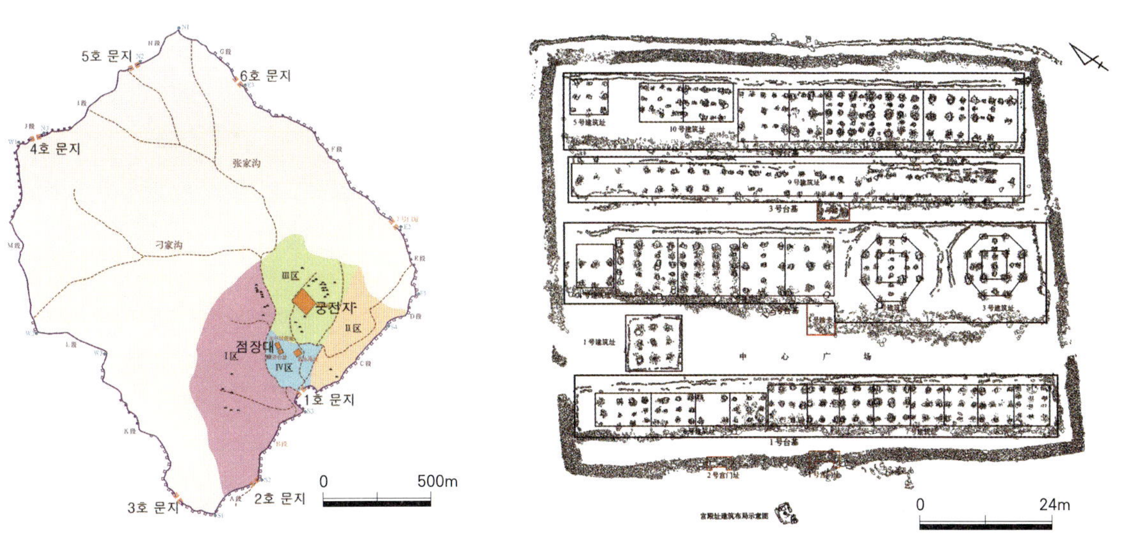

그림 Ⅲ-10 환도산성과 초석건물지(吉林省文物考古硏究所 2004b: 도3, 도41)

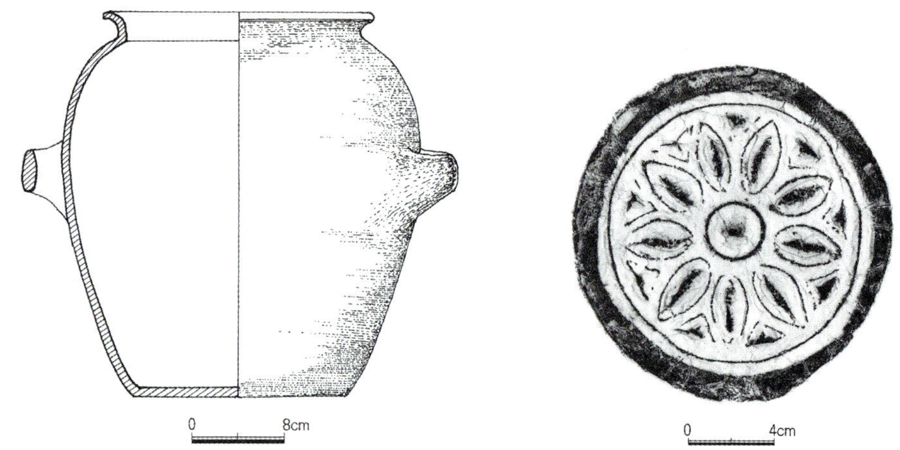

그림 Ⅲ-11 초석건물지 출토 양이부호와 연화문와당(吉林省文物考古研究所 2004b: 도104, 도76-2)

통해서도 충분히 추정해볼 수 있으므로, 산성에 대한 추가 조사를 통해 관련 자료를 확보할 필요가 있다. 환도산성은 조위(曹魏)의 관구검과 전연(前燕)의 모용황(慕容皝)에 의해 대규모로 파괴되면서 여러 차례 개축되었기 때문에, 지금까지 최초 축성 단계의 유구나 유물이 잘 드러나지 않았을 가능성도 배제할 수 없기 때문이다.

이 밖에도 환도산성에서는 남북 95m, 동서 62m 범위의 3단으로 구성된 대지에 조성된 초석 기와건물지가 여러 동 발견되었다(그림 Ⅲ-10:우). 온돌 시설은 확인되지 않았으며, 와당과 기와를 포함한 다수의 유물이 출토되었다. 보고서에는 해당 건물지를 342년 전연의 침입으로 환도성이 함락되었을 때 소실되어 폐기된 궁전으로 추정하였다(吉林省文物考古研究所 2004b). 그러나 해당 건물지에서 출토된 연화문와당(그림 Ⅲ-11:우)과 유사한 모티브의 와당이 6세기대로 편년되는 연천 호로고루에서, 〈그림 Ⅲ-11:좌〉와 동일한 형태의 양이부호가 5세기 중후반의 남한 내 여러 고구려 유적에서 발견되고 있고, 6세기대 문헌에서도 여전히 환도성의 명칭이 등장한다는 점에서 4세기대 폐기설은 인정하기 어렵다.

이상에서 살펴본 바와 같이 고구려 중기 도성을 구성했던 국내성과 환도산성은 유리왕대의 국내 천도와는 직접적인 관련이 없을 가능성이 있다. 더욱이 지안 일대에서는 3세기 이전 도성과 직접적으로 관련된 고고 자료를 찾아보기 어려운 상황이다. 그렇지만 『삼국사기』 고구려본기에는 신대왕 3년(167)과 고국천왕 2년(180)에 '왕이 졸본에 가서 시조묘에 제사를 지냈다'는 기록이 있기 때문에, 2세기 중반경에는 이미 졸본이 아닌 국내 지역이 도성이었음을 알 수 있다.

이에 강현숙(2015)은 환런과 지안 일대의 초대형 적석총에 대한 비교 검토를 통해, 지안 지역에서 한 변의 길이가 20m를 상회하는 초대형 적석총이 축조되고, 초대형 무기단적석총 간에 위계화가 관찰되는 2세기 전반 경에는 국내 지역이 이미 왕도로 자리하였을 가능성이 있기 때문에, 국내 천도는 1세기 후반에서 늦어도 2세기 전반에 이루어졌을 것으로 추정한 바 있다. 그리고 지안에서 가장 이른 시기에 해당하는 초대형 무기단적석총인 마선구 2378 호분이 위치한 마선구고분군 일대에 왕궁이 있었을 가능성이 크다고 보고, 유력한 후보지로 건강(建疆) 유적을 주목하였다.

여호규(2019)는 지안 일대에서 국내 초기 도성 유적이 발견되지 않는 점을 초기 도성의 성격과 관련된 것으로 보았다. 고구려는 초기에 왕실인 계루부가 여러 나부와 함께 국정을 운영하였는데, 각 나부의 지배세력은 본거지에 거주하며 제가회의(諸家會議) 등 중요한 행사가 열릴 때만 도성을 방문하였고, 3세기 중반까지는 궁실과 그 좌우의 신전을 중심으로 계루부 제가의 저택과 중앙귀족으로 전신한 나부의 일부 지배세력 그리고 일반 주민의 가옥이 분포하는 정도였을 뿐, 대형 창고나 감옥 시설도 갖추어지지 않은 상황이었다는 것이다. 즉 정치적 중심지로서의 도성은 존재하였지만, 본격적인 도성 경관은 아직까지 본격적으로 형성되지 않았기 때문에, 별도의 성곽을 축조하지 않은 졸본의 평상시 거점과 마찬가지로 국내 천도 직후에도 평상시 거점에 성곽을 축조하지 않았을 가능성이 있다고 본 것이다.

그리고 국내 천도 직후의 평상시 거점은 졸본의 평상시 거점이었던 환런 고력묘자촌 일대의 지형과 비슷한 마선구(麻線溝) 지역으로, 3면이 산줄기로 둘러싸여 있는 작은 분지 지형으로 성곽을 축조하지 않아도 평상시 거점으로 삼기에 충분한 천혜의 요새지이고, 이는 왕릉급 초대형적석묘의 분포나 기와의 출토 양상을 통해서도 유추해볼 수 있다고 하였다.

물론, 마선구 평원 지대와 현 지안시내의 평원 지역은 그 넓이에서 상당한 차이가 있기 때문에, 국내로 천도할 시점에 굳이 좁은 마선구 지역을 천도지로 삼았다고 보기 어렵다는 임기환(2018)의 비판도 있기는 하지만, 국내 천도 초기에 평지성이 축조되지 않았을 가능성이 있다는 여호규의 견해는 현재의 고고학 조사 결과를 놓고 볼 때 참고할 만하다.

고구려는 일찍부터 한군현과 대립해왔기 때문에, 비록 평지 거점에는 성곽을 쌓지 않았더라도 도성 주변의 험준한 산 정상부에 성을 축조함으로써 방어체계를 갖추었을 것이다. 고구려가 이른 시기부터 산성을 이용하여 방어했음은 『삼국사기』 대무신왕 11년(28) 기사나 신대왕 8년(172) 기사를 통해서도 확인이 가능하다.

그렇다면, 유리왕이 국내 천도 당시에 쌓았다는 위나암성은 어디에서 찾아야할까? 대무

신왕 11년(28)에 한나라의 군대가 침입해오자 고구려 군은 위나암성에서 농성을 하였는데, 해당 기사에는 위나암성이 산성 내에서 물이 전혀 나지 않을 것으로 여겨질 만큼 지세가 험한 바위산에 있는 것으로 묘사되어 있다. 국내 천도 이후의 기사라는 점에서 많은 연구자들은 위나암성을 환도산성으로 비정한다(魏存成 1985a). 그렇지만 문헌에 나타난 산성의 지형적인 조건을 고려하면, 포곡식산성인 환도산성 보다는 환런이나 지안 일대에 분포하고 있는 산정식산성이 좀 더 부합해 보인다. 이로 인해 위나암성을 오녀산성(노태돈 2012; 권순홍 2019)이나 패왕조산성(劉子敏 2006; 김현숙 2017)으로 추정하기도 한다.

지형적인 조건만 놓고 보면 사실 오녀산성이 가장 부합하지만, 그럴 경우 졸본과 국내 위나암이 인접한 지역에 있게 되는 문제가 발생한다. 유리왕 21년조 기사에서 제사에 쓸 돼지가 도망하여 이를 쫓다가 국내 위나암에 이르게 되었고, 이 지역의 지형과 지리적 이점을 상세하게 설명하고 있는 대목을 보면 같은 졸본 지역 내에서 벌어진 상황으로 보기 어렵다. 유리왕 22년 국내 천도 기사는 환런에서 지안으로의 천도를 반영하고 있는 것이 분명해 보인다. 이로 인해 고구려본기의 초기 기사가 윤색된 것으로 이해하고 있는 연구자들은 국내 천도의 시점을 유리왕대 이후로 보고 있다. 물론 이 부분은 추가적인 고고학 자료가 확인되지 않는 이상 해결될 수 없는 문제이기는 하나, 오녀산성은 시조 추모왕에 의한 건국지로서의 정통성을 갖고 있는 만큼, 유리왕대 국내 위나암 천도 기사는 실제 당시의 천도가 아니라 후대에 국내지역을 기반으로 하는 왕실이 졸본지역을 기반으로 하는 초기 왕계와 결합하면서 유리왕을 주몽왕의 아들로 편입하고 유리왕대에 국내로 천도한 것처럼 분식한 결과로 이해한 임기환(2018)의 연구는 흥미롭다. 이준성(2019) 역시 이 문제가 사료 계통에 기인한 차이에 의한 결과로 보고 흘승골성과 위나암성을 같은 곳으로 판단하고 있다.

이 밖에도 『삼국사기』에는 246년 관구검의 침입으로 인해 환도성이 점령당하자, 동천왕 21년(247)에 평양성을 쌓고 백성과 종묘 및 사직을 옮겼다는 기록이 있다. 당시 평양성의 위치에 대해서도 학계의 논란이 있다. 평양에 위치한 낙랑토성에서 출토된 서진(西晉)의 연호인 원강(元康, 291~299년)이 찍힌 '大晉元康' 명문 와당은 3세기 말까지도 평양 지역에 낙랑이 세력을 유지했음을 보여주는 분명한 자료이다. 그리고 평양에서는 3세기대 중반의 고구려 적석총과 유물도 발견되지 않는다. 따라서 동천왕대의 평양성은 현재의 평양 지역이 아닌 다른 곳에 있어야만 한다.

이와 관련하여 장푸유(張福有 2004)는 지안의 양민(良民) 수몰지구에서 갈수기에 드러난 성터 유적(양민고성)을 평양성으로, 여호규(2005)는 평양성을 협소한 마선구 일대의 평상시 거점이나 비상시 군사방어성인 환도성에 대비되는 명칭으로 보아, 통구분지 일대에서 가장 넓고 평탄한 중심부에 위치하였을 것으로 추정하였다. 기경량(2017)이나 권순홍(2019) 역시 당시의 평양성은 지안의 평지성인 국내성터를 지칭하는 것으로 판단하고 있다. 그렇지만 이들 주장 역시 아직까지는 관련된 고고학적인 증거가 뒷받침되고 있지 않으므로, 추가적인 확인이 필요하다.

3. 평양 도성

주변이 넓은 평야지대인 평양 지역은 낙랑이 오랜 기간 세력을 유지하였던 곳이었던 만큼 고구려가 점령할 당시에는 이미 도시의 기반 시설이 잘 갖추어져 있었을 것이다. 357년에 조성된 안악 3호분의 묵서명으로 보건대, 313년 미천왕이 낙랑을 축출한 이후부터는 고구려가 평양을 다스려왔던 것으로 보인다. 『삼국사기』에 따르면 광개토왕은 392년에 고구려의 남쪽 변경을 침입해온 백제를 물리치고 평양에 9개의 절을 창건하였는데, 이는 평양 지역이 고구려의 도성으로 활용되기 이전부터 중요한 곳이었음을 짐작케 한다.

『삼국사기』 고구려본기에는 장수왕 15년(427) '평양으로 도읍을 옮겼다(移都)'는 기록과 평원왕 28년(586) 다시 '장안성(長安城)으로 도읍을 옮겼다(移都)'는 기록이 남아있다. 고구려가 427년에 평양으로 천도한 사실은 북위(北魏)의 사신 이오(李敖)가 장수왕대 평양성을 방문했던 내용이 기록된 『위서』 고구려전을 통해서도 입증된다.

그리고 6세기 중엽 북주(北周)의 역사를 기록한 『주서(周書)』 고려전에는 '치소(治所)는 평양성(平壤城)이다. 그 성은 동서가 6리이며 남쪽으로는 패수(浿水)에 닿아 있다. 성 내에는 오직 군량과 무기를 비축하여 두었다가, 적(寇賊)이 침입하면 모두 들어가 굳게 지킨다. 왕은 그 곁에 별도의 집(宅)을 지었는데, 항상 거기에 머무르지 않는다.'라고 전한다. 또 북위의 『수경주(水經注)』에는 '성은 패수의 북쪽에 있는데, 그 강물은 서쪽으로 흘러 옛 낙랑조선현(樂浪朝鮮縣)을 지나니, 곧 낙랑군 치소(樂浪郡治)이고 한무제(漢武帝)가 두었다'라는 기록이 있다.

『주서』의 기록은 그간 고구려의 도성 체계가 평상시의 평지성과 방어용 산성으로 이루어져 있음을 보여주는 주요 근거 자료로 활용되어 왔다. 6세기 전반에 작성된 『수경주』에는 전기 평양성이 대동강 상류에 위치하고 있음이 확인되는 바, 방어용 산성으로는 대성산성을, 평지성은 안학궁이나 청암리토성에서 찾는 것이 그간 대체적인 학계의 입장이었다.

그림 Ⅲ-12 평양 지역 일대 주요 유적분포도(朝鮮總督府 1929: 지도 1)

그러나 최근 기경량(2017)은 해당 기록에는 평양성이 산성으로 묘사되어 있고 왕은 그 옆에 따로 집을 지어놓았다는 기록이 있을 뿐 평지성이 존재하였다는 언급은 없기 때문에, 왕은 치소인 평양성(대성산성)에 머물되 대성산 남쪽 평지에 마련된 별궁을 오가며 거주하였을 것이라는 새로운 해석을 내놓기도 하였다.

평양 지역에서의 첫 번째 도성(전기 평양성)에 대해 북한 학계는 평지성인 안학궁과 산성인 대성산성으로 구성된 것으로 보고 있다(김일성종합대학출판사 1973).

평양시 대성구역 대성산(해발 274m)에 있는 6개의 봉우리와 그 능선에 석축 성벽을 쌓은 대성산성은 둘레가 7km에 달하는 대규모 인원이 장기간 거주할 수 있는 대형 포곡식산성이다(그림 Ⅲ-13:좌). 성과 관련된 고고학적인 내용은 김일성종합대학 등이 1958년부터 1961년, 1970년에 성벽과 남문지, 그리고 소문봉 일대의 문지와 치 3개, 주작봉과 국사봉의 장대,

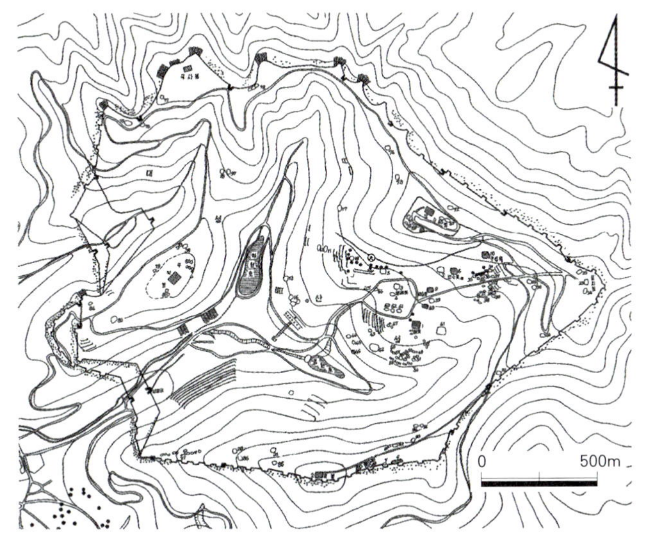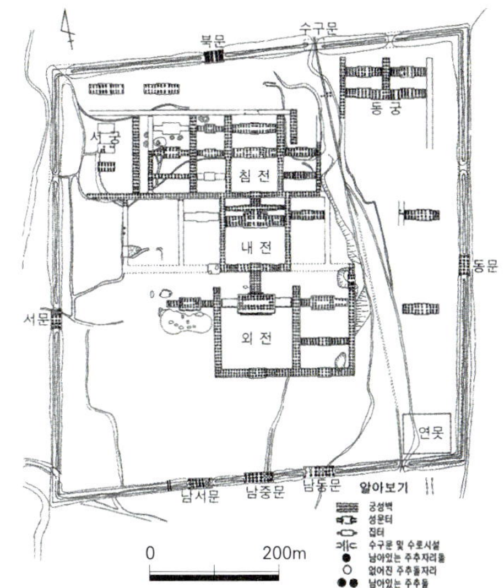

그림 Ⅲ-13 대성산성과 안학궁 평면도(김일성종합대학출판사 1973)

연못 8곳 등을 발굴조사하면서 알려지게 되었다(김일성종합대학출판사 1973).

성벽은 지형에 따라 구간별로 약간씩 다르게 축조되었다. 소문봉 구간의 성벽은 너비가 8m로, 협축식 성벽을 덧대어 쌓았다. 보통의 성벽과는 달리 내벽과 외벽 사이에 중간벽이 있는데, 중간벽에서는 수직기둥홈이 약 2m 간격으로 확인된다. 수직기둥홈은 연천 당포성과 호로고루 그리고 서울 홍련봉 1보루에서도 발견된 바 있다. 주작봉 구간은 경사면에 2중 성벽을 축조하였고, 내탁식 구조로 흙과 잔돌을 이용하여 뒤채움 하였다.

산성에는 총 20개의 문지가 있는데, 주작봉과 소문봉 사이 계곡에 위치한 남문이 정문이다. 남문은 남북 길이 20m, 동서 너비 13.8m 가량의 장방형 석축 기초를 성벽 바깥쪽으로 내어 만든 뒤, 그 위에 문지를 축조하였다. 문지 주변에서는 고구려의 적갈색 기와와 와당이 다량으로 출토되어, 당시 문루가 설치되었음을 알 수 있다. 그리고 산성에서는 65개나 되는 치가 발견되었는데, 발굴조사 결과 치의 규모는 길이 12m, 너비 10.3~9.8m이며, 잔존 높이는 3.3m였다.

산성에서는 많은 수의 건물지가 분포하고 있는데, 그 중 기와 건물지는 20여 곳으로 추정된다. 장수봉 서남쪽 계곡에서는 초석 기와 건물지가 확인되었는데, 산성 내에서 규모가 가장 클 뿐만 아니라 금자경(金字經)이 출토되어 고구려의 행궁지로 추정된 바 있다. 다만, 금자경이 담겨있던 석함과 유사한 형태의 석함이 소문봉 성벽에서도 발견되었는데, 해당 석함에는 고려시대에 유행한 지장보살상이 담겨있었어서 금자경의 시기와 이에 근거한 행궁지 시기와 성격에 대해서도 주의가 요구된다.

이 밖에도 산성에서는 불상을 비롯하여 청동마구, 청동완, 토기, 기와 등 다양한 유물이 출토되었다. 연화문와당 중에는 태왕릉이나 장군총 출토품과 유사한 양식도 포함되어 있어, 대성산성은 평양 천도 이전에 축조되었을 가능성이 있다.

한편, 북한에서 전기 평양 도성의 평지성으로 판단하고 있는 안학궁은 전체 둘레가 2.5km로 평면이 마름모꼴에 가까운 방형 토성이다(그림 Ⅲ-13:우). 평양 대성구역 안학동에 있는데, 1958년부터 1971년까지 김일성종합대학에서 성벽과 궁성에 대한 여러 차례의 발굴조사를 실시하여 축성 방식과 성 내부의 구조 등이 밝혀졌다(김일성종합대학출판사 1973).

성벽 기저부의 너비는 8.2~10m이고, 토루의 내외면은 다듬은 쐐기꼴 돌로 2m 내외까지 들여쌓기 하였다. 성벽의 잔고는 6m이며, 성 내에는 성벽을 따라 약 2m 너비의 잡석을 깐 도로가 설치되었다. 성문은 모두 6개가 확인되었는데, 그 중 남벽의 중앙문이 정문으로 너비는 18m이다. 문지에는 잔돌을 깔아 만든 평면형태 원형의 초석들이 3개씩 8줄로 배열되어 있다. 성 밖에는 동서쪽에 너비 1m 내외의 해자를 설치하였으며, 네 모서리에는 각루의 흔적이 남아있다.

성 내에는 남북 중심축을 중심으로 5개의 건축군이 분포한다. 남궁, 중궁, 북궁, 동궁, 서궁으로 나누어지는데, 각 궁전들은 회랑으로 서로 연결되었다. 전체 21기의 건물터와 31기의 회랑터가 발견되었으며, 그 외에도 정원과 연못, 우물 등이 확인되었다.

안학궁의 축조 시기에 대해서는 지금까지 많은 논란이 있었는데, 특히 안학궁 축조 이전에 이미 조성되어 있었던 고구려 석실분과 안학궁에서 출토된 와당에 대한 연대 문제가 논란의 핵심이다. 다나카 도시아키(田中俊明 2005)는 안학궁이 5세기말에서 6세기 초로 편년될 수 있는 고구려 횡혈식석실분을 폐기하고 조성되었고, 출토 기와 또한 고려로 추정되는 만큼 안학궁은 고려시대의 궁전건축일 가능성이 있다고 주장하였다. 박순발(2012)은 고구려 석실분을 파괴하고 안학궁이 축조된 점, 안학궁 2호 석실묘에서 출토된 토기가 고려시대로 편년되는 점, 그리고 막새의 형식이 통일신라 또는 고려 이후의 것이라는 점에서 7세기 이후에 안학궁이 조성되었을 것으로 판단하였다. 반면 민덕식(2003)은 안학궁이 고구려가 멸망할 때까지 기와건물의 개와(改瓦)가 한 번도 이루어지지 않았다고 단정하기는 어려운 만큼, 후기 평양성으로 천도한 후에 별궁으로 사용되었을 가능성이 있는 것으로, 임기환(2007)은 안학궁은 평양 천도 이후에 도성을 정비하는 과정에서 축조되었을 것으로 보았다.

실제로 안학궁에서는 고구려의 전형적인 붉은색 기와 보다는 회색 계통의 기와가 다수를

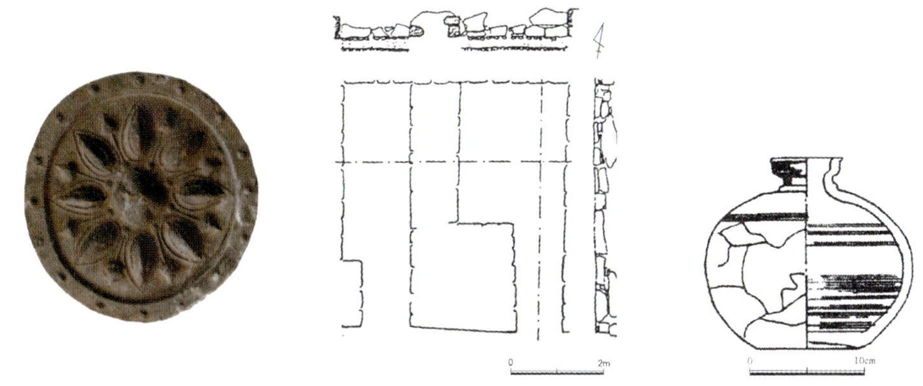

그림 Ⅲ-14 안학궁 출토 와당과 안학궁 3호분 및 출토 호(사회과학원 고고학연구소 2009)

차지하고 있다. 주연부에 연주문이 부가된 (청)회색 계통의 와당(그림 Ⅲ-14:좌)은 안학궁을 제외한 다른 고구려 유적에서는 전혀 확인되지 않을 뿐만 아니라, 일반적인 고구려 와당과는 달리 내면에 1~2조의 깊은 홈이 반원형으로 파져 있는 경우가 대부분이라는 점에서 고려시대의 것으로 추정된다. 토기 역시 통일신라 이후 것들이 많다. 리광휘(2006)는 안학궁에서 출토된 토기와 기와를 모두 고구려시대로 파악하고 있으나, 그가 논문에서 제시한 2-3부류(격자타날 토기), 4-5부류(파상문 시문), 5-7부류(타날+돌대), 6-8부류(회청색 타날문 토기), 7-9부류(타날+돌대, 내면 타날), 8-10부류(유약)는 고구려가 아닌 통일신라 및 고려시대에 해당한다. 또 『대성산의 고구려유적』(1973)에 제시된 안학궁 출토품 중 전면이 타날된 토기편, 돌대와 타날흔이 있는 동체부편, 그리고 'T'자형 구연부를 가진 토기편 역시 통일신라시대 이후의 것이다. 그렇지만 『고구려 안학궁 조사 보고서 2006』에는 고구려의 승문 타날 암키와나 연화문와당, 토기편도 일부 제시되어 있다(양시은 2014a).

그렇다면 안학궁은 언제 축조된 것일까? 이와 관련하여 안학궁 조성 이전에 축조된 석실분 3기의 연대는 안학궁 축조 시기를 결정짓는 중요한 자료가 될 수 있다. 그렇지만 3기의 석실분 모두 안학궁 내부의 건축물을 축조하는 과정에서 상부 구조가 훼손되어 기초부만 남아 있다. 1호분은 우편재 연도에 장방형 현실을, 2호분은 중앙 연도에 방형의 현실을 갖추었고, 3호분은 쌍실분으로 좌측은 우편재 연도에 장방형 현실을, 우측은 우편재 연도에 방형 현실을 갖추고 있다(그림 Ⅲ-14:중). 그렇지만 유사한 형태의 석실분이 대성산성을 비롯한 고구려 전 영역에서 확인되고 있을 뿐만 아니라, 무벽화 석실분의 경우 특정 형식의 출현과 지속 시기에 대한 연구가 부족하여 직접적인 비교도 어려운 상황이다.

따라서 현재로서는 석실분에서 출토된 유물의 연대를 밝히는 것이 중요하다. 『대성산의 고구려유적』(1973)에는 2호분과 3호분에서 유물이 출토된 것으로 기록되어 있으며, 3호분에서 출토된 3점의 토기에 대한 기술과 함께 도면이 게재되어 있다.[5] 토기는 반구형 구연을 가진 회색 계통의 호 1점과 비슷한 크기의 회청색 호 1점, 그리고 회색 계통의 뚜껑 1점으로, 박순발(2012)은 반구형 구연의 호(그림 Ⅲ-14:우)를 구연부가 발달하고 내면에도 물레흔이 뚜렷하다는 점에서 고려 토기로 판단한 바 있다. 물론 고려시대에 반구형의 구연이 많이 발견되는 것은 사실이지만 보통은 경부가 세장하거나 구연부와 경부가 확실하게 구분되는데 반해, 안학궁 석실분 출토품은 그렇지 않다. 그리고 사례가 드물기는 하지만, 한강유역의 구의동보루나 아차산 3보루에서도 반구형 구연을 갖춘 병이나 호가 출토되고 있어 해당 토기를 무리하게 고려시대까지 내려 볼 필요는 없다고 본다. 뚜껑받이 턱을 갖춘 뚜껑 또한 남한 지역 고구려 성 출토품에서 유사한 형태를 찾아볼 수 있다. 다만 안학궁 석실분에서 출토된 유물을 실견한 것이 아니기 때문에 토기의 연대를 판단하기가 쉽지는 않지만, 제작기법과 관련된 여러 측면을 고려해볼 때 고구려 후기 토기로 보아도 큰 문제는 없다.

따라서 앞서 검토한 바와 같이 안학궁은 비록 후대의 유물이 높은 비중을 차지하고 있기는 하지만 고구려 유물도 확인된다는 점에서 고구려가 축조한 것으로 보는 것이 타당하지 않을까 싶다. 그렇지만 안학궁이 고구려 중기의 석실분을 파괴하고 축조되었다는 점과 안학궁 출토 와당의 형식이 대성산성이나 청암리토성 출토품보다 늦다는 점, 그 이전 시기의 도읍 내 평지성과는 달리 별도의 방어시설을 갖추지 않았다는 점, 그리고 토루의 기단부 외면을 석축한 점 등을 종합적으로 고려한다면, 안학궁은 고구려가 평양으로 천도한 427년 보다는 늦게 축조되었을 가능성이 크다(양시은 2013a).

안학궁과 함께 전기 평양 도성의 후보로 거론되는 청암동토성은 전체적인 평면 형태는 반달모양이며, 성벽의 전체 둘레는 약 3.5km이다(그림 Ⅲ-15:좌). 1990년대의 조사에 따르면, 고구려 시기에 세 차례에 걸쳐 성벽을 보강하였는데, 성벽의 중심 토루에서는 고구려 이전 시기에 축조된 토성의 흔적도 발견되었다고 한다(남일룡·김경찬 1998).[6]

---

5   『평양성 고구려돌칸흙무덤 발굴보고』(2003)에는 안학궁 석실 2호분에서 출토된 토기 2점, 관정 39점, 오수전을 비롯한 청동 화폐 8점과 청동 반지 2점에 대한 유물 기술과 도면이 제시되어 있다. 그런데 2호분 출토 토기 2점에 대한 기술이 1973년도 보고서의 3호분 출토품과 동일할 뿐만 아니라 도면으로 제시된 1점의 토기 또한 3호분에서 출토된 것으로 기록되어 있어, 보고에 오류가 있는 것으로 판단된다.

6   남일룡(1999)은 청암동토성을 고조선 시기의 왕검성으로 비정한 바 있다. 토성의 중심 토루에서 각형 토기 파편, 반월형석도 파편, 석창 파편 등이 출토되었고, 성 내부에서도 유사한 유물들이 다수 확인되었다

청암리토성을 전기 평양성으로 가장 먼저 비정한 것은 세키노 다다시로, 기와가 다량으로 산포하고 있는 토성의 중앙부에 왕궁지가 있을 것으로 추정하였다(關野貞 1941). 그러나 1938년 추정 왕궁지에 대한 발굴조사에서 8각탑을 비롯한 1탑 3금당식의 건물지가 발견되어 해당 부지에 절터(청암리사지)가 있었음이 밝혀졌는데, 일부에서는 이를 498년 문자명왕이 건립하였다는 금강사(金剛寺)로 보기도 한다(朝鮮古蹟研究會 1940).

1990년대 후반 조사에서는 토성 내 서쪽 구역에서 길이 50m, 너비 20m 규모의 초석 건물지가 발견되었는데, 자갈과 점토를 교대로 다져 만든 방형의 적심시설과 직경 70~80cm 가량의 원형 초석이 확인되었다. 건물지에서는 점토 벽체에 가는 모래와 점토를 섞어 얇게 바른 다음 연화문, 원문 등 다양한 문양을 표현한 채색 벽화편이 다수 확인되었는데, 금가루가 입혀진 벽화편도 발견되었다고 한다(남일룡·김경찬 2000).

청암동토성에서는 초석 건물지를 비롯한 성 내부의 여러 곳에서 고구려 기와가 출토되었다. 대성산성과 마찬가지로 태왕릉이나 장군총 출토품과 유사한 형식의 연화문와당(**그림 Ⅲ -15:우**)도 다수 발견되고 있어, 안학궁 보다는 시기가 이른 고구려 중기에 축조된 것으로 보인다. 왕궁지의 위치로 추정되던 토성 중앙부에서 발견된 절터로 인해 도성 여부에 대한 논란이 있지만, 토성 내에서 평양 천도를 전후한 시점의 유물들이 출토되었다는 점에서 전기

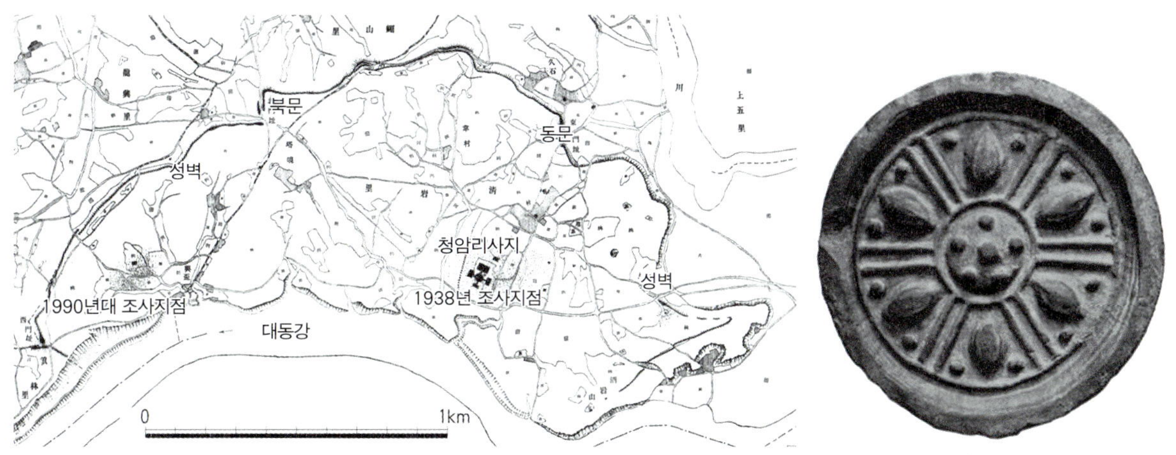

그림 Ⅲ-15 청암동토성 평면도(朝鮮總督府 1940)와 출토 와당(井內古文化研究室 1976)

고 한다. 청암동 일대에 고조선 시기의 유적이 존재하고 있었을 가능성이 있지만, 그렇다고 하더라도 4km에 달하는 대형 토성 전체가 왕검성으로 활용되었다는 주장을 하기에는 관련 증거가 빈약하다. 그리고 고구려가 247년에 기존 토성을 증축 보수하여 도성으로 사용하였다는 주장 역시 청암동토성 내에서 3세기대의 유구나 유물이 확인되지 않는다는 점과 당시 평양은 낙랑이 차지하고 있었다는 점 등에서 납득하기 어렵다.

평양 도성으로서의 가능성 역시 여전히 유효하다(양시은 2013a).

이상에서 살펴본 바와 같이 안학궁의 조영 시기를 평양 천도 전후로 확정짓기 어려운 점이나 청암동토성의 중앙부에서 사찰터가 발견된 점 등은 안학궁이나 청암동토성을 427년 평양 천도 당시의 평지 도성으로 판단하기에 분명한 한계가 있다. 아직까지 부분적인 조사 외에 본격적인 조사가 이루어지지 않은 청암동토성에서 왕궁과 관련된 분명한 유구나 유물이 추가로 밝혀지지 않는 한 전기 평양 도성 문제는 여전히 해결되기 어렵다. 이로 인해 고구려 도성이 평상시의 평지성과 위급시의 방어용 산성으로 이루어졌을 것이라는 기존 관념에서 벗어나, 전기 평양성을 대성산성으로 보고 당시 도성에는 평지 성곽이 존재하지 않았을 가능성(기경량 2017; 권순홍 2019) 또한 새롭게 제기되는 상황이다.

한편, 『삼국사기』에 따르면 고구려는 양원왕 8년(552)에 장안성을 쌓기 시작하여, 평원왕 28년(586)에 장안성으로 도읍을 옮겼다. 축성 관련 내용이 기록된 성돌과 그 연대가 일치하는 현재의 평양성이 바로 당시 고구려의 장안성이다. 전기 평양성과의 구분을 위해 후기 평양성으로 편의상 구분하기도 한다. 평양성은 북쪽의 모란봉(해발 96.1m)과 을밀대, 만수대의 험준한 지형을 이용하였으며, 나머지 3면은 대동강과 그 지류인 보통강을 자연 해자로 활용하면서 자연 절벽과 능선에 성벽을 쌓았다(그림 Ⅲ-16).

평양성(장안성)에 대한 고고학 조사는 일제강점기부터 시작되었으며(小泉顯夫 1986), 북한에서도 일찍부터 조사하였는데, 1990년대 중반에는 중성 서벽을 발굴한 바 있다(안병찬·최승택 1998). 평양성은 최근까지 지속적으로 사용되면서 훼손되거나 개축된 부분이 많아 당시의 흔적을 찾아보기 어렵고, 성벽의 기초부나 발굴조사를 통해 부분적인 확인만 가능한 상황이다.

조선시대에는 외성이 석성과 토성으로 이루어진 것으로 알려져 있었는데, 북한학계의 조사를 통해 외성의 토루는 고려시대에 대동강의 범람을 막기 위해 고구려가 축조한 석축 성벽 상부에 토루를 덧쌓거나 성벽 바깥쪽에 토벽을 추가한 것임이 밝혀졌다(최희림 1978). 평양성에서 발견된 글자가 새겨진 성돌의 내용이나 기존의 발굴조사 결과를 종합해보면, 평양성은 축조 당시부터 전체를 석축 성벽으로 조성하였음을 알 수 있다.

성벽 외곽의 전체 둘레는 약 16km이며, 안쪽 성벽까지 포함하면 23km이다. 산성과 평지성이 합쳐진 평산성 구조로, 기존의 고구려 도성과는 달리 주민의 거주지역이 포함된 도시를 방어할 수 있도록 하였다는 점에서 획기적이라 할 수 있다.

평양성에서는 축성 시점과 축조 구간, 관리감독자 등이 기록된 성돌(刻字城石)이 여러 개 발견되었다. 당시의 축성 과정을 이해하는데 중요한 자료로, 관련 내용을 제시하면 다음과 같다.

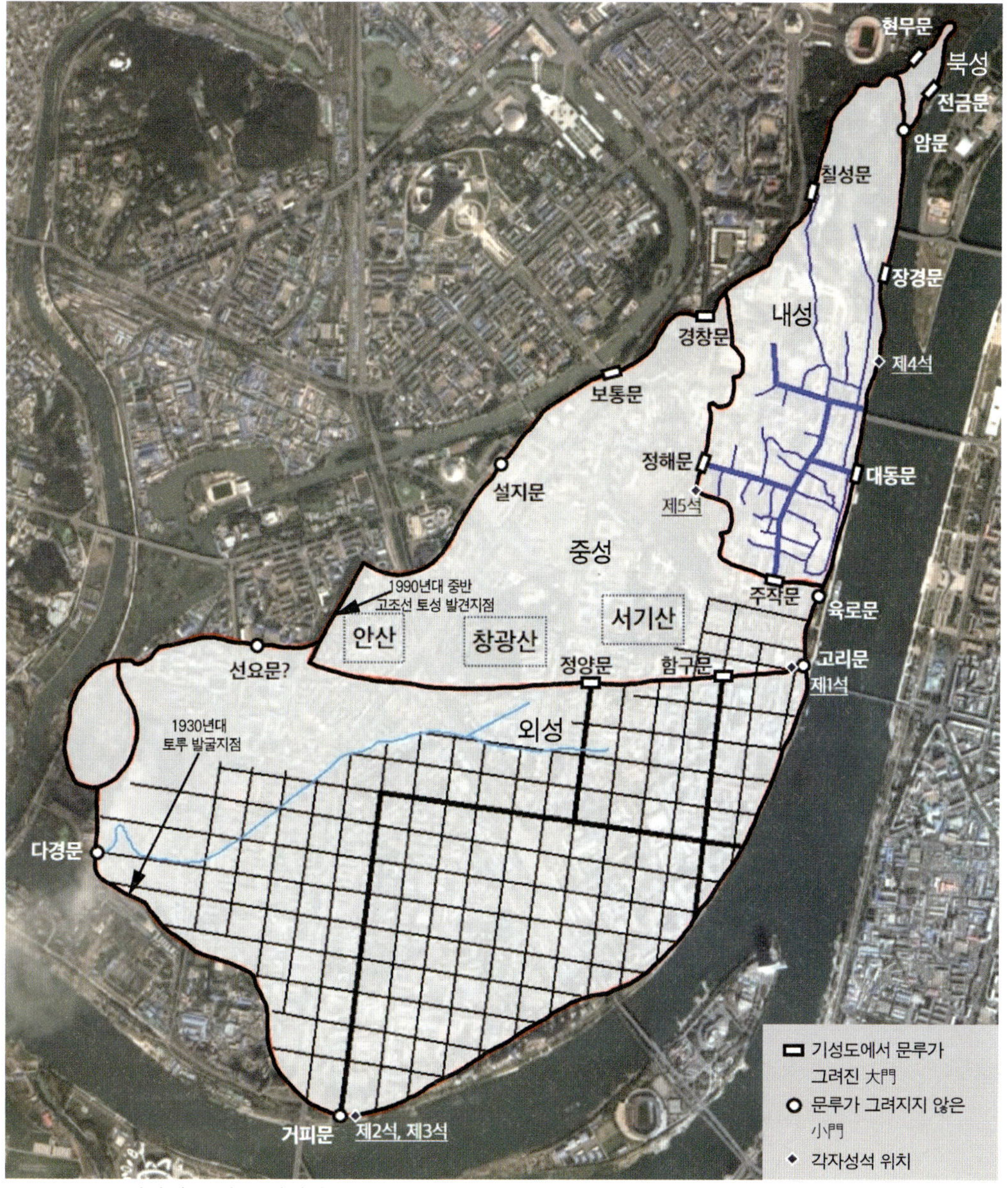

그림 Ⅲ-16 평양성 복원도(기경량 2017: 그림 61)

① 1766년 발견, 출토지점 불명

_{기 축 년 오 월 입 팔 일 시 역 서 향 십 일 리 소 형 상 부 약 모 리 조 작}
己丑年五月卄八日始役西向十一里小兄相夫若牟利造作

② 1829년 평양성 외성(烏灘)에서 발견, 이화여대박물관 소장

_{기 유 년 삼 월 입 일 일 자 차 이 하 향 동 십 이 리 물 구 소 형 배 ? 백 두 작 절 의}
己酉年三月卄一日自此以下向東十二里物苟小兄俳?百頭作節矣

③ 1829년 평양성 외성(烏灘)에서 발견

_{기 유 년 삼 월 입 일 일 일 자 차 이 하 향? 하 이 리 내 중 백 두 상 위 사 이 장 작 절 의}

己酉年三月卄一日自此以下向?下二里內中百頭上位使尒丈作節矣

④ 1913년 평양성 내성 동벽에서 발견, 조선중앙역사박물관 소장

_{병 술 이 월 중 한 성 하 후 부 소 형 문 달 절 자 차 서 북 행 섭 지}

丙戌二月中漢城下後部小兄文達節自此西北行涉之

⑤ 1964년 내성 서남모서리에서 발견, 원 위치 소재

_{괘 루 개 절 소 형 가 군 자 차 동 회 상? 리 사 척 치}

卦婁盖切小兄加群自此東廻上?里四尺治

이상의 내용을 종합해보면, 주로 소형(小兄) 정도의 관리가 축성을 감독하고 있으며, 축성 구간은 일정하지 않다. 성돌에 기재된 간지를 552년에 장안성을 축조하기 시작하였다는 『삼국사기』의 기록에 따라 6세기 후반으로 그 연대를 배열해보면 각각 566년(丙戌), 569년(己丑), 589년(己酉)에 축성하였음을 알 수 있다. 이를 통해 552년에 공사를 시작한 장안성은 566년에는 내성을 쌓고, 천도한 이후인 589년에는 외성을 쌓고 있었음이 확인된다. 그리고 『평양속지(平壤續志)』에 북성에서 '_{본 성 사 십 이 년 필 역} 本城四十二年畢役'이 새겨진 성돌을 발견하였다는 기록으로 볼 때, 외성과 북성을 포함한 장안성의 축성공사는 착수한지 42년이 지난 593년에 종료되었음을 알 수 있다.

최근의 연구에서는 위성사진과 근대의 지도 자료를 결합한 후 각자성석에 새겨진 축성거리를 검토한 결과, 장안성 축성에는 35.6cm인 고구려 척(尺)이 사용되었고, 1리는 1,000척에 해당하는 척리법(尺里法)이 이용되었음이 밝혀지기도 하였다(기경량 2017).

현재의 평양성은 북성, 내성, 중성, 외성으로 구성되어 있는데, 중성의 남쪽 성벽이 고구려 시기에 축조된 것인지에 대해 논란이 있다. 일제강점기에 중성과 외성 사이의 성벽 하단부에서 고구려 시기로 추정되는 원형 초석 2개가 발견되었는데, 세키노 다다시는 성벽 하단부에 고구려 건물 초석이 존재한다는 점에서 중성벽은 후대에 축조된 것으로 보았다(東潮·田中俊明(박천수·이근우 역) 2008). 반면 최희림(1978)은 이를 문루의 초석으로 보고 해당 위치에 고구려 시기의 성문이 존재하였을 것으로 추정하였다. 기경량(2017) 역시 중성과 외성 내부의 격자형 구획이 고구려 때의 것이 분명하다면 중성 남쪽 성벽 역시 고구려 당시에 만들어진 것으로 보고 있다.

이 밖에도 평양성의 외성에서는 정방형 단위의 격자형 구획이 확인되고 있어 고구려 당시에 리방제(里坊制)가 실시되었음이 확인된다. 김희선(2008)은 평양성에서 확인되는 리방제(가로구획 방식)는 북위의 도성이었던 낙양성(洛陽城)에서 영향을 받은 것으로 보았다. 중국에서 주민의 거주지역인 리(里)를 방(坊)으로 구획한 것은 422년에 축조된 북위 평성(平城)에서

처음이다. 평성은 전체 길이가 32리에 달하는 외곽에 방을 축조하고 그 내부에 항(巷)을 배치하였다. 방은 주변이 담장으로 둘러진 평면 방형인 공간으로, 평성에 도읍을 정한 뒤 도성 인구를 늘리기 위해 유목민이나 한족(漢族)을 사민(徙民)하는 과정에서 주민 통제를 위해 탁발선비족(拓拔鮮卑族)이 고안한 방식이다.

박순발(2010)은 리방제가 북위 낙양성은 물론 수·당 장안성으로 이어져 고대 동아시아 도성제의 전형으로 정착된 것으로 보고 있다. 그리고 리방제는 도성 내에서의 택지 반급(班給)에 대한 율령 제도가 뒷받침되어야 가능한 것인데, 통구분지 내에 왕릉이 혼재하고 있는 지안 지역과 달리 평양 지역에는 왕릉이 도성 외곽에 분산 배치되어 있다는 점에서 도성지역 주변 공간에 대한 새로운 인식이 반영된 결과라는 견해를 제시하기도 하였다.

이상에서 살펴본 바와 같이, 고구려는 장안성 축조 이전까지는 고대 중국의 중원 왕조와는 구별되는 독특한 도성제를 운영하였다. 전통적인 고구려 도성제에 대한 모습은『주서』고려전에 잘 나타나있는데, 도성 내에 전쟁을 대비한 방어용 성이 별도로 마련되어 있는 것이 특징이다.

고구려의 건국지인 졸본은 현재의 중국 랴오닝성 환런 지역으로, 고구려 이른 시기의 유적이 다수 분포하고 있다. 발굴조사를 통해 고구려 전기의 초석 건물지가 확인된 오녀산성이 고구려의 초기 도성인 흘승골성으로 판단된다. 그렇지만 아직까지 졸본의 평지 거점은 명확히 밝혀지지 않았는데, 여러 정황상 환런댐으로 인해 수몰된 고력묘자고분근 일대로 추정된다.

고구려의 두 번째 도성이었던 중국 지린성 지안 지역에는 고구려 중기 도성으로 활용된 국내성과 환도산성이 있다. 환도산성은 문헌이나 관구검기공비 등을 통해 볼 때 2세기 말에 축조되었을 가능성이 큰데, 지금까지의 발굴조사에서는 모두 5세기대 이후의 유물만 출토되었다. 현재의 국내성은 성벽과 내부 건물지에 대한 발굴조사 결과로 볼 때, 고국원왕 12년(342)의 축성 기사에 부합한다. 이러한 고고학 연구 결과는 유리왕 22년(기원후 3)에 국내로 천도하였다는 문헌 기록과는 맞지 않아, 앞으로 추가적인 조사와 연구가 필요한 상황이다. 그리고 지안 일대에서 가장 이른 시기에 해당하는 초대형 무기단적석총이 있는 마선구 일대를 국내 초기 도성으로 보고, 별도의 성곽이 없는 평지 거점으로 이해하려는 최근의 연구들은 지금까지 밝혀진 고고학 자료의 틀 내에서 국내 초기 도성을 찾기 위한 노력으로 이해해볼 수 있겠다.

고구려의 세 번째 도성은 427년 장수왕대에 천도가 이루어진 평양성이다. 문헌에는 평양성은 대동강 북쪽에 위치하고 있으며, 성에는 군량과 무기를 비축해두었다가 비상시에 방어를 하지만, 왕은 성 옆에 별도의 집(왕궁)에서 거주한다고 기록되어 있다. 장안성으로 천도하기 이전까지의 전기 평양성은 대성산성과 청암동토성, 안학궁이 도성 후보지로 거론되고 있다.

발굴조사 결과 대성산성에서는 다수의 고구려 기와 건물지가 확인되고 있고, 지안 지역의 태왕릉과 장군총 출토품과 유사한 연화문와당이 발견되고 있다는 점에서 전기 평양 도성과 관련되어 있음이 분명하다. 반면 안학궁의 경우에는 고구려 중기에 조성된 석실분을 파괴하고 궁성이 조영되었다는 점, 그리고 출토 유물이 고구려 이후 시대의 것이 주를 이룬다는 점에서 문제가 있다. 청암리토성 역시 중심부에 사지와 관련된 건축 구조가 발견되어 논란의 여지가 있으나, 태왕릉이나 장군총, 대성산성에서 출토되는 연화문와당이 확인된다는 점에서는 여전히 전기 평양성의 가능성도 남아 있다.

다만, 고구려의 도성 체계가 평지성과 방어용 산성으로 조합되었을 것이라는 기존 견해와는 다른 양상들이 졸본이나 국내성 지역에서 확인되고 있으므로, 평양 전기 도성에서도 그러할 가능성 역시 무시할 수 없다. 이로 인해 최근에는 전기 평양 도성 시기에 왕은 치소인 대성산성(평양성)에 머물되 인근의 평지에 마련된 궁성을 오가며 생활하였을 것이라는 새로운 해석도 등장하게 되었다. 다만 이 경우에도 평지 거점에 대한 실체가 분명하게 밝혀지지 않은 상황이어서 전기 평양 도성에 대한 문제는 여전히 풀어야할 과제로 남아있다.

한편, 고구려는 586년에 평지성과 산성이 조합된 평산성 구조의 장안성(현 평양성)으로 도읍을 옮기게 된다. 기존의 도성과는 달리 도시를 방어할 수 있는 대형 성곽으로 성벽의 전체 둘레는 16km에 달한다. 축성 기사가 새겨진 성돌과 문헌기록을 종합해보면 552년에 성을 축조하기 시작하여, 566년에는 내성을, 천도 이후인 589년에는 외성을 쌓았던 것으로 보인다. 외성에는 주민 통제를 위한 리방제가 실시되었는데, 북위나 수, 당의 도성이 방형의 평면 형태를 취하고 있었던 것과는 달리 지형에 맞게 변형시킨 점은 고구려만의 특징이라 하겠다.

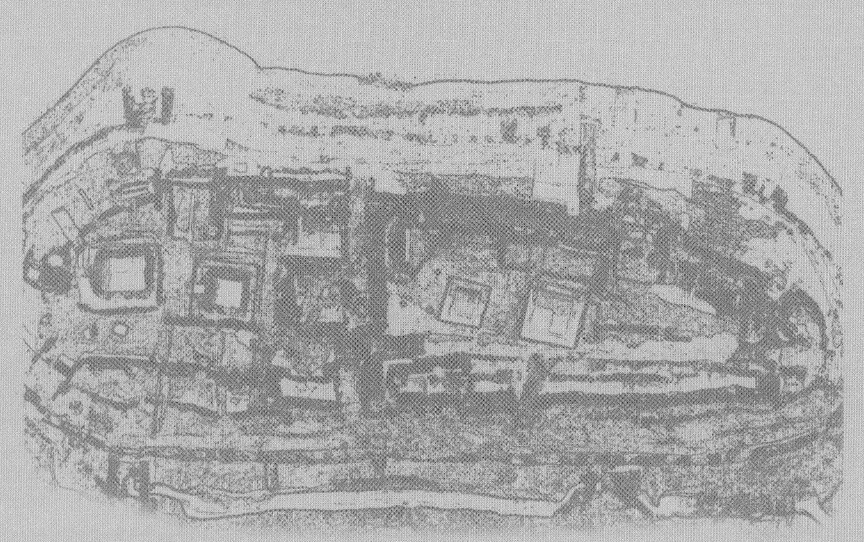

IV

관방유적과 건축지

1. 관방유적

고구려는 일찍부터 산성을 중심으로 하는 독특한 방어 체계를 갖추었는데, 이는 평지 토성을 중심으로 한 중국의 고대 중원 왕조와는 뚜렷하게 대비되는 것이다. 군사방어를 위해 구축된 대부분의 성은 도성으로 향하는 주요 길목을 통제할 수 있는 전략적 요충지에 위치하고 있는데, 영토가 확장된 고구려 중기 이후에는 방어 목적 외에도 효율적인 지방 지배를 위한 치소성도 등장하게 되었다.

고구려 성은 현재 중국의 동북지역과 북한 전역, 그리고 남한의 일부 지역에 분포한다. 중국에는 최소 150개가 넘는 고구려 성이 분포하는 것으로 알려져 있으며, 둘레가 1km 넘는 중형급 이상의 산성이 상당수를 차지한다. 북한 지역은 정보의 부족으로 전체 숫자를 파악하기가 쉽지 않지만, 지금까지 50여 기가 알려져 있다. 북한 내 고구려 성은 고구려 멸망 이후에도 고려와 조선시대까지 지속적으로 활용되면서 증축 및 개축된 곳이 많다. 남한 지역에도 약 50여 기가 분포하고 있는데, 둘레가 300m 미만인 소규모의 보루가 대부분이다. 북한을 제외한 중국과 남한 지역의 고구려 산성은 고구려 당시의 모습이 남아있는 경우가 많아 관련 연구에 중요한 기초 자료가 되고 있다. 현재까지 남아있는 다수의 고구려 산성이 오랜 기간이 지났음에도 보존 상태가 매우 양호한 점이나 수·당과의 전쟁에서 중원의 대군이 고구려 성을 쉽게 점령하지 못하였다는 문헌 기록을 통해 고구려의 우수한 축성 기술과 이를 바탕으로 한 효율적인 방어 체계를 짐작해볼 수 있다(양시은 2013a).

1) 성의 분류

(1) 거주 주체 및 기능에 따른 분류

고구려 성은 우선 거주 주체 및 기능에 따라 왕이 평상시에 거주하는 궁성(또는 왕궁)과 수도를 의미하는 도성, 지역 주민들의 보호와 통치를 위한 치소성(治所城), 일정한 방어선을 형성하며 길게 축조된 장성(長城), 그리고 통행을 차단할 수 있도록 협곡을 가로막은 관애(關隘, 일종의 차단 성벽)와 방어가 주 목적인 방어성 등으로 구분할 수 있다.

『삼국사기』에는 668년 당나라가 고구려의 5부 176성 69만여 호를 9도독부(都督府) 42주(州) 100현(縣)으로 재편하였다는 기록이 전하고 있어, 고구려에서는 지방을 다스리기 위한 행정 단위로 성을 활용하였음을 알 수 있다. 『한원(翰苑)』 고려기에는 고구려의 지방관을 당

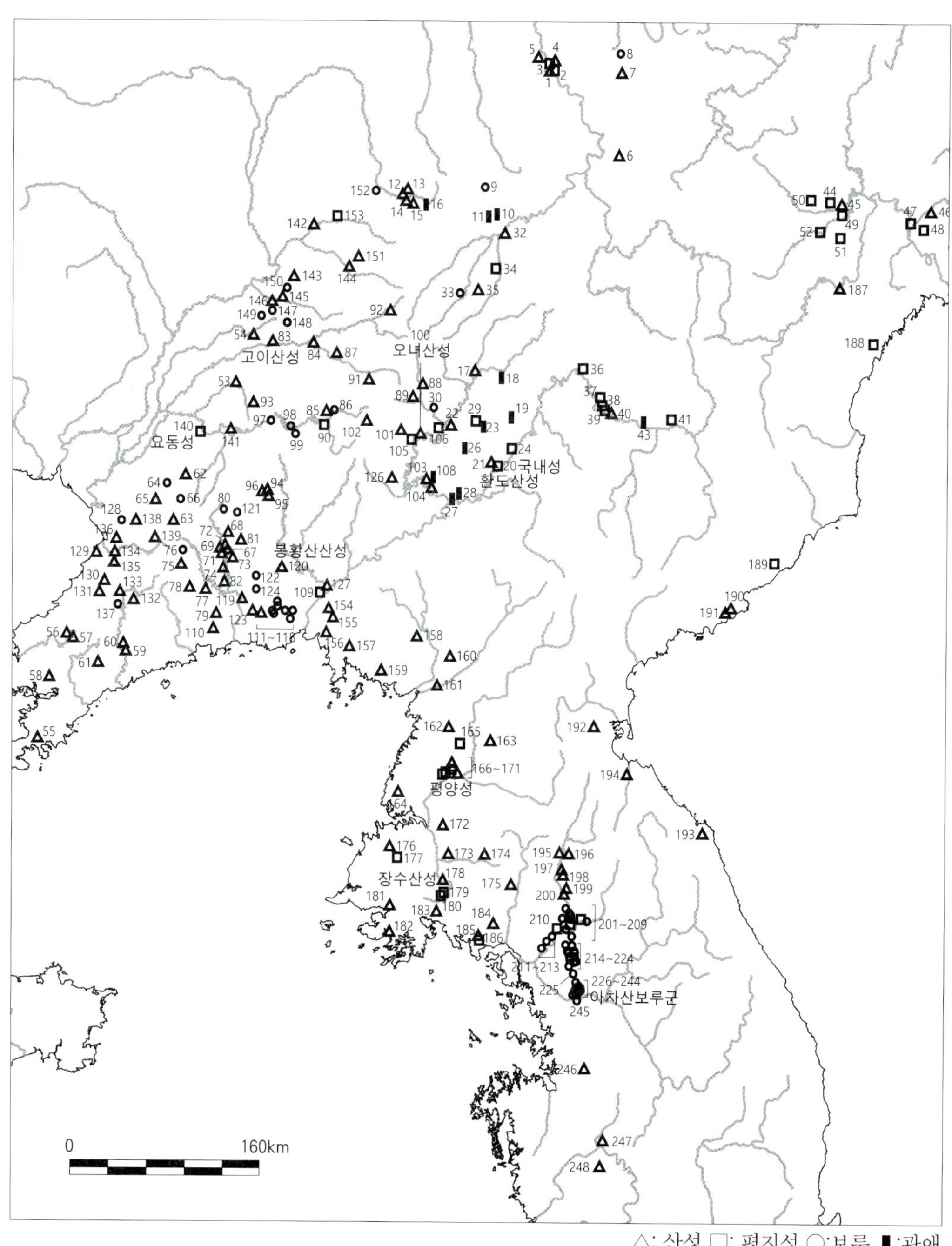

그림 Ⅳ-1 고구려 성의 분포(ⓒ양시은)[7]

7　고구려 성 목록과 간략한 현황은 책 말미의 부록을 참고하기 바란다.

과 비교한 내용이 전하고 있어 참고가 된다. 고구려 지방 통치의 중심지인 대성(大城)에는 최고 지방관인 욕살(褥薩)이 파견되는데, 이는 당의 지방관인 도독(都督)에 해당한다. 성(城)에는 일명 도사(道使)라고도 불리는 처려(處閭)가 파견되었는데, 이는 당의 자사(刺史)에 해당하며, 소성(小城)에 파견된 가라달(可邏達)은 당의 장사(長史)에 해당한다. 또한 성(城)에는 누초(婁肖)가 있는데, 이는 당의 지방관인 현령(縣令)에 해당한다. 노태돈(1999)은 당에서 장사는 도독이나 자사의 막료에 해당하는 직책이므로, 고구려에서도 가라달은 욕살이나 처려근지의 고위 보좌관일 가능성이 높은 것으로 보았다. 노태돈의 견해에 따르면 고구려 후기의 지방행정관은 욕살-처려근지-누초로, 치소성은 대성-성-소성으로 체계화되었을 가능성이 있다.

욕살이 파견된 고구려 성으로는 책성(柵城)과 오골성(烏骨城)이 알려져 있다. 697년 당에서 죽은 고구려 유민 고자(高慈)의 묘지명에는 그의 선조인 고량(高量)이 책성의 도독을 역임하였다는 기록이 있는데, 도독은 고구려의 욕살에 해당하는 지위이므로, 일찍부터 고구려 동북방의 요충지였던 책성이 대성에 해당함을 알 수 있다. 책성은 현재 중국 연변 훈춘 지역으로 비정되고 있으나, 발굴 자료가 많지 않아 구체적인 논의는 어렵다. 오골성에 욕살이 주둔하고 있었음은 『삼국사기』고구려본기 보장왕 4년(645) 기사에서 확인된다. 오골성은 현재 평청(鳳城)의 봉황산산성으로 비정되고 있는데, 둘레가 16km에 달하는 봉황산산성은 요동 일대에서 규모가 가장 큰 고구려 성이다.

치소성은 고구려가 요동 지역으로 진출하게 된 이후 중대형의 포곡식산성을 축조하면서부터 본격화된 것으로 보인다. 특히 하곡평야(河谷平野)에 입지한 포곡식산성은 넓은 평지가 포함된 계곡부를 감싸고 있는 경우가 많아, 위급 시에 주민을 성 내부로 피신시킬 수 있을 뿐만 아니라 평상시에도 주민의 접근이 용이하다는 점에서 행정 치소로서의 역할 수행이 가능하다. 또 하곡평지형 포곡식산성에는 고구려 기와가 다량으로 수습되는 곳이 많은데, '사찰·신묘 및 왕궁·관청만이 기와를 사용하였다'는 『구당서』의 기록과 '요동(遼東), 현도(玄菟) 등 수십 성에 모두 관청(官司)을 설치하여 통치(統攝)하였다'는 『북사(北史)』의 기록은 이들 성이 치소성으로 기능하였음을 보여준다.

군사적인 목적을 위한 방어성은 치소성과는 입지에서 차이를 보인다. 접근이 쉽지 않은 산정식산성이나 산상형 포곡식산성 대부분은 방어성에 해당한다. 방어성에는 여러 개의 치가 설치된 예도 확인되는데, 이 역시 방어력을 강화하기 위한 조치로 판단된다. 반면, 치소성은 백성들의 접근이 쉬워야하기 때문에 평지성이나 하곡평지형 포곡식산성이 많다. 그렇지만 방어성과 치소성은 완전히 분리되는 개념은 아니다. 개별 보루가 능선을 따라 유기적으로 연결된 아차산 보루군의 경우 가장 낮고 접근이 쉬운 홍련봉 1보루에 기와 건물지가 확인되고 있어 군사방어가 주된 목적인 보루가 군집되어 있으면서도 한강유역에 대한 치소의 기능을 겸하기도 한다.

계곡 사이의 교통로를 가로 막고 축조된 관애는 고구려에서는 국내 도성으로 통하는 길목에 분포하고 있다. 관련 유적으로는 칠개정자관애, 노변장관애, 망파령관애, 관마장관애와 통화 석호관애, 이도구문관애 등이 있다.

『삼국사기』에는 영류왕 때 16년에 걸쳐 부여성(扶餘城)에서 해안가까지 천여 리에 달하는 장성을 축조하였다는 기록이 있다. 문헌기록에 따라 천리장성이 실재한 것으로 보기도 하지만(李健才 2000; 馮永謙 2002), 장성을 변경에 설치된 하나의 독립적인 방어시설물이 아닌 지린성 눙안(農安)에서 랴오닝성 가이저우(蓋州)의 발해만에 이르는 고구려 서부 변경의 주요 성을 연결한 보조 시설물로 파악하거나(王健群 1987), 천리장성의 실체를 인정하지 않고 기존의 고구려 산성을 연결하는 일종의 개념적인 방어선으로 이해하기도 한다(陳大爲 1989; 梁振晶 1994).

근래에는 지린성 더후이(德惠)에서 랴오닝성 잉커우(營口)의 해안가까지 이어진 토축 장성과 관련하여 노변강토장성(老邊崗土長城)을 고구려의 천리장성과 연관짓기도 한다(張福有 외 2010). 그렇지만 현재는 훼손이 심해 일부 구간을 제외한 대부분의 구간에서 그 흔적을 찾아보기 어렵다. 1971년 조사 당시 보존상태가 비교적 양호한 구간의 경우, 토축 성

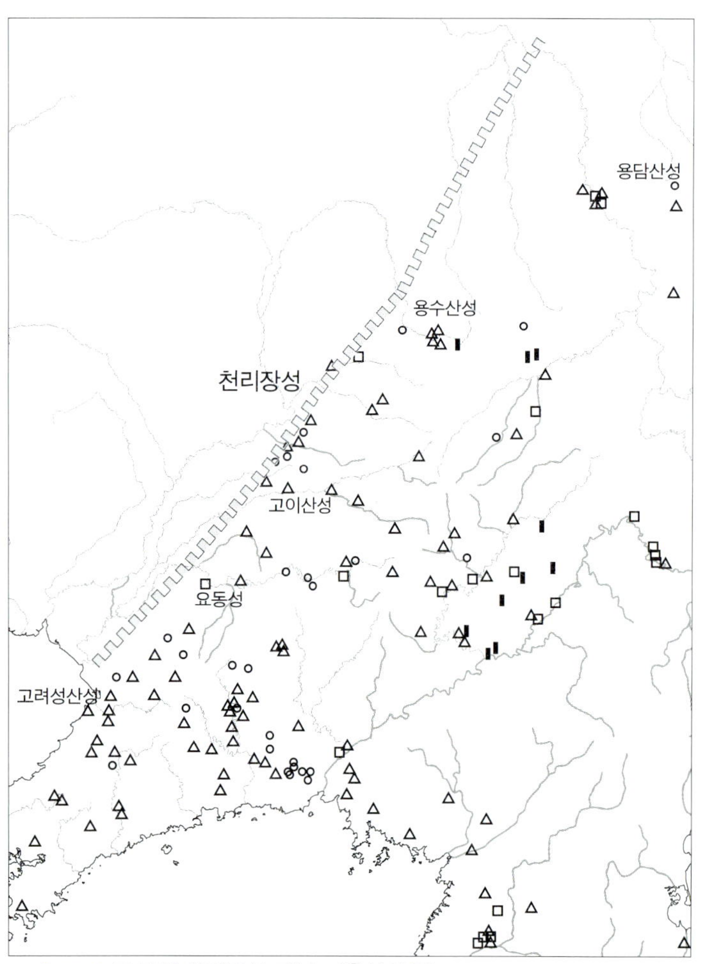

그림 Ⅳ-2 고구려 천리장성 개념도(ⓒ양시은)

벽의 규모는 기단부 너비 6m, 잔고 1m 내외였다고 한다(王健群 1987).

이 밖에도 연변장성(延邊長城)을 고구려가 축조한 것으로 보는 연구자들도 있다(박룡연 1989; 정영진 1990). 그러나 연변장성은 연길을 마주하는 안쪽 사면에 성벽이 축조되어 있어 연길을 방어하기 보다는 오히려 연길을 포위하고 있는 형국이기 때문에 고구려가 축조하였 다고 보기 어렵다(양시은 2012b).

북한에서는 평안북도 동창군 신안리에서 박천군 중남리까지 이어진 대령강장성과 박천 군 삼봉리에서 정주시 신봉리까지 이어진 삼봉-신봉장성을 고구려가 축조한 것으로 보고 있 다(최승택·문혁 2003; 오철민 2012). 대령강장성은 1980년대 중반까지만 하더라도 고려시대에 축조된 것으로 알려져 있었으나, 운전군 봉두산성에서 고구려시기의 수막새 및 암키와 등이 출토되어 고구려 말기로 연대가 수정된 것이다. 그러나 봉두산성에서 기와와 함께 자기가 출 토되었다는 보고가 있으므로, 장성의 축조 연대를 확정짓기 위해서는 발굴조사를 통해 보다 분명한 자료를 제시할 필요가 있다.

(2) 입지에 따른 분류

고구려 성은 입지에 따라 평지성과 산성, 평산성으로 구분할 수 있다.

평지성은 왕궁이나 치소성으로 활용되는 경우가 많은데, 거주 공간은 넓지만 산성에 비 해 방어력이 떨어지므로 치 또는 해자와 같은 추가적인 방어시설을 구축하기도 한다. 평산성 은 산성과 평지성이 결합된 형태인데, 평양의 장안성이 대표적이다. 산성은 자연지형을 최대 한 활용하여 축조하였기 때문에 그 형태가 일정하지 않아 그 입지를 유형화하기가 쉽지 않 지만, 대체로 산정식과 포곡식이 가장 많이 확인된다.

산정식산성은 산 정상부를 중심으로 성벽을 두른 형식으로, 평면 형태는 원형이나 타원 형이 대부분이다. 산 정상부를 감싸고 있기 때문에 일반적으로 성의 규모가 작아 내부의 생 활공간이 부족하고, 지형 여건상 물을 확보하기가 어려워 많은 병력이 장기간 주둔하기 어렵 다. 따라서 교통의 요충지와 같이 전략상 반드시 필요한 곳에 축조되는 경우가 많은데, 남한 에 있는 고구려 보루가 대표적인 사례이다. 물론 일부 중형 규모의 산정식산성은 오녀산성처 럼 수원이 확보되어 있거나 생활공간이 충분한 경우도 있다.

포곡식산성은 성 내부에 1개 이상의 계곡을 포함하고 그 주위를 둘러싼 산줄기의 능선을 따라 성벽을 구축한 형식으로, 자연 지형에 따라 불규칙적인 부정형의 형태를 띤다. 계곡을 흐르는 물은 연못이나 저수지 등을 통해 한 곳으로 모아져 수원이 풍부하다. 많은 병사들이

장기간 주둔하면서 방어할 수 있는 장점이 있다. 포곡식산성은 입지한 지형에 따라 하곡평지형(河谷平地型)와 산상형(山上型)으로 구분이 가능하다. 고검지산성, 석대자산성, 성자산산성 등과 같은 산상형 포곡식산성은 하곡평지형 포곡식산성과는 달리 성문과 성벽이 산 중턱에 위치하고 있는 것이 특징이다. 반면 환도산성, 고이산성, 봉황산산성, 영성자산성 등과 같은 하곡평지형 포곡식산성은 성문이 평지와 맞닿아 있는 계곡부에 위치해 있어 출입이 쉽고, 넓은 내부 공간을 가지고 있는 것이 특징이다. 석축 산성이 대다수를 차지하는 산상형에 비해 요하 유역의 중대형 산성에서 주로 발견되는 하곡평지형 포곡식산성은 토성도 다수 확인된다. 또한 하곡평지형 포곡식산성에는 성 내부에 기와건물이 축조되는 경우가 많아, 군사방어적인 목적이 강한 산상형과는 달리 지방지배를 위한 거점성의 역할도 수행하였음을 짐작해 볼 수 있다.

(3) 규모에 따른 분류

고구려 성은 성벽의 전체 둘레를 기준으로 분류해 볼 수도 있다. 다만, 평지성, 관애, 산성 등을 한꺼번에 비교하는 것은 무의미하다. 산성의 둘레에 따라 0.4km 이하, 0.4~1km, 1~2km, 2~3km 내외, 3~5km 내외, 그 이상으로 대략적인 구분이 가능하다.

둘레가 0.4km 이하인 초소형 산성은 전체의 37%정도로 비중이 매우 높은데, 남한의 전 지역과 중국 요동반도의 해안가에 집중적으로 분포하는 대다수의 보루가 여기에 해당된다. 둘레가 1km 이내인 소형 산성 역시 상당한 비중을 차지한다.

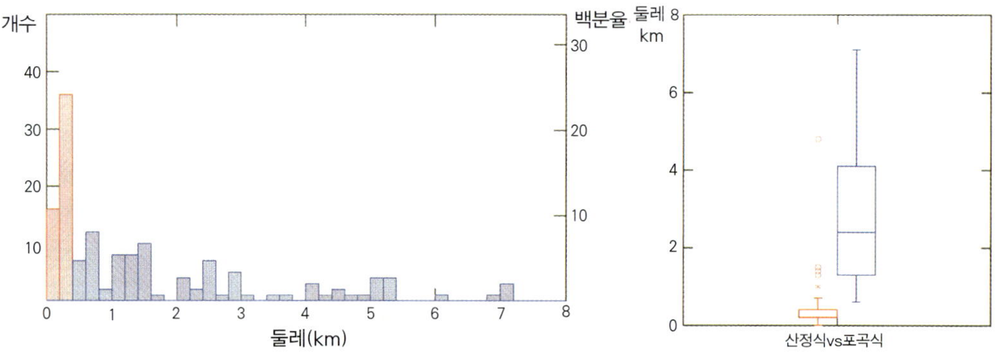

그림 Ⅳ-3 산성의 둘레에 따른 히스토그램[8]과 입지에 따른 둘레 비교(ⓒ양시은)

---

8 성벽의 전체 둘레가 8km 이상인 유적은 그 예가 많지 않으므로, 가시성을 높이고자 그림의 범위를 조정하였다.

둘레가 1~2km와 2~3km인 산성은 중소형과 중대형으로 세분하거나 하나로 묶어 중형으로 구분할 수 있다. 둘레가 3km 이상인 산성은 5km까지를 대형으로, 그 이상을 초대형으로 세분할 수도 있겠지만, 그 수가 많지 않아 큰 의미는 없다. 고구려 산성 중에서 규모가 가장 큰 성은 평정 봉황산산성으로 둘레가 16km이며, 두 번째는 신원 장수산성으로 둘레가 10.5km에 달한다. 모두 하곡평지형 포곡식산성으로, 성 내에서는 연화문와당을 포함한 고구려 기와가 출토되어 군사방어적인 목적 외에도 지방지배를 위한 치소성의 기능을 겸했음을 알 수 있다.

이상의 내용을 종합해보면, 고구려 산성은 둘레 1km 이하는 소형, 1~3km는 중형, 3km 이상은 대형으로 구분이 가능하며, 0.4km 이하의 초소형 산성은 보루로 특정할 수 있겠다. 보루를 포함한 산정식산성의 경우 성벽 둘레의 평균값이 0.4km인데, 포곡식산성은 3.11km로 그 차이가 매우 크다(그림 Ⅳ-3). 다만 오녀산성(둘레 4.8km)은 산정식산성 중에서 통상적인 범위를 크게 벗어나고 있는데, 초기 도성으로 활용된 만큼 다른 산정식산성과는 규모면에서 큰 차이를 보인다.

(4) 축성 재료에 따른 분류

고구려 성은 체성벽을 구성하는 주 재료에 따라 크게 토성, 석성, 목책성 등으로 구분할 수 있는데, 대체로 주변에서 쉽게 구할 수 있는 재료를 사용하여 축조하는 것이 일반적이다.

토성은 환런 하고성자성처럼 평지에 축조되는 것이 보통이나, 탑산산성이나 용수산성처럼 요동 지역의 중대형 포곡식산성에서도 확인된다. 성벽의 축조에는 삭토법, 성토법, 판축법 등과 같은 여러 방식이 사용된다. 평지성은 성토법이나 판축법 등으로 흙을 쌓아 올려 성벽을 쌓는 방식을 채택하지만, 산성은 사면을 깎아 내는 삭토법이 좀 더 효율적이다.

토석혼축성은 흙과 돌을 모두 활용하여 축조한 것이다. 노변장관애를 비롯한 지안 일대의 여러 관애와 고구려 성 일부가 토석혼축성으로 알려져 있다. 그렇지만 관애를 제외한 대부분의 성은 엄밀한 의미의 토석혼축 보다는 토축 성벽을 축조하는 과정에서 주변의 잔돌이 섞여 들어가는 경우가 대부분이기 때문에 실제로는 토성의 범주에 포함되는 경우가 많다.

고구려 성 중에는 토축 성벽의 기단부 내지는 성벽의 일정 높이까지 외면을 석축으로 보강하거나 또는 기단 내부에 석렬 또는 석심을 부가하는 경우도 있다. 토축 성벽 내 기단부에 축조된 1~2단의 석렬은 외부로 석재가 노출되지 않기 때문에 별 문제가 없다. 평양 안학궁이나 연천 은대리성은 토루 외면의 일정 높이까지 석축을 부가하였는데, 연천 호로고루나 당포성처럼 토축부의 바깥쪽 전면을 석축한 것이 아니기 때문에, 토성의 범주에 포함시키는 것이 합당하다. 중심 토루에 기단 보강 석축 또는 외면 보강 석축이 부가된 토성은 평양 천도 이후에 축조된 성에서 주로 발견된다는 점에서, 순수한 판축 내지는 성토 방식으로 축조한 토성이나 돌로 쌓은 석성 보다는 늦게 등장한 것으로 보인다.

석성은 돌을 쉽게 구할 수 있는 곳에 입지한 경우가 많은데, 고구려의 산성에서 흔하게 확인된다. 국내성과 환도산성을 비롯하여 연주성(백암성), 성산산성 등이 대표적이다. 축조에 사용되는 돌은 형태가 다양하나, 외면에는 쐐기꼴이나 장방형의 돌을 사용하는 것이 일반적이다.

목책성은 나무를 이용하여 울타리와 같은 방어시설을 만든 것이다. 단기간에 설치할 수 있다는 장점이 있으나, 화공에 약하고 내구성이 떨어지기 때문에 임시적인 방어시설이었을 것으로 추정된다. 목책성은 지금까지 남한에서만 보고되고 있으나, 중국이나 북한에서도 추가로 발견될 가능성은 충분하다.

한편, 일부 연구자들은 축성 재료의 변화 양상을 시간적인 속성과 연결시켜보기도 한다.

외이춘청(魏存成 1996)은 중국 내 고구려 산성의 경우 석축 성벽의 출현이 비교적 이르고, 토축 성벽은 그에 비해 늦게 등장한 것으로 본다. 리전푸(李殿福 1998)는 고구려 산성의 성벽 축조 방식을 크게 4가지로 구분하였다. 첫 번째는 외면을 쐐기꼴 돌로 정연하게 쌓아 올리는 방식(打壘法)으로, 일반적으로 석축 성벽의 높이는 4~6m, 여장은 높이 1m 내외, 너비 1m, 여장 하단부 즉 성벽 상단부의 너비는 2m, 그리고 방형의 돌구멍은 1~2m 간격으로 나타난다고 보았다. 이러한 방식이 적용된 성으로 오녀산성, 환도산성, 흑구산성, 패왕조산성의 예를 들었다. 두 번째는 성벽의 양면은 석축이지만, 그 내부를 흙으로 채워넣은 방식으로, 나통산성의 예를 들었다. 세 번째는 토석혼축(土石混築)이지만 토축이 주된 방식이다. 용담산성, 용수산성, 고이산성을 예로 들었는데, 성벽 대부분이 토루이지만 부분적으로 토석혼축 구간이 있다는 것이다. 네 번째는 탑산산성처럼 성벽이 순수 판축으로만 이루어진 방식(土夯築)이다. 그는 고구려 산성에서 쐐기꼴 돌을 이용한 축성 방식이 가장 먼저, 다음으로는 외면은 석축이지만 내부를 흙으로 충진한 방식과 토석혼축 방식이, 그리고 가장 늦게 판축 성벽이 등장하는 것으로 판단하였다.

반면, 다나카 도시아키(田中俊明)는 고구려인들은 기원전 1세기 초부터 연·진 장성이나 한 군현성을 접하고 있었기 때문에, 이른 시기부터 이미 토석혼축이나 토성의 축성 방식에 대해서 알고 있었을 것으로 추정하였다. 이에 석축보다는 토축 산성이 먼저 출현하였고, 석축 성벽은 4세기 이후에나 등장한 것으로 보았다(東潮·田中俊明(박천수·이근우 역) 2008).

여호규(1999)는 고구려 중대형 산성의 경우, 초기에는 주로 석성이, 중·후기에는 토석혼축성이나 토성이 축조되는 경향성은 인정하면서도, 고구려인들이 압록강 중류일대에서 중국의 군현계 토성을 재사용하였고, 토석혼축 공법을 이용하여 소형 보루나 관애를 많이 축조하였다는 점에서 토성이나 토석혼축성도 석성과 함께 이른 시기부터 출현하였을 가능성이 있는 것으로 보았다.

고구려의 영역 확장에 따른 성의 대체적인 분포 양상을 살펴보면, 가장 이른 시기에 성이 축조되는 환런과 지안 지역의 주변으로는 중소형의 산정식 석축 산성이 대부분을 차지하고 있다. 반면 고구려가 5세기 들어 완전히 장악하게 된 요동 지역에는 중대형의 포곡식산성에서 석성뿐만 아니라 토성이 새롭게 등장하게 된다. 그러나 하고성자성과 같은 고구려 전기의 평지성에서 이미 토축 성벽이 채택되었고, 중기 이후에 축조된 산성에서도 석성이 여전히 높은 비중을 차지하고 있다는 점에서, 토축 산성의 등장이 축성 재료의 시간적인 변화를 보여주는 것은 아님을 알 수 있다. 오히려 중대형 포곡식산성 중에는 가이저우 고려성산성(청석령산성)이나 지린 용담산성처럼 하나의 성곽 내에서 구간에 따라 석축, 토석혼축, 토축 등 다양한 축성 재료가 이용된 사례도 있어, 고구려인들이 산성이 입지한 자연 환경에 맞추어 성벽을 쌓았음을 알 수 있다. 이 밖에도 국내성이나 호로고루, 당포성 등과 같이 고구려 중기 이후에 축조된 성에서는 석축 성벽의 기저부나 내면을 흙으로 채우거나, 평양 안학궁이나 연천 은대리성처럼 토루 외면에 일정 높이까지 석축을 부가한 경우도 발견되고 있어, 고구려 성은 하나의 축성 재료만을 고집하는 것이 아니라 자연 환경에 따라 또는 토축과 석축의 장단점을 적절히 혼용함으로써 성벽 축조의 효율성을 극대화하였던 것으로 보인다(양시은 2008).

2) 성의 구조

(1) 성문

① 성문의 종류와 구조

성문은 문의 위치에 따라 평문(平門)과 현문(懸門)으로 구분할 수 있고, 그 외 전령의 출입과 유사시의 은밀한 출입을 위하여 잘 보이지 않는 곳에 축조하는 암문(暗門)이 있다.

평문은 가장 일반적인 구조의 성문으로, 통로의 구조에 따라 개구부 윗부분을 아치형으로 둥글게 만든 홍예식(虹霓式), 윗부분에 장대석이나 판석을 수평으로 걸친 평거식(平据式)

그리고 개구부에 별도의 상부 구조 없이 바로 누마루를 올리는 개거식(開拒式)으로 세분된다
(손영식 2011).

　조선시대 성에서 주로 확인되는 홍예식 성문의 경우 북한에서는 고구려 성에서도 발견되
는 것으로 보고하고 있으나, 관련 자료를 검토한 결과 지금까지 고구려의 것으로 분명하게
밝혀진 것은 없다. 평거식 성문은 양쪽 벽 위에 큰 돌을 올려놓아야 하기 때문에 성문의 너비
가 좁아야하는데, 연통산산성에서 폭 3m 너비의 평거식 성문이 확인된다. 그리고 약수리고
분이나 룡강대총, 삼실총 등 고구려 고분벽화에 그려진 성곽도에는 개거식 구조의 성문만이
묘사되어 있어, 고구려 성에서는 개거식 성문이 일반적으로 사용되었던 것으로 보인다. 화재
로 인해 전소된 석대자산성 문지의 발굴조사에서도 성문의 상부 구조에 사용될만한 대형 석
재가 발견되지 않은 점 또한 이를 뒷받침한다.

　현문은 고구려 성에서는 거의 찾아볼 수 없는데, 성벽 위에 성문이 있어 사다리 등을 이
용하여 출입할 수 있도록 한 일종의 다락문 구조를 말한다. 남한에서는 포천 반월산성, 양주
대모산성, 하남 이성산성, 이천 설성산성, 보은 삼년산성 및 단양 온달산성 등 6세기 중엽 이
후에 축조된 신라성에서 주로 확인된다. 고구려에서는 오고성(위패산성)의 서북벽과 자안산

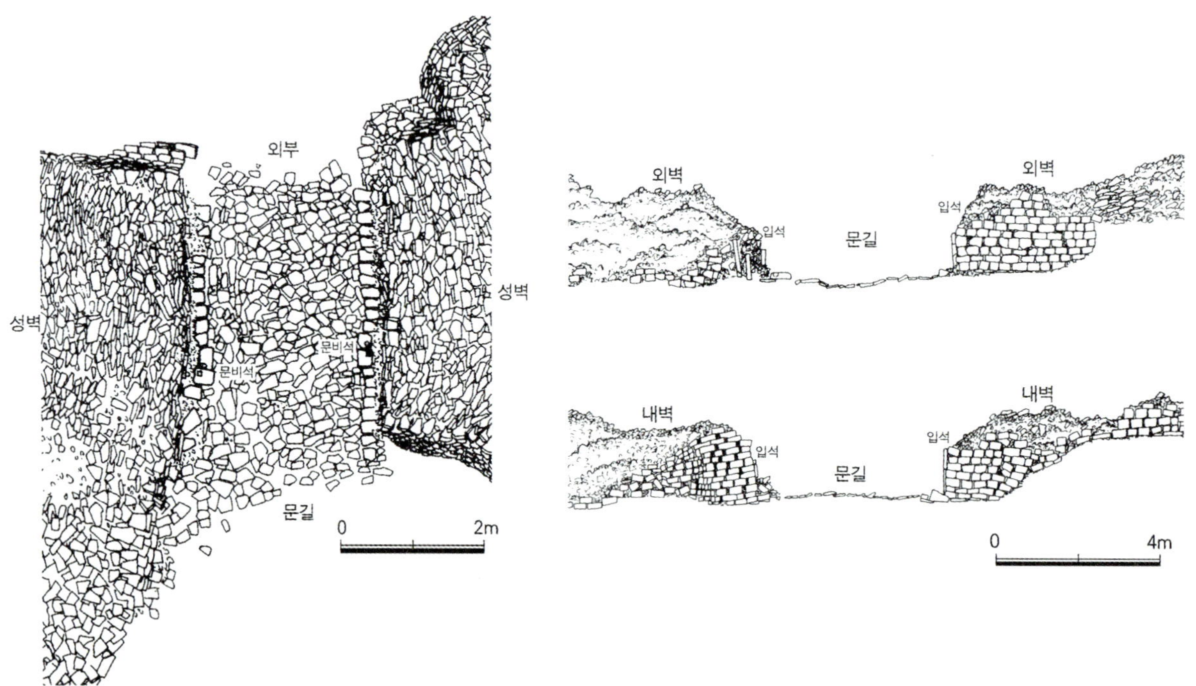

그림 Ⅳ-4 환도산성 제2호 문지(吉林省文物考古研究所 2004b)

성 등 극히 일부에서만 현문 구조가 발견되었다.

한편, 성문은 문짝, 문짝을 지탱하는 기둥, 확돌 그리고 이를 감싸고 있는 석축 구조물 등으로 구성된다. 그리고 성문 위에는 문루가 축조되기도 한다.

환도산성의 제2호 문지(그림 Ⅳ-4)는 문길 길이 8.4m, 안쪽 너비 5.4m, 바깥쪽 너비 5.2m로, 문길의 양쪽 벽과 바닥은 판석으로 마감하였다. 문길의 양 끝으로는 벽을 따라 1열의 석단을 만들었으며, 그 중간에 문비석을 두었다. 문비석(돌확)은 문 안쪽에서부터 대략 2.5m 떨어진 곳에 있는데, 한 변 길이 15cm인 방형 홈이 파인 문설주(문기둥)와 직경 15cm인 원형 홈이 파인 문장부(문지도리) 초석으로 구분되어 있다. 문지 주변에서는 귀면문과 연화문와당을 포함한 고구려 기와편이 다량으로 출토되어, 당시 성문에 기와를 올린 누각(문루)이 축조되어 있었음을 짐작해볼 수 있다.

② 성문 보호시설

성문을 보호하기 위한 시설로는 옹성(甕城), 적대(敵臺), 해자(垓字) 등이 있다.

옹성은 성문 바깥쪽에 장방형이나 반원형의 성벽을 덧대어 쌓아, 성문이 직접 노출되지 않으면서 한정된 수의 적군만이 들어올 수 있게 하여 측면과 후면에서도 적을 공격 가능하

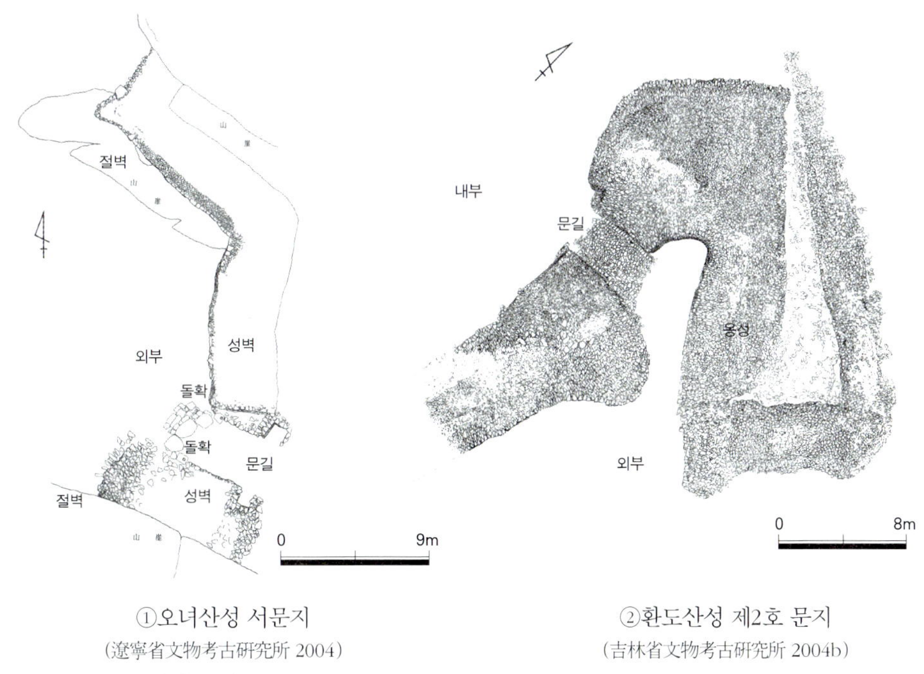

①오녀산성 서문지
(遼寧省文物考古研究所 2004)

②환도산성 제2호 문지
(吉林省文物考古研究所 2004b)

그림 Ⅳ-5 고구려의 옹성

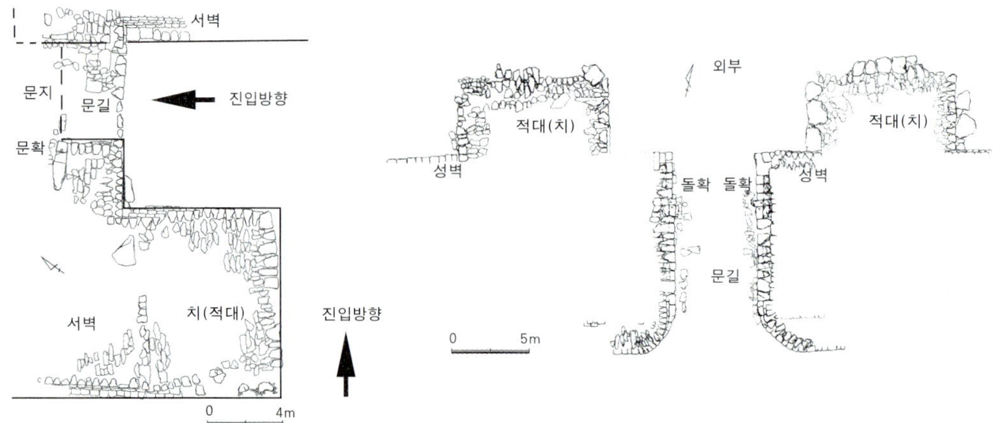

그림 Ⅳ-6 국내성의 어긋문과 적대(吉林省文物考古研究所 2004a)

도록 만든 효과적인 방어시설이다.

고구려에서 옹성을 축조하기 시작한 시점을 정확하게 알 수는 없지만, 오녀산성의 서문지(그림 Ⅳ-5:①)에서 자연절벽을 이용한 초기 형태의 옹성 구조가 확인되고 있고, 환도산성의 제2호 문지(그림 Ⅳ-5:②) 또한 옹성 구조임을 볼 때, 고구려 중기부터는 옹성이 본격적으로 사용되었을 가능성이 있다. 다만 성자산산성의 서문, 봉황산산성의 북문과 연주성(백암성)의 서문 등 최근 발굴조사에서는 후대 개축으로 인해 옹성이 새롭게 추가된 것임이 밝혀진 만큼, 옹성 구조에 대한 연구는 보다 신중한 접근이 필요해 보인다.

한편, 국내성 서벽과 대성산성의 소문봉 문지에서는 옹성의 기능과 유사한 어긋문 구조가 발견되었다. 어긋문 역시 한정된 인원만이 어긋난 성벽을 우회하여 진입하여 좁은 통로에서 성문을 공격할 수밖에 없어 옹성과 비슷한 방어 효과를 기대할 수 있다. 그리고 국내성 북벽에서는 적대도 발견되었는데, 적대는 성문 양쪽에 설치한 치를 지칭하며, 성문을 공격하고 있는 적군을 측면에서 공격할 수 있어 방어에 효과적이다(그림 Ⅳ-6).

(2) 성벽

성벽은 방어에 가장 중요한 시설로, 축성 과정에서 가장 많은 공력을 들이는 부분이다.

① 목책성

『삼국사기』고구려본기에는 이른 시기부터 목책에 대한 기록이 등장한다. 태조왕 46년(98)과 50년(102), 산상왕 21년(217)에는 책성(柵城)과 관련된 기사가, 보장왕 4년(645)에는 안시성 전투에서 당의 공격에 맞서 성 안에 목책을 세워 무너진 곳을 막았다는 내용이, 그리고 보장왕 27년(668)에는 압록책(鴨綠柵)에 대한 기사가 전한다.

지금까지 목책과 관련된 유적은 남한에서만 확인되었는데, 연천 호로고루와 전곡리 목책유구, 안성 도기동산성, 청원 남성골산성과 대전 월평동유적 등이 있다. 이들 목책 유적은 석축 성벽에 비해 방어력은 떨어지지만 단기간에 설치할 수 있어 고구려의 남진 과정에서 축조된 것으로 보인다. 남성골산성의 경우 내측과 외측의 목책으로 구성된 복곽식 구조로 이루어져 있다. 목책은 2열로 구축되어 있으며, 그 간격은 2.5~3m 내지는 4~4.5m로 지형에 따라 차이가 있다. 목책은 대체로 깊이 1.5m 이상의 구덩이를 파고 직경 20~30cm 가량의 나무 기둥을 세운 다음, 구덩이를 팔 때 나온 흙과 돌로 그 주변을 덮고 단단하게 다져서 세웠다.

이 밖에도 남한의 고구려 보루에서 확인되는 목주열의 경우 처음에는 석축 성벽에 선행하는 목책으로 추정되었으나(양시은 2012a), 서울 홍련봉 2보루와 연천 무등리2보루 등의 성벽 발굴조사 이후 해당 목주열들은 목책이 아닌 석축성벽의 축성공정과 관련된 것임이 밝혀졌다. 이들 성벽은 대체로 얇은 석벽에 두터운 토축 뒤채움으로 되어 있는데, 얇은 성벽으로는 내부의 토압을 견딜 수 없기에 이를 지탱할 수 있도록 영정주(永定柱)와 같은 시설을 마련한 것이다(심광주 2018).

② 토성

고구려는 이른 시기부터 토성을 축조하였다. 토축 성벽은 성토와 같이 단순한 방식에서 판축과 같은 정교한 방식으로 발전했다고 보는 것이 일반적이며, 평양 천도 이후에는 성벽을 더욱 견고하게 하기 위해 토루의 외면에 석축을 보조적으로 활용하는 기법이 등장하기도 한다.

성벽의 축조 방식으로는 흙을 쌓아올려 축조하는 성토법(盛土法), 흙을 깎아서 축조하는 삭토법(削土法), 흙을 층층이 단단하게 다져 쌓아 올리는 판축법(版築法)과 교호성토법(交互盛土法) 등이 있다. 고구려에서는 성토법과 판축법이 주로 이용되었는데, 산성에서는 지형이나 필요에 따라 다양한 방식이 활용되었다. 능선이나 경사면에서는 삭토법과 성토법을 사용하고, 성문이나 계곡 입구처럼 방어력을 강화해야하는 곳에는 많은 공력이 들지만 훨씬 견고한 판축공법이 주로 채택되었다.

판축은 단위 구간별로 판재를 대고 안쪽으로 흙을 부어 달구질을 하거나 발로 밟아 층층이 다져 올라가는 공법이다. 이와 같은 과정을 무수히 반복하여 흙이 여러 번 다져지게 되면 굉장히 단단해져서 토축 벽체가 장기간 버틸 수 있게 된다. 판축을 위한 기본 구조물에는 목

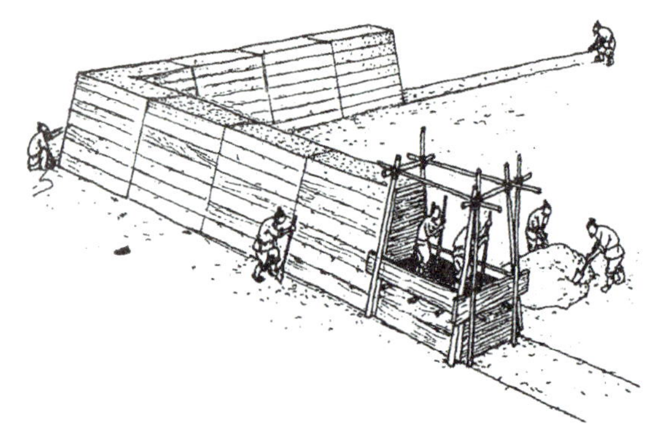

그림 Ⅳ-7 판축공법 개념도(李禎 2006)와 고려성산성의 판축 성벽(ⓒ양시은)

주(木柱, 영정주)와 판목(板木), 횡장목(橫長木), 종장목(縱長木) 등이 있다. 기본 나무 기둥인 목주를 우선 설치하고, 목주와 목주 사이는 종장목과 횡장목으로 결구하여 기본 구조를 갖춘 다음, 판축토가 밀리는 것을 방지하기 위하여 판목(협판)을 설치한다.

고구려 성에서의 판축 흔적은 성벽 절개면에서 쉽게 찾아볼 수 있다. 고려성산성(청석령산성), 영성자산성, 용담산성 등에서는 성문 일대의 성벽에서 판축의 흔적이 잘 드러난다. 토축 성벽에서 세로로 갈라지는 곳은 판축 당시 영정주나 종장목을 세웠던 부분이고, 가로로 여러 겹 쌓여있는 것은 흙을 여러 번 다져 판축한 결과물이다(그림 Ⅳ-7). 개별 판축 토층의 두께는 10cm 내외이며, 세로로 나누어지는 부분은 유적마다 다르나 대체로 1.5m 내외이다.

한편, 토성으로 알려진 푸순 고이산성의 동성에서는 문지 주변의 성벽에는 판축 기법이, 능선을 따라 축조된 성벽에는 흙과 돌을 섞은 토석혼축 방식과 판축 기법이, 동성과 서성의 경계지점 남단에서는 토축 성벽 안쪽에 비교적 큰 석재로 기단을 구축하고 그 위에 흙을 덧쌓은 기단 석축 부가 방식이 확인되었다. 동성 남문의 서벽 역시 할석으로 30~50cm 높이의 기단 석축을 하고 그 위에 토축 성벽을 쌓았다(徐家國·孫力 1987). 다만 고이산성은 요금시기까지도 활용되었기 때문에 산성에서 확인되는 축성 기법을 모두 동시기의 것으로 보기는 어렵다.

③ 석성

석축 성벽은 고구려 성에서 상당한 비중을 차지하고 있는데, 축조 방식에 따라 내탁식(內托式, 단면축조법)과 협축식(夾築式, 양면축조법)이 있다. 내탁식은 경사면을 정리하여 석축을 쌓고 그 안쪽을 흙과 돌로 채워 넣는 방식으로, 석축부와 토축부(뒤채움구간)로 구분된다. 산성에 구축된 성벽은 대부분이 내탁식으로 축조되었으나, 지형에 따라 협축식으로 쌓은 예도 있다. 협축식은 성벽의 내외면 모두를 돌로 쌓는 방식이다. 주로 평지나 얕은 경사면, 그리고 성문 인근의 성벽을 축조할 때 이용된다.

석축 산성에서 협축식 성벽은 성벽 전체를 돌로 쌓는 것이 일반적이나, 국내성이나 연천 호로고루, 당포성과 같은 석축 평지성은 성벽의 내면 혹은 내벽을 흙으로 쌓기도 한다. 심광주(2014)는 성벽의 기저부나 중심부는 흙으로 쌓고, 외벽만 석축하거나 또는 내외벽을 모두 석축으로 쌓는 이러한 축성 기법을 '토심석축공법(土芯石築工法)'이라고 부르며, 중기 이후 고구려 축성법의 가장 중요한 특징으로 판단하고 있다.

성벽을 축조하기 위해서는 석재의 하중을 지탱할 수 있도록 지반을 다지는 기초 공사가 필수적이다. 기초부의 조성 방식은 지반의 상태에 따라 달라진다.

지반이 암반이 아닌 경우에는 일정 깊이까지 파서 점토를 다져 성토하거나 또는 점토와 잡석을 채워 넣어 평탄한 기초부를 조성하는 것이 보통이다. 지반이 암반일 경우에는 상황에

그림 Ⅳ-8 고구려 석성 기초부 조성 방식(ⓒ양시은)

따라 성토를 하여 기초부를 조성하거나 암반 위에 바로 성돌을 쌓는다. 시루봉보루에서는 경사진 기반암 위에 점토를 깔아 성돌이 수평을 유지함과 동시에 지면에 고정될 수 있도록 하였으며, 기단부에는 비교적 편평하고 큰 석재를 놓고 한 층마다 조금씩 들여쌓아 성벽이 높이 올라가더라도 무너지지 않고 균형을 유지할 수 있도록 하였다. 반면 고검지산성이나 오고성에서는 기반암이나 바위를 직접 다듬은 후에 성돌을 쌓아 올리거나, 암반의 형태에 맞추어 치석한 성돌을 쌓아 올리는 방식으로 성벽을 축조하였다(그림 Ⅳ-8).

선양 석대자산성에서는 발굴조사를 통해 성내 지형에 따른 다양한 방식의 기초 공법들이 확인되었다. 비교적 평탄한 곳에서는 성벽 벽체 너비로 암반층까지 땅을 판 다음 잔 할석이나 점토를 채워 넣어 기초를 쌓는 구덩이기초법(基槽基礎法)이, 큰 바위가 지면에 돌출되어 있어 성벽 기초 작업이 어려운 곳에서는 바위에 홈을 파거나 다듬는 착암기초법(鑿岩基礎法)이, 경사가 가파른 산비탈에서는 산의 지세에 따라 여러 구간으로 나눈 뒤 각 구간의 최저지점부터 석축을 쌓기 시작하여 아래쪽 한 단의 수평선을 초과하게 되면 다시 전체 석축을 쌓아가는 버팀축조법(戧築法)이 적용되었다(遼寧省文物考古研究所 2012).

이 외에도 오녀산성을 비롯한 다수의 고구려 석축 산성에서는 그렝이기법(그랭이기법)이 확인된다. 『한국고고학전문사전-성곽·봉수편』에 따르면, 그렝이기법은 성벽을 축조하는 과정에서 하단석재의 상면에 맞추어 상단석재의 하면을 깎아 내거나, 줄눈을 맞추기 위해 하단석재의 상면을 깎아내어 빈틈이 없도록 쌓는 방식이라고 기술되어 있다. 다시 말해 성벽 기초부에 큰 바위나 암반이 있을 때는 바위를 깨뜨리지 않고 그대로 놔둔 채 성돌을 바위의 모양대로 깎아 맞추는 방법이다. 그렇지만 그렝이기법으로 축조한다고 해서 꼭 바위나 암반 면을 다듬지 않는 것은 아니기 때문에, 착암기초법과 그렝이기법은 함께 사용되었던 것으로 보인다.

고구려 석축 성벽의 기초부는 들여쌓기가 일반적이지만, 기단부에 보축 성벽을 쌓아 성벽의 하중을 견딜 수 있도록 한 경우도 있다.

이상과 같은 석축 성벽 기저부의 조성 방식은 고구려의 계단식 적석총, 지상 건물지 기단부와 대형 석축 저수시설 등에도 동일하게 적용되고 있어, 축성 기법은 당시 건축 및 토목 기술의 발전과 밀접한 관련이 있음을 짐작해 볼 수 있다.

체성벽은 성의 핵심시설로, 축성시 가장 많은 공력을 들이는 부분이다. 성벽의 축조에서 특히 주목할 것은 성돌의 형태, 치석 방법, 성돌간의 짜임새와 뒤채움 방식이다(그림 Ⅳ-9).

고구려 석축 성벽의 외면은 바깥쪽을 잘 다듬은 돌이 정연하게 쌓여 있는 경우가 많은데,

그림 Ⅳ-9 고구려 석성의 성벽 축조 방식(ⓒ양시은)

정면에서 바라볼 때 品자형 또는 육합(六合) 구조가 일반적이다. 하나의 성돌에 위아래로 각
각 2개, 좌우로 1개가 맞물리게 쌓아 1개의 성돌이 6개의 성돌과 한 단위로 서로 접하는 방
식이다. 육합구조로 성벽을 축조하면 치를 쌓는 경우에도 성벽과 치의 성돌이 서로 엇갈려
맞물리기 때문에 구조가 허술해지지 않는다. 다만 남한의 고구려 보루는 주변에서 구하기 쉬
운 화강암을 치석하여 1~2겹으로 체성벽을 축조하기 때문에 이러한 쌓기 방식은 적용되지
않는다.

겉쌓기에 쓰이는 성돌은 쐐기꼴 혹은 장방형의 평면 형태로 치석하였는데, 특히 쐐기꼴
돌(楔形石)이 많이 사용된다. 성벽의 바깥쪽에서 보면 잘 다듬어진 장방형 형태이지만, 위쪽
에서 보면 쐐기꼴형태로 앞부분에 비해 뒷부분의 뿌리 쪽이 좁고 길쭉하다. 성벽 안쪽에 사
용하는 성돌은 쐐기꼴 돌에 맞물릴 수 있도록 앞부분은 얇고 전체적으로는 길쭉한 모양으로
다듬는데, 마치 베를 짤 때 쓰는 북의 형태와 유사하여 북꼴 돌(梭形石) 혹은 마름모형 돌(菱形
石)이라고 한다.

환런 오녀산성의 경우 쐐기꼴 돌은 그 길이가 대략 50cm, 북꼴 돌은 70cm 전후이다. 북꼴 돌이 쐐기꼴 돌에 비해 상대적으로 긴데, 이는 북꼴 돌이 앞쪽이 무거운 쐐기꼴 돌을 안쪽에서 잘 지탱해줄 수 있어야하기 때문이다. 쐐기꼴 돌로 첫 번째 단을 쌓게 되면 장방형 머리 부분은 성벽의 겉면에 노출되어 있고 뾰족한 꼬리 부분은 안쪽을 향해 있어 두 쐐기꼴 돌의 사이 안쪽 공간은 삼각형의 빈 틈이 생기게 된다. 북꼴 돌을 그 사이에 끼워 넣어 쐐기꼴 돌과 북꼴 돌을 맞물리게 한다. 두 개의 쐐기꼴 돌과 북꼴 돌이 맞물려 있는 곳의 위에 두 번째 단의 쐐기꼴 돌을 올려놓게 되면, 쐐기꼴 돌의 꼬리 부분은 첫 번째 단의 북꼴 돌을 눌러주게 되고, 이렇게 쌓아올리기를 반복하면 성벽이 견고해지는 효과가 있다. 또, 쐐기꼴 돌과 북꼴 돌이 맞물리는 지점 인근의 빈 공간에는 할석이나 진흙 등을 채워 넣어 성돌이 서로 단단하게 고정될 수 있도록 하였다. 이처럼 쐐기꼴 돌과 북꼴 돌을 맞물려 축조한 성벽은 겉의 쐐기꼴 돌 일부가 빠지더라도 안쪽의 북꼴 돌이 그대로 남아, 성벽의 형태와 방어력이 유지되고, 후에 상대적으로 수월하게 성벽을 수리할 수 있다. 고구려 석축 성벽이 지금까지 비교적 양호하게 보존될 수 있었던 가장 큰 요인은 이와 같은 축조 공법이라고 판단된다(양시은 2013a).

지금까지 성돌의 가공과 치석의 정도는 축조 집단이나 시간적인 속성과 관련한 것으로 여겨졌다. 쐐기꼴 돌과 북꼴 돌을 이용하여 성벽을 축조한 오녀산성, 흑구산성, 고검지산성

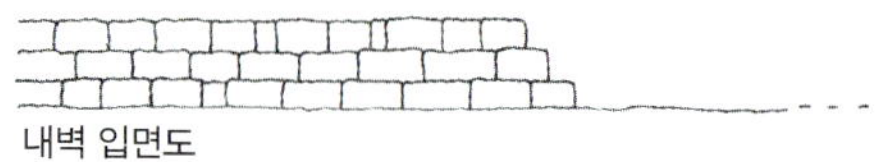

내벽 입면도

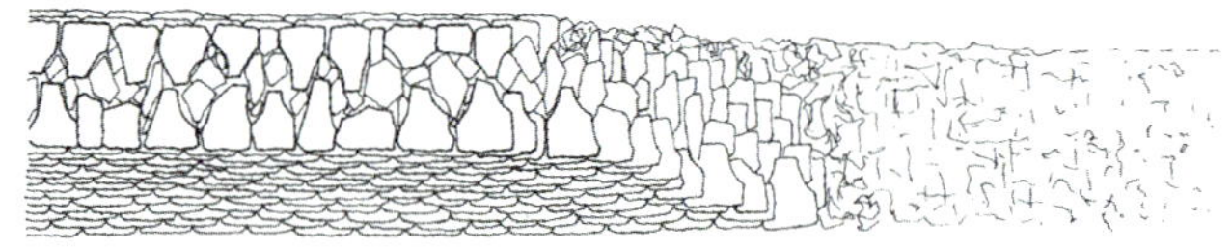

성벽 평면도

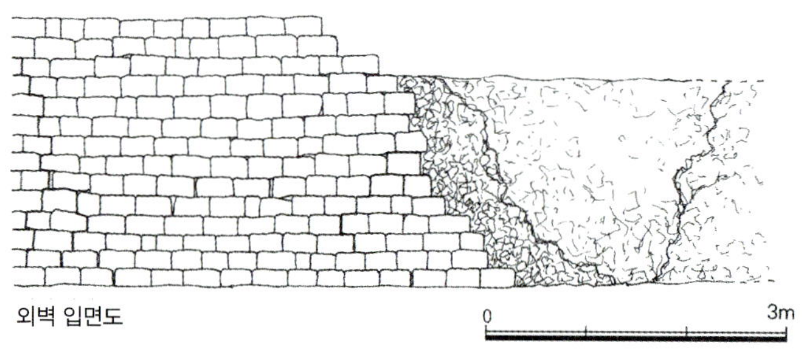

외벽 입면도

0   3m

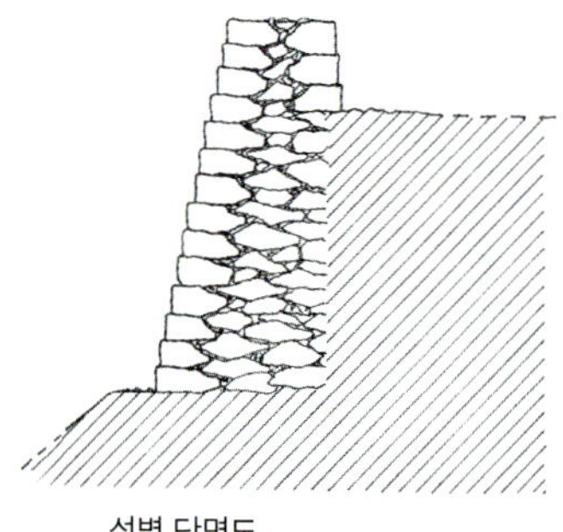

성벽 단면도

그림 Ⅳ-10 환도산성의 성벽 모식도(吉林省文物考古研究所 2004b)

등이 고구려 전기 산성이라는 점에서, 이러한 축조 방식을 이른 시기의 특징으로 판단한 것이다. 그렇지만 이러한 성벽의 축조 방식은 연주성이나 평양성 등 고구려 중·후기의 성곽 유적에서도 여전히 확인되고 있기 때문에, 성돌의 가공 방식을 근거로 축조 시기를 판단하는 것은 주의가 요구된다. 그리고 성돌의 가공 기술은 적석총의 조영 기술과도 밀접한 관련이 있을 수밖에 없는데, 이른 시기 적석총의 모습을 보면 이른 시기 고구려의 석성 역시 지금의 모습처럼 정연하게 축조되었다고 보기 어렵다.

리롱빈(李龍彬 2008) 역시 시펑(西豊) 성자산산성에서 크고 긴 장대석을 성벽의 기초로 삼고, 쐐기꼴 돌과 잡석(북꼴 돌)을 이용하여 성벽을 축조했음이 확인되지만, 동일한 방식으로 축조된 마가채산성이나 석대자산성에서는 고구려 중기 내지는 후기의 유물이 출토되고 있기 때문에 단순히 쐐기꼴 돌을 이용하여 성벽을 축조했다는 사실만으로 성자산산성을 이른 시기로 판단하는 것은 문제가 있다고 지적한 바 있다.

이 밖에도 평양성이나 롱오리산성과 같은 일부 고구려 성에서는 축성과 관련한 기록도 발견되었다. 롱오리산성에서는 '을해(乙亥)년 8월 전부(前部)에 속한 소대사자(小大使者) 어구루(扵九婁)가 684간(間) 성 쌓는 것을 감독하였다'는 내용이 새겨진 바위가, 평양성에서는 축성 시점, 감독자의 직책, 이름과 담당 구간이 새겨진 성돌들이 확인되었다. 이를 통해 고구려에서는 성벽을 축조함에 있어 구간별로 공사 담당자를 지정하여 감독하되, 이를 기록해 두어 책임소재를 명확히 하였음이 확인된다.

(3) 성벽 부속시설

고구려 성에는 출입을 위한 성문이나 성벽 외에도 다양한 시설들이 확인된다. 내부 시설로는 궁전지와 일반 주거지를 포함한 다양한 용도의 건축물과 전투를 지휘할 수 있는 장대, 연못을 비롯한 저수시설과 저장시설, 토기 및 철기 등의 제작 관련 시설, 방아시설 등이 있다.

① 치(雉)

치란 성벽에 방형으로 돌출시켜 쌓은 성벽 구조물로, 적들을 관측하기 쉬운 곳이나 추가 방어의 필요가 있는 곳에 설치한다. 치는 일자형 성벽과 달리 'ㄷ'형태로 돌출되어 있어 성벽으로 접근하는 적을 정면과 양쪽 측면에서 공격할 수 있어 방어에 효과적이다. 성문 방어를 위해 성문 옆 성벽에 축조한 것을 적대(敵臺), 성의 모서리에 축조한 것을 각루(角樓)로 별도 구분하기도 한다. 치나 각루는 요동성총이나 약수리고분, 룡강대총 고분벽화에 묘사된 성곽도에서도 찾아볼 수 있다. 그리고 치는 석축 성에 축조되는 경우가 대부분이나, 랴오위안(遼源) 성자산산성과 같은 토성이나 청원 남성골산성과 같은 목책성, 그리고 통화 석호관애와 같은 차단벽에서도 발견된 사례가 있다.

산성에서 치는 주로 주변을 관측하기 쉬운 곳이나 등산로처럼 적의 집중 공격이 예상되는 지점에 축조되는 것이 일반적이지만, 국내성이나 연주성과 같이 평지 또는 평탄한 능선에 축조된 경우에는 일정한 간격으로 여러 개의 치를 설치하기도 한다.

치는 성의 규모나 지형에 따라 그 규모가 매우 다양한데, 소규모 산성인 보루에 축조된 치는 그 크기가 작다. 국내성의 치는 평면형태가 옆으로 긴 장방형으로, 정면 너비 9~10m, 길이 5.5~6.5m인 것들이 대부분인데 비해, 서문지에 설치된 치는 정면 너비 9.9m, 길이 8.5m로 차이가 있다. 석대자산성이나 아차산 보루군에서 발견되는 일반적인 구조의 치는 방형 또는 장방형의 평면형태로, 너비는 5~9m로 다양하다.

석대자산성에서는 모두 10개의 치가 발견되었는데(그림 Ⅳ-11), 그 중 6개는 기초부에 별도의 석단을 만들었다. 기초 석단을 갖춘 치는 기초부가 평면형태 방형에 모서리가 각진 것(方形方角式)이 5기, 방형에 모서리가 둥근 것(方形圓角式)이 1기이다. 기초 석단이 있는 제1호 치는 기초부는 너비 8.6m, 측면 길이 9m이고, 몸체는 정면 너비 6.4m, 측면이 7.4m이다. 제1호 치로부터 60m 떨어진 곳에 있는 제2호 치는 기초 석단은 확인되지 않으며, 정면의 기초부 폭은 8.9m, 측면은 6.2m이다(遼寧省文物考古研究所 2012).

둘레가 200~300m 가량인 아차산 보루군에서도 여러 개의 치가 발견되고 있다. 큰 돌로

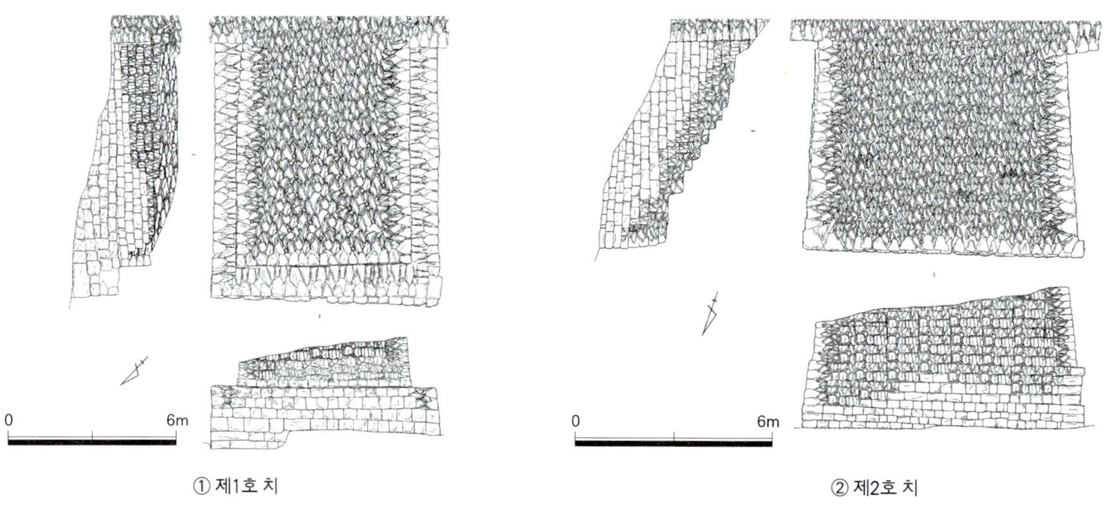

① 제1호 치 　　　　　　　　　　　　　② 제2호 치

그림 Ⅳ-11 석대자산성 치의 평·단면도(遼寧省文物考古研究所 외 2012)

기단부를 만들고 그 위에 치석된 석재들을 조금씩 들여쌓거나, 3~4겹의 성돌을 이용하여 담장식(양면쌓기)으로 쌓았기 때문에 비교적 견고하다. 내부는 돌로 채워진 것과 흙으로 채워진 것으로 구분된다. 치가 덧붙여진 성벽은 다른 구간에 비해 보존상태가 양호한 경우가 많은데, 이는 치가 성벽을 지지하는 보축의 역할도 함께 수행하였기 때문으로 보인다(양시은 2012a).

②여장(女墻)과 돌구멍(石洞)

여장은 성벽 위에 쌓아올린 담장시설로 성가퀴라고도 한다. 적의 공격으로부터 몸을 숨길 수 있는 시설로, 성벽의 가장 상면에 축조되기 때문에 대부분은 훼손되어 남아있지 않거나 그 흔적만 확인할 수 있을 뿐이다.

고구려 시기의 여장이 남아있는 성으로는 중국의 오녀산성과 고검지산성, 환도산성, 성산산성, 대흑산산성 등이 있다. 북한의 평양성, 황룡산성, 장수산성, 능한산성에서도 여장이 보고되었으나, 모두 후대까지 사용된 성이므로 주의가 요구된다. 중국에 남아있는 고구려 성에서 확인된 여장의 경우 그 폭은 0.8~1.2m로 일정한 편이며, 평여장(平女墻) 구조로 추정된다.

그리고 오녀산성, 고검지산성, 환도산성, 대흑산산성 등에서는 여장 안쪽으로 평면형태 방형의 돌구멍이 남아있는 예가 있다(그림 Ⅳ-12:우). 흑구산성, 봉황산산성, 후성산산성, 당포성에서는 여장은 발견되지 않았지만, 바깥 성벽으로부터 안쪽으로 약 1m 들어온 곳에 돌구멍이 발견되기도 한다. 돌구멍의 한 변 길이는 0.25~0.5m이다. 깊이는 다소 얕은 것도 있지만 0.5~1m인 것이 대부분이다. 돌구멍은 1.5~2m 정도의 일정한 간격으로 배치되어 있는 것이 보통인데, 한 두 개만 확인되는 경우도 있다.

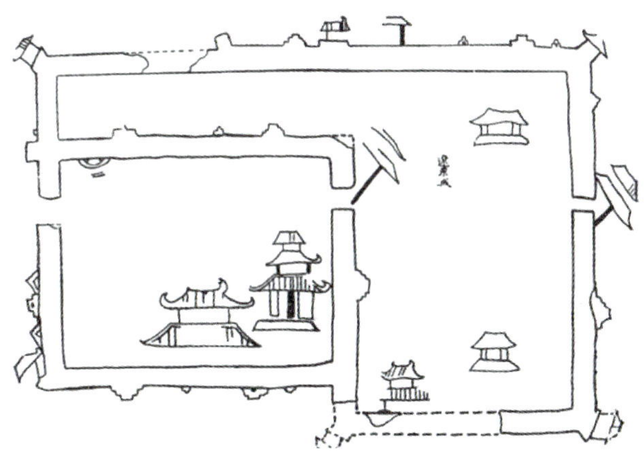

그림 Ⅳ-12 요동성도(『조선유적유물도감』6)와 환도산성 동벽의 여장과 돌구멍(ⓒ양시은)

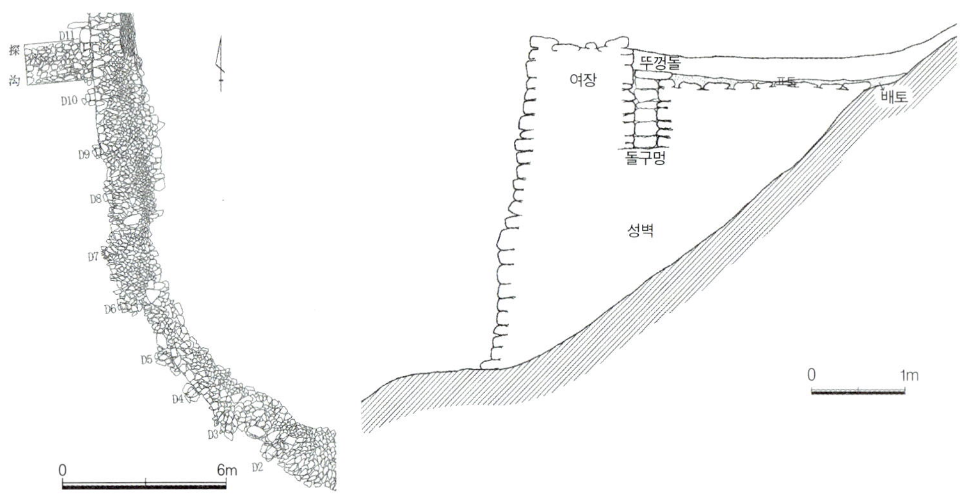

그림 Ⅳ-13 오녀산성 동벽의 여장과 돌구멍(遼寧省文物考古硏究所 2004)

오녀산성 동벽에는 매우 양호한 상태로 여장과 돌구멍이 남아있다(그림 Ⅳ-13). 보고서(遼寧省文物考古硏究所 2004)에 따르면, 여장의 폭은 1m, 잔고는 0.2~0.4m이다. 여장 안쪽에서는 일정한 간격을 두고 돌구멍 11개가 확인되었다. 대략적인 간격은 2m 정도로, 성벽을 일정 높이까지 쌓아 올린 후에 축조하였다. 평면형태 방형인 돌구멍은 한 쪽 벽면을 성벽 외벽의 안쪽 벽면을, 다른 세 면은 장방형 성돌을 이용하였다. 돌구멍의 크기는 0.3×0.2×0.5~0.8m이며, 돌구멍의 입구를 판석으로 덮은 것도 있다.

봉황산산성의 북벽에서도 여장과 함께 30여 개가 연속적으로 분포하고 있는 돌구멍이 발견되었다. 돌구멍의 한 변의 길이는 0.25m, 깊이는 0.5~1.2m이다. 돌구멍의 바닥에서는 돌확(圓鼓形)과 편평한 형태의 초석이 발견되었다고 한다(李龍彬 2007).

돌구멍의 용도에 대해서는 다양한 견해가 존재한다. 물을 빼는 배수구(關野貞 1914), 성벽 바깥쪽으로 굴릴 통나무를 매달았던 나무기둥 구멍(撫順市博物館 1985) 내지는 목책을 세워 성벽의 방어력을 강화하기 위한 기둥 구멍(채희국 1985), 성을 방어하기 위한 노포(弩砲)를 세운 구조물(사회과학원 고고학연구소 1975), 투석기나 쇠뇌 등의 장비를 일시적으로 고정시키는 시설(심광주 2005b), 방어용 그물망을 고정시키기 위한 기둥구멍(趙俊杰 2008) 등이 있다. 돌구멍은 석축 성벽 상단부에 열을 이루어 분포하고, 여장과 바로 인접해 설치된다는 점을 주목할 필요가 있다. 접근이 쉽지 않은 급경사면에 축조된 성벽에도 돌구멍이 확인된다는 점에서 방어력 강화를 위한 시설물을 설치하기 위한 구조물이라는 기존 견해는 재고되어야 한다.

고구려 석축 성벽에서는 1.5~2m 간격으로 한 변의 길이가 20~30cm 가량인 방형의 수직기둥홈이 발견되기도 한다. 이들 수직기둥홈은 모두 겹성벽에서 확인되는 것이 특징이다.

대성산성의 수직기둥홈은 소문봉의 바깥쪽 성벽에서 안쪽으로 3.8m 들어온 중간 성벽에서 확인된다(그림 Ⅳ-14:좌). 기둥홈의 크기는 한 변이 30~40cm이며, 홈의 간격은 약 2m이다. 채희국(1964)은 별다른 근거없이 해당 구조물이 지하수의 압력을 완화시키기 위한 장치로, 서길수(1999)는 소문봉의 이러한 구조를 경사가 급한 곳이나 무너지기 쉬운 곳의 축성방식으로 이해하였다.

남한의 당포성과 호로고루, 홍련봉 1보루에서도 대성산성과 동일한 구조의 수직기둥홈이 발견되었다. 호로고루의 수직기둥홈은 바깥 성벽으로부터 안쪽으로 1.2m 들어온 지점에서 확인된다(그림 Ⅳ-14:우). 기둥홈이 있는 내성벽은 대성산성과 마찬가지로 바깥쪽 성벽보다는 부정형의 성돌을 이용하여 축조하였다. 수직기둥홈은 깊이 30~34cm, 너비 22~24cm이며, 간격은 2.15m이다. 기둥홈은 성벽의 기초부인 판축 토층까지 연결되며, 수직기둥홈이 축조된 내벽 바깥으로는 외벽을 쌓았는데, 외벽의 기초부에는 일정한 간격으로 놓인 돌확이 발견되었다. 돌확은 외성벽과 보축 성벽의 사이에 위치하며, 수직기둥홈에서 약간 떨어져 있다. 호로고루에서의 돌확과 수직기둥홈은 모두 축성과정에서 나무기둥을 세우기 위한 보조 구조물로 판단된다(양시은 2016a).

지금까지 수직기둥홈이 확인된 고구려의 성은 모두 평양 천도 이후에 축조된 것이어서, 이러한 축성 방식은 고구려 후기에 새롭게 등장한 것으로 보인다.

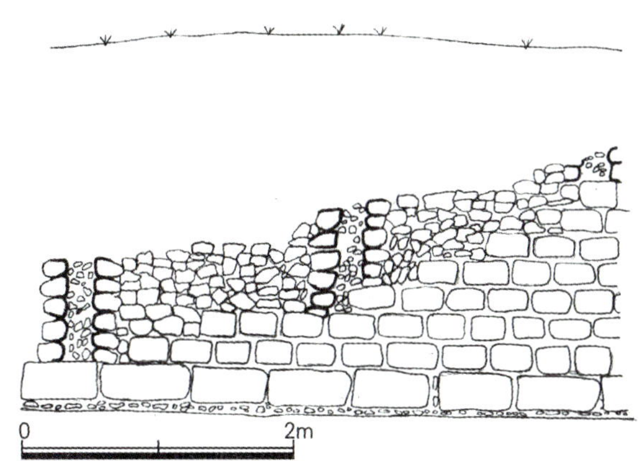

그림 Ⅳ-14 대성산성(김일성종합대학출판사 1973)과 호로고루의 수직기둥홈(ⓒ양시은)

고구려 산성에서는 성벽을 오르기 위한 등성시설도 확인된다.

고검지산성에서는 북벽과 남벽에 각각 2개, 동벽에 1개 등 모두 5개의 등성시설(坡道)이 발견되었다(遼寧省文物考古硏究所 2012). 보존상태가 양호한 제2호 등성시설은 북문에서 동쪽으로 약 16m 떨어져 있는데, 성벽 내벽의 돌과 서로 맞물려 있어, 성벽 축조 당시에 함께 만들어진 것으로 보인다. 등성시설의 전체 평면 형태는 삼각형에 가까운데, 길이 9m, 너비 3m, 높이 3m이다(그림 Ⅳ-15).

이 밖에도 흑구산성과 봉황산산성에서도 성의 내벽과 'T'자형으로 맞물려 있는 등성시설이 발견되었다.

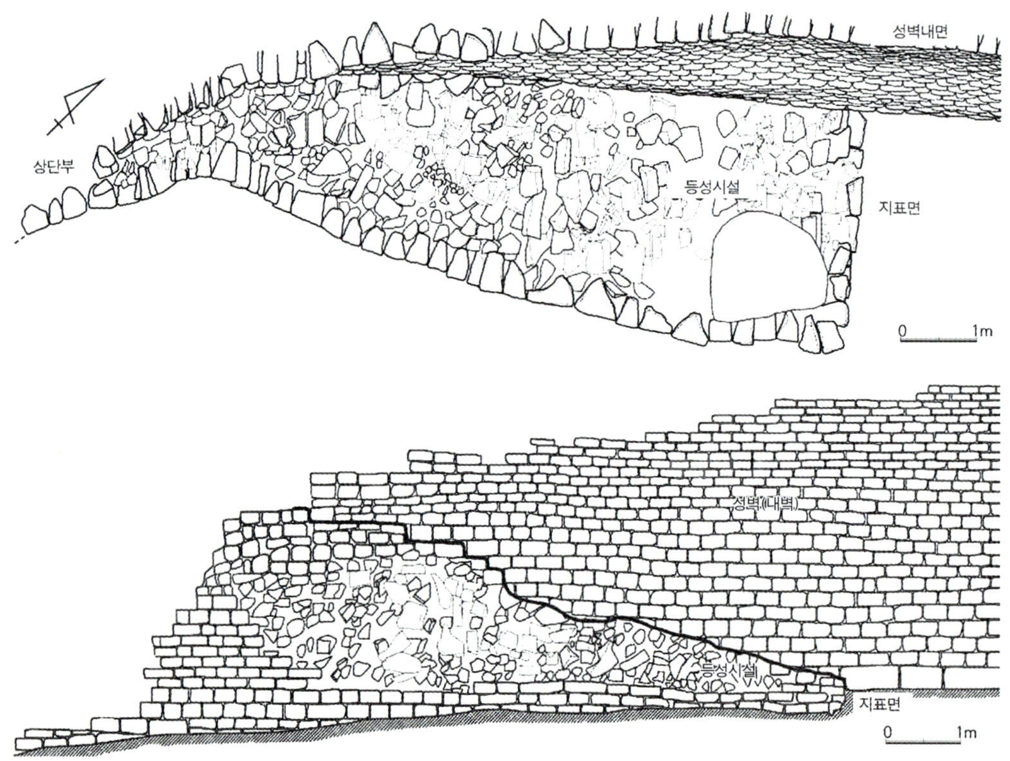

그림 Ⅳ-15 고검지산성 제2호 등성시설(遼寧省文物考古硏究所 2012)

고구려 성에는 성 내부의 물이 바깥으로 빠져나갈 수 있도록 성벽이나 성문 아래쪽에 수구(水口)와 같은 배수시설이 잘 갖춰져 있다. 산성의 경우 큰 비가 내렸을 때 빗물이 성벽을 포

함한 성 내외의 여러 시설물을 파괴할 수 있기 때문에, 사전 대비책의 일환으로 배수시설을
마련해놓고 있다. 배수시설은 성곽 시설의 하단부에 위치하는 경우가 대부분이기 때문에, 성
관련 시설 중 가장 먼저 축조된다.

국내성의 서벽 외곽에서 발견된 배수로는 성벽에서 8.8m 떨어진 곳에 있는데, 잔존 길이
가 약 16.25m, 너비 0.7~0.8m, 뚜껑돌을 포함한 배수로 높이가 1.9~2.1m로 비교적 규모가
크다. 판석재를 이용하여 바닥을 만들고 그 위에 2단의 돌로 벽을 만든 다음 큰 돌로 뚜껑을

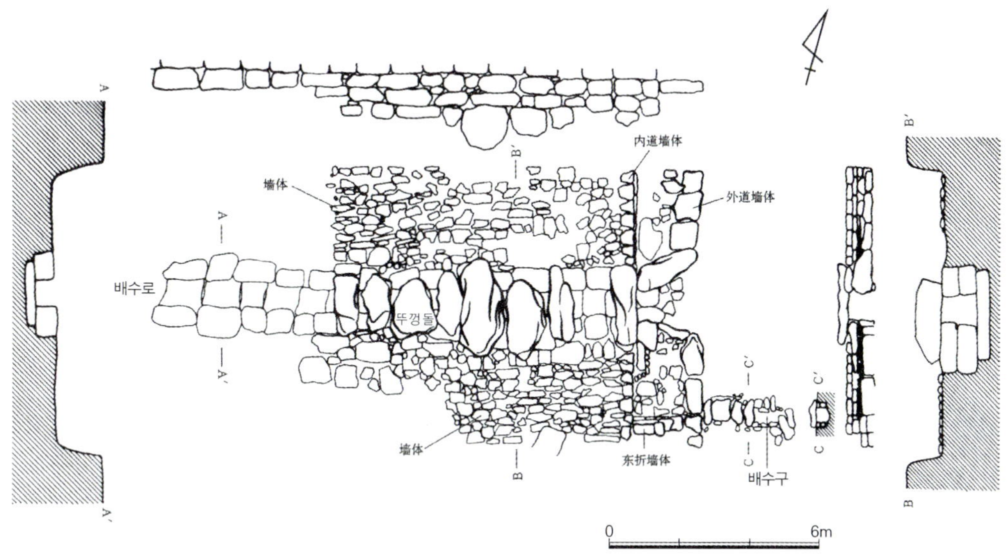

그림 Ⅳ-16 국내성 서벽 외곽의 배수로(吉林省文物考古硏究所 2004a)

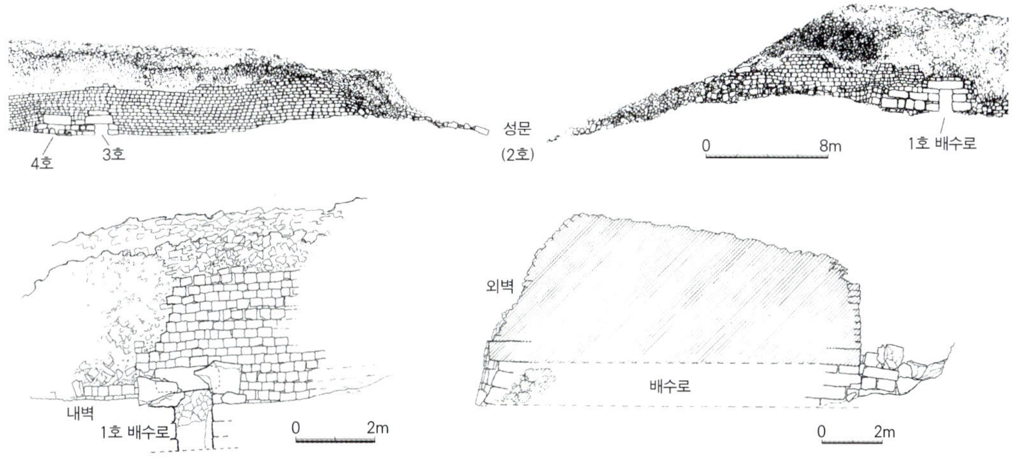

그림 Ⅳ-17 환도산성 남문지 일대 배수로(吉林省文物考古硏究所 2004b)

덮은 구조로 되어 있다. 배수로는 동쪽이 약간 높고 서쪽이 낮아 자연스럽게 배수가 될 수 있도록 하였다(그림 Ⅳ-16).

환도산성 남문지 주변에서는 4기의 배수시설이 발견되었다. 제1호 배수로는 문지 동쪽 성벽의 기초부에 설치되어 있는데, 배수로의 외부 및 내부 입구에 모두 장대석을 3단으로 축조하였다. 배수로는 너비 0.8m, 높이 1.4m이며 전체 길이는 13m이다. 배수구의 단면은 방형이고 상면(뚜껑돌)은 장대석으로 덮었다(그림 Ⅳ-17).

석대자산성에서도 여러 개의 배수시설이 확인되었는데, 대부분 계곡부에 위치한 성문 아래에 설치되어 있다. 이 밖에도 성산산성이나 오고성에서는 계곡을 막아 쌓은 성벽에는 누조(漏槽)와 같은 배수시설을 별도로 갖춰, 큰 비가 내렸을 때 성벽 위로 물이 넘쳐흐르도록 하였다.

⑥ 외황(外隍)

외황은 홍련봉 2보루와 시루봉보루 등에서 확인된 일종의 도랑 형태의 방어 시설이다.

홍련봉2보루의 외황은 성벽에서 2~3m 가량 떨어져 보루를 감싸고 있는데, 폭은 1.5~2m, 깊이는 0.6~2.5m, 단면 형태는 'U'자형 또는 'V'자형이다. 외황에는 배수시설이 함께 설치되어 물이 고이지 않도록 하였으며, 일부 지반이 약한 구간은 석축으로 보강하기도 하였다. 이처럼 보루에 축조된 외황은 성벽의 접근을 막는 것 외에도 성내의 우수를 효과적으로 처리하는 등의 역할도 담당하였던 것으로 보인다. 이는 성의 상부에 마련되어 있는 집수정에서 배수된 물이 낙수받이용 석축 유구를 통해 외황으로 들어가게끔 되어 있는 구조에서도 확인이 가능하다.

그림 Ⅳ-18 홍련봉 2보루와 시루봉보루의 외황(ⓒ양시은)

3) 관방체계

고구려가 혼강과 압록강 중상류에서 발원하여, 중국의 고대 중원 왕조와 그 주변 국가의 끊임없는 견제에도 불구하고 서쪽으로는 요하를 경계로 요동반도 전체, 북쪽으로는 송화강 유역의 지린 일대, 동쪽으로는 두만강 유역, 남쪽으로는 금강 유역까지 그 영역을 확장할 수 있었던 이유 중 하나는 우수한 기술로 축조한 많은 성과 이를 기반으로 한 탄탄한 방어체계에서 찾을 수 있다.

고대 중국의 중원 왕조나 주변 국가가 평지성을 축조한 것과는 달리 국가형성기 고구려는 접근이 어려운 험준한 산 정상부에 산성을 축조하여 방어에 주력하였다. 건국 당시부터 한나라의 평지 토성을 접하였음에도 불구하고, 고구려는 석축 산성을 축조한 것이다. 초기의 고구려 산성은 당시 수도였던 환런 지역을 중심으로 분포하고 있는데, 자연 절벽을 그대로 성벽으로 이용하고 일부 구간에만 석축 성벽을 쌓은 예가 대부분이다.

영토가 확장된 중기 이후에는 군사방어 목적의 산정식산성 외에도 효율적으로 지방을 지배하기 위해 중요 거점에 치소성을 축조하였다. 치소성으로는 물자나 인력의 접근이 용이한 평지성이나 하곡평지형 포곡식산성이 주로 활용되었다. 계곡을 막고 성벽을 쌓아 산성 내부에 넓은 평지가 있는 포곡식산성은 고구려 초기에 등장한 산정식산성과는 입지에서 차이가 있을 뿐만 아니라, 석축 성벽 위주의 산정식산성과는 달리 토축 성벽이 사용되는 경우도 있어 차이를 보인다.

고구려의 산성은 험준한 지세를 최대한 활용하였기 때문에 점령이 쉽지 않았고, 지형적인 이점을 살려 주요 교통로를 통제할 수 있는 지점에 산성을 축조하여 효율적인 방어 체계를 구축했다. 산성을 활용한 고구려의 다중 방어 체계는 중국과의 전투에서 매우 효과적이었다. 고구려의 성은 영역의 확장과 도성의 위치에 따라 분포양상에서 차이를 보이며, 그에 따른 방어체계 역시 변화하였다.

고구려 성의 축조와 운영은 크게 3분기로 나눌 수 있다(양시은 2013a). Ⅰ기는 고구려가 건국하여 환런과 지안 일대에 성을 축조하고 활용하던 시기로, 중앙집권화가 이루어지기 전인 3세기말까지이다. Ⅱ기는 4세기부터 평양 천도 이전까지로, 고구려가 요동과 평양 지역으로 진출을 시도하며 영역을 확장하던 시기이다. 5세기 초반 광개토왕이 요동과 황해도 지역까지 영역을 급속도로 확장시켰지만, 얼마 지나지 않아 장수왕이 평양으로 수도를 옮겼기 때문에, 관방체계 역시 평양 천도를 기점으로 그 전과 후로 나누는 것이 타당하다. Ⅲ기는 평양으로 천도한 이후부터 멸망까지이다. 6세기 후반 장안성으로 천도하였지만, 도성의 위치가 평양이라는 점에는 변함이 없었기 때문에, 고구려의 관방체계 역시 계속 유지되었던 것으로 보인다.

(1) Ⅰ기 (국가성립~3세기)

Ⅰ기는 국가성립부터 3세기까지로, 당시의 수도는 환런과 지안 지역에 있었다. 이 시기는 중앙집권화 이전의 5나부 체제가 확립되는 시기이기도 하다.

지금까지 고구려는 평지성과 산성의 결합이라는 독특한 도성 방어 체계를 구축한 것으로 알려져 왔으나, 환런과 지안 지역의 고고 자료를 검토해본 결과 초기 도성 내에서 궁성으로 사용된 평지성이 발견되지 않고 있다는 점에서 Ⅰ기에서는 이러한 방어 체계가 수립되지 않았음을 알 수 있다. 고구려는 건국 초기부터 한나라의 침공에 대비하여 산성 중심의 군사방어체계를 구축하였기에, 수도에서도 오녀산성이나 환도산성과 같은 방어에 효율적인 산성이 우선 축조되었던 것으로 보인다.

환런과 지안 지역의 외곽에는 도성으로 향하는 주요 길목을 통제할 수 있는 지점에 여러 개의 성이 분포하고 있다. 이하의 교통로 분석은 기존 연구 성과(임기환 2012: 여호규 2012)를 바탕으로, 위성사진과 『중국문물지도집(中國文物地圖集)』 등을 통해 주요 하천과 고구려 성의 위치를 확인하여 작성한 것이다.

환런의 서쪽 지역은 요동에서 소자하 또는 태자하를 따라 환런으로 들어올 수 있다(그림 Ⅳ-19). ①우선 부이강을 따라 환런으로 들어오는 길목에는 전수호산성과 흑구산성이, ②태자하 내지는 소자하에서 육도하를 거쳐 환런으로 들어오는 길목에는 고검지산성과 마안산산성이 있다. ③북쪽 송화강에서 통화를 거쳐 혼강을 따라 환런 또는 지안으로 통하는 곳에는 자안산성과 패왕조산성이, ④서안평(西安平, 단둥)에서 압록강을 거쳐 혼강을 거슬러 환런으로 들어오거나 또는 환런에서 압록강을 거쳐 지안으로 향하는 남쪽의 교통로에 소성자산성, 성장립자산성, 와방구산성이 있다.

고구려 건국 초기에는 환런에서 멀지 않은 신빈(新賓)과 통화 지역에 영릉진고성(永陵鎮古城)과 적백송고성(赤柏松古城)과 같은 한대 평지 토성이 있었다. 이 지역은 고구려의 도읍이었던 환런과 지안 지역으로 향하는 주요 길목이고 수도와 그리 멀지 않아 일찍부터 한과 고구려가 경합을 벌인 곳이다. 2세기 초 현도군(玄菟郡) 치소가 푸순(撫順) 지역으로 옮겨간 것으로 볼 때, 신빈과 통화 지역은 2세기에 고구려의 영역으로 편입된 것으로 추측된다.

고구려는 일찍부터 한의 평지 토성을 접하였고 심지어 이를 재활용하기도 하였지만, 평

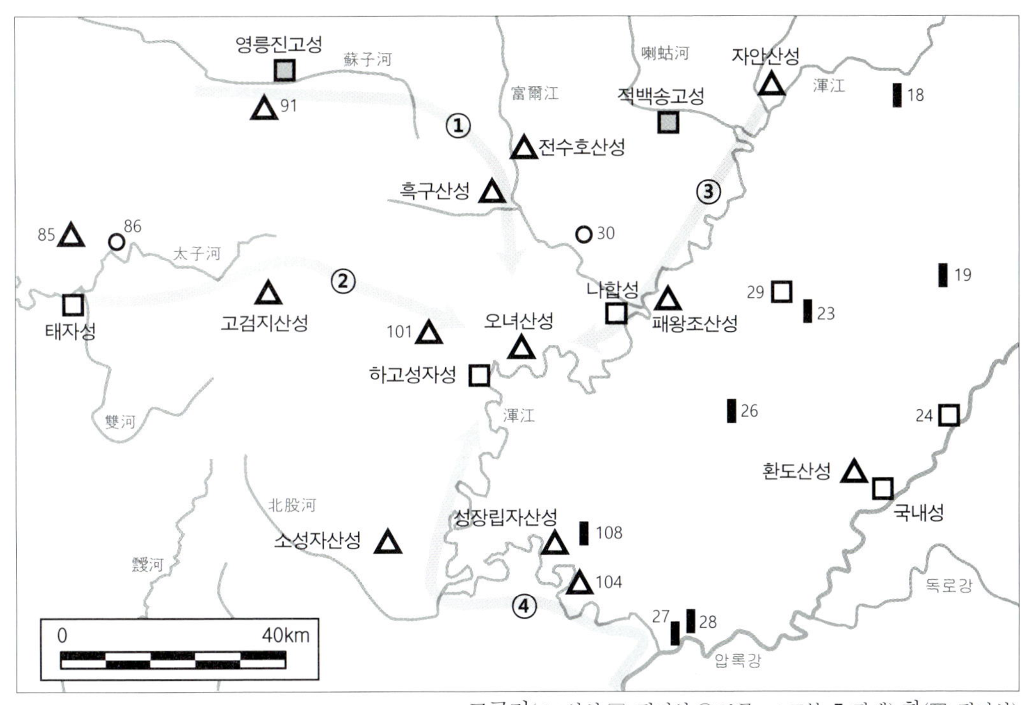

그림 Ⅳ-19 환런 주변의 고구려 성 분포(ⓒ양시은)

지 토성 중심의 방어 체계를 수용하지는 않았다. 신빈과 통화 일대까지 영역을 확장하였지만 고구려는 여전히 산 정상부에 석축 산성을 축조하여 주요 길목을 통제하는 방식을 고수하고 있었으며, 이러한 방어 체계는 고구려가 요동 지역을 장악하기 전까지 계속 유지되었다.

환런 인근에 분포하는 고구려 성(표 Ⅳ-1)은 대부분 산정식 석축산성으로, 이른 시기의 고구려 토기가 출토된다. 흑구산성, 전수호산성, 건설산성, 소성자산성 등이 이에 해당하는데, 모두 산 정상부에 축조되었으며, 절벽이나 험준한 자연 지형을 천연 성벽으로 활용하면서 필요한 일부 구간에만 석축 성벽을 쌓았다. 다만 처음부터 정연한 석축 성벽을 쌓지는 못했을 것이고, 자연 지형을 최대한 활용하다가 돌을 다루는 기술이 어느 정도 수준에 오른 이후에야 본격적인 축성이 이루어졌을 것으로 추정된다. 이 시기의 산성에서는 치는 발견되지 않는다. 산성으로의 접근이 쉽지 않고 성 내부가 넓지 않은 점을 고려하면, 군사방어적인 목적이 우선이었던 것으로 보인다. 또 환런 지역으로 향하는 주요 교통로에 위치하고 있으며, 성 내에서 고구려 전기로 편년되는 토기가 수습되고 있어 고구려 전기에 축조된 것으로 보인다.

명칭	분류1	분류2	재료	둘레(km)	유물 편년	구역	기타
오녀산성	산성	산정식	석축	4.75	전기~후기	환런중심부	초석건물지 여장, 돌구멍
하고성자토성	평지성		토축	0.9	전기, 중기	환런중심부	와당1점
흑구산성	산성	산정식	석축	1.5	전기	부이강	돌구멍
전수호산성	산성	산정식	석축	1.35		부이강	
건설산성	보루	산정식	석축	0.34		혼강	
성장립자산성	산성	산정식	석축	1.3		혼강	
와방구산성	산성	산정식?	석축	1		혼강	
소성자산성	산성	산정식	석축	1.51		혼강	오녀산성 유사 구조
황람산성	산성	산정식	석축	0.24		태자하	보루
삼송산성	산성	산정식?	석축+토축	1.04		태자하	
고검지산성	산성	산상포곡	석축	1.37	전기, 중기	혼강	여장, 돌구멍
패왕조산성	산성	산상포곡	석축	1.26	중기	혼강	여장, 돌구멍
자안산성	산성	포곡식	석축+토석	2.7	중기+기와	혼강	
태자성	산성	(안장형)	석축	1.42	중기+기와	태자하	내성, 외성
마안산산성	산성	(안장형)	석축	0.9		혼강	

고구려가 이른 시기부터 산정식 석축산성을 이용하여 방어했음은 문헌의 전투 기사를 통해서도 확인이 가능하다. 신대왕 8년(172) 한이 공격해왔을 당시 재상이었던 명림답부는 왕에게 '도랑을 깊이 파고 보루를 높이며 들을 비워서 대비하면, 그들은 반드시 한 달을 넘기지 못하고 굶주리고 궁핍해져서 돌아갈 것입니다. 이후 우리가 날랜 군사로 공격하면 뜻을 이룰 수 있을 것'이라고 조언하여, 당시 고구려 군의 승리를 이끌었다. 이러한 청야전술(淸野戰術)은 평지성 보다는 산성을 활용하였을 때 보다 효율적인 전술로, 당시(1기) 고구려 군의 방어 전략을 잘 대변해주고 있다.

반면 고구려 군대의 가용 병력이 2만여 명으로 늘어난 3세기 중반에는 초기와는 달리 산성에서 적군을 기다리지 않고 수도에서 얼마간 떨어진 비류수 일대나 양맥의 골짜기로 나가서 전투를 치루는 방식으로 방어 전략에 변화가 나타나게 된다.[9] 아마도 이는 당시 왕성이던

---

9 魏遣幽州刺史毋丘儉 將萬人 出玄菟來侵 王將步騎二萬人 逆戰於沸流水上 敗之 斬首三千餘級 又引兵再戰 於梁貊之谷 又敗之 斬獲三千餘人 (『삼국사기』고구려본기 동천왕 20년)

王于杜訥之谷 魏將尉遲楷名犯長陵諱 將兵來伐 王簡精騎五千 戰於梁貊之谷 敗之 斬首八千餘級 (『삼국사기』 고구려본기 중천왕 12년)

환도산성이 산정식산성에 비해 접근이 쉬운 포곡식산성이었고, 기존의 방어 전략으로는 많은 적군을 상대하기에 어려움이 있었기 때문으로 보인다.

(2) Ⅱ기 (4세기~평양 천도 이전)

Ⅱ기는 4세기부터 평양 천도 이전 시기까지로, 고구려의 영역 확장기라고 할 수 있다. 4세기에 들어 요동 지역에서 진(晉)의 장악력이 급격히 약화되자, 요서 지역에서는 모용씨(慕容氏)가 세력을 강화하였다. 『삼국사기』에 따르면, 당시 미천왕은 서안평(311년), 낙랑군(313년), 대방군(314년), 현도성(315년)을 차례로 점령하여 영역 확장의 기초를 마련하였다. 이후 고국원왕은 335년에 요동과 국내성 연결의 시발점이라고 할 수 있는 푸순 지역에 신성(新城)을 축조하여 요동 평원에서 혼강 유역까지 하천 교통로를 따라 연결되는 방어선을 구축하였다. 그러나 신성 축조 이후에도 요동 지역을 완전히 장악하는 5세기 이전까지 고구려는 후연(後燕)과 요동, 현도 지역을 놓고 끊임없이 다투었다.

이 시기의 수도는 지안 지역으로, 이제 환도산성 외에도 평지성인 국내성이 기능하던 시기이다. 지안 통구분지의 외곽에는 노령산맥이 지나가고 있어, 외부에서 도성으로 들어올 수 있는 길이 한정되어 있다. 고구려는 국내 도성으로 진입이 가능한 주요 협곡에 관애를 축조하여 교통로를 차단했는데, 이처럼 관애가 집중적으로 분포하고 있는 곳은 지안 지역이 유일하다. '우리나라는 산이 험하고 길이 좁아, 한 명이 관(關)을 지키면 만 명이 당할 수 없다'는 『삼국사기』 신대왕 8년조(172) 기사는 고구려가 주변의 자연 지형을 최대한 이용하여 효율적으로 방어하는 전략을 십분 활용하였음을 보여준다.

지안으로 들어가기 위해서는 하천과 계곡을 따라 형성된 6개의 교통로를 이용하였을 것인데, 당시의 교통로와 관방 유적을 살펴보면 아래와 같다(그림 Ⅳ-20).

경로①은 백두산에서 압록강을 따라 지안으로 들어오는 것으로, 수로를 이용한 교통로이다. 이 교통로에는 십사도구고성, 십이도만관애, 동마록포자고성, 협피구고성, 화피전자고성, 임강고성 및 장천고성 등 많은 수의 평지성이 강안대지 위에 축조되어 있다. 경로②는 통화에서 대라권구하를 따라 지안으로 들어오는 길로, 이도구문관애와 석호관애가 위치한다. 경로③은 통화에서 혼강을 거쳐 청하를 따라 지안으로 내려오는 교통로인데, 이 길은 지금도 이용되고 있다. 관련 관방시설로는 자안산성과 대천초소, 관마장관애가 있다. 경로④는 통화에서 혼강을 따라 내려오다가 신개하를 따라 지안으로 들어오는 것으로, 패왕조산성과 망파령관애가 있다. 경로⑤는 환런 남쪽에서 지안으로 향하는 교통로로, 현재 환런-지안간 도

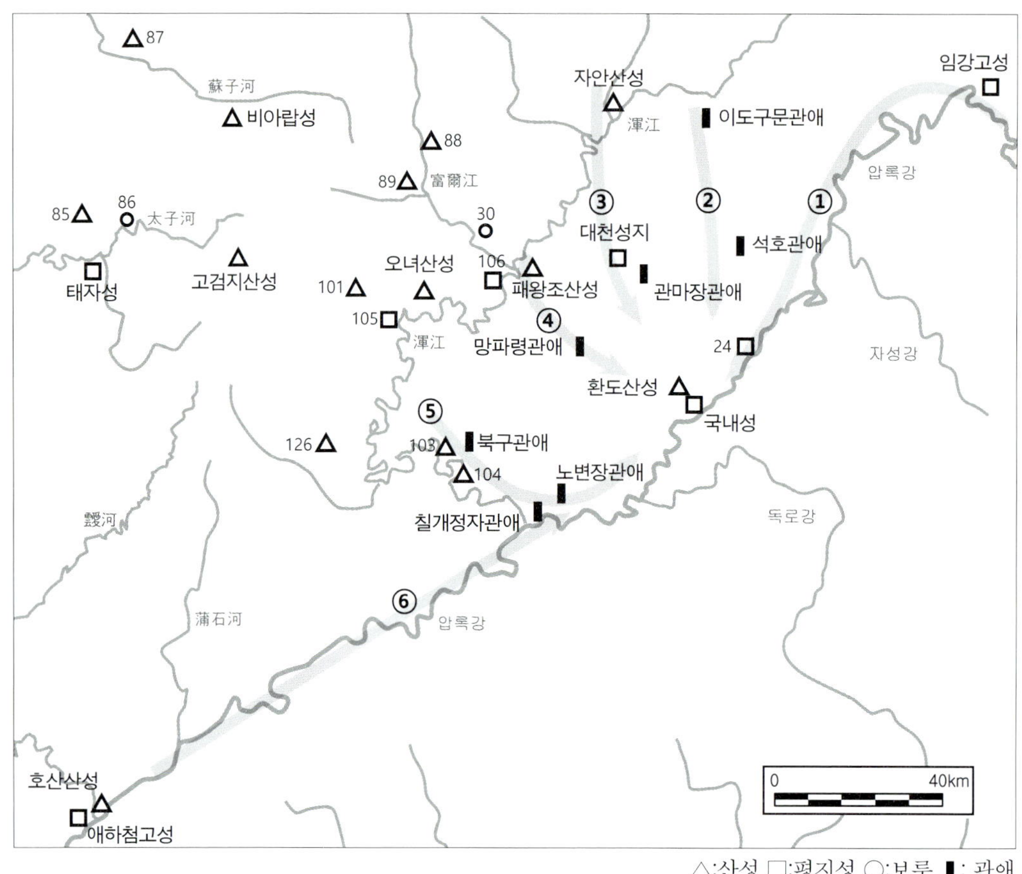

로가 개설되어 있다. 여기에는 북구관애, 성장립자산성, 와방구산성이 축조되어 지안으로 향하는 길목을 통제하고 있다. 경로⑥은 단둥(丹東)에서 압록강을 거슬러 올라오는 길이다. 단둥에서 육로 또는 수로를 이용하여 혼강과 압록강이 만나는 지점까지 이동한 후에 다시 육로를 이용하여 지안으로 진입하게 되는데, 경로⑤와도 연결된다. 혼강과 압록강의 합류 지점과 지안으로 향하는 육로를 차단할 수 있는 지점에 칠개정자관애와 노변장관애가 축조되어 있다.

이상의 교통로 중에서 경로①을 제외한 5개의 교통로에는 관애가 설치되어 있다. 경로①은 다른 교통로와는 달리 수로를 이용하는 노선으로, 일찍부터 고구려에 복속된 동해안 일대의 물자 수송과 관련되었을 것으로 추측된다. 둘레가 200m 내외의 소규모 성들로, 여호규(2008)는 압록강 수로를 관리하는 역참(驛站)으로 추정한 바 있다.

그리고 Ⅰ기에 조성된 산성들의 경우에는 여전히 환런을 거쳐 지안으로 향하는 주요 길목을 차단하는 역할을 맡았을 것으로 보인다. 환런 외곽의 성 중에는 고검지산성, 패왕조산성, 자안산성, 태자성에서 고구려 중기의 유물이 확인되는데(표 Ⅳ-1), 환런의 다른 고구려 산성이 높은 산 정상부에 축조된 것과는 달리 상대적으로 낮은 곳에 위치해 있어, 입지 면에서 산정식산성과 차이를 보인다.

한편, 4세기는 고구려 정치사에서 나부 체제가 해체되고 왕권이 강화되며 중앙집권화가 이루어지던 시기이다. 고구려는 4세기 초반 요동과 평양 지역까지 그 영토를 확장하였다. 이로 인해 주요 교통로에 산정식산성을 축조하여 방어하던 이전 시기와는 달리 추가적인 방어체계가 필요하게 되었다. 그 결과 ①요동 평원에서 지안 지역으로 진입할 수 있는 소자하와 태자하를 따라 형성된 교통로에 새롭게 축조한 성을 활용한 1차 방어, ②환런 외곽에 기 축조되어 있던 산정식산성을 이용한 2차 방어, ③지안으로 진입이 가능한 협곡에 설치된 관애를 활용한 3차 방어, ④도성 내 성에서의 최종 방어와 같이 다중 방어체계가 구축되었다.

요동 평원에서 환런과 지안 지역으로 진입하기 위해서는 소자하 또는 태자하를 거쳐야만 한다(그림 Ⅳ-21). 경로①은 소자하 유역의 교통로로, 선양에서 푸순과 신빈을 거치는 길이다. 여기에는 고이산성과 철배산성, 오룡산성과 구노성(비아랍성) 등이 분포한다. 경로②는 태자하 유역의 교통로인데, 랴오양에서 번시(本溪)를 거치는 길이다. 해당 경로에는 연주성, 변

△:산성 □:평지성 ○:보루 ▮: 관애

그림 Ⅳ-21 요동-지안간 고구려 성의 분포(ⓒ양시은)

우산성, 유관산성, 하보산성, 태자성과 삼송산성 등이 있다. 소자하와 태자하 유역에 새롭게 축조된 산성은 접근이 어려운 환런 외곽의 산정식산성들과는 달리 계곡을 끼고 성을 축조하여 접근이 용이하고 보다 많은 병사가 주둔할 수 있게끔 규모도 확대되었다. 일부 산성에서는 기와가 출토되고 있어 행정 관청의 존재를 상정할 수 있다. 이러한 자료는 4세기 이후 요동 평원에서 혼강으로 연결되는 주요 하천변에 축조된 성이 방어적인 목적 외에도 행정 치소의 기능을 겸비하였음을 짐작케 한다. 이 밖에도 경로③은 압록강 하류의 단둥 지역으로, 호산산성과 애하첨고성 등이 고구려 중기 이후에 활용된 것으로 보인다.

한편, 『삼국사기』에는 고국원왕 12년(342) 11월에 모용황(慕容皝)이 고구려를 침입할 당시 '고구려에는 두 길이 있는데, 북도(北道)는 평탄하고 넓고(平闊), 남도(南道)는 험하고 좁다(險狹)'는 기록이 있어, 4세기 중반 요동에서 지안 지역으로 갈 수 있는 경로에는 크게 두 경로가 있었음을 짐작해볼 수 있다.

소자하 유역의 교통로는 고이산성을 기점으로 선양 또는 푸순에서 신빈으로 이어지며, 태자하 유역의 교통로는 랴오양에서 번시를 거치는 경로로, 요동성에서 시작된다. 다만, 요동성은 5세기 이후에 활용된 것으로 추정되므로, 4세기에는 태자성이 중심이었을 것이다. 따라서 Ⅱ기에 중국에 대한 방어체계에서 핵심적인 기능을 담당한 성은 고구려의 최전선에 축조된 신성 즉, 고이산성이었다.

산 정상부에 위치하여 접근이 어려운 환런 주변의 초기 산성과는 달리 Ⅱ기에 주요 하천변을 따라 새롭게 축조된 산성들은 평지 부근에 위치한 경우가 많고, 요충지의 성에서는 고구려 기와가 출토되기도 한다. 고구려는 과거에 비해 넓어진 영토를 효과적으로 다스리기 위해, 주요 교통로에 축조한 군사요충지인 성을 활용하여 지방 통치를 강화한 것으로 보인다. 치소로 활용된 성은 주로 포곡식산성이나 강안평지성으로, 고이산성, 오룡산성과 한대 토성이었던 영릉남성지(이상 소자하 유역), 태자성(태자하 유역) 등인데, 모두 기와가 출토되었다. 이 밖에도 압록강 하구에 위치한 서안평의 치소였던 단둥 애하첨고성과 북쪽 지린 지역에서 지안으로 들어오기 위해 반드시 거쳐야하는 통화 자안산성에서도 고구려 기와가 출토되었다. 이상의 성은 서로 일정한 거리를 두고 각 지역의 중심지에 자리하고 있어, Ⅱ기에는 고구려가 중앙집권화된 군사 및 지방 지배 체제를 갖추었음을 시사한다.

반면, 고구려의 초기 수도였던 환런 지역에서는 성에서 기와가 출토된 사례가 없다. 오녀산성에서는 고구려 중기의 대형 건물지와 유물이 확인되었으나, 기와 건물지는 발견되지 않았다. 이미 언급했듯이 7세기까지 졸본의 시조묘에서 고구려 왕이 제사를 지냈다는 기록이 있음에도 불구하고, 오녀산성에서 기와 건물지가 발견되지 않았다는 사실은 고구려 중기 이후 오녀산성은 군사방어적인 목적으로 활용되었음을 의미한다.

이상에서 살펴본 바, 고구려 중기에 새롭게 축조된 치소성은 입지나 규모, 축성 재료 등 여러 측면에서 이전 시기의 산성과는 구별된다. 우선 규모가 크고, 산 정상부 대신 평지에서의 접근이 용이한 지점에 입지한다. 물론 이 시기에도 필요에 따라 군사방어를 주목적으로 하는 산정식산성은 지속적으로 축조되고 있었을 것이다. 치소성으로 활용된 포곡식산성의 내부에는 행정 기능을 갖춘 관청이나 관련 건물이 세워졌을 것인데, 일부 산성에서는 건물이 들어설 수 있도록 안쪽 사면을 깎아 계단상대지를 조성한 곳이 발견되기도 한다. 그리고 기존의 산성이 모두 석성이었던 것에 비해, 중기에는 고이산성과 같은 토성이 새롭게 등장한다.

Ⅱ기에는 대중국 방어를 위한 서북지역 방어체계 외에도 백제를 대상으로 하는 남쪽 방어체계 역시 운용되었을 것으로 추정된다. 4세기 중엽에는 백제가 황해도 일원까지 진출하였음은 문헌기록이나 고고 자료를 통해서도 확인된다. 백제는 평양 지역을 여러 차례 공격하였으며, 더욱이 371년에는 고국원왕이 평양성 전투에서 전사한 일이 있었던 만큼, 고구려에게는 남쪽 방어체계 역시 요동 지역 못지않게 중요했을 것이다. 그런데 평양 지역을 비롯한 북한 지역은 평양 천도 이전 시기의 고구려 자료를 찾아보기가 쉽지 않을뿐더러, 북한 내 고구려 성 대다수가 고려 및 조선시대에 개축된 것이 많아 더 이상의 논의는 불가능하다.

고구려의 동북 지역이었던 연변 일대에서는 현재까지 10개의 고구려 성이 확인되었으나, 발굴조사가 이루어진 유적이 거의 없기 때문에 자세한 현황 파악이 쉽지 않다. 연변 지역은 10개의 성 중 8개가 평지성으로, 다른 지역과는 달리 평지성이 차지하는 비중이 매우 높다. 크기를 정확히 알 수 없는 동흥고성을 제외하면, 가장 작은 규모인 태암고성의 둘레는 0.3km, 석두하자고성과 하룡고성은 1km정도이고, 나머지 평지성은 모두 1.6km 이상이다.

연변 지역은 고구려 멸망기에도 당의 공격을 받지 않을 만큼 고구려의 동북단에 위치하나, 일찍부터 책성(柵城)이 설치될 정도로 매우 중요한 곳이었다. 연변 지역은 요동 지역처럼 다중 방어 체계를 갖추고 있지는 않지만, 대부분의 성이 평야의 중심에서 외곽으로 빠져나가는 길목이나 외부에서 중심지역으로 들어올 수 있는 길목의 초입부에 위치하고 있어 기본적인 방어는 이루어지고 있었음을 알 수 있다. 다만, 평지성이 대부분이고, 성 내에는 행정 관청으로 활용되었을 기와 건물지가 존재하고 있었다는 점에서 연변 지역의 고구려 성들은 조세 확보를 위한 기능을 수행하였을 가능성이 크다(양시은 2012b).

이 밖에도 5세기 초에 영역화된 고구려의 북쪽 지역인 지린이나 랴오위안 일대는 요동

지역과는 달리 각 요충지에 중심성(용담산성과 용수산성)과 위성으로 이루어진 방어 체계가 형성되어 있었다. 또한 지안에서 퉁화를 거쳐 휘발하와 송화강으로 연결되는 북쪽으로 향하는 주요 교통로에도 산성을 통한 방어 체계가 확인되고 있으나, 다중의 방어선을 구축한 중국에 대한 방어 체계와는 확연한 차이가 있다. 이는 북방지역 집단이 고구려 중기 이후부터는 위협이 될 만큼 큰 영향력을 행사하지 못했기 때문으로 보인다.

(3) Ⅲ기 (평양 도읍기)

Ⅲ기는 지안에서 평양으로 천도한 이후부터 고구려 멸망까지이다. 광개토왕의 활발한 정복활동으로 고구려의 영토는 5세기에 비약적으로 확장되었다. 광대한 영역을 확보한 고구려는 427년에 평양으로 천도하였는데, 도성의 이동에 따라 새로운 방어체계와 지방 지배 체제가 필요하게 되었다.

당시의 방어체계는 크게 대(對)중국 방어체계와 대(對)백제·신라 방어체계로 구분된다.

대중국 방어체계에서 1차 방어는 요하를 경계로 한 국경 방어선이 담당하였다. 요하 일대에 대한 방어체계는 광개토왕이 요동 지역을 완전히 장악한 5세기 초반부터 구축되었을 것이다.

요동일대 고구려 성 분포의 첫 번째 특징은 요동반도의 남단인 진저우(錦州)부터 푸란디엔(普蘭店), 와팡덴(瓦房店), 가이저우(蓋州), 잉커우(营口), 하이청(海城), 랴오양(遼陽), 덩타(燈塔), 선양(瀋陽), 톄링(鐵嶺), 카이위안(開原), 랴오위안(遼源)까지 산성을 쌓아 서부 전선을 구축하였다는 점이다. 특히 요하의 평원지대가 천산산맥과 만나는 지점에 고려성산성, 영성자산성, 탑산산성, 석대자산성, 고이산성, 최진보산성 등 중대형 산성을 축조함으로써 적이 쉽게 요하를 넘을 수 없게 하였다. 영류왕 때 동북의 부여성부터 서남쪽 바다에 이르기까지 천리에 걸쳐 축조하였다는 장성 또한 요하 방어와 관련된 것으로 판단된다. 당시 서북 변경지역을 가로지르는 천리장성의 축조는 최전방 영토 방어를 위해 매우 중요한 일이었을 것이다.

두 번째 특징은 요동에서 압록강을 거쳐 평양으로 이어지는 교통로에 다수의 성을 축조하여 도성 방어 체계를 재편하였다는 점이다. 국내 도읍기에 구축한 기존 방어 체계로는 당시의 수도인 평양을 효과적으로 지킬 수 없었기 때문에, 요하부터 압록강을 거쳐 평양으로 향하는 육상 교통로와 산동반도에서 평양으로 향하는 해상 교통로를 통제할 수 있는 지점에 산성이 새롭게 축조되었다. 강폭이 넓은 요하 하류로는 수와 당의 군대가 건널 수 없었기에, 고구려는 요하 중류부터 압록강 하구까지 이어지는 주요 하천 교통로를 중심으로 산성을 축조하였다.

당시의 주요 교통로를 살펴보면 다음과 같다(그림 Ⅳ-22). 경로①은 요하에서 압록강으

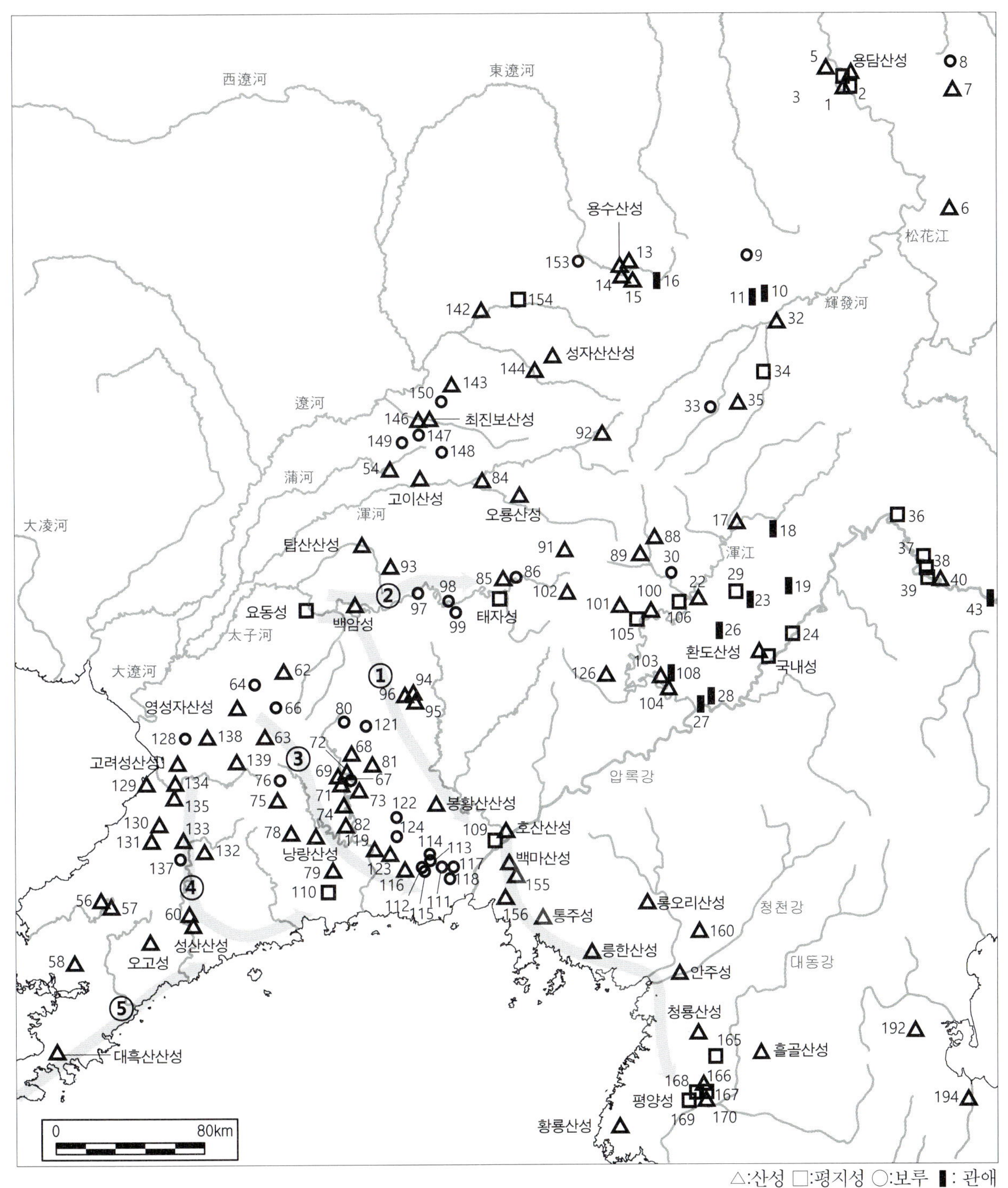

그림 Ⅳ-22 평양도읍기 서북방면 고구려 성 분포(ⓒ양시은)

로 이어진다. 요하를 건너온 적군을 막는 1차 방어선은 요하를 따라 축조된 요동성, 연주성, 석대자산성, 고이산성, 탑산산성 등이 담당하였다. 그런데 요하 중류에서 압록강을 건너기 위해서는 평청을 거쳐야만 한다. 이 교통로에는 이가보산성과 봉황산산성, 그리고 호산산성이 있다. 경로②는 요하를 건넌 후 압록강으로 향하는 대신 기존의 소자하 또는 태자하를 따라 만들어진 교통로를 통해 진격하다가 지안 쪽에서 다시 우회하여 압록강으로 합류하는 노선이다. 이 경로의 방어에는 고이산성과 요동성을 중심으로 국내 도읍기에 축조된 산성이 활용되었다. 경로③은 요하를 건너 남쪽으로 이동한 후 슈엔(岫岩)을 거쳐 압록강에 도달하는 것으로, 경로③과 관련된 산성은 영성자산성과 낭랑산성이 있다. 단둥의 서북쪽 산악지대에 집중 분포하고 있는 소규모의 보루들 역시 일정 기능을 담당하였을 것이다. 경로④는 요하 하구의 가이저우 고려성산성(청석령산성)에서 바로 슈엔을 거쳐 단둥으로 진입하거나 좡허(庄河)로 남하하여 단둥으로 진입하는 것인데, 상당히 우회하는 경로이므로 비효율적이다. 그러나 이 교통로에도 다수의 성이 분포한다. 경로⑤는 산동반도에서 평양으로 향하는 해로인데, 고구려는 요동반도 끝에 비사성(대흑산산성)을 축조하여 해상 교통로를 통제하였다. 『삼국사기』에는 수나 당의 군대가 항상 비사성을 점령한 후에 이동하였음이 기록되어 있다.

이상과 같이 고구려는 평양 천도 이후 요하와 요동반도의 서쪽 해안가를 따라 1차 국경 방어선을 구축하고, 압록강을 건너 평양으로 향할 수 있는 요동의 모든 교통로에 성을 축조하여 2차 방어선을 정비하는 등, 요동 지역에 그 이전과는 다른 새로운 방어 체계를 구축하였다.

특히 요하를 따라 중심 거점에, 요동성과 같은 대형의 평지성이나 최진보산성, 고이산성, 영성자산성, 고려성산성 등 중형급 이상의 포곡식산성을 축조하고, 그 주변에는 다시 중소형의 산정식산성을 배치하여 중대형 성과 중소형 성이 비상시에 유기적으로 운영되도록 하였다. 요하를 따라 축조된 중심 거점 성은 대부분 둘레가 3km 이상으로 평지에 계곡을 끼고 성벽을 축조한 하곡평지형 포곡식산성이었다. 그 이전에 비해 토성의 비중이 증가하였으며, 성에는 기와건물지가 들어섰다. 물론 이 시기에도 군사방어적인 목적의 산정식산성과 중형의 산상형 포곡식산성(산복식산성) 또한 지속적으로 축조되었다. 석대자산성은 요동 지역의 대표적인 산상형 포곡식산성인데, 둘레가 약 1.7km이다. 성벽에 다수의 치가 설치되어 있고, 성 내부에 기와 건물지가 확인되지 않는다는 점에서 지방 지배 보다는 군사 방어를 담당한 것으로 판단된다.

한편, 요하 일대에서는 요동성이 가장 중요한 곳이었는데, 수나 당의 군대가 요하를 건넌 뒤 이 성을 점령하기 위해 가장 많은 노력을 기울였다는 점은 이러한 사실을 뒷받침한다. 요하를 경계로 한 고구려 서북 전선의 1차 방어선은 이후 천리장성이 축조되면서 완성되었다.

요동 지역의 2차 방어선은 요하에서 압록강으로 향하는 주요 교통로를 따라 분포하고 있는 고구려 성이 담당하였다. 마찬가지로 각 지역별로 중요한 지점에는 중대형의 포곡식산성을, 그 외의 곳에는 중소형의 산정식산성을 축조하였다. 압록강으로 향하는 여러 교통로 중에서 가장 중요한 곳은 욕살이 파견된 오골성으로 비정되고 있는 평청의 봉황산산성이다.

요동 지역의 고구려 성곽이 유기적으로 운영되었다는 점은 668년 당이 부여성(扶餘城)을 공략하자 인근의 40여 성이 항복했다는 기록이나, 645년 요동성(遼東城)을 구원하기 위해 신성과 국내성에서 보병과 기병 4만 명을 보냈다는 기록, 648년 박작성(泊灼城)을 구원하기 위해 오골(烏骨)과 안지(安地) 등 여러 성의 군사 3만 명이 모였다는『삼국사기』의 기록 등을 통해서도 알 수 있다.

고구려의 이러한 방어체계가 수·당과의 전투에서 매우 효과적이었음은 역사 기록에서도 쉽게 확인할 수 있다. 고구려의 산성은 쉽게 함락시키기 어렵고, 산성을 공격하지 않고 지나쳐 가더라도 후미의 보급이 차단될 우려가 있다. 결국 산성을 점령하지 않으면 사실상 진군이 불가능한 것이다. 산성은 지형적인 특성상 방어가 쉽고, 요동 지역에 축조된 대형 산성은 계곡을 끼고 있어 수원확보가 용이하므로 오랜 기간 동안 항전할 수 있어 적은 병력으로도 효과적인 운용이 가능하다. 고구려는 산성의 이러한 장점을 정확히 인식하고 전쟁에서 최대한 이용한 것으로 판단된다.

고구려의 2차 방어선은 요동에서 압록강을 거쳐 평양으로 이어지는 교통로에 위치한 성들로 구성된다. 평양 천도로 인해 도성으로 향하는 교통로가 바뀌면서, 요하에서 압록강을 도하할 수 있는 지점으로 향하는 요동 지역의 주요 교통로에 다수의 산성을 구축함으로써 다중의 방어체계를 완성하였다. 각 교통로의 군사적 요충지에 중대형의 포곡식산성을 축조하고, 그 주변에 중소형의 산정식산성이나 보루를 배치한 점은 1차 방어선과 동일하다. 2차 방어선의 핵심은 욕살이 거처하던 둘레 16km에 달하는 봉황산산성이다.

요동 지역을 통과한 수·당 군대가 평양으로 진격하기 위해서는 반드시 압록강을 건너야 한다. 그런데 압록강 하구는 강폭이 넓어 배를 이용하지 않으면 건널 수 없었을 뿐만 아니라, 압록강의 나머지 지역은『구당서』에 따르면 군대가 이동하기에 험한 지형이었다. 결과적으로 압록강은 요하에 이어 또 다른 자연적인 방어벽 구실을 했다.

수나 당의 군대가 압록강을 넘어 평양으로 가기 위해서는 ①서해안을 따라 남하하거나,

②내륙 교통로를 이용해야만 한다.

서해안 교통로는 의주-룡천-선천-정주-안주-숙천-평양으로 이어지며, 주요 지역마다 백마산성-걸망성-룡골산성-통주성-룽한산성-안주성-청룡산성이 자리하여 길목을 차단하고 있다(그림 Ⅳ-22). 이들 성은 모두 중대형의 포곡식산성이며, 붉은색 기와를 비롯한 고구려 시기의 유물이 출토되고 있어, 고구려가 축조한 것임을 알 수 있다. 그런데 이 경로는 거란, 원, 후금 등 외적의 주요 침입 동선으로, 고구려 멸망 이후에도 지속적으로 사용되면서 확대 개축되었을 가능성이 크다. 따라서 고구려 시기의 성의 규모, 구조 및 정확한 축성 시기 등을 파악하는 데는 한계가 있다.

평안북도 지역에는 서해안을 따라 이동하는 주요 교통로 외에도 지안 일대에서 압록강을 건너 강계를 거쳐 남하하는 내륙 교통로가 있다. 이 경로는 강계-전천-회천-영변-개천-순천-평성-평양으로 이어지며, 평야지대가 시작되는 영변 지역에 롱오리산성과 철옹성이 있다. 그 남쪽으로, 다시 평양으로 내려가는 교통로에는 안주성, 청룡산성, 흘골산성이 분포하고 있다.

평안북도에 분포하는 고구려 성은 서해안이나 내륙 교통로 모두 안주성을 거쳐 다시 평양 외곽의 청룡산성으로 연결된다는 특징이 있다. 그리고 접근이 어려운 내륙보다 많은 병력이 이동할 수 있는 서해안 교통로에 방어력을 집중하였는데, 특히 압록강 남안에 집중 배치되어 있는 백마산성, 걸망성, 룡골산성이 중요한 역할을 담당했다. 이들 성에서도 모두 고구려 기와가 확인되고 있어, 방어뿐만 아니라 행정 치소로의 역할도 겸하고 있었던 것으로 보인다.

고구려의 3차 방어선은 평양 도성 외곽에 네 방향으로 분포하고 있는 중대형의 산성이 담당하였다. 평양 북쪽에는 압록강을 건너 해안가 또는 내륙을 통해 내려오는 적군을 막을 수 있도록 청룡산성이, 북동쪽에는 북쪽에서 내륙으로 남진하거나 동해안쪽에서 평양으로 접근하는 것을 차단할 수 있도록 흘골산성이, 서쪽에는 서해로부터 대동강을 거슬러 평양으로 들어오는 것을 막을 수 있도록 황룡산성과 구월산성이, 그리고 남쪽에는 한반도 중부에서 개성을 거쳐 재령평야를 넘어 올라오는 적군을 막을 있도록 황주성이 배치되었다.

평양 지역의 성들은 고구려의 최종 방어선으로, 환런이나 지안의 옛 도성 지역에 비해 많은 수가 확인된다. 압록강과 통구하, 노령산맥 등의 지형적인 조건으로 방어가 비교적 용이했던 지안 지역과 달리 평양 지역은 대동강의 넓은 평야지대에 위치하고 있어 상대적으로 사방에서 적의 공격을 받기가 쉽다. 이에 고구려는 평양과 평양 외곽에 여러 성을 축조함으로써 최종 방어 체계를 갖추었던 것으로 보인다.

평양 내에서는 처음에는 대성산성이 도성의 최종 방어를 담당하였을 것이며, 후기에는 현재의 평양성(장안성)이 최종 방어를 담당한 것으로 보인다. 평양은 대동강 수로를 통해서도 접근이 가능하므로, 이 시기에는 평양성의 외성을 이용한 방어 전략도 새롭게 추가되었다. 612년 수나라의 내호아(來護兒)가 이끄는 수군이 바다를 건너 대동강 하구로 들어와 평양을 단독으로 공격하다가 크게 패한 기사는 이를 뒷받침한다.

한편, Ⅲ기의 대백제·신라 방어 체계는 시기에 따라 차이가 있을 수 있겠지만, 황해도 지역의 중대형 포곡식산성과 남한 지역의 최전방 고구려 성곽들로 구분해볼 수 있다(그림 Ⅳ-23).

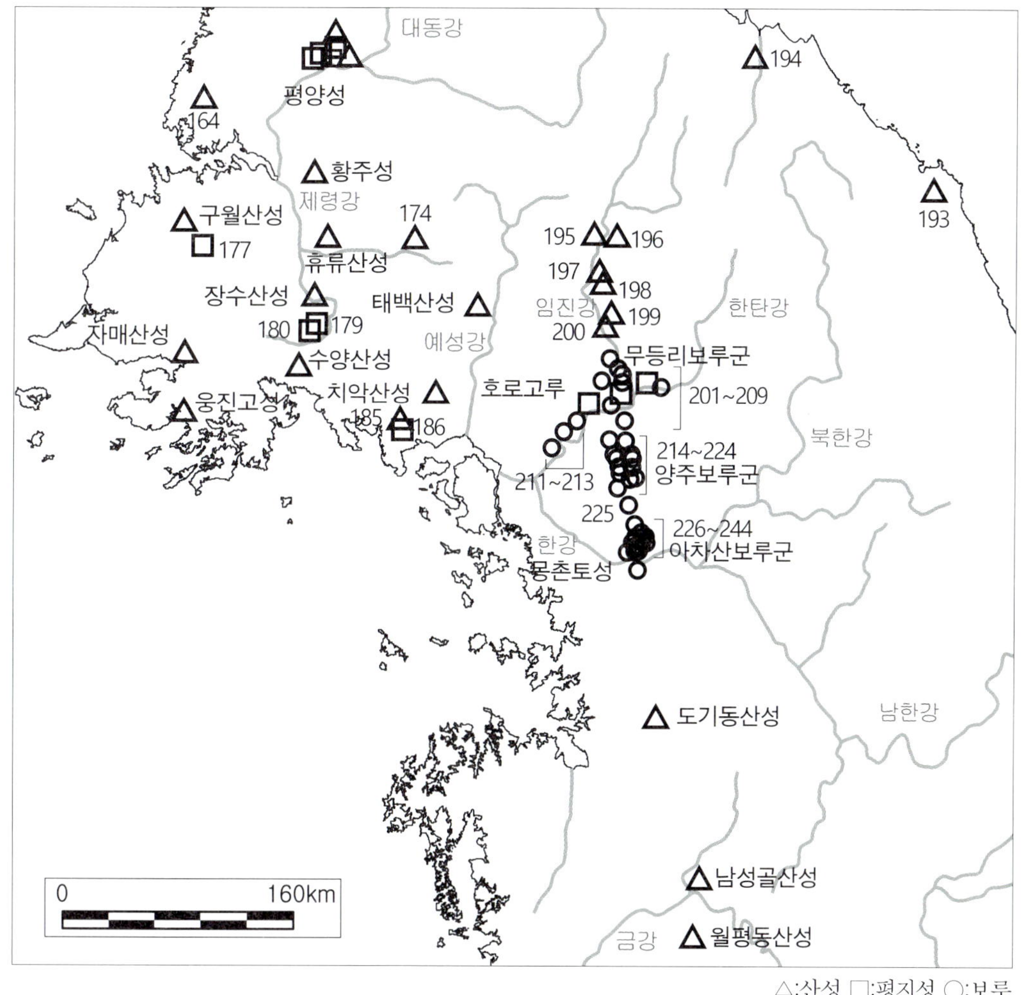

그림 Ⅳ-23 평양 이남 지역의 고구려 성 분포 (ⓒ양시은)

황해도 일대에는 예성강이나 해안가를 따라 평양으로 북진할 수 있는 길목에 고구려 산성이 분포하고 있는데, 소규모인 남한의 성과 달리 대부분 중대형의 포곡식산성이다.

개성에서 평양까지 예성강을 따라 난 교통로에는 치악산성, 태백산성, 휴류산성, 황주성이 배치되어 있다. 치악산성은 예성강으로 인해 수로와 육로의 교통이 모두 편리한 배천에 있는데, 예성강 하류를 방어하는 역할을 수행하였다. 그리고 해주에서 평양으로 통하는 길목은 수양산성, 장수산성이 차단하고 있다. 장수산성은 북한에서는 국내성과 함께 고구려의 별도(別都)로 알려진 한성(漢城)으로 비정한다. 주변의 평지토성과 함께 도시유적을 방어하는 산성으로, 황해도 일대에서 중심적인 기능을 한다. 장수산성 너머는 재령평야로, 대동강을 따라 평양과 바로 연결된다.

해안가에서는 남쪽부터 수양산성, 옹진고성, 자매산성, 구월산성 등의 산성이 확인된다. 특히 구월산성은 서해에서 대동강을 따라 평양으로 향하는 적군을 1차로 막을 수 있는 지점에 축조되어, 대동강 북안의 황룡산성과 함께 평양 외곽 방어를 중점적으로 담당하였다.

이상과 같이 황해도 주요 거점 성들은 평양의 남쪽 방어를 담당하였으므로, 둘레가 2km 이상인 중대형이 대부분이며, 평지와 연결된 포곡식산성이 많다. 대부분의 성에서 고구려 기와가 수습되고 있어 각 성에는 해당 지역을 관할하는 관청이 설치되었던 것으로 보인다. 이들 산성은 세기 4후반 백제와의 대치 과정에서 축조되기 시작하였을 것이기에, 427년 고구려가 평양으로 천도할 당시에는 이미 기본적인 방어 체계는 갖추어져 있었을 것이다.

현재까지 확인된 남한 내 고구려 성의 분포는 ①임진·한탄강 유역, ②양주 일대, ③한강 유역, ④금강 유역의 4개 분포 영역으로 구분된다. 남한 내 고구려 성은 중국, 북한처럼 중대형 성곽이 아니라 소규모 산성과 보루가 중심이라는 점에서 차이가 있다. 실제 임진강 유역 3개의 강안평지성과 금강 유역의 남성골산성을 제외하면 성벽의 둘레가 200~300m인 보루가 대부분이다. 심광주(2006)는 황해도 일대에는 장수산성을 중심으로 2~10km에 이르는 대규모의 고구려 성곽들이 20~40km 정도의 간격으로 분포되어 있다는 점에서, 북한의 대형 성곽과 남한의 고구려 보루는 기능적인 면에서 분명한 차이가 있다고 보았다. 남한의 고구려 성들은 교통로를 따라 남-북 방향으로 길게 이어지며 부분적으로 밀집 분포하고 있기 때문에, 행정중심지의 기능보다는 교통로를 확보하기 위한 전략적인 거점으로 활용되었다는 것이다.

물론 소형 보루와 중대형 산성은 규모면에서 당연히 기능적인 차이를 가질 수밖에 없다. 그렇지만 성의 운용은 전체적인 방어 전략과 지형을 이용한 여러 전술에 따라 달라질 수 있다. 황해도는 고구려 수도였던 평양의 바로 아래에 위치해 있는 만큼 방어적인 중요도가 높기 때문에, 남한 지역의 고구려 성과는 규모나 분포에서 차이가 날 수 밖에 없다. 그렇다고 하더라도, 임진강 유역이나 한강 유역이 중요하지 않은 것은 아니었다. 임진강 유역의 호로고루, 당포성, 무등리 1보루나 한강 유역 아차산 보루군의 홍련봉 1보루에서도 기와 건물지가 확인되고 있어 이들 성곽 역시 방어와 함께 행정 치소의 기능도 겸하였던 것으로 판단된다.

이상에서 살펴본 바, Ⅲ기의 성 방어체계는 공통적으로 지방 지배를 위한 치소성과 방어성으로 구성되었음을 알 수 있었다. 성의 분포 양상을 보면, 고구려는 당시 최대의 위협이었던 중국 방어를 위해 국경지역은 물론, 수도로 향하는 교통로에도 다중의 방어선을 설치하여 도성의 안전을 확보하는데 총력을 기울였다. 집중도는 다르지만 백제나 신라에 대한 남쪽 방어체계 또한 이와 유사하였다. 다만, 지린과 같은 고구려의 북쪽 지역은 중심성과 이를 둘러싼 위성의 분포양상이 확인되고 있어, 다른 지역에 비해 방어집중도가 낮았음을 알 수 있다.

4) 남한의 고구려 성

남한에서 고구려 성에 대한 연구는 중국이나 북한에 비해 상대적으로 늦게 시작되었으나 짧은 기간 동안 20여 개의 유적이 발굴조사 되면서 연구의 기초 자료가 축적되었다. 남한의 고구려 성은 앞서 언급한 바와 같이 임진·한탄강 유역, 양주 일대, 한강 유역, 금강 유역을 중심으로 분포하고 있다. 특히 한강 유역에는 아차산 일원을 중심으로 20여 개소의 고구려 보루가 분포한다. 이들 유적은 백제와 신라에 비해 상대적으로 자료가 빈약한 남한의 고구려 고고학 연구에 기본 자료를 제공해줄 뿐만 아니라, 역사적으로 475년 고구려 장수왕이 백제의 한성을 점령한 시점부터 신라와 백제의 연합군이 한강 유역을 탈환한 551년까지 대략 1세기 가량의 시간 폭을 가지고 있어 전체 고구려 연구에서 일종의 편년 기준을 제공할 수 있다는 점에서 매우 중요하다.

남한의 고구려 성은 크게 목책성과 석성으로 나누어볼 수 있다. 목책이 발견된 곳으로는 연천 호로고루, 전곡리유적, 안성 도기동산성, 청원 남성골산성, 대전 월평동산성 등으로, 2중 목책을 기본 구조로 한다. 석성은 아차산 보루군과 호로고루를 포함한 나머지 유적들이다. 다만 연천 은대리성의 경우 토루 바깥쪽에 정연하지 않은 돌을 쌓아 올린 관계로 석성으로 보기 어려워, 일단 토석혼축성(또는 토성)으로 판단하고자 한다. 그리고 호로고루, 당포성, 은대리성, 전곡리 목책유적은 강안평지성이지만, 나머지 유적들은 산성으로, 성벽의 전체 둘레가 300m 이하인 보루가 대부분이다.

(1) 성의 구조

남한 지역 고구려 보루의 성벽 축조방식에 대해서는 그간 ①목책에서 석축 성벽으로 변화하였다는 견해(양시은 2012a), ②토성에서 석축 성벽으로 개축되었다는 견해(안성현 2016), ③토심석축(土芯石築) 공법으로 토축부와 석축부를 동시에 축조하였다고 보는 견해(심광주 2014)가 제기된 바 있다.

첫 번째 견해는 1990년대 후반 아차산 4보루에 대한 발굴조사 당시 석축 성벽의 기저면에 존재하는 목주흔을 방어 시설인 목책으로 추정한 것에서 비롯되었다. 호로고루, 전곡리 목책유구, 남성골산성 등에서 순수 목책성의 존재가 확인되었고, 호로고루의 경우에는 목책을 폐기한 이후 석축성벽을 쌓은 것이 분명하게 드러났기 때문에, 아차산 4보루와 시루봉보루에서 발견되는 석축성벽 아래에서 발견되는 목주흔 역시 목책으로 판단한 것이다. 다만 기존 주장에서도 아차산 보루군에서는 남한 지역의 다른 고구려 성곽에서 발견되고 있는 것과 같은 5세기대로 편년되는 문양 요소나 타날이 지워진 흔적이 있는 토기가 발견되지 않는다는 점에서 목책의 조성 시기는 석축성벽의 축조 시기와 별다른 차이가 나지 않을 것으로 추

그림 Ⅳ-24 시루봉보루(ⓒ서울대학교박물관)

정한 바 있다.

두 번째 견해는 석축 성벽 안쪽의 토축부를 토성으로 판단한 것에서 비롯되었다. 보루에서 확인되는 토축부와 석축부 사이의 절개선이 확연할 뿐 아니라, 다짐토 상부에 석축 성벽의 기저부가 위치하고 있기 때문에, 토축부의 기저부를 보강하기 위하여 석축 성벽을 덧대어 쌓았다기보다 석축부가 설치된 부분만큼 토축부를 절개한 다음 석축 성벽을 축조하였다고 보는 것이 합리적이며, 이는 일반적인 토성벽의 수축부와 동일하다고 보았다.

세 번째 견해는 성벽의 토축부와 석축부가 동시기에 축조되었다는 것을 전제로 한 것이다. 얇은 석축부만으로는 토축부에서 밀어내는 응력(應力)을 버텨낼 수 없기 때문에, 시멘트 구조물 속의 철근이나 연약지반 보강을 위한 파일공법처럼 일정한 간격으로 영정주를 깊게 박아 영정주가 구조체 역할을 하게 하여 토축부가 붕괴되지 않도록 하고, 외벽의 석축부는 성벽의 경사를 유지시켜주고 토사가 침식되는 것을 막아주는 역할을 담당하게 된다. 그리고 석축 성벽을 쌓을 때는 성돌 사이의 빈공간과 토축부와 석축부 틈새를 점토로 채워 넣는 습식쌓기 방식을 채택함으로써, 흙과 돌의 재료분리 현상에 의한 성벽 붕괴를 최소화하였다는 것이다.

근래 홍련봉 2보루에 대한 발굴조사에서 석축 성벽과 토축부의 구조가 잘 드러나(그림 Ⅳ-25), 남한의 고구려 보루들에서 발견되고 있는 기저부의 목주흔들이 방어용 목책이 아니라 석축 성벽 안쪽의 토축부를 지지하기 위한 영정주(희생목)로써 기능하였다는 세 번째 견해가 통설로 자리잡게 되었다.

한편, 고구려 보루에는 성벽 안쪽으로 기본 지형의 높낮이에 따라 낮은 석축 담장 시설 내지는 축대가 확인된다. 축대나 경계 담장 안쪽에는 주로 건물지와 저수시설, 저장시설 등이 배치되어 있으며, 축대 바깥쪽에도 온돌건물지가 조성된다.

보루 내에서는 여러 구조의 건물지가 발견된다. 수혈 건물지도 있지만 대부분은 방형이나 장방형의 지상 건물지이다. 수혈 건물지는 판재를 토벽에 대어 마감하였으며, 지상 건물지는 석축으로 기초를 삼은 다음 그 위에 점토와 볏집 등을 섞어 만든 벽체를 올린 담장식 벽체를 사용하였다. 건물지에는 온돌(쪽구들)이 설치되어 취사와 난방의 역할을 하였다.

보루에서 방어시설 만큼 중요한 것이 물을 확보하는 것인데, 산 정상부에 입지해 있는 관계로 별도의 수원이 없어, 각 보루마다 일정 용량의 저수시설을 갖추고 있다. 저수시설은 암반을 네모나게 굴토한 다음 벽체와 바닥에는 뻘을 채워 방수처리를 하고 다시 바깥부분에는 통나무를 쌓아 벽체가 무너지지 않도록 하였다. 홍련봉 1보루에서는 저수시설 주위로 작은

그림 Ⅳ-25 홍련봉 2보루(ⓒ한국고고환경연구소)와 성벽 세부(ⓒ최종택)

기둥구멍이 발견되어 저수시설에 지붕이 씌워져 있었음을 짐작해볼 수 있다.

그리고 보루에는 배수 시스템이 잘 갖춰져 있다. 원활한 배수가 이루어지지 않으면 성벽과 산성의 여러 시설물이 파괴될 위험이 있기 때문이다. 이들 배수로는 보루 내 건물 기초 하단부에서도 발견되고 있어, 성내 건물지 축조 이전 단계부터 조성되었음을 알 수 있다. 홍련봉 2보루의 집수정과 성 안팎의 배수로를 보더라도, 고구려 보루는 철저한 사전 계획을 가지고 만들어졌음을 짐작해볼 수 있다.

이상의 시설 외에도 보루에는 여러 시설물들이 확인된다. 아차산 4보루와 용마산 2보루에는 간이대장간 시설이 있어 철기류에 대한 간단한 수리 정도는 직접 수행하였던 것으로 보인다. 그리고 아차산 3보루에서는 단야 시설과 방아확과 볼씨가 함께 배치된 방앗간 시설도 발견되었다.

(2) 아차산 보루군의 연대

한강 북안에 위치한 아차산 보루군(그림 Ⅳ-26)은 『삼국사기』의 기록으로 볼 때, 고구려가 백제의 한성을 점령한 475년 이후 어느 시점에 축조되어 활용되었다.

남한 지역 출토 고구려 토기는 그간의 연구를 통해 5세기대 토기는 구단부가 둥글거나 직선으로 마무리되는 A형과 B형 구연의 비중이 높은 반면, 6세기대 토기는 구단부를 밖으로 말아 접은 D형 구연의 비중이 높아짐이 확인된다. 또한 5세기대 토기는 동체 상단부에 횡침선과 함께 점열문, 파상문, 중호문 등의 문양이 새겨진 경우가 있지만, 6세기대 토기에서는 문양 시문을 거의 찾아볼 수 없다. 다만 암문은 5~6세기대 고구려 토기에서 모두 확인된다. 그리고 일부 기종에서는 시기에 따른 형태적인 변화도 관찰된다. 다리가 달린 원통형 토기의 경우, 동체부가 세장한 형태에서 최대경이 커지거나 삼족기에서 사족기로 변화하는 등 실용성이 강해진다. 양이부호의 경우에도 경부와 구연부가 동체부에 비해 좁아지는 방식으로 변화하게 된다. 그리고 회전대를 이용하여 바닥을 깎아 만든 들린 굽이 통굽 혹은 굽을 따로 제작하여 붙여 만드는 방식보다 늦게 나타난다(양시은 2014b).

고구려 토기의 제작기법과 역사적 정황을 토대로 살펴본다면, 몽촌토성 출토 고구려 토

그림 Ⅳ-26 아차산 보루군(ⓒ한국고고환경연구소)

기는 한성 점령 시점인 5세기 후반에, 아차산 보루군 토기는 6세기 전반기에 제작된 것으로 보인다. 홍련봉 2보루에서는 '庚子'가 새겨진 토기가 2점 출토되었는데, 최종택(2008)의 주장처럼 경자의 연대를 520년으로 비정하게 된다면, 6세기 전반에는 아차산에 고구려 보루군이 조성되어 있었음을 알 수 있다. 그동안 조사된 고구려 보루의 구조나 출토 유물의 수량 등으로 볼 때 아차산 보루군은 계획적으로 조성된 것으로, 6세기 전반경에 축조되어 551년까지 존속한 것으로 보는 것이 가장 합리적이다.

반면 이형호(2014)는 연천 호로고루 출토 고구려 토기를 기준으로 볼 때, 아차산 보루군은 6세기 중엽에 축조되어 6세기 후엽까지 사용된 것으로 보았다. 이는 고구려가 475년부터 551년까지 지속적으로 한강유역을 영유하고 있었던 것이 아니라 475년부터 598년에 이르기까지 적어도 3번 이상 남하와 철수를 반복하였고, 아차산 보루군이 완성되어 하나의 방어체계로 운영된 시기는 6세기 중엽이 아니라 6세기 후반으로 봐야한다는 것이다. 보다 구체적으로는 529년 오곡(五谷)의 벌판에서 벌어진 전투에서 승리한 고구려 군이 한강 이북의 아차산까지 진출하였고, 당시 구의동보루 등을 축조하였으나 551년 나제 연합군의 반격으로 한강유역을 상실하였다가, 신라가 568년 북한산주(北漢山州)를 폐하고 남천주(南川州)를 설치하면서 한강 이남으로 군사적인 거점을 옮겼을 때 고구려가 한강 이북의 아차산 보루군을 완성하였다는 것이다.

최근에는 홍련봉 2보루에서 채집한 목탄 시료에 대한 방사성탄소연대 측정 결과를 놓고 아차산 보루군의 활용 연대에 대한 또다른 해석이 제기되기도 하였다. 홍련봉 2보루 2개 지점(8호 건물지 인근, 2호 저수시설 인근)에서 채집된 40개의 목탄시료를 국내외 5개 기관에 방사성탄소연대 측정을 의뢰하여 얻은 측정치를 이상값을 제거하는 등의 통계처리를 거쳐 1490±12BP라는 합의값을 도출한 다음 이를 환산하였더니 549~607년(95.4%)이라는 추정연대를 얻었다고 한다(J. Choi et al 2017). 이러한 연대는 아차산 고구려 보루군이 6세기 전반에 사용되었을 것이라는 그간의 편년 결과와는 상당한 차이를 보이고 있다. 그렇지만 홍련봉 1보루에서는 고구려 철수 이후 신라가 재사용한 흔적이 확인되고 있는 만큼, 551년 이후 고구려가 북쪽으로 후퇴한 이후 신라가 일시적으로 점유하였을 가능성도 고려해야 할 것이다.

다만 남한지역 고구려 보루의 구체적인 사용시점을 통계적으로 오차값이 큰 방사성탄소연대를 이용하여 파악하는 것은 큰 의미가 없을 수밖에 없다는 연구결과도 있으므로(이선복·김준규 2018), 관련 연구에 주의가 필요하다.

현재의 고구려 고고학 연구 수준으로는 비교 자료의 부족 등과 같은 여러 이유로 아차산

보루군을 둘러싼 6세기 후반의 상황을 면밀하게 검토하기가 쉽지 않은 상황이다. 6세기 후반 아차산에 고구려 군대의 대대적인 재점유가 있었던 것인지에 대한 문제는 문헌 자료에 입각하여서는 해결할 수 없으며, 고고학적인 자료 분석을 통해서만 가능하다. 다만 현재로써는 6세기 후반에서 7세기대의 고구려 토기를 판별해내기가 쉽지 않아, 문헌 자료와 고고학 자료의 해석 문제에 대해서는 당분간 좀 더 신중히 접근해야할 필요가 있다.

(3) 아차산 고구려 보루군의 성격

남한 지역의 고구려 보루는 기본적으로 해당 지역의 교통로나 경계 방어를 위한 군사적인 거점의 성격을 띠고 있다. 아차산 보루군 역시 주변에 높은 산이 없어 한강 이남과 아차산 일원의 평야지대에 대한 감시가 가능하며, 한강 이남 지역에서 경기 북부 지역으로 북상하기 위한 교통로를 통제할 수 있는 적합한 곳에 입지해 있다.

그렇지만 아차산 고구려 보루군이 백제의 한성이었던 몽촌토성과 풍납토성을 잘 관측할 수 있는 곳에 입지해있다는 기존의 설명은 마치 고구려 군대가 475년 이전부터 아차산에 주둔하고 있었던 것처럼 오인될 소지가 다분하므로, 각별한 주의가 요구된다. 아차산 보루군의 축조 연대는 앞에서 밝힌 바와 같이 6세기 전반이므로, 한강 이남 지역에 백제 세력은 존재하지 않을 때이다. 물론 6세기대 한강 이남 지역의 정치적 상황에 대해서는 여러 견해가 존재하고 있지만, 한강 유역에서 백제 유적과 유물이 발견되지 않는 것을 보면, 6세기대 옛 한성 지역은 백제의 지배하에 있지 않았던 것만은 분명하다. 오히려 석촌동 고분군에서 아차산 보루군에서 출토되는 것과 동일한 고구려 옹과 호가 옹관묘의 재료로 이용되고 있는 것을 보면 물류를 포함한 백제의 지배 시스템은 한성이 점령된 475년 이후 한강 유역에서는 더 이상 존재하지 않았음을 짐작해볼 수 있다.

그리고 백제의 한성이었던 몽촌토성에서도 고구려 건물지와 광구장경사이옹을 비롯한 고구려 토기가 다량으로 확인되어 한성 점령 이후 고구려 군대가 한동안 주둔하였음이 밝혀졌다(최종택 2002). 성남 판교동고분, 용인 보정동고분, 화성 청계리고분과 같이 한강 이남 지역의 여러 곳에서 확인되는 고구려 고분과 안성 도기동산성, 청원 남성골산성, 대전 월평동 유적 등의 고구려 관방 유적, 용인 마북동 생활유적 등은 475년 이후 고구려가 남하하였음을 보여주는 분명한 증거이다.

더구나 춘천, 홍천, 원주 일대의 고구려 고분군과 생활유적, 충주 일원의 중원고구려비, 단월동고분군이나 두정리고분군, 탑평리 생활유적 또한 5세기대 고구려의 점유와 관련되어 있다. 북한강과 남한강 수계의 이들 고구려 유적은 400년에 광개토왕이 신라를 도와주기 위해 5만의 군사를 파견한 이후의 특정 시점부터 고구려의 영역이었을 가능성도 배제할 수 없다.

한편, 고구려로 인해 웅진으로 천도하게 된 백제는 한강 유역을 다시 차지하기 위한 노력을 기울였고, 그 과정에서 백제는 일정한 성과를 달성한 것으로 보인다. 5세기 후반의 상황과는 달리 6세기대 한강 이남 지역, 즉 경기 남부와 충청 지역에서는 성이나 고분과 같은 고구려 유적이 더 이상 발견되지 않고 있다. 그리고 백제의 도성이었던 웅진에서 멀지 않은 곳에 위치하였던 고구려의 남성골산성과 도기동 유적 등은 목책에서 석축 성벽으로 전환되지 못하고 폐기되었다. 백제의 공세로 인해 고구려는 결국 금강 유역을 포기하고, 6세기초 아차산 일원에 다수의 보루를 축조하여 백제를 견제하였을 가능성이 있다.

이와 관련하여 『일본서기』의 551년 기록을 근거로 당시 고구려가 영유하고 있었던 한강 유역이 한강 이남 지역의 한성과 한강 이북지역의 남평양으로 구분되었을 가능성(여호규 2002)과 아차산 보루군은 한강 북안의 중랑천변에 있었던 고구려의 남평양을 방어하기 위해 축조되었을 것이라는 견해(최장렬 2001) 등은 참고해볼만 하다. 최종택(2013) 또한 고구려가 지배하던 한강 유역의 중심지가 500년을 전후한 시점을 기준으로 한강 남안의 한성(몽촌토성 일대)에서 한강 북안의 남평양으로 이동된 것으로 보고, 아차산 고구려 보루들은 남평양을 방어하는 기능 외에도 점령지에 대한 치소의 기능과 함께 보급기지 등의 기능도 겸하였을 것으로 보았다. 아차산 일원의 고구려 보루 중 유일하게 기와 건물지가 확인되는 홍련봉 1보루는 아차산 일원의 보루를 통괄하는 기능을, 홍련봉 2보루는 군수 물자의 생산 및 보급창고의 역할을 수행한 것으로 판단한 것이다.

아차산 보루군처럼 특정 지역에 여러 보루가 집중적으로 축조된 예는 전체 고구려 유적에서도 찾아볼 수 없는데, 이와 같은 점에서 아차산 보루군을 단순히 군사적인 목적만을 위한 관방시설로 보기는 어렵다. 아차산 보루군의 보루들은 능선을 통해 서로 유기적으로 연결되어 있으므로, 보루군 자체가 마치 하나의 중대형 성곽처럼 기능하였을 가능성도 있다(양시은 2010). 더구나 홍련봉 1보루에서 연화문와당을 사용하는 기와 건물지가 확인되는 점은 아차산 보루군에 행정관청이 존재하고 있었을 가능성을 보여준다. 만약 군사적인 기능만을 강조하자면, 보루군에서 규모가 가장 큰 아차산 3보루나 방어가 용이하고 각종 명문토기가 출토된 아차산 4보루에 기와 건물이 마련되어 있었을 것인데, 보루군에서 가장 낮고 접근이 용이한 홍련봉 1보루에 기와 건물지가 조성된 것을 보면, 대민(對民) 기능 수행이 가능한 홍련봉 1보루에 행정 관청을 설치하였던 것으로 보인다. 다만 '後部都○兄' '冉牟兄', '支都兄' 등

과 같은 명문이 새겨진 토기의 경우, 고구려에서 '형(兄)'이 보통 관등을 지칭할 때 사용된다
는 점을 고려한다면 아차산 4보루에도 일정 계급 이상의 지휘관이 주둔하였을 가능성도 배
제할 수 없다.

2. 건축지

고구려의 건축에 대해서는 고고 자료, 벽화, 문헌기록을 통해 연구가 가능하다. 발굴조사를
통해 확보한 고고 자료는 주로 건축물의 기초와 부속 시설을, 벽화로는 건축물의 상부 구조
를 포함한 전체적인 모습을, 문헌기록으로는 건축물의 용도나 치장의 정도 등을 파악할 수
있다. 고구려에서 지금까지 알려진 건축물은 기능상으로 크게 궁궐, 행정관청, 불교건축(사
찰), 무덤 관련 건축, 주택, 창고 등으로 구분이 가능하다. 그리고 '오직 사찰, 신묘, 왕궁, 관
청에서만 기와를 사용한다'는『구당서』의 기록을 통해 고구려에서는 신분이나 용도에 따라
건물에 기와의 사용이 제한되어 있었음을 짐작해볼 수 있다.

1) 고구려 건축물의 종류

(1) 왕궁

지금까지 고구려의 왕궁으로 알려진 고고 자료로는 논란이 있기는 하지만 지안 환도산성과
평양 안학궁의 초석 건물지가 있다. 문헌에는 고구려 왕궁에 대한 구체적인 묘사는 확인되
지 않지만, '궁실은 잘 지어 치장한다'는『후한서』, 왕궁에 기와를 사용한다는『구당서』, '왕
대(王臺)', '왕정(王庭)', '궁정(宮庭)' 등의 용어가 등장하는『삼국사기』의 기록 등이 있다. 이를
종합해 보면, 고구려 중기 이후 왕궁으로 활용된 건물은 기본적으로 초석 건물지에 기와를
올렸으며, 왕궁 내에는 주변 조망이 가능한 망대와 함께 정원이 갖추어져 있었음을 짐작해볼
수 있다.

(2) 관청

관청으로 사용된 것이 분명하게 밝혀진 고구려 건물지는 아직까지 발견된 적이 없다. 그렇
지만 관청에 기와를 사용한다는『구당서』의 기록으로 볼 때, 고구려 중기 이후의 기와 건물
지 중에는 행정 관청의 역할을 수행한 건물이 존재하고 있음은 분명한 사실이다. 한강 유역에

분포하고 있는 20여 개에 가까운 고구려 보루 중 홍련봉 1보루에서만 기와 건물지가 확인되고 있는 것으로 미루어볼 때 홍련봉 1보루에는 행정 관청의 역할을 하는 건물이 있었음을 짐작해볼 수 있다. 홍련봉 1보루의 기와 건물지는 보루 내 다른 일반 건물지와는 달리 지하식 구조로 축조되었다. 임진강 유역의 호로고루에서도 기와 건물지가 발견되었는데, 성에서는 문서의 사용을 보여주는 벼루가 발견되어 당시 행정 관청이 존재하고 있었음이 거의 확실시 된다.

(3) 사찰

『삼국사기』에는 고구려에 불교 사원이 다수 세워져 있었음이 전해진다. 소수림왕대에 불교가 전래된 것으로 알려져 있으며, 고고 조사를 통해 평양과 그 주변에서 여러 사찰이 확인된 바 있다. 전동명왕릉 앞에 조성된 정릉사지나 청암리토성 내에 조성된 금강사지, 평양의 상오리사지, 그리고 황해도 봉산의 토성리사지 등이 있는데, 1탑3금당 내지는 1탑2금당 양식의 가람배치가 확인된다. 이들 사지에서는 모두 고구려 기와들이 출토되고 있어, 『구당서』의 기록처럼 고구려 사찰은 모두 기와 건물로 조성되었음을 알 수 있다.

　한편, 정릉사지에서는 전체 16기의 건물지 중에서 4기의 온돌이 확인되었는데, 이들 온돌건물지는 금당과 같은 본 시설이 아니라 부엌과 같은 한정된 용도였을 것으로 추정된다.

(4) 사당

'거처하는 좌우에 큰 집(大屋)을 건립하고, 귀신에게 제사를 지낸다'는 『삼국지』의 기록이나 사당(神廟)에 기와를 사용한다는 『구당서』의 기록, 그리고 고국양왕대에 '국사(國社)를 세우고 종묘(宗廟)를 수리하였다'는 『삼국사기』의 기록 등에서 고구려에서는 조상을 모시는 사당이 있었고, 이러한 사당은 기와를 올린 건물이었음을 짐작해볼 수 있다.

　그리고 지안 일대에 왕릉으로 추정되는 초대형 적석총에서는 기와들이 다량으로 확인되고 있는데, 특히 장군총과 같은 계단석실적석총 단계에서는 무덤 상부에 기와 건축물이 세워져 있었음을 짐작해볼 수 있다.

(5) 주택

고구려에서 주택의 규모나 구조는 신분에 따라 차이가 있었던 것으로 보인다.

　일반 백성의 주택은 『구당서』의 기록과 고고 자료를 통해 추정이 가능한데, 기본적으로는 방형이나 장방형 평면에 단칸방인 초가 주택이다. 흔치는 않지만 고구려 산성에서는 간혹 수혈식(반지하식) 건물지도 확인되는데, 가장자리에 기둥구멍이나 벽체를 고정하기 위한 나무 판재의 흔적이 남아있는 경우도 있다. 일반적인 주택은 점토와 풀을 섞어 만든 흙벽으로 벽체를 삼았는데, 일부에서는 돌로 벽체의 기초를 삼기도 하였다. 내부에는 한쪽 벽면에 치우쳐 'ㄱ'자 또는 '一'자형 쪽구들을 설치하여 난방을 하였으며, 배연구는 벽 바깥쪽에 설치하였다. 토기로 연통을 삼은 경우도 있다. 쪽구들이나 아궁이 주변에서는 완, 대부완, 접시, 호 등 개인 식기용 토기가 확인되는 경우가 많고, 한강유역의 구의동보루에서는 온돌의 아궁이에 철솥이 놓여있는 채로 발견되었기에, 당시 온돌은 취사와 난방의 용도를 겸하였음을 알 수 있다.

고분벽화자료를 통해 살펴본 고구려 귀족 저택의 경우에는 일반 백성의 집과 비교할 때 주택의 규모와 기와 지붕의 사용 등에서 차이를 보인다. 전호태(2013)에 따르면, 귀족 저택의 경우 살림집인 안채와 사랑채 역할을 하는 바깥채로 구분되는데, 부엌, 고기 저장고, 우물, 방앗간, 외양간, 마굿간 등의 살림시설들은 안채에 배치되었다. 대부분의 귀족 저택에서는 부엌을 제외하면 온돌이 확인되지 않는다. 귀족들은 입식 생활을 기본으로 하면서도 실내에서 평상이나 좌상 위에 신발을 벗고 올라가 있는 모습이 종종 나타나고 있는 것을 보면 좌식 생활 역시 불편해하지 않았음을 알 수 있다.

이 밖에도 고구려의 저택에는 집집마다 곡물 창고가 있었던 것으로 보인다. 『삼국지』에는 창고를 '부경(桴京)'이라고 지칭하고 있는데, 팔청리벽화분과 덕흥리벽화분 등의 고분벽화에서도 그 모습을 찾아볼 수 있다. 부경은 습기를 피하기 위해 지면에서 높게 띄워 만든 창고로, 중국 동북지역의 민가에는 고구려 전통이 남아있는 고상식 창고들이 여전히 사용되고 있다.

2) 고구려 건축물의 구조

(1) 기초 시설

고대 건축물에 있어서 기초[10]는 시공범위에 따라 온통기초와 독립기초, 줄기초, 혼합기초 등으로 구분이 가능하다. 이하의 내용은 남시진(2010)의 분류안을 기본으로 하여 고고자료를

---

10 건축물에서 자중(自重)과 적재하중(積載荷重) 그리고 풍력(風力), 지진(地震), 기타 외력(外力)을 받아서 안전하게 지반(地盤)에 전달하는 건축물의 하부 지중 구조부분을 모두 지칭하는 것으로, 상부구조의 하중을 받아서 안전하게 지반 또는 지정(地定)에 전달하는 건물 최하부의 구조부분이다. 기초의 일부로서 지정은 기초를 보강하거나 지반의 지지력을 증가시키기 위한 공법 또는 시설물을 지칭하는데, 지정과 기초는 때로는 명확하게 구분되지 않으며 넓은 의미에서 지정을 기초의 일부로 포함하기도 한다(남시진 2010).

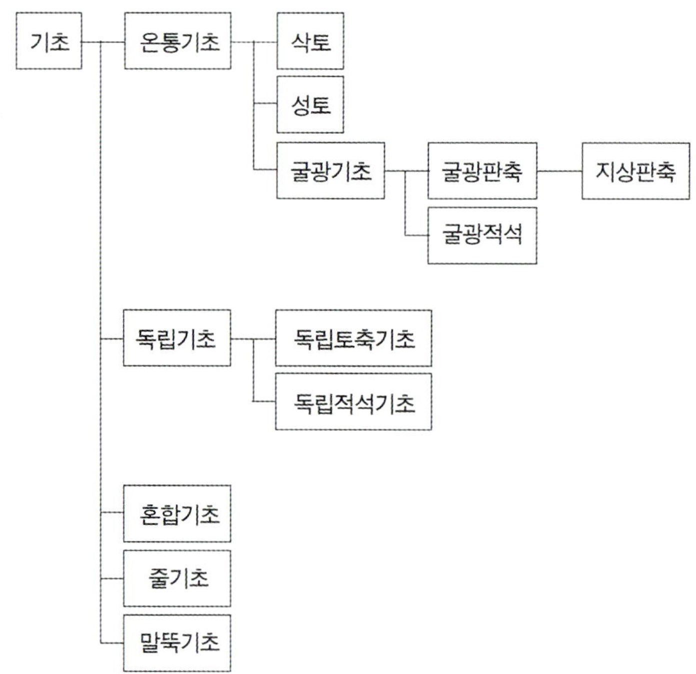

그림 Ⅳ-27 건축물 기초의 분류(남시진 2010: 그림 2)

통해 확인된 고구려 건물의 기초시설에 대해 살펴본 것이다.

온통기초는 대지를 조성한 다음 기단 크기보다 좀 더 넓게 범위를 잡고 전체를 조성하는 기초를 말하는데, 단단한 지반을 깎아내는 삭토기초와 흙을 쌓아다져 기초를 조성하는 성토(다짐)기초, 땅을 파내고 그 부분을 흙이나 돌로 채워 넣는 굴광기초로 세분이 가능하다. 온통기초 중 삭토기초는 평양의 청암리사지(금강사지)나 상암리사지에서 확인되는 8각 건물지(탑지)에서 암반을 일부 깎아내는 방식으로 확인되며, 굴광기초는 몽촌토성 서남지구 고지대에서 확인되는 풍화암반을 파내고 내부에 고운 점토와 마사토를 단단히 다진 판축대지에서 그 사례를 찾아볼 수 있다.

독립기초는 기단토를 조성한 다음 기둥이 세워질 자리 하나하나를 독립적으로 기초하는 것을 말하며, 독립토축기초와 독립적석기초로 구분할 수 있다. 환도산성이나 안학궁, 정릉사지 등과 같은 고구려 초석 건물지의 기초부에서 주로 확인된다.

줄기초는 띠기초 내지는 조적식 기초 등으로도 불리는데, 기초를 띠 모양으로 연결하여 축조하는 방식이다(조용환 2015). 국내성의 체육장지점이나 아차산 보루군에서 석축 벽체의 기초가 남아있는 건물지는 모두 줄기초 방식으로 축조한 것이다.

한편, 고구려 건물지에서는 줄기초와 독립 기초가 함께 나타나기도 하는데, 지안 동대자 온돌 건물지와 몽촌토성의 적심건물지가 대표적인 사례이다. 최종택(2002)에 따르면, 몽촌토성 서남지구의 적심건물지는 벽체의 윤곽을 따라 폭 30cm, 깊이 40cm 가량으로 파낸 후 자갈을 채워 벽기초(줄기초)를 하고, 다시 기둥이 설 자리는 직경 70~80cm 가량 되게 적심(독립기초)을 채워 넣었는데, 이러한 기초 시설은 백제에서는 확인되지 않는 방식이다. 동대자 온돌 건물지의 경우에는 냇돌을 채워넣은 방형의 줄기초 벽체에 외부에는 기둥을 받칠 수 있는 적심들이 배치되었는데, 이 역시 줄기초와 독립기초가 혼합된 방식이다.

이 밖에도 고구려에서는 수혈식 구조의 주거건물이나 부경과 같은 굴립주 건물도 확인된다. 최진보산성을 비롯한 요동반도 북쪽 지역에 있는 중대형 산성이나 아차산 보루군 등에서 확인되는 원형의 수혈은 온돌을 갖추고 있어 관방시설에서 사용하는 특수한 형태의 주거 시설임을 알 수 있다. 이 경우 구덩이 바깥쪽의 지면이 벽체의 하중을 받게 되므로, 수혈 자체를 기초 시설로 보기는 어렵다. 반면 부경과 같은 고상 창고는 굴립주 자체가 전체 건물의 하중을 받게 되므로, 구덩이가 기초 시설이 된다.

(2) 벽체와 기둥

벽체와 기둥은 건물의 몸체부분으로 건물을 지탱하는 요소이다. 가구식 구조를 사용하는 건물은 대부분 기둥을 설치하고 기둥과 기둥사이에 흙이나, 벽돌 등을 사용하여 벽체를 설치하였으며, 조적식 구조를 사용한 건물은 기둥 없이 흙, 돌, 벽돌 등을 쌓아서 벽체를 만들었다(조용환 2015). 실물 자료로는 시루봉보루를 포함한 아차산 보루군에서 출토된 벽체 파편을 들 수 있는데, 점토에 초본류를 섞어 만든 흔적이 남아있다.

마선구 1호분에는 부경으로 추정되는 고상 건물이 묘사되어 있는데, 목재를 가로로 쌓아 벽체를 구성한 전형적인 귀틀집의 모습을 보여주고 있다. 용마산 2보루의 2호 건물지에서도 한쪽 벽면에 가로로 나무 판재를 댄 흔적이 발견되었다.

그리고 고분벽화에서는 화면 구성의 한 요소로 목조가옥의 골조 그림과 천장 구조물 등이 등장하기도 하는데, 이를 통해 고구려 건축물의 부재와 짜임 뿐 아니라 가옥 내부의 장식기법 등도 간접적으로 확인이 가능하다. 태성리 1호분의 실물 기둥은 8각 흘림기둥의 존재를, 팔청리벽화분의 실물 기둥은 4각 흘림기둥을, 마선구 1호분은 원기둥의 실물을 보여주는 경우이다. 그리고 덕흥리벽화분을 비롯한 다수의 벽화고분에 묘사된 배부른 기둥은, 실제 건축물을 지탱하는 주요 기둥들이 원기둥이었을 가능성을 시사한다(전호태 2013).

(3) 지붕

지붕은 건축물의 가장 윗부분을 덮고 있는 구조물로써, 눈, 비, 햇빛 등을 차단함으로써 건물을 보호하는 역할을 한다. 지붕을 떠받치기 위해서는 기둥과 서까래 등의 여러 부속 자재들이 필요하다. 고구려 지붕과 관련한 고고 자료로는 지붕을 덮었던 기와들만 남아있기 때문에 지붕의 정확한 구조를 파악하는 것은 불가능한데, 그나마 고분벽화에 묘사된 건물의 모습을 통해 단편적이나마 지붕의 구조를 추정해볼 수 있다.

일반 백성의 집은 벽화에서는 묘사되어 있지 않지만, '모두 풀을 엮어 지붕을 덮었다'는 『구당서』의 기록으로 볼 때 지붕은 초가 형태였음을 알 수 있다.

벽화에서 확인되는 건물은 대부분 귀족저택이나 성곽의 부속 건물인 경우가 많은데, 기와골이 그려져 있거나 치미가 확인되는 것을 볼 때 귀족 저택은 대부분 지붕에 기와를 올렸던 것으로 보인다. 그리고 벽화 속 기와집의 지붕 형태는 부엌, 차고 등과 같은 부속 건물의 경우에는 측면이 '∧'자 형태로 보이는 맞배 지붕도 일부 확인되지만, 상당수의 건물은 우진각 지붕을 하고 있다.

그리고 지붕과 관련된 구조 중에는 기둥 위에 놓여서 지붕의 하중을 원활하게 기둥에 전달하는 역할을 하는 공포(栱包)가 있다. 고구려 고분벽화에서는 다양한 형태의 기둥 위에 올려진 두공은 2두식, 3두식, 2중3두식 등으로 나뉘는데, 각 유형의 두공은 주두나 소로에 굽받침이 있는 것과 없는 것으로 구분된다(전호태 2013).

3) 주요 건축 유적

고구려 건축 유적 중 가장 잘 알려져 있는 유적으로는 제사나 왕궁유적으로 보고 있는 지안의 동대자 유적, 이수원자남 유적, 민주유적과 평양의 정릉사지 등이 있다.

(1) 지안 동대자(集安 東台子) 유적

동대자 유적은 국내성의 동쪽으로 0.5km 떨어져 통구 오회분과의 사이에 자리하는 국내성 밖에 위치하는 대형 건축지이다. 유적의 남쪽은 압록강변의 충적 평지이며, 주변보다 8~10m 정도 높은 대지에 자리하여서 동대자라 불린다. 유적은 동서 길이 500m, 남북 길이 150m 정도의 동서로 긴 장방형 범위에서 확인되었다. 현재는 밭으로 이용되고 있어서 유적의 흔적을 찾기 어렵다.

조사는 1913년과 1958년 두 차례 이루어졌다. 1913년 조사는 세키노 다다시에 의해 이루어졌고, 당시 10개의 초석과 많은 양의 기와와 와당이 발견되면서 고구려 후기의 사찰로 추정되었다(關野貞 1914, 1941).

　두 번째 조사는 지안-통화 간 철로 개설에 따라 1958년에 지린성박물관에서 주관하였다(吉林省博物館 1961). 격자문과 승석문, 무문의 수키와와 연화문, 인동문, 귀면문 등의 와당과 초석이 지표면에 노출되었고, 조사결과 동편과 서편, 서북편, 그리고 동남편으로 치우쳐 4개의 건물지와 철제 도구들, 청동제 장식판과 비녀, 붉은 색과 회색, 갈색의 점토질 토기들이 확인되었다. 1호 건물지는 동편 건물지로, 동서 길이 15m, 남북 폭 11m의 장방형 평면이다. 건물지 내에는 석좌(石座)로 보고된 괴석 한 개가 중앙에 있고, 동벽에서부터 북벽을 따라 'ㄱ'자상으로 꺾여 돌아가는 구들이 있다. 구들의 굴뚝은 북쪽으로 빠져나간다. 2호 건물지는 서편 건물지로, 서벽과 남벽의 대부분이 파괴되었다. 동서 길이 15m, 남북 길이 14m의 방형에 가까운 평면이며, 건물지 내에는 동벽에서 북벽을 따라 'ㄱ'자상으로 꺾인 두 줄의 쌍고래가 있다. 3호 건물지는 서북편 건물지로, 서편의 2호 건물지에서 북쪽으로 6m 정도 떨어져

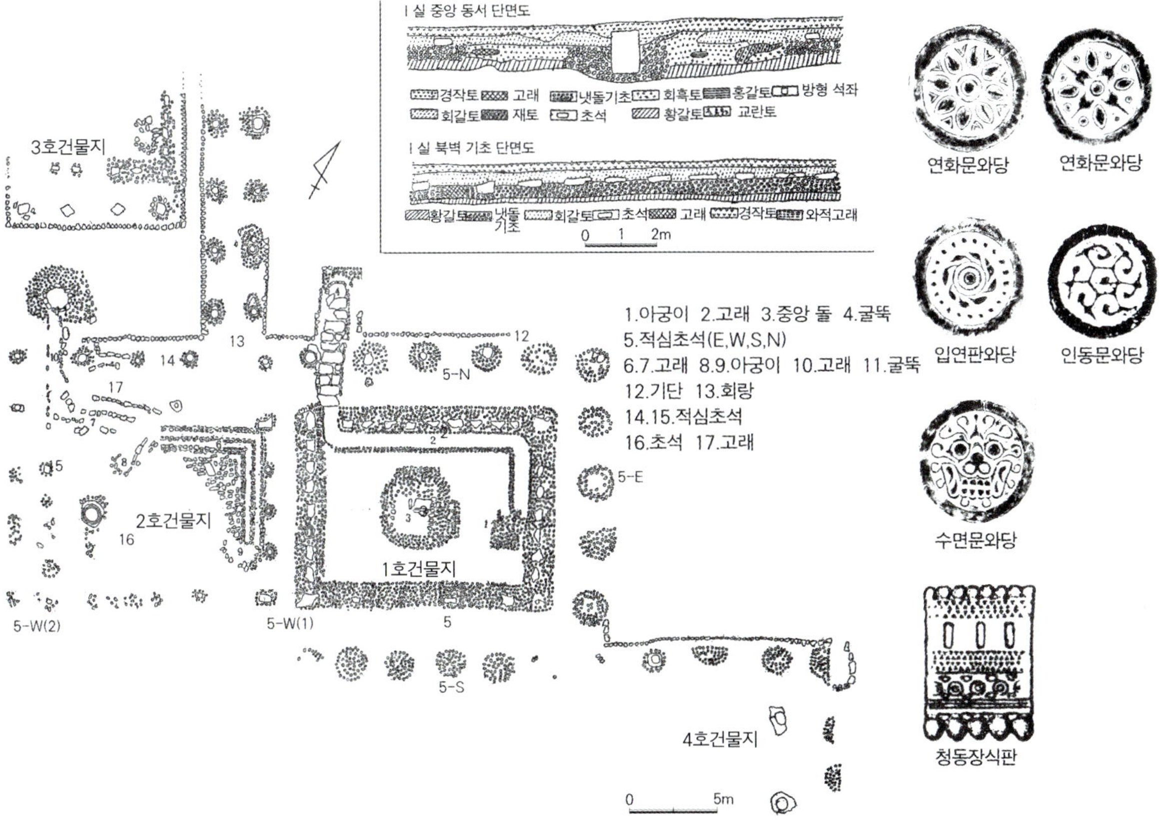

그림 Ⅳ-28 동대자 유적과 출토 유물(강현숙 2010)

있다. 남벽만 잔존하며 잔존 길이는 11m이다. 4호 건물지는 동남편 건물지로 훼손이 심하여 그 구조는 알 수 없다.

1958년도 조사 보고자는 서편의 2호 건물지를 침실, 동편의 1호 건물지는 정무를 보는 관청, 나머지는 부속 건물로 판단하고, 기와와 초석을 통해 유적의 연대를 중국 한에서 남북 조시대에 해당하는 것으로 추정하였다(吉林省博物館 1961). 팡치둥(方起東 1982)은 고구려에서 는 기와 건물이 사찰이나 신묘, 왕궁 및 관청에서만 사용된다는 문헌기록과 고국양왕 9년에 국사(國社)를 세우고 종묘(宗廟)를 수리했다는 문헌기록에 기초하여 동대자 유적을 국내성 시 기의 종묘사직(宗廟社稷) 건물지로 비정하였는데, 이는 현재 중국 학계의 대체적인 입장이다.

그러나 기단과 회랑, 동편의 1호 건물지 사이의 동시성은 인정되지만, 나머지 건물지와 의 시간적 관계는 확실하지 않다. 특히 서편의 2호 건물지의 내, 외에서 보이는 중복현상은 이 건물지가 장기간에 걸쳐 사용되었을 가능성이 있다. 출토된 기와 가운데 적색조의 연화문 와당은 평양 천도 이후 와당에서 보이는 특징이고, 인동문과 수면문 와당은 국내성에서 발해 와당과 공반되기도 하고, 또 청동제 장방형 장식구는 발해의 특징적인 장식구이기 때문이다.

동대자 유적의 전반적인 양상을 종합해볼 때 유적의 연대는 국내성 시기보다는 평양 천 도 이후에 조성되어 발해까지 존속되었을 것이며(강현숙 2010), 유적의 성격은 사찰이나 왕궁, 관청, 종묘사직 등으로 한정할 수 없지만, 중요한 위상을 가진 건물지였음에는 분명하다.

(2) 지안 이수원자(集安 梨樹園子) 남(南) 유적

이수원자 남 유적은 우산의 서쪽 기슭, 주변보다 높은 대지에 자리하는 국내성 시기의 중요 한 건물지이다. 유적의 남쪽으로 국내성지가 내려다보이며, 북쪽으로 대형 봉토분인 우산하 3341호분과 우산하 3340호분이 자리한다. 현재 유적은 지안시 당교(黨校) 내에 자리하여서 당간부학교 유적으로 불리기도 한다.

정식 발굴조사를 거치지 않았지만, 동서 길이 150m, 남북 너비 80m 정도 범위에서 동서 방향으로 배열된 화강암 초석 4매가 노출되어서 상당한 규모의 건물지로 추정되고 있다. 일 제강점기 만주국 병사 숙소가 있던 곳에서 '戊戌'명과 '十谷民造'명 권운문 와당이, 1958년도 식량창고였던 곳에서 출토된 백옥제 이배, 금동제 화살촉, 금동제 그릇 뚜껑, 금동제 갈고리 등이 출토되었고, 1980년대 이 일대에서 연화문, 인동문, 수면문 등 다수의 와당과 기와, 토 기편들이 수습되었다.

만주국 병사 숙소에서 출토된 '戊戌'명 권운문 와당은 지름 14cm 정도이며, 와당 주연의 거치문 내측으로 '歲□戌年造瓦所記' 8자가 있다. '十谷民造' 권운문 와당은 파손된 것으로 이와 동형의 와당이 우산하 3319호분에서 출토되었는데, 우산하 3319호분의 권운문 와당

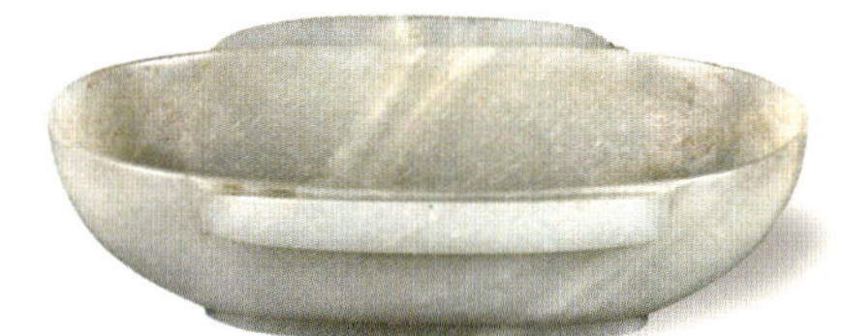

그림 Ⅳ-29 백옥제 이배 (吉林省文物考古硏究所 2010: 82)

에서는 '丁巳□□□□歲□□□□□□万歲太歲在丁巳五月卄日'명이 확인되었다. 권운문 와당의 형식변화를 고려해 볼 때 □戌年은 무술년으로 338년으로 비정되며, '十谷民造' 와당의 丁巳년은 357년으로 추정된다(강현숙 2007). 이외에도 수습된 다수의 와당과 기와는 모두 적색을 띠며, 와당은 연화문, 인동문, 수면문 등이 있고, 기와는 방격문, 승문, 능형문 등이 있다.

백옥제 이배(길이 13cm)는 중국 신장성(新疆省)제 옥으로 제작한 것으로 고구려에서 제작하였다기보다는 중국 한대 궁중에서 사용하였던 물건이 고구려로 전해진 것으로, 고구려와 중국과의 교류의 산물로 보고 있다(吉林省文物志編纂委會 1984). 유적은 건물지의 규모나 백옥제 이배, 금동제 화살촉과 용기 등으로 미루어 국내성 시기에 조성된 별궁이나 관청 또는 귀족의 거주지였을 것으로 추정되고 있으나, 국내성 외곽에 자리한 이 건물과 국내성과의 관계는 향후 해결해야 할 과제이기도 하다. 한편, 연대를 판단할 근거는 확실하지 않은데, 유적에서 출토된 와당이 동대자 유적에서 출토된 와당과 질과 색조가 같다고 보고한 점으로 볼 때 동대자 유적과 마찬가지로 평양 천도 이후에 조성되었을 가능성도 있다.

(3) 지안 민주(民主) 유적과 석주

민주 유적은 지안시 타이왕진(太王鎭) 민주촌(民主村)에 위치한 석주 2기와 대형 건축지 3기로 구성된 건물지이다. 유적은 우산과 압록강 사이의 평원지대에 위치하며, 국내성으로부터 동북쪽으로 1.5km 떨어져 있고, 유적의 북쪽으로 0.5km 거리에는 오회분이 있다. 유적의 동편에 있는 석주(石柱) 2기를 건물지와 관련된 것으로 보기도 한다.

일제강점기에 석주와 석주 서편으로 초석이 확인된(池內宏 1938) 이후 두 차례에 걸쳐 조사가 이루어졌다. 1962년 중국과 북한의 합동조사대에서 석주 주변을 조사하였으나 당시 조사 내용은 보고되지 않았다. 지안시 개발에 따라 석주의 서북방향으로 40m 떨어진 건축유적(集安縣文物志1984)과 함께 석주의 서측에 대한 발굴조사를 실시하였고, 이를 국내성의 조사 내용과 함께 보고하였다(吉林省文物考古硏究所 2004a).

석주는 동서 방향으로 40m 거리를 두고 두 기가 있었다. 현재는 주택이 들어서서 민가

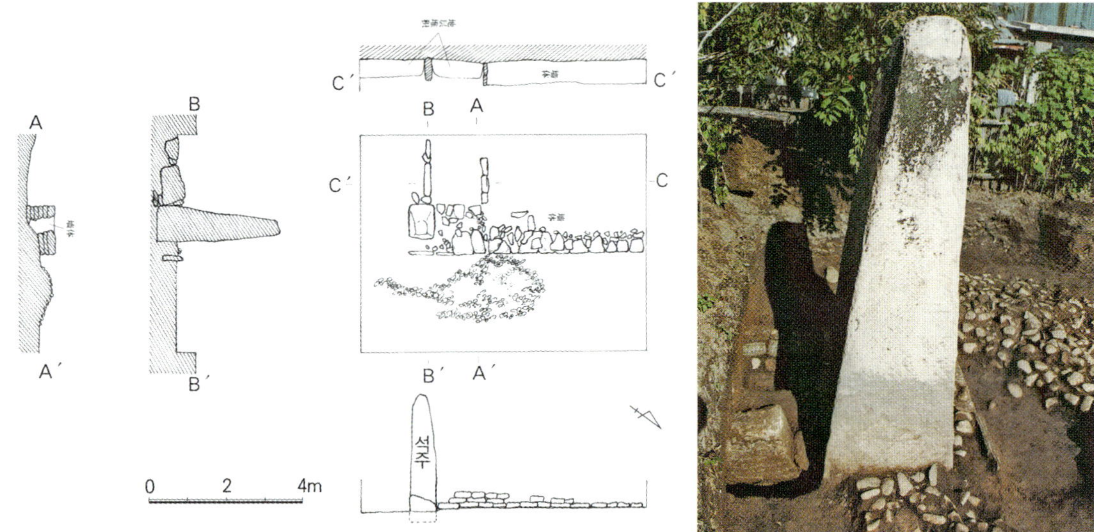

그림 Ⅳ-30 민주유적 동쪽 석주(吉林省文物考古研究所 外 2004a: 도96, 도판31-1)

내에 세워져있지만, 원래 석주가 자리한 곳은 압록강이 바라다 보이는 대지였다. 동쪽 석주는 지상에 노출된 크기는 2.15m이며, 지하에 매장된 부분은 1.1m, 전체 높이는 3.25m이다. 석주는 상원하방의 입방체로, 위가 좁고 아래로 갈수록 넓으며, 상부를 둥글게 다듬었으며, 냇돌로 적심을 만든 후 그 위에 세우고 주위에 석회암으로 괴었다(그림 Ⅳ-30). 석주의 북쪽으로 석주의 기초보다 35cm 정도 높이에서 담장의 기초가 확인되었다. 담장은 남북방향을 축으로 하며, 확인된 담장의 길이는 5.8m이고 폭은 1.3m 정도의 담장 석렬이 확인되었다. 여기서는 능형의 회갈색 벽돌이 출토되었다. 서쪽 석주는 지상에 2m 높이가 드러났으며, 지하에 1.1m 매몰되어 전체 높이는 3.1m이다. 형태와 세우는 방법은 동쪽 석주와 같으며, 서쪽 석주의 북쪽에서도 담장 석렬이 확인되었다.

석주 주변에서 수습된 기와와 와당이 국내성과 환도산성에서 출토된 것과 같고, 석주의 북쪽으로 오회분, 사회분 등의 고분이 있어서 석주를 신도의 석궐로 비정하기도 하였다(集安縣文物志 1984). 그러나 명문은 물론 성격을 추정할만한 단서는 확인되지 않았다.

민주 유적은 담장 내에 몇 기의 건축지로 이루어졌다. 담장으로 둘러싸인 건물지는 장축 남북방향의 장방형 평면이며, 석주가 남쪽 담장벽의 동, 서쪽으로 자리하여 건물지와 석주가 관련있을 것으로 추정된다.

1호 건축지는 담장의 남벽과 서벽의 일부 구간만 조사되었다. 남벽에는 배수구 시설이 있고, 남벽의 동쪽 끝 부분에서 상면을 팔각으로 다듬은 화강암제 초석이 확인되었다. 원래

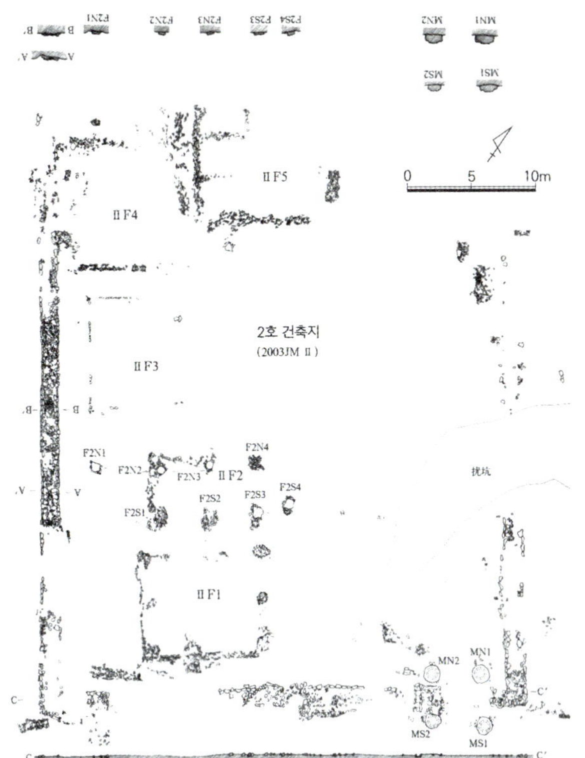

그림 Ⅳ-31 민주유적 2호 건축지(吉林省文物考古研究所 外 2004a: 도94, 도판25)

비슷한 초석이 하나 더 있다고 하여서 문지로 추정하고 있다. 담장 내의 서쪽 부분에서 두 기의 건물지가 확인되었다. 한 기는 11개의 주초가 확인된 주초건물로 건물은 정면 2칸, 측면 2칸 또는 정면 4칸 측면 3칸이며, 다른 한기는 방형 또는 장방형으로 강돌을 한 겹 깔은 건물지이다.

2호 건축지는 1호 건축지로부터 약 2.5~3m 정도 떨어져 있다(그림 Ⅳ-31). 건축지의 동벽 남단, 남벽, 서벽의 기초가 비교적 잘 남아있으며, 남벽의 동편에서 상부를 팔각형으로 다듬은 초석 두 개가 서로 마주한 문지가 있다. 초석의 상면에 '石', '井', '十' 등이 새겨져있다. 남벽 기초부에서 배수구가 확인되었다. 담장 내에서는 5기의 건물지가 확인되었다. 1호 건물지는 서남쪽에 위치하며 동서방향으로 적심석이 있고, 주변으로 냇돌을 깔은 부석시설이 있다. 2호 건물지는 동서방향으로 2열 배치된 초석건물지이며, 3호 건물지는 중부의 서쪽에 위치하며, 평면 장방형의 건물지로 추정된다. 4호 건물지는 방형 평면으로, 서쪽이 서쪽 담장과 잇닿아 있다. 5호 건물지는 4호 건물지의 동벽과 잇닿아 있으며, 방형 또는 장방형 평면의 건물지로 추정된다. 2호 건축지의 제3 퇴적층에서 개원통보가 출토되었다.

3호 건축지는 동벽과 남벽의 일부만이 확인되었고, 건축지 내에서는 냇돌과 불규칙한 돌들이 채워진 구덩이 2곳이 확인되었을 뿐이다.

민주유적에서 출토된 유물은 주로 토기와 기와로, 격자문의 적갈색 평기와편과 시유 토기, 니질의 회색 토기 및 황갈색 토기, 모래가 혼입된 조질의 회갈색 토기, 황갈색 토기편도 수습되었다. 기종은 호, 동이, 시루 등으로 등으로 국내성에서 출토된 고구려 토기와 같다.

유적의 상한연대는 알 수 없다. 2호 건축지에서 출토된 개원통보, 기와 및 토기로 미루어 고구려 멸망 이후까지 지속되었을 가능성이 있으며, 건물지 규모에 비해서 출토된 건축부재가 적어 유적의 시기와 성격에 대한 문제는 향후 논의가 필요하다.

정릉사지(定陵寺址)는 평양시 력포구역에 있는 고구려 사찰터로, 동명왕릉으로 전해오는 무덤과는 120m 가량 떨어져 있다. 1탑 3금당식이라는 고구려의 전형적인 가람배치를 보여주고 있으며, 평양에 있는 다른 고구려 사지에 비해 규모가 크고 그 기초가 잘 남아있다.

1974~1975년에 조사되었고, 당시 조사 면적은 남북 132.8m, 동서 223m이다(사회과학원

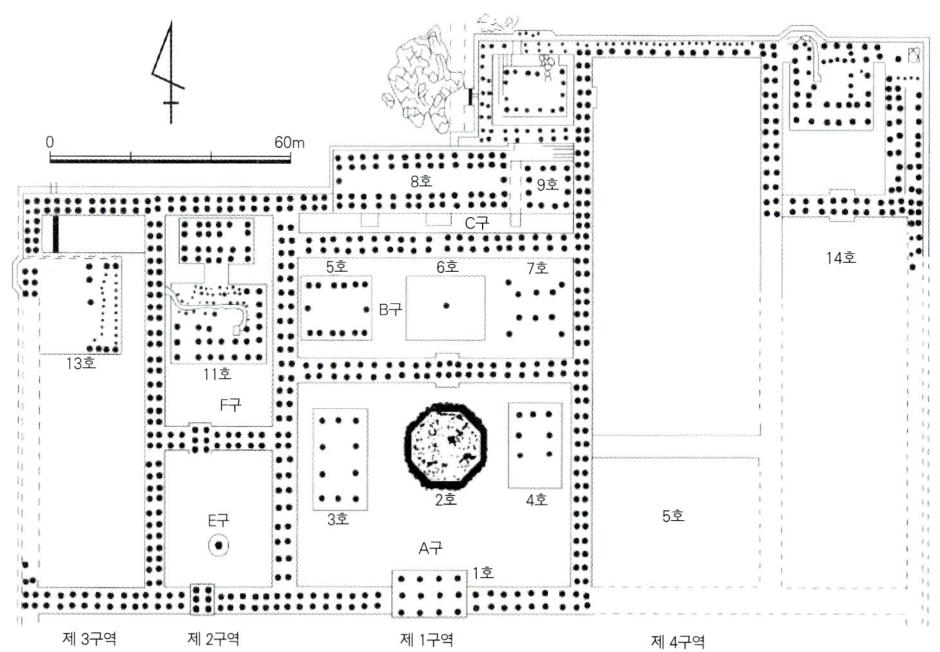

그림 Ⅳ-32 정릉사지 건물 배치도(국립문화재연구소 1998: 22)

고고학 및 민속학연구소 1976: 109-216). 건물지를 둘러싼 회랑에 의해 5개의 구역으로 나뉘며, 18 동의 건물지가 확인되었다. 사찰의 가장 중심구역인 제1구역에는 기단 너비 20.4m, 8각형 한 변의 길이가 8.4m인 8각 목탑지가 중앙에 있고, 그 좌우에는 정면 3칸, 측면 2칸의 건물지가 마주보고 있다. 탑의 북쪽에는 회랑을 경계로 3동의 건물지가 들어서있다.

정릉사지에서는 붉은색 고구려 기와가 다량으로 출토되었는데, 연화문, 인동문, 귀면문 등의 수막새는 물론이고 치미도 발견되었다. 또한 '陵寺'나 '定陵' 등의 명문이 새겨진 기와도 확인되었다. 이 밖에도 각종 벽돌, 호, 옹, 동이, 접시 등의 토기류와 못, 꺾쇠, 창끝, 화살촉, 문고리 등의 철기류, 그리고 금동제 칼집과 꽃모양 금동장식 외에도 벼루와 구슬 등이 출토되었다.

북한에서는 정릉사를 동명왕릉과 관련된 능사로서, 시조묘와 불교가 결합한 고구려의 독특한 능원 형식으로(전제헌 1994: 26-30), 능원은 중국이나 일본에 영향을 주었다고 평가하였다(리광희 2000: 37-42). 그리고 강성대국 고구려의 시조릉답게 크게 개건하라는 김일성의 교시에 따라서 1993년 5월14일 동명왕릉과 정릉사의 보광전과 7층탑이 현재와 같은 모습으로 개건되었다.

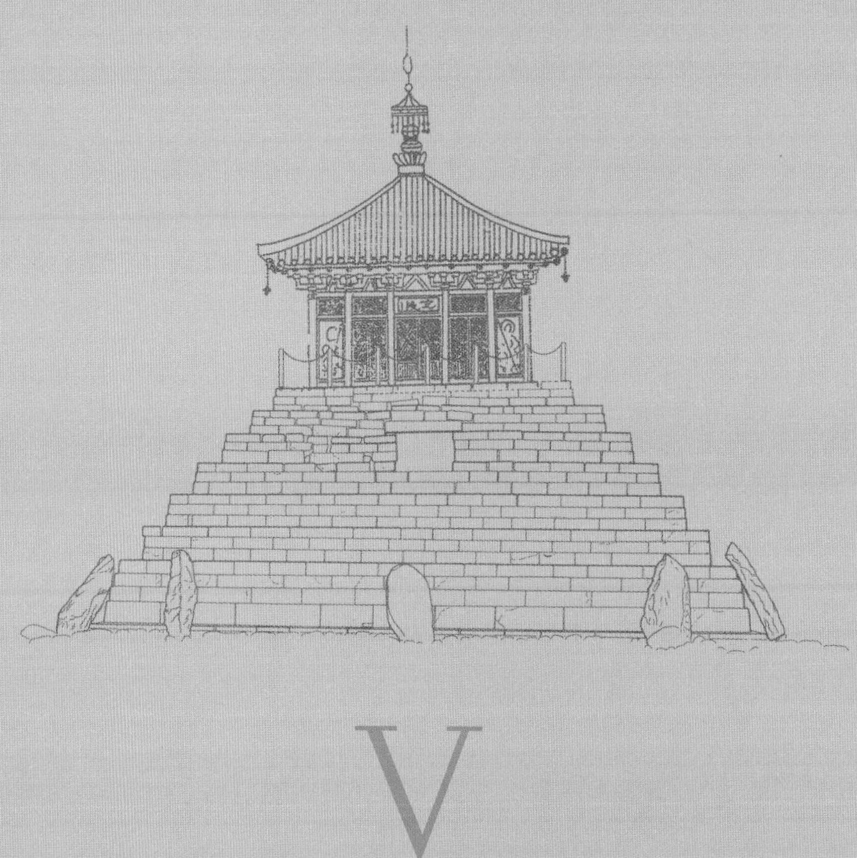

V

고분

고분은 여러 세대를 걸쳐 재사용되거나 재점유되는 성곽과는 달리 당대 주민이 남긴 매장행위 결과이다. 고분의 높고 큰 분구와 매장부의 복잡한 구조, 다종다양한 부장품과 매장풍습에는 사후관념과 함께 당시의 물질문화가 복합적으로 반영되어 있어서 고분은 고구려의 부족한 문헌기록을 메워줄 수 있는 가장 안정적인 실물자료라고 할 수 있다.

고구려 고분은 분구를 기준으로 적석총, 봉토분으로 나뉜다. 적석총은 지상에 돌을 깔고 주검을 안치한 후 그 위에 다시 돌을 덮어 매장을 마감한 무덤으로, 매장부가 돌무지 분구 가운데 위치하게 되는 분구묘의 한 형태이다. 봉토분은 흙으로 분구를 쌓은 무덤으로, 분구는 대개 방대형을 띠며, 매장부는 대개 횡혈식 장법의 석실이다. 봉토분을 대표하는 것은 벽화분이다. 벽화분은 무덤 내부에 그림을 그려 장식한 것으로, 드물긴 하지만 기단봉토분과 적석총 중에도 벽화분이 있다. 따라서 고구려 고분은 분구의 축조재료와 매장방식, 벽화의 유무 등에 의해 여러 형식으로 나뉘며, 시간과 지역에 따라 여러 양상을 띤다.

적석총은 압록강 중하류역에 집중 분포하고 있어 고구려 전기 묘제로, 봉토분은 평양을 포함한 고구려 전 영역에서 확인되어 고구려 후기 묘제로 이해되고 있는데, 고구려 후기 묘제에 대한 관심은 벽화분에 모아졌다. 이는 크고 높은 분구와 다양한 구조와 벽화를 가진 벽화분이 봉토분을 대표한다고 보았기 때문이다.

적석총 연구는 구조에 초점을 두고 기원과 변천과정에 집중되었다. 일찍부터 알려진 태왕릉이나 장군총처럼 거대한 적석총이 중국이나 한반도를 포함한 동북아시아에서는 확인되지 않는 무덤 형식이었던 까닭에 거대한 적석총의 기원에 관심을 갖게 되었다. 이에 분구 형태에 따라서 적석총의 형식을 설정하고 이를 순서대로 나열한 후 그 기원과 시간의 흐름에 따른 변천과정을 설명하고자 하였다.

봉토분 연구는 벽화분 연구라고도 할 수 있다. 이전의 묘제에서는 보이지 않았던 벽화분의 복잡한 구조와 다양한 벽화내용으로, 벽화분 연구도 적석총과 마찬가지로 기원과 변천과정에서 시작되었다. 이를 기반으로 1970년대 이후에는 벽화내용을 중심으로 한 사회·생활상 복원이 연구의 커다란 주제가 되어 미술사, 건축사, 과학사, 복식사 등 여러 분야의 연구로 확대되었다.

그러나 적석총과 벽화분 만으로는 고구려 고분의 전체 변천과정을 설명하기에는 한계가 있었다. 다행히 1990년대 이후 지속적인 고분 조사의 증가로 예전에는 인지하지 못하였던 울타리 쌓듯이 축조한 소위 계장식 적석총, 벽화가 있는 적석총 그리고 벽돌로 축조한 전실적석총 등 새로운 자료가 소개되었다. 그리고 그다지 주목하지 않았던 기단을 두른 봉토분이나 전실봉토분 등에도 관심을 기울이게 됨에 따라서 다양한 형식의 무덤이 시간과 공간에 따라 병존하고 있음이 밝혀졌다.

고분 자료의 증가와 인식의 확대로 고구려 고분은 적석총에서 새로이 횡혈식 장법이 수용됨에 따라서 적석총과 봉토분, 기단봉토분, 적석벽화분, 봉토벽화분이 시간적으로 병존하다가 차츰 봉토분이 중심이 되는 방향으로 전개되었음을 인식하게 되었고(강현숙 2013), 최근에는 고분 구조 중심의 연구 경향에서 벗어나 왕릉과 능역, 능제, 궁성과 함께 경관의 문제 등으로 연구 주제가 확대되고 있다.

1. 적석총

적석총은 지상에 돌을 깔고 그 위에 주검을 안치한 후 돌을 덮어 매장을 마감한 무덤으로 북한에서는 돌무지무덤 또는 돌각담무덤이라고 하며, 중국에서는 적석묘(積石墓)라고 한다. 남한 학계에서는 적석총 또는 적석묘로 부른다. 그러나 무덤의 분(墳)과 총(塚), 묘(墓)의 개념을 적용시켜 볼 때 지상의 분구를 갖고 있을 뿐 아니라 중국 요동반도 청동기시대의 적석묘와 구별하기 위해서는 적석분 또는 적석총으로 표현하는 것이 적절하다.

적석총이 고구려 고유 무덤형식이었음은 중국의 여러 사서에서 확인이 가능하다. 『삼국지(三國志)』위서(魏書) 고구려조(高句麗條)와 『후한서(後漢書)』동이열전(東夷列傳) 고구려조(高句麗條) 등에 '고구려에서는 돌을 쌓아 무덤을 봉하고(積石爲封), 무덤 둘레에 소나무와 잣나무를 심었다(列種松柏)'고 기록되어 있어서, 당시 사람들도 압록강 중·하류역과 지류역에 집중 분포하는 적석총을 고구려 무덤으로 인식하고 있었음을 알 수 있다.

1) 입지와 고분군

적석총은 강변 대지나 구릉 기슭에 자리하며, 그 분포 범위는 동으로는 중국 지린성(吉林省) 창바이(長白), 서로는 랴오닝성(遼寧省) 관뎬(寬甸), 남으로는 황해도 신원, 북으로는 혼강 유역의 환런(桓仁)과 통화(通化) 일대에 이르는 넓은 범위에 걸쳐있다(그림 V-1). 특히 중국 지린성 지안시의 통구분지에 군집을 이루며 분포하고 있어서 적석총이 국내성 시기를 대표하는 무덤임을 잘 보여준다.

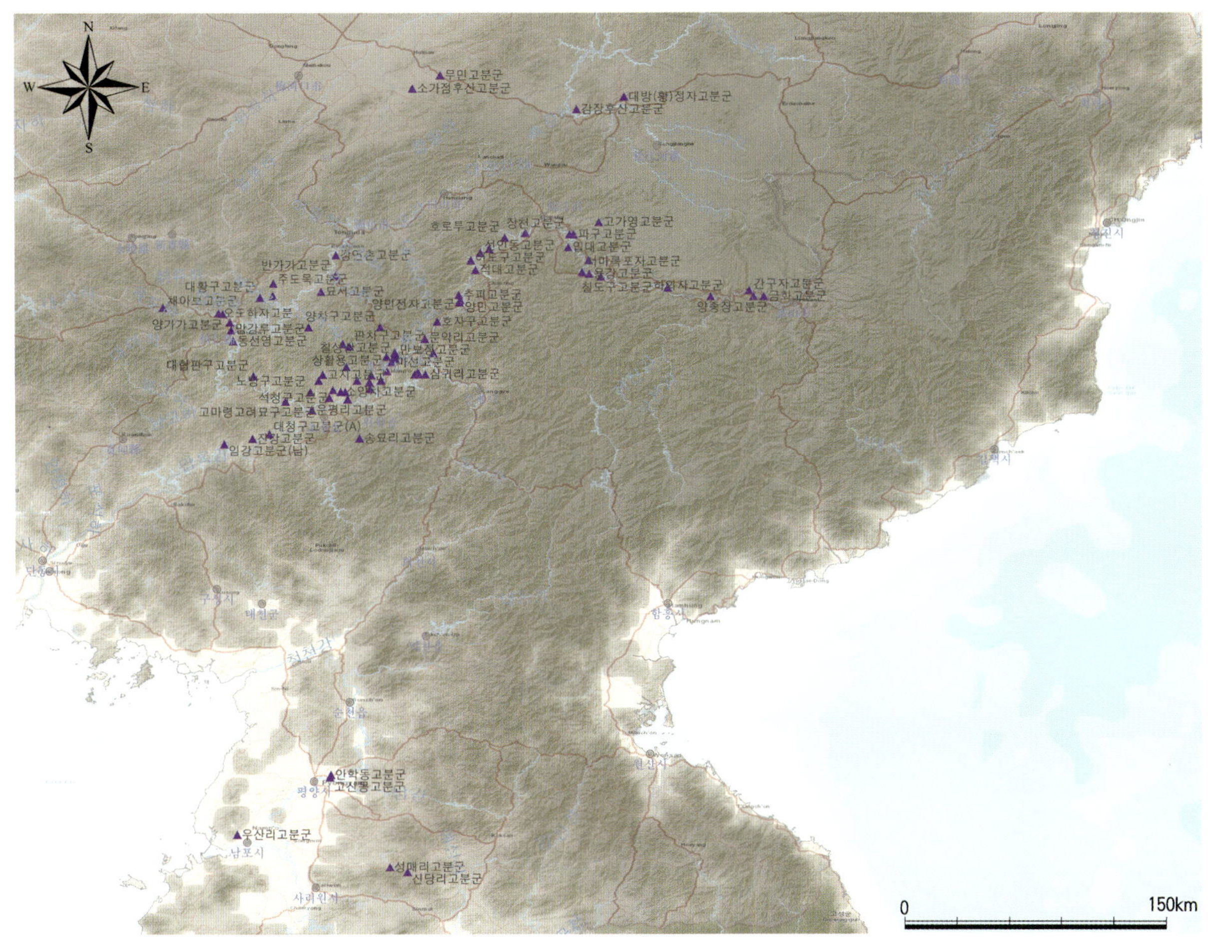

그림 Ⅴ-1 고구려 적석총 분포도(ⓒ최종택)

무리를 지어 분포하는 적석총은 강변 대지나 구릉 기슭에 수 기 또는 수백 기가 열지어 있다. 압록강 지류인 자성강이나 독로강 유역에서는 적석총이 강의 흐름 방향대로 열지어 자리한다. 초산 운평리에서는 강변에 적석총들이 줄지어 분포하고 있으며, 장자강(독로강) 유역의 로남리 남파동 유적이나 심귀리 유적에서는 강변에는 적석총이 강에서 멀어져 내륙으로 가면서 봉토분이 자리한다(그림 Ⅴ-2). 압록강 이북의 지안 통구 분지나 환런 고력묘자(高力墓子), 린장(臨江) 동전자(東甸子) 고분군에서는 산기슭에서 평지로 내려오면서 열지어 있다. 고력묘자 고분군에서는 혼강의 지류를 따라 3개의 군을 형성하고 있는데, 각 군마다 연접되거나 열지어 분포한다(그림 Ⅴ-3). 통구 우산하고분구역이나 칠성산고분구역에서는 산기슭의 사면을 따라 내려오면서 무기단적석총, 기단적석총, 계단적석총의 비중이 점차 커지고 있어 의도적인 공간 이용을 확인할 수 있으며, 또 환도산성의 동벽 아래에서는 대형의 계단적

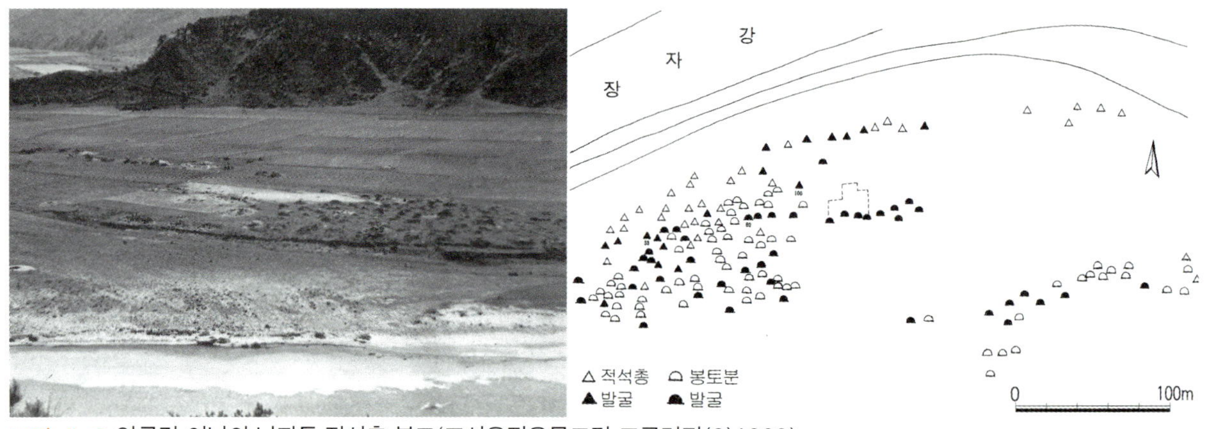

그림 Ⅴ-2 압록강 이남의 남파동 적석총 분포(조선유적유물도감 고구려편(2)1989)

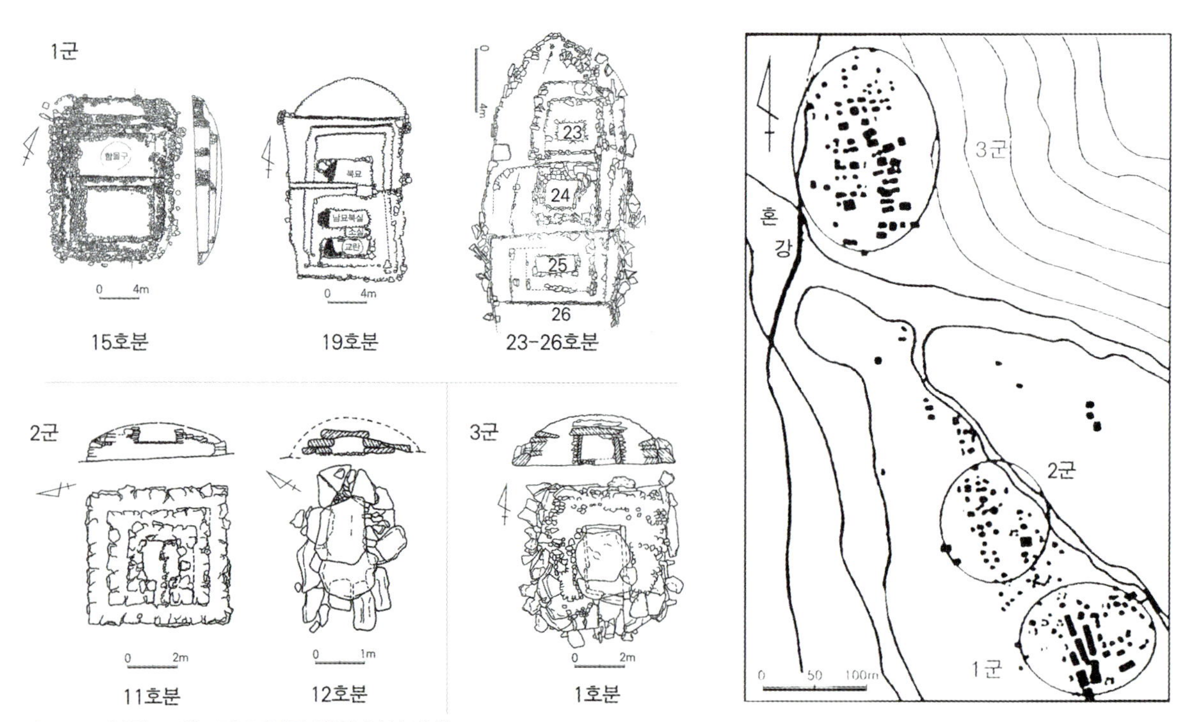

그림 Ⅴ-3 환런 고력묘자 고분군 내의 열상 배치

석총과 봉토분, 벽화분이 무리지어 있어 귀족묘역으로 조성되었음을 짐작해볼 수 있다(그림 Ⅴ-4).

이처럼 열을 짓거나 군집을 이룬 고분군은 단일 형식의 적석총만으로 구성된 경우도 있지만, 여러 형식의 적석총이 혼재되어 있거나, 봉토분과 함께 군을 이루기도 하여서 구성된

그림 Ⅴ-4 환도산성에서 본 산성하고분군 전경(2019년, ⓒ최종택)

고분의 형식을 통해 고분군의 조성시기와 존속기간을 유추할 수 있다. 가령, 무기단이나 기단적석총으로 구성된 고분군은 계단적석총이나 봉토분으로 이루어진 고분군보다 상대적으로 먼저 조성되었고, 조영기간도 짧았음을 알 수 있다. 조영기간이 가장 긴 고분군의 경우에는 무기단적석총에서부터 기단, 계단적석총, 그리고 봉토분 등 시간을 달리하는 여러 형식의 고분으로 구성되어 있다.

오랜 기간에 걸쳐 조성된 대표적인 고분군은 통구 고분군이다. 통구 분지에 국내성과 환도산성을 중심으로 만여 기의 고분이 분포하고 있는데, 서쪽에서부터 마선구(麻線溝), 칠성산(七星山), 만보정(萬寶汀), 산성하(山城下), 우산하(禹山下), 하해방(下解放) 등 6개의 고분구로 나누고 있다(그림 Ⅴ-5). 그 가운데 하해방 고분구를 제외한 모든 고분구역에는 적석총과 봉토분이 함께 분포하고 있다. 이외에도 환런 고력묘자 고분군과 지안 장천(長川)고분군, 상·하활용(上·下活用) 고분군, 태평구(太平溝) 고분군, 양민(良民) 고분군, 고마령(古馬嶺) 고분군 그리고 압록강 이남의 만포와 자성 법동리, 시중 심귀리, 로남리 등지의 고분군도 장기간에 걸쳐 조성된 고분군이다.

한편, 무기단이나 기단적석총 단일 형식으로만 구성된 고분군은 압록강 중·하류역, 혼강

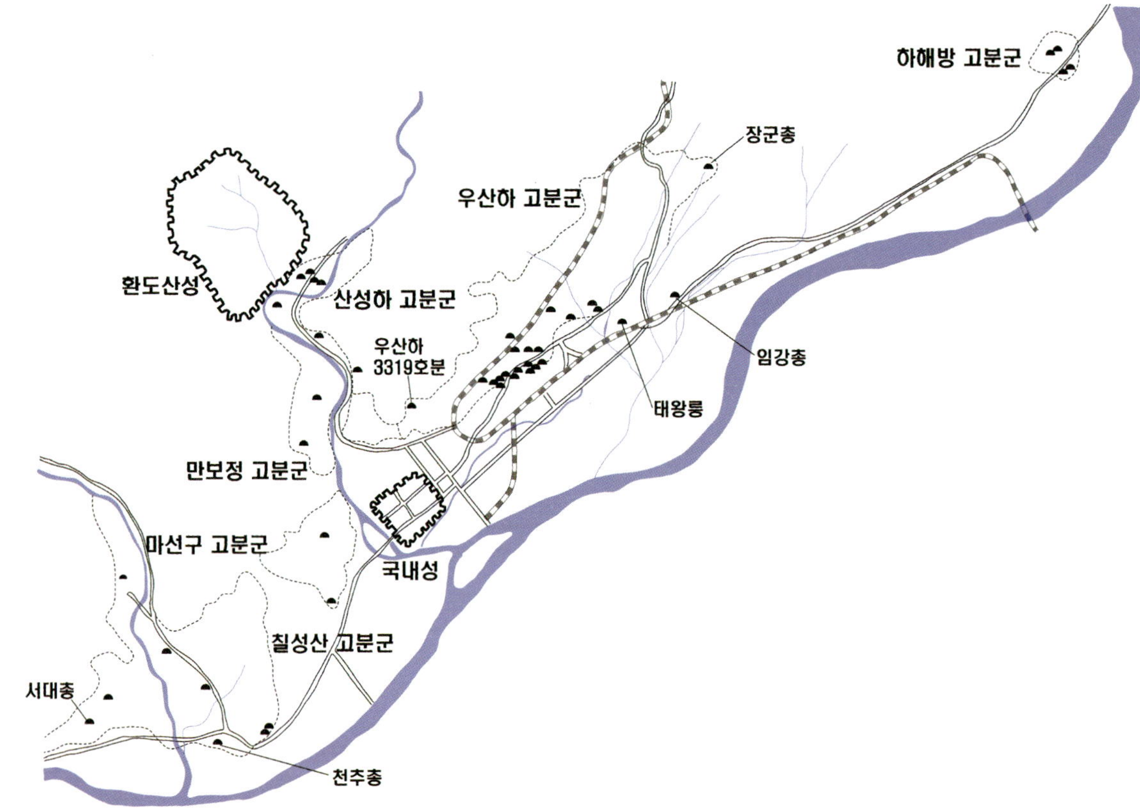

그림 V-5 지안 통구고분군

유역, 그리고 신개하 유역에서 주로 확인된다. 무기단적석총으로 구성된 고분군은 대개 수 기나 십수 기의 무덤으로 구성되어있다. 대표적인 예로는 무기단 적석총 6기로 구성된 환런 망강루(望江樓) 고분군을 들 수 있다. 망강루 4호분은 잔존 분구 길이가 13~15m이고, 높이는 1.6m이다. 경사면 위쪽을 조금 깎아 내어 면을 고른 다음 바닥에 작은 냇돌을 고르게 깔고 주검을 안치한 후 작은 돌 위에 큰 돌을 사용하여 묘실 전체를 봉하여 분구를 완성하였다. 매장부 바닥에 깔린 작은 냇돌 사이에서 인골과 구슬 등 일부 유물이 수습되었다. 적석분구의 북측 바깥쪽으로 냇돌로 지름 30cm 정도의 둥글게 돌을 돌린 시설이 덧붙여 있는데, 그 내부에서 비교적 많은 토기편들이 발견되어서 이 부가된 시설을 보고자는 무덤제사와 관련을 가진 구조물로 보고 있다. 1994년도 보고문(梁志龍·王俊輝 1994: 374)에는 구슬을 비롯한 일부 유물만 수습되었다고 하였으나, 리신취안의 2008년도 논문(李新全 2008: 도면 39)에서는 금제 귀걸이와 유리제 이전(耳璜)이 함께 보고되었다. 금제 귀걸이는 보요의 한쪽 끝에 금사를 길게 하여 반으로 접어 한쪽 끝에 작은 고리를 만들고 한쪽을 말면서 좌우에 각 4개씩의 고리를 만들었다(그림 Ⅴ-6). 6호분도 4호분과 마찬가지 방법으로 축조하였다. 지면을 평탄하게 고른 후 10~27cm 정도 크기의 돌을 깔아 바닥을 만들고 주검을 안치한 다음 돌을 덮어 분구를 완성하였는데, 분구의 서남쪽 모서리에 담장을 쌓듯이 돌을 돌린 후 쌓아 올렸다고 하는 것으로 미루어 계장식으로 축조한 것으로 보인다. 남아 있는 분구는 길이 13.5m, 너비 13m, 잔존높이 1.5m이다. 1971년도 조사 당시에는 매장부에서 금제 귀걸이와 동제 운주(銅節約), 토기편 등이 수습되었으며, 조사 이전에 이미 금, 은기와 동기, 철검 등의 유물이 도굴된 상태였다. 조사 당시 주민이 갖고 있던 철제 차관과 구슬장식을 회수하였다. 여기에서 출토된 귀걸이는 4호 적석총 출토품과 동일하다.

기단적석총으로 구성된 고분군을 대표하는 것은 지안 호자구(薅子溝) 고분군이다. 현재 고구려 영역 내 가장 동쪽에 위치한 초대형의 적석총으로, 6기의 고분으로 이루어졌다. 가장 서쪽에 위치한 1호분은 분구의 길이 남북 35m, 동서 25m, 잔존 높이 2.5m인 장방형 평면의 초대형분이다. 기단은 가공하지 않은 자연석재를 이용하여 축조하였으며, 서쪽 남단과 남쪽 면 사이에 계장식으로 단을 올린 흔적이 확인되었다. 분구 외측에는 호분석이 세워져있다. 분구 중앙의 함몰 구덩이에서 다량의 암, 수키와 잔편과 불에 녹은 돌(용석)이 확인되었다(그림 Ⅴ-7). 따라서 호자구 1호분을 중국 위나라 관구검이 침공했을 당시(247년), 평양성을 쌓고 백성과 종묘를 옮겼다는 기록과 결부시켜 동천왕의 무덤으로 비정하기도 한다(張福有·孫

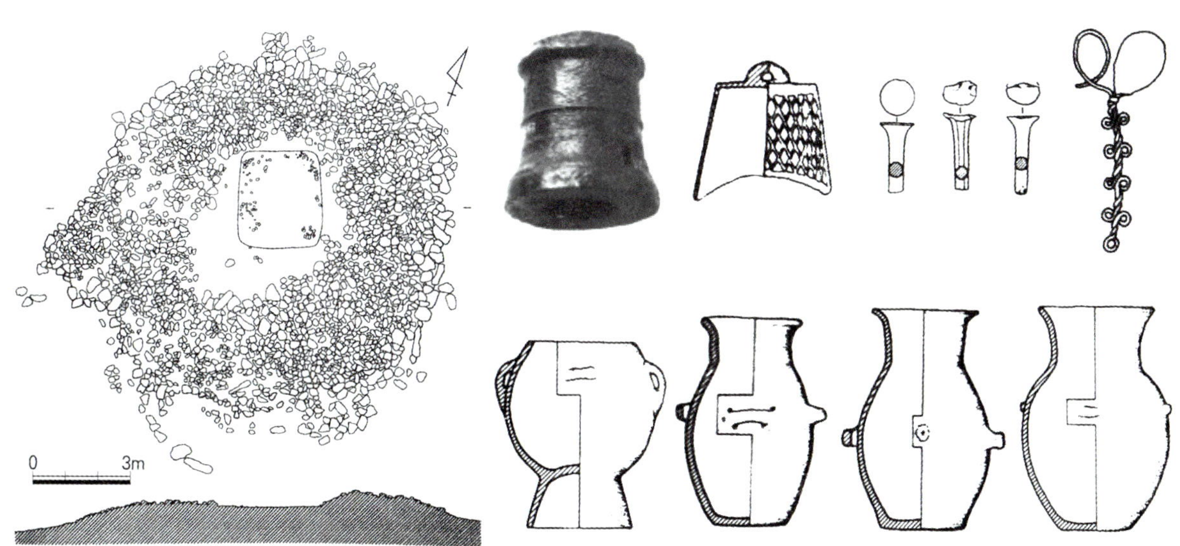

그림 Ⅴ-6 환런 망강루 4호 적석총(축척부동)

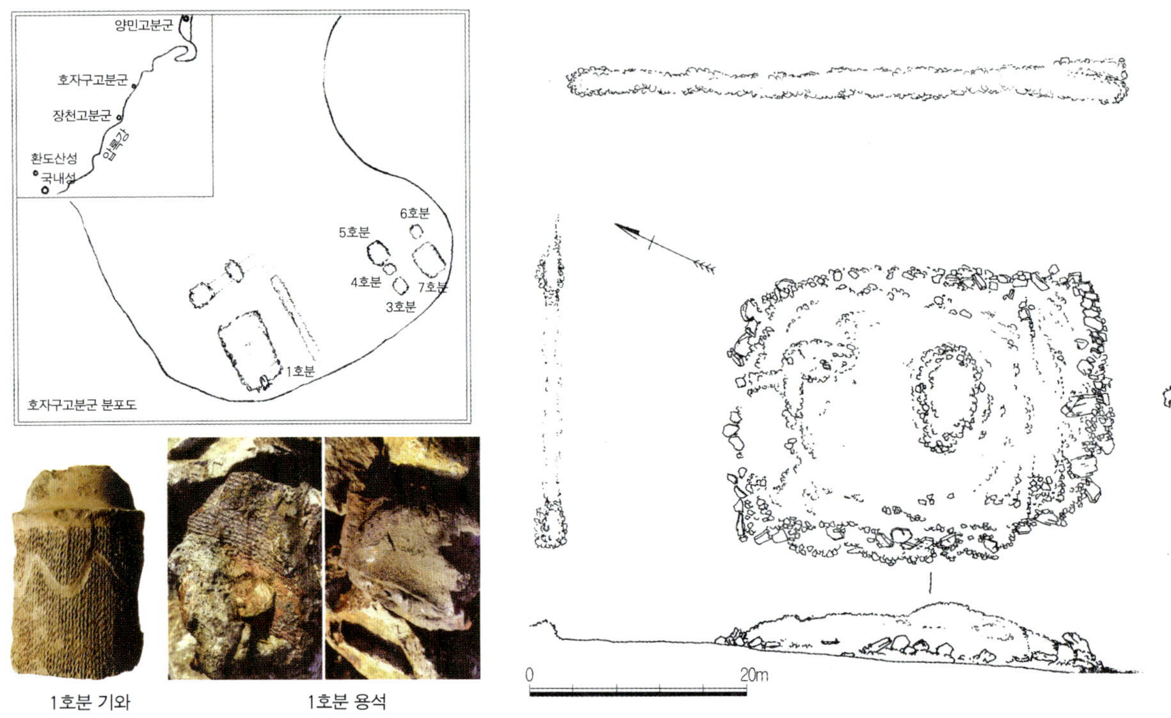

그림 Ⅴ-7 지안 호자구 1호분

仁杰·遲勇 2006). 무덤의 구조로 본다면 호자구 1호분은 3세기대 무덤으로 비정할 수도 있겠으나, 다수의 연구자는 동천왕릉을 국내성 주변의 초대형적석총으로 추정하고 있으므로 호자구 1호분의 주인공에 대해서는 종합적인 검토가 필요하다.

적석총 두 개의 형식으로 이루어진 고분군은 주로 무기단과 기단적석총 또는 기단과 계단적석총이 군집을 이룬다. 무기단과 기단적석총으로 구성된 고분군으로는 환런 상고성자(上古城子)고분군을 들 수 있다. 상고성자고분군은 환런 일대의 주요 고분군이지만, 현재는 수십 기 정도만 남아있다. 고분군의 남쪽으로 1.5km 떨어져서 하고성자고성이 있으며, 동쪽으로 1km거리에 비류수로 비정되는 혼강이 흐른다. 1960년대에는 200여 기의 고분이 분포하였으나 중국의 문화혁명기 개간사업으로 고분군의 서쪽부분은 대부분 파괴되었다. 고분은 방형, 장방형, 전원후방형 평면의 무기단적석총과 기단적석총 등으로 구성되었고, 계단적석총은 보고되지 않아 비교적 이른 시기에 고분 조영이 끝난 것으로 보인다. 하고성자 고성과의 거리로 미루어 하고성자 고성에 거주하던 주민의 공동묘지로 추정하기도 한다.

기단과 계단적석총으로 이루어진 고분군은 보고예가 많지 않다. 현재는 압록강 하류역의

그림 Ⅴ-8 관뎬현 대청구고분군 전경(ⓒ최종택)

관뎬과 평안북도 벽동에서 확인된다. 관뎬의 고분군은 수풍댐으로 인해 수몰되어 체계적인 조사가 이루어지지 않았지만 확인된 적석총은 무기단, 기단, 계단적석총이며, 다수를 점하는 것은 봉석묘 또는 봉석동실묘로 불리는 무기단석실적석총이다(그림 Ⅴ-8).

관뎬현 대안의 벽동군 룡평리에서도 적석총이 확인되었다. 룡평리의 동쪽으로 흐르는 동천은 압록강의 지류이다. 무덤은 동천 양안에 150여 기, 만포대기로 불리는 곳에 50여 기 분포한다. 그중 룡평리에서 조사된 3기의 무덤은 모두 기단이나 계단적석총이며, 매장부는 석실로 추정된다(그림 Ⅴ-9). 따라서 두 고분군의 중심시기는 4세기 이후로 비정해볼 수 있다. 평양 대성산일대의 고분군에서도 무기단적석총이 있다고는 하지만, 보고된 내용으로 보건데 대개는 기단이나 계단적석총으로 구성되어 있어 4세기 이후에 조성된 것으로 추정된다.

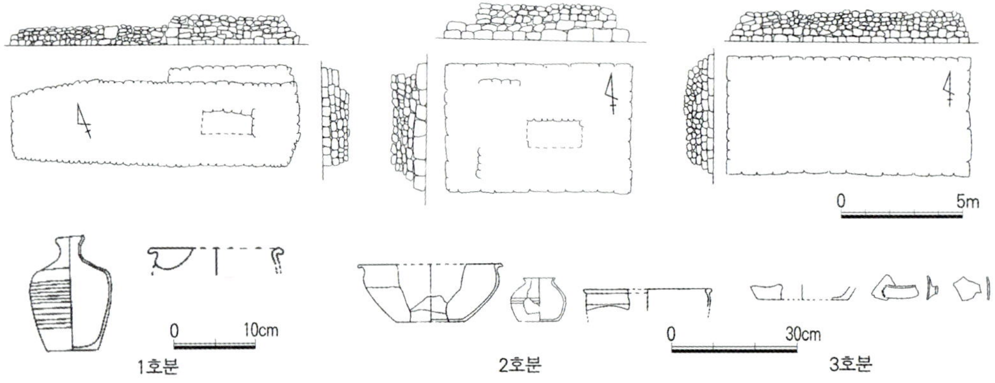

그림 Ⅴ-9 벽동군 룡평리 고분

2) 구조

적석총은 지상에 주검이 안치되므로, 매장부는 분구 중에 위치한다. 때문에 자연적, 인위적
변형에 쉽게 노출되어 석실을 매장부로 하지 않는 상당수의 소형 적석총은 돌무지 상태로
잔존하게 된다. 이로 인해 분구형태로 분류하기도 하고, 매장부만을 기준으로 분류하기도 하
는 등 적석총의 형식은 여러 분류안이 있다(표 Ⅴ-1). 적석총의 여러 형식안을 정리해보면,
적석총은 매장방식을 기준으로 수혈식 장법의 적석총과 횡혈식 장법의 적석총으로 대별된
다. 수혈식 장법의 적석총인 경우 분구를 기준으로 무기단, 기단, 계단으로 나누고, 수혈식
매장부를 중국에서는 석광으로, 남한이나 일본에서는 석곽으로 분류한다. 따라서 분구만으
로 무기단적석총, 또는 기단적석총, 계단적석총으로 세분하거나, 분구와 매장부를 고려하여
분구형식에 석광을 붙여서 무기단석광적석총, 기단석광적석총 또는 계단석광적석총으로 분
류하기도 하는데, 주로 중국의 연구자들이 이에 해당된다.

횡혈식 장법의 적석총의 경우 분구는 수혈식과 마찬가지로 무기단, 기단, 계단으로, 매장
부는 현실과 연도의 횡혈식 구조를 갖춘 경우와 횡혈식 구조를 완비하지 못한 경우로 나뉜
다. 횡혈식 구조를 완비한 경우 대개 석실이어서 석실 또는 묘실, 돌칸으로 부른다. 횡혈식
구조를 갖추지 못한 경우 중국에서는 광실로 분류하고, 북한에서는 곽실(주영헌) 또는 연도표
시 돌칸(정찬영), 연도부 석곽(田村晃一) 등 여러 명칭으로 부른다. 따라서 분구와 매장부를 함
께 고려하여 기단석실적석총, 계단석실적석총으로 분류하는데, 무기단석실적석총의 경우에
는 돌칸돌무덤(손수호), 봉석석실(陳大爲), 방대형석실(東潮) 등으로 분류한다.

이외에도 매장부를 기준으로 석광적석묘, 광실적석묘, 적석석실묘(孫仁杰)로 대별하거나,

 적석총 형식 분류안(강현숙 2013: 표1-1 수정)

<table>
<tr><td></td><td colspan="7">수혈식장법</td><td colspan="4">횡구</td><td colspan="5">횡혈식 장법</td></tr>
<tr><td>주영헌
(1962)</td><td colspan="3">무기단적석</td><td colspan="4">기단적석</td><td colspan="4">곽실적석</td><td colspan="5">묘실적석</td></tr>
<tr><td>정찬영
(1973)</td><td colspan="3">강돌돌각담</td><td colspan="4">돌기단, 수혈식</td><td colspan="4">돌기단 연도표시</td><td colspan="5">돌칸돌무덤</td></tr>
<tr><td>손수호
(2001)</td><td colspan="3">무기단돌곽</td><td colspan="4">기단돌곽</td><td colspan="4"></td><td colspan="2">기단돌칸</td><td colspan="2">계단돌칸</td><td colspan="1">돌칸돌무덤</td></tr>
<tr><td>陳大爲
(1981)</td><td colspan="5">원구식</td><td colspan="2">계대식적석묘</td><td colspan="4">계대식 곽실</td><td colspan="3">계대식 석실</td><td colspan="2">봉석석실</td></tr>
<tr><td>張雪岩
(1979)</td><td colspan="5">석광적석묘</td><td colspan="2">계대식적석묘</td><td colspan="4"></td><td colspan="5">방단게제석실묘</td></tr>
<tr><td>方起東
(1985)</td><td colspan="3">적석묘</td><td colspan="2">기단 방단적석묘</td><td colspan="2">계단적석묘(묘광)</td><td colspan="4">계단적석묘 묘실</td><td colspan="5"></td></tr>
<tr><td>方起東
(1996)</td><td colspan="3">적석석광묘</td><td colspan="2">기단적석석광묘</td><td colspan="2">계단적석석광묘</td><td colspan="4"></td><td colspan="5">계단적석석실묘</td></tr>
<tr><td rowspan="2">方起東
劉振華
(1979)</td><td colspan="3" rowspan="2">적석석광묘</td><td colspan="2" rowspan="2">유단적석석광묘</td><td colspan="2" rowspan="2">계단석광분</td><td colspan="4" rowspan="2"></td><td colspan="4">계단적석</td><td colspan="1" rowspan="2"></td></tr>
<tr><td colspan="2">석실</td><td colspan="2">동실</td></tr>
<tr><td>李殿福
(1980)</td><td colspan="3">적석묘</td><td colspan="2">방단적석묘</td><td colspan="2">방단계단적석묘</td><td colspan="4"></td><td colspan="3">방단계단석실묘</td><td colspan="2">방단봉석석실묘</td></tr>
<tr><td>魏存成
(1987)</td><td colspan="3">무단석광묘</td><td colspan="2">방단석광묘</td><td colspan="2">방단계제석광묘</td><td colspan="4"></td><td colspan="3">방단계제석실묘</td><td colspan="2">방단석실묘</td></tr>
<tr><td>孫仁杰
(1993)</td><td colspan="7">석광적석묘</td><td colspan="4">광실적석묘</td><td colspan="5">적석석실묘</td></tr>
<tr><td>鄭永振
(2003)</td><td colspan="3">무기단석광적석묘</td><td colspan="2">방단석광적석묘</td><td colspan="2">방단계제석광적석묘</td><td colspan="4"></td><td colspan="3">방단계제석실적석묘</td><td colspan="2">방단석실적석묘</td></tr>
<tr><td rowspan="2">田村晃一
(1982)</td><td colspan="7">석곽적석총</td><td colspan="4">연도부석곽</td><td colspan="5">석실적석총</td></tr>
<tr><td colspan="3">방대형분구</td><td colspan="2">(1단)기단</td><td colspan="2">계단</td><td colspan="2">단장</td><td colspan="2">합장</td><td colspan="3">궁륭상 천정</td><td colspan="1">석실지상</td><td colspan="1">석실지표</td></tr>
<tr><td rowspan="2">東潮
(1995)</td><td colspan="2">무기단석곽</td><td colspan="1" rowspan="2">방단부 원구석곽</td><td colspan="2" rowspan="2">방단석곽</td><td colspan="1" rowspan="2">방단 계제석곽</td><td colspan="1" rowspan="2">방단 계제석곽 연접</td><td colspan="4" rowspan="2"></td><td colspan="3" rowspan="2">방단계제석실</td><td colspan="2" rowspan="2">방대형석실</td></tr>
<tr><td colspan="1">원구</td><td colspan="1">방구</td></tr>
<tr><td rowspan="2">지병목
(1987)</td><td colspan="7">수혈식적석총</td><td colspan="4">연도부기단</td><td colspan="5">석실적석</td></tr>
<tr><td colspan="3">무기단</td><td colspan="2">방단</td><td colspan="2">기단</td><td colspan="2">연도무</td><td colspan="2">연도유</td><td colspan="3">기단석실</td><td colspan="2">봉석석실</td></tr>
<tr><td rowspan="2">김용성
(2005)</td><td colspan="7">목곽묘(단곽식 / 주부곽식)</td><td colspan="4">목실
(단실, 유부곽식, 유이실식)</td><td colspan="5">석실(단실식, 유이실식)</td></tr>
<tr><td>무단원구</td><td>무단 방대형</td><td>방단방대형</td><td>방단층단</td><td>계장계단</td><td>계단방대</td><td>계단층단</td><td>방단방대</td><td>방단층단</td><td>계단방대</td><td>계단층단</td><td>방단방대</td><td>방단층단</td><td>계단방대</td><td>계단층단</td><td>지표방대형</td></tr>
<tr><td>여호규
(2012)</td><td colspan="2">무기단묘곽</td><td colspan="1">기단묘곽</td><td colspan="4">계단묘곽</td><td colspan="2">방단곽실</td><td colspan="2">계단곽실</td><td colspan="2">계단석실</td><td colspan="2"></td><td colspan="1">봉석석실</td></tr>
<tr><td rowspan="2">강현숙
(2013)</td><td colspan="2" rowspan="2">무기단목곽</td><td colspan="1" rowspan="2">기단 목곽</td><td colspan="4" rowspan="2">〈계단〉</td><td colspan="2">기단</td><td colspan="2">계단</td><td colspan="2">기단</td><td colspan="2">계단</td><td colspan="1" rowspan="2">봉석석실
동실</td></tr>
<tr><td colspan="4">목곽실,목개석실</td><td colspan="4">석실</td></tr>
</table>

매장부를 기준으로 목곽, 목실, 석실로 대분류한 후 다시 분구형식과 매장부의 위치에 따라 세분하기도 한다(김용성).

이처럼 적석총의 형식안이 다양한 것은 연구자 간에 적석총에서 중요하다고 판단하는 기준의 차이이기도 하지만, 적석총의 잔존 상태로부터 원형 파악이 쉽지 않기 때문이기도 하다.

(1) 분구

분구는 지상에 드러난 형태에 따라 무기단(무단), 기단(방단), 계단(方壇階梯, 階台) 등으로 분류되며, 북한에서는 기단과 계단을 구분하지 않고 무기단과 기단으로 나누어 설명한다. 분구의 형태는 축조방식이나 축조에 사용된 돌의 재질과 가공 정도와도 일정한 관계를 갖고 있다(그림 V-10).

무기단은 냇돌이나 가공하지 않는 할석을 이용하여 축조하고, 평면은 방형, 장방형, 타원형, 원형 등 여러 형태이다. 압록강 이남의 자성 송암리, 초산 연무리에서는 전방후원형(초산 운평리 4지구6호분), 방형 평면의 네모서리가 돌출된 사우돌출형도 있으며(초산 연무리 2호분),

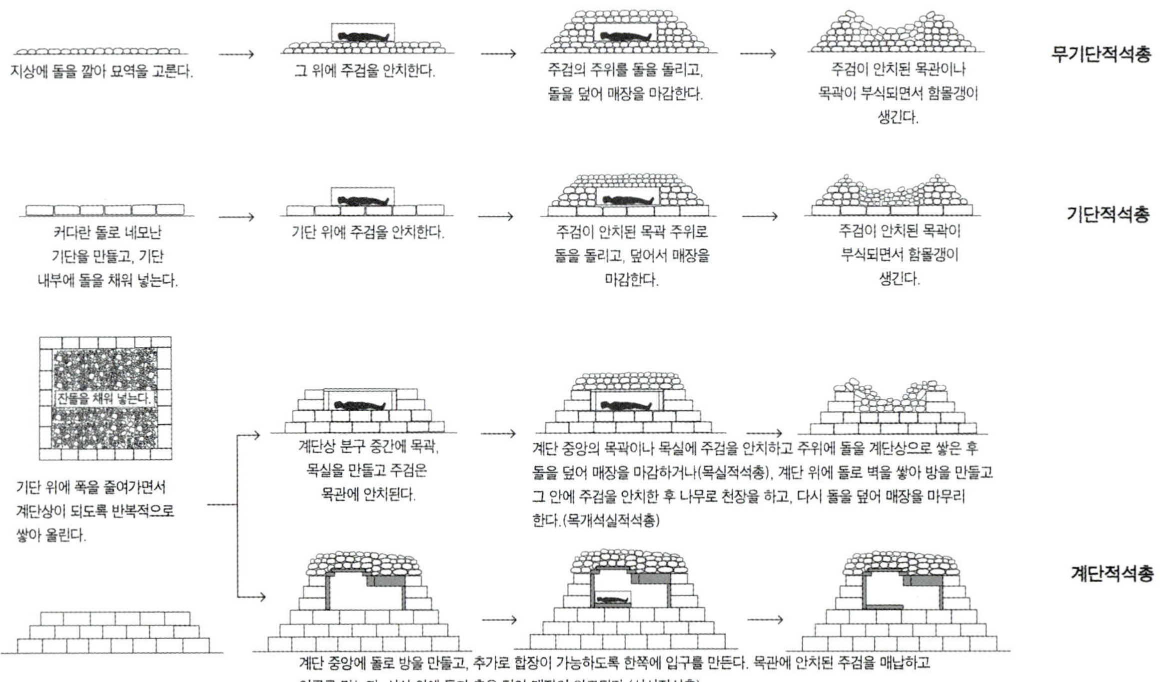

그림 V-10 적석총 축조와 분구형태(강현숙 2013)

지안이나 환런일대에서는 전원후방형도 있다(환런 상고성자 고분군 내 적석총, 마선구 2378호분, 산성하 전창 36호분). 기단은 비교적 커다란 돌로 방형이나 장방형의 외곽을 만든 후 내부에 잔돌을 채워 넣어 기단을 형성한 후 주검을 안치하고 그 위에 돌을 쌓는다. 평면이 방형이어서 방단(方壇)으로 표현하기도 한다. 계단은 가공된 장대석을 이용하여 기단을 만든 후 같은 방식으로 그 위에 단을 올려서 전체 형태는 계단상(사다리 형태)이다. 방형평면의 계단식이라는 의미에서 방단계제, 방계제, 계대식 등으로도 표현된다.

이외에도 계장식(階墻式), 원구식(圓丘式), 유단식(有壇式) 등으로 분구를 설명하기도 한다. 계장식은 분구가 무기단과 같은 모습이지만, 안쪽에서 바깥쪽으로 가면서 울타리를 쌓듯이 돌을 세워쌓고 그 내부를 잔돌로 채우고, 다시 같은 방식으로 쌓음으로써 분구 평면은 넓히고, 높이는 높게 한 것이다. 분구 주위의 울타리 돌은 무덤의 외연을 표시하는 동시에 분구가 무너져 내리는 것을 방지한다. 가공하지 않은 돌을 이용하여 축조한 계장식은 네 모서리가 서로 맞지 않고 각 변 울타리 높이가 서로 다르다는 점에서 기단식이나 계단식과 구별되며, 무덤의 고대화를 의도한 계장식 적석총은 이른 시기 초대형 무기단식 적석총에서 확인된다.

원구식은 분구의 형상이 둥근 언덕 같아 붙여진 이름으로, 환런지역 대형 적석총의 표현에 주로 사용되고 있다(陳大爲 1960). 그렇지만 적석총의 상부가 둥근 점은 기단이나 계단적석총에서 공통된 현상이며, 원구식 적석총으로 보고된 환런 고력묘자 15호분 역시 계단적석총 2기가 연접된 연접묘이다. 따라서 원구식은 분구 형식명으로 적절하지 않다.

유단식은 경사면에 자리한 경우 능선의 아래 면에만 단을 형성하여 높이를 조절하여 수평을 유지한 경우에 사용한다. 그렇지만 네 변에 단을 쌓은 기단과 혼동될 수 있어 이 또한 형식명으로서 적절하지 않다.

분구의 무기단 혹은 계장, 기단, 계단식은 결국은 축조에 사용된 돌과 치석기술, 축조기술의 차이에 의한 것이다. 시간에 따른 기술의 발전이라는 관점에서 볼 때 적석총은 무기단에서 기단, 계단식으로 변화한다. 분구 형태의 각 형식은 등장시점에서의 선후관계를 갖지만, 동시기 병존하는 서로 다른 형태의 분구는 규모와 비례하여서 피장자의 사회, 경제적 위계 보여준다. 따라서 적석총 분구의 형태는 사회의 분화 정도를 가시적으로 드러내어서, 적석총은 분구지향형 묘제라고 할 수 있다.

(2) 매장부

적석총의 매장부는 지상의 분구 중에 놓인다는 점에서 지하 매장부와 지상의 분구로 이루어진 중국의 무덤양식과는 뚜렷하게 구별된다. 매장방식에 따라서 매장부는 1인을 안치하고 1회로 매장이 마감되는 수혈식 구조와 2인이 동실에 합장되는 횡혈식 구조로 대별된다.

수혈식 구조의 매장부를 중국에서는 석광(石壙)으로, 북한에서는 돌곽으로 표현한다. 중국에서 사용하는 석광은 돌구덩이란 뜻으로 토광(土壙)에 대응되는 표현이다. 석광은 돌로 네 벽을 쌓고 천장이 없는 것으로 설명하지만(魏存成 1994), 구체적으로 주검을 어떻게 안치하였는지에 대한 언급은 없다. 북한에서는 매장부를 고려한 형식명을 부여하지는 않았지만 매장부를 설명하는데 있어서 돌곽으로 표현하고 있고, 돌곽은 수혈식 구조의 돌곽과 입구를 가진 횡구식 돌곽으로 나눈다. 한편, 정찬영(1961)은 꺾쇠를 사용한 목곽이나 별도의 장구없이 칠성판 위에 주검을 안치했을 것으로 추정하기도 하였다. 남한이나 일본의 학자들은 석곽으로 표현하는 경우가 많은데, 석실을 제외한 적석총의 상당수가 분구 상부가 함몰된 상태로 확인되는 것으로 보아서 돌로 덮개를 했을 가능성은 그리 크지 않다. 따라서 돌로 네 벽을 쌓아올리고 돌로 뚜껑을 덮은 엄밀한 의미의 석곽으로 보기는 어렵다. 다만, 중국 기록에 고구려와 부여 풍습이 비슷했다고 하고, 부여는 관(棺)은 없고 곽(槨)을 사용했다고 하므로 고구려에서도 시신은 목관보다는 목곽에 안치하였을 것으로 추정된다. 따라서 주검 안치에 초점을 두자면 수혈식 구조의 매장부는 목곽일 가능성이 크다.

횡혈식 구조는 석실(石室)과 전실(塼室)이 있고, 중국에서 사용하는 광실(壙室)도 이에 해당된다. 광실은 석광과 마찬가지로 함몰갱을 표현한 것으로 북한이나 남한, 일본 연구자들은 사용하지 않는 표현이다. 광실로 보고된 적석총에서 관못, 꺾쇠, 장막걸이쇠 등이 출토되고 있어(그림 V-11), 동실합장이 가능한 구조로 추정된다. 광실은 목실과 목개석실(木蓋石室)로 나눌 수 있다. 목실은 별도의 구조 없이 분구의 함몰갱에서 관못, 꺾쇠, 장막걸이쇠 등이 출토되는 경우에, 목개석실은 현실 벽과 연도 벽을 돌로 쌓았지만 천장에 돌이 덮여있지 않아 목개로 추정되는 목실과 석실의 과도기 구조라고 할 수 있다. 석실은 돌로 연도와 현실을 완전하게 쌓은 것으로 추가합장이 가능한 구조이다. 이외에도 벽돌이 사용된 전석혼축실이 있으며, 서북한 일대에서는 전실도 발견된다.

이외에도 중국에서는 동실(洞室)이라는 용어도 사용된다. 동실은 석실과 같은 구조이지만 규모가 크지 않은 소형 적석총의 매장부를 지칭하는데, 석실이 지면 바로 위에 놓인다는 점에서 적석 분구에 위치한 적석총의 석실과는 구별된다. 그러나 1997년도 통구고묘 고분 실측조사 보고서에서는(吉林省文物考古研究所·集安市博物館, 2002) 석실만 남아있고, 분구를 확인할 수 없는 경우에도 동실묘로 표현하여서 추후 동실의 개념을 재정리할 필요가 있다.

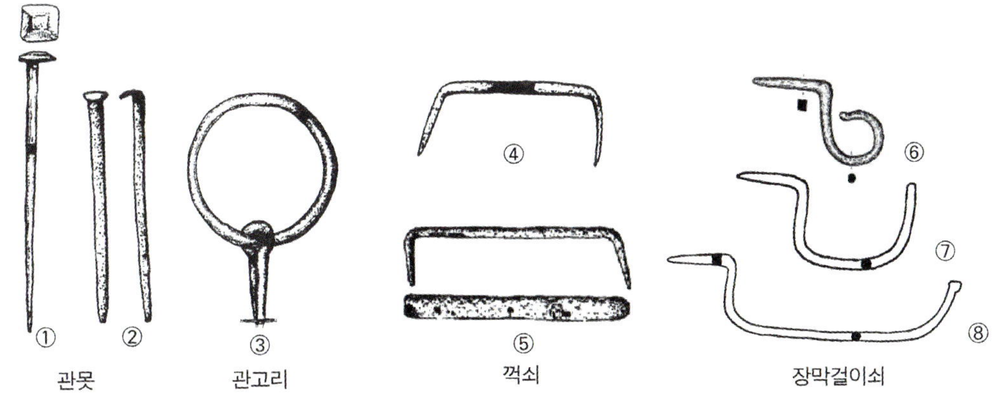

그림 Ⅴ-11 장구

①, ③, ④ 마선구 401호분, ②, ⑤ 우산하 540호분, ⑥ 우산하 2112호분, ⑦, ⑧ 칠성산 1096호분

3) 형식

적석총의 형식은 분구를 기준으로 무기단적석총, 기단적석총, 계단적석총으로 매장부를 기준으로 석광적석총(석곽적석총), 석실적석총으로 분구와 매장부의 구조를 결합하여 무기단석광적석총, 기단석광적석총, 계단석실적석총으로 분류하는 등 분구와 매장부구조를 보는 관점에 따라서 여러 형식안이 있다(표 Ⅴ-1).

그러나 적석총은 분구 형태와 매장부 구조가 반드시 일대일로 대응하고 있지는 않기 때문에, 분구 형태와 매장부 구조를 결합시켜 볼 때 무기단목곽, 무기단석실, 기단목곽, 기단목실, 기단석실, 계단목실, 계단석실적석총 등으로 세분하여 검토할 필요가 있다.

(1) 무기단 목곽적석총과 무기단 석실적석총

무기단(목곽)적석총은 매장부가 목곽일 개연성이 크나, 아직까지 목질 장구가 발견되지 않았다. 때문에 무기단적석총이나 적석총(적석묘)으로 불리며, 또는 석광적석총 혹은 석곽적석총으로 부르기도 한다. 그러나 석광이나 석곽적석총은 엄밀한 의미에서 분구와 매장부를 고려한 형식명은 아니며, 적석묘나 적석총 또한 넓은 의미로 사용되는 적석총과 혼동될 여지가 있다. 따라서 분구형태와 매장부를 함께 표현해 줄 필요가 있다.

무기단 분구는 방형이나 장방형도 있지만 원형이나 전방후원형, 전원후방형, 사우돌출형 등도 있어서 분구형태가 정형성을 띠고 있지 않다. 고구려 건국 이전부터 축조되었음을 보여주는 무기단적석총으로는 창바이 간구자 적석무덤과 지안 오도령구문적석무덤이 있다.

　　창바이 간구자 적석무덤은 압록강으로 흘러가는 간구하 양안 평탄지에 분포한다. 무덤은 지면에 커다란 돌로 일정 범위에 냇돌과 할석을 깔아 평탄하게 하여 묘역과 무덤의 기저부를 만든 후 그 위에 몇 기의 무덤을 연이어 조성하였다. 매장부 구조는 확실하지 않고, 주검은 안치한 후 화장을 하거나(1986년조사 M1호), 화장한 인골을 안치한 2차장도 보인다. 특히 2차장으로 추정되는 불에 탄 뼈들이 두세 곳으로 나뉘어 있어서 혈연관계의 가족무덤으로 보기도 한다. 부장품은 생산공구와 토기가 다수를 차지하고 있는데, 무덤에서 출토된 반량전(半兩錢)과 일화전(一化錢) 등 전국시기 연(燕)나라 말기의 화폐로 인해 무덤의 상한연대는 전국 중, 만기로 비정되며, AM1호와 AM3·AM4호 무덤에서 출토된 철제 농공구는 한대에 유행한 것이나 오수전 등 후한대 화폐가 발견되지 않아서 전한시기로 비정된다(그림 Ⅴ-12). 고구려 건국 이전에 조성된 간구자 적석묘는 요동반도 남단의 청동기시대 적석묘와 무덤 구조, 매장방식, 화장 등 장속을 공유하여서 청동기시대와 고구려를 연결해 줄 것으로 기대되고 있다.

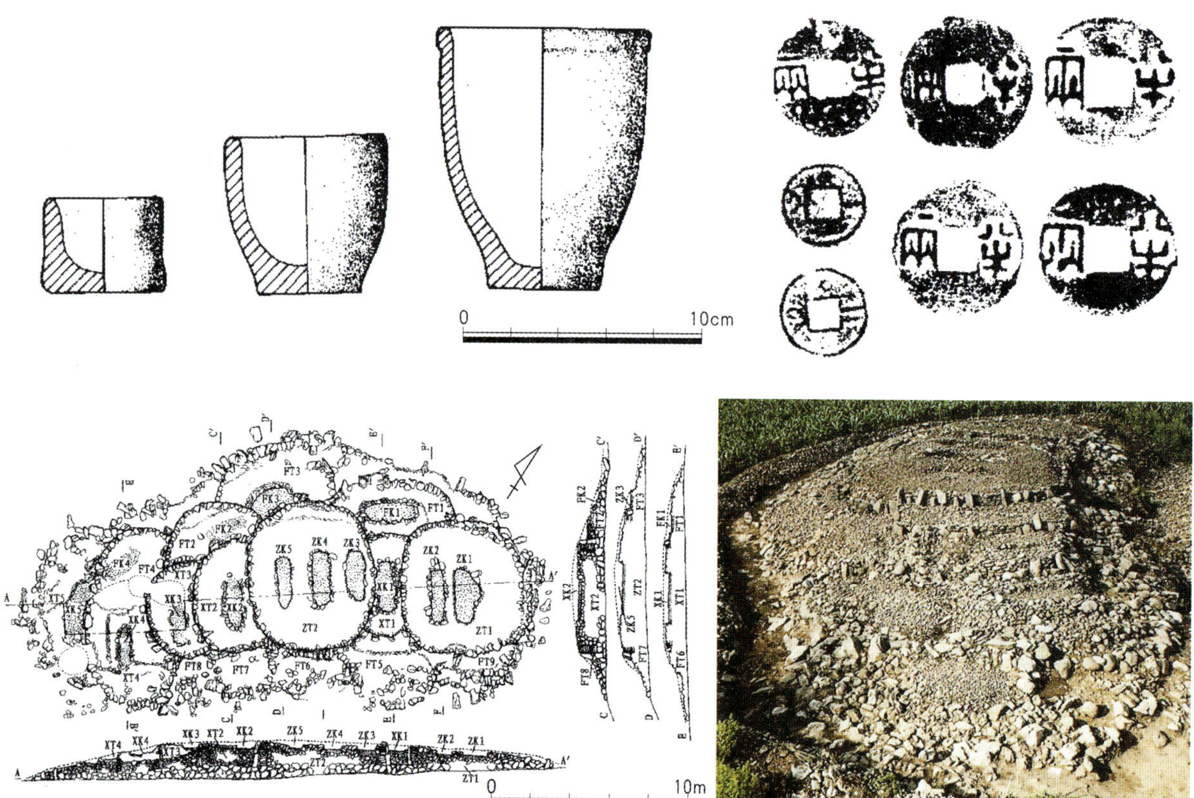

그림 Ⅴ-12 간구자 AM2호묘

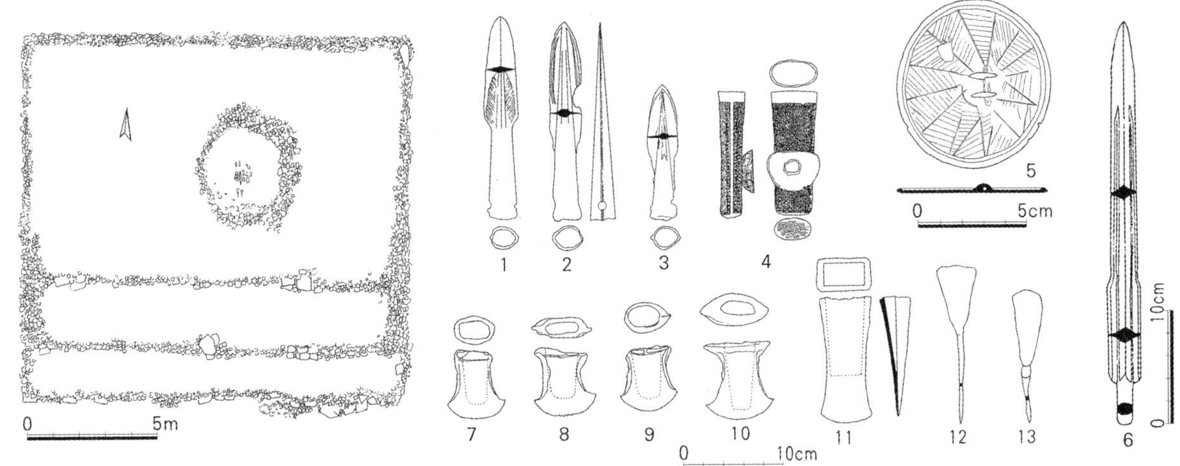

그림 Ⅴ-13 지안 오도령구문 적석총과 출토유물
1~3. 청동모, 4. 청동칼집, 5. 조문경, 6. 청동검, 7~11. 청동부, 12~13. 철제도끼날 철촉

　　지안 오도령구문 적석묘는 도로 보수공사 과정에서 산비탈의 돌을 옮기던 중 1m 깊이의 돌 사이에서 청동기를 발견함으로써 알려지게 되었다. 당시 유구의 흔적이 정확히 파악되지는 않았지만, 한변 길이 14m, 각 계단은 1.3~1.85m 들여쌓기, 잔존 높이 약 80cm의 방단계제적석총으로 보고하였다(集文物保管所 1981). 그러나 매장과 관련된 유구가 확인되지 않아서 무덤형식에 대해서는 여러 견해가 있다. 흘러내린 돌무지를 이용한 창류석(敞流石)으로 보기도(張雪岩 1993)하나, 계장적석묘(魏存成 1987; 耿鐵華 2005)로 보는 견해가 좀 더 우세하다. 여기서 퇴화형의 세형동검과 칼집끝장식 각 1점, 동모 3점, 선형동부를 포함한 동부5점과 조문경 그리고 철제 도끼날 철촉(그림 Ⅴ-13)이 수습되었다. 따라서 청동검을 비롯한 청동기는 전국 만기(기원전3세기)로 편년되나, 오도령구문 청동모와 유사한 청동모가 한대 현도군의 치소로 비정되는 통화 적백송 고성에서 출토된 점과 도끼날 철촉을 근거로 기원전 2~1세기경으로 비정하기도 한다. 북한에서는 오도령구문 적석묘를 구려국의 소산으로 보고, 고구려의 건국은 기원전 3세기로 소급시키는 고고학적 근거로 제시하기도 한다(강현숙 2020). 현재 알려진 자료만으로는 오도령구문 적석묘의 성격을 판단하기는 어렵지만, 오도령구문 적석묘와 간구자 적석무덤은 모두 고구려 건국 이전으로 연대를 추정하고 있으므로, 고구려 적석총의 기원과 고구려 주민의 계통 문제와 관련하여 관심을 가질 필요가 있다.

　　한편, 환런 망강루 적석총은 금공장신구가 부장된 가장 이른 시기의 적석총이다. 4호와 6호적석총에서 출토된 금제 이식은 부여 노하심 중층 56호분에서 출토된 것과 유사하여 기

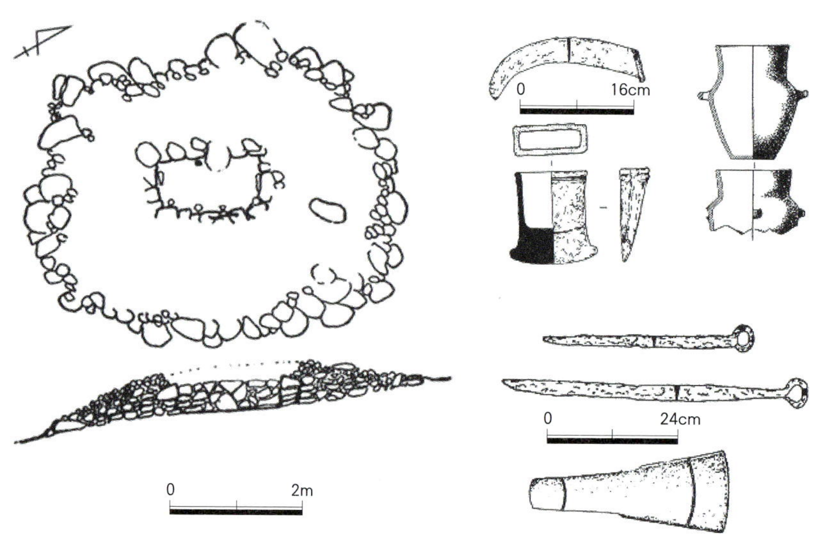

그림 Ⅴ-14 지안 하활용 8호분

원 전후한 시기로 추정된다. 지안 하활용 8호분은 동서 너비 7.5m, 남북 길이 9.5m, 높이 0.5~1.2m의 남북이 조금 긴 원형에 가까운 평면이며, 무덤 주위에 한변 50cm 되는 강자갈을 돌렸다. 매장부가 있었던 함몰갱은 길이 1.7~8m, 너비 1.1m 크기의 장방형이며, 여기서 환두도와 철제 전낭, 주조 철부와 낫, 철제 띠고리와 토기 양이호와 사이호 토기 등이 출토되었다(그림 Ⅴ-14). 특히 전낭은 위수 노하심 중층 목곽묘에서 출토된 전낭과 동형이다. 지안 산성하 동대파 356호분은 통구하의 동측 산비탈에 위치하는 대형의 계장식적석총으로, 무덤은 동서 길이 28m, 남북 너비 15m, 높이 2.2m이다. 3기가 연접된 무덤으로 분구 돌 중에 불에 탄 용석이 포함되어있다. 한 기는 2기의 매장부가 있는 다곽식이며, 그 중 356-1호 함몰갱에서 이른 시기로 비정되는 단이배가 출토되었다. 지안 상활용 2호분에서 출토된 어깨에 밀집파상선문이 있는 시루는 고구려 중기에 해당하므로, 고분의 축조연대는 4세기대로 비정된다. 이상과 같이 고구려에서 무기단(목곽)적석총은 기원전 2세기경부터 지속적으로 축조되었을 가능성이 있다.

이외에도 초산 연무리 2호무덤은 사우돌출형 평면이고, 운평리 4지구 6호무덤은 전방후원형 평면이며, 운평리 4지구 9호무덤은 주곽과 부곽이 종렬로 배치된 주부곽식무덤이다. 지안 하활용 24호분은 매장부의 규모가 길이 110cm, 폭 25~45cm이고 높이는 40~60cm로 작지만, 보고 내용으로 볼 때 목개석곽일 가능성이 있어 무기단목곽적석총 중에서도 목개석곽의 채용 가능성 또한 열어둘 필요가 있다.

무기단석실적석총은 분구의 적석이 남아있지 않아서 동실묘로 부르기도 하고, 석실의 잔

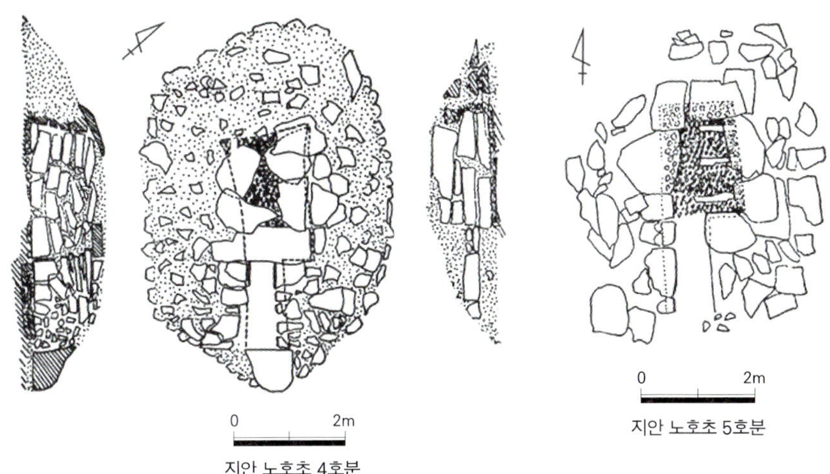

그림 Ⅴ-15 무기단석실적석총(토석혼봉)

존 상태가 양호하지 않은 채 돌무지가 일부 남아있기도 하여 봉석묘로 부르기도 하지만, 대개는 토석혼봉묘이다. 석실은 횡혈식 구조를 완비했다기보다는 커다란 괴석 한, 두 매 혹은 가공하지 않은 석재를 쌓아 벽석을 만들고, 형식적인 연도 역시 좁고 짧아 추가합장이 이루어졌는지 확실하지 않다. 대부분 소형분의 형태로 소형의 봉토분과 함께 군집을 이루고 있다. 지안 노호초(老虎硝) 2호분, 4호분, 5호분 등은 토석혼봉묘이다(**그림 Ⅴ-15**). 노호초 수력발전소 건설로 조사된 노호초고분군의 3면이 압록강으로 둘러쌓여 있고 압록강 너머는 북한의 위원군이다. 노호초 4호와 5호분은 석실봉토분으로 보고되었지만, 분구에 상당수의 돌이 섞여있는 것으로 보아서 토석혼봉의 석실무덤으로 추정된다. 매장부는 현실과 연도로 이루어진 단칸 구조로, 현실 바닥을 돌을 깔고 벽석을 축조하였다. 4호분은 현실 한변 길이 2.6m, 너비 1.65m, 높이 1.3m이며, 5호분은 현실 한변 길이 2.1m, 너비 1.35m, 높이 1m이다. 연대를 비정할만한 자료는 없다. 그러나 무기단석실적석총은 횡혈식 장법과 봉토분이 등장한 4세기 이후에 축조되기 시작하여 소형분의 형태로 고구려 멸망 이후에도 존속했을 가능성도 있다.

(2) 기단목곽적석총, 기단목실적석총, 기단석실적석총

기단목곽적석총은 부분가공하거나 가공하지 않은 크고 작은 석재로 방형이나 장방형의 기단을 만든 후 목곽을 놓고 돌을 돌리고 덮어 쌓았다. 방단적석묘 또는 방단석광적석묘로 불리며 3세기말로 비정한 칠성산 879호분(孫仁杰 · 遲勇 2007)과 칠성산 695호분, 지안 양민 73호분 등이 이에 해당된다.

기단목실적석총은 기단목곽적석총과 같은 방식으로 기단 위에 목실을 조성하고 주위에 돌을 돌리고 덮은 무덤으로 기단광실적석총으로도 불린다. 목실은 남아있지 않으나, 함몰갱이나 그 주위에서 관못과 꺾쇠, 장막걸이쇠 등이 출토되어서 목실 내에 목관이 있었음을 유추할 수 있다. 지안 우산하 1068호분과 연접분인 우산하 3241호분, 우산하 3232호분, 우산하 3296호분 등이 대표적이다. 우산하 1068호분은 일찍이 파괴되어서 방형의 기단은 남아 있지만 계단은 확인되지 않은 무덤으로, 무덤의 동남쪽으로 치우쳐 청동 정, 솥과 시루, 세가 확인되었다(그림 Ⅴ-17).

기단석실적석총은 우선 기단을 만들고 상면을 고르게 한 후 석실을 조성한 것으로, 석실은 천장까지 돌로 잘 쌓았다. 석실을 가진 기단적석총의 보고 예는 통구 분지에서는 확실하

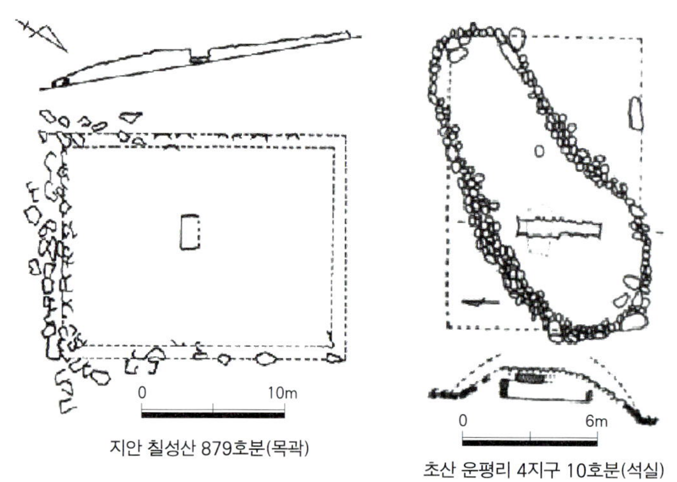

그림 Ⅴ-16 기단적석총

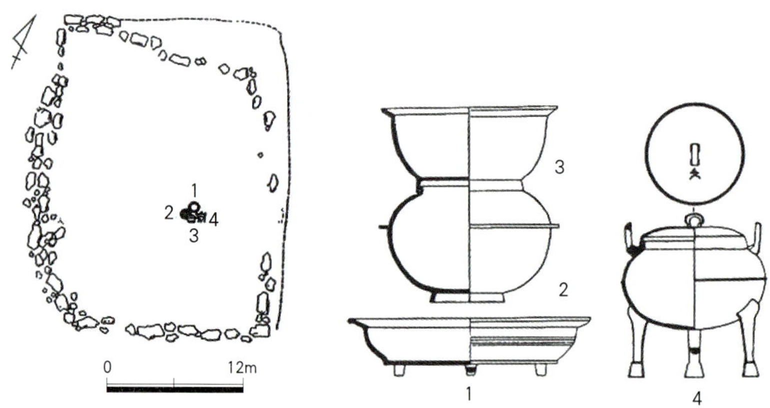

그림 Ⅴ-17 지안 우산하 1068호분

지 않다. 초산 운평리 4지구 10호분은 장방형 현실의 우편재 연도를 가진 평천정 석실로, 현실은 길이 250cm, 폭 85cm, 높이 96~104cm, 연도는 길이 197cm, 폭 65cm, 높이 94cm, 분구는 길이 13.5m, 폭 9m, 높이 1.45m로 장방형 평면이다. 연도를 가진 횡혈식 구조이지만 운평리 4지구 10호분은 현실과 연도의 폭이 좁아서 연도를 통한 동실 합장은 불가능하다.

(3) 계단목실적석총과 계단석실적석총

계단목실적석총의 분구는 전면 가공하거나 부분 가공한 석재를 이용하여 기단을 만든 후 다시 조금씩 들여쌓아서 3~5층의 계단을 만들고, 매장부는 둘째 단이나 셋째 단에 위치한다. 관못이나 꺾쇠, 장막걸이쇠가 출토되어서 주검은 목실 내의 목관에 안치되었을 것으로 추정되며 중국에서는 광실로 부른다. 지안 산성하 전창 195호분과 우산하 249호분, 우산하 3148호분, 우산하 1340호분, 만보정 1078호분, 환런 고력묘자 15호분 등은 입구시설이 없는 목실일 가능성이 크며, 시중 로남리 남파동 32호분은 입구를 돌로 표시한 횡구식 목실일 것으로 추정된다. 산성하 전창 195호분은 우산의 서쪽 전산자라고 불리는 곳에 위치하며, 기단을 만든 후 계장식으로 축조하였다. 분구는 한변 길이 16m, 잔존 높이 1.4m이며, 상부 함몰갱에서 반량전과 금동장식, 청동방울, 철제품과 토기 등이 출토되었다(그림 Ⅴ-18). 여기서 출토된 청동방울은 덮개는 남아있지 않지만 덮개방울로 보이며, 방울은 만보정 242-1호분에서 출토된 것과 유사하여 3세기 말이나 4세기 초로 비정된다. 만보정 1078호분은 출토 마구와 시유도기로 미루어 5세기 전반으로 추정된다. 따라서 계단목실적석총의 중심 시기는 4, 5

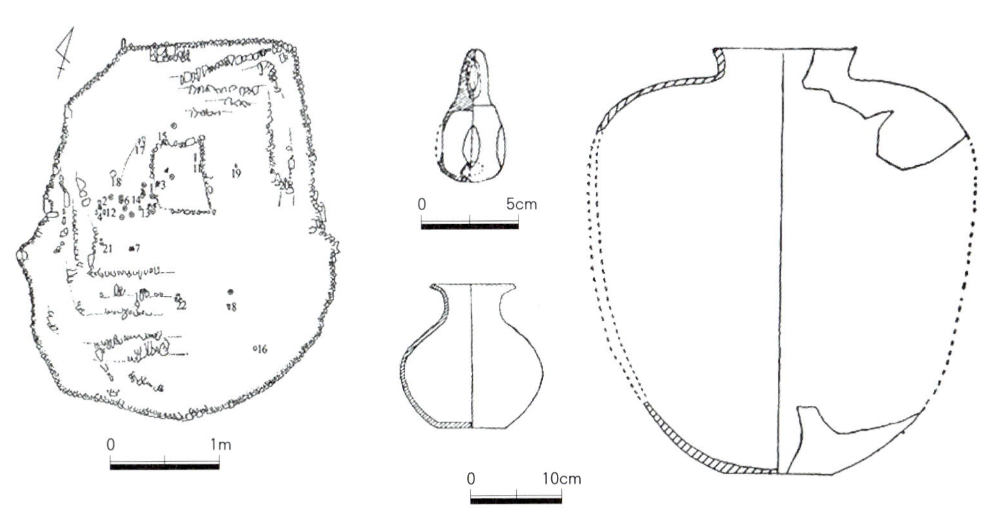

그림 Ⅴ-18 지안 산성하 전창 195호분

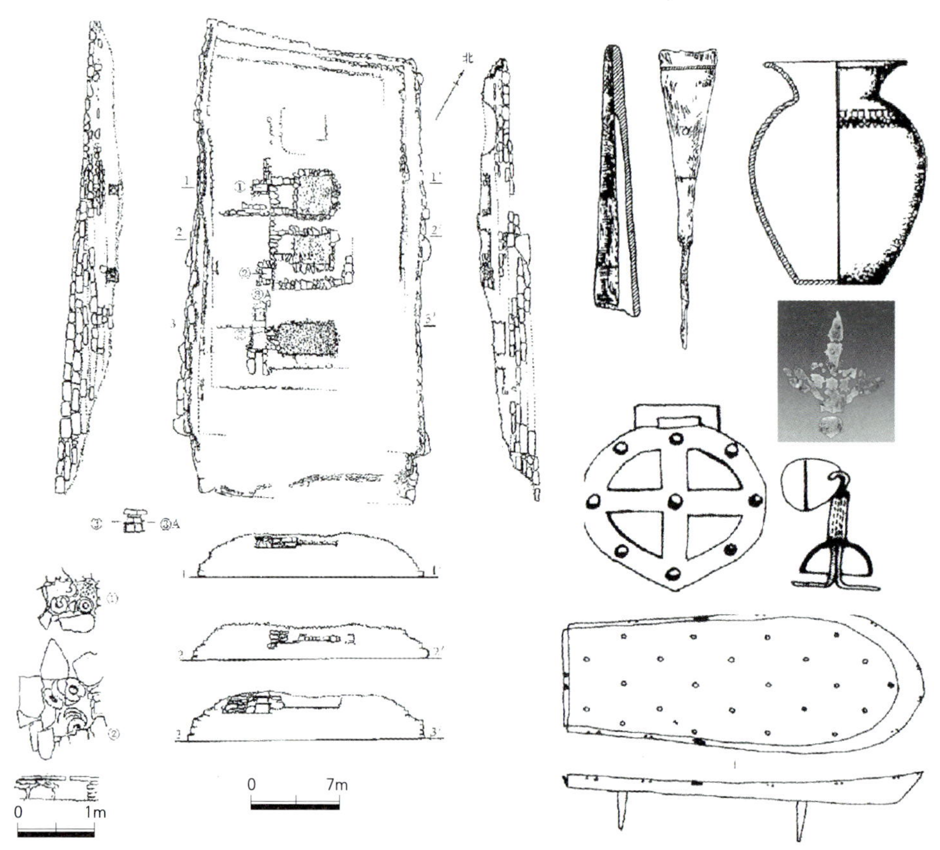

그림 Ⅴ-19 지안 우산하 3105호분(축척부동)

세기대로 비정된다.

계단목개석실적석총의 목개석실은 석실의 벽석은 확인되지만 천장석이 확인되지 않아 목개로 추정되는 것으로, 중국에서는 광실로 부른다. 지안 만보정 242-2호분, 우산하 2891호분, 우산하 3126호분과 우산하 3105호분은 목개석실이다. 만보정 242-2호분보다 먼저 축조된 만보정 242-1호분에서 출토된 철제화살주머니와 금동제 덮개방울, 표비 등은 3세기 후반경으로 추정되므로, 만보정 242-2호분은 3세기말 또는 늦어도 4세기초에 축조되었을 가능성이 있다. 우산하 3105호분은 3기가 연접된 계단적석총으로 분구의 전체 규모는 남북 길이 30.5~28.5m, 동서 너비 15~16.5m, 높이 2.8~3m이다. 북쪽에서부터 남쪽으로 3기가 연접되었으며, 중간에 있는 2호무덤은 동분이혈의 합장무덤이다. 여기서 금동제 관식과 못신이 출토되었다. 토기는 전연호 3점이 부장되거나, 솥, 호, 시루 각 1점이 부장된다. 무덤의 연대는 출토된 행엽으로 미루어 4세기 전반경으로 추정되므로, 계단목개석실적석총의 중심 시기는 4세기 전반경이었을 것으로 보인다.

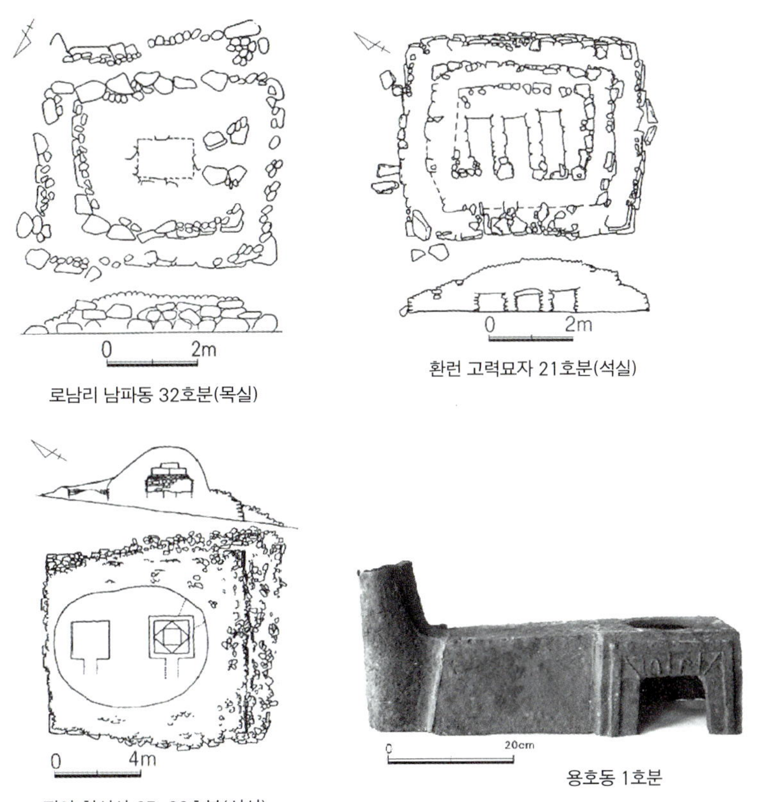

그림 Ⅴ-20 계단적석총(목실과 석실)

계단석실적석총의 석실은 벽과 천장까지 돌로 잘 쌓은 것으로, 계단적석총에서 가장 많은 비중을 점한다(그림 Ⅴ-20). 지안 칠성산 1096호분의 1, 2호 석실과 환런 고력묘자 1호와 11호분, 절천정총, 위원 사장리 1호분, 만포 문악리 1호분, 운산 용호동 1호분, 우산하 1041호분, 그리고 왕릉으로 비정된 바 있는 태왕릉, 장군총 등이 있다. 대부분의 석실계단적석총은 단칸구조이다. 운산 용호동 1호분은 철제 화덕이 출토된 계단적석총으로, 평안북도 내륙에 있는 대형분이라는 점에서 주목된다. 태왕릉은 목관, 가형석곽, 석실의 3중구조이며, 석실은 남아있지 않지만 잔존 석재로 미루어 천추총도 3중 구조로 추정된다. 문악리 1호분과 사장리 1호분, 절천정총은 연도 좌우에 측실을 가진 유사두칸구조이다. 칠성산 1096호분 2호 석실은 마구와 청동제 초두와 정으로 미루어 4세기 중엽경으로, 장군총은 5세기 전반, 우산하 41호분은 5세기 후엽으로 비정되어서 4세기 중엽에서 5세기대가 계단석실적석총의 중심 시기임을 알 수 있다.

한편, 계단석실적석총 중에는 추가합장이 가능한 구조임에도 분구 내에 여러 개의 묘실을 갖춘 동분이혈(同墳異穴)의 석실적석총도 있다. 동분이혈 석실적석총 중에는 현실의 폭이 좁아 실질적인 합장이 가능하지 않은 경우도 있지만, 합장이 가능한 구조의 석실이 함께 있는 경우도 있어서 다차에 걸친 다장을 보여준다. 환런 고력묘자 21호분이 전자에, 지안 칠성산 65호와 66호분은 후자에 해당된다. 동분이혈의 석실적석총은 왕릉급의 초대형분에서는 확인되지 않는다.

4) 변천

적석총은 기원전 2세기경 압록강 본류의 중하류역과 지류역을 중심으로 축조되기 시작하여 고구려 멸망 시점까지 전 기간에 걸쳐 축조되었다. 돌을 다듬는 기술과 축조 기술의 발전, 새로운 장법의 수용 등으로 분구는 무기단에서 계장, 기단, 계단으로, 매장부는 목곽에서 목실, 목개석실, 석실 등으로 변화되었다. 따라서 석재 가공 및 축조 기술과 장법의 변화를 기준으로 적석총의 전개과정은 세 시기로 나누어 볼 수 있다(그림 Ⅴ-21).

전기는 적석총이 압록강 본류와 지류 유역에 자리잡기 시작하는 기원전 2세기경부터 3세기대까지의 긴 기간이다. 매장 방식은 1인이 1회로 매장이 마감되는 1차 단인장이 중심이 되며, 주검은 목질 장구에 안치되었을 것이며, 목질 장구는 목관보다는 목곽이었을 것이다. 가공하지 않은 돌로 쌓은 무기단 적석총이 중심이 되며, 기원을 전후한 시점에 울타리를 쌓듯이 축조하여 분구를 높고 크게 한 계장식 무기단적석총이 축조되되어서, 무기단적석총은 피장자의 사회적 지위에 따라서 무기단과 계장식으로 분화되었다. 뒤이어 1세기경 방형 평면으로 정형성을 가진 기단식 적석총이 축조되면서 무기단, 계장식, 기단적석총이 병존하게 되었으며, 이들 적석총 가운데 최상위는 계장식 무기단적석총이었다. 계장식으로 축조된 지안 통구 분지의 마선구 2378호분, 마선구 626호분과 칠성산 871호분 등은 국내성 부근에 위치한 이른 시기의 고구려 왕릉으로 비정되고 있다.

중기는 4, 5세기대로 이 시기의 가장 커다란 특징은 계단식 분구이다. 분구는 돌을 다듬고 쌓는 기술의 발전으로 가공한 석재를 이용하여 높고 큰 규모의 계단식 축조가 가능하게 되면서 최상위 무덤은 계장식적석총에서 계단식적석총으로 대체되었다. 횡혈식 장법을 수용함에 따라서 추가합장이 가능하도록 목곽은 규모가 커진 목실로 바뀌며, 목실은 횡혈식 구조의 목개석실을 거쳐 석실로 변화한다. 따라서 계단식적석총을 정점으로 기단, 무기단식적석총으로 사회 내 위계화가 가시화된다. 계단식목실적석총은 지안 만보정 242-2호분이나 서

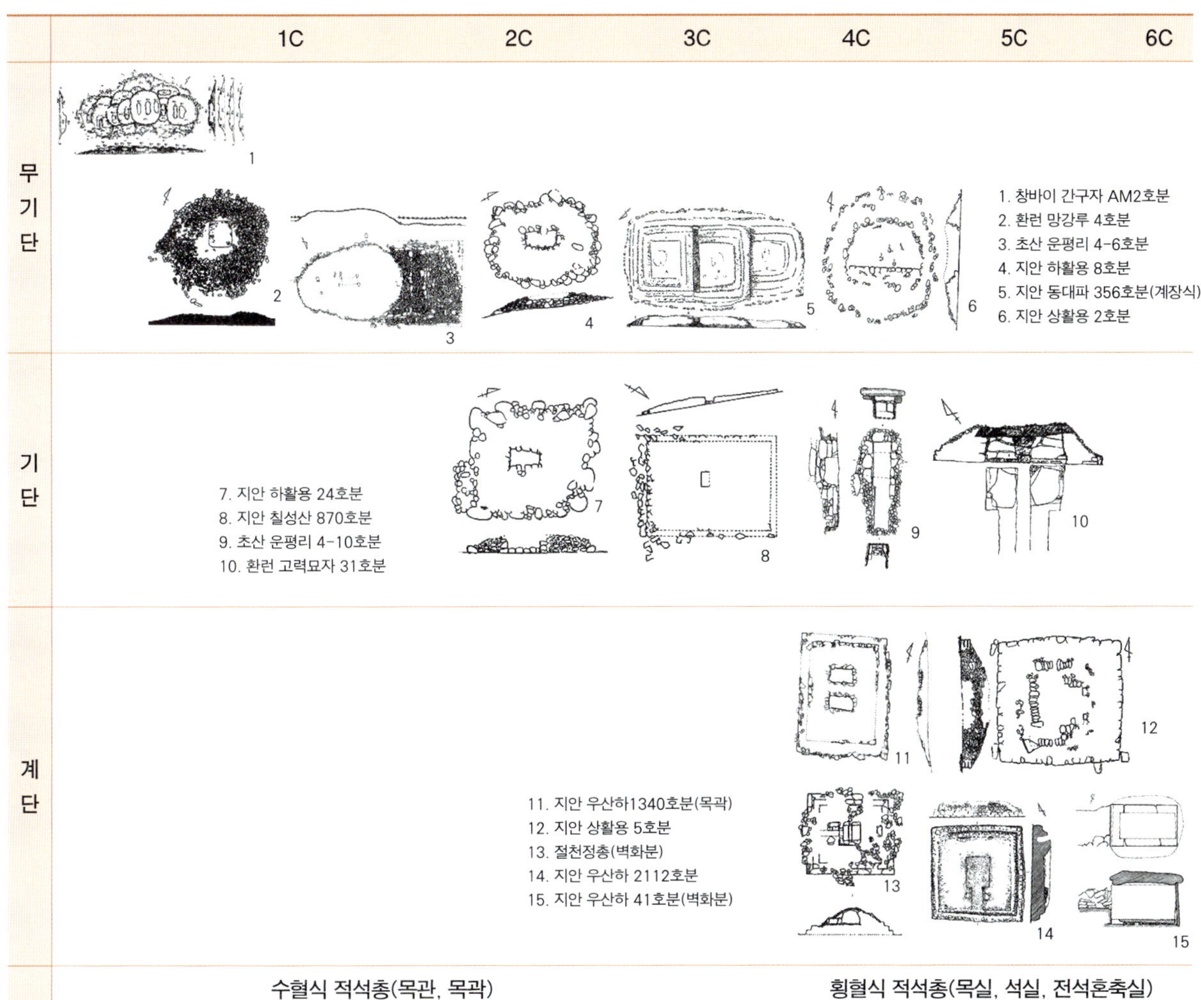

그림 Ⅴ-21 적석총 변천(ⓒ강현숙)

대총, 우산하 992호분으로 미루어 3세기말 내지는 늦어도 4세기초에는 축조되기 시작하였고, (목개)석실은 전실인 지안 우산하 3319호분이나, 칠성산 1096호분의 예로 보아서 4세기 중엽 경 축조되기 시작하여 일정기간 석실과 병존한 것으로 보인다. 4세기 후엽이 되면 최상위 무덤은 계단석실적석총으로, 천추총, 태왕릉, 장군총은 4세기 말에서 5세기 전반의 대표적인 계단석실적석총이다.

후기는 6세기 이후 최상위 신분에서 적석총을 더이상 채용하지 않게 되는, 적석총의 쇠퇴기라고 할 수 있다. 적석총은 압록강 중하류역을 중심으로 한 원고구려 지역이라고 할 수 있는 지역의 일부에서 소형의 무기단석실적석총 또는 동실묘, 봉석묘의 형태로 존재한다.

5) 기원

일제강점기에 광개토왕릉비와 함께 태왕릉이나 장군총과 같은 거대한 계단적석총이 알려지게 되면서 적석총을 거석문화의 하나로 인식하면서, 그 기원에 관심을 두기 시작하였다. 특히 중국이나 북방의 여러 지역에서 적석총과 같은 묘제가 확인되지 않았기에 가장 이른 형식의 적석총과 유사한 형태를 가진 청동기시대의 적석묘가 주목을 받았다.

적석총의 기원에 대한 가장 우세한 견해는 중국 동북지방의 청동기시대 적석묘에서 기원을 구하는 것이다. 특히 중국 요동반도 남단의 뤼순-다롄지구는 신석기시대 말에서 청동기시대에 걸쳐 적석묘가 지속적으로 축조된 곳이다. 신석기시대 말로 비정되는 노철산(老鐵山) 적석묘와 장군산(將軍山)적석묘 그리고 청동기시대의 위지아촌(于家村) 타두(陀頭)적석묘, 강상(崗上) 적석묘와 루상(樓上) 적석묘, 와룡촌(臥龍村) 적석묘가 시간적 선후관계를 보인다. 강상과 루상의 적석묘는 여러 기가 연접하여 군집을 이룬 집단무덤으로, 북한과 중국의 공동조사에서 주검은 지상에 놓이고 돌을 덮어 매장을 마감한 후 화장이 행해진 무덤임이 밝혀졌다. 청동기시대 적석묘의 이러한 구조와 축조방식 및 장속은 고구려 적석총과 특징을 공유하여서 많은 연구자들이 중국 요동반도 청동기시대 적석묘의 연장선상에서 고구려 적석총을 보고 있다.

그러나 중국 요동반도 남단의 적석묘에서 고구려 적석총의 기원을 구하는 입장에서도 약간의 해석 차이가 있다. 강상이나 루상의 적석묘를 고조선의 묘제로 보는 북한에서는 고구려 적석총이 고조선의 묘제를 계승한 것으로 해석하고 있는데(정찬영 1967), 중국 요동반도 청동기시대 적석묘와 서북한의 북방식 지석묘를 모두 고조선의 묘제로 보는 입장에서는 고구려 적석총은 강상적석묘나 루상적석묘에서, 매장부가 횡혈식인 석실적석총(돌간돌무덤)은 북방식 고인돌에서 그 기원을 구함으로써 석실적석총도 고조선의 묘제를 계승한 것으로 해석하기도 한다(주영헌 1962).

고구려 적석총이 청동기시대 적석묘에서 기원했다는 견해의 문제는 양 묘제 사이에 300년 이상의 시간적 공백은 물론, 요동반도나 서북한에서 압록강 중하류역 사이의 공간적 공백을 메울만한 물질 증거가 확보되지 않았다는 점이다. 때문에 청동기시대 적석묘에서 적석총으로의 계기적인 발전은 여전히 해결되어야 할 과제로 남아있다.

최근에는 환런과 혼강유역의 조사 성과에 따라 고구려 적석총을 혼강유역과 압록강 중하류역을 나누어 각각의 기원을 설명하기도 한다(李新全 2009). 압록강 중하류역의 적석총 중 가장 이른 시기로 비정되는 간구자적석묘는 요동반도의 청동기시대 적석묘에서 연원한 것으로 보고 있어 기존의 견해와 다를 바 없지만, 환런 일대의 적석총을 석개석광적석묘와 연결되는 것으로 보는 것이 특징적이다. 요동반도 남단 청동기시대 적석묘의 영향을 받아 청동기시대의 석개묘(남방식, 개석식 지석묘)가 석개석광적석묘로 발전하였고, 석개석광적석묘에서 덮개돌이 사라지면서 환런일대의 무기단석광적석묘가 되었다고 본 것이다. 그러나 무기단석광적석총의 연원을 거슬러 올라가면 고구려 적석총은 다시 요동반도의 적석묘와 연결된다. 석개석광적석묘가 요동반도 남단의 청동기시대 적석묘와 고구려 적석총을 연결시켜주는 것으로 보았지만, 이 입장이 설득력을 갖기 위해서는 요동지방 청동기시대 적석묘와 석개묘 간의 관련은 물론, 환런과 압록강 유역 지안일대의 적석총 사이의 관계 등에 대한 구체적인 설명이 필요하다.

현재까지 논의된 고구려 적석총이 요동지방의 청동기시대 묘제 또는 요동반도 남단의 청동기시대 적석묘에서 기원했다는 주장은 양자 사이의 시간과 공간적 공백의 문제뿐 아니라 고구려 족속과도 결부된 문제이어서 쉽게 해결될 문제는 아니다. 현재 고구려 초기 범위인 중국 요령성 환런, 신빈현(新濱縣) 일대의 풍가보자(馮家堡子), 대전자(大甸子) 외에도 푸순 등지에서 적석석개묘가 조사되고 있어서 이 무덤들이 요동반도 남단과 고구려 건국지 사이의 공백을 해결해줄 수 있을지의 여부 등 적석총의 기원에 대해서는 지속적으로 관심을 가져야 한다.

6) 평양진출과 적석총

『삼국사기』고구려본기는 고구려가 일찍부터 정복전쟁에 성공하여서 3세기에 이르면 동으로는 두만강 유역 일대, 서로는 요동지방까지 진출했고, 313년에는 낙랑과 대방을 퇴출시켰다고 전한다. 그러나 동쪽의 두만강 유역에서 적석총의 발견 사례가 없으며, 함경도에서는 적석총이 있다고 하지만 조사 및 보고된 예가 없어서 구조는 물론 고구려 무덤 여부조차 확인할 수 없다. 서쪽으로 요동지역의 적석총 자료도 확실하지 않으며, 요동지역의 내륙인 평청이나 단둥 지역의 고구려 산성 내외부에 적석총이 있었다고 하지만, 자세하지 않다. 압록강 하류의 관뎬현에서 확인된 적석총은 정식 조사가 이루어지지 않았지만, 갈수기에 드러난 상황으로 미루어 볼 때 석실적석총 또는 봉석묘가 중심이 되어서 고분군의 중심시기를 4세기 이후로 비정할 수 있다. 관뎬현의 대안인 평안북도 벽동의 적석총 역시 석실적석총이어서 관

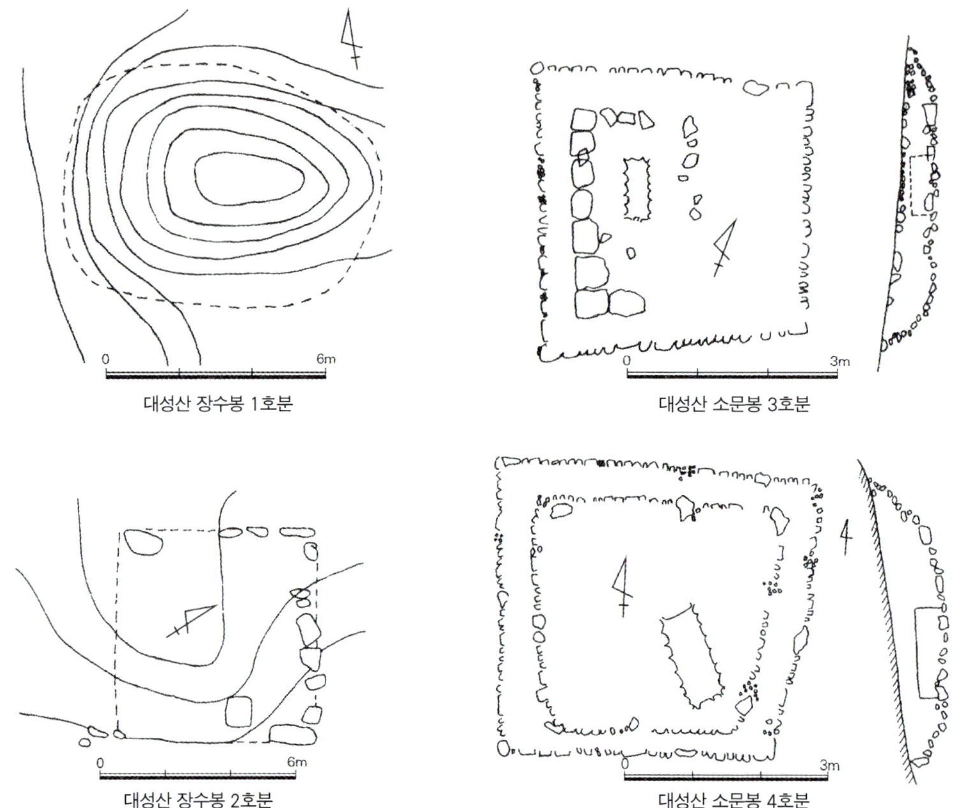

그림 Ⅴ-22 평양 대성산성 주변의 적석총

덴현의 적석총과 비슷한 시기로 추정된다.

평양 일대의 적석총은 고구려의 평양 진출과 관련지어 볼 수 있다. 평양의 대성산성 내부와 외부, 그리고 주변의 고산동, 안악동 외에도 화성동과 청호동, 승호구역의 만달리와 금옥리 등 비교적 여러 곳에서 적석총이 확인되었다. 북한의 조사보고에 의하면 대성산성과 그 일대에서 확인된 적석총은 무기단적석총과 기단적석총이 두 구역으로 나뉘어 분포하고 있다고 하지만, 대개는 기단이나 계단적석총이다(그림 Ⅴ-22). 소문봉 4호분은 계단적석총으로 잔존 상태로 미루어 매장부는 횡구식 석곽일 가능성이 있고, 소문봉 5·6호분도 4호분과 같은 구조이다. 매장부를 알 수 없지만 소문봉 1·2·3호분은 계단적석총이며, 소문봉 7호분 역시 계단적석총으로 추정된다. 한편 장수봉 1호분은 사암으로 축조한 원형 평면의 높이 1.5m 정도의 무기단적석총으로 보고되었지만 보고 내용만으로는 고분임을 확인하기 어렵다. 일제 강점기에 조사된 고산동 2호와 3호분은 거대한 석재로 미루어 계단적석총일 가능성이 있으며, 고산동 2호분의 경우 1m크기의 장대석 10여 매가 확인되어서 매장부는 석실로 추정된다. 대성산성 밖의 화성리재 동네 뒤 언덕에서도 기단적석총이 확인되었다.

이외에도 승호구역의 만달리 1, 3, 18호분도 기단적석총으로 추정되며, 금옥리 적석총은 30여 기의 봉토석실분과 함께 군을 이룬다. 금옥리의 적석총은 12기로 금옥리 37호분은 지름 7m의 중·소형분으로 매장부가 압록강·혼강 유역의 석광적석총과 구별된다고 하였다. 뿐만 아니라, 청암동 토성에도 적석총이 있다고 하고, 황해도 장수산성 부근에서도 적석총이 있다고 하지만, 구체적인 내용을 알 수 없다.

이와 같이 평양 주변에서도 적지 않은 적석총이 있었지만, 보고된 것은 일부에 불과하여 그 성격을 판단하기 쉽지 않다. 다만, 보고된 내용으로 추정해볼 때 평양 일대의 적석총은 기단과 계단 적석총이 중심이므로, 고구려가 평양으로 진출한 4세기대 이후 고구려 주민에 의해 조성된 것으로 보인다.

7) 주요 적석총 유적

(1) 지안 만보정 242호분(吉林集安縣文管所 1982)

지안 만보정 242호분은 통구하 주변의 남북으로 긴 충적대지에 자리하고 있는데, 만보정 고분군은 통구하변의 남북으로 긴 충적 대지와 칠성산 동쪽 기슭에 분포하는 적석총과 봉토분으로 구성되어있다.

만보정 242호분은 4기가 연접된 계단적석총으로, 지면에 냇돌을 깔아 단을 만들고, 그 위에 계단상으로 축조한 후 북쪽에서부터 남쪽으로 내려오면서 4기를 잇대어 조성하였다. 분구는 길이는 45m, 너비는 17.2m의 장방형 평면이며, 높이는 1.4~3.5m이고, 분구 주위를 돌아가며 버팀석이 세워져 있다(그림 Ⅴ-23).

242-1호는 3층의 계단적석총으로, 1층 계단은 남북길이 14.5m, 동서너비 17.2m이다. 2층 계단에서 매장부로 추정되는 함몰구덩이가 확인되었고, 동서길이는 4.1m, 남북너비 3.5m 범위에서 불에 녹은 돌들(용석)이 확인되었다. 용석의 북쪽에서 불에 탄 인골편 세 덩이가 확인되었다. 1층 계단의 남쪽에서 철제 재갈과 금동방울, 동쪽에서 대금구, 북쪽에서 토기편이 출토되었다.

242-2호는 242-1호무덤의 남쪽 계단에 잇대어 축조한 석실계단적석총이다. 계단은 4단까지 남아있으며, 1층 계단은 남북길이 12m, 동서너비 17.2m이다. 1층 계단과 2층 계단의 네 변에는 버팀석을 세웠다. 버팀석은 크기와 수가 각기 다른데, 2층 계단에 세워진 보호석

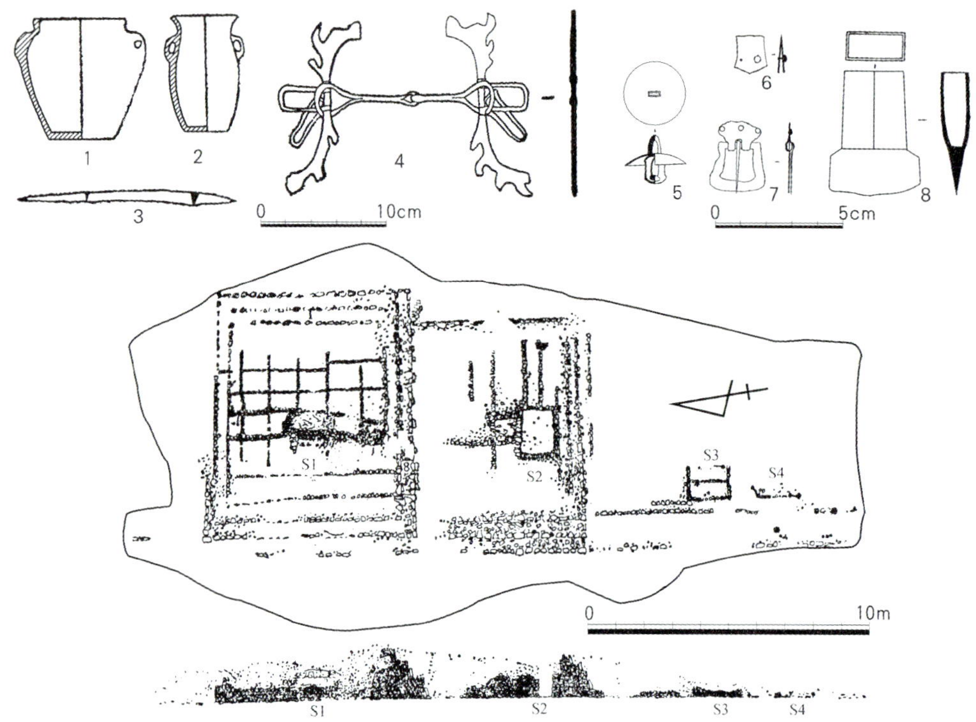

그림 Ⅴ-23 지안 만보정 242호분(강현숙 2013)

이 1층 계단의 보호석보다 작고, 남쪽 변에 12개가 남아있다. 계단의 내부는 잔돌로 채워졌고, 1층과 2층 계단 내부에 석실이 자리한다. 석실은 동서길이는 2.8m, 남북너비는 2m의 장방형 평면이며, 잔존 높이는 1.45m이다. 연도는 길이는 4.7m이고, 우편재연도로 동향이다. 연도 부근에서 대금구의 사미(鉈尾)와 토기가 출토되었고 1층 계단의 서북 모서리에서 다수의 토기편이 출토되었으나 기형은 확실하지 않다.

242-3호는 242-2호의 남쪽에 잇대어 있으며 현재 2단의 계단만 잔존한다. 1층 계단의 남북길이는 11m, 동서너비는 17.2m이다. 1층 계단의 서남쪽에 치우쳐 남북을 장축으로 납작한 돌로 쌓은 장방형 석실이 있다. 석실 내에 격벽이 있어서 보고자는 쌍곽으로 보고 있다. 서쪽 석실에서 회색토기, 동쪽 석실에서 철도편, 적석무지에서 홍색 토기편과 철괭이가 출토되었다.

242-4호는 가장 나중에 잇대어진 무덤으로, 30~40cm 높이의 돌무지가 남아있을 뿐 파괴가 심하여 구조 확인이 불가하다.

북에서 남으로 내려오면서 순차적으로 잇대어 축조된 만보정 242호분은 수혈식에서 횡혈식으로의 장법 변화를 보여주는 과도기적인 무덤이다. 무덤의 연대는 가장 먼저 축조된 만보정 242-1호분의 계단에서 출토된 금동제 덮개방울과 철제 재갈을 통하여 추정해 볼 수 있다. 금동제 덮개 방울은 방울에 고리모양 걸이쇠가 있고, 걸이쇠로 반구형 뚜껑을 끼어서 방울을 덮게 한 것으로 7점이 출토되었다. 철제 재갈은 'S'자형으로 구부러진 멈추개와 양측에 각각 2개의 장방형 고리가 있는 2련식이다. 이와 유사한 금동제 덮개방울과 재갈은 지린성 위수 노하심 중층 56호 목곽묘에서 출토된 바 있다. 부여와 고구려의 관계, 노하심 중층 유적의 연대와 무덤의 구조를 종합적으로 고려해 본다면 만보정 242-1호 무덤은 3세기 후반경에 조성된 것으로 추정된다.

칠성산 1096호분은 칠성산 96호분으로도 불리며, 무덤은 칠성산의 서쪽 기슭에 위치한다. 일찍이 도굴되어 무덤의 동북과 서남쪽 일부만이 남아있다.

칠성산 1096호분은 계단적석총으로 길이 22m, 폭 17.6m의 장방형 평면이며, 잔존 높이는 1.8m이다. 분구 네 주위를 돌아가며 너비 60~100cm 범위에 20~30cm 정도 높이로 석회암을 깔았다. 지면에 50cm 두께로 돌을 깔은 다음 매장부가 마련되었는데, 일찍이 파괴되어 매장부 모습은 완전하지 않다. 3기의 매장부가 있는 동분이혈의 다실묘이며, 서남쪽 매장부는 천장석으로 보이는 길이 2m 가량의 커다란 판상석으로 미루어 횡혈식 구조로, 석실은 격벽에 의해 나뉘어 있으며, 1호와 2호로 편호된다. 3호는 동북쪽으로 치우쳐 있으며 완전히

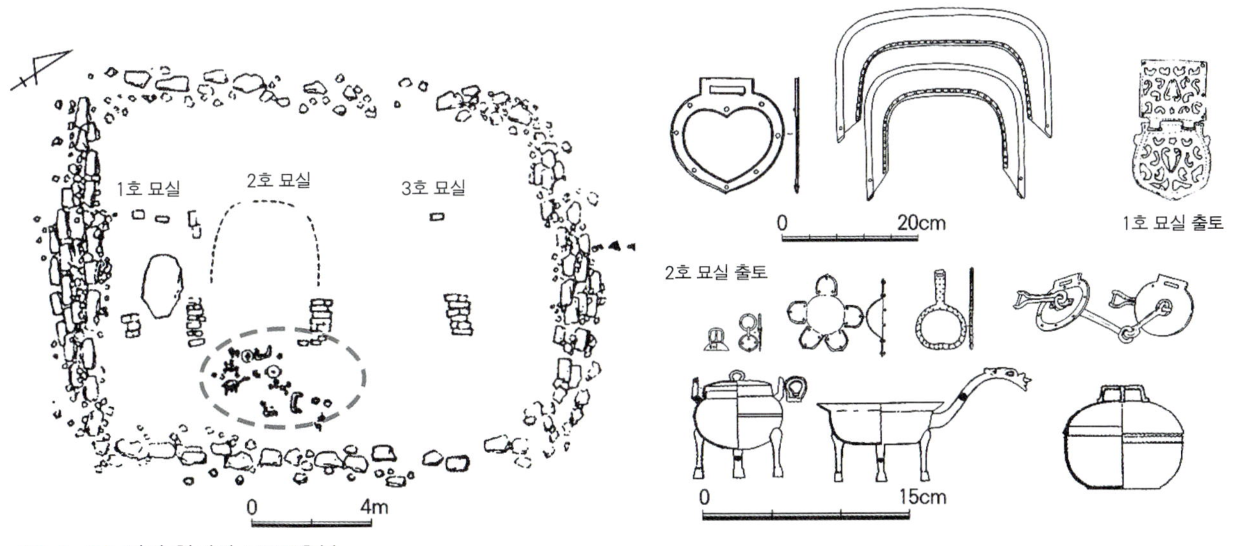

그림 Ⅴ-24 지안 칠성산 1096호분

파괴되어 구조를 알 수 없다(그림 V-24).

유물은 칠성산 1096-1호의 석실 부근에서 금동제 대금구가 출토되었다. 금동제로 과판은 횡장방형이며, 수하식은 각이 죽은 오각형으로 과판보다 크며, 과판과 수하식의 연결고리는 두 개이다. 과판과 수하식은 'C'자형이 투조되었으며 상하 대칭되도록 무늬를 구성하였다. 이와 유사한 대금구는 지안 장천 4호분에서도 출토되었다.

칠성산 1096호 출토품으로 유물은 모두 2호 석실에서 출토된 것이다. 묘도와 석실 입구로 추정되는 곳에서 금동제 마구일습, 청동제 정, 초두와 합 등의 금속제 용기, 황색 유약을 바른 시유기와 토기, 철제 관고리와 걸이쇠 등 관부속구와 철촉이 출토되었다. 마구는 금동제로 재갈, 안교, 등자와 띠연결금구 등이 있다. 재갈은 판비로, 재갈멈치는 타원형판에 역사다리꼴 현수공이 있고, 재갈은 이련식이고 인수부는 삽자루형이다. 안교는 금동판을 덧댄 고안교이며, 다리는 직선적이다. 등자는 목심금동판 윤등으로, 금동판을 덧댄 후 앞, 뒷면에 작은 금동못을 박아 장식했다. 행엽은 3점 모두 심엽형이며, 띠연결금구는 반구형 고정금구에 줄이 연결될 수 있도록 다리가 달렸다. 다리는 4개 달린 것이 21점, 5개가 달린 것이 1점 이다.

뚜껑과 함께 출토된 청동정은 뚜껑에 둥근 고리형 손잡이가 달려 있다. 다리는 수각형이다. 동체 중간에 한 줄의 융기선이 있으며 어깨 양쪽의 손잡이가 직립한 원형 고리 형태이며, 정의 전체 높이는 17.2cm, 구경은 10.8cm이다. 청동초두는 평저의 외절구연 몸체에 수각형 다리가 세 개 있다. 손잡이 단면은 원형이고 손잡이 끝에 용머리 장식이 있다. 전체 높이는 10cm, 두신의 지름은 13.6cm, 용머리 장식의 손잡이 길이는 6.4cm다. 청동합은 자모합으로 뚜껑 손잡이는 '十'자형이다. 신라 서봉총에서 출토된 '延壽'^{연 수}명 은합이 이와 유사한 형태이다. 토기는 어깨부분에 꺾음선문과 밀집선무늬가 있으며, 시유도기는 대개 황색을 띠며 어깨부분에 물결무늬가 장식되어 있다.

칠성산 1096호분의 등자와 재갈, 청동 초두는 차오양(朝陽) 원대자 벽화분에서 출토된 것과 형태적으로 유사하다. 원대자벽화분은 묘주 도상이나 화제의 명문 내용으로 미루어 4세기 중엽으로 편년되고 있어 칠성산 1096호분도 이와 비슷한 시기로 추정된다.

(3) 지안 우산하 3319호분(吉林省文物考古研究所 2009)

우산하 3319호분은 국내성에서 동북쪽으로 1km정도 떨어진 산 중턱에 단독으로 자리하며, 고구려 고분 중 매우 이례적으로 벽화가 그려진 전실계단적석총이다. 벽화는 박락되어서 그 내용을 알 수 없다. 분구는 한 변 길이 21m 내외이고, 잔존 높이는 2.65m로, 초대형에 해당되어 왕릉 후보군으로 비정된 바 있다. 그러나 묘역시설 등 부속 시설이나, 넓은 조망권이 확보되지 않아서 왕릉으로 비정하기 어려우며, 벽돌로 축조한 점 등으로 미루어 중국계 인물인 최비(崔毖)의 무덤으로 보기도 한다(吉林省文物考古研究所·集安博物館 2005).

무덤은 산비탈을 평평하게 정리한 후 바닥에 진흙을 깔고 바깥쪽으로 돌을 돌려 기단을 만들었다. 기단 내부 상면에는 백회를 깔아 다진 후 그 위에 벽돌을 쌓아 매장부를 만들었다 (그림 Ⅴ-25). 매장부는 묘도와 연도, 연도 중간에 좌우 대칭되는 측실, 방형 현실로 이루어진 유사두칸구조이며, 벽은 두겹이며 3평1수로 쌓았다. 현실은 한변 길이가 4.95m이고, 잔존 높이는 가장 높은 북벽이 1.59m, 나머지 세 벽은 1.4m이다. 현실 내부에서 출토된 쐐기형과 호형 벽돌로 미루어 볼 때 천장은 궁륭상이나 사아식으로 추정된다. 현실 내에는 남, 북 양쪽으로 관대가 두기 놓여있다. 북쪽 관대는 전체길이가 4.95m, 너비는 1.65m, 높이는 0.18m 이며, 남측 관대는 전체길이가 4.95m, 너비 1.2m, 높이는 0.18m이다.

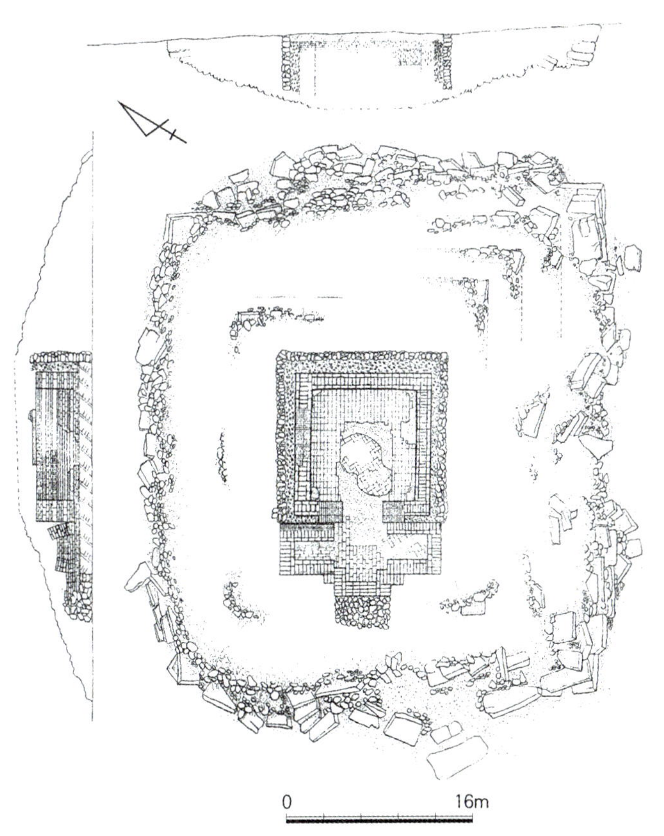

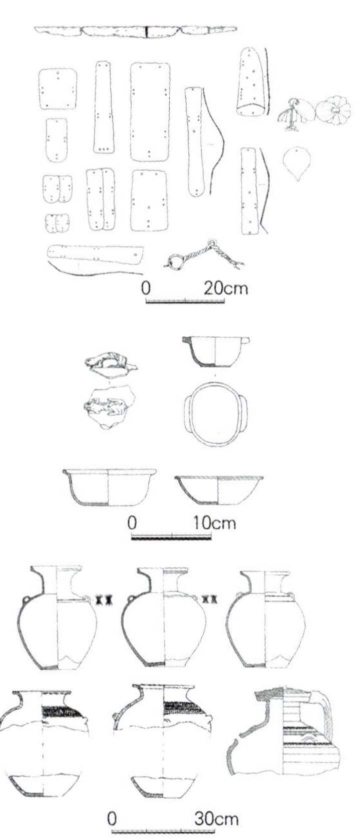

그림 Ⅴ-25 지안 우산하 3319호분

연도는 묘실의 서벽 중앙에 있으며 너비는 1.9m, 길이 1.05m이다. 연도입구에는 돌로 만든 문틀시설이 있다. 연도의 양쪽에는 3평1수로 쌓은 측실이 있다. 남측실은 깊이 2m, 너비 1.2m, 잔존 높이는 0.48~0.8m이며, 바닥은 삿자리식으로 벽돌을 깔았다. 남측실에서는 청자와 도기 및 금동장식편이 다량 출토되었다. 북측실은 깊이 2m, 너비 1.1m, 잔존 높이는 1~1.4m이다. 바닥에는 평행하게 벽돌을 깔았으며, 철제 갑옷편이 출토되었다.

출토유물로는 권운문 와당과 기와 그리고 금동제 장식구와 보요, 갑옷편, 못, 철제 갑옷과 재갈, 토기와 청자, 시유기 등이 있다. 권운문 와당은 두 종류로, 하나는 '乙卯年癸酉'로 판독되며, 다른 하나는 '太歲在丁巳五月廿日, 爲中郞及夫人造蓋墓瓦, 又作民四千, 餟盦?用, 盈時興詣, 得享萬世'로 판독된다. 을묘년은 355년, 정사년은 357년으로 비정되며, 정사년에 무덤을 덮을 기와를 만들었다는 내용으로 미루어 357년이 무덤의 연대와 가장 가깝다고 할 수 있다.

청자 반구호는 중국 동진제로 5점이 출토되었다. 복원된 3점은 높이 32~36cm 정도로, 어깨 양쪽의 귀가 있다. 귀는 쌍으로 된 것과 하나로 된 것 두 종류이며, 쌍으로 된 귀는 중앙이 오목하게 들어간 띠 모양이며 상면에 음각 시문이 있다. 하나로 된 것은 고리형이고, 무늬는 없다. 이러한 청자반구호는 중국 난징(南京) 북교의 온교묘와 인태산 왕흥 부부묘에서 출토된 청자와 형태적으로 대응된다. 시유기로는 호자, 계수호, 이배, 등잔, 발, 반 등이 부장되었는데, 이러한 조합은 중국 동진대 무덤에서 흔히 발견되는 것이다.

마구는 재갈과 화판형 운주 두 종류만이 출토되었다. 재갈은 줄을 꼬아서 만든 이련식이고, 재갈멈치는 남아있지 않는 것으로 보아 유기질제 표비로 추정된다. 운주는 입식이 없는 화판형으로, 화판은 10판이며 타원형 영락이 하나 달려 있다. 화판형 운주의 경우 대체로 입식이 없는 것에서 있는 것으로 변화한다는 점을 고려해보면 이 화판형 운주는 비교적 이른 특징을 갖고 있다고 할 수 있다.

우산하 3319호분은 계단적석총과 전실벽화분이 결합된 무덤으로 적석총과 전실분이 서로 배타적이지 않았음을 시사하는 한편, 중국 동진제 청자와 부장조합은 이 무덤의 주인공이 중국과 관련된 인물일 개연성을 시사한다. 따라서 우산하 3319호분은 4세기 중엽경 고구려 지배층 구성에서의 다원성을 보여주는 중요한 자료라고 할 수 있다.

(4) 지안 만보정 1078호분(만보정 78호분)(集安縣文物保管所 1979)

만보정 1078호분은 만보정 78호분으로도 불리는 계단적석총이다. 평탄한 대지에 적석총과

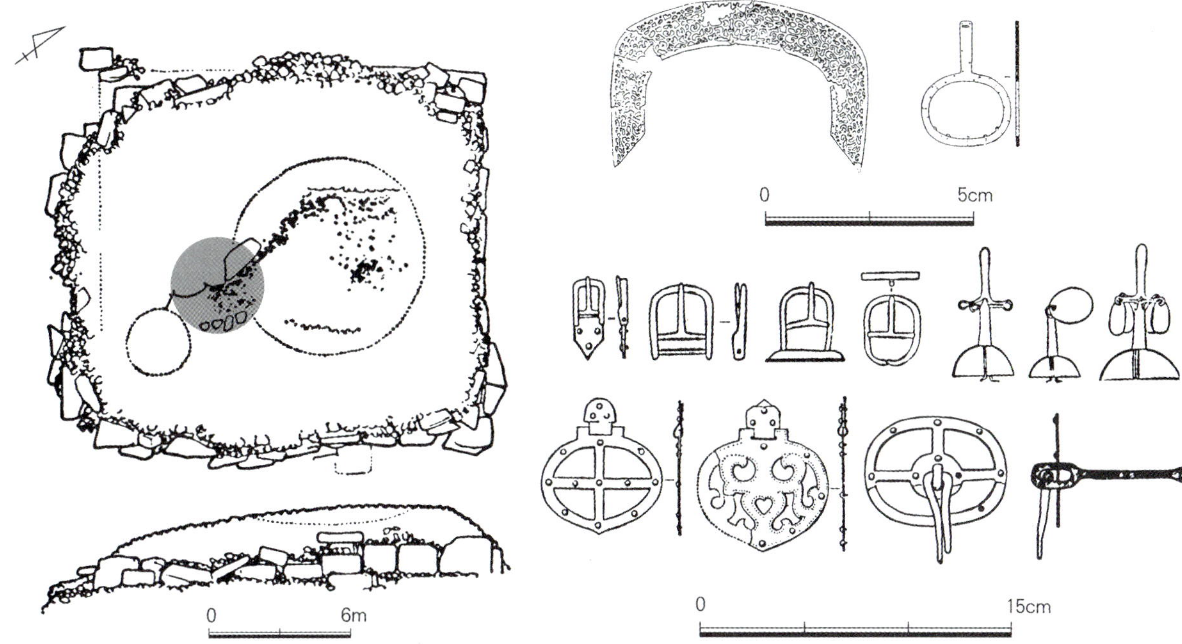

그림 Ⅴ-26 만보정 1078호분과 출토마구(둥근 범위 유물출토범위)(강현숙 2013)

봉토분이 함께 줄지어 있다. 서북쪽에는 구조와 규모가 비슷한 적석총이 있고, 동남쪽에는 봉토분이 있다. 적석총과 봉토분의 열상 배치로 볼 때 만보정 1078호분은 적석총에서 봉토분으로 변화의 과도기 모습을 보여준다.

무덤은 원래 방형 평면의 계단적석총이었을 것이나 파괴가 심하여 기단만이 남아있다. 기단은 가공된 장대석을 가지런하게 쌓고 내부는 냇돌로 채웠다. 한 변 길이는 17m로 방형 평면이고 잔존 높이는 3m이다. 기단 바깥쪽으로 보호석을 세웠던 것으로 보인다고 하나, 확실하지는 않다. 기단 중앙부의 지름 7m, 깊이 0.7m 정도 크기의 함몰갱이 매장부였을 것이며, 함몰갱의 동남쪽에서 묘도가 확인되어 매장부는 횡혈식 구조였음을 알 수 있다. 매장부의 바닥은 지표보다 1.6m 정도 높고, 바닥에는 두께 4~5cm 정도의 작은 냇돌을 깔아 넓이 36m² 정도, 높이 0.4m의 수평면을 만들었다. 묘도는 길이 2m, 너비 1.4m, 잔존 높이 0.5m이며, 묘도의 바닥에도 작은 냇돌을 깔았고, 천정석은 확인되지 않았다.

유물은 다종다양하여 묘실 바닥으로 추정 되는 곳에서 황색을 띠는 화덕, 동이, 호, 전연호 등의 시유기가 출토되었다고 하나 보고되지는 않았다. 묘도의 입구 쪽에 금동제 마구와 철제 마구 일습이 복수 부장되었으며, 이 중 마구류만이 보고되었다(그림 Ⅴ-26).

마구는 재갈은 남아있지 않고 재갈멈치만 잔존하는데, 재갈멈치는 타원형 판 중앙에 십자대가 있는 형태이다. 안교는 모두 다리가 높은 고안교로, 금동제 투조판을 덧댄 것과 금동제 투조 무늬가 없는 것 두 종류가 복수 부장되었다. 등자는 모두 윤등으로, 목심에 철판을 두른 것과 금동판을 댄 것 두 종류이다. 철판을 두른 등자의 발걸이 부분은 횡타원형이고, 발 딛는 부분에 철제 못 5개를 박아 발이 미끄러지지 않도록 기능적으로 고려한 발전된 형태이다. 장식마구로는 행엽과 반구형입식부운주가 있다. 행엽은 심엽형 철판에 십자상으로 구획된 금동판을 덧댄 것과 금동 투조판을 덧댄 것 두 종류이며, 전체 형태는 서로 같다. 십자상으로 구획된 금동판을 덧댄 행엽은 지판인 철판에 11개의 못을 박아 금동판을 고정했으며, 투조된 행엽은 권운무늬를 대칭되게 투조한 장식판을 덧대고, 무늬 주위에는 점각을 하였다. 반구형 입식부 운주는 입식부에서 한 가닥 줄이 나온 것과 네 가닥의 줄이 나 온 것 두 종류이며, 영락은 원형이다. 이러한 반구형 입식부 운주는 입식에 영락이 달린 가지가 한 개인 것과 4개인 것이 있다.

등자와 입식부 운주의 변천과정을 고려해 볼 때 만보정 1078호 무덤의 마구는 태왕릉보다 상대적으로 늦고, 황색시유도기는 마선구 1호분이나 장천 2호분과 유사하여서 만보정 1078호분의 연대는 5세기 전반경으로 비정된다.

우산하 1041호분은 줄여서 우산하 41호분으로도 불리는 벽화가 그려진 석실계단적석총이다. 1966년도에 통구고분군에 대한 조사에서 우산하 1041호분으로 편호되어 JYM1041호로 기록되었고, 1973년 조사에서 벽화가 확인되어서 1974년 발굴조사, 1975년 벽화에 대한 초보적인 보존처리 후 입구를 폐쇄하였다. 이후 1997년과 2008년도에 각각 재조사가 이루어졌고, 2008년도의 조사에서는 분구 계단과 석실과 연도에 대한 조사를 진행하였다.

무덤에서 동남쪽으로 약 600m 거리에 태왕릉이 있고, 서북쪽으로 약 200m에는 우산하 992호분이 있다. 분구는 동서 길이 약 22m, 남북 너비 약 21m의 방형평면이며, 잔존 높이는 2.4m 정도이다. 석실은 길이 3.15m, 남북 너비 2m의 장방형 평면에, 높이는 2.32m이다. 연도는 현실 중앙에 있으나, 파괴되어서 길이는 알 수 없고, 너비는 1.5m이다.

무덤은 지면을 파고 돌과 흙을 채워 기초를 만들었으며, 기초 가장자리를 돌아가며 기초석을 놓았다. 기초석은 가공한 화강암과 가공하지 않은 냇돌을 이용하였으며, 남쪽의 대형 화강암을 이용한 기초석은 둘레를 돌아가며 홈을 내고 그 위에는 계단석을 놓았다. 계단석은 가공한 대형 화강암이며, 계단 내부는 자갈로 채웠다. 계단석의 가장자리는 돌아가며 'ㄴ'

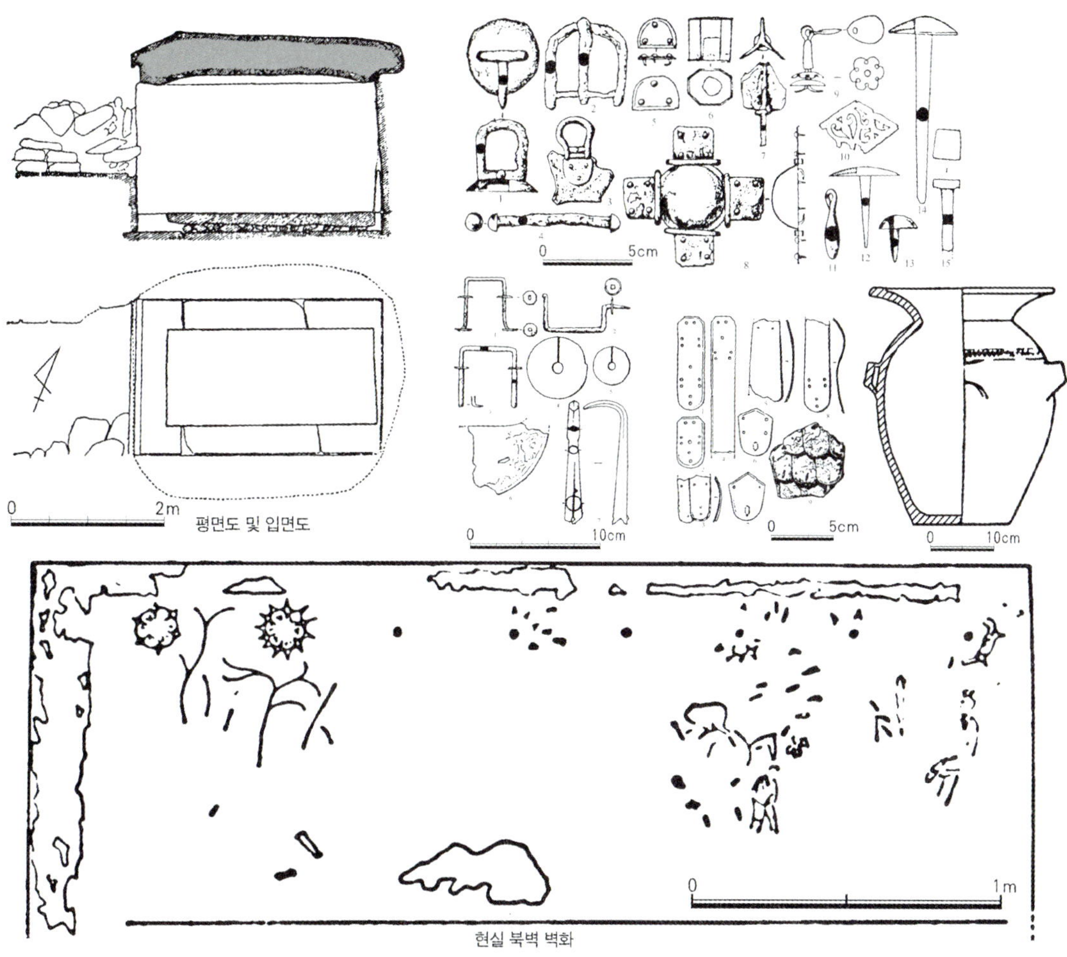

그림 Ⅴ-27 지안 우산하 1041호분(출토유물과 현실북벽 벽화)

자모양의 홈을 파고 그 위에 다시 계단석을 올렸다. 한 층의 계단은 몇 단의 돌로 이루어졌다 (그림 Ⅴ-27).

현실은 지표면 위, 무덤의 중앙에 자리한다. 바닥에는 고르게 다듬은 돌 3매를 깔고, 가공한 장방형 석재를 눕혀 벽석의 하단을 만들었다. 벽석의 하단석 위에 커다란 판석을 정연하게 세워 벽을 만들었다. 남, 북의 양 장벽은 길이 3.25m, 두께 0.42m에 달하는 판상 거석 한 매를 이용하였고, 동쪽 벽은 길이 2.5m, 두께 0.2m이다. 천장은 거대한 판석 한 매로 덮었다. 천장석의 크기는 길이 3.3m, 너비 2.9m이며, 가장 두꺼운 곳의 두께는 약 0.5m이며, 천장석의 동, 서, 남측의 세 가장가리에 벽석을 끼워 견고하게 하였다. 현실의 서벽쪽으로 연도가 있다. 연도는 석회암으로 만들었고, 천장은 2단의 평행고임이다. 파괴되어 동쪽 길이 1.5m

정도만 남아있으며, 연도의 바깥쪽 입구에는 길이 약 2m, 너비 약 1.35m 범위에 화강암을 깔았고, 화강암 두께는 약 0.4m로 현실 바닥보다 0.7m 정도 높다. 연도는 커다란 돌과 자갈로 폐쇄하였다.

현실 내에는 중앙에 커다란 화강암 한 매로 만든 관대가 하나가 놓여있다. 관대는 바닥에 냇돌을 깔고, 백회로 메운 다음 설치하였는데, 길이 2.8m, 너비 1.24m, 두께 0.1~0.18m, 전체 높이 0.2~0.3m이다.

벽화는 현실의 잘 다듬어진 벽에 백회를 고르게 바른 후 그림을 그렸다. 묘실벽화는 인물풍속도 계열로, 이미 박락되어 자세하지 않다. 북벽에는 연화문, 수렵도, 인물, 나무의 흔적이 확인되며, 동벽에는 들보와 묘주의 연음도가 확인되었다.

유물은 토기, 동기, 철기, 금동기, 금기 등 400여 점에 이른다. 발굴조사시 현실 입구와 연도 부근에서 유물이 확인되었으며, 나머지는 연도 부근의 도굴갱과 북측 계단의 돌더미에서 출토되었다. 금기는 금실 뿐이며, 금동기는 주로 장신구로, 대금구의 사미(鉈尾), 과판, 못과 보요, 장방형 장식품이며, 못은 철에다 금을 씌웠다. 철기는 주로 갑옷편과 여러 종류의 못이며, 이외에도 목심철피 등자가 있다. 시유도기는 황록색을 띠거나 홍갈색을 띤다.

무덤의 연대는 장군총 배총보다 늦게 보아 5세기 후엽으로 비정하거나(吉林省博物館文物工作隊 1979), 사이전연호, 입식부 운주 등으로 미루어 5세기 후반의 늦은 단계로 추정하고 있다(趙俊杰·馬健 2014). 고분의 규모와 출토된 유물로 미루어 무덤의 피장자는 관직이 높은 귀족이거나 왕족으로 추정된다.

2. 봉토분과 기단봉토분

봉토분은 흙을 덮어 매장을 마감한 무덤으로 분구는 원형 평면의 반구형도 있지만, 대부분 방형 평면의 방대형으로 원래는 방추형에 가까웠을 것이다. 기단봉토분은 기단을 돌리고 기단 내부를 돌이나 흙으로 채운 후 그 위에 매장부를 안치하고 다시 흙을 덮어 봉한 무덤으로, 기단적석총의 축조방식과 봉토분의 축조방식이 결합된 무덤이다. 봉토분이나 기단봉토분은 무기단, 기단, 계단으로 사회 내 위계가 분구에서 드러나는 적석총과는 분구와 석실의 규모 및 구조에 사회적 위계가 반영되어 있다.

매장부는 지면이나 반지하에 위치하며, 매장주체부의 일부나 전체가 분구 중에 자리한다.

매장부는 횡혈식 구조로 절대다수가 돌로 축조한 석실봉토분이며, 드물지만 서북한 일대에서는 벽돌로 축조한 예도 있고, 돌과 벽돌이 함께 사용되기도 한다. 매장부의 대다수가 돌로 쌓아서 봉토석실분 또는 석실분으로 부르기도 한다. 그러나 석실을 매장부로 한 무덤은 봉토분, 기단봉토분 외에도 적석총도 있어서 분구를 표현해 줄 필요가 있다.

무덤은 지면이나 반지하에 목탄과 점토, 또는 돌이나 삼합토 등을 켜켜이 다진 후 백회를 발라 바닥면을 정리한 후 벽을 축조한다(그림 V-28). 벽은 가공된 커다란 석재나 가공되지 않은 벽돌 크기의 할석으로 쌓아 올린다. 커다란 석재와 벽돌크기의 할석이 함께 사용되는 경우 큰 돌을 아래에 놓고, 그 위에 작은 돌을 뉘어 쌓는다. 장대석재를 이용한 경우 장대석을 기단석처럼 아래에 두고 그 위로 장대석을 뉘어서 쌓는데, 주로 대형분에서 관찰된다. 대소의 차이가 있지만 벽돌 크기의 할석으로 축조하는 경우 할석을 벽돌 쌓듯이 나란히 뉘어서 쌓아 올리는데, 서북한 일대의 생활풍속도계열 벽화분 뿐 아니라 중, 소형분에서 주로 관찰된다. 일부는 벽돌로 축조하기도 하며, 벽돌로 축조한 경우 천장부나 현실의 문주와 같은 문틀시설 등에 장대석이 벽돌 대신 사용되기도 한다.

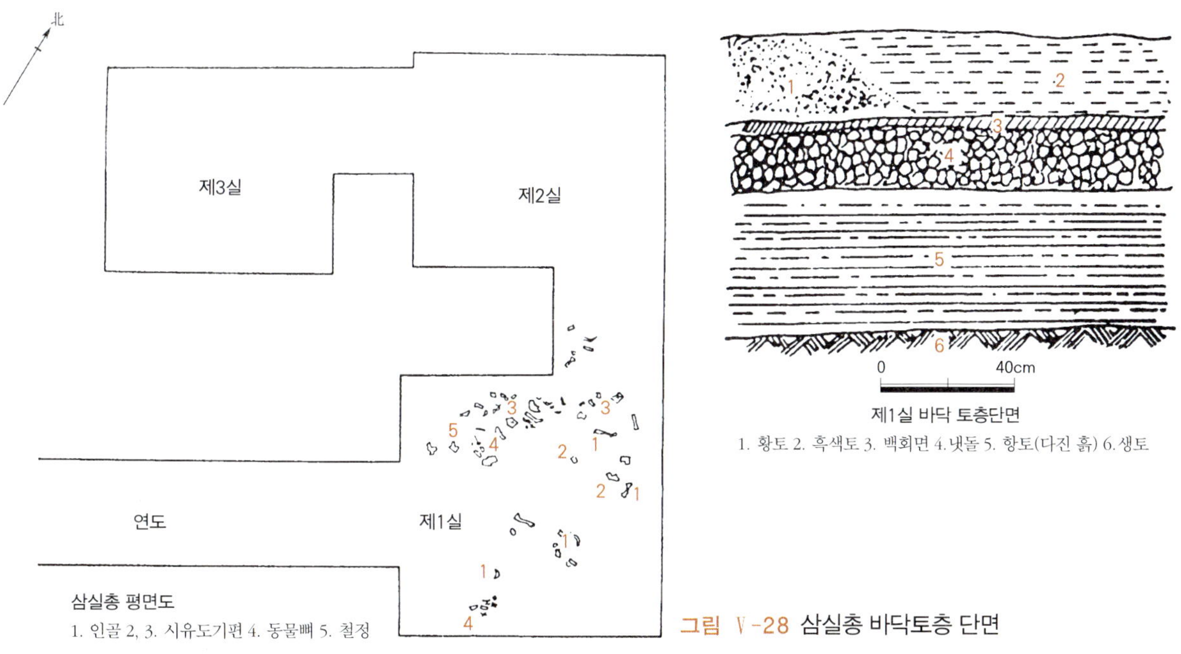

그림 V-28 삼실총 바닥토층 단면

1) 매장부 평면 구조

매장부는 횡혈식 구조로, 현실과 연도로 이루어진 단칸구조가 다수이다. 현실 외에 전실, 전
실 좌우의 측실이나 측감 등 여러 칸으로 구성되거나, 단칸이지만 연도 좌, 우벽에 측실이나
측감이 있기도 하여 복잡하고 다양하다. 이러한 복잡한 구조는 주로 벽화분에서 확인되며,
드물지만 적석총에서도 발견된다. 벽화가 없는 무덤은 대다수가 단칸구조이다.

현실은 규모가 작은 것은 한변 길이가 1.5m 내외이나, 큰 것은 3m를 넘지만, 장군총처
럼 한변 길이가 5m 되는 석실은 봉토분에서는 확인되지 않는다. 현실의 평면은 연도가 있는
방향을 길이로 하고, 이와 직교하는 쪽을 너비로 할 때 장방형, 방형, 횡장방형이 있다. 횡장
방형은 그리 많지 않으며, 방형이나 장방형이 다수이다. 현실 규모는 횡장방형, 방형, 장방형
순이다. 특히 장방형 현실 중에는 너비가 좁아 실질적 추가합장이 가능하지 못한 경우도 있
는데, 이러한 장방형 현실은 대개 동분이혈합장을 하였다(그림 Ⅴ-29).

연도는 현실의 한쪽 벽의 가운데 있는 중앙 연도와 오른쪽으로 치우쳐 있는 우편재 연도,
왼쪽으로 치우쳐 있는 좌편재 연도가 있다. 연도 위치가 시간에 따라 방향성을 갖고 변하지
는 않지만, 중국 동북지방의 지안, 환런, 퉁화 등지에서는 중앙 연도와 좌편재 연도가 우세한
데 비해 평양과 서북한 일대에서는 중앙 연도와 우편재 연도가 비슷한 비중을 점하여 지역
적 선호도 차이를 보인다.

연도 위치와 현실 평면을 함께 고려해 볼 때 고구려 석실은 방형 현실+중앙 연도 무덤이
가장 많은 비중을 차지하며, 횡장방형 현실+중앙 연도 무덤은 그 비중이 가장 낮다.

2) 천장가구

고구려 석실의 가장 큰 특징은 다양한 천장구조에 있다. 천장을 올리는 방법에 따라 천장은
평천정, 고임식천정과 궁륭식천정으로 대별된다(그림 Ⅴ-30).

평천정은 벽 위에 커다란 돌 몇 매를 횡가한 것이다. 주로 현실 폭이 좁은 장방형 평면 내
지는 횡구식 석실에서 확인되며, 소형분의 경우 평천정이 다수이다. 지안 우산하 742호분은
벽 위에 커다란 돌 몇 매를 횡가하였고, 마선구 안자구 402호분은 거대한 석재 1~2매를 천
장돌로 이용하였다.

고임식은 벽면 위에 돌을 한단 한단 내밀며 쌓아 올리는 방법으로 천장을 올려다 볼 때
보이는 모양에 따라 몇 가지로 나뉜다. 평행고임은 네 변에서 일정한 폭으로 내밀면서 올라

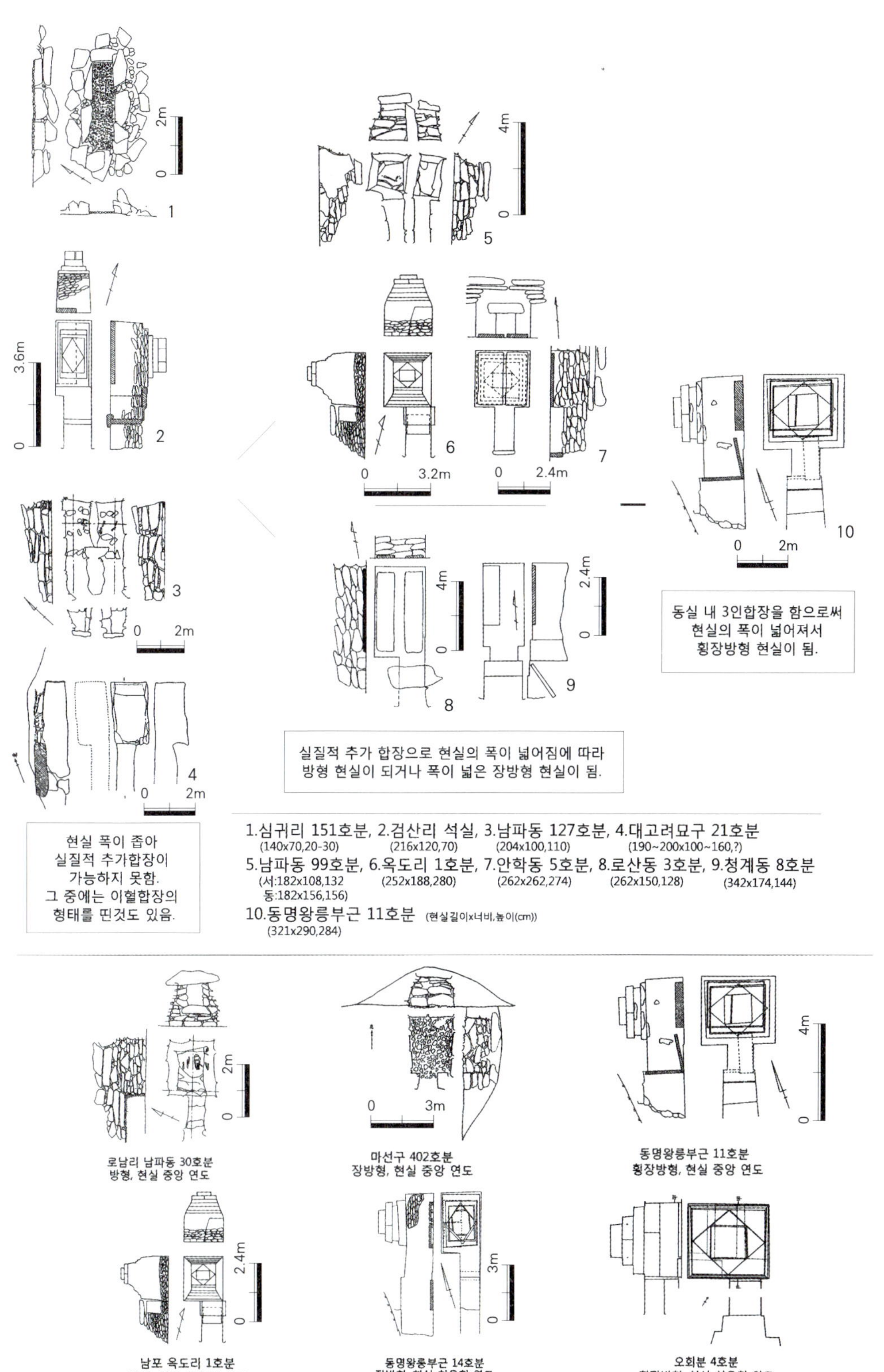

그림 Ⅴ-29 석실의 여러 형태(강현숙 2013)

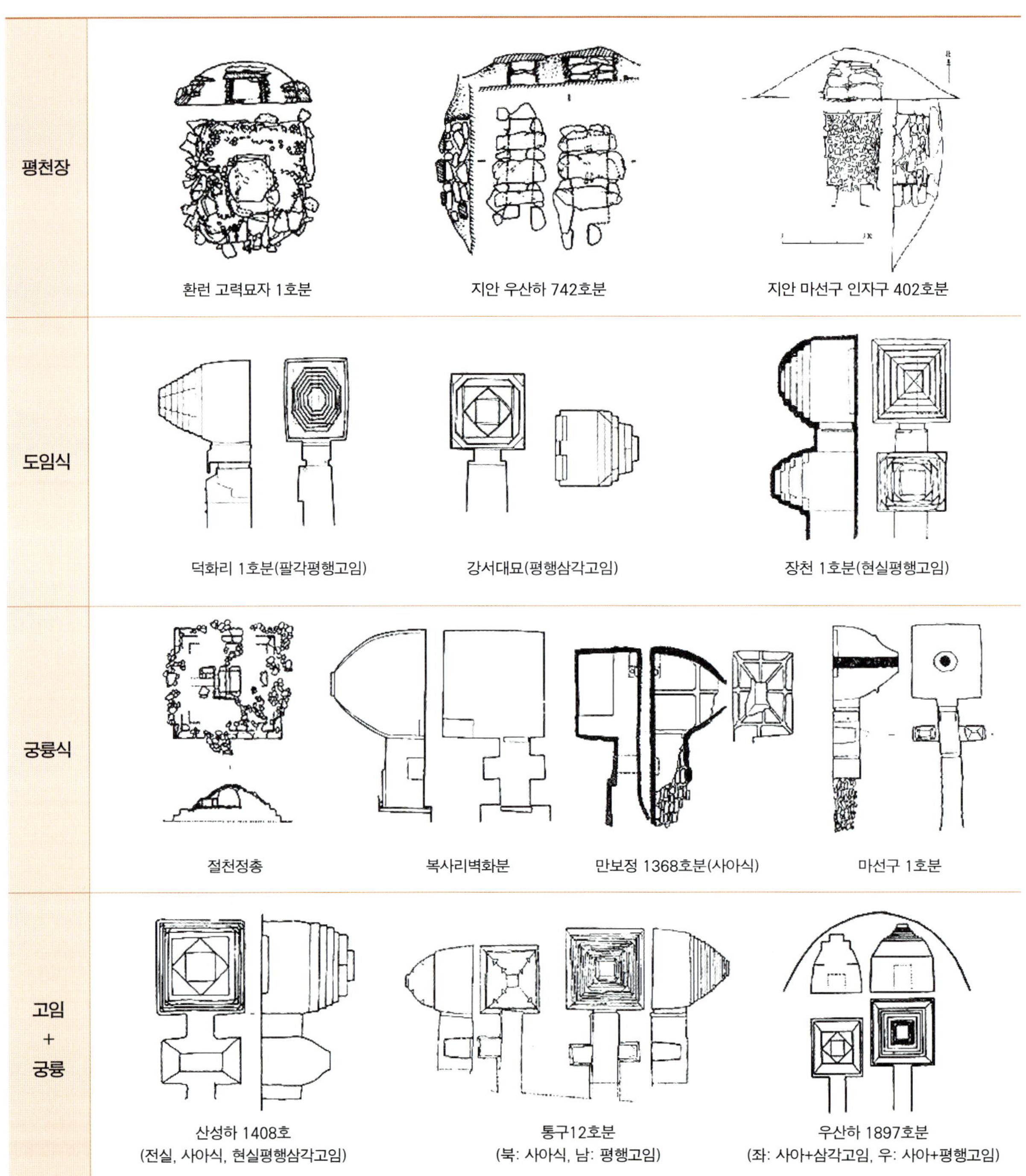

그림 Ⅴ-30 석실의 여러 천장가구(ⓒ강현숙)

간 것이며(장천 1호분 현실, 통구 12호분 우실), 삼각고임은 귀접이하듯이 네 변의 모서리에 비스듬하게 돌을 고여 아래에서 보면 모서리에 삼각형의 고임석이 보이며(우산하 1897호분 좌실), 팔각고임은 삼각고임과 비슷한 방식으로 고여 아래에서 보면 천장 평면이 팔각형이다(덕화리 1호분). 고임의 단 수가 많을수록 천장은 높아지게 된다. 평행삼각고임은 평행고임을 한 후 삼각고임을 하여 천정부의 면적을 줄인 것으로 대개는 평행고임과 삼각고임이 혼합된 것이다(강서대묘).

궁륭식은 네 벽의 모서리를 죽이면서 조금씩 안으로 들여 둥글게 쌓아올리면서 천장 상부의 면적을 둥글게 좁혀가는 방식이다(복사리벽화분, 마선구 1호분). 네 모서리의 선이 살아있는 것을 궁륭상과 구별하여 사아천정으로 부르며(만보정 1368호분, 통구 12호분좌실), 사아식처럼 올라가다가 중간에 꺾어서 마무리한 천정을 절천정이라고 하여(절천정총, 산성하1408호분 전실), 사아천장과 구별하기도 한다.

석실에서 가장 많이 사용되었던 천장가구는 2~3단의 평행고임 위로 1~2단의 삼각고임을 하여 천장부 면적을 줄인 후 한 장의 막음돌로 덮은 것이다. 흔히 평행삼각고임으로 불리는 이러한 천장가구는 벽돌무덤에서는 보이지 않지만, 이른 시기 벽화분인 안악 3호분에서 사용되었던 천장가구로 석실벽화분 축조에 벽돌무덤과는 다른 기술계통이 있었음을 시사한다.

3) (판석조) 석붕형 석실

석붕형 석실은 판상석 1~2매를 이용하여 벽을 세운 후 커다란 돌 1~2매를 횡가하여 뚜껑을 하고, 한쪽 단벽을 입구로 한 것으로 마치 북방식 지석묘 같아서 중국에서는 석붕형(石棚形) 석실이라고도 한다. 이로부터 고구려 석실분의 기원을 청동기시대 지석묘에서 구하기도 하지만, 석붕형 석실의 대부분은 분구가 남아있지 않아 동실묘 또는 봉석묘로 불린다.

태왕릉의 배총 외에도 환련, 관뎬, 평청 등지에서는 소형 무기단적석총의 매장부로 확인되며, 서북한일대의 용강군 황산남록의 이실총, 삼실총, 칠실총 등은 봉토가 멸실되어 지상에 석실이 노출되어서 마치 개석이 없어진 북방식 지석묘와 같은 형상이다(그림 V-31). 따라서 판석조의 석붕형 석실은 적석총 혹은 고구려 석실의 기원을 설명하는데 단서가 될 수 있으므로 향후 관심을 가질 필요가 있다.

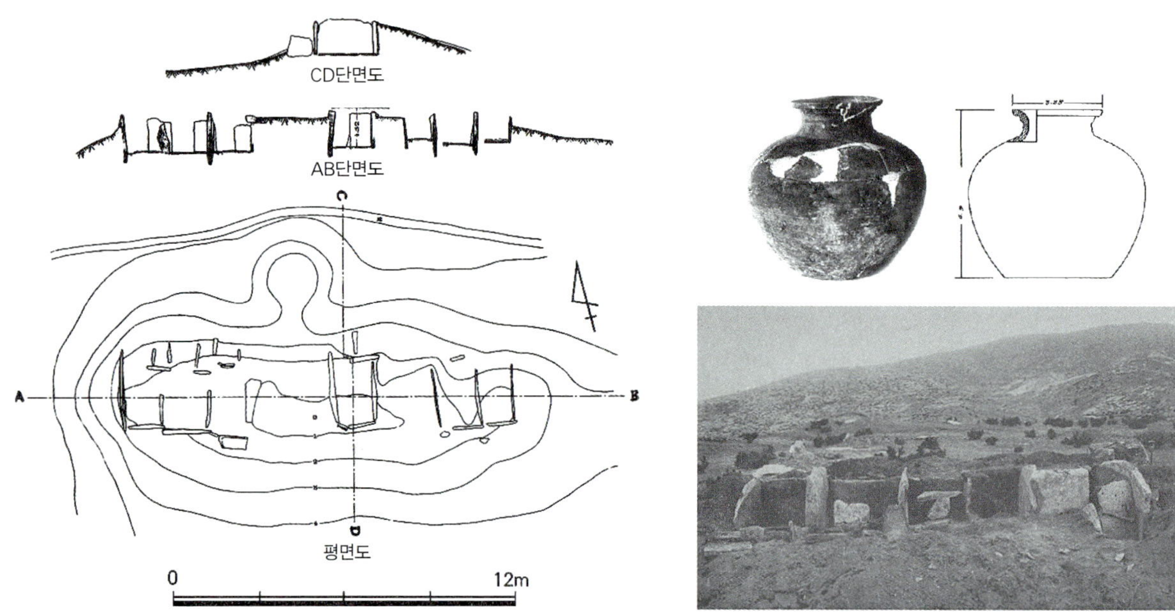

그림 V-31 황산남록 칠실총(『高句麗時代之遺蹟』下册:도638,642,661,662)

3. 벽화분

벽화분은 무덤 내부에 그림을 그려 장식한 것으로, 고구려 고분을 대표하는 무덤 형식의 하나이다. 현재 중국 랴오닝성 환런과 지린성 지안, 그리고 서북한의 평양, 안악 등지에서 110여 기가 확인되어서 4세기 이후 고구려는 중국 한나라를 대신하여 동아시아 벽화분의 중심지가 되었다.

벽화분은 대부분 석실봉토분이지만, 석실계단적석총이나 전석혼축실계단적석총, 기단석실봉토분에서도 벽화가 확인되었다. 지안의 우산하 1041호분, 절천정총, 산성하 725호분, 산성하 1405호분, 산성하 1408호분은 석실계단적석총이며, 우산하 3319호분은 전석혼축실계단적석총이다. 평양역전이실분은 벽돌이 주 재료이나, 현실 입구 문틀이나 벽의 상부는 돌로 축조한 전석혼축실봉토분이다.

1) 매장부

(1) 평면구조

벽화분의 매장부는 단순한 구조에서부터 복잡한 구조에 이르기까지 다양하다. 주검이 안치되는 현실이 하나인 단순 구조에서부터 현실 외에 통로로 별도의 공간이 연결되기도 하고 두 개 이상의 현실을 갖기도 한다. 벽화분의 이러한 복잡한 구조는 동시기 백제와 신라와는 다른 고구려만의 커다란 특징이다. 따라서 벽화분의 매장부는 주 매장공간인 현실을 포함한 공간의 수에 따라서 나누어 볼 수 있다(그림 Ⅴ-32).

단칸구조는 주검이 안치되는 현실과 외부와의 연결 통로인 연도로 구성되어 있는데, 현실과 연도 위치에 따라 몇 가지 평면형으로 대별된다. 현실은 방형과 장방형, 횡장방형으로 나뉘며 방형평면이 다수이다. 연도 중앙과 좌, 우편재 연도 등이 있으며, 중앙연도가 다수를 점한다. 따라서 단칸구조는 방형현실+중앙연도, 장방형현실+중앙연도, 장방형현실+우편재연도, 횡장방형현실+중앙연도와 우편향 중앙연도 순으로 관찰된다. 드물지만, 생활풍속도벽화분인 장산동 1호와 2호분은 장방형현실+중앙연도이며, 태성리 2호분은 장방형현실+우편재연도이며, 현실 좌우에 벽감이 있다. 사신도 벽화분는 방형현실+중앙연도의 단칸구조이나, 통구 오회분 5호분은 횡장방형현실+중앙연도, 오회분 4호분은 횡장방형현실+우편향 중앙연도이다.

유사두칸구조는 현실과 긴 연도를 기본구조로 하며, 긴 연도의 양쪽 벽에 대칭되는 측실이 횡장방형 전실처럼 보여서 평면상으로는 두칸구조와 유사하다. 연도와 양벽의 좌우 측실은 통로없이 연결되며, 측실의 천장이 높지 않다는 점에서 두칸구조의 횡장방형 전실과 구별된다. 주로 중국 지린성 지안의 적석총과 봉토분에서 확인되며, 절천정총, 산성하 725호분은 벽화가 있는 계단적석총이며, 고산동 15호분, 산성하 983호분, 산성하 332호분은 봉토분이다.

두칸구조는 현실의 수와 배치에 따라서 현실과 전실, 연도가 종렬배치된 것과 두 개의 현실이 횡으로 병렬배치된 것으로 나뉜다. 현실과 전실, 연도가 종렬배치된 구조는 벽화분을 대표하는 평면형으로, 현실의 평면과 전실의 평면형태에 따라 여러 형태가 있다. 현실은 장방형도 있지만, 대개 방형이며, 전실은 종장방형, 방형, 횡장방형이 있고, 횡장방형 중에는 횡축 길이가 더 길어진 횡세장방형도 있어 다양하다. 연도는 모두 중앙연도이다. 가장 많은 비중을 점하는 평면구조는 방형 현실, 횡장방형 전실 평면구조로 현실과 전실의 장축은 직교한다. 덕흥리벽화분과 약수리 벽화분, 감신총, 동암리벽화분, 지안 모두루총과 장천 1호와 2호분은 곁칸이 없는 횡장방형 전실이며, 천왕지신총, 룡강대총, 간성리 연화총은 횡축이 길어진 횡세장방형 전실이다. 횡세장방형 전실은 천장을 3분하여 각기 천장가구를 달리하기도 한다. 한편, 전실이 종장방형 평면인 무덤으로는 지안 마선구 1호분과 평양 고산동 7호분을 들 수 있다. 이 두 무덤은 전실에 비해 현실이 크다는 점에서 유사하다. 방형 전실 무덤으로는 평양역전이실분과 고산동 10호분을 들 수 있다. 두 무덤 모두 방형 현실이 전실에 비해 크다.

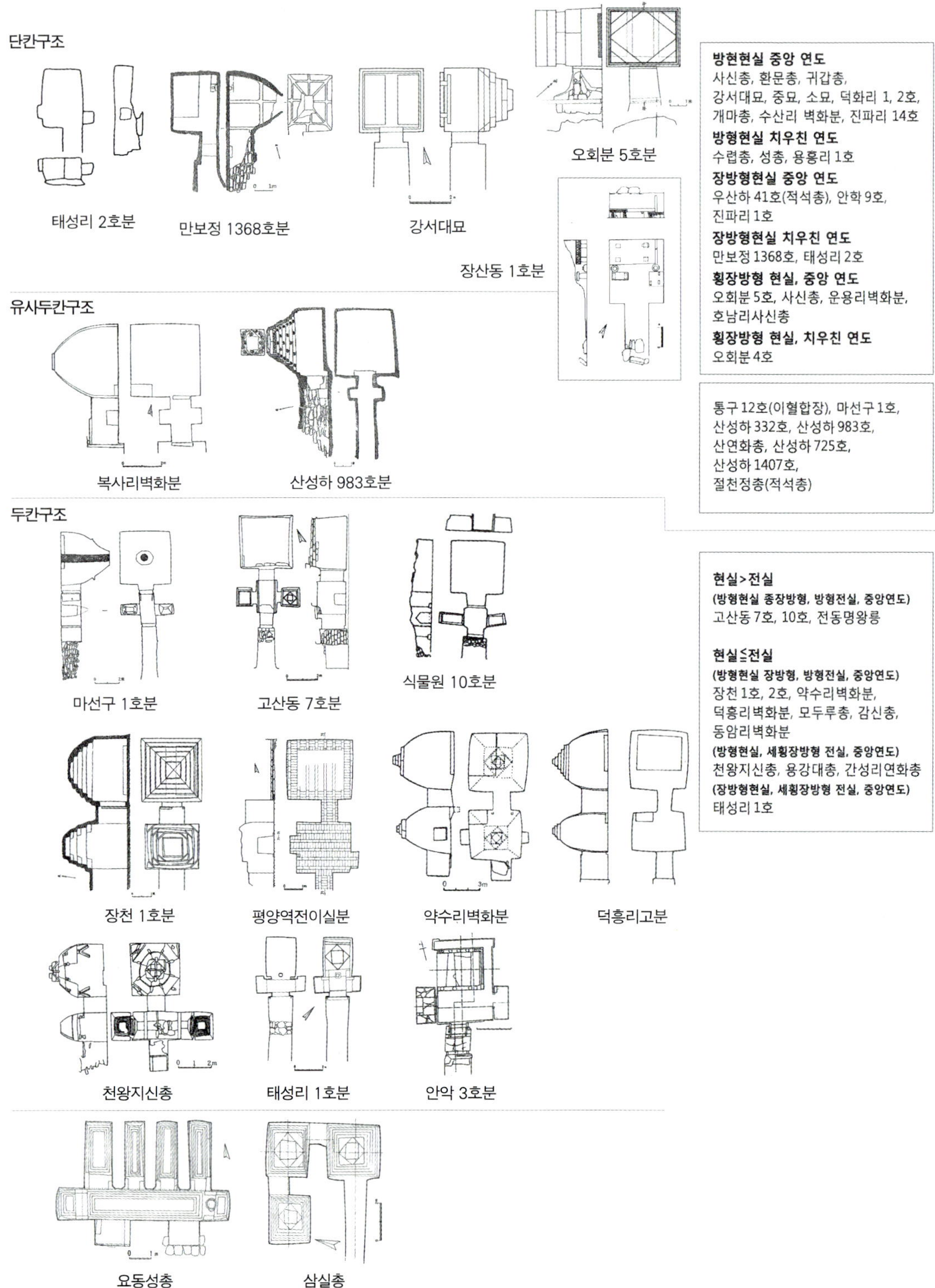

그림 Ⅴ-32 벽화분 매장부 구조(ⓒ강현숙)

두칸구조 중 안악 3호분과 태성리 3호분 그리고 태성리 1호분은 예외적인 구조이다. 안악 3호분은 방형 현실, 회랑이 현실을 'ㄱ'자 상으로 돌아가며, 현실과 전실은 기둥으로 구획되어 있으며, 전실 좌우에 통로로 연결된 측실이 있고 연실과 연도로 구성되었다. 태성리 3호분은 안악 3호분과 같으나 회랑이 현실을 'Γ'자상으로 돌아간다. 태성리 1호분은 장방형 현실과 횡세장방형 전실이 통로없이 연결되었고, 전실 벽의 북측으로 벽감을 만들었다.

현실 두칸이 병렬배치된 무덤은 현재 지안 우산하 2174호분 한 기만이 보고되었다. 지안 우산하 2174호분은 남, 북 방향으로 현실 두 기가 통로로 연결되었고, 연도는 남측 현실의 좌측에 위치한다. 한편, 삼실총은 현실 세 칸이 통로로 연결되었다. 북편(왼쪽)으로 현실 두 개가 종으로 연결되고, 북편의 위쪽 현실과 남편(오른쪽) 현실이 연결되고, 입구는 남편 현실의 중앙연도가 되어서 전체가 'ㅠ' 상으로 배치되었다. 현실이 네 칸인 무덤으로는 요동성총을 들 수 있다. 요동성총은 짧은 연도 2개와 횡으로 긴 전실 그리고 주검이 안치되는 4칸이 병렬배치된 무덤이다. 주검 칸은 세장한 형태로 너비가 가장 넓은 서측이 1.12m이고 나머지 3칸은 0.8m, 0.86m, 0.88m로, 주검 칸은 실질적으로 추가합장은 가능하지 않은 관 하나가 들어가는 관실이라고 할 수 있다. 4개의 관실이 하나의 긴 횡장방형 전실을 공유한 관실병렬배치 무덤으로 고구려에서는 유례가 없는 이질적인 구조이다. 관실이 병렬배치된 이러한 구조는 중국 랴오닝성 랴오양 일대의 후한에서 위진대에 걸친 벽화분에서 확인되고 있어 고구려와 중국 동북지방과의 교류를 시사한다.

(2) 천장가구

벽화분이 오늘날까지 잘 남아있는 것은 견고하고 완전히 밀봉된 석실 축조에 있다. 특히 두 가지 이상의 방법을 사용하여 천장을 높게 쌓아올렸음에도 천장이 무너지지 않고, 분구로부터 오는 압력을 분산시킨 것은 고구려 벽화분의 탁월한 구조적 특징이라고 할 수 있다.

현실은 높게 쌓아 올린 천장으로 넓은 실내공간을 갖게 되었고, 벽과 천장의 경계에 들보를 그려서 벽과 천장을 구별하였다. 현실 벽의 네 모서리에는 기둥을 그리고, 천장부에는 해와 달, 별, 구름 등과 함께 상서로운 상상 속의 동물이나 설화, 불교 내용 등을 그린다. 벽과 높게 쌓은 천장은 계세관념의 구조적 고려이기도 하다.

대부분의 벽화분에서는 궁륭상이나 고임식의 두 가지 이상의 방법으로 천장을 높게 쌓았지만(그림 V-30 참조), 사신도 벽화분이 중심이 되는 6세기 이후가 되면 천장은 평행고임 1~2단 위에 삼각고임 2~3단을 올려서 천장의 높이는 생활풍속도 벽화분에 비해 상대적으로 낮아지는 경향을 보인다. 생활풍속을 주 내용으로 하는 4, 5세기대의 벽화분의 천장가구가 계세관념의 구조적 표현이라고 한다면, 사신도가 벽화의 중심이 되는 6세기 이후 벽화분에서의 천장가구의 변화는 계세관념 변화와도 관련이 있을 것이다.

(3) 그 외 시설

생활풍속도 계열 벽화분의 묘실에서는 주검 안치시설 외에 석상 또는 석주 등의 구조물도 확인된다.

석상은 두칸구조의 무덤에서는 전실에, 단칸구조의 무덤에서는 현실 입구 쪽에 놓여 있어서 제단과 같은 기능을 했을 것으로 추정된다. 두칸구조 무덤으로는 약수리벽화분, 복사리 벽화분, 팔청리벽화분, 동암리벽화분, 덕흥리벽화분이 있다. 덕흥리벽화분의 석상은 전실의 서측 북벽의 남묘주도 앞에 놓여 있어 배례나 제의와 관련된 시설물이었을 가능성이 있다. 단칸구조로는 생활풍속도계열의 장산동 1호분과 장산동 2호분, 그리고 사신도벽화분인 통구 사신총이 있다. 장산동 1호분과 2호분은 장방형 현실, 중앙연도의 단칸구조 무덤으로 현실의 장축과 직교하게 관대가 놓이고, 각 관대 앞에 석상 한 기가 놓여있어서 제의와 관련된 시설물로 추정된다.

석주는 현실 내부나 현실과 전실 사이 혹은 전실에 세워져있어 공간을 분리하는 역할과 함께 천장석을 받치는 역할도 한다. 지안 마선구 1호분은 현실 중앙에 세워져 천장 막음돌을 받치고 있어 천장을 받치는 역할과 함께 현실의 공간을 둘로 나누는 기능을 한다. 안악 3호분의 석주는 전실과 현실의 공간을 장산동 1호분과 2호분은 현실 내에 기둥을 세워 주검이 안치된 관대와 석상의 공간을 구획하고 있다. 팔청리 벽화분과 쌍영총에서는 전실과 현실 사이 통로에 기둥을 세워 실질적으로 공간을 나누는 역할은 아니지만 쌍영총의 8각 기둥에는 용이 그려져 있어 장식성을 강조하고 있다(그림 Ⅴ-33).

2) 벽화

무덤 내부에 그림을 그려 장식하는 것은 횡혈식 장법과 함께 새로 수용된 일종의 장의예술이라고 할 수 있다. 석실 내부 전체를 화면으로 삼아 벽에는 묘주의 초상화와 생활의 여러 장면, 그리고 연꽃이나 '王'자, 둥근무늬, 거북등(사방연속육각형)무늬 등의 장식도안과 사신을 그리고, 천장에는 해와 달, 구름, 별, 각종의 상서로운 동물과 선인, 불교관련 내용 등을 그렸다.

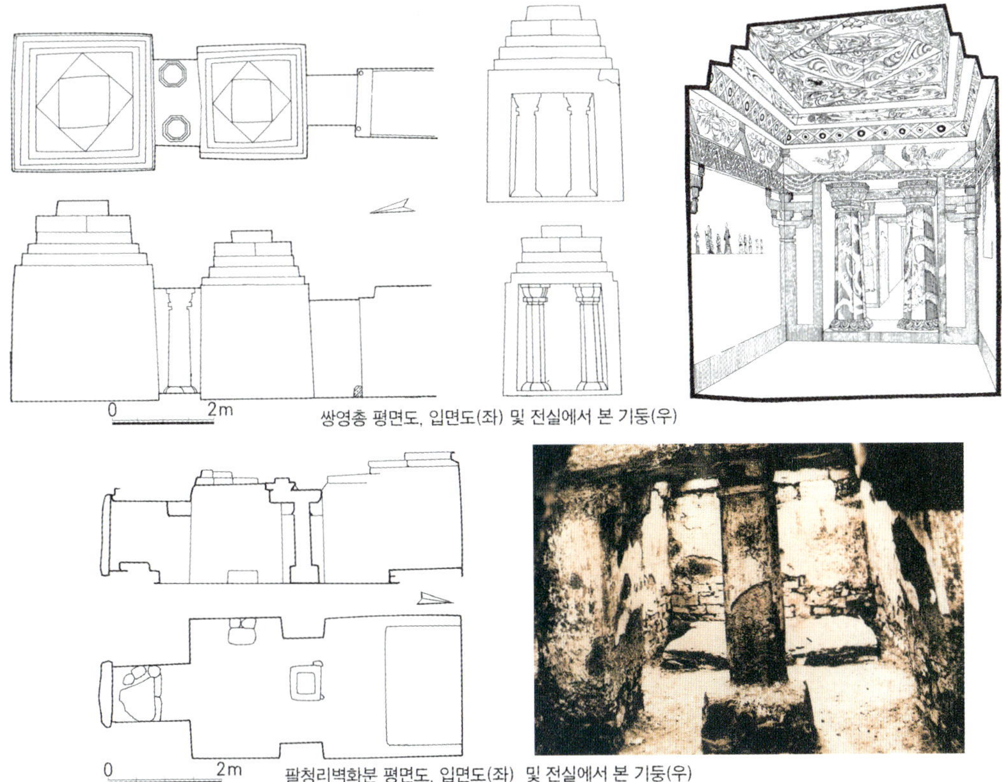

그림 Ⅴ-33 석실내 기둥

벽면에 그려진 그림을 기준으로 벽화는 크게 생활풍속도계열, 사신도계열로 나뉘며(그림 Ⅴ-34), 장식도안은 생활풍속의 배경 내지는 단독으로 표현되기도 하는데, 주로 지안일대의 벽화분에서 장식도안이 단독으로 나타난다.

화면처리는 백회로 정면한 것과 잘 다듬은 돌 위에 직접 그린 것으로 나뉜다. 생활 풍속의 여러 장면이나 장식도안은 벽면에 백회를 발라 잘 정리한 후 백회가 마른 후 그림을 그리기도 하지만, 대개는 백회가 완전히 마르기 전에 그림을 그린다. 사신도 계열 벽화는 백회 위에 그리기도 하지만, 잘 다듬은 돌 위에 직접 그리기도 한다. 무덤 구조는 생활풍속도 계열 무덤은 단칸, 두칸, 여러 칸 등 다양하게 나타나지만, 사신도계열 무덤은 단칸구조이다.

묘실벽화는 벽면의 벽화의 주제에 따라 생활풍속도계열에서 사신도계열로 변화하며, 장식도안 벽화분은 생활풍속도보다 늦게 등장하였으나 5세기 중엽 이후에는 일정기간 병존한다. 생활풍속에서 사신도 계열 벽화분으로 변화의 과도기에 해당되는 벽화가 생활풍속도와 사신도가 결합된 벽화이다.

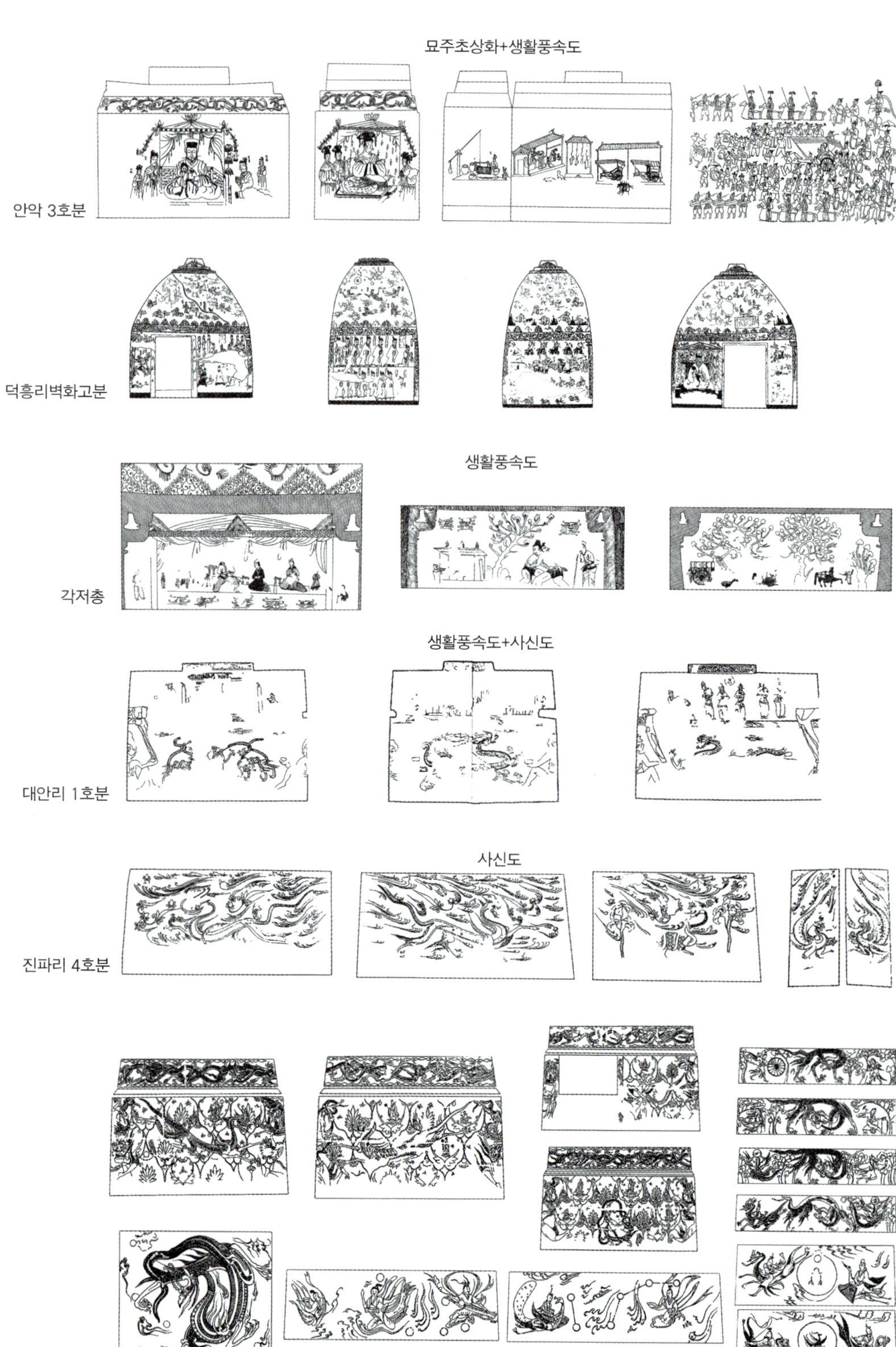

그림 Ⅴ-34 벽화 여러 내용(강현숙 2013)

(1) 생활풍속도

벽면에 실생활의 여러 장면을 표현한 생활풍속도 계열의 벽화는 현실이나 전실 내부의 네 모서리에 기둥을 그리고 벽면과 천장의 경계부에는 서까래와 들보를 그려 넣어 현실을 목조 가옥의 내부처럼 표현하였다.

벽면에는 묘주로 추정되는 인물의 초상화나 출행도, 하례도, 빈객도(賓客圖) 등 사회적 지위를 보여주는 장면과 그리고 식생활의 모습을 보여주는 식재료, 부엌과 조리 장면, 그리고 식사하는 장면과 여기에 우물, 푸줏간, 방앗간 그리고 마구간, 외양간 등의 부속 건물 등을 그려 넣었다. 따라서 생활풍속 관련 제재를 종합해 볼 때 매장부는 그 자체가 장원이라고 할 만한 대저택을 표현하고, 의식주 생활과 관련된 내용들, 그리고 무용, 씨름, 기예 등의 오락잡기와 사냥이나 전투 장면 등의 여러 모습은 대저택에서의 생활의 일면을 보여준다.

천장부에는 해와 달, 구름, 별과 각종의 신과 길상을 상징하는 상상 속의 동물들, 사신, 비천·보살·불탑 등의 불교 요소, 견우직녀 설화 등을 그려 넣었다. 이러한 제재들은 벽면의 생활 장면들과 함께 이상향이라고 생각하는 상상 속의 하늘세계에서의 영생을 바라는 계세관념을 표현한 것이다.

생활풍속은 전체 벽화분에서 가장 많은 비중을 점하는 제재로서, 안악 3호분과 덕흥리벽화분은 인물과 생활풍속의 장면이 결합된 대표적인 무덤이며, 각저총과 무용총, 수산리벽화분은 생활의 여러 장면을 표현한 벽화분이며, 요동성총은 요동성도, 통구 12호분은 전쟁 장면이 생생하게 그려진 생활풍속 계열 벽화분이다.

(2) 생활풍속도와 장식도안

장식도는 단독으로 표현되기도 하지만, 생활풍속의 여러 장면의 배경무늬로 표현되기도 한다. 단독으로 표현되는 도안으로는 연꽃이나 '王'자, 동심원의 둥근무늬, 거북등(사방연속육각형)무늬 등으로, 연꽃도안이 장식무늬의 다수를 차지한다. 장식도안 벽화

그림 Ⅴ-35 감신총 벽화분 '王' 도안(ⓒ강현숙)

분은 주로 지안 일대의 벽화분에서 확인된다. 생활풍속 여러 장면의 배경무늬로서 장식도안은 연꽃무늬와 물결무늬 안의 '王'자 도안무늬가 중심이 된다. 환런 미창구 1호분(米倉溝 1호분, 장군분)도 연꽃무늬 장식도 벽화분이며, 장천 2호분은 측실에는 '王'자 도안을, 현실 벽면과 천장에는 연꽃 도안으로 장식하였으며, 감신총의 경우 묘주로 추정되는 인물의 배경무늬로서 물결 무늬 안에 '王'자 무늬가 있다(그림 Ⅴ-35).

(3) 생활풍속도와 사신도의 결합

천상 표현의 한 요소였던 사신이 벽면에 그려지므로써, 사신은 생활풍속과 벽면을 공유하게 된다. 따라서 생활풍속과 사실이 결합된 벽화는 사신의 비중에 따라 생활풍속이 주가 되는 것과 사신이 주가 되는 것으로 나눌 수 있다.

생활풍속이 중심이 되는 것으로는 쌍영총이 있다. 쌍영총은 사신을 현실과 전실에 나누어 배치하였는데, 현무는 현실 북벽의 묘주도 옆에, 주작은 현실 남벽의 천장에 그리고, 청룡과 백호는 전실의 동, 서벽에 그려 넣었다.

사신이 비중이 큰 무덤은 단칸구조로, 벽면에 백회 미장을 한 다음 벽화를 그렸다. 덕화리 1, 2호분이나 대안리 1, 2호분은 기둥과 들보로 현실 내부를 목조가옥처럼 표현하고 벽면을 상하로 분할하여 생활풍속도 제재와 사신을 그렸고, 고산동 1호분은 현실을 기둥과 들보로 목조가옥으로 표현하고, 벽면에는 사신을 그렸다(그림 Ⅴ-36). 개마총은 목조가옥 표현없이 현실 벽에 사신을 그리고, 천장 고임에 묘주의 개마 출행을 그렸다. 이처럼 생활풍속도와 사신도가 결합한 벽화분은 생활관련 내용이 차츰 줄어들거나 사라지는 반면 사신의 비중은

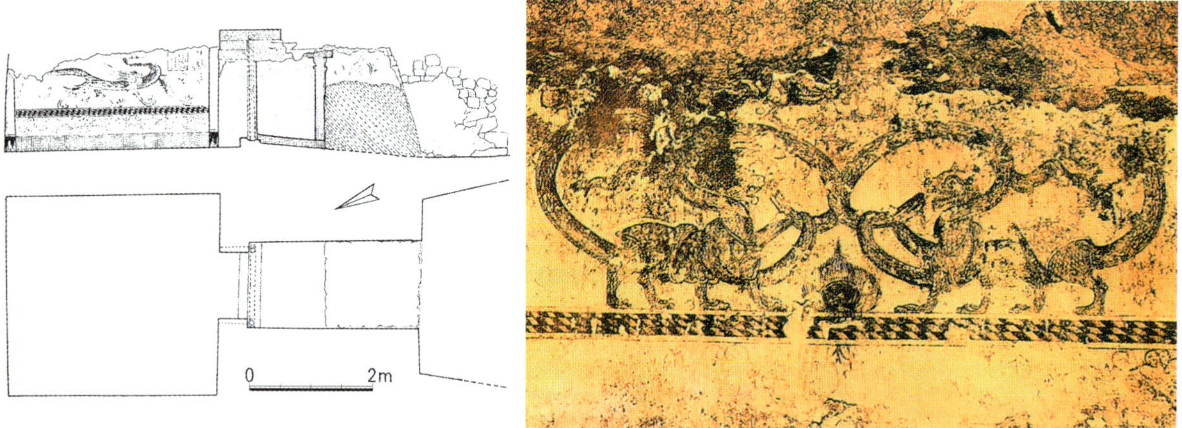

그림 Ⅴ-36 고산동 1호분 벽화(조선유적유물도감편찬위원회 1990)

커지는 경향을 보인다.

(4) 사신도

사신도 벽화분은 생활풍속도 벽화분과 달리 단칸구조이고 방형 현실과 중앙 연도, 평행삼각
고임으로 정형성을 띤다. 생활풍속 계열의 벽화에서 나타나는 목조가옥의 구조는 확인되지
않으며, 벽면의 중심에 방위에 맞춰 사신을 배치하게 된다. 사신은 백회 미장 후에 그리거나
잘 다듬은 돌 위에 직접 그렸다. 내리 1호분과 진파리 1호분과 4호분이 백회 미장 후 사신을
그렸다. 호남리사신총은 대리석으로 축조된 벽에 직접 그렸고, 통구 오회분 4호와 5호분, 통
구 사신총, 강서대묘와 강서중묘에는 잘 다듬은 화강암 위에 직접 사신을 그렸다. 사신의 배
경무늬로 벽면에는 날아가는 구름무늬, 연꽃무늬, 화염무늬 등을 그렸으며, 진파리 1호분에
서는 소나무를 그렸다. 천장에는 해와 달, 구름과 별자리, 인동문, 연꽃, 여러 신 등을 그리고
천장 막음돌에는 연꽃이나 황룡을 그려 넣어 하늘세계를 표현하였다.

계세관념이 표현된 생활풍속도 벽화분과는 달리 사신도 벽화분은 무덤은 죽은 자가 매장
된 곳이며, 현실 벽면의 사신은 죽은 자를 사방에서 지켜주는 수호신 역할을 한 것으로 볼 수
있다. 때문에 사신도 벽화는 죽은 자를 매장한 무덤 고유의 기능에 충실한 고분벽화라고 할
수 있다.

3) 벽화분의 출현과 전개

무덤 내부에 그림을 그려 장식한 장의예술은 일찍이 중국 한나라에서 크게 유행하였기 때문
에 고구려의 벽화분도 중국의 영향으로 등장한 것으로 보아왔다. 더욱이 벽화분 분포의 중심
지인 서북한 일대가 낙랑, 대방군이 자리하였던 곳이다 보니 중국 한나라의 묘실벽화도 낙
랑, 대방군을 거쳐 등장한 것으로 이해하기도 했고, 요동성총이 중국 랴오닝 랴오양의 후한
에서 위진대의 벽화분의 구조와 유사하여서 랴오닝 지역과의 관련성을 상정하기도 했다. 여
기에 안악 3호분의 동수가 전연에서 귀화한 인물이라는 점과 동시기 중국 랴오닝지역이 전
실분에 비해 석실분이 적지않다는 점이 더해져 중국 동북지방과 고구려 벽화분을 관련짓기도
했다. 이에 반해 역사의 주체적 발전을 강조하는 북한에서는 석실의 기원을 북방식지석묘에서
구하고, 벽화는 원시미술의 영향으로 자체적으로 발전한 것으로 보았다.

중국 한·위·진대의 벽화분은 횡혈식 구조라는 점에서 공통될 뿐 이를 구현한 구조는 차
이가 있다. 특히 석실이 주 축재가 된 랴오닝성의 벽화분은 요서와 요동지역이 다르고, 두 지

역의 고분 구조는 고구려 벽화분과도 차이가 있다(그림 V-37). 가령, 황해도 안악 3호분의 회랑식 구조는 중국 한대 황장제주형(黃腸題奏形) 목실이나 화상석묘에서 보이지만, 벽돌로 축조된 한대의 묘실벽화에서는 보이지 않는 구조이다. 요동남도 남단의 영성자 한묘의 회랑이 있는 구조와도 차이가 있으며, 동수의 출자지로 비정되는 전연에서도 보이지 않는 구조이다. 따라서 안악 3호분의 구조적 연원지를 추정하기가 쉽지 않다(강현숙 2005).

한편, 지안의 만보정 1368호분은 서북한일대 벽돌무덤과 유사한 구조를 보이지만, 벽면 네 모서리에 기둥을 그리고 들보와 서까래만 표현했을 뿐 현실의 여러 장면을 표현하지 않

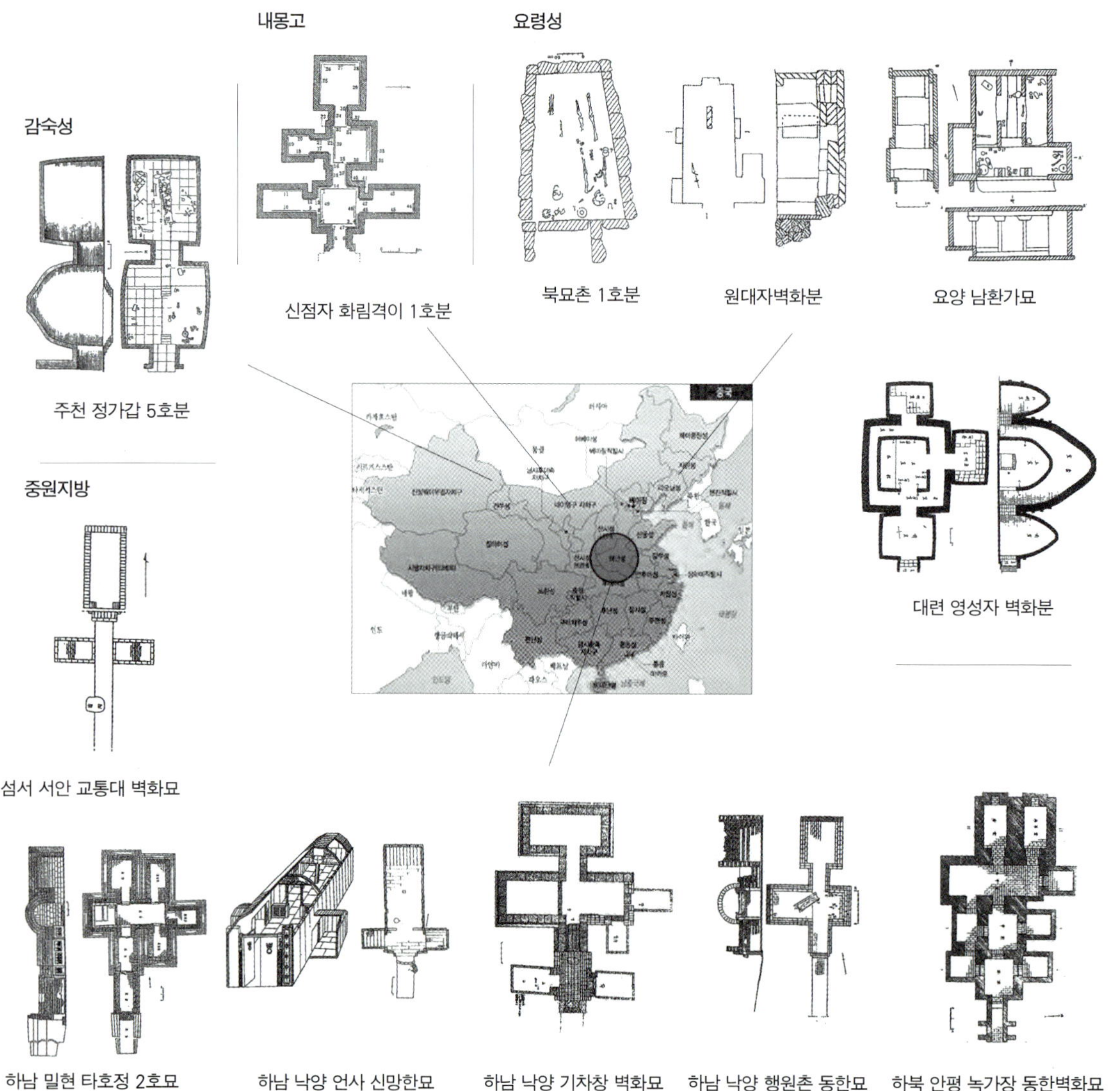

그림 V-37 중국 한·위·진 벽화분(강현숙 2013)

아 서북한 일대의 생활풍속도 계열 벽화분과 차이를 보인다. 이에 만보정 1368호분은 지안 일대의 벽화분이 횡혈식 장법과 함께 묘실벽화의 자체적 수용에 따른 결과로 이해된다.

이와는 달리 서북한 일대의 벽화분의 일부는 낙랑의 전실분과 유사하게 전실과 현실이 종렬배치된 두칸구조이고, 일부는 벽돌과 돌을 함께 사용하여 축조하여서 선행의 횡혈식 무덤을 기반으로 고분벽화나 고분벽화에 내재된 관념을 선택적으로 수용한 것으로 보인다.

따라서 고구려에서는 장의예술로서 고분벽화와 그에 반영된 계세관념을 중국 중원지방으로부터 받아들였겠지만, 벽화분은 횡혈식 장법의 수용과 함께 또는 석실로의 변화와 함께 축조되어서(강현숙 2011) 고구려에서 벽화분의 출현을 어느 특정 한 지역으로부터 다른 지역으로 단선적으로 전개되었다고 하기 어렵다.

출현기의 벽화분은 분구와 구조에서 서로 다를 뿐만 아니라, 국내도성과 평양지역간 차이를 보이며, 평양지역에서도 대성산성 이동지역과 대동강 하류역에서 차이를 보인다(강현숙 2013: 188-201). 그러나 점차 고분의 구조와 벽화 내용, 화면 처리 등에서 상관 관계가 나타나면서 점진적이고 계기적으로 전개되어 지역 간의 차이가 줄어들게 된다. 벽면의 벽화는 생활풍속도가 중심이 되었다가 생활풍속의 비중이 줄어들고 사신의 비중이 커지는 방향으로 전개되면서 사신이 벽화의 중심이 된다. 구조는 단칸과 두칸, 여러 칸 등 다양한 구조에서 차츰 단칸구조로 간단해지며, 화면 처리는 백회 미장에서 직접 벽면에 직접 그리는 방식으로 변화가 일어난다. 따라서 벽화분의 전개과정은 세 단계로 나누어 볼 수 있다.

첫 단계는 벽화분이 출현하여 확산되기 시작하는 4세기 중엽에서 후엽경까지이다. 지안 만보정 1368호분, 우산하 3319호분과 평양역전이실분, 태성리 1호분 그리고 안악 3호분 등이 해당된다. 만보정 1368호분과 태성리 1호분은 봉토석실벽화분이며, 만보정 1368호분은 단칸구조이고, 태성리 1호분은 전실과 현실이 직접 연결된 두칸구조이다. 우산하 3319호분은 유사두칸구조의 계단적석총이며, 평양역전이실분은 두칸구조의 봉토분으로 이 두 무덤은 문틀시설이나 천장부에 일부 돌을 사용한 전석혼축분이다. 4세기 중엽경에 병존하였던 무덤들은 축조방식과 구조에서 정형화된 모습을 보이지 않아 고구려에서 벽화분의 등장이 단선적이고 획일적이지 않았음을 잘 보여준다.

둘째 단계는 벽화분의 성행기로, 4세기 말부터 5세기대에 해당하는 비교적 긴 기간이다. 왕도 뿐 아니라 지방 각지에서 다양한 내용과 구조의 벽화분이 축조되었다. 단칸구조, 유사두칸구조, 두칸구조 등 여러 구조가 함께 하며 벽화 내용도 풍부하고 다양하다. 장식도안의 출현과 사신도 비중의 정도에 따라 둘째 단계는 세 시기로 세분된다. 4세기 말에서 5세기 전반까지는 생활풍속도가 중심이 되며, 사신은 천상세계의 한 제재로서 표현된다. 5세기 중엽 경이 되면 장신도안 벽화가 출현하여, 환문총처럼 장식도안으로만 벽면을 구성하기도 하지만 감신총처럼 생활풍속도의 배경무늬로서 표현되기도 하며, 환런 미창구 1호분과 지안 장천 2호분은 여러 모양의 연꽃무늬가 중심이 된 이 시기의 벽화분이다. 그리고 5세기 후엽에서 말이 되면, 천장의 사신이 벽면으로 내려오면서 쌍영총이나 대안리 1호분, 고산동 1호분처럼 생활풍속도와 사신이 결합하는 모습을 보인다.

셋째 단계는 6세기 이후로 생활풍속 내용이 사라지고, 사신도가 벽면의 중심이 된다. 동시에 사신도 벽화분은 축조 범위가 줄어들어 왕도를 중심으로 한 제한된 범위에서만 확인된다. 지안과 평양 부근의 사신도 벽화분은 동시기 무덤 중 최대분으로서 초대형적석총을 대신하여 최상위의 무덤이 된다. 호남리사신총, 진파리 1호와 4호분, 강서대묘와 강서중묘는 왕릉으로 비정되고 있는데, 통구 사신총과 오회분의 4호분과 5호분 또한 왕릉으로 비정되기도 한다(張福有 2007).

4) 주요 벽화분과 봉토분 유적

(1) 지안 만보정 1368호분(李殿福 1983)

만보정 1368호분은 칠성산 동쪽 기슭에 자리하는 봉토석실벽화분이다. 분구는 삭평되어 1997년도 조사 당시 잔존 기저부 길이 6m, 폭 5m, 높이 1.9m 였으며, 관리되지 않아 현재는 소형분처럼 보인다.

석실은 장방형 현실, 우편재 연도의 단칸구조로, 현실은 남북길이 약 3.2m, 동서너비 2.44m, 천장까지의 높이 3.2m이며 천장은 사아식이다. 연도는 길이 1.8m, 높이 1.3m 정도로 천장은 세 장의 돌을 덮은 평천정이다. 너비는 밖으로 가면서 넓어져 현실쪽은 0.55m, 바깥쪽은 1.45m이다(그림 Ⅴ-38).

현실 네 벽 상부에는 장막을 쳤던 것으로 보이는 직각으로 굽은 철제 장막걸이쇠가 북벽에 9개, 서벽에 6개, 남벽에 4개, 동벽에 2개 남아있으며, 네 벽의 장막걸이쇠 사이 간격은 서로 일정하지 않다. 현실 내부에는 관대와 화덕(부뚜막)이 놓여있다. 관대는 서벽과 북벽에 붙여 돌로 만든 후 회를 바르고 네 모서리에 검은색 테두리를 그렸다. 크기는 남북 길이 2.43m, 동서 너비 1.45m, 높이 0.4m이다. 현실의 동벽 모서리 쪽에 돌을 쌓아 부엌을 만들고 백회를 발랐다. 부엌은 장방형이며, 남쪽 끝에 화덕을 설치하였다. 화덕은 돌로 만들었으며, 길이

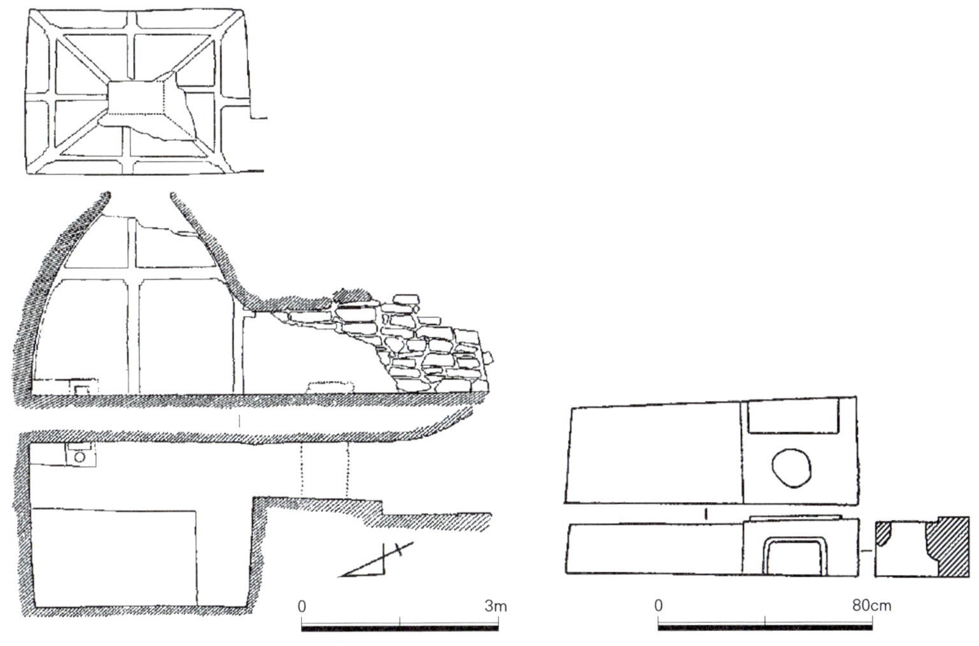

그림 Ⅴ-38 만보정 1368호분과 석제 화덕

1m, 너비 0.32~0.36m, 높이 0.19m이다. 화덕 상면 가운데에는 원형의 받침구멍이 있고, 서측면에는 화구가 설치되었다.

벽화는 바닥과 벽천장 모두 백회를 발라 정면한 후 그림은 네 벽과 천장에 그렸다. 벽면의 네 모서리에 검은색 기둥을, 기둥 사이에는 들보를 그리고, 사아식 천장에는 검은 선으로 서까래를 표현하였다. 생활풍속과 관련된 제재없이 현실 내부를 목조가옥 구조로 꾸몄다. 무덤의 연대에 대해서는 고구려 초기 벽화분으로 보는 입장(李殿福 1983)과 후기 벽화로 보는 입장(方起東·劉萱堂 2002)으로 나뉜다. 그러나 장방형 현실의 우편재 연도 평면은 초기 석실에서 보이는 평면형태이며, 벽에 비해 천정이 높은 구조는 초기 벽화분에서 보이는 특징이므로 4세기 중엽경으로 비정하는 것이 합리적이다.

(2) 지안 마선구 1호분(方起東 1964)

마선구 1호분은 마선구고분구역 북쪽의 충적지에 위치하며, 통구하를 건너 동쪽으로 4km 거리에 국내성이 있다. 봉토석실벽화분으로, 분구는 방형 평면으로 동서길이 약 20m, 남북 너비 약 21m인 초대형분에 해당된다.

석실은 현실과 연도 좌우의 측실, 연도와 묘도로 구성된 유사두칸구조이다. 현실은 한변

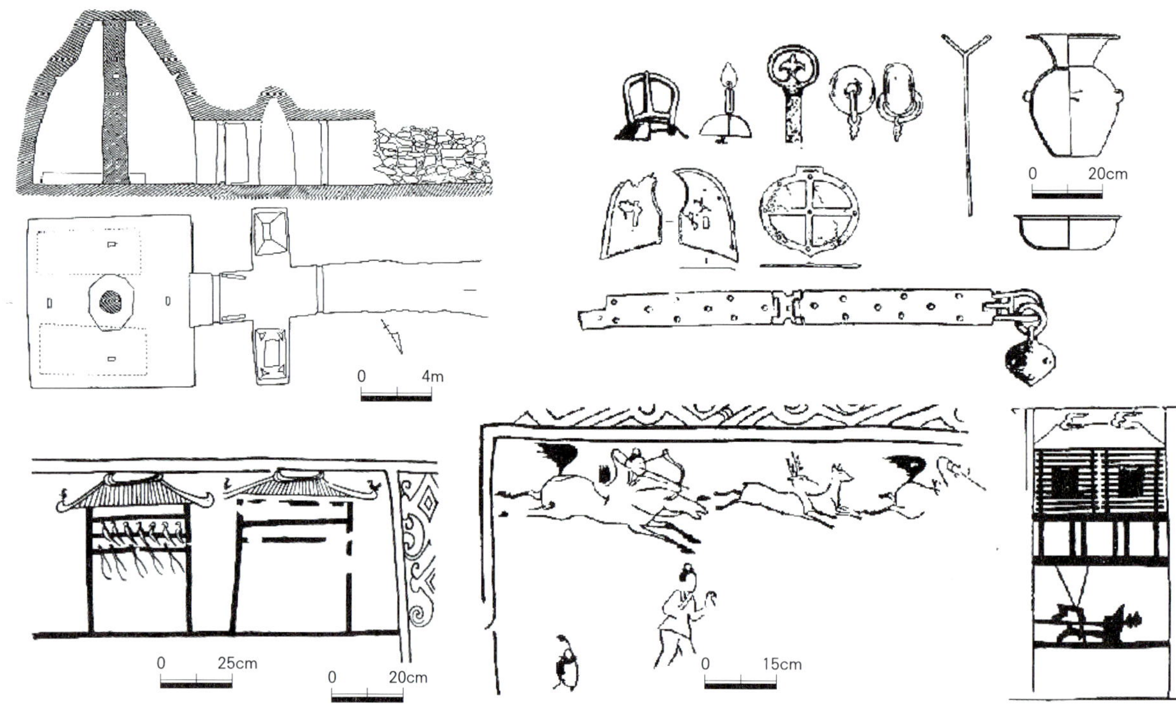

그림 Ⅴ-39 지안 마선구 1호분(벽화: 북측실서벽과 동벽, 남측실 남벽)

길이 4.23m의 방형 평면이며, 천장까지 높이는 4.05m이며 현실 중앙에 서 있는 둥근 기둥이 천장막음돌을 받치고 있다. 기둥은 직경 0.62m이고, 표면에 백회를 바른 후 측시연화를 그렸다. 천장은 모서리에 작은 말각석을 끼운 궁륭상식이며 천장의 네 면 중앙에서 아래쪽으로 치우쳐 작은 구멍이 있다. 이 구멍에 휘장을 쳤던 목질 부속품이 있었을 것으로 추정하고 있다. 현실 내 관대는 기둥을 중심으로 남과 북 양측으로 2개가 놓여있다. 관대는 모두 판석으로 만들었고, 표면에 백회를 발랐다. 남측 관대는 길이 2.5m, 너비 1.05m이며, 북쪽 관대는 길이 2.53m, 너비 1.2m이고, 높이는 모두 0.25m이다(그림 Ⅴ-39).

연도는 현실의 서벽 중앙에 위치한다. 전체길이 4.65m이며, 높이는 1.6m이다. 연도 입구로부터 1.25m 떨어진 곳에 연문이 위치한다. 연문은 목제로, 백회로 만든 문틀 흔적과 문고리와 철제 못이 남아있다. 현실과 연문사이의 통로는 길이 3.5m, 폭 0.95m, 높이 1.24m이며, 이 통로 중간에 남, 북으로 대칭되는 측실이 있다. 남측실은 길이 1.3m, 너비 0.9m, 높이 2.15m이며, 천장은 사아식이다. 북측실은 길이 1.25m, 너비 0.95m, 높이 2.8m의 평행고임천장이며, 천장석에 회를 발랐다. 연도는 돌과 백회를 이용하여 축조하였으며, 길이 7m, 너비 1.38~1.8m이다. 연도는 흙과 돌을 쌓아 폐쇄하였고, 폐쇄석 사이에 크고 작은 숯편이 포함되어 있다.

벽화는 현실의 네 벽과 기둥, 관대, 남·북 측실과 연도의 벽면에서 확인되었다. 그림은 주홍색으로 밑그림을 그린 후 채색을 하고 최후에 묵선으로 윤곽을 그렸다. 현실에는 네 모서리에 기둥과 들보를, 무덤의 주인공 부부와 매를 다루는 사람, 무용도와 개마 무사도 등 주로 생활장면을 그렸고, 천장에는 연꽃의 흔적이 일부 남아있다. 남측실 벽면에는 부경과 방앗간과 외양간이 있으며, 벽과 천장의 경계부에는 연속사격자무늬를, 천장에는 연꽃을 그렸다. 북측실에는 푸줏간으로 보이는 건물과 사냥장면을 벽면에 천장에는 연꽃을 그렸다.

출토유물은 금기 3점, 금동마구 장식물 22점, 골제장식 2점, 철기 37점, 시유사이도기호 2점, 시유도기화덕 1점, 시유도기대접 1점 등 약 70여 점으로, 제자리를 잃고 연문 근처의 충적토에서 출토되었다. 추형수식이 달린 금제 태환이식과 'Y'자형의 금제 머리장식은 황남대총 북분에서 출토된 것과 유사한 형태이다. 금동제 행엽은 '十'자장식이 있는 심엽형으로 칠성산 1096호분과 만보정 1078호분 출토 행엽의 중간에 해당되는 형태이다. 시유도기는 전연호와 대접, 화덕 세 기종으로 구성되어있으며, 붉은 니질태토이며, 유색은 흐린 녹색을 띤다.

무덤의 연대에 대해서는 통구 12호(마조총)과 유사한 구조여서 이와 비슷한 5세기대로 추정하거나(方起東 1964), 측실이 약화된 구조에 연꽃이 등장한 다는 점에서 불교가 전파된 이후인 5세기로 보기도 하고(魏存成 1994), 벽화내용이 통구 12호묘, 산성하 332호묘, 장천 1호묘와 유사하다고 보아 4세기 중엽에서 말엽으로 비정하기도 하였다(方起東·劉萱堂 2002). 그러나 묘주 생활도가 무용총, 각저총과 유사하고, 금제 이식이나 금동제 행엽, 사이전연호의 형태적 특징으로 볼 때 칠성산 1096호분의 다음 단계인 4세기 말로 보는 것이 가장 적절해 보인다.

(3) 지안 산성하 332호분(李殿福 1983)

산성하 332호분은 산성하고분구역 남쪽의 동대파라고 불리는 언덕에 자리한다. 봉토석실벽화분으로 무덤 내에 그려진 '王'자 도안으로 왕자묘라고도 불린다. 분구는 방추형이며, 한변 길이 16m, 잔존 높이 4.2m이다(그림 Ⅴ-40).

석실은 크고 작은 석회암으로 축조하였으며, 석실 바닥은 목탄을 깔고 그 위에 백회를 발라 습기를 방지하였다. 현실과 연도 좌우의 측실, 연도, 묘도로 이루어졌다. 현실은 길이 3.26m, 너비 3.18m의 방형평면이며, 천장은 1.53m 정도 높이로 벽을 쌓은 후 그 위에 고임석을 고여 쌓은 9층의 평행고임천정이다. 바닥에서 천장까지 높이는 3.24m이며, 현실의 동,

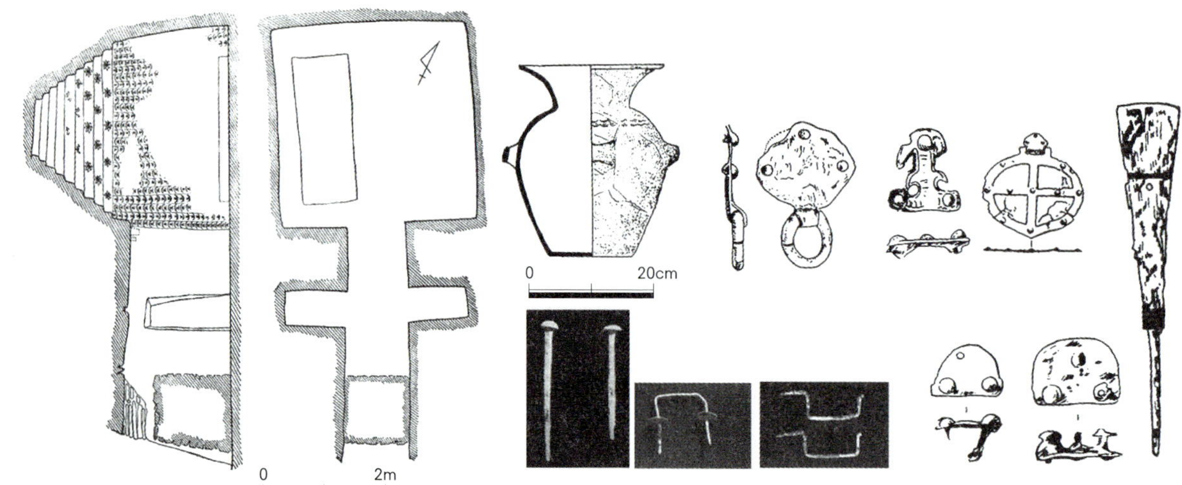

그림 Ⅴ-40 지안 산성하 332호분(축척부동)

서, 북 세 벽에 각각 6개의 방형 못구멍이 있다. 구멍 사이 간격은 40~50cm이고, 못 구멍의 직경은 5cm이다.

연도는 현실 남벽 중앙에 있으며, 천장은 커다란 판석 3매를 덮은 평천장이다. 연도는 폭 1m, 길이는 3.8m이며, 현실에서 1.06m 떨어진 연도 좌우에 측실이 있다. 동측실은 너비 0.58m, 깊이 0.95m, 높이 1.42m이며, 서측실은 너비 0.58m, 깊이 1.04m, 높이 1.42m이다. 연문은 잔존하지 않지만 목제 문틀시설로 미루어 양쪽에서 여는 나무문이 있었을 것으로 추정된다. 묘도는 남향이며, 길이 2.16m, 너비 1m이다. 묘문은 백회와 돌을 쌓아서 폐쇄하였다. 연도와 묘도가 만나는 곳에도 돌로 벽을 쌓아 막았고, 백회를 덧발랐다.

벽화는 현실 네 벽과 천정, 연도 양 벽에 있으며, 백회를 바른 위에 그렸다. 현실 벽에는 '王'자 도안과 연화를, 천장에는 연꽃을 그렸다. 연도 양측의 수렵도에는 활시위를 당기는 기사가 묘문을 향해 달리고 있다.

출토유물로는 청동제 관고리와 금동제 역심엽형 대금구와 수지형 과판, 심엽형 행엽, 철촉 그리고 철제 문고리, 장막걸이쇠, 못 등의 장구와 함께 고운 점토질의 황색 시유 광구사이호가 출토되었다.

무덤의 연대는 벽화내용이 장천 2호분, 통구 12호분과 유사하다는 점에서 4세기 말엽으로 추정하거나(李殿福 1983), '王'자 도안을 불교 전파 이후에 등장한 것으로 보아 5세기대로 추정하기도 하며(魏存成 1994), 구조와 천장 연꽃무늬가 마선구 1호, 통구 12호, 장천 1호분

 고구려 고고학

과 비슷하여 4세기 중엽에서 말엽으로 비정하거나(方起東·劉萱堂 2002), 장천 2호와 비교하여 5세기 무렵으로 비정하기도 한다(孫仁杰·遲勇 2007). 이러한 여러 견해 가운데 무덤의 구조와 벽화내용 뿐 아니라 사이전연호나 역심엽형과판의 대금구와 수지형 과판, 심엽형 행엽의 형식변화등을 종합해 본다면, 5세기 중엽경으로 비정하는 것이 가장 합리적이다.

(4) 지안 장천 1호분(陳相偉·方起東 1982)

장천 1호분은 국내성에서 동쪽으로 가장 멀리 떨어져있는 봉토석실벽화분이다. 분구는 둘레 88.8m, 높이 6m 크기의 방대형이며, 매장부는 연도와 전실, 현실로 이루어진 두칸구조이다. 연도는 길이 1.4m, 너비 1.53m, 높이 1.9m이며, 천장은 평천정이다. 돌로 막은 다음 회로 틈을 메워 연도를 폐쇄하였다. 연도와 전실이 연결되는 곳에 돌로 만든 문틀시설이 확인되나 문은 잔존하지 않는다. 전실은 너비 2.9m, 길이 2.37m로 길이에 비해 폭이 넓은 횡장방형이다. 벽은 높이 1.89m이며, 그 위로 3단의 평행과 삼각고임을 하여 전실의 전체 높이는 3.25n이다. 전실과 현실 사이 통로는 길이 1.12m, 폭 1.34m이며, 높이는 1.62m이다. 현실 입구에는 석회암으로 만든 현문이 있다. 현문은 양쪽에서 열 수 있도록 2매로 되어있고, 잘 다듬은 후 회를 발랐다. 남쪽 문은 훼손되었고, 북쪽 문 중앙에 문고리가 달렸던 구멍이 남아있다. 현실은 한변 길이가 3.2~3.3m인 방형이며, 벽 높이는 1.83m이다. 천장은 5단 평행고임으로 바닥에서 천장까지 높이 3.05m이다. 현실 내 동벽에 8곳, 남, 북벽 각각 7곳에 일정한 간격으로 구멍이 있어서 현실 내에 휘장을 쳤던 것으로 보인다. 현실 바닥에는 동서방향으로 두 개의 관대가 놓여있으며, 관대는 판석으로 만들었고, 표면에 백회를 칠했다(그림 V-41).

그림 V-41 장천 1호분과 전실벽화(남, 동, 북벽)

벽화는 백회를 바른 후 그렸으며 주 내용은 생활풍속이다. 전실 입구인 동벽의 양쪽에 문지기를 그리고, 서벽에는 갑옷 무사, 남벽에는 무덤주인부부의 가무관람도, 북벽에는 백희기악을 그렸다. 천장의 고임부는 예불장면을 중심으로 보살, 비천, 연꽃 등 불교적 내용으로 구성되었으며, 청룡과 백호, 주작의 형상이 남아있다. 전실과 현실 사이 통로 좌우 벽에는 시녀들이 배치되었다. 현실은 벽, 천장 모두 연꽃으로 장식하였으며, 천장에는 해와 달, 별자리를 그렸다. 동쪽에는 삼족오가 든 해를, 서쪽에는 두꺼비와 옥토끼가 있는 달을 그렸다.

장천 1호분은 덕흥리고분이나 모두루총과 석실구조가 비슷하여서, 무덤의 연대는 두 무덤과 비슷한 5세기 전반으로 비정된다.

(5) 지안 장천 2호분(吉林省文物工作隊 1983)

장천 2호분은 국내성 동쪽에 위치한 봉토석실벽화분이다. 분구는 둘레 143m, 높이 6m의 방대형이다. 석실은 현실과 연도 좌우의 측실, 연도로 이루어진 유사두칸구조로 두칸구조인 장천 1호분과는 다르다. 연도는 길이 2.7m, 너비 1.4m, 높이 2.1m이며, 바닥에는 판석을 깔고 돌로 폐쇄하였다. 연도의 남북 양쪽으로 측실이 있어 횡장방형 전실처럼 보인다. 좌, 우 측실은 길이 1.58m, 1.52m이며, 너비와 높이는 서로 비슷하여 너비 1.1m, 높이 1.26m이다. 천장은 서로 비슷한 크기인데, 천장은 평천정이고 바닥은 연도바닥보다 12cm 높다. 현실은 한 변 길이 3.52~3.6m의 방형평면이며, 벽 높이는 1.56m이고, 천장은 4단 평행고임이다. 현실 바닥에서 천장까지 전체 높이는 3.32m이다. 현실 벽에는 남, 북벽에 각 5개, 동벽에 8개, 서벽에 4개의 구멍이 있고, 동벽 남단과 서벽 북단에는 금동의 장막걸이쇠가 남아있어서 휘장을 걸었던 것으로 보인다. 관대는 2개가 남북으로 배치되어있다. 관대는 화강암으로 만들었으며 길이 3m, 너비 1.22m이며, 관대사이의 거리는 0.5m이다. 현실 남벽에는 문틀과 문이 남아있다.

벽화는 현실과 측실, 현문에 백회를 바른 후에 그렸으며, 장식무늬가 중심이다. 현문 양쪽에는 문지기로 추정되는 공수 자세의 문지기상과 시녀상을 그렸다. 측실에서는 '王'자 도안이, 현실의 네 벽과 천장고임에는 연꽃이 있다.

출토 유물은 철제와 금동제, 토기와 시유도기 등이 있다. 철제는 교구와 낫, 망치, 칼(刀), 화살촉 등 무기와 공구류이며, 금동제는 행엽과 운주, 교구 등 마구류와 장막걸이쇠와 못, 화판형 관장식, 관고리 관부재 등이 있다. 시유도기는 니질 태토에 황색 시유를 한 것으로, 북쪽 측실에서 부뚜막, 남쪽 측실에서 사이호가 출토되었다. 이외에도 남쪽 관대의 서쪽 끝에

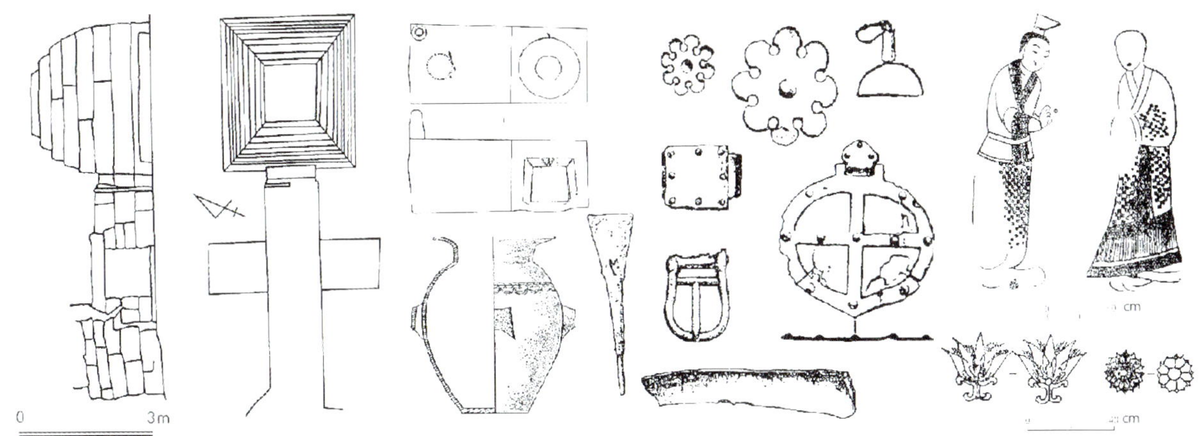

그림 Ⅴ-42 지안 장천 2호분(축척부동)

서 연화문 막새기와가 출토되었다.

장천 2호분는 산성하 332호분과 유사두칸구조, '王'자 도안의 장식무늬 벽화분이라는 점 외에도 출토된 사이호의 기형이 서로 유사하여서 산성하 332호분과 비슷한 시기로 비정된다.

(6) 안악 3호분(과학원고고학 및 민속학연구소 1958)

안악 3호분은 북한에 의해 조사된 첫 고구려 봉토석실벽화분으로, 황해남도 안악군 오국리 (옛지명: 황해도 안악군 용군면 유설리)에 있다. 분구는 방대형이며, 동서 길이 30m, 남북 길이 33m, 높이 6m의 초대형분이다. 석실은 반지하에 위치하며, 연도와 연실, 전실과 전실 좌우 의 측실, 현실과 회랑으로 구성된 복잡한 구조이다(그림 Ⅴ-43).

연도는 남북 길이 2.5m, 동서 너비 1.3m이며, 연도와 연결된 연실은 길이 2.7m, 너비 2.12m, 높이 3.48m로, 천장은 평행삼각고임이다. 연도와 연실 사이에 있는 연문은 석회암 판석 한매이고, 문기둥은 4각이며, 주두를 받쳤다. 연실과 전실 사이에는 양 옆으로 열 수 있 도록 석회암 판석 2매로 문을 만들었다. 동쪽 문짝은 너비는 0.76m이고 서쪽 문짝은 너비 0.75m이다. 문의 높이는 2.43m이다. 문턱은 높이 0.18m, 너비는 0.23m이다.

전실은 길이 2.73m, 너비 4.88m의 횡장방형 평면이며, 높이는 3.47m이다. 천장은 4단의 평행고임 위에 2단의 삼각고임을 하였다. 전실의 동, 서 양쪽에는 통로로 연결된 측실이 있 다. 서측실은 길이 2.99m, 너비 1.22~1.27m, 높이 2.97m이며, 동측실은 길이 3.13~3.23m, 너비 1.7m, 높이 2.75m로 서측실보다 약간 크다.

현실은 길이 3.32m, 너비 3.8m이며, 천장은 평행삼각고임이고 동벽과 서벽은 막혀있고,

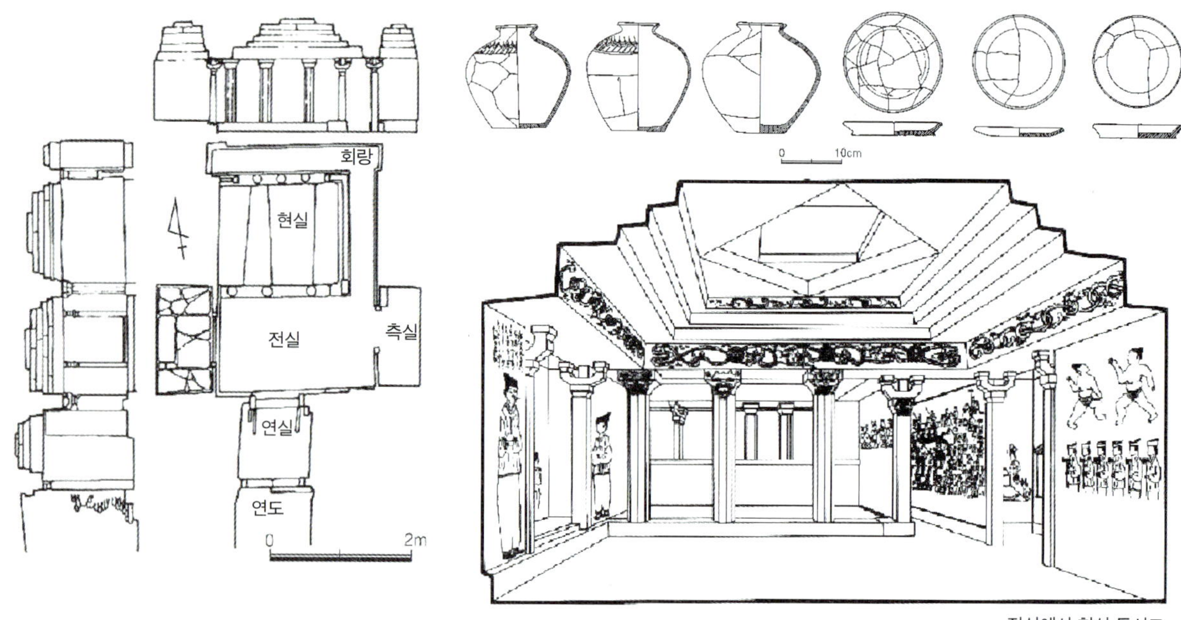

그림 Ⅴ-43 안악 3호분

남벽과 북벽은 기둥으로 공간이 분리된 복잡한 구조이다. 현실 동벽은 판상석을 세워 회랑과 공간을 분리하였다. 현실 남쪽은 4개의 기둥에 의해 전실과 현실의 공간이 분리된다. 가장 동쪽에 있는 기둥은 4각기둥으로 기둥 위에 주두와 첨차가 놓여있고, 나머지는 3개 기둥은 8각기둥으로 기둥 위에 주두가 놓여있어 세부적인 차이가 있다. 현실 북벽은 길이 3.8m, 높이 0.6m의 크기의 돌을 놓고 그 위에 1m 높이의 주두가 얹혀진 기둥이 등간격으로 3개 있어서 마치 창살처럼 보인다. 회랑은 현실의 동벽과 북벽으로 연결되어 'ㄱ'자상으로 돌아간다. 회랑의 동쪽은 길이 4.79m, 너비 0.97m, 높이 2.5m이며, 북쪽은 길이 5.38m, 너비 0.69m, 높이 2.5m이다. 북쪽의 끝에는 보조 통로가 있으며, 보조통로는 길이 2m이며, 판석 한매로 폐쇄하였다.

벽화는 백회를 바른 후 그린 채색벽화로 묘주 부부의 단독 초상화와 생활풍속의 여러 장면이 전실과 전실 좌우 측실과 회랑에 남아있다. 전실 남벽에는 수박희와 무용, 연주, 도끼를 든 행렬 등이 있으며, 전실의 좌측실(서측실)에는 무덤 주인공 부부가 각각의 벽면을 차지한 초상화가 있으며, 우측실(동측실)에는 부엌, 외양간, 마굿간, 방앗간 등 생활풍속과 관련된 그림이 있다. 회랑에는 문무백관과 고취악대, 무사의 호위를 받는 대규모 행렬도가 있으며, 현실의 천장에는 연꽃을 그렸다.

무덤의 주인공과 연대에 대해서는 서측실 입구에 그려진 문지기 머리 위쪽에 쓰여진 묵서의 해석에 따라서 여러 견해가 개진되었다. 묵서는 7행 68자로, '永和十三年十月戊子朔廿六日 癸丑使持節都督諸軍事 平東將軍護撫夷校尉樂浪 □昌黎玄菟帶方太守都 侯幽州遼東平郭都鄕敬上里冬壽字 年六十九薨官'인데, 동수의 관직과 죽은 연월일이 쓰여있다..

묵서가 무덤 주인공과 관련있다는 입장에서는 무덤의 주인공을 동수로 보고 무덤의 연대를 357년으로 본다. 묵서와 무덤 주인공이 관련없다는 입장에서는 안악 3호분을 왕릉으로 비정한다. 왕릉으로 보는 입장은 주로 북한 학자에 의해 제시되었다. 안악 3호분의 피장자에 대해서 북한은 몇 차례 입장 변화가 있었는데, 조사 당시에는 동수의 무덤으로 이해하기도 하였지만, 무덤의 규모와 풍부한 벽화내용에 따라 왕릉이라는 견해가 제기되면서 미천왕릉으로 비정하게 되었다. 그러나 황해도 신원에서 장수산성과 아양리 도시유적이 조사됨에 따라서 안악 3호분을 고국원왕릉으로 다시 비정하게 되었고 현재 북한의 정리된 입장은 고국원왕릉이다. 그러나 영화(345~356년)는 동진의 목제 연호로 영화13년인 357년은 고국원왕(331~371년)의 몰년과 부합되지 않아서 북한에서는 안악 3호분을 고국원왕의 수릉으로 보기도 하고, 묵서명은 사료적 가치가 없다고 보기도 한다(강현숙 2020). 그러나 학계의 다수 연구자들은 고국원왕의 고국원(故國原)은 장지명과 관련이 있기 때문에 고국원왕릉을 국내도성 일대의 초대형적석총으로 보고 있다. 낙랑 및 대방고지에 대한 고구려 지배 방식 등을 고려해 볼 때 안악 3호분은 동수의 무덤일 가능성이 큰 357년이라는 절대 연대를 갖고 있는 벽화분이라고 할 수 있다.

(7) 덕흥리벽화분(朱英憲 1986)

평안남도 남포시 강서구역 덕흥동(대안시 덕흥리)에 위치한 봉토석실벽화분이다. 현실과 연결되는 전실의 북벽 상부의 들보 위에 14행으로 된 묘지 성격의 묵서가 확인됨으로써 피장자 진(鎭)은 영락 18년(408)에 죽었음을 알 수 있고, 연도 서벽의 묵서로 기유년(409)에 무덤이 폐쇄되었음을 알 수 있어서 덕흥리벽화분은 무덤 주인공과 무덤의 연대 외에도 광개토왕의 영락 연호가 실제 사용되었음을 보여준다.

현재는 방추형 분구가 복원되어있지만, 조사 당시 분구는 삭평 유실되어 원형을 알 수 없었다. 매장부는 반지하에 있으며, 연도와 전실, 통로와 현실로 이루어진 두칸구조이다. 연도는 남북길이 1.5m, 너비 0.8~1m이며, 전실쪽으로 약간 경사져 들어간다. 연도의 벽은 1.4m 높이며, 천장은 판석을 횡가한 평천정이다. 전실은 남북 길이 2m, 동서 너비 2.9m로 남북 길이에 비해 너비가 넓은 횡장방형이다. 바닥은 석비레 층 위에 5mm 두께로 숯을 깔고 그 위에 15~20cm 두께로 진흙을 다져서 편 다음에 5mm 두께로 회를 발라 정리하였다. 벽은 할석으로 축조하고 돌 틈은 회를 메우고 발랐다. 천장은 둥글게 올린 사아식 위에 2단의 평행고임을 하고 한 매의 돌로 천장 막음을 하였다. 바닥에서 천장까지의 높이는 2.8m이다. 전실의 서편 북벽에 잇대어 남북 길이 0.53~0.55m, 동서 너비 0.95~0.98m, 높이 1.3m 크기의 제대로 추정되는 석상이 놓여있다. 전실의 북벽 중앙에는 현실 남벽과 연결되는 통로가 있다. 통로는 남북 길이 1.1m, 동서 너비 0.9m, 높이 1.3m이며 평천장이다. 현실은 전실과 같은 방식으로 쌓았다. 한변 길이 3.27m의 방형이며, 천장은 사아식으로 모줄임을 한 후에 5단 평행고임을 하였다. 관대는 현실의 북벽에 치우쳐 놓였으며, 판석 3매을 잇대어 만들고 그 위에 회를 발랐다. 관대의 크기는 남북 길이 1.8m, 동서 너비 2.5m, 높이 0.2m이다.

벽화는 벽과 천장에 백회를 바른 후 그렸으며, 묘주 초상화와 함께 현실의 여러 생활을 그린 생활풍속을 주 내용으로 한다(그림 Ⅴ-44). 연도 동벽에는 인물과 연꽃, 문지기를, 서벽에는 인물, 문지기와 나무를 그렸고, 특히 서벽에 '太歲在己酉二月二日辛酉成關此宿戶大吉吏'이라는 묵서가 있어서 기유년 2월2일 신유일에 무덤이 폐쇄되었음을 알 수 있다. 전실은 방 네모서리에 기둥을 그려 목조가옥을 형상하였고, 벽과 천장의 경계부의 들보에는 당초문과 운문을 그렸다. 전실 북벽의 서편에는 남주인공을 그렸고, 남주인공 앞에 작은 석상에 설치되어있다. 서벽에는 남주인공을 향하여 선 태수 13명이 하례하는 모습을 그리고, 동벽에는 행렬도를 그렸다, 행렬도에는 소가 끄는 수레를 탄 인물, 기마인물과 시종이 표현되어 있다. 들보로 구획된 천장의 동, 서 양벽에는 해와 달을 중심으로 여러 상상 속의 동물들과 견우, 직녀, 선인들이 표현되어 있다. 현실로 이어지는 통로에는 출행도가 그려져 있다. 현실에는 네 모서리에는 당초문을 그려 넣은 기둥을 그리고 기둥 사이에 들보를 그려서 천장과 벽면을 구획하였다. 북벽 중앙 벽면에는 장막을 띤 평상 위에 남자묘주가 표현되어있고, 남자의 오른편은 빈 공간으로 남아있어서 부인을 그리지 않은 것으로 보인다. 부인쪽으로는 시녀가 따르는 소 수레 행렬이, 남자쪽으로는 말과 시종이 표현되어있다. 서벽에는 마사회가, 동벽에는 연꽃과 마구간과 외양간 등과 인물들이 배치되어있으며, 특히 동벽 북측 상단에는 사실적으로 묘사된 연꽃 2송이가 피어난 연지가 묘사되어 있고, 남측에는 상하단에 칠보행사도가 그려져 있다.

전실 북벽의 천장 아래부분에 쓰여진 묵서는 14행 154자로 주인공인 진(鎭)의 행장을 기록한 묘지이다. '□□郡信都縣都鄕中甘里 釋加文佛弟子□□氏鎭仕 位建威將軍國小大兄左將軍 龍驤將軍 遼東太守使持 節東夷校尉幽州刺史鎭 年七十七薨焉永樂十八年 太歲在戊申十二

그림 Ⅴ-44 덕흥리벽화분 투시도(조선유적유물도감편찬위원회 1990)

月辛酉朔卅五日 乙酉成遷移玉柩周公相地 子擇日武王選時歲使一 良葬送之後富及七世子孫
番昌仕宦日遷位至庶王 造▨萬功日煞牛羊酒宍米粲不可盡掃旦食鹽□食一□記 之後世寓寄無
疆' 묵서에 의하면 진은 □□군 신도현 도향□감리출신으로, 불교신자이며, 고구려 관등인
국소대형과 함께 요동태수, 동이교위, 유주자사를 역임했으며, 나이 77세 되는 영락 18년
(408)에 죽었다는 내용이다. 현재 진의 국적에 대해서 북한학계에서는 '信都縣'을 『고려사(高
麗史)』에 나오는 고려 '신도군(新都郡)'으로 간주하고 현재 평안북도 운천군 일대로 비정한다.

따라서 진을 고구려 사람으로 보고 진이 역임한 유주자사는 고구려에서의 관직으로 지금의 북경일대가 고구려 영역이었다고 주장한다. 한편, 북한을 제외한 다수의 연구자들은 신도현을 중국 허베이성(河北省)에 있던 안평군(安平郡) 신도현(信都縣)으로 보고, 진은 중국 망명객으로 묵서에 열거된 관직은 중국에서부터 지냈던 관직이며, 고구려에서는 국소대형의 관직을 지낸 것으로 보고 있다.

해석의 차이가 있지만, 덕흥리벽화분은 주인공과 축조연대를 알 수 있는 고구려 벽화분으로서, 풍부한 벽화내용과 무덤 구조로 고구려 벽화고분의 등장과 변천과정을 설명하는데 있어서 중요한 고고학적 기준이 되는 무덤이다.

(8) 장무이무덤(關野貞 1914)

장무이무덤은 황해도 봉산군 문정면 구봉리(구 지명: 태봉리)에 위치한 전실봉토분으로 무덤 내에서 '帶方太守 張撫夷' 명문전이 발견되어서 '장무이무덤'으로 불린다.

분구는 방대형이며, 한변 길이 30여 m, 높이 5.5m 정도의 대형분이다. 매장부는 현실과 연도 좌우 측실, 연도로 이루어진 유사두칸구조이다. 현실은 한변 길이 3.73~3.97m 내외의 방형이며, 천장은 궁륭상으로 추정된다. 연도 좌우의 측실은 비슷한 크기로 길이 1.4m, 너비 1.0m이며, 높이는 1m 정도이다. 측실 천장도 궁륭상으로 추정된다. 연도는 길이 3.2m, 너비 1.2m, 높이 1.8m이며, 터널 천정으로 추정된다.

무덤 축조에 사용된 벽돌은 회청색으로, 벽돌의 크기는 길이 45cm, 너비 14cm, 두께 6.3cm 정도이며, 벽돌과 벽돌 사이에 회를 발랐다. 부장유물은 이미 도굴되어 거의 남아있지 않았으며, 다만 작은 철편 2점만이 확인되었다.

무덤에서 확인된 벽돌의 명문은 예서체로, '大歲在戊漁陽張撫夷塼', '大歲戊在漁陽張撫夷塼', '大歲(申)漁陽張撫夷塼)', '八月八日造塼日八十石(酒) 張使君塼', '趙主簿令塼懃意不(臥)張使君塼', '哀哉夫人奄背百姓子民憂戚夙夜不寧永側玄宮痛割人情 張使君', '天生小人供養君子千人造塼葬以父母旣好且堅典(齎)記之 使君帶方太守張撫夷塼' 등이 판독되었다. 명문을 종합해보면, 무덤의 주인공은 어양군 출신의 장무이로, 대방태수를 지낸 장무이의 죽음을 애도하는 내용으로 되어있다.

무덤의 연대는 일제강점기에서는 낙랑무덤이라는 전제하에 벽돌의 '戊申'을 서진(西晋) 태강(太康) 9년(288)으로 간주한 적도 있었다. 그러나 영화9년명 동리무덤이나 평양역전이실분, 황해도의 로암리무덤 등 평양과 황해도 일대에서 벽돌무덤이 5세기초까지 조성되었음이

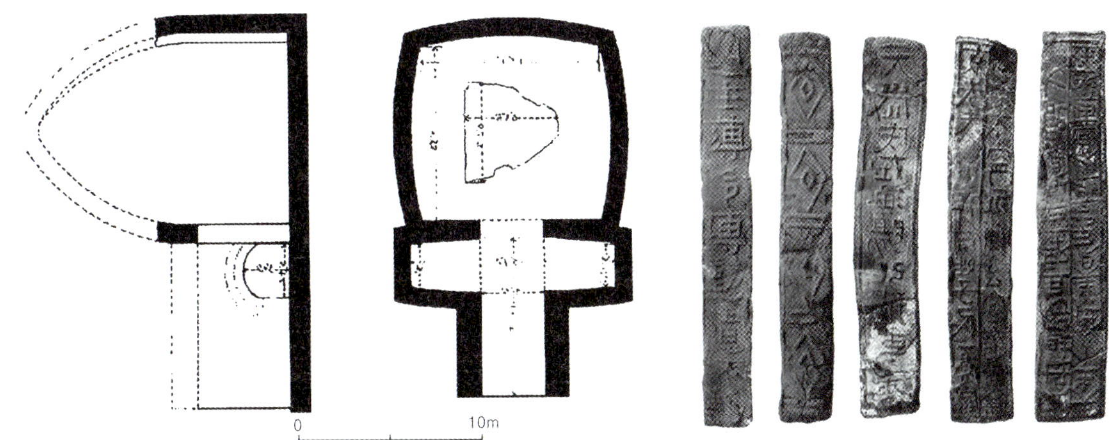

그림 Ⅴ-45 장무이무덤 출토명문전(朝鮮古蹟圖譜1: 도142-146)

확인됨에 따라서 장무이무덤의 '戊申'은 동진(東晋) 영화(永和) 4년(348)으로 보는 견해가 우세하다. 무덤의 절대연대를 알 수 있는 장무이무덤은 피장자인 어양군 출신의 장무이가 대방태수 관직을 가졌다는 점에서 낙랑, 대방고지에 대한 고구려의 지배와 관련하여 중요한 자료가 된다.

(9) 영화9년명 동리무덤(野守健·榧本龜次郎 1933)과 안악 로암리무덤(한인덕 2003)

영화9년명 동리 무덤과 안악 로암리 무덤은 벽돌로 쌓은 후 천장에 돌을 사용한 전석혼축실 봉토분으로, 명문전에 의하여 무덤의 연대를 알 수 있는 무덤이다(그림 Ⅴ-46).

영화9년명 동리 무덤은 동리무덤은 평양역 구내 공사 중 발견되었다. 매장부가 지하에 자리한 단칸구조 무덤으로, 현실은 양장벽이 배가 부른 장방형이며, 연도는 현실의 오른쪽으로 치우쳐있다. 현실 길이 2.87m(9척4촌5분), 너비 폭은 1.82m(6척1분)이며, 연도는 길이 1.2m(4척), 너비 0.84m(2척8촌)이다. 현실 바닥부터 중간부분까지는 벽돌을 3평1수로 쌓았고, 천장부는 평편한 돌을 뉘어쌓은 전석혼축실이다. 현실 내에는 양 장벽쪽으로 관대가 두 개 놓여 있었으며, 명문전은 서벽쪽에 끼워져있었다. 천장은 남아있지 않지만, 현문으로 미루어 터널형이었을 것으로 추정된다. 현실 내에서 금동제 태환이식의 주환과 세환이식 각 한 점씩 출토되었고, 골제 활과 도끼날 철촉, 띠고리와 용도 불명의 철제 둥근 고리가 출토되었다. 이 외에도 칠기 안이 확인되었다.

무덤 축조에 사용된 벽돌 중에 예서풍으로 양각된 '<ruby>永<rt>영</rt>和<rt>화</rt>九<rt>구</rt>年<rt>년</rt>三<rt>삼</rt>月<rt>월</rt>十<rt>십</rt>日<rt>일</rt>遼<rt>요</rt>東<rt>동</rt>韓<rt>한</rt>玄<rt>현</rt>菟<rt>도</rt>太<rt>태</rt>守<rt>수</rt>令<rt>령</rt></ruby>

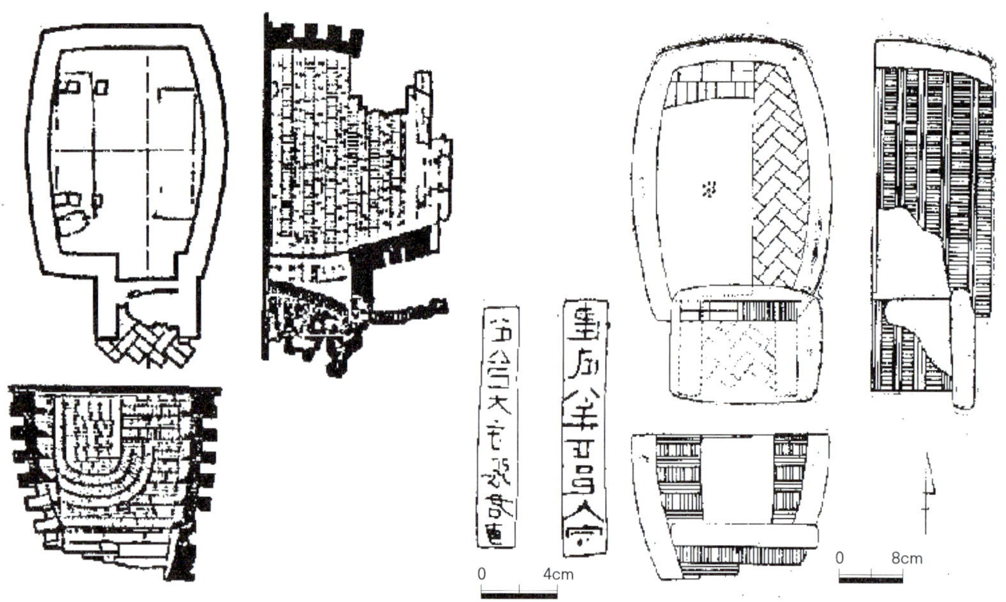

그림 Ⅴ-46 영화9년명 동리묘와 안악 로암리고분

佟利造'라는 명문전이 포함되어 있어서 영화9년(353)에 조성된 동리의 무덤임을 알 수 있게 되었다.

안악 로암리 무덤은 반지하식 구조의 단칸구조이며, 현실은 양장벽이 배가부른 장방형이며, 연도는 오른쪽으로 치우쳐있다. 벽돌은 3평1수로 쌓고 그 위에 0.5~1cm 두께로 회미장을 하였다. 천장은 남아있지 않고, 잔존 석재로 미루어 판석을 덮은 돌천정으로 추정된다. 현실의 길이 2.92m, 너비 1.96m, 잔존 높이 1.52m이고, 현실의 서, 남, 북벽에 잇대어 관대를 만들었다. 관대는 길이 2.82m, 너비 1.28m, 높이 6cm이다. 연도는 현실과 마찬가지로 벽돌을 3평1수로 쌓았고, 벽면에 회미장을 하고, 천장은 길이 1.94m, 너비 1.48m 두께 0.4m 판석을 양벽 위에 올려 천장을 하였다.

무덤 축조에 사용된 벽돌은 청회색이며, '建武八年西邑太守', '西邑太守張君塼'이라는 명문전이 포함되어 있다. 북한에서는 건무(建武) 8년을 342년으로 판단하고 있으나, 342년은 동진 성제 함강(咸康)8년 이어서 342년으로 비정한 근거는 확실하지 않다. 서읍은 안악일대로 보아서 무덤 주인공은 서읍태수를 역임한 낙랑군 또는 대방국 출신으로 고구려에서 태수로 임명된 것으로 해석하고 있다.

이 두 무덤 외에 평양역전이실분을 포함하여 평양과 함경도 일대에서는 전실봉토분이 5세기초까지 조성되었음은 명문 벽돌에 의해 확인되고 있다.

4. 왕릉

왕릉은 고대왕권국가로서의 면모가 잘 드러나는 것으로 무덤이면서 한 국가의 대내외적 위상을 보여주는 상징물이자 기념물이라고 할 수 있다. 삼국시대 왕릉으로는 백제의 무령왕릉과 명문전에 의해 태왕릉임이 확인된 고구려의 태왕릉 2기만이 알려졌다. 따라서 고고학에서는 넓은 조망권과 우월한 입지의 배타적 점유 그리고 높고 큰 분구, 복잡한 구조의 매장부, 다종다양한 유물의 부장과 순장 등이 확인되는 무덤을 고총고분(高塚古墳) 또는 줄여서 고총이라 부르고, 고총 가운데 월등한 무덤을 왕릉으로 간주하고 있다. 때문에 왕릉을 비정하는 것은 무덤의 안정적인 연대와 함께 문자기록, 장속 등 유, 무형의 자료를 종합적으로 살펴야 하는 쉽지 않은 문제이다. 더욱이 고구려의 경우 적석총이나 봉토석실벽화분이 원래의 모습과 부장품이 보존되기 어려운 구조이어서 고구려 왕릉은 고고학 자료 뿐 아니라 문헌기록의 종합적인 연구가 필요하다.

고구려 왕릉은 왕도의 변화와 함께 하여서 국내도성과 평양도성 두 시기로 나누어볼 수 있는데, 왕도 부근의 고총 중에서 분구의 규모와 외형, 묘실벽화 등에서 동시기 다른 고총에 비해 월등하다고 판단되는 거대한 적석총이나 사신도가 그려진 봉토석실벽화분을 왕릉으로 비정하고 있다.

일제강점기 이래 태왕릉과 장군총 그리고 사신도 벽화분인 강서대묘와 강서중묘 등이 왕릉일 것이라고 생각하였지만, 당시의 관심은 고분의 기원과 변천에 있었기에 왕릉연구에 그다지 관심을 두지는 않았다. 왕릉에 대한 관심은 세계유산 등재를 위한 중국 지안 일대에서의 초대형 적석총을 고구려 왕릉으로 비정한 것이 계기가 되었다고 할 수 있다. 특히 고구려를 자국의 역사로 편입시키려는 중국에서는 동명왕과 보장왕을 제외한 고구려 전 시기의 왕릉을 국내지역의 고분에서 구하기도 하고(張福有 2005), 이와 반대로 북한에서는 안악 3호분이나 태성리 3호분을 국내성 시기의 왕릉으로 비정하고, 동명왕릉(진파리 10호분) 개건에서 잘 드러나듯이 왕릉연구 또한 평양 중심적인 해석을 하고 있다. 남한에서의 왕릉연구는 국내성 시기의 왕릉을 주로 문헌 기록의 왕호와 장지명을 결부시켜 연구하고 있다(표 V-2).

1) 왕릉의 분포와 입지, 규모

왕릉은 왕성과 함께 국가의 권위를 드러내는 도성 경관의 중요한 요소이다. 국내성 시기의

王號	在位期間	葬地	왕릉비정					
			地內宏 1938	吉文考研 2002	吉文考研 2004	張福有 2005	東潮 2006	
東明王	37BC~19BC	龍山				망강루 4		
瑠(琉)璃明王	19BC~AD18	豆谷東原				우산하 0000호		
大武神王	18~44	大獸林原				마선구 626		
閔中王	44~48	閔中原石窟						
慕本王	48~53	慕本原				마선구 2381		
太祖大王	53~146					칠성산 871		
次大王	146~165					마선구 2378		
新大王	165~179	故國谷				산성하 전창 36		
故國川王	179~197	故國川原				우산하 2110		
山上王	197~227	山上陵	장군총			임강총		
東川王	227~248	柴原		임강총		호자구 1호		
中川王	227~248	中川之原				산성하 전창 1		
西川王	270~292	西川之原(故國原)		서대총	칠성산 211	칠성산 211		
烽上王	292~300	烽山之原				마선구 2100		
美川王	300~331	美川之原			서대총	서대총	서대총 마선구 2100(개장)	
故國原王	331~371	故國之原			우산하 992	우산하 992	우산하 992	
小獸林王	371~384	小獸林			마선구 2100	천추총	태왕릉	
故國壤王	384~391	故國壤		천추총	천추총	우산하 540	천추총	
廣開土王	391~412	山陵	태왕릉	광개토왕	광개토왕	태왕릉	장군총	
長壽王	412~491		장군총	장군총	장군총	장군총		
文咨王	492~519					우산하 2115	토포리대총	
安臧王	519~531					오회분 1		
安原王	531~545					오회분 2		
陽原王	545~559					우산하 2114	호남리사신총	
平原王	559~590					통구사신총	강서대묘	
嬰陽王	590~618					오회분 3	강서중묘	
榮留王	618~642					오회분 4		
( )王(寶藏王)	642~668	唐京師頡利墓의 왼쪽						

왕릉비정							비고
여호규 2006	張福有 2007	魏存成 2007	이도학 2008	임기환 2009	이병도 외 1954	永島輝神眞 1988	
	망강루 4호						鄒牟王
							孺留王, 儒留王
	마선구 626						大解朱留王, 大朱留王
							國祖王
	칠성산 871						
	마선구 2378						
	산성하 전창 36			칠성산 871			
	우산하 2110			칠성산 871			國襄(壤)王
	임강총	칠성산 871		마선구 626			
임강총		임강총		임강총			東襄(壤)王
		우산하 2110		우산하 2110			中襄(壤)王
칠성산 211	칠성산 211	칠성산 211		칠성산 211			(西)襄(壤)王
	마선구 2100						雉葛王
	서대총	서대총		서대총			好襄(壤)王
	우산하 992	우산하 992		우산하 992			國岡上王
	천추총	마선구 2100		천추총			小解朱留王
태왕릉		천추총	태왕릉	태왕릉			
장군총	태왕릉	태왕릉	장군총	장군총		태왕릉	國岡上廣開土境平安好太王, 國岡上廣開土地好太王, 永樂大王
	장군총	장군총 한왕묘(실묘)				전동명왕릉	
							文咨明王, 明治好王
							陽岡上好王
				강서대묘			平岡上好王
							平陽王

왕릉을 비정되는 초대형적석총은 국내성을 중심으로 5~7km 거리에 자리한다. 평양성 시기의 왕릉으로 비정되는 고분은 사신도 벽화분이거나 초대형의 기단봉토분으로, 호남리사신총은 안학궁, 대성산성에서 동쪽으로 7.5km 정도 떨어져 있고, 경신리 1호분이 있는 평성시는 평양으로부터 28km, 진파리 고분군은 대동강 너머에 자리하며, 강서 대묘는 평양에서 남쪽으로 더 내려가서 자리한다. 왕성과 왕릉으로 비정되는 초대형분의 분포를 통해서 왕도의 범위를 추정해보면, 평양성 시기의 왕도는 국내성 시기에 비해 그 범위가 더 확대되었음을 유추할 수 있다.

왕릉은 입지와 능역에서 다른 무덤들과 차별적인 우월성을 가시적으로 드러낸다. 왕릉은 구릉이나 평지 등의 지형조건보다는 우월한 입지와 배타적 점유가 우선되어, 국내성이나 평양성 시기의 왕릉급 무덤은 중, 소형분들과 군집을 이루지는 않고 단독으로 자리한다. 국내성 시기의 초대형적석총들은 조망권이 확보된 구릉 정상부나 중턱 또는 평지에 단독으로 자리하며, 지안 통구분지의 6세기대 사신도 벽화분은 평지에 대형분끼리 열상배치한다. 평양성 시기의 왕릉급 무덤들도 평탄한 대지에 자리하거나 또는 구릉의 사면에 단독 또는 초대형분 몇 기가 모여 있다. 대성산성의 동편으로 토포리대총이나 호남리사신총도 광대산을 배후로 전면에 대동강이 흐르는 평지나 구릉의 남사면 말단부에 열지어 분포한다. 진파리 고분군은 (전)동명왕릉을 중심으로 배후의 산기슭에 사신도벽화분을 중심으로 세 기의 대형분이 군집을 이루며, 능선의 말단부에 정릉사가 자리하여 이 일대가 능역으로 조성되었음을 보여준다. 강서대묘는 평탄화된 대지에 중묘, 소묘와 함께 3기가 군을 이뤄서 이 세 무덤을 강서삼묘로 부르고 있다.

분구는 입지와 함께 그 자체로 월등하다. 분구의 규모는 무덤 축조에 들어간 비용과 동원 가능한 노동력의 지표가 되는데, 현재 왕릉으로 비정된 고분은 분구 한변 길이 최소 30m에서 60m 내외의 월등한 규모를 갖고 있다. 그러나 왕릉은 5세기대를 정점으로 규모가 축소되는 경향을 보인다. 이는 6세기대의 왕릉급 무덤은 벽화분으로 분구 규모와 형태에 사회 내 위계가 드러나는 적석총에 비해 분구보다는 묘실벽화에 많은 비중을 두었기 때문이기도 하지만, 6세기대 사신도 벽화분의 경우에는 사후관념의 변화와도 관련있을 것이다.

2) 국내도성 시기의 왕릉

(1) 왕릉 비정 초대형 적석총

『삼국사기』에 의하면 국내지역은 유리왕이 졸본에서 천도한 3년부터 장수왕이 평양으로 천도한 427년까지 고구려 왕도였다. 유리왕이 천도한 국내가 어느 곳인지에 대해서는 연구자마다 견해를 달리하지만, 3세기대에는 지안일대가 국내도성이었다는 점에는 별이견이 없다. 중국에서는 유리왕이 천도한 국내가 현재의 지안 일대이고, 도성 주변에 왕릉이 있을 것이라는 전제에서 통구 분지의 초대형 적석총 13기를 국내성 시기의 고구려 왕릉으로, 대형 적석총과 봉토석실벽화분을 귀족묘로 비정하였다.

중국에서 본 왕릉의 조건은 높고 개활한 곳에 단독 입지, 동시기 무덤 중 가장 큰 규모와 매장시설 완비, 그리고 분구 위의 상당한 범위에서 기와나 와당의 출토를 들었고, 특히 기와와 와당은 신분을 상징한다고 보았다. 이외에도 무덤 주위의 배장무덤과 제대 시설, 능원의 담장과 능침 등의 건물지, 왕족 지위에 상당하는 유물의 부장을 왕릉 판단의 조건으로 들었다(吉林省文物考古硏究所 外 2004c).

그러나 중국의 왕릉보고서에 국내성 시기 왕릉으로 비정한 적석총 13기에서 이러한 요소들이 일률적으로 확인되는 것은 아니고, 각 요소들이 시간에 따라 방향성을 갖고 전개되는 것은 아니다(표 Ⅴ-3). 다만, 치석과 축조 기술, 매장방식 등에서 시간에 따른 변화가 보이므로, 국내성 시기의 왕릉은 계장식무기단목곽적석총에서 계단목실적석총, 그리고 계단석실적석총으로 변화한다고 할 수 있다(그림 Ⅴ-47).

그림 Ⅴ-47 국내도성시기 왕릉비정 초대형적석총

표 Ⅴ-3 국내성 시기 왕릉비정 초대형 적석총(강현숙 2006: 표 수정)

		분구				매장부		부대시설	수습유물	비고
		규모	형식	계단수	묘상시설	형식	규모(석실) 길이,너비, 높이	부대시설	수습유물	비고
우산하	992	38.5, 36.1×6.5	계단	7층 가공석재	판와,통와, 와당(권운문, 연화문)	목실	17, 9, -2.3	제대동서양측 (?배장묘)	금동보요, 장식구, 칼끝장식, 철정. 꺾쇠, 장그, 철제교구, 마갑, 구형기(훼기?)	특대형 계단적석석광묘
	2110	66.5, 45× 5.5(장방형)	계단	13-4층	판와,통와	목실 (2개)		제대, 묘역	청동차할,토기,철촉(도끼날, 명적),교구, 철정	특대형 유단적석석광묘
	임강묘	76, 71×10	계단	21~23 30~34층	판와, 통와, 척와	목실	17, 10, -2	제대	青銅車轄, 金環,토기,철촉, 철정, 꺾쇠	특대형계단적석 석광묘미가공석재
	태왕릉	66, 62×14	계단	추정11	기와, 와당	석실평행 고임3단, 석곽	3.24, 2.96, 3 묘도 5.4, 1.8	버팀석,배수시설, 제대배총능원	청동화덕,철갑주,무기,동탁, 금동보요관,보요장식구,운주, 행엽,만가,안족 등	특대형 계단적석석실묘
	장군총	32.6, 31.7×13	계단	7	기와, 와당(연화)	석실평행 고임3층, 관대	5.4, 5.4, 5.1	제대, 배총, 능원	금동식,시유도기,철교구, 황유도	특대형계단석실묘
	산성하 전창 36	37, 28×4.5	계장	?	판와,통와, 용석	목곽		전원후방형 (보단)	토기호편	계단적석석광묘 (기파괴)
칠성산	871	48, 40(48)× 9.2	계장		기와	목곽		묘역시설,배장묘 (?제대), 건물지	청동원형보요, 관식편, 철갑편, 철촉, 창	특대형 계단적석석광묘
	211	66, 58×7	계단	3층	판와,통와	목실		배장묘(?제대)	금동보요, 관식,장식구, 청동꺾쇠, 못, 철갑편,철정	특대형적석석광묘
마선구	2378	46, 30×4	계장	?	판와,통와, 용석	목곽	(3개 추정)	전원후방형 (보단)		화장흔적 특대형계단 적석석광묘
	626	48, 41×6	계장	6층 20줄	판와,통와, 용석	목곽		전방후원형,제대, 산수시설,배장묘	토기호), 구연, 철정, 꺾쇠, 철촉 (무덤외출토)	특대형계단 적석석광묘
	2100	33, 29.6×6	계단	4층가공석	기와, 와당(권운문)	목실		능원,산수	금보요, 금동보요관식, 갑옷, 교구, 장식구, 철제공구와 무기, 갑옷, 철경, 시유도기	특대형 계단적석석광묘
	서대총	62.5, 53.5×11	계단	14층	통와,판와, 와당 (권운문,연화문)	석실(미가 공 석재)		제대, 배수,능원	금동관식,보요, 장식구, 꺾쇠, 철제농구,꺾쇠, 못, 재갈	가공석재 특대형 계단적석석광묘
	천추총	71, 60×11	계단	5층가공석 10층추정	판와,통와, 와당 (권운,연화문)	석실	석실내 석곽추정	배수시설, 능원, 8각초석	금보요,장식구, 금동관식, 장식구, 이식, 동탁, 철제장구, 갑옷, 마노, 문자전	특대형 계단적석석광묘

계장식 무기단목곽적석총은 마선구 2378호분, 산성하 전창 36호분, 마선구 626호분, 칠성산 871호분이 보고되었으며(吉林省文物考古硏究所 外 2004c), 산성하 전창 36호분을 제외한 무덤들이 세계유산으로 등재되었다. 마선구 2378호분과 산성하 전창 36호분, 마선구 626호분은 방형 평면 앞에 반원형의 부석시설이 있어서 전체 평면은 전원후방형이며, 칠성산 871호분은 부석시설이 없는 방형 평면이다. 분구에서 암, 수키와가 출토되었고, 기와와 함께 불에 탄 돌들이 확인되어서 번소의식을 보여준다. 부대시설은 마선구 626호분에서는 배장무덤과 제대가, 칠성산 871호분에서는 배장무덤과 북편으로 건물지가 확인되었고, 북편의 건물지를 능사로 보기도 하지만 근거는 충분하지 않다.

계단식목실적석총은 임강총, 우산하 2110호분, 칠성산 211호분, 서대총, 우산하 992호분, 마선구 2100호분 등이다. 계장식 무기단목곽적석총과는 달리 방형 평면이며, 분구에서의 번소의식은 관찰되지 않는다. 임강총과 우산하 2110호분은 분구에서 기와가 서대총, 우산하 992호분과 마선구 2100호분에서는 기와와 권운문 와당이 출토되었다. 관못, 꺾쇠, 장막걸이쇠 등으로 미루어 주검은 휘장이 둘러쳐진 목실 내의 목관에 안치되었을 것이며, 목실의 한 쪽 벽을 이용하여 추가 합장이 행해졌을 가능성도 있다. 부대시설로는 임강총과 칠성산 211호분, 우산하 992호분에서는 배장무덤과 제대시설이, 서대총에서는 배장무덤과 제대시설 외에도 능원의 담장열이 확인되었다. 무덤의 연대는 청동차할이 부장된 임강총과 우산하 2110호분은 3세기 말에서 4세기초로, 서대총과 우산하 992호분은 권운문 와당의 간지에 의해서 서대총은 329년으로, 우산하 992호분은 338년으로 비정된다. 칠성산 211호분은 구조적으로 임강총와 서대총 사이에 조성되었을 것이며, 마선구 2100호분은 퇴화된 형식의 권운문 와당으로 미루어 우산하 992호분 보다 늦게 조성되었을 것이다.

계단석실적석총은 천추총, 태왕릉, 장군총으로, 이 세 무덤은 왕릉임에 이견이 없다. 잘 다듬은 장대석으로 축조하였으며, 방형 평면 분구의 기저부 네 면에 버팀석을 세우고 분구 주위에 산수석을 깔았다. 주검은 목관에 안치되었고, 목관은 석실 내 관대 위에 안치되었다. 석실 내 두 개의 관대가 있어서 동실 내 2인이 합장되었음을 알 수 있다.

천추총은 무덤에서 출토된 '千秋萬歲永固', '保固乾坤相畢'명 벽돌과 함께 권운문 와당과 연화문 와당, 기와가 출토되었다. 기와 가운데 '未在永樂'명이 확인되어서 무덤의 연대는 을미(395년) 또는 정미(407년)로 비정된다. 석실은 남아있지 않지만, 분구 상부에서 출토된 석재가 태왕릉의 가형석곽 부재와 재질과 형태가 같아서, 태왕릉처럼 주검이 안치된 목관은 가형석곽과 방형 석실 내에 안치되었을 것으로 추정된다(그림 Ⅴ-48). 부대시설로 능원의 담장벽

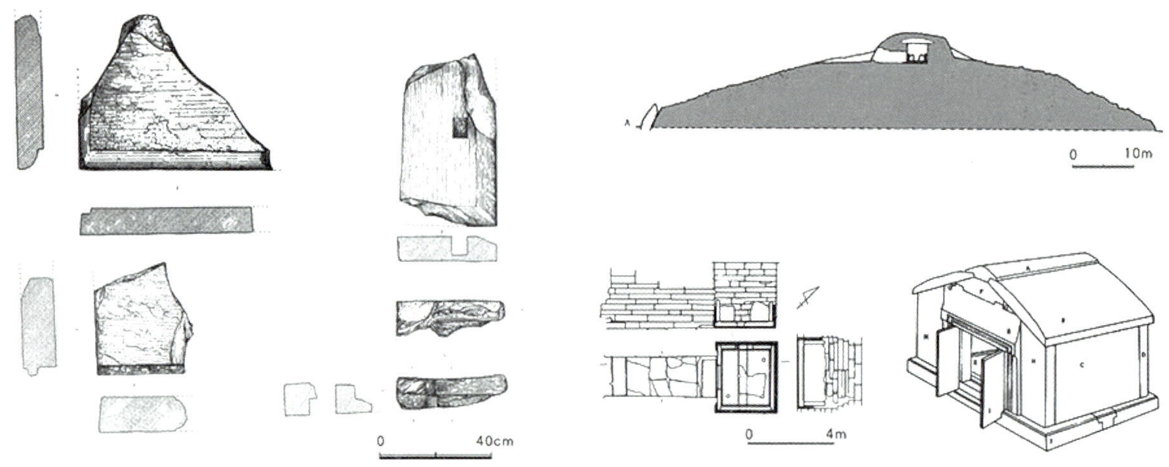

그림 Ⅴ-48 천추총 가형석곽 부재(좌)와 태왕릉 석실과 가형석곽(우)

과 배수시설, 8각초석 등이 확인되었다.

태왕릉은 분구에서 출토된 '願太王陵安如山固如岳' 명문전으로 일찍부터 태왕릉으로 불려왔다. 석실 내에는 가형 석곽이 있고, 석곽 내에 관대가 2개 놓여있어서 석실을 포함하여 매장부는 관, 곽, 실의 3중 구조이다. 능원의 담장벽과 배수시설, 무덤의 남쪽으로 지석묘와 유사한 구조의 배장무덤과 동쪽으로 50~68m 떨어진 곳에서 제대로 추정되는 장방형의 부석유구 2기가 나란하게 있다. 무덤의 동북쪽에서 건물지가 확인되었으나, 이 건물지가 광개토왕릉비와 태왕릉을 연결해주지는 않는다. 태왕릉의 주인공에 대해서는 광개토왕릉비와 관련을 인정하여서 광개토왕릉으로 비정하거나, 광개토왕릉비와 무덤의 관계를 부정하는 입장에서 고국양왕릉으로 비정하기도 한다.

장군총은 7층의 계단석실적석총으로, 현존하는 적석총 가운데 최고의 기술로 만들어 졌으며, 보존상태가 가장 좋은 적석총이다. 석실은 5층 중앙에 위치하며, 3층부터 기초를 마련하여 축조한 방형 현실, 중앙연도의 단칸구조이다. 현실 천장은 1단의 평행고임천장이며, 거대한 판석 1매로 천장 막음을 하고, 천장석 위는 백회가 섞여있는 황토를 덮어서 석실을 완전히 밀봉하였다. 현실 내에는 관대 2기가 동서로 나란하게 놓여있다. 중앙연도의 바닥은 현실 바닥보다 높고, 밖으로 가면서 넓어진다. 연도 천장은 큰 돌을 덮은 평천장이다. 최상층인 7층 계단석의 둘레에 직경 10cm, 깊이 15cm 정도의 작은 구멍이 돌아가고 있어, 이를 분구 아래에서 출토된 철제 난간쇠와 관련지어 난간을 세우기 위한 구멍으로 추정하고 있다. 따라서 적석총 최상부에는 난간을 두른 목조건물이 있었을 것으로 추정된다. 중앙의 목조건물은 향당 또는 제의와 관련되거나 상징적인 건물로 보기도 한다.

　부대시설로 묘역시설, 배장무덤, 제대 등이 있다. 묘역시설은 분구 둘레에 폭 30m 내외 범위에 냇돌을 깔은 것으로, 잔존 상황으로 미루어 묘역은 한 변 길이 100m 정도로 추정된다. 배장무덤은 일제강점기 조사에서 4, 5기가 일직선 방향으로 있었다고 하지만, 현재는 무덤의 북쪽으로 2기만이 남아있다. 1호 배장무덤은 장군총의 동북 모서리쪽으로 43m 거리에 위치하며 계단석실적석총으로 계단 축조방식은 장군총과 같다. 2호 배장무덤은 1호 배장무덤의 서북으로 35m, 장군총의 서남 모서리 32m 거리에 위치하며 파괴가 심하나 계단과 분구 버팀석 일부가 잔존한다. 제대는 길이 58m, 폭 8m의 세장방형 평면의 돌로 쌓은 것으로 2호 배장무덤과 30cm 정도 간격을 두고 자리한다. 이외에도 무덤의 서남쪽으로 100m떨어진 곳에서 발견된 건물지를 능침으로 보기도 한다(강현숙 2018).

　장군총의 주인공에 대해서는 태왕릉을 광개토왕릉으로 비정하는 입장에서는 장군총을 장수왕의 무덤으로 비정하며, 태왕릉을 고국양왕으로 비정하는 입장에서는 장군총을 광개토왕릉으로 비정하기도 한다. 왕릉비정에 입장 차이가 있지만 장군총은 고구려 적석총의 최정점에 있으며 장군총 이후에는 왕릉으로서 적석총이 축조되지 않았다는 점에는 이견이 없다.

(2) 왕릉 시설

① 능역

능원은 우월한 입지의 배타적 점유를 확인시켜주는 동시에 누대에 걸쳐 안정적으로 왕릉이 관리되고 있음을 보여준다. 능원이 잘 보존되어있지는 않지만 무덤 주위를 돌아가며 쌓은 담장을 통해 능역을 추정할 수 있다. 왕릉의 경계를 확인시켜 주는 담장은 서대총, 마선구 2100호, 천추총과 태왕릉, 장군총 등 일부 무덤에서 무덤의 방형 평면과 나란하게 담장 열이 확인되어서 무덤과 담장 사이의 간격으로 능역을 추정해 볼 수도 있다(표 Ⅴ-4). 능역은 서대총

표 Ⅴ-4 추정 능역

고분 예	무덤 규모(m) 길이, 폭, 높이	담장시설	추정 능역 한 변 길이(m)
서대총	62.5, 53.5, 11	북쪽 40.5m 거리	134.5 ~ 143.5
마선구 2100호	33, 29, 6	30m 거리	89 ~ 96
천추총	71, 60, 11	40m 거리	140 ~ 151
태왕릉	66, 62, 14	남쪽으로 100m	262 ~ 266
장군총	32.6, 31.7, 13	서남쪽 30m 거리	91.7 ~ 92.6

은 한변 길이 150m, 마선구 2100호분은 한변 길이 100m, 천추총은 한변 길이 150m, 태왕릉은 한변 길이 260m를 상회할 것으로, 장군총은 한변 길이 100m 정도로 추산되어서 능역과 무덤의 규모가 어느 정도 비례함을 알 수 있다.

② 제단

제단은 무덤에서 행해지는 제의와 관련된 구조물로 평양도성 시기 왕릉급 무덤에서 제단은 아직은 확인되지 않고 서북한일대의 일부 무덤에서는 석실 내에의 작은 석상으로서 확인된 바 있다(강현숙 2018). 초대형적석총의 경우 무덤의 측면이나 후면에 일정 거리를 두고 장방형 또는 세장방형 평면의 석대가 배치되어 있어서 중국에서는 이를 제대로 보고 있다. 석대는 가공하지 않는 커다란 돌로 둘레를 쌓은 후 내부에 잔 냇돌이나 할석을 채워 1m 미만 내외의 높이로 쌓았고 별도의 상면 시설은 확인되지 않는다.

제단의 축조방식은 기단적석총의 기단 축조와 같지만, 우산하 992호분이나 태왕릉, 장군총에서 볼 수 있듯이 적석총의 시간에 따른 치석과 축조기술의 발전이 제단 축조에 반영되어있지는 않다. 또한 경사면에 자리한 경우 석대의 상면이 수평하지 않아 제단으로서 사용여부는 확실하지 않다.

한편, 무기단 적석총의 한 변에 잇대어 있는 부석시설을 제단으로 보기도 한다. 적석총의 한변에 덧대어있는 부석시설은 왕릉급 무기단초대형적석총 뿐 아니라 기단적석총이나 계단적석총 등 여러 무덤에서 확인되어서 전원후방형이나 전방후방형, 전방후원형을 띤다. 덧대어진 전원부나 전방부가 제의적 기능을 했다고 보기도 하지만, 제단으로서 기능했을 증거는 확실하지 않다. 오히려 산사면에 자리한 경우 분구가 흘러내리는 것을 방지하기 위한 분구의 보강시설로 보는 것이 합리적이며, 이러한 시설을 묘설(墓舌)로 부르기도 한다(吉林省文物考古研究所 1993: 76).

③ 배장무덤

배장무덤은 주 무덤에 딸린 별개의 무덤으로 배장자의 사회적 성격을 알 수는 없지만, 가야의 순장나 수릉이 전제되는 중국의 배장과는 다르다. 국내성 시기의 마선구 626호분과 태왕릉, 장군총에서 배장무덤이 보고되었고, 칠성산 871호, 칠성산 211호, 우산하 992호분의 제대로 본 구조물이 배장무덤일 가능성이 있다고도 하나, 가장 확실한 배장무덤은 장군총의 1, 2호 배장무덤이다. 장군총 1호 배장무덤은 장군총에 사용된 것과 같은 돌과 같은 기술로 축조되었고 2호 배장무덤은 파괴가 심하지만, 부분 가공된 석재로 쌓은 계단과 분구버팀석 등 구조적으로 장군총과 유사하다. 배장무덤이 장군총과 유사구조인 점으로 미루어 장군총과 비슷한 시기에 배장무덤도 축조되었을 것이다.

④ 능각(陵閣) – 묘상건물

국내성 시기 초대형 적석총의 적석부에서 상당량의 기와가 출토되었고, 우산하 3319호분의 권운문 와당의 명문에 무덤을 덮는 기와를 만들었다고 하므로, 기와로 무덤을 덮었음을 알 수 있다. 중국에서는 분구에서 출토된 기와로부터 분구 위에 건물이 있었을 것으로 보아서 묘상건물을 왕릉 판단의 기준으로 삼기도 하였지만, 계장식의 무기단적석총의 경우 기와와 응결된 돌들이 확인되어서 묘상 건물의 존재를 상정할 수 없으며, 계단목실적석총도 목실의 시간에 따른 자연적 변형을 고려해본다면 묘상건물이 있었다고 하여도 묘상건물은 누대에 걸쳐 안정적으로 유지될 수 없었을 것이다. 때문에 무기단목곽적석총이나 계단목실적석총에서는 묘상건물을 상정하기 어렵다.

묘상건물은 천장까지 돌로 잘 쌓은 석실계단적석총인 천추총, 태왕릉, 장군총에서 추정 가능하다. 특히 장군총은 7층의 계단적석총으로 5단에 석실이 위치하며, 거대한 판상석 한 매로 천장을 덮어, 7층 계단석의 중앙에 자리한 커다란 천장석은 묘상건물의 기초역할을 하였을 것이다. 7층 계단석 주위를 돌아가며 등간격으로 있는 원형 평면의 홈과 난간으로 추정되는 철제 연결쇠는 7층 계단에 난간이 있었음을 시사한다. 이로써 난간 내부의 묘상건물의 존재를 유추할 수 있다(그림 Ⅴ-49).

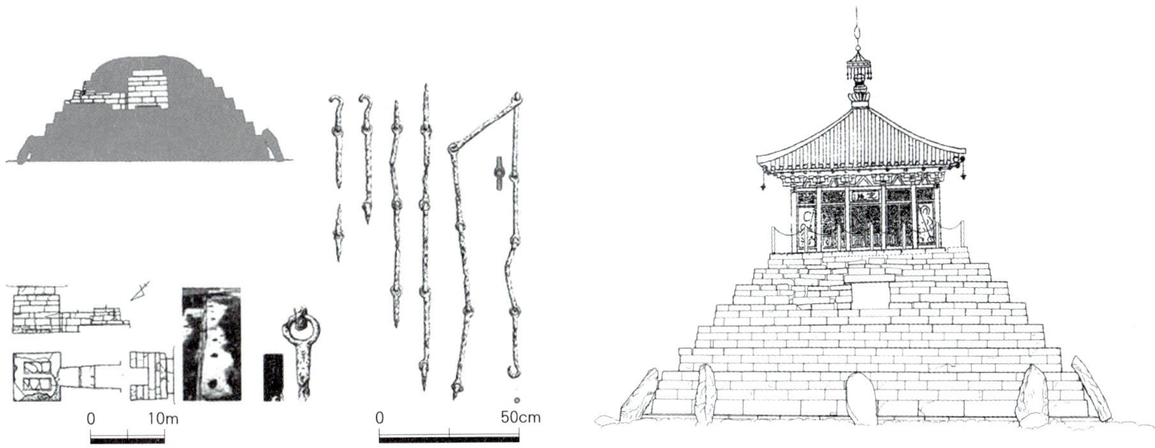

그림 Ⅴ-49 장군총(석실과 7층 계단석과 철제 연결쇠, 추정 복원도)

묘상건물의 성격에 대해서는 중국의 향당과 같이 무덤 제사와 관련짓기도 하지만, 매장부 위에 있다는 점으로 미루어 무덤 제사와 관련된 시설은 아닐 것이며, 왕릉을 장엄하는 구조물로서 다른 계단적석총과 구별시키는 가시적 상징물이었을 가능성이 있다.

⑤ 입석판과 매장 의례

서대총과 마선구 2100호분, 태왕릉의 계단에서는 얇은 판상석을 깔고 세운 'ㄴ'자상 구조물이 확인되어 중국에서는 이를 입석판으로 보고하였다. 서대총의 북측 둘째 계단과 태왕릉의 남측 1층계단에서 확인된 입석판은 녹색을 띠는 장방형의 얇은 판상석이며, 마선구 2100호분에서도 이와 비슷한 시설이 있었다고 한다.

현재의 자료로 입석판의 용도를 유추할 수 없다. 그러나 『수서(隋書)』고구려전에 의하면 사람이 죽으면 생시에 사용하였던 의복과 수레를 무덤 옆에 두고 장사지낸 사람들이 이를 다투어 가져간다는 기록으로 미루어 볼 때, 매장 시 행해졌던 특정한 의례와 관련지어 볼 여지가 있으므로 입석판은 향후 관심을 가져야 할 구조이다.

⑥ 능묘(陵廟)

능묘는 제의 행위를 위해 무덤 주위에 세워진 건물이다. 확실하지는 않지만, 무덤 주위에서 확인된 건물지를 능묘로 볼 여지는 있다.

장군총의 서남쪽 100m 떨어진 곳에서는 장군총과 같은 방향으로 남북 길이는 100m, 동서너비 40m의 대형 건물지가 확인되었다. 1,800㎡ 범위에서 담장의 벽체, 산수시설, 배수구, 문지 등이 확인되었고, 여기서 출토된 암, 수키와와 사래기와는 환도산성이나 국내성에서 출토된 것과 비슷하다. 이를 중국에서는 제사 관련 유적 혹은 침원(寢園) 내지는 능묘였을 것으로 추정한다. 환도산성이나 국내성과 비교해 볼 때 귀면문이나 인동문 와당 등이 보이지 않고, 연화문 와당의 형태가 다양하지 않아, 건물지의 존속기간이 길지 않았던 것으로 보인다.

이 밖에도 마선구 2100호분에서도 서남쪽으로 200m 떨어진 곳에서 건물에 사용되었을 것으로 추정되는 장대석이 확인되었고, 천추총에서도 서남쪽 300m 떨어진 곳에서 장대석과 냇돌로 쌓은 담장이 확인된 바 있다. 또한 6세기대의 석실봉토분인 통구 오회분 1호분 주변에서는 회색 기와가 오회분 2호분에서는 서남쪽으로 80m 정도 떨어진 곳에서 붉은 색 기와가 다수 출토되었다고 한다. 시기를 달리하는 여러 고분에서 무덤의 서남쪽 건물지라는 공통점을 보이고 있어, 이들 유구를 무덤제사와 관련된 건물로 추정해 볼 여지는 있다.

석실계단적석총의 분구 네 면에 장대석을 세워 분구를 보강해주는 분구버팀석 또는 지탱석을 중국에서는 호분석(護墳石)이라고 한다. 호분석은 천추총, 태왕릉, 장군총에서 보이며, 고구려 초기의 창바이 간구자 적석총과 만보정 242호분의 남쪽면, 그리고 장군총 2호 배장무덤에서도 확인된다.

산수석(散水石)은 대개 배수시설과 짝을 이루며 확인된다. 산수석은 원래 기와 낙수 면에서 떨어지는 물이 지면에 튀는 것을 방지하기 위해 잔돌을 깔은 시설로, 적석총의 분구 주위를 돌아가며 배수 역할을 겸하기도 한다. 마선구 626호분, 칠성산 871호분, 마선구 2100호분에서는 산수석만 확인되며, 서대총, 천추총, 태왕릉, 장군총 등에서는 산수석과 배수시설이 함께 확인된다. 태왕릉에서는 황토층 위에 판석을 깔고 그 위에 다시 냇돌을 깔아 산수시설을 만들었는데, 산수시설 일부에 배수관이 조성되어 있기도 한다.

3) 평양도성 시기의 왕릉

평양도성 시기는 427년 국내에서 평양으로 천도한 후 평원왕 28년(586)에 장안성으로 천도하였다는 기록으로 미루어 볼 때 두 시기로 나누어 볼 수 있다. 전기는 427년부터 586년까지이고, 후기는 586년부터 고구려가 멸망한 668년까지이다.

평양도성 시기의 왕릉을 비정하기 위해서는 귀장과 수릉 여부를 먼저 살펴보아야 한다. 귀장(歸葬)이란 고향이 아닌 타지에서 죽은 경우 시신을 고향으로 모셔와서 장사지내는 것을 의미한다. 따라서 고구려에서 귀장을 했다면 427년 이후의 고구려 왕릉은 국내도성 지역의 무덤 중에서 비정해야한다. 수릉(壽陵)은 왕이 즉위하면서 생시에 자신의 무덤을 미리 만드는 것이므로, 수릉을 하였다면 평양으로 천도한 장수왕의 무덤은 국내도성 지역에 있을 것이고, 귀장과 수릉을 하지 않았다면 장수왕릉은 평양도성 주변에 있을 것이다.

이처럼 왕릉비정에서 귀장이나 수릉이 중요한 이유는 국내에서 평양으로 천도한 장수왕릉이나 통구 분지의 사신도 벽화분들이 6세기대 이후의 왕릉인가 하는 문제와 결부되기 때문이다. 그러나 문헌기록과 동 시기 백제나 중국 북위 등의 사례를 종합해 볼 때 고구려에서 귀장의 가능성은 그리 크지 않아 보이고(강현숙 2008), 평양 일대의 초대형 사신도 벽화분을 고려해 볼 때 고구려의 모든 왕릉에 수릉을 획일적으로 적용하기도 어렵다.

(1) 왕릉비정 고분

평양 부근에서 왕릉으로 비정할 만한 무덤은 무덤 축조에 많은 비용이 투입된 초대형의 기단봉토분과 벽화분을 들 수 있다. 이들 무덤은 평양의 북쪽으로 평성시, 동쪽의 대성산성의 동편인 토포리, 호남리 일대 그리고 남쪽으로 대동강 너머의 진파리 일대와 대동강 하류의 강서 외에도 지안 통구분지에 분포한다(표 Ⅴ-5).

표 Ⅴ-5 평양성 시기 왕릉비정 고분

	분구			매장부(m)				부대시설	벽화
	규모(m)	형태	시설	위치	현실 (길이, 너비, 높이)	전실	연도		
전 동명왕릉	22, 8.15	방형	기단	지상	4.21, 4.18, 3.88 절천정	3.09, 1.69, 1.87, 평천정	4.26(4.67) 2.25(1.63) 1.32(1.42)	분구 주위 5m 폭 묘역	연꽃 장식
진파리 1호	30, 7	방형		지상	3.4, 2.5, 2.54 평행삼각고임		3.5, 1.5, ?		사신
진파리 4호	23, 6	방형		지상	3.04, 2.53 평행삼각고임		3.15, 1.5, ?		사신
경신리 1호분	54, 12	방형	기단	지상	3.37, 3.45, 3.46 평행삼각고임		7.4, ?, ?	분구 중 기와, 와당	미상
호남리 사신총	20, 4	방형	기단	지상	3.1, 3.6, 2.9 평행삼각고임		2.5, 1.3, 2.5	분구 주위 3m 폭 묘역	사신
토포리 대총	29.4, 7.8	방형	기단	지상	2.7, 3, 3.45 평행삼각고임		12.8, ?, ?	분구 주위 표역	
강서대묘	51, 1.9	방형		반지하	3.15, 3.5, 4 평행삼각고임		3, 1.8, 1.7	대, 중, 소묘가 삼각상으로 배치	사신
강서중묘	추정41,	방형		지상	3.29, 3.09, 2.55 평행삼각고임		3.47, 1.71- 1.77, 2.04		
우산하 2115	40, 8	방형	기단	지상	미조사		미조사	주위 기와	미상
우산하 2114	28, 7	방형		지상	미조사		미조사	기와,추정묘단	미상
통구 사신총	35, 8	방형	(기단)	(지상)	3.55, 3.5, 3.3 평행삼각고임		2.1, 1.8, 1.8	주변 기와	사신
오회분 1	30, 8	방형			미조사		미조사	주변 기와	미상
오회분 2	55, 15	방형			미조사		미조사	주변 기와	미상
오회분 3	35, 8	방형			미조사		미조사	주변 기와	미상
오회분 4	28, 8	방형	(기단)		3.68, 4.2. 1.92 평행삼각고임		1.88, 1.75, 1.75 평천정	주변 기와	사신
오회분 5	25, 5	방형	(기단)		3.56, 4.37. 3.94 평행삼각고임		1.93 1.62(1.87) 2.86, 평천정	주변 기와	사신

　석실기단봉토분은 적석총과 마찬가지로 기단을 축조한 후 내부에 흙이나 돌을 채우고 그 위에 석실을 안치한 후 다시 흙을 덮어 분구를 형성한 것으로, 적석총 기단 축조 방식이 적용된 봉토분이라는 점에서 적석총에서 봉토분이 결합된 형태라고 할 수 있다. (전)동명왕릉, 경신리 1호분, 토포리대총, 호남리사신총과 통구 분지의 오회분 4호와 5호분 그리고 통구 사신총 등이 이에 해당된다(그림 Ⅴ-50).

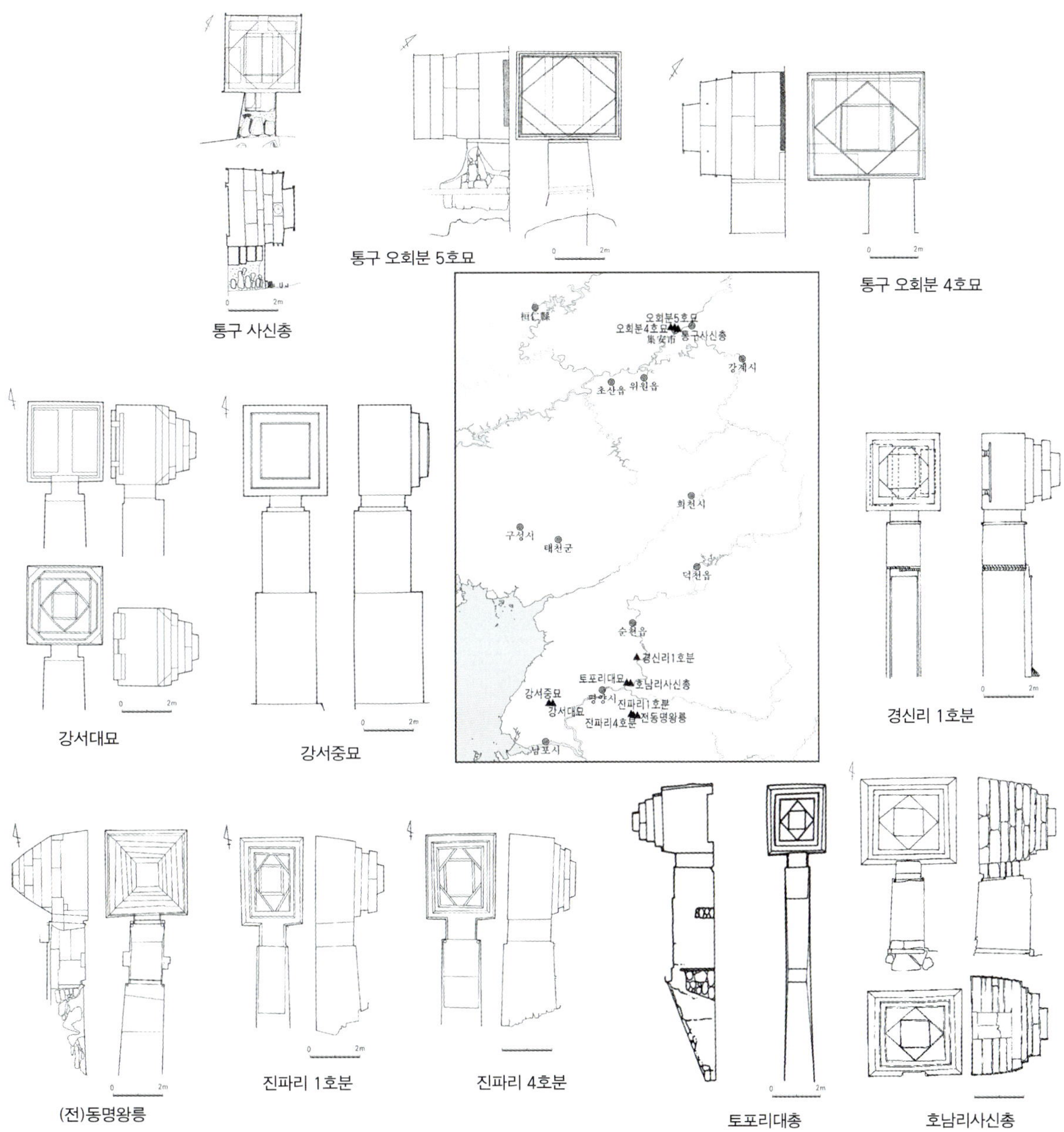

그림 Ⅴ-50 평양도성시기 왕릉비정 고분

(전)동명왕릉은 고려시대 이래 동명왕릉으로 전해져오면서 조선시대 전각을 조성하였고, 무덤의 관리는 일제강점기까지 지속되었다. 진파리 일대의 고분조사시 진파리 10호분으로 편호되었으며, 무덤은 현실, 전실과 전실좌우의 측감 그리고 연도로 구성된 매장부를 갖고 있다. 현실은 방형 평면의 절천정 구조이고, 전실은 종장방형으로 전실의 폭은 연도와 비슷하며, 전실 좌우 벽에 작은 벽감이 있다(전제헌 1994). 이러한 구조는 마선구 1호분이나 고산동 7호분과 유사하며 서북한일대 두칸구조 벽화분과는 차이가 있다. 벽화는 현실 벽과 천장에서 연꽃을 그린 장식무늬 벽화분이다. 부대시설은 확인되지 않았지만, 무덤의 동남쪽으로 120m 거리에서 정릉사가 확인되었다. 정릉사는 정릉(定陵), 능사(陵寺) 등의 명문 토기로 능사임이 확인되어서 (전)동명왕릉과 관련을 가진 능사 또는 사당과 불교건축이 결합된 묘사(廟寺)로 보고 있다. 무덤의 연대는 구조와 벽화 내용으로 미루어 평양천도 직후인 5세기 중엽경으로 비정되며, 동명왕의 실묘는 아니겠지만 동명왕의 기념물이자 고구려의 상징물로서 역할하였을 것이다(강현숙 2008).

경신리 1호분은 평양으로부터 28km 떨어진 평성시에 위치하며, 한왕묘(漢王墓)로 불렸던 무덤이다(朝鮮總督府 1914). 평양 일대에서 가장 큰 분구를 가진 무덤으로 1978년도 북한에서 전면 재조사 결과 벽화분임이 확인되었으나 벽화 내용은 알 수 없다. 봉토 분구 아래에서 석실 전체를 덮은 기와와 와당이 확인되었다. 석실은 장군총의 석실과 같은 방형 현실과 중앙 연도로 이루어진 단칸구조이다. 석실 내에는 관대 3개가 놓여있고, 벽면과 관대 모두 10~15cm 정도 두께의 백회를 발랐다. 관대 위에서 관못과 칠관편이 출토되었다. 능원의 담장이나 배장무덤 등의 부대시설은 확인되지 않았다. 무덤의 연대는 출토된 와당과 구조로 미루어 (전)동명왕릉과 비슷한 5세기 중엽 혹은 5세기 후엽으로 비정된다. 따라서 장군총을 광개토왕으로 보거나 장군총을 장수왕의 허묘로 보는 입장에서 경신리 1호분을 장수왕릉으로 비정하기도 하며, 장군총을 장수왕릉으로 보는 입장에서는 경신리 1호분을 문자왕릉으로 비정하기도 한다.

토포리대총은 광대산 남쪽의 평지에 대형분들과 함께 무리지어 있다. 석실기단봉토분으로 석실은 방형 현실, 중앙연도의 단칸구조이고, 연도는 12.8m로 매우 길다. 일제강점기 조사 당시 현실에서 두침과 견좌가 표현된 석침과 관못, 장막걸이쇠 등의 장구와 석제 수각형 상다리 그리고 금동제 화살촉과 시유 장경병과 뚜껑, 토제 장경병과 채회토기 뚜껑, 수각형 다리의 삼족반 등이 수습되었다. 관못, 장막걸이쇠와 석제 수각형 상다리는 태왕릉에서 출토된 것과 같은 조합이며, 출토된 장경병으로 미루어 토포리대총은 6세기초의 무덤으로 비정

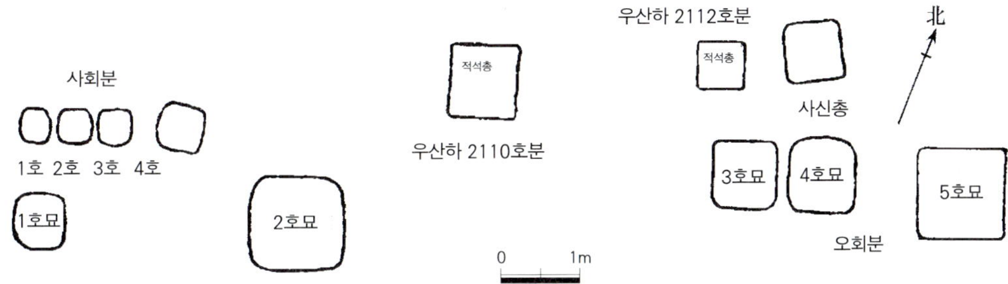

그림 Ⅴ-51 통구 오회분과 사신총 및 사회분 분포

된다(강현숙 2019). 다만, 석침은 통일신라 경주의 석실에서 보이는 것과 같은 형식이어서 무덤이 후대에 재사용되었을 가능성도 열어 둘 필요가 있다.

호남리 사신총 또한 광대산 남쪽의 평지에 자리하며 대성산성으로부터 가장 동쪽에 있는 초대형분이다. 분구는 방형평면이며 기단 주위에 3m 폭으로 묘역을 만들었다. 석실은 방형 현실과 중앙연도로 이루어졌고, 무덤 내부에서 금동금구 잔편과 금도금한 관못이 수습되었다. 현실은 대리석으로 쌓았으며, 대리석 벽면에 직접 사신을 그렸다. 토포리대총과 비슷하거나 조금 늦은 6세기 전반으로 비정된다.

통구 분지의 통구 사신총, 오회분 4호분과 5호분은 평지에 자리하며, 대형분끼리 열상 배치되어 있다. 통구 오회분은 서쪽에서 동쪽으로 가면서 5기가 열상배치되어서 1호에서 5호분으로 편호되었고, 통구 사신총은 오회분 4호분과 5호분 사이에 자리한다(그림 Ⅴ-51). 기단 일부가 유실되고 봉토가 기단을 덮어서 현재는 봉토분처럼 보이지만, 분구 조사에서 기단석이 확인되었다. 석실은 잘 다듬은 화강암을 이용하여 축조하였고, 벽면에 직접 사신을 그리고 천장부에 해와 달, 별자리, 용과 인동 당초문과 연꽃 등의 장식무늬, 그리고 천인과 신선들을 그려 넣었다. 6세기 전반으로 비정되며, 세 무덤이 서로 비슷한 시기에 조성된 것으로 보고 있다.

사신도가 그려진 석실봉토분으로는 진파리 1호분과 4호분, 강서대묘와 강서중묘가 있다. 진파리 1호분과 4호분은 (전)동명왕릉의 배후에 있다. (전)동명왕릉 배후의 고분은 벽화분을 중심으로 석실봉토분 2기나 3기가 군을 이루어 1호분을 중심으로 2호와 3호분이, 4호분을 중심으로 5호와 6호분이 모여 있다(그림 Ⅴ-52). 분구는 방평 평면의 방추형이며, 지상에 위치한 석실은 방형 현실, 중앙연도, 평행고임 천장구조이다.,

진파리 1호분은 벽면에 회를 곱게 바른 후 사신을 그렸으며, 연도 양벽에는 창을 들고 선 문지기 장수를 그려 넣었다. 동벽의 문지기는 잘 남아있지 않지만 서벽의 장수는 연꽃 대좌

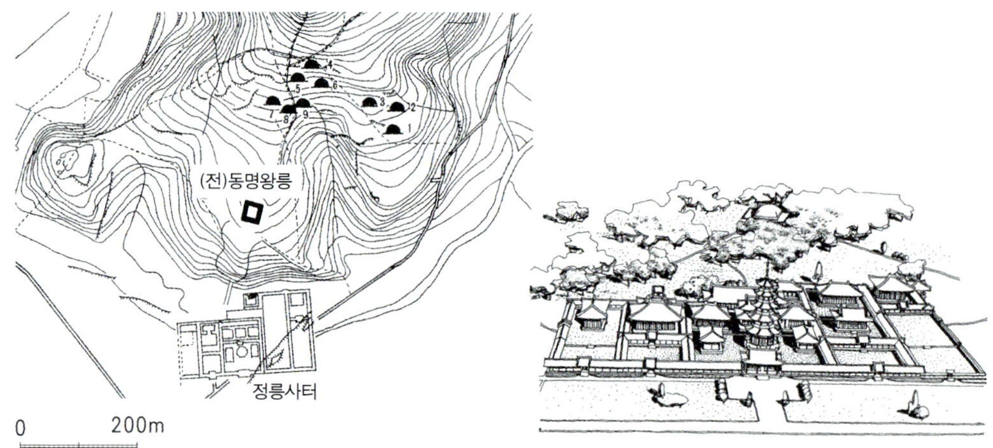

그림 Ⅴ-52 진파리고분군과 정릉사 복원도(전제헌 1994)

위에 서있으며, 머리에는 두광이 그려져 있어서 사천왕상으로 보기도 한다. 현실 벽면의 중심에는 사신을 배치하고 빈 공간에 운기문과 인동초문을 배치하였다. 북벽의 현무 좌우 공간에는 나무를 그리고 나무 사이 공간에 구름과 연꽃무늬를 배치하여서 호남리와 통구 사신총, 오회분 4호 및 5호분과 차이가 있다. 천장에는 해와 달, 별, 구름무늬와 연꽃무늬, 인동무늬를 그렸고, 천장 막음돌에는 동서로 해와 달을 그리고, 남북으로 인동무늬를 그렸다.

진파리 4호분도 1호분과 같은 방식으로 축조하였고 회를 바른 후 그림을 그렸다. 연도의 동, 서 양벽에는 연꽃이 핀 연못을 중심으로 좌우에 산악도를 그리고, 현실의 벽면에는 사신을, 천장에는 연꽃, 당초무늬, 주름무늬 등을, 천장 막음돌에는 별을 그려 넣었다.

강서대묘는 세 기의 무덤이 삼각형 배치를 하고 있어 통상적으로 강서삼묘로 불리는 무덤 중 남쪽에 위치한다. 대묘와 중묘는 사신도 벽화분이며, 소묘는 무벽화분이다. 대묘와 중묘는 모두 잘 다듬은 석재를 이용하여 축조하였으며, 벽면에 직접 사신을 그렸다. 강서대묘는 잘 다듬은 벽면에 직접 사신을 그렸으며, 천장 막음돌에 황룡을 그렸다. 강서대묘는 사신도 벽화의 가장 발달한 것으로 보아서 무덤의 연대는 6세기 말이나 7세기초로 비정되며, 중묘는 대묘에 비해 사신의 운동감이나 신비감이 줄어들었지만 강서대묘와 비슷한 시기로 비정된다.

(2) 왕릉관련 시설

① 능사

능사는 무덤 제사와 불교가 결합된 것으로 대개 무덤 가까이 조성된다. (전)동명왕릉 앞쪽에서 조사된 정릉사가 현재 보고된 유일한 고구려의 능사로, 발굴조사에서 정릉(定陵), 능사(陵寺) 등의 명문이 있는 토기 편이 확인되어서 정릉사로 불린다.

정릉사는 1탑3금당식의 가람배치를 하고 있으며(그림 Ⅳ-32 참조) 탑은 8각의 다층탑으로 현재 정릉사는 7층 석탑을 중심으로 가람의 일부가 재현되어있다(그림 Ⅴ-52). 정릉사에서 국내성 시기에 사용되었던 것으로 보이는 와당이 출토되지 않는 점으로 미루어 볼 때 정릉사 조성은 평양천도 이후 (전)동명왕릉 조성 이후에 조성되었을 것이다.

능사로서 정릉사는 왕들의 명복을 빌었던 원찰이면서 왕릉을 관리, 보호하는 기능을 함께 하였을 것이다.

② 그 외 구조물

국내도성 시기의 초대형적석총에서 보이는 여러 구조물들이 평양도성 시기의 왕릉급 무덤에서는 보이지 않는다.

배장무덤과 관련하여 북한에서는 (전)동명왕릉 배후에 일렬로 있는 석실봉토분을 주몽과 함께 남하한 인물이 배장된 것으로 정리하였다. 만약 이 무덤들을 배장무덤이라고 한다면 국내도성의 능원 내 초대형적석총 주위에 있는 배장무덤과는 그 성격이 달랐을 것이다.

(전)동명왕릉과 사신도가 그려진 기단봉토분인 토포리대총과 호남리 사신총의 분구 주위를 돌아가면서 확인되는 부석시설은 묘역시설로 볼 수 있다.

능각을 추정할 만한 자료는 확실하지 않지만, 북한에서는 기단봉토분인 (전)동명왕릉의 능각을 도상 복원한 바 있다(그림 Ⅴ-53). 도상복원된 전각은 능각이라기 보다는 분구를 보호하는 상징적 구조물로서, 모든 기단봉토분에 이러한 구조물이 있었다고 할 수 없다. 기와가 출토된 기단봉토분인 경신리 1호분에서 석실을 기와로 한겹 덮고 그 위에 분구를 쌓은 것으로, 묘상건축물과는 관련이 없기 때문이다. (전)동명왕릉의 도상복원된 능각은 방수와 방습 등으로부터 무덤을 보호하기 위한 기능적 역할 뿐 아니라 가시적 상징물로서도 기능하였을 것이며 무덤 제사와 관련된 능각은 아닐 것이다.

한편, 토포리대총, 호남리 금사총 외에도 통구 분지의 오회분 주위에서도 기와가 출토되었다고 한다. 대개 서남쪽에서 기와가 주로 확인되고 있는 점으로 미루어 능묘와 관련된 건물지일 가능성을 배제할 수는 없다.

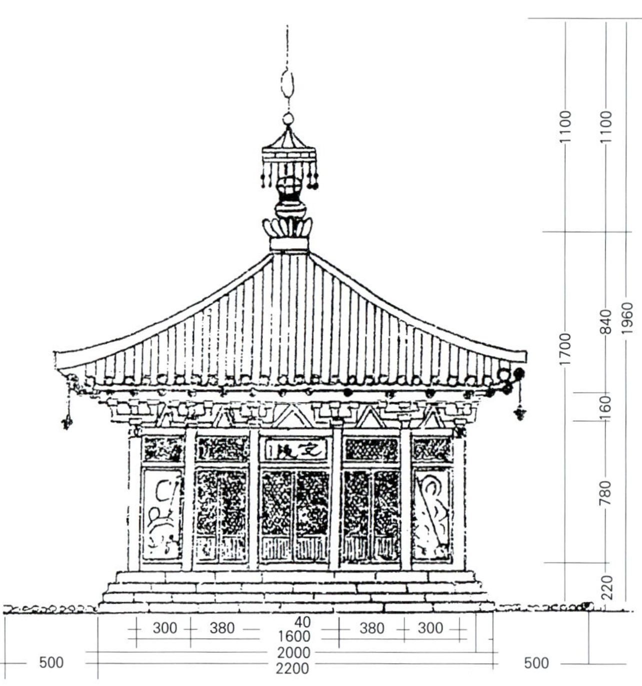

그림 Ⅴ-53 동명왕릉 능각 복원도(전제헌 1994)

5. 고분의 전개

고구려 고분 전개의 큰 흐름은 분구는 적석총에서 봉토분으로, 매장방식은 수혈식 장법에서 횡혈식 장법으로 변화하는 것이다. 그러나 분구와 매장방식이 서로 대응되는 것은 아니어서 고구려 고분은 여러 양상을 띠며 전개된다.

적석총은 고구려 건국 이전부터 고구려가 멸망한 668년까지 7~800여 년이 넘는 오랜 기간동안 지속적으로 축조되면서 분구는 무기단식에서 기단식, 계단식으로 축재 가공 기술과 축조 기술에 따른 변화가 나타났으며, 매장부는 목질의 관과 곽에서 목실과 목개석실을 거쳐서 석실로 변화하였다. 가장 이른 분구 형식인 무기단적석총의 경우 목관이나 목곽이 다수이고, 가장 발달된 분구형식인 계단적석총의 경우 석실이 중심이 된다. 그러나 동 시기 여러 형태의 적석총이 병존하면서 적석총의 규모나 시설, 부장 내용 등에서 다양한 양상을 보이므로 병존하는 여러 형식의 적석총은 피장자의 사회정치적 지위가 반영되어 있음을 짐작해볼 수 있다. 따라서 분구나 매장부의 등장시점에 따른 선후관계는 설명이 가능하나, 분구나 매장부 구조 어느 하나만으로는 무덤의 시간적 위치를 판단하기가 쉽지 않다.

봉토분은 돌로 기단을 돌린 후 흙을 덮은 기단봉토분과 흙으로만 덮은 봉토분이 있다. 가시적으로 드러나는 분구 형태는 방형 평면의 방대형이 다수여서 분구 형태에서의 차별성이 두드러지지는 않는다. 매장부는 횡혈식 구조의 석실이 대다수이며, 일부 벽돌이 사용되기도 하지만, 그 경우에도 천정이나 일부 구조에는 돌을 사용한다.

특히 횡혈식 구조의 매장부에서는 그림을 그려 내부를 장식한 벽화분이 고구려 고분을 대표한다. 벽화분은 주로 봉토석실분이지만, 계단적석총, 기단봉토분에서 발견된다. 주로 국내도성과 평양도성 주변에 분포하며, 4, 5세기대에는 서북한일대 지방의 거점지에서도 확인된다.

이처럼 다양한 양상을 띠는 고구려 고분의 전개는 분구와 매장방식을 중심으로 세 시기로 나누어 설명될 수 있다. 첫번째 시기는 수혈식 장법의 적석총이 중심이 되는 시기로, 수혈식 적석총이 고구려 묘제로 정착된다. 두번째 시기는 횡혈식 장법의 수용과 봉토분, 벽화분의 등장으로 다양한 묘제가 병존하는 시기로 최상위 무덤은 초대형의 계단식적석총이다. 세번째 시기는 횡혈식 장법의 봉토분이 중심이 되는 시기로, 초대형 계단적석총을 대신하여 사신도가 그려진 봉토석실벽화분이 최상위 무덤이 된다.

1) 고구려 묘제의 형성기: 수혈식 적석총 중심기

이 시기는 수혈식 적석총이 중심이 되는 기원전 2세기부터 3세기대까지로, 고구려의 형성과 고대 국가로 성장하는 시기와 대응된다. 적석총은 혼강과 압록강 중하류역에 강을 따라 서 또는 산중턱부터 평지로 내려오면서 열상으로 또는 무리를 이루며 조성되고 있어 고구려 집단의 형성을 보여준다.

수혈식 적석총은 무기단에서 기단, 계단으로 시간에 따른 분구 형태의 분화를 보여준다. 무기단적석총은 장방형, 방형, 타원형, 원형, 전원후방형, 후원전방형, 전방후방형 등 다양한 형태로 나타난다. 전방후원형 평면은 압록강 이남의 초산 운평리, 자성 송암리에서, 전원후방형이나 전방후방형 평면은 지안과 환런 일대에서 확인되고 있어 지역 간 통합된 모습을 보이지 않는다. 이어 등장한 기단적석총은 방형이나 장방형 평면으로 정형화된 모습을 보이며, 지역에 따른 분구 형태의 차이도 확인되지 않아서 지역 집단이 통합되고 있음을 엿볼 수 있다. 한편, 한 변 길이가 30m를 넘는 계장식으로 축조한 초대형적석총인 지안 마선구 2378호분, 마선구 626호분, 산성하 전창 36호분, 칠성산 871호분 등이 통구분지에서 확인되고 있어 당시 지안의 통구분지가 통합의 중심지였음을 보여준다.

  그러나 수혈식 적석총이 언제부터 고구려 묘제로 부각되었는지에 대해서는 확실치 않다. 혼강이나 압록강 유역의 선행 묘제를 알 수 없을 뿐 아니라 시간적 위치를 판단할 만한 유물도 토기류와 철도나 부, 겸 등 철제 이기류가 전부인데, 대체로 기형과 종류가 단순하며 수적으로 많지도 않다. 다만, 창바이 간구자적석묘나 환런 지역의 돌무지와 위원 용연동 적석묘에서 출토된 주조된 철제 농기구와 타날문 토기, 반량전 등 전국계 화폐 등으로 미루어 볼 때 늦어도 기원전 2세기까지 올라갈 개연성이 있어서 기원전 2세기경이 되면 혼강과 압록강 중류역을 중심으로 수혈식 적석총 주민들간의 동질감이 형성되었을 것이며, 수혈식 장법의 적석총은 고구려 묘제로 정착되었을 것이다.

  고구려 묘제로 정착된 적석총은 중국 동북의 여타 지역의 무덤과는 구별되지만, 수혈식 장법의 적석총에서 출토된 유물 중에는 고구려 형성의 문화적 배경을 보여주는 것들이 포함되어 있다. 환런 망강루 4호와 6호 무덤에서 출토된 금제 이식이나 이전, 차축 그리고 지안 하활용 8호분의 전랑은 부여의 유적인 위수 노하심 중층 목곽묘 출토품과 형태적으로 유사하며, 목긴 단지나 띠모양 손잡이 토기는 중국 동북지방의 초기철기시대 토기와 유사하다. 한편, 환런 오도하자나 채아보 등지의 적석총이나 지안 일대 퇴장유적에서 출토된 반량전, 오수전, 대천오십전 등의 화폐와 하활용 8호분의 횡장방형 공부를 가진 주조철부 등 철제 농공구는 중국 진한교체기 철기의 특징을 보여준다. 한편, 분구 중에서 행해진 번소(燔燒) 행위는 북방 민족에서 행해졌던 특징적인 장속이다. 분구 중에 확인되는 불에 탄 흔적이나 불에 녹아 변형된 기와나 돌들은 수혈식 장법의 적석총에서도 북방족의 보편적인 장속의 하나인 번소가 행해졌음을 보여준다.

  수혈식 장법의 적석총 자료가 충분하지 못한 관계로 3세기대까지 적석총의 변화과정을 구체적으로 설명하기는 쉽지 않다. 중국이나 북한에서는 문헌기록에 의한 역사적 정황에 따라 기단적석총의 축조를 1세기경으로 보고 있지만 고고학적으로 확인하기 어렵다. 다만, 4기가 연접된 지안 만보정 242호분의 예에 비추어 볼 때 가장 먼저 조성된 수혈식 장법의 계단적석총인 242-1호분에서 출토된 마구류와 계장식으로 축조된 초대형적석총인 지안 칠성산 871호분의 금공장신구 등으로 미루어 볼 때 3세기 후반이 되면 무기단과 기단, 계단적석총이 병존하였을 것이며, 이러한 양상은 첫번째 단계의 마지막 모습일 것이다.

  따라서 수혈식 장법의 적석총은 기원전 2세기부터 무기단 적석총이 축조되다가 계장식 무기단과 기단식이 더해지고 3세기 말이 되면 다시 계단식이 더해져서 최종적으로는 무기단, 기단, 계단식 적석총이 병존하는 양상으로 변화하였다. 그리고 병존하는 계단, 기단, 무기단 적석총 순으로 위계화가 이루어졌을 것인데, 이 시기 위계화의 정도는 부장품으로 판단하기는 어렵다. 망강루 4호와 6호분의 금제 이식이나 지안 석호 만발발자에서 출토된 호판형 금제 이식 정도를 위세품으로 볼 수 있을 뿐 부장품에서의 위계화가 확실하게 드러나지 않으므로, 첫번째 시기의 사회 발전 정도는 적석총의 규모와 분구 형태로 판단할 수 밖에 없다. 현재 수혈식 적석총이 중심기의 왕릉으로 비정되는 고분은 지안의 마선구 2378호분과 마선구 626호분, 칠성산 871호분 등 계장식으로 축조한 적석총으로 국내성의 서편에 제한적으로 분포하고 있다.

이처럼 수혈식 장법의 적석총이 중심이 되는 시기는 혼강과 압록강을 중심으로 적석총이 고구려 묘제로 정착되고, 주민 통합의 구심점으로서 정형화된 모습을 갖추어가는 과정으로 고구려 국가의 형성과 성장기와 대응된다.

2) 다양한 고분의 병존기: 신묘제의 수용과 확산기

두번째 시기는 4, 5세기대이다. 횡혈식 장법의 수용과 함께 봉토분구, 묘실벽화 등으로 이루어진 신묘제의 출현 및 확산기이다. 횡혈식 장법은 적석총과 봉토분, 벽화분 등에서 다양한 형태로 병존하였다. 적석총은 목실과 목개석실, 석실로 발전하였고, 횡혈식 장법과 함께 봉토 분구는 석실봉토분이라는 새로운 묘제로 출현하였으며, 횡혈식 장법의 매장부 내부에 그림을 그려 장식한 벽화분이 나타나게 되었다. 따라서 이 시기의 고구려 고분에서 나타나는 커다란 변화는 횡혈식 장법의 수용이라고 할 수 있는데, 횡혈식 장법의 수용 정도는 세 단계로 설명된다.

첫번째 단계는 국내 지역에 횡혈식 장법이 수용되기 시작하는 3세기 말경부터 4세기 초이다. 낙랑, 대방군 축출 이전에 지안 통구 분지에서는 현실과 연도를 갖춘 완벽한 횡혈식 구조는 아니지만, 추가합장을 고려한 목실과 목개석실이 채용되기 시작하였다. 횡혈식 장법의 채용이 곧 석실 축조 기술의 완성을 의미하는 것은 아니어서 관념의 유입과 석실의 축조 사이에는 간극이 불가피했는데, 이는 3세기말부터 4세기초 경 최고의 기술로 축조되었을 왕릉급의 초대형 적석총의 매장부가 목실구조라는 점에서 잘 설명된다.

두번째 단계는 완벽한 횡혈식의 석실 구조가 정착되는 4세기 중엽부터 4세기 말까지다. 석실이 축조되었지만, 등장기의 석실은 분구와 석실의 구조, 축조 재료에서 지역간 차이를 보인다. 지안 우산하 3319호분(357년)은 유사두칸구조의 전석혼축실계단적석총이며, 평양의 영화9년명 동리무덤(353년)이나 황해도 안악 로암리무덤(342년)과 봉산의 장무이무덤(348년)은 일부 석재를 이용한 전실봉토분으로 동리무덤과 로암리 무덤은 장방형 현실, 우편재 연도의 단칸구조이고, 장무이 무덤은 유사두칸구조이다. 그리고 안악 3호분은 회랑을 가진 두칸구조 봉토석실벽화분이다.

4세기 중엽에 조성된 여러 형식의 무덤은 고구려에서 횡혈식 장법의 수용이 획일적이지 않았음을 시사한다. 선행 묘제가 수혈식 장법의 적석총이었던 통구 분지에서는 횡혈식 장법에 대한 관념의 수용에 따라 목실 매장부의 계단적석총이 축조되었다. 횡혈식 장법의 전실분이 선행 묘제였던 서북한 일대에서는 벽돌 대신 돌이 무덤 재료로 바뀌면서 전실분과 유사한 구조의 석실분이 축조되었다. 이후 통구 분지에서도 봉토분구나 석실 구조가 선택되면서 여러 형태의 석실봉토분이 축조되기 시작하였으며, 봉토석실벽화분인 지안 만보정 1368호분이 그 대표적 예이다.

세번째 단계는 5세기대로 현실과 연도를 완비한 횡혈식 무덤이 확산된다. 석실적석총과 석실봉토분, 그리고 석실벽화분이 병존하면서 동시에 적석총과 봉토분 그리고 벽화분이 서로 결합하기도 한다. 국내지역에서는 석실적석총과 석실봉토분이 병존하는 과정에서 절충형태의 무덤이 자리하는 한편, 낙랑, 대방고지의 서북한 일대에서는 봉토석실벽화분이 확대되어간다. 전실묘가 축조되었던 낙랑, 대방지역에서는 전실묘에 이어 석실봉토분이나 석실봉토벽화분이 축조되는 한편, 전실묘가 축조되지 않았던 평성, 순천 등 일부 지역에서도 석실봉토분이나 석실봉토벽화분이 축조된다. 강서 태성리 일대에서는 목곽, 전실묘에 이어 석실봉토벽화분이 축조되고 평양 낙랑구역에서는 전실묘에 이어 석실봉토분이 축조된다. 반면, 전실묘가 없었던 평양시 대성구역이나 승호구역, 강동구역에서도 석실벽화봉토분이 축조된다.

4세기 말을 지나 5세기대 각지에 축조된 대형분은 석실계단적석총과 석실벽화봉토분이 중심이 되면서 양자 간의 결합, 절충 양상을 보인다. 적석총의 석실과 같은 구조이면서 분구는 적석총의 기단과 봉토분구가 결합하거나(경신리 1호분: 한왕묘), 기단봉토분이면서 벽화로 장식한 것도 있고(우산하 1408호, 전 동명왕릉), 석실적석총이면서 벽화로 장식하는(절천정총, 우산하 1041, 산성하 725호, 우산하 1405호) 등 적석총의 석실 구조와 봉토분구, 묘실벽화 등이 결합된 양상이 지안과 평양 일대에서 나타난다. 동시에 석실벽화봉토분의 분포범위는 더욱 확대되어 환런과 지안 외에도 서북한 각지에서 축조된다. 이렇듯 각지에서 축조된 석실벽화봉토분은 여러 칸의 복잡한 구조에서 차츰 적석총의 석실과 같은 단칸구조로 변화한다.

이처럼 고구려 고분 전개의 두번째 시기는 3세기말에서 4세기초 국내지역에서의 횡혈식 장법의 수용, 그리고 낙랑, 대방군 축출에 따른 서북한일대의 통합과 함께 4세기 중엽경 기존 적석총에 봉토분구, 벽화 등과 같은 새로운 요소들이 결합됨에 따라서 다양한 묘제가 유행하게 되었고, 다시 4세기 말을 경과하면서 횡혈식 석실이 묘제의 중심으로 정착해가는 과정을 겪는다(그림 Ⅴ-54). 따라서 전통묘제인 적석총과 석실, 벽화, 봉토 등의 신요소가 결합하여 점차 지역간 고분 양상에서의 차이가 줄어드는 방향으로 전개되어 가는 과정은 서북한 일대 주민들이 고구려 중앙에 편재되어 고구려 주민이 되는 과정이라고 할 수 있다.

그러나 당시의 왕릉은 국내도성 주변의 초대형 계단적석총이었다. 적석총은 규모와 분구 형태에서 신분에 따른 차이를 드러내는 분구지향적인 묘제로서, 무덤이면서 왕의 상징인 동시에 기념비적 성격을 갖고 있는 초대형계단적석총은 왕릉을 정점으로 한 위계화를 보여준다. 따라서 초대형계단적석총은 왕 중의 왕인 대왕의 상징이자 기념물로서 고분 전개의 두번째 시기는 고대왕권국가로서 집권 체제 확립과 영역 확장 등 고구려의 발전기와 대응된다고 할 수 있다.

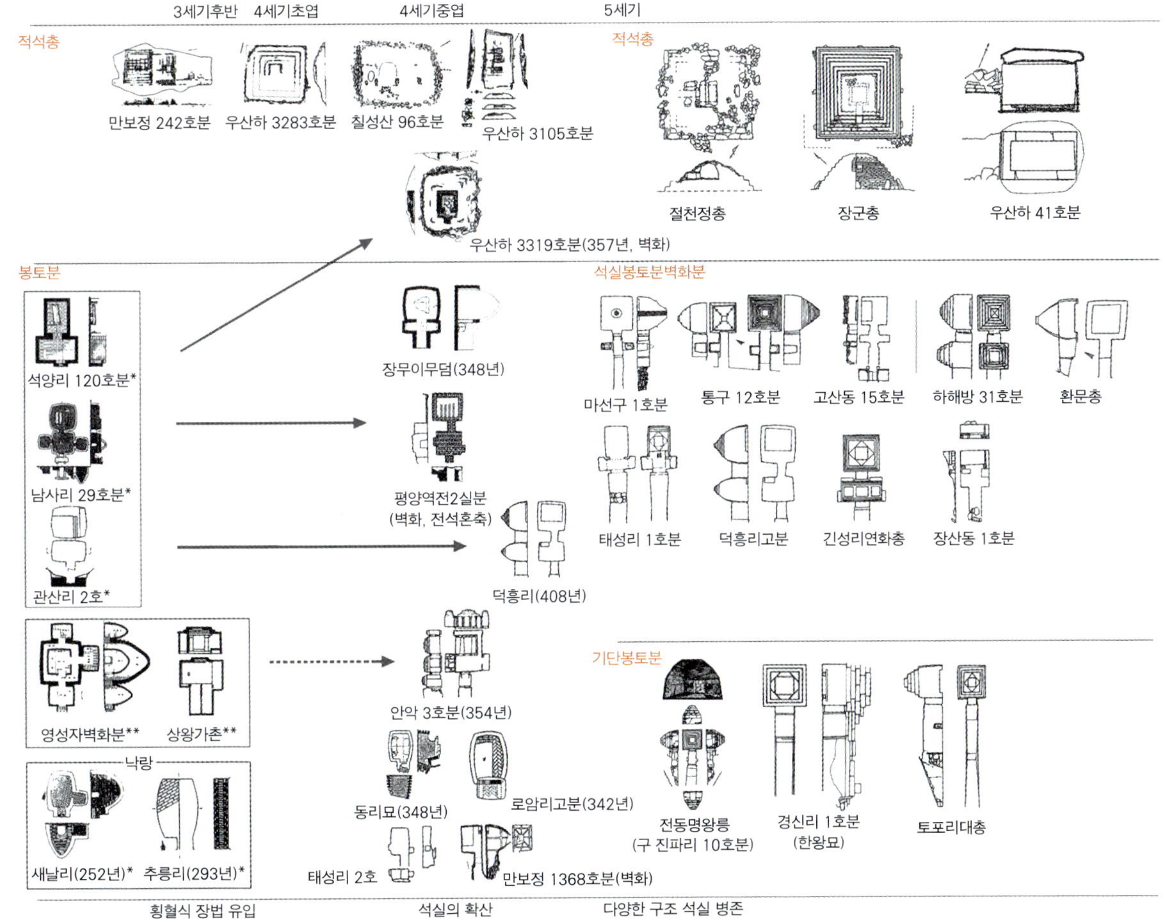

그림 Ⅴ-54 4~5세기대 다양한 고분(ⓒ강현숙)

3) 고구려 묘제의 제일성 확립: 석실봉토분 중심기

세번째 시기는 6세기 이후부터 고구려 멸망까지로, 석실봉토분을 중심으로 묘제에서의 제일화가 완성된 시기이다. 석실봉토분이 적석총을 대신하여 고구려 고분의 중심이 되고, 원고구려 지역이라고 할 수 있는 혼강 및 압록강 유역의 일부 지역을 제외하고는 적석총은 더 이상 축조되지 않는다. 초대형분도 적석총을 대신하여 대형의 석실봉토분이나 사신도가 그려진 석실벽화봉토분으로 대체된다는 점에서 이전 시기와는 확연하게 구별된다.

특히 최상위 신분의 무덤으로서 석실벽화봉토분은 4, 5세기대의 석실벽화봉토분을 그대로 계승하지는 않았다. 6세기대 벽화분은 평행삼각고임 천장의 방형 현실이거나 횡장방형 현실의 단칸 구조로, 벽면의 중심에 사신을 배치하였다는 점에서 매장부 구조나 묘실벽화에서 계세관을 표현한 4, 5세기대 벽화분과는 구별된다.

석실벽화봉토분이 최상위 신분의 무덤이 되면서 고구려 사회는 신분에 따른 묘제에서의 구별은 없어지게 되었다. 봉토분은 대부분이 방대형을 하고 있어서, 적석총에서 보이는 분형에 따른 신분의 차이는 드러나지 않는다. 오히려 가시적으로 드러나지 않는 매장부가 중요시된다. 석실봉토분은 피장자가 안치되는 석실 내부에 중심을 두는 무덤으로, 무덤간 실질적인 차이는 묘실 벽화에 있다. 특히 석실 내부에 방위신으로서 사신을 그려 넣음으로써 무덤은 죽은 자를 보호하는 무덤 고유의 기능이 강조되었다. 따라서 6세기 이후의 고구려 고분은 묘제에서의 제일성이 확립기라고 할 수 있으며, 봉토석실벽화분은 매장 그 자체에 더 큰 의미를 둔 무덤으로 고총의 사회적 의미가 약화되었음을 시사한다.

이처럼 6세기 이후 고구려 고분은 석실봉토분을 중심으로, 고구려 멸망 후에서 석실봉토분은 지속적으로 축조되었다. 푸순 시가 고분군, 선양 석대자 산성 주변의 고분, 번시의 석실봉토분과 두만강 일대의 석실분은 고구려의 전통이 발해 시기까지 이어지고 있음을 보여준다.

6. 남한지역의 고구려 고분

남한지역에서 고구려 고분이 처음 확인된 것은 1916년의 일이지만 간단한 현지 조사를 통해 존재가 확인된 것으로 별다른 관심을 끌지 못하였다(朝鮮總督府 1916: 138-142). 이후 1980년대 초반 춘천 방동리(金元龍 1981)와 신매리(趙由典 1987)에서 고구려계 석실분이 조사되었으나 고분 내부에서 유물이 출토되지 않아 이를 고구려 고분으로 특정할만한 근거가 없어 더 이상의 논의가 이루어지지 못했다. 1990년대 들어와 방동리고분에 대한 재조사가 이루어 졌고(盧爀眞·沈載淵 1993), 춘천 만천리에서도 유사한 구조의 석실분이 조사되었다(翰林大學校博物館 2000). 이를 통해 남한지역 고구려 고분의 존재여부에 대한 관심이 증폭되었지만 확실한 유물이 출토되지 않는 상황에서 논의의 진전은 이루어지지 못하였다. 이어 2000년대 초반 연천 신답리(김상익·김충배 2003), 춘천 천전리(江原文化財硏究所 2008), 홍천 역내리(강원문화재연구소 2005b), 가평 신천리(이재설외 2009) 등지에서 고구려계 석실분이 잇달아 발굴되었으나 역시 고구려 고분으로 특정할만한 유물은 출토되지 않아 연구는 답보상태에 머무를 수밖에 없었다.

그러던 중 2007년 봄 용인 보정동에서 2기의 석실분이 발굴되었는데, 각 고분에서 철제 관정 및 관고리와 함께 확실한 고구려 토기 심발과 흑색마연토기 구형호가 1점씩 출토되었다(이희수 외 2009). 같은 해 성남 판교동(韓國文化財保護財團 2012), 홍천 철정리(강원문화재연구소 2007), 충주 두정리고분군(김병희 외 2010)이 발굴되었으며, 두정리고분군에서도 고구려 토기가 출토되었다. 2008년에는 화성 청계리고분(한백문화재연구원 2013a)이 조사되었으며, 역시 고구려 토기가 출토되었다. 2010년에는 연천 강내리에서 9기의 고분이 3기씩 열상으로 배치되어 발굴되었으며, 고구려 토기와 함께 관정, 관고리, 금동제품 등이 출토되었고(김병모 외 2012), 화천 거례리에서도 1기의 고분이 조사되었다(한백문화재연구원 2013b).

이처럼 2007년 이후 고구려 토기가 출토되는 고분의 발굴사례가 증가하면서 남한지역 고구려 고분의 존재가 명확해졌다. 또한 고구려 토기가 출토되는 모든 고분이 장방형 묘실에 우편재 연도를 특징으로 하고 있으며, 삼각고임방식의 천정 가구와 회칠로 마감한 묘실 벽체 등 전형적인 고구려 고분의 특징적인 속성을 공유하고 있음이 확인되었다. 아울러 유물이 출토되지 않는 고분도 이러한 고구려 고분의 특징을 모두 또는 일부를 공유하고 있으며, 백제 나 신라의 석실분과는 구조적인 측면에서 일정한 차이가 있어 기존에 '고구려계' 또는 '고구려식'으로 불리던 고분들을 고구려 고분으로 인식할 수 있게 되었다(崔鍾澤 2011).

1) 입지와 분포

지금까지 남한지역에서 조사된 고구려 고분은 14개 지역에 걸쳐 35기에 달하는데,[11] 입지와

---

11   이는 2011년까지 조사·보고된 숫자이며, 이후 용인 신갈, 춘천 중도 등에서 고구려 고분이 추가로 조

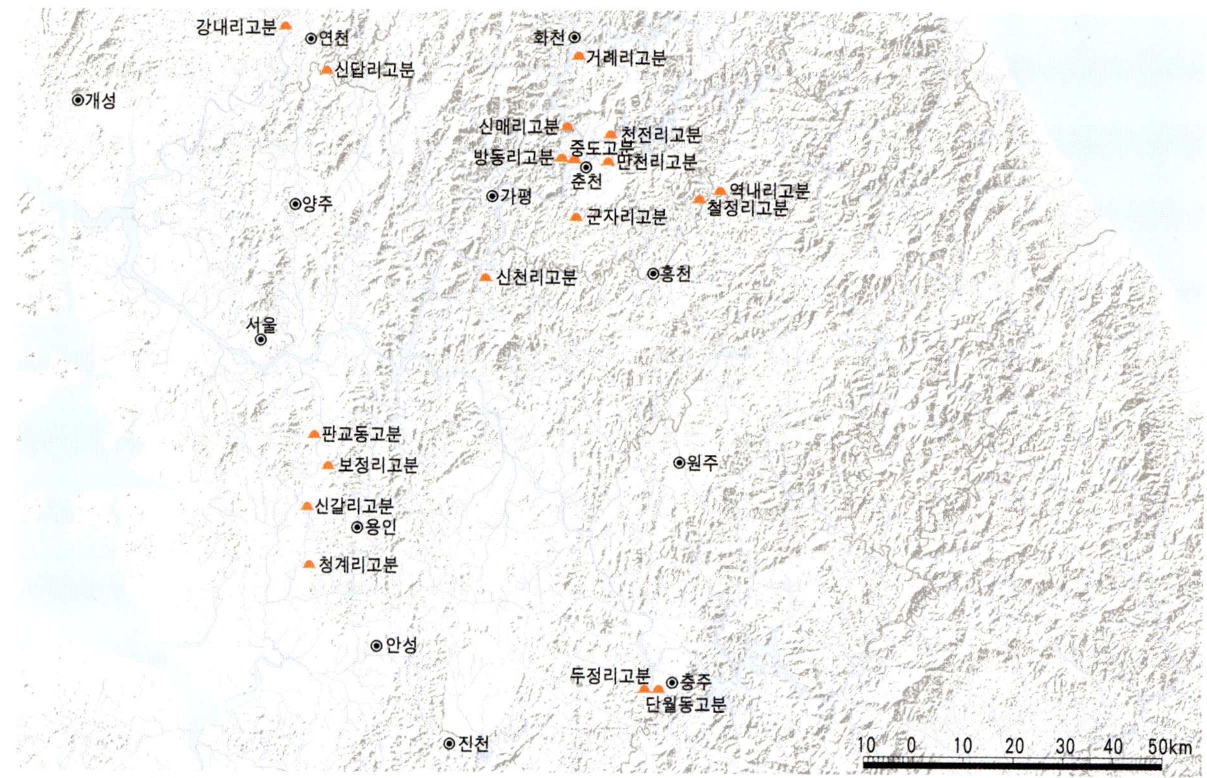

그림 Ⅴ-55 남한지역 고구려고분 분포도(ⓒ최종택)

분포에 있어서 특징적인 속성을 공유하고 있다. 남한지역 고구려 고분은 임진·한탄강, 북한
강 상류, 남한강 상류 등 큰 강가에 위치하거나 성남, 용인, 화성 등지의 내륙에 분포하고 있
는데, 내륙에 분포하는 경우도 하천에 인접해 있어서 강가의 저평한 지역에 입지하는 특징을
공유하고 있다(그림 Ⅴ-55).

세부적으로 보면 남한지역 고구려 고분의 입지는 구릉 말단부나 곡부, 강가의 충적대지
로 구분된다. 화천 거례리고분, 홍천 철정리고분, 춘천 천전리고분은 강가의 충적대지에 입
지해 있어 일반적인 고구려 고분의 입지를 충실히 따르고 있다. 나머지 대부분의 고분은 구
릉 말단에 입지하고 있는데, 구릉 말단이라고는 하나 경사가 완만하며, 두정리고분군을 제외
하면 해발고도가 100m 미만의 저평한 완사면에 위치해 있다. 또한 강내리고분군은 강가의
충적대지와 이어지는 곳에 위치해 있으며, 보정동고분, 신답리고분 역시 강과 인접한 구릉
말단의 저평한 완사면에 위치해 있다. 한편 춘천 신매리고분과 방동리고분, 만천리고분, 판

사되어 남한지역에서 조사된 고분은 40여 기에 달한다.

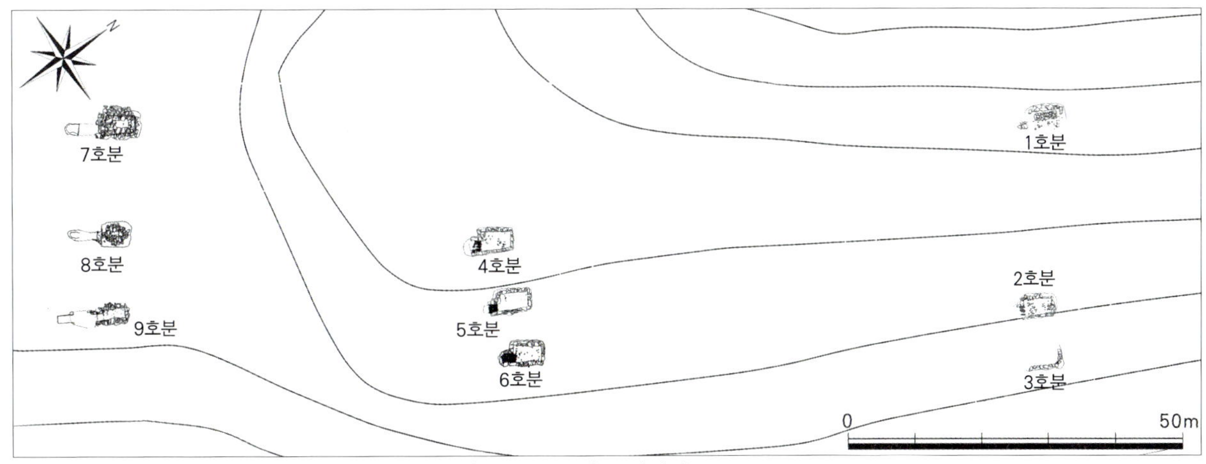

그림 Ⅴ-56 연천 강내리고분군 배치도(김병모 외 2012: 도면 3 재편집)

교동고분 역시 구릉 말단에 위치해 있으나 다른 고분들보다는 다소 경사가 급한 사면에 위치하고 있으며, 보정리 소실 21호분과 청계리고분 역시 구릉 말단의 비교적 경사가 급한 곡부 사면에 위치해 있다. 일반적으로 고구려 고분은 충적대지나 구릉 말단의 완사면에 위치하지만 비교적 경사가 급한 사면이나 곡부에 위치하는 경우도 있으므로(김일성종합대학출판사 1973: 267) 남한지역 고구려 고분 역시 입지에 있어서 동일한 특징을 공유하고 있다고 할 수 있다.

남한지역 고구려 고분은 1기 또는 2~3기가 분포하는 경우가 대부분이다. 그러나 충주 두정리고분군은 5기가 한 줄로 배치되어 있으며, 연천 강내리고분군은 9기의 고분이 3기씩 열을 지어 배치되어있어 열상으로 군집을 이루며 분포하는 고구려 고분의 일반적 특징을 잘 보여준다(그림 Ⅴ-56). 이상과 같이 남한지역 고구려 고분은 큰 강이나 작은 하천 변의 충적대지나 구릉 말단 완사면에 입지하며, 이는 북한지역이나 중국 동북지방 고구려 고분의 입지와 같다. 또 두정리고분군이나 강내리고분군에서 보는 바와 같이 여러 기의 고분이 열상으로 배치되는 점도 고구려 고분의 일반적인 특징과 동일하다. 이는 남한지역의 고구려 고분이 비교적 넓은 지역에 걸쳐 소수로 분포하기는 하지만 입지와 분포에 있어서 일정한 규칙에 따라 축조되었음을 보여주는 증거이다.

2) 축조기법과 구조

남한지역에서 조사된 고구려 고분 중 전체 구조가 모두 확인된 예는 연천 신답리 1호분이 유일하다. 그러나 대다수의 고분이 천정부를 제외한 묘실의 일부 또는 전체가 확인되고 있어 봉분을 제외한 나머지 구조를 파악하는데는 어려움이 없다.

(1) 봉분

대부분의 고분은 봉분이 남아있지 않으나 연천 신답리 1호분과 춘천 천전리고분, 홍천 철정리 2호분, 춘천 방동리고분 등에서 봉분의 형태 또는 관련된 구조가 확인되었다. 신답리 1호분은 봉분이 비교적 완전한 형태로 발굴되었는데, 평면형태는 원형으로 보고되었으나 원래 방형이었을 가능성이 크다(그림 Ⅴ-57:①). 봉분은 석실의 축조와 동시에 이루어졌는데, 회흑색 점토질의 기반토층 위에 황갈색·갈색·회갈색의 점토와 사질점토를 겹겹이 다져 쌓았다. 규모는 동서 19.4m, 남북 19.0m이고, 잔존하는 높이는 3m이나 원래 높이는 4m 내외로 추정된다(김상익·김충배 2003: 60-65).

천전리고분과 철정리 2호분은 묘실 외곽에서 주구가 확인되었다(그림 Ⅴ-57:②). 구조가 잘 남아있는 천전리 고분의 경우 묘실 입구 쪽은 주구가 없는 'ㄷ'자 형태이고, 주구의 폭은 1.85~3.2m, 깊이는 0.4~0.75m 가량 된다(江原文化財硏究所 2008: 302). 또한 철정리 2호분 역시 연도 쪽이 터진 'ㄷ'자형 주구가 설치되어 있다(江原文化財硏究所 2010: 133). 일반적으로 고구려 고분에는 주구가 설치된 예가 없으나 평안남도 대동군 고산리 7호분과 대보면 7호분과 같이 봉분 외곽에 구가 확인되는 예가 있어서[12] 주구를 남한지역에서만 보이는 특수한 시설이라고 하기는 어렵다. 한편, 구조상으로 보면 주구 안쪽에 봉분이 설치된 것이 분명한데, 천전리고분의 동서 주구 사이 폭은 8m, 철정리 2호분은 5m 가량 되므로 봉분의 규모는 이와 비슷한 크기로 추정할 수 있다. 한편 주구의 형태로 보아 천전리고분의 봉분은 방대형이었을 것으로 추정된다(그림 Ⅴ-57:②). 그밖에 방동리 2호분은 묘실 외곽으로 방형 적석부가 설치되어 있으며(그림 Ⅴ-57:③), 가평 신천리고분군에서도 1호분과 2호분의 연도부를 연결한 석렬이 확인되었는데(그림 Ⅴ-57:④), 봉분의 유실을 막기 위한 시설로 추정된다(이재설 외 2009: 246).

---

12 고산리 7호분은 고분의 북쪽에 선명하게 주구가 남아있으며, 대보면 7호분의 경우 폭의 차이는 있으나 방대형 봉분의 기저부를 따라 주구가 확인 된다(梅原末治 1938: 도판 6, 30). 보고서에서는 이에 대한 자세한 설명이 없으나 거의 완전한 형태로 봉분이 잔존하는 것을 고려하면 고분 축조 시 설치된 주구일 가능성이 크다.

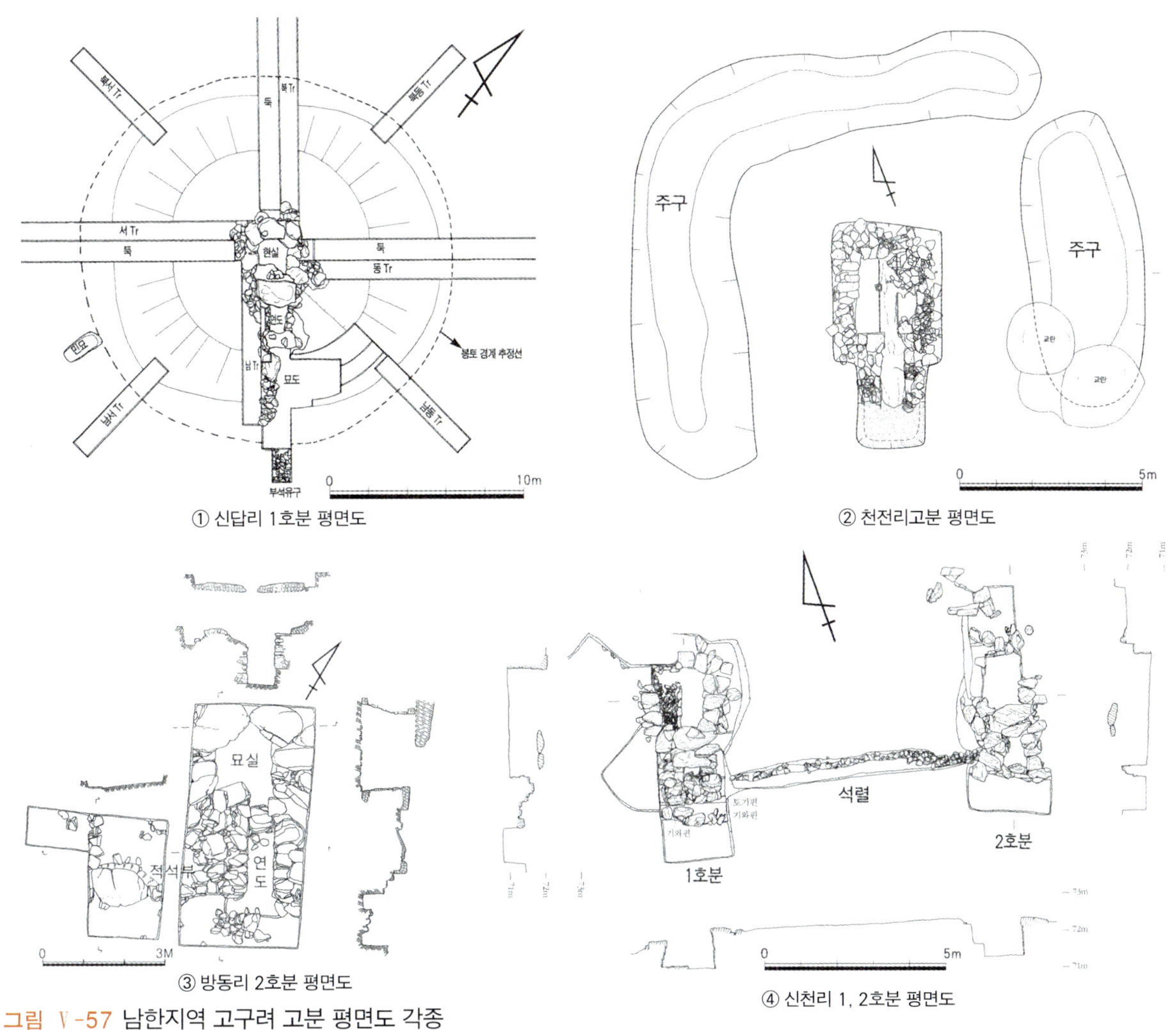

그림 Ⅴ-57 남한지역 고구려 고분 평면도 각종

① 김상익·김충배 2003: 41, ② 江原文化財研究所 2008: 303, ③ 盧爀眞·沈載淵 1993: 93, ④ 이재설 외 2009: 192

(2) 묘실의 위치와 축조방식

묘실 위치는 지상식과 반지하식이 있으며, 반지하식이 많다. 지상식은 지면을 정지하고 바로 묘실을 구축한 것과 경사지의 높은 면을 'ㄴ'자 형태로 파내고 묘실을 축조한 것으로 구분된다. 축조과정이 잘 밝혀진 신답리 1호분의 경우를 보면 약간의 굴곡이 있는 기반토 위에 입자가 곱고 점도가 높은 회흑색 점토를 6~30cm 두께로 다진 후 묘실을 축조하였으며, 벽석을 놓은 후 벽석 뒷면의 공간을 동시에 점토로 채우며 벽체를 구축하였다(그림 Ⅴ-58). 판교동 1·2호분은 경사진 지형의 풍화암반을 깎아 정지하였으며, 낮은 지점은 사질점토를 채운

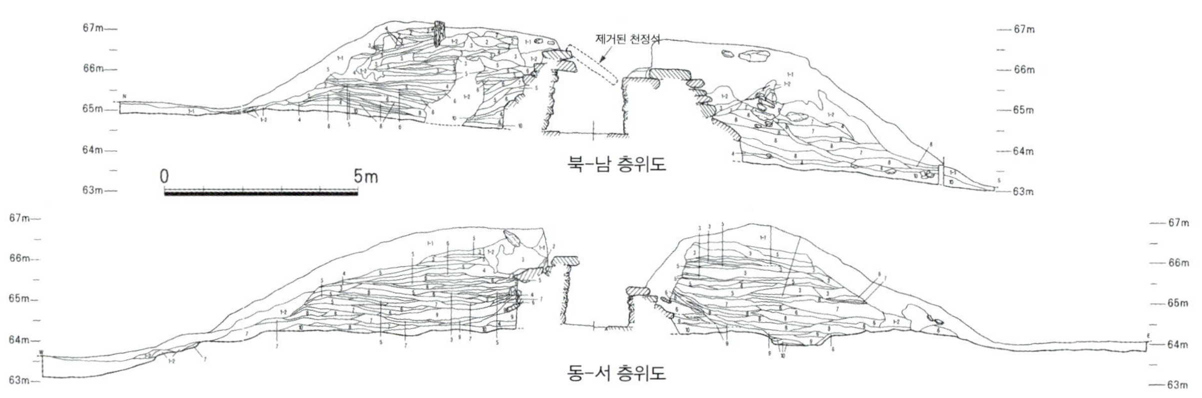

그림 Ⅴ-58 연천 신답리고분 전경(ⓒ최종택) 및 1호분 층위도(김상익 · 김충배 2003: 61)

후 다시 벽체를 축조하였다(韓國文化財保護財團 2012: 7-8).

반지하식은 벽체의 일정 높이까지만 굴광을 한 후 축조한 것으로 대부분의 경우가 이에 해당된다. 굴광의 깊이는 보통 벽체의 3~5단 정도 높이까지 이르며, 잔존 깊이는 충주 두정리 2호분의 경우 39cm 가량된다. 천전리고분의 경우는 묘실과 연도부 모두를 굴광한 후 축조하였는데, 석축구조의 연도부 외곽까지 굴광이 이어져 묘도와 같은 구조를 하고 있다(江原文化財研究所 2008: 303). 화천 거례리고분 역시 연도부까지 굴광하였으며, 연도부 외곽까지 자갈이 깔려있어 묘도의 역할을 한 것으로 보인다(한백문화재연구원 2011: 44). 반지하식 고분의 입지는 구릉 말단 완사면이나 충적대지를 구분하지 않으며, 특히 충적대지에 축조된 고분 모두가 반지하식 구조를 하고 있다. 이러한 현상은 상식적으로 이해하기 어려운 점이 있으나 묘실의 기초를 견고하게 하려는 의도에서 비롯된 것으로 생각된다.

묘실의 축조재료는 크기나 형태에 있어서 다소 차이가 있으나 기본적으로는 판석형 할석

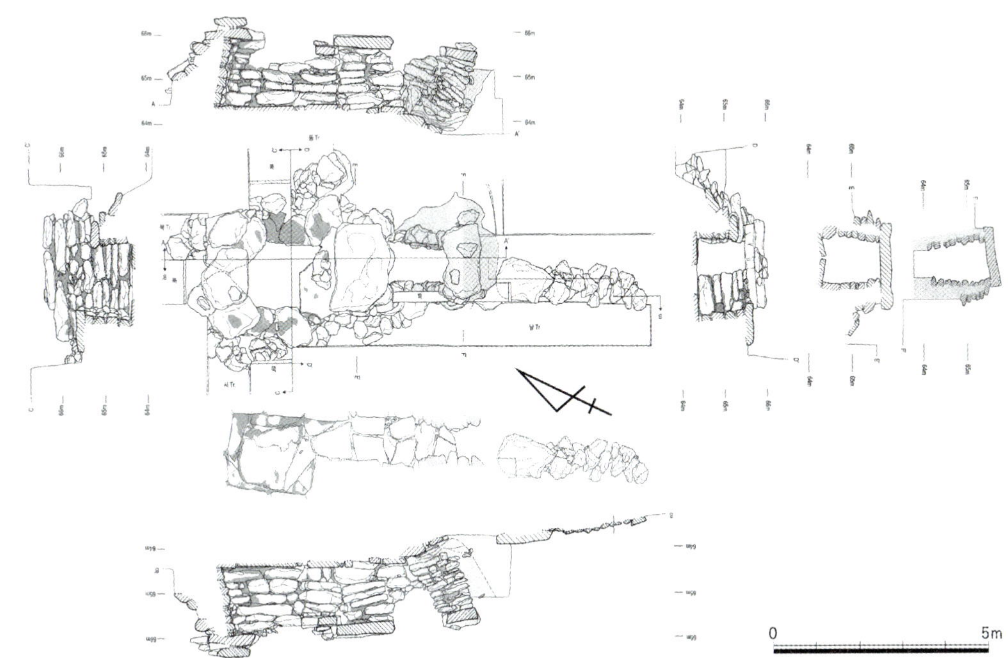

그림 Ⅴ-59 연천 신답리 1호분 석실 평 · 입면도(김상익 · 김충배 2003: 67)

을 사용하였다. 묘실 벽체는 동시에 축조하였는데, 장방형의 석재를 횡으로 눕혀서 쌓았으며, 할석 사이에 생긴 공간에는 작은 돌을 채워 넣는 것이 일반적이다. 일부 고분은 할석 벽체에 회반죽을 발라서 마감하였는데, 신답리 1호분과 천전리고분은 바닥까지 회를 발라 마감하였다. 신매리 고분의 경우는 벽체를 축조할 때 할석 사이에 회를 놓고 쌓아 올려서 다른 고분과는 축조방식에서 차이를 보인다. 또, 강내리 고분군의 경우 벽체에 점토를 발라 마감한 것이 있는데, 회반죽으로 마감하는 것과 같은 맥락으로 볼 수 있다. 한편, 벽체를 1매의 커다란 판석으로 마감한 예가 하나 있다. 홍천 철정리 4호분은 북벽과 연도가 설치된 남벽을 각각 1매의 판석을 세워서 마감하였으며, 먼저 판석을 세워 북벽과 남벽을 축조한 후 그 사이에 할석을 쌓아 장벽을 축조하였다(그림 Ⅴ-60:②). 고구려 고분에서 유사한 방식으로 축조된 고분으로는 평안남도 덕천시 남양리 2호분(최웅선·김성철 2009: 103) 등을 들 수 있으나 수적으로는 소수에 불과하다.

　묘실의 벽체는 수직으로 쌓아 올린 것처럼 보이지만 천정까지 구조가 남아있는 경우를 보면 모두 안으로 약간씩 기울어 있다. 때문에 석실의 단면 형태는 마치 궁륭상 천정처럼 보이기도 하지만 이는 천정의 크기를 줄여 벽체가 받는 하중을 줄이기 위한 노력으로 보인다. 또한 신매리고분은 벽석 제 1단부터 각 모서리 돌을 직접 교차시키지 않고 떨어지게 배치한

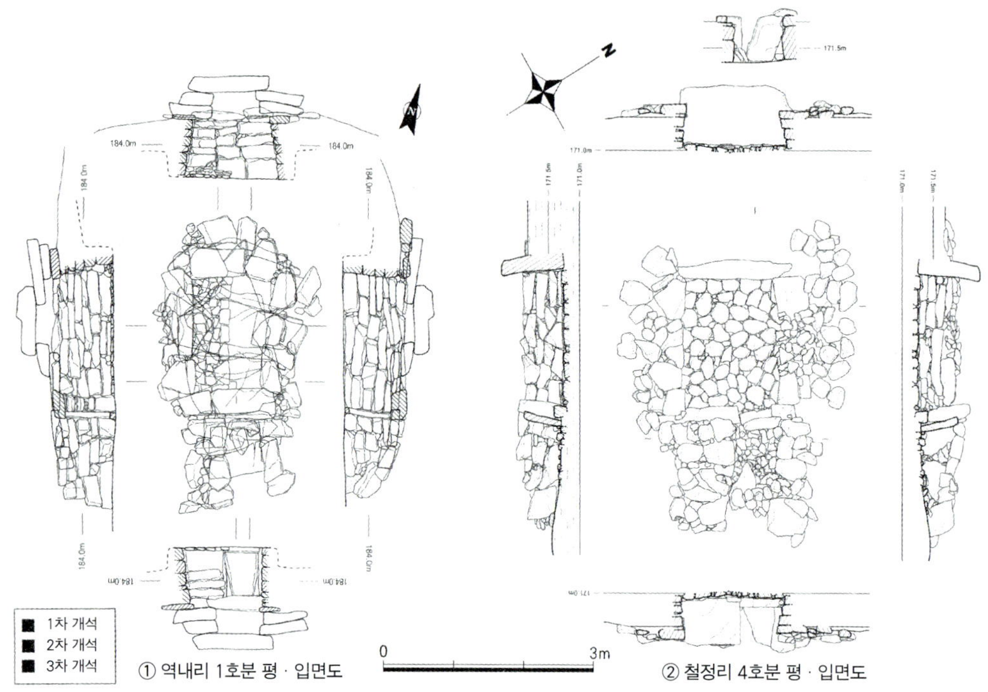

그림 Ⅴ-60 역내리 1호분 및 철정리 4호분 평·입면도

① 강원문화재연구소 2005b: 30, ② 江原文化財研究所 2010: 136

후 그 사이에 작은 돌을 넣어 모서리 각을 죽이며 쌓았다(趙由典 1987: 452). 방동리 고분에서도 이와 유사한 축조방식을 사용했는데(盧爀眞·沈載淵 1993: 81), 역시 위로 갈수록 조금씩 안으로 들여쌓아 천정의 공간을 줄이기 위해 고안된 기법으로 보인다.

(3) 천정 가구 및 연도

천정 구조를 알 수 있는 고분이 많지는 않으나 일부라도 남아있는 경우는 모두 삼각고임 방식의 천정이다. 대체로 묘실 벽체의 마지막 단은 편평한 석재를 이용해 정연하게 쌓고, 모서리에 각각 1매씩의 판석을 놓아 삼각형으로 모를 줄여쌓는다. 천정구조가 잘 남아있는 신매리고분의 경우 그 위에 1단을 더 올려 모줄임을 한 후 마지막으로 1매의 판석을 덮어 천정을 마감하였으며(趙由典 1987: 458), 신답리 1호분과 방동리 2호분, 역내리 1호분도 마찬가지로 2단의 삼각고임천정이다. 삼각고임천정이라도 형태에는 다소 차이가 있는데, 역내리 1호분의 경우 삼각고임과 평행고임 방식이 섞여있는 것처럼 보이기도 한다(그림 Ⅴ-60:①). 이처럼 같은 삼각고임 방식의 천정이라도 그 구조에 차이가 있는 것은 석재의 형태와 크기의 차이

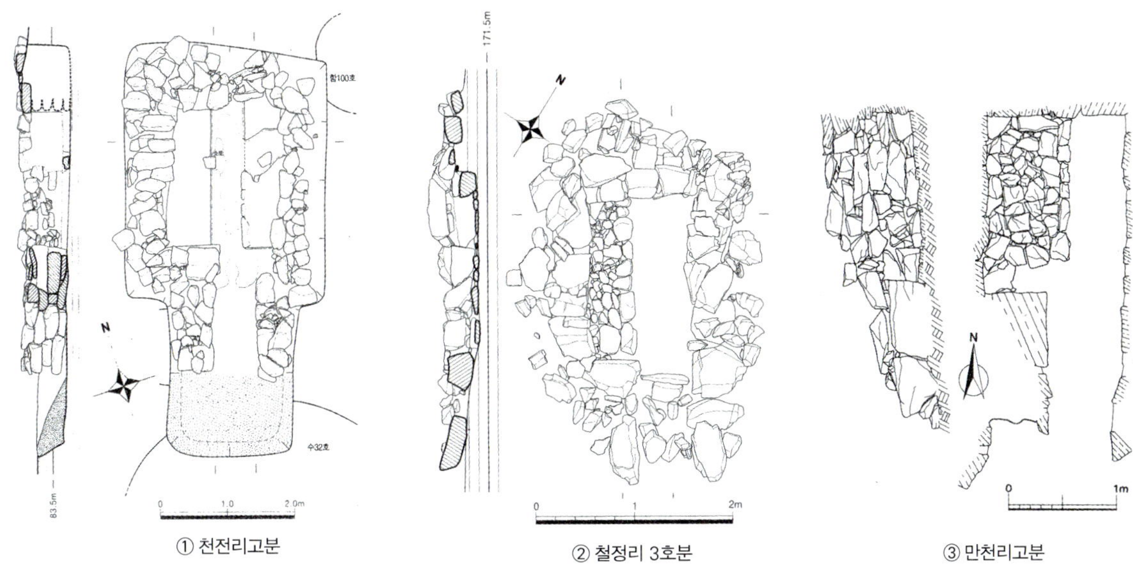

그림 Ⅴ-61 남한지역 고구려 고분의 관대시설 각종

① 江原文化財研究所 2008: 303, ② 강원문화재연구소 2007, ③ 한림대학교박물관 2000: 41

에 기인한 것으로 보이며, 방형의 대형 판석을 사용할 경우는 정형화된 삼각고임 구조가 가능했지만 형태가 불규칙하거나 작은 판석으로는 정형화된 삼각고임 구조를 만들기 어려웠던 것으로 보인다. 한편, 연도부 쪽의 천정은 대체로 여러 매의 판석을 이용해 바로 덮는 평천정 형태이며, 묘실과 연결되는 부분은 대부분 커다란 장방형 석재를 올려서 문미(門楣)의 효과를 내고 있다.

연도는 묘실 단벽의 우측에 치우쳐 위치하는 우편재 연도가 대부분이다. 예외적으로 신답리 2호분은 단벽 중앙에 위치해 있으나 파괴가 심하여 일부 남아있는 벽석을 이용해 추정한 것이므로 정확하지는 않다(김상익·김충배 2003: 108-109). 또 천전리고분의 경우 단벽 중앙에서 우측으로 치우쳐 위치하지만 묘실 우측 벽과 직선상에 놓이지 않아서 일반적인 우편재 연도와는 차이가 있다(그림 Ⅴ-61:①).

대부분의 고분은 연도만 존재하지만 신답리 1호분은 연도 바깥쪽으로 묘도가 따로 연결되어 있다. 또한 천전리고분과 거례리고분은 할석으로 축조된 연도 바깥쪽으로 굴광선이 이어지고 있어서 일종의 묘도와 같은 역할을 한 것으로 볼 수 있다.

연도와 관련된 시설로서 묘실과 연도가 만나는 부분에 장방형의 서재를 두어 문지방석의 역할을 한 예들이 있는데, 방동리 2호분과 철정리 2·3·4호분이 이에 해당된다(그림 Ⅴ-60:

②). 방동리 2호분은 1매의 판석을 세워서 막은 뒤 바깥쪽으로는 커다란 괴석을 무더기로 쌓아서 연도를 폐쇄하였는데, 이때 판석이 문비 역할을 한 것으로 보인다. 그밖에 신답리 1호분, 신매리고분, 천전리고분, 방동리 1호분, 역내리 1호분, 철정리 4호분, 신천리 2호분, 판교동 1호분에서 1매 또는 2매의 판석으로 연도와 묘실 사이를 막은 것이 확인되며, 일부 고분에서는 세워진 채로 있어서 역시 문비의 역할을 한 것으로 보인다.

(4) 관대 및 바닥

남한지역에서 조사된 고분 중 바닥에 특별한 시설을 한 것이 상당수에 달하는데, 바닥 전면 또는 일부에 불을 놓아 다짐한 것과 회다짐을 한 것, 할석이나 판석을 깐 것 등이 있다. 강내리고분군의 대부분은 묘실 바닥 거의 전면에 걸쳐 불다짐을 하였으며, 만천리 1·2호분은 연도만 불다짐을 하였다. 두정리고분군은 모두 묘실 중앙부 일부만 타원형으로 불다짐을 하였으다. 그밖에 신매리고분의 바닥은 회다짐을 하였으며, 천전리고분은 불다짐을 한 후 회칠을 하였다.

바닥 전면에 할석이나 판석을 깔아 마감한 예는 신답리 1호분과 2호분, 거례리고분, 보정동 1·2호분 등이 있다. 신답리 2호분의 경우를 보면 바닥면을 정지한 후 묘실 벽체를 축조함과 동시에 바닥에 판석을 깔았으며, 빈공간에는 작은 할석을 채우고 회를 발랐는데 연도와 묘도 바닥에도 판석을 깔았다. 보정동 1·2호분은 묘실 바닥 전면에 판석을 깔고 빈틈은 할석과 점토를 채웠으며, 철정리 4호분도 마찬가지이다. 화천 거례리 고분은 묘실 바닥과 연도 바닥 전면에 먼저 천석을 고르게 깔고 난 후 그 위에 판석을 깔았으며, 판석 사이의 빈틈에는 작은 할석을 끼워넣었다.

이상과 같은 바닥 처리와는 별도로 관대를 설치한 고분도 확인되는데, 바닥 처리를 한 고분의 경우는 관대가 설치되지 않은 경우가 많다. 또한 바닥 처리를 한 고분의 경우 대부분 관정이 출토되고 있으며, 반대로 신매리고분을 제외하면 관대가 설치된 고분에서는 관정이 출토되지 않는다. 이러한 점으로 미루어 볼 때 일부 고분은 묘실 바닥에 불다짐이나 회다짐, 또는 판석을 까는 등의 처리를 한 후 관을 안치했으며, 일부는 관대를 설치한 후 그 위에 직접 시신을 안치했을 가능성이 크다.

관대는 묘실의 좌측에 설치된 경우가 대부분이며, 천전리고분만 묘실 양측에 관대가 설치되어있다(그림 Ⅴ-61:①). 관대는 대체로 천석이나 할석을 이용해 쌓았으나 천석과 할석을 섞어서 쌓은 경우도 있다. 묘실 벽체와 반대쪽(묘실 중앙부 쪽)은 장방형의 석재를 길게 놓아

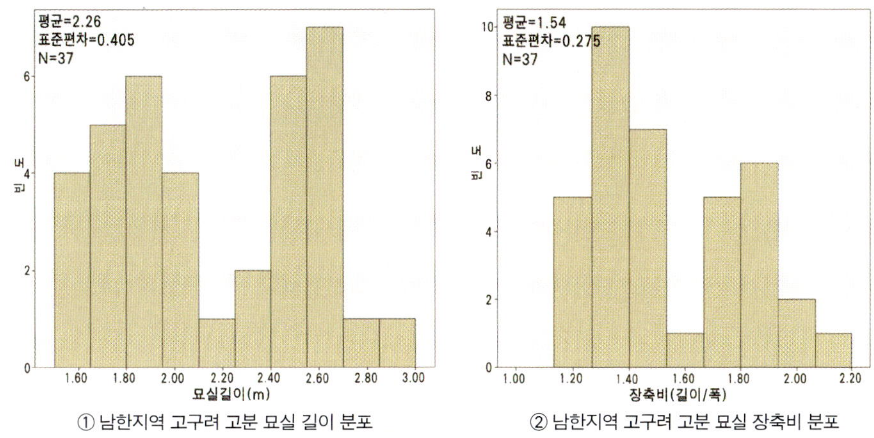

그림 Ⅴ-62 남한지역 고구려 고분의 묘실 길이와 장축비 분포도

마무리한 예가 많으며, 천전리고분과 신매리고분의 경우는 할석으로 쌓은 후 회를 발라 마감하였다. 관대의 높이는 차이가 있지만 대체로 10cm 내외로 높은 편이다.

(5) 묘실의 규모 및 평면형태

묘실의 평면 형태는 기본적으로 장방형이다. 묘실의 규모는 대체로 묘실의 장축 길이와 비례하는데, 2.2m를 기준으로 소형과 중형으로 구분된다(그림 Ⅴ-62:①).[13] 묘실의 평면 형태는 일반적으로 장방형이지만 장축비에서 차이가 있으며, 장축비 1.6을 경계로 장방형과 세장방형으로 구분할 수 있다(그림 Ⅴ-62:②).

(6) 묘실의 방향

묘실의 장축방향은 남서-북동, 남동-북서 등 편차가 있으나 기본적으로는 남-북 방향을 이루고 있으며, 연도는 남쪽을 향하고 있다. 다만 보정동 1·2호분과 보정리 소실 21호분 등 용인지역 고분 3기와 철정리 4호분은 장축이 동남-서북 방향이며, 연도는 동쪽을 향하고 있어서 다른 고분들과는 차이가 있다. 고분의 장축 방향과 지형과의 관계를 살펴보면 강내리고분군의 경우 장축 방향이 등고선과 평행하고, 강의 흐름과도 일치하며, 연도는 강 하류를 향하고 있다(그림 Ⅴ-56). 인골이 출토된 고분을 통해 피장자의 두향을 살펴보면 연천 강내리 2

---

13 묘실의 크기를 소형과 대형으로 구분하지 않고 소형과 중형으로 구분하는 이유는 북한이나 중국 동북지방의 무벽화단실분 중에 길이 4m가 넘는 대형분이 있어 용어상의 혼동을 피하기 위한 것이다.

호분과 8호분, 9호분 모두 머리를 연도 쪽으로 두고 있어 서남향이며, 신매리고분도 마찬가지로 동남향이다. 반면에 신답리 1호분은 두개골 편이 주로 북쪽에서 출토되어 머리를 연도 반대편으로 둔 것으로 보고 있어 차이를 보인다(김상익·김충배 2003: 92).

3) 출토유물

남한지역 고구려 고분에서 출토된 유물은 종류와 수량에서 매우 빈약하다. 출토유물 중에서 관정과 관고리 등의 장구류(葬具類)가 가장 많고, 토기류와 금제구슬 및 유리구슬, 은제팔찌, 은제지환 등의 장신구류 및 철곶, 철도자, 철환 등이 있다.

(1) 장구류

장구류로는 관정과 관고리가 있다. 관정이 압도적으로 많은데, 강내리고분군, 두정리고분군, 거례리고분, 보정동고분군 등에서 많은 양의 관정이 출토되었다. 관정은 머리의 모양에 따라 원두정과 방두정으로 구분되며, 일부 못머리가 없는 것도 있다(그림 Ⅴ-63:①~⑥). 머리가 없는 것은 못 상단을 'ㄱ'자 형태로 꺾어서 사용하였는데, 꺾인 부분이 넓게 펴진 것과 그렇지 않은 것이 있다. 신부의 단면은 모두 방형이며, 길이는 최대 11.6cm 정도이다.

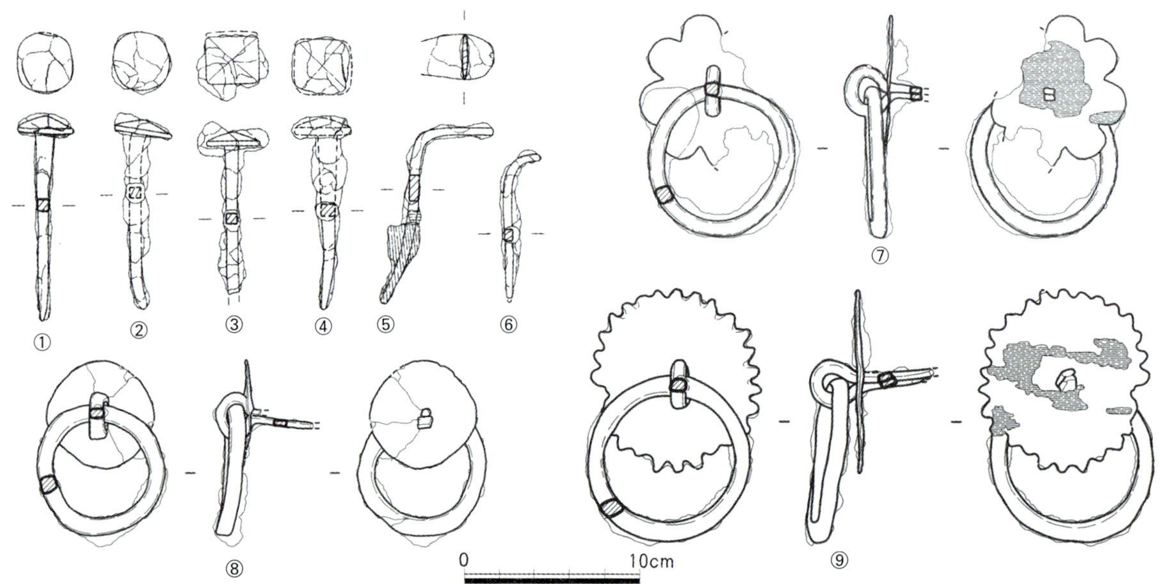

그림 Ⅴ-63 두정리고분군 출토 관정 및 강내리고분군 출토 관고리 각종
①~⑥ 김병희 외 2010, ⑦~⑨ 김병모 외 2012

출토된 관정 중 원두정이 압도적으로 많으며, 방두정과 'ㄱ'자형은 소량에 불과하다. 일반적으로 고구려의 관정은 대부분 원두정이고, 방두정은 매우 적은 것으로 알려져 있으며, 머리가 없는 'ㄱ'자형도 소량이지만 사용되었다(리광희 2005: 308). 한편 두정리고분군의 경우 관정에 목질이 남아있는 경우가 많아 이를 기준으로 했을 때 관재의 두께는 4cm 내외였던 것으로 추정되고 있다(김병희 외 2010: 157).

관고리는 강내리 2·4·7·8호분과 보정리 1·2호분에서 출토되었는데, 기본적으로 좌판과 이음쇠 고리 및 원형의 손잡이로 구성되어있다. 보정리고분군 출토품은 좌판이 원형이지만 강내리고분군 출토품은 화판형 좌판으로 훨씬 더 장식적이다(그림 Ⅴ-63:⑦~⑨).

(2) 토기류

토기류는 구형호류, 장동호류, 심발류, 병류 등 일부 기종에 국한되어 소량이 출토되는데, 대체로 구형호와 심발류가 주를 이룬다(그림 Ⅴ-64). 고구려 토기 구형호류는 일반적으로는 호류라고 부르는 것으로 형태적인 특징에 따라 세 유형으로 구분된다. A형 구형호류는 구연이

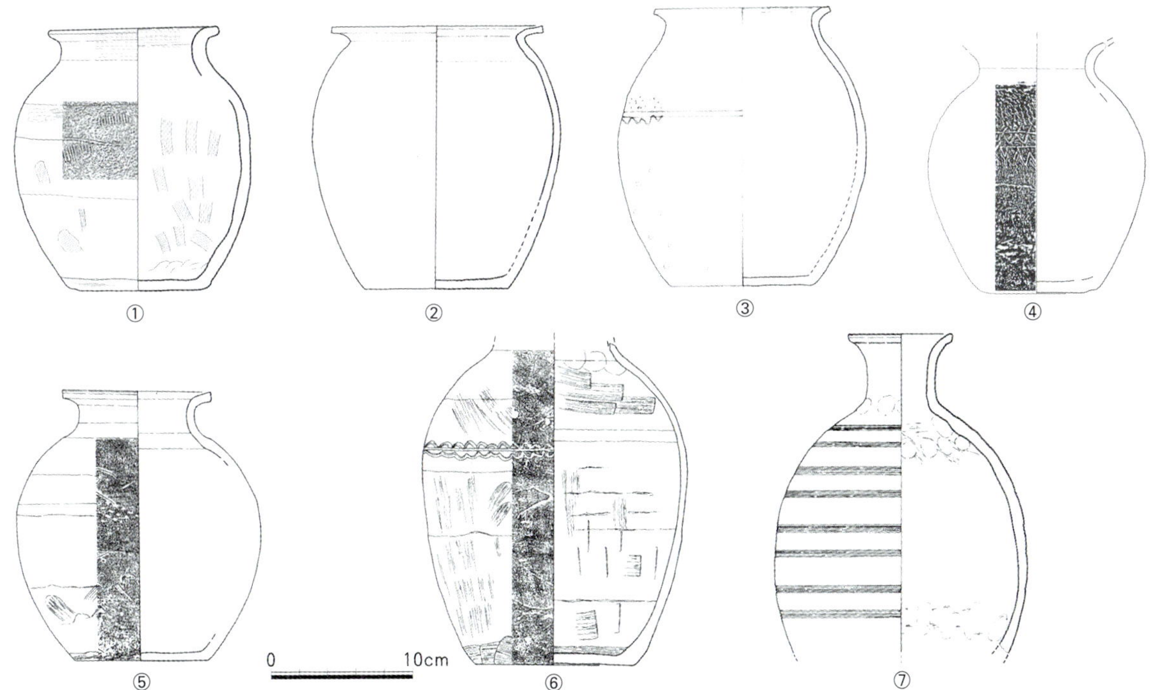

그림 Ⅴ-64 남한지역 고구려 고분 출토 토기류 각종
① 강내리 8호분, ② 보정동 1호분, ③ 보정동 2호분, ④ 청계리고분 1호석실, ⑤ 두정리 2호분, ⑥ 두정리 6호분, ⑦ 신답리 1호분

짧게 직립하며, 동최대경이 어깨에 있는데, 어깨에 횡침선을 돌리고 파상문을 시문한 경우가 많다. 이 유형의 구형호류는 지안 우산고분군에서 주로 출토되며, 남한지역에서는 출토된 예가 없다. B형 구형호류는 약간 눌린 공 모양의 편구형 동체에 짧게 외반하는 목을 가졌으며, 시간의 흐름에 따라 동체부의 눌린 정도가 심해진다. C형 구형호류는 아래위로 약간 긴 구형의 동체부에 짧게 외반하는 목이 달려있으며, 동체가 길어지고 동최대경이 어깨 쪽으로 올라가 어깨가 발달하는 형태로 변화된다(崔鍾澤 1999b: 42-45).

이러한 분류에 따르면 남한지역 고분에서 출토된 구형호류는 B형이 1점이고, C형이 3점이다. 두정리 2호분에서 출토된 B형 구형호는 표면은 황색이며, 타날 조정 후 표면을 문질러 정면하였는데, 격자문이 일부 남아있다. 강내리 8호분에서 출토된 C형 구형호는 흑색으로 마연하였으며, 동체 하단부는 사선으로 깎아서 조정하였다. 문양은 없으며 동 중앙부에 횡침선이 1조 돌아간다. 보정동 2호분과 청계리고분 1호 석실에서 출토된 C형 구형호는 형태적으로 매우 유사한데, 두 점 모두 흑색으로 마연하였다. 청계리고분 1호 석실 출토품은 전면을 타날한 후 문질러 정면하였으나 동체부 곳곳에 승문이 남아있다. 두 점 모두 어깨에 ')' 모양의 점열문을 시문하고, 그 아래에 2조의 횡침선을 돌린 후 그 아래에 파상문을 겹치게 시문하였다. 청계리고분 1호 석실 출토품은 각각 2조의 파상문을 2열로 시문하였는데, 위 쪽의 파상문은 형태상으로 중호문에 가깝다.

이상 4점의 구형호 중 두정리 2호분에서 출토된 B형 구형호는 고산동 11호분 출토품과 형태적으로 유사한데, 두정리 2호분 출토품은 몸통이 약간 길고 최대경이 동체부 중앙에 있어 고산동 11호분 출토품보다는 다소 이른 형태이며, 대략 5세기 중엽경으로 편년된다. C형 구형호 중 보정동 2호분과 청계리고분 1호 석실 출토품은 형태상으로 몽촌토성 출토품과 거의 같다. 이 두 점의 구형호에는 동일한 패턴의 문양이 시문되어있는데 몽촌토성에서 출토된 구형호류에서 유사한 문양이 다수 확인된다(崔鍾澤 2002: 34). 따라서 이 두 점의 구형호는 몽촌토성 출토품과 같이 5세기 후엽으로 편년할 수 있으며, 몽촌토성의 연대관에 따르면 475년에서 500년 사이로 추정된다(최종택 2004: 65). 또한 강내리 8호분 출토 구형호는 동최대경이 동체 중앙에 있어 형태상으로 앞의 2점보다 다소 이른 시기로 판단되며, 5세기 중엽경으로 편년할 수 있다.

장동호는 두정리 6호분에서 출토되었다(그림 Ⅴ-64:⑥). 구연부가 결실된 채로 출토되었는데, 의도적인 훼기의 흔적으로 보이지는 않는다. 표면은 부분적으로는 적갈색을 띠지만 대체로 흑색이며, 아래위로 마연하여 암문효과를 내었다. 어깨에는 횡침선을 돌리고 그 위와 아래에 각각 1조의 파상문을 시문하였다. 심발형토기는 보정리 1호분에서 출토되었다(그림 Ⅴ-64:②). 다른 기종과는 달리 태토에는 굵은 모래가 섞여 있는데, 고구려 토기 심발류의 일반적인 특징이다. 고구려 중기에 보이는 일반적인 심발류와 유사한 형태이다.

신답리 1호분에서는 병이 출토되었는데, 묘실 내부와 연도부 등 여러 곳에서 흩어진 채 수습되었다. 구연부는 일부가 남아있으며, 저부는 결실되었다. 길쭉하게 눌린 공 모양의 동체에 좁고 긴 목이 달려있고, 구연부는 급하게 벌어진다(그림 Ⅴ-64:⑦). 표면은 회흑색을 띠고 있으며, 어깨에서 동체 하단부에 이르기까지 3~5조의 횡침선이 일정한 간격으로 시문되어있다. 동체부에 횡침선이 여러 조 시문된 병으로는 지안 동대파 365호분 출토품이 있으나(張雪岩 1991: 606), 신답리 1호분 출토품에 비해 목이 길고 동체부도 둥글며, 장녹유(醬綠釉)가 시유되어 있는 등 차이가 있어 연대 등을 직접 비교하기는 어렵다.

(3) 장신구류 및 기타

강내리고분군에서 여러 점의 장신구류가 출토되었는데, 2호분과 8호분에서 은제 팔찌와 금박구슬 및 유리구슬이 함께 출토되었다. 팔찌는 은제와 청동제가 있는데, 은제 팔찌는 연천 강내리 2호분에서 1점(그림 Ⅴ-65:①), 8호분에서 2점(그림 Ⅴ-65:②,③), 충주 단월동 10호분에서 2점이 출토되었으며, 청동제 팔찌는 충주 단월동 5호분에서 2점이 출토되었다. 특히,

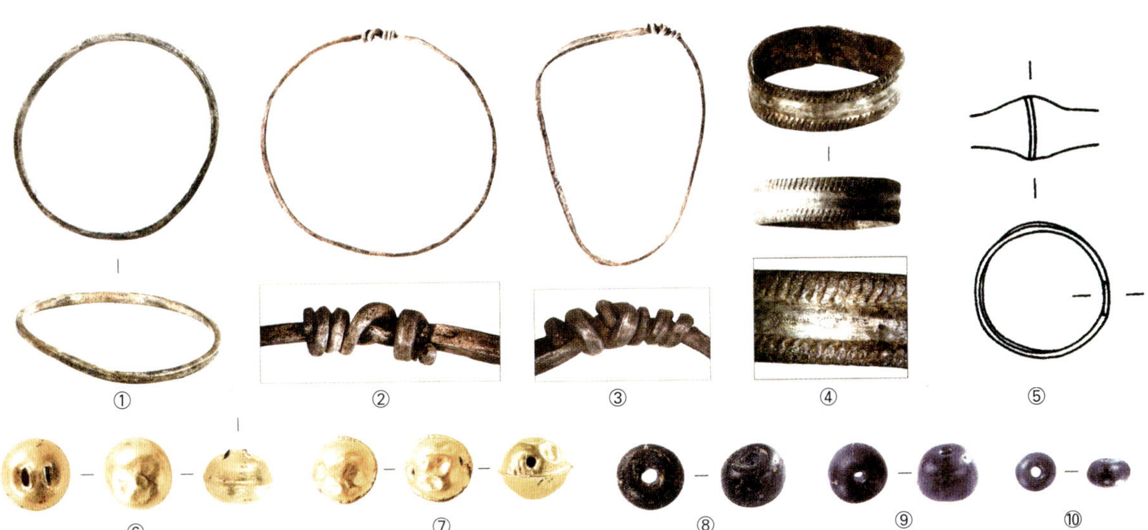

그림 Ⅴ-65 남한지역 고구려 고분 출토 은팔찌와 반지, 금박구슬 및 유리구슬
①~④, ⑥~⑩ 高麗文化財研究院, ⑤ 중원문화재연구원

단월동 5호분에서는 남성과 여성의 인골이 각각 1구씩 조사되었는데, 남녀 피장자가 각각 팔찌를 착용하고 있었던 것으로 확인된다. 팔찌는 외면에 작은 눈을 도드라지게 새긴 것과 가는 선을 둥글게 구부려 연결한 두 종류인데, 전자는 단월동 5호분에서 확인된다. 연천 강내리 8호분에서 출토된 한 쌍의 팔찌는 가느다란 은봉을 둥글게 휘어 만들고 다시 양단을 구부려 고리를 만들어 연결한 후 끝을 1~3회 감아서 마무리하였는데, 이와 유사한 형태의 팔찌는 무령왕릉에서도 확인된다(김병모 외 2012: 본문편 350)

반지 역시 은제와 청동제가 있는데, 은제 반지는 연천 강내리 2호분에서 1점(그림 Ⅴ-65: ④), 충주 두정리 4호분에서 1점(그림 Ⅴ-65:⑤), 충주 단월동 10호분에서 2점 등 총 4점이 출토되었으며, 청동제 반지는 단월동 5호분 여성의 인골 주변에서 1점이 출토되었다. 반지는 은판을 둥글게 말아 연결하고 2조의 횡침선을 돌린 후 짧은 거치문을 시문하여 장식한 것(그림 Ⅴ-65:④)과 은봉 또는 청동봉을 둥글게 말아 연결한 후 윗면을 마름모꼴로 편 형태(그림 Ⅴ-65:⑤)의 두 종류가 있는데, 전자는 연천 강내리 2호분 출토품이 유일하다. 나머지는 모두 후자의 형태에 속하는데 평양 안학궁터 2호분 등지의 고구려 고분에서 흔히 출토되는 것과 같은 형태이다(김일성종합대학 1973: 310-311).

연천 강내리고분군에서는 금박구슬 2점 및 유리구슬 3점이 출토되었다(그림 Ⅴ-65:⑥~ ⑩). 금박구슬은 속이 빈 주판알 모양이며, 매달아 장식할 수 있도록 가운데나 양 측면으로 구멍이 뚫려있다. 유리구슬은 3점 모두 감청색을 띠는데, 종방향으로 기포흔이나 백색 줄이 보이는데 이는 유리를 늘려서 만든 흔적으로 보인다. 또한 과학적 분석 결과 산화나트륨과 산화칼륨을 융제로 사용한 것이 확인되어 소다유리로 추정된다(김병모 외 2012: 분석편 127-129).

4) 남한지역 고구려 고분의 편년

일반적으로 고구려 고분의 외부형태는 적석총에서 봉토분으로 변화하고, 내부구조는 수혈식에서 횡혈식으로 변화한다. 또 횡혈식석실봉토분은 묘실의 구조와 평면 형태 및 천정 가구 방식 등에서 차이를 보이며 변천하는데, 벽화분의 경우 벽화의 내용에 따라 비교적 자세한 변천이 알려져 있지만 벽화가 없는 봉토석실분의 경우는 자세한 편년이 이루어지지 못하고 있다. 다만 묘실의 평면 형태가 장방형에서 방형으로 변화하고, 좌우편재 연도에서 중앙연도로 변화하는 경향은 확인되고 있다(姜賢淑 2000).

남한지역 고구려 고분은 묘실 길이 2.2m를 기준으로 소형과 중형으로 구분되고, 장축비 1.6을 기준으로 장방형과 세장방형으로 나뉜다. 강내리고분군 9기와 두정리고분 5기 모두 세장방형이며, 방동리 2호분도 세장방형에 속한다. 그런데 앞 장에서 살펴본 바와 같이 두정리 2호분 출토 B형 구형호와 강내리 8호분 출토 C형 구형호는 형태상 5세기 중엽으로 편년되며, 이 고분들은 세장방형에 속한다. 반면에 장방형으로 구분되는 보정동 2호분과 청계리고분 1호석실에서 출토된 C형 구형호는 5세기 후엽으로 편년된다. 출토유물상의 이러한 차이와 일반적으로 고구려 횡혈식석실분이 장방형 묘실에서 방형 묘실로 변화하는 사실을 염두에 두면 세장방형 묘실의 강내리고분군과 두정리고분군 및 방동리 2호분은 5세기 중엽경, 나머지는 5세기 후엽으로 편년된다.

한편 묘실의 평면 형태와 바닥 처리 방법 및 관대의 유무는 서로 상관관계가 있는데, 일정한 경향성이 보인다. 즉, 장방형 묘실에는 관대가 설치된 것과 없는 것이 비슷하지만 세장방형 묘실은 관대가 없는 것이 압도적으로 많다. 또한 장방형 묘실 중 바닥 처리를 한 것과 바닥 처리를 안한 것은 비슷한 분포를 보이는 반면 세장방형 묘실 중 바닥 처리를 안한 것은 소수에 불과하고 바닥 처리를 한 것이 주를 이룬다(崔鍾澤 2011). 정리하면 세장방형이 유행하는 5세기 중엽 경에는 관대를 설치하지 않고 바닥 처리를 한 예가 많으며, 장방형이 유행하는 5세기 후엽 경에는 관대를 설치한 예가 많다. 이를 다시 관정 및 관고리의 출토양상을 감안해 정리하면 5세기 중엽 경에는 불을 놓아 다진 묘실 바닥에 관을 안치한 경우가 많고, 5세기 후엽 경에는 관대를 설치하고 시신을 직접 안치한 예가 많다고 할 수 있다.

5) 남한지역 고구려 고분의 축조 배경과 의미

남한지역 고구려 고분은 임진·한탄강유역과 북한강상류, 남한강상류, 성남·용인·화성 일대 등 비교적 넓은 지역에 걸쳐 분포하고 있으나 구조적인 특징에 있어서 강한 정형성을 보이고 있다. 내부에서 출토되는 유물로 보아 5세기 중엽에서 후엽에 이르는 비교적 짧은 시기에 축조되었으며, 여러 정황상 고구려인들에 의해 축조된 고분임에는 분명하지만 피장자에 대한 자료는 별로 남아있는 것이 없다. 다만 춘천 신매리고분에서 인골 2개체분이 출토되었는데, 인골 1구는 머리를 연도 쪽으로 향하고 관대에 누워있었으며, 다른 1구의 인골은 관대 중앙부에 머리를 두고 전자의 인골과 직교하는 방향으로 안치된 상태였다. 인골에 대한 분석 결과 전자는 노년기 여성이고 후자는 장년기 남성으로 신장은 164.4cm로 분석되었다(金

鎭晶·白先溶 1987). 또, 연천 신답리 1호분에서는 묘실 곳곳에서 인골편이 수습되었는데, 분석 결과 성인남성 3개체와 숙년 남성 1개체 및 숙년 여성 1개체 분으로 확인되었다(김재현 2003: 126). 그밖에 연천 강내리고분 등에서도 인골의 흔적이 확인되지만 자세한 내용은 알려지지 않았다.

한편 연천 강내리 2호분과 8호분에서는 금박구슬과 은제팔찌, 유리구슬 등이 출토되었으며, 충주 두정리 4호분에서는 은제지환이 출토되었다. 유사한 형태의 금박구슬은 평양의 전동명왕릉에서도 출토된 예가 있는데(김일성종합대학출판부 1976: 40), 전동명왕릉은 규모나 구조 및 출토유물 등에서 최상위 계층의 무덤으로 추정되고 있다. 그밖에 은제팔찌와 지환 등도 상위 신분의 고분에서 출토되고 있다(리광희 2005: 261-267).

남한지역 고구려 고분의 규모는 장축 길이 1.5m~2.2m의 소형과 2.2m~2.9m의 중형으로 구분되는데, 평양지역 고구려 고분 중 단실분의 묘실 길이가 평균이 2.65m(최소 1.63m, 최대 3.62m)인 점[14]을 감안하면 고구려 고분 전체로 보아도 중형과 소형에 해당되는 것으로 생각된다. 위의 장신구류가 출토된 고분 역시 중형고분 중 비교적 큰 고분에 해당하며, 따라서 출토된 장신구류와 묘실의 규모를 고려할 때 남한지역 고구려 고분의 피장자는 상위 신분의 소유자였던 것으로 보인다.

남한지역에 고구려 고분이 축조된 배경과 관련하여 최근 조사된 취락유적이 참고가 된다. 남한지역에는 임진·한탄강유역과 양주분지, 아차산일원에 많은 수의 고구려 보루가 분포하며, 진천과 청원, 대전에도 관방유적이 분포한다(崔鍾澤 2000, 2006, 2008, 2013, 2014). 관방유적 외에도 최근 홍천 철정리와 역내리(江原文化財研究所 2005a), 춘천 우두동(江原文化財研究所 2011), 원주 건등리(예맥문화재연구원 2008), 용인 마북동(京畿文化財研究院 2009; 李印學·李秀珍 2009), 진천 송두리(韓國文化財保護財團 2005), 충주 탑평리(국립중원문화재연구소 2013) 등 곳곳에서 고구려 취락유적이나 고구려 토기가 출토되는 유적이 조사되고 있어 주목된다(그림 Ⅴ-66).

취락유적의 경우 재사용된 경우가 많아서 고구려 유구나 문화층이 명확히 확인되는 경우가 드물지만 고구려 토기가 출토되는 것이 특징이다. 대부분의 유적에서는 소량의 고구려 토

14　『조선고고학전서 30』(최응선 2009)에 보고된 평양지역의 무벽화봉토석실분 중 단실분 101기를 자료를 대상으로 묘실의 길이를 분석해 본 것이며, 평양지역의 단실분 역시 묘실 길이가 2.2m 미만인 소형과 3m 이상인 대형, 그리고 그 중간의 중형 등으로 분류할 수 있다.

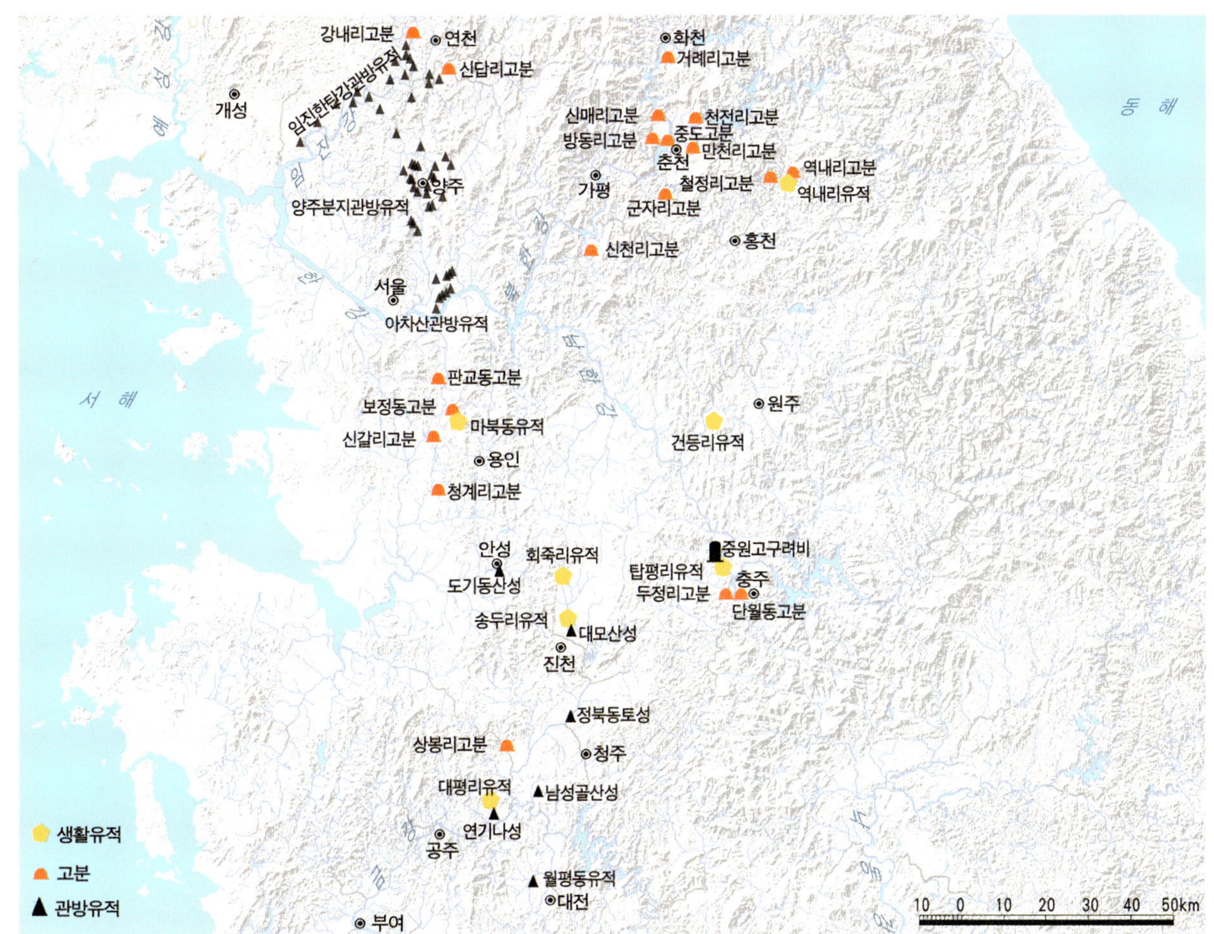

그림 V-66 남한지역 고구려 유적 분포도(ⓒ최종택)

기가 유구와 유리되어 출토되지만 용인 마북동유적에서 상당량의 고구려 토기와 철기가 출토되었다. 마북동유적은 삼국시대 취락유적으로 백제, 신라 시기의 유구가 확인되는데, 76호 수혈유구의 경우와 같이 유구 내에서 고구려 토기만 출토되는 경우도 있다. 마북동유적의 고구려 토기는 전체 삼국시대 토기류 중에서 6% 정도의 비중을 차지하고 있으며, 출토되는 기종도 호류, 동이류, 시루류, 합류, 뚜껑류, 완류 등 다양하다(京畿文化財研究院 2009: 457-461). 이러한 점을 고려하면 마북동유적의 고구려 토기류는 비교적 규모가 있는 집단이 일정기간 생활한 증거로 볼 수 있다.

상기의 고구려 유적에서 출토된 고구려 토기는 기형이나 문양에 있어서 유사한 특징을 가지고 있다(그림 V-67). 홍천 역내리유적과 원주 건등리유적에서 출토된 양이부호(그림 V-67:①,②)는 연천 은대리성 출토품과 유사하며, 진천 송두리 유적에서 출토된 장동호(그림

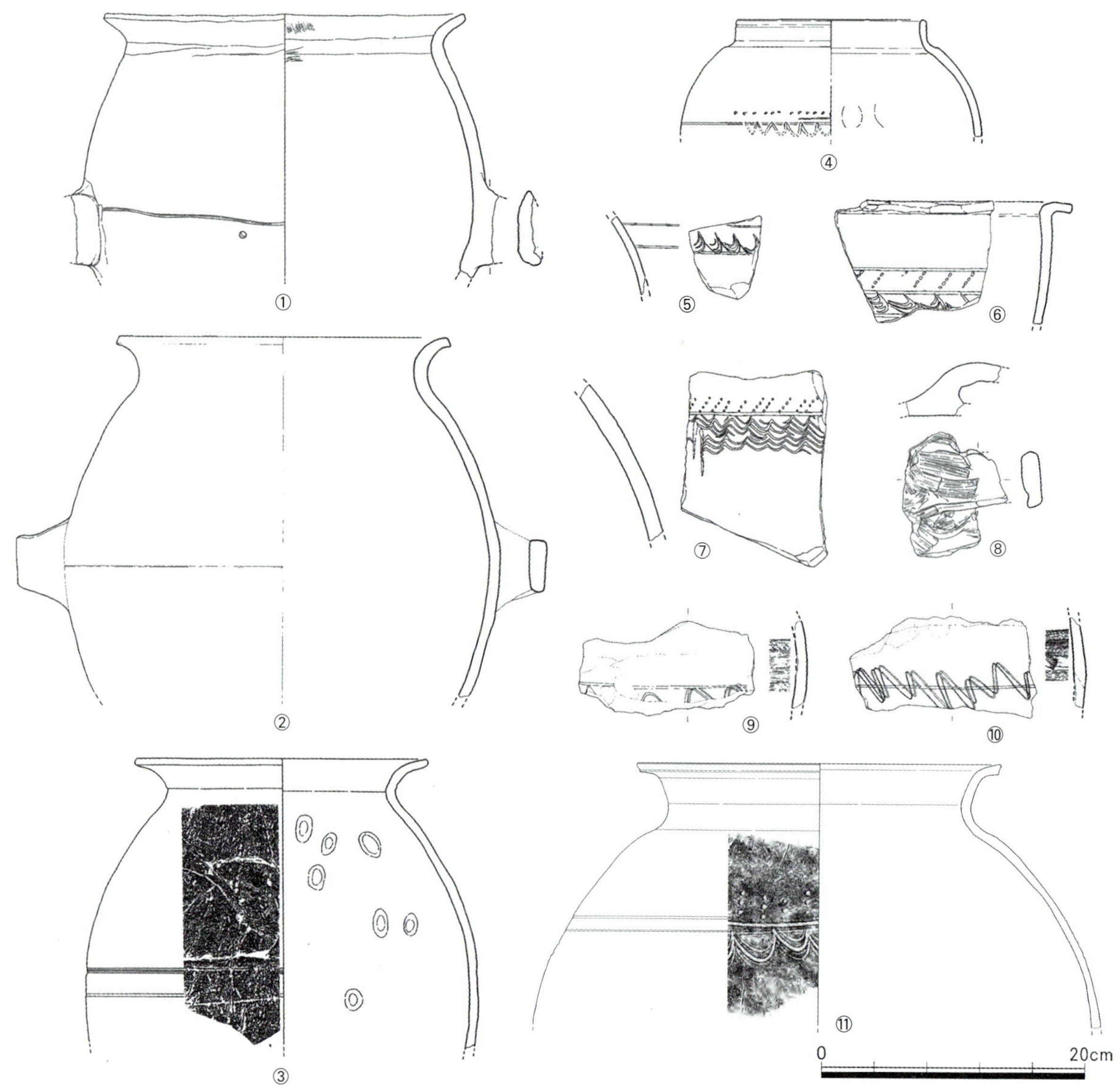

그림 Ⅴ-67 남한지역 고구려 유적 출토 고구려 토기 각종

① 홍천 역내리유적, ②,⑨,⑩ 원주 건등리유적, ③ 진천 송두리유적, ④~⑦ 용인 마북동유적, ⑧ 홍천 철정리유적, ⑪ 충주 탑평리유적

Ⅴ-67:③)는 청원 남성골산성 출토품과 유사하다. 또 마북동유적과 건등리유적, 탑평리유적에서는 동체부에 횡침선과 결합된 점열문, 파상문, 중호문 등을 시문한 토기류가 출토되는데, 이는 몽촌토성에서 출토되는 것들과 동일하다. 몽촌토성이나 은대리산성, 남성골산성은 5세기 후엽 경으로 편년되므로(崔鍾澤 2006) 앞에서 열거한 유적들도 5세기 후엽 경으로 추정

된다.

앞서 살펴본 바와 같이 이 유적들은 5세기 후엽 경 일정 기간 동안 고구려인들이 거주한 취락유적으로 추정된다. 그런데 이들 유적의 분포를 보면 춘천 우두동유적은 만천리고분과 인접해 있으며, 홍천 철정리유적과 역내리유적은 철정리고분 및 역내리고분과 바로 인접해 있다. 또, 충주 탑평리유적은 두정동고분군 및 중원고구려비와 인접해 있으며, 용인 마북동 유적은 보정리고분군과 인접해 있다. 한편 신답리고분군과 강내리고분군 주변에는 파주 주월리유적 외에도 많은 수의 관방유적이 분포하고 있다. 이러한 분포상의 특징을 근거로 할 때 고분의 피장자는 인접한 취락유적에 거주하던 고구려인으로 추정할 수 있다. 이러한 추정이 타당하다면 남한지역의 고구려 고분의 피장자는 단기간의 전투 중에 전사한 지휘관 등이 아니라 일정 기간 체류하던 집단의 상위 계층으로 보는 것이 합리적이다.

현재 남한지역에서 조사된 가장 이른 시기의 고구려 유물은 파주 주월리유적에서 출토된 구형호 등으로 4세기 후엽 또는 4세기 말경으로 편년되며(최종택 2004), 세장방형 묘실의 횡혈식석실분이 그 다음 시기인 5세기 중엽경에 해당된다. 물론 임진·한탄강유역의 보루들 중에는 5세기 중엽 이전에 축조된 것들도 있을 수 있으나 현재까지는 확인된 바가 없다. 5세기 후엽에는 장방형 묘실의 횡혈식석실분이 축조되었으며, 아울러 몽촌토성과 대모산성, 남성골산성, 월평동유적, 은대리산성, 당포성 등도 이 시기에 해당된다. 이후 6세기 전반에는 한강 북안의 아차산일원에 고구려 보루가 축조되고, 양주분지와 임진·한탄강유역의 대부분의 보루들도 같은 시기로 추정된다(최종택 2103).

고구려의 남한지역 진출은 평양 천도 이후 본격화된 것으로 보고 있다. 4세기 후반 고구려는 중원지방 진출을 위해 북한강 상류의 춘천과 홍천과 횡성, 원주를 거쳐 남한강수계를 통과하여 충주로 이르는 교통로를 확보하였으며, 400년 광개토왕의 신라의 구원 이후에는 북한강유역을 영역화한 것으로 이해되고 있다(금경숙 2001). 이러한 견해에 따르면 강내리고분군과 방동리 2호분 및 두정리고분군과 같은 세장방형 고분은 고구려의 중원진출 및 영역화와 관련된 것으로 추정할 수 있다. 한편 475년 한성공함 이후 고구려군은 몽촌토성에 주둔하고 진천과 청원, 대전으로 진출하였으며, 점령지에 대한 영역화를 시도했던 것으로 이해되는데, 나머지 5세기 후엽 경의 장방형고분들은 이러한 과정에서 축조된 것으로 생각된다.

이상과 같이 남한지역 고구려 고분 중 세장방형 묘실의 횡혈식석실분은 5세기 중엽 경 북한강상류와 남한강수계를 이용한 중원지역 진출 및 영역화와 관련된 고고학적 증거이다. 장방형 묘실의 횡혈식고분들은 475년 한성공함 이후 점령지에 대한 영역화를 시도했던 상황을 보여주는 확고한 증거로 판단된다. 또한 이 고분들 인근에서 고구려의 취락유적이 속속 조사되고 있는데, 이를 통해 고구려가 남한지역에 대한 영역화를 적극적으로 시도하였으며, 일정기간 지속되었던 것으로 이해된다.

VI

고구려유물

1. 장신구

벽화와 문헌을 통해 볼 때 고구려 사람들은 금은 장신구를 즐겨 사용한 것으로 보이지만 남아 전하는 장신구는 많지 않다. 이는 고구려 고분이 구조적으로 도굴이 쉬운 탓도 있겠으나 최근 발굴조사에서 상당량의 장신구가 출토되는 점으로 미루어 볼 때 조사가 불충분한 탓이 큰 것으로 생각된다. 문헌에도 고구려 사람들이 금은 장신구를 즐겨 사용했음이 기록되어 있는데, 『삼국지』위서 고구려전에는 '고구려의 정식 의복은 모두 비단으로 수놓고 금·은으로 장식하였다.'고 하였다.[15] 또한 『삼국사기』열전 온달전에는 '공주가 진귀한 팔찌 수십 개를 손목에 걸고 대궐을 나섰다.'는 기록이 있다.[16] 그 외에도 고구려에서 나는 금과 은을 중국의 북위(北魏)와 일본 등 이웃 나라에 보내기도 할 정도로 귀금속 공예품을 많이 생산하였다. 현재 남아 전하는 고구려 장신구는 관모와 과대장식, 귀걸이와 팔찌 및 반지 등이 대표적이며, 그밖에 최근 중국 지안시 일대의 왕릉급 고분의 조사에서 다양한 종류의 금제 또는 금동제 장식들이 출토되었다. 비록 숫적으로 빈약하기는 하지만 관모와 귀걸이 등의 고구려 장신구는 고구려만의 독특한 특징을 가지고 있으며, 신라와 백제의 장신구에 큰 영향을 주었으며, 삼국시대 황금문화가 크게 유행하는데 기폭제 역할을 하였던 것으로 평가된다(이한상 2011: 84).

1) 관모

고분벽화나 기록을 통해볼 때 고구려 사람들은 다양한 형태의 관모(冠帽)를 사용하였으나, 실물로 전하는 것은 많지 않다. 벽화에는 건(巾)과 절풍(折風), 책(幘)과 함께 다양한 형태의 관(冠)과 함께 다양한 형태의 모자가 등장하여 그 형태를 짐작할 수 있다. 관은 왕족이나 귀족들만 사용하였는데, 신분에 따라 서로 다른 색의 관을 사용하였다. 이 중 라관(羅冠)의 경우 운두가 솟은 책 모양의 내관과 비단을 두른 외관으로 구성되어 있는데, 백색의 백라관은 왕이 쓰고, 청색의 청라관은 신하들이 썼다고 한다. 『삼국지』에는 고구려인들의 관모에 대해 기록하였는데, '대가와 주부는 머리에 책을 쓰는데, 중국의 책과 유사하지만 뒤로 늘어뜨리는 부분이 없다. 소가는 절풍을 쓰는데 그 모양은 고깔과 같다.'고 하였다.[17] 또한 『주서』에는

'벼슬이 있는 사람은 그(절풍) 위에 새 깃을 2개 꽂아 뚜렷한 차이를 나타낸다.'고 하였으며,[18] 『북사』에는 '사람들은 모두 머리에 절풍을 쓴다. 그 모양이 고깔과 같은데 벼슬하는 사람은 2개의 새 깃을 더 꽂았다. 귀한 사람들은 관을 소골이라고 하며, 대부분 자주 빛 비단으로 만들어 금·은으로 장식하였다.'고 하였다.[19]

실물로 전하는 관모 장식은 지안에서 출토된 것으로 전하는 금동관식 2점과 우산3105호분 출토 관식 1점, 태왕릉에서 출토된 관모형 장식 2점과 관모 장식 1점 등이 있다. 국립중앙박물관 소장 전 지안출토 금동관식은 세 개의 장방형 입식으로 가장자리는 가늘게 오려서 깃털을 표현하였으며, 내부에는 삼엽투조 장식이 세로로 8개 배치되어 있다(그림 Ⅵ-1:①). 이와 유사한 금동관식은 의성 탑리고분에서 출토된 5세기 초 신라 금동관이 있는데, 대륜 위에 세 개의 입식을 세워 장식하였다(이한상 2005: 191). 전 지안 출토 금동관식은 좌우의 새 깃 모양 장식과 가운데 입식으로 구성되어 있는데, 전면에 영락을 매달아 장식하였으며, 가운데 입식은 가장자리를 오려서 깃털을 형상화하였으며, 위쪽에는 삼엽문을 뚫어 장식하였다(그림 Ⅵ-1:②,③). 유사한 형태의 조익형 관모 장식은 황남대총 남분을 비롯한 신라 고분과 백제 고분에서 흔히 출토되어 고구려 관모 장식의 영향을 확인할 수 있다.

이상의 조익형 관모 장식과 입식은 비단이나 금속제 대륜에 세워 장식한 것으로 태왕릉에서는 비교적 완전한 형태의 금동제 대륜 2점이 출토되었는데, 폭 3.5cm 가량의 얇은 금동판 대륜 위에는 여러 개의 영락을 매달았다(그림 Ⅵ-1:⑤). 또한 태왕릉에서는 금판을 말아

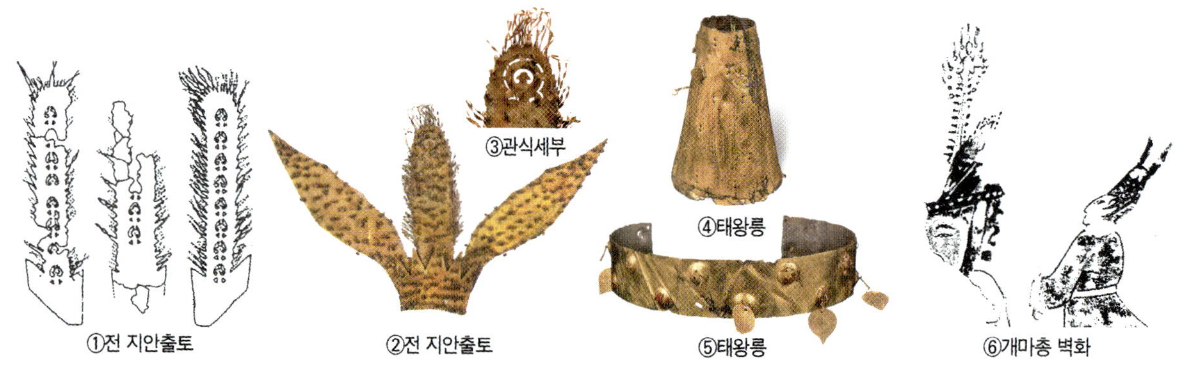

그림 Ⅵ-1 관모 장식 및 개마총 벽화

18　其有官品者 又挿二鳥羽於其上 以顯異之(『周書』卷49 列傳 第41 異域上 高麗).

19　人皆頭著折風 形如弁 士人加挿二鳥羽 貴者 其冠曰蘇骨 多用紫羅爲之 飾以金銀(『北史』卷94 列傳 第82 高麗).

만든 고깔 모양의 장식이 2점 출토되었는데, 관모의 내관으로 생각된다(그림 Ⅵ-1:④). 문헌에 기록된 고깔 모양의 절풍과 새 깃을 꽂은 조우관은 고분벽화에서 흔히 볼 수 있는데, 개마총 벽화에는 전 지안출토 관모 장식과 같은 금속제 장식을 꽂은 관이 묘사되어 있는데, 대륜과 내관, 입식이 자세히 묘사되어 있다(그림 Ⅵ-1:⑥).

이상의 관모와는 다른 형태의 화염문투조금동관이 있는데, 평양 청암리토성에서 출토된 것이다. 이 금동관은 인동무늬를 투각한 테두리 위에 아홉 개의 불꽃무늬를 세워 장식하였으며, 테두리의 양쪽에는 옷고름과 같은 모양의 드리개 장식을 두 개 늘어뜨렸다. 금동관 테두리의 인동무늬 위에는 꽃 모양 장식 7개를 같은 간격으로 배치하여 변화를 주었다. 또한 테두리와 드리개에는 윤곽을 따라 작은 연주문을 새겼으며, 드리개 장식의 옷고름 모양 부분에는 가는 선을 여러 번 그어 장식하는 등 정교한 세공기술을 발휘하였다(그림 Ⅵ-2:좌). 이 금동관은 크기가 작고 형태가 보살상의 머리에 장식된 보관과 같아서 원래는 보살상의 머리를 장식하던 보관으로 추정된다. 하늘을 향해 뻗어 오르는 힘찬 불꽃 장식에서 힘찬 기운을 엿볼 수 있으며, 정교하고도 세련된 고구려 금동공예 기술을 확인할 수 있다. 이 금동관의 불꽃 장식은 백제 무령왕릉에서 출토된 왕의 관식과 유사하며, 전체적인 의장에서 일본 법륭사 백제관음상의 보관과도 맥을 같이하고 있어서 고구려 금동공예 기술이 백제와 멀리 일본에까지 전해졌음을 알 수 있다.

그밖에 과거 관 모양 장식으로 알려진 일상투조금동장식이 있는데, 평양 진파리 1호분에서 2점이 함께 쌍으로 출토되었다.[20] 이 장식은 원래 나무판 위에 비단벌레(玉蟲)의 껍질

그림 Ⅵ-2 청암리토성 출토 금동 보관과 진파리 1호분 출토 일상투조금동장식

20　이 금동 장식은 1941년 진파리 고분군에 발굴되었는데, 발굴 당시의 기록에는 출토지가 진파리 1호분으로 기록되어 있으나, 나중에 북한에서는 진파리 7호분으로 수정하였다.

을 깔고 그 위에 부착했던 것으로 전체적으로 복숭아를 반으로 잘라 옆으로 약간 눕힌 모양
이다(그림 Ⅵ-2:우). 바닥에는 금동판으로 테를 두르고, 나머지 가장자리는 작은 구멍을 뚫은
테를 둘렀다. 테 안쪽에는 금동판을 뚫어서 무늬를 새겼는데, 가운데에는 구슬을 박은 둥근
테 속에 태양을 상징하는 삼족오를 새기고, 그 아래 좌우에는 두 마리의 용을 새겼다. 삼족오
위에는 입에서 불을 뿜고 있는 봉황을 새겼으며, 이들 사이에는 하늘을 향해 타오르는 듯한
불꽃무늬를 투각하였다. 전체적인 형태와 좌우 한 쌍으로 출토된 상황으로 보아 베개마구리
장식으로 추정된다.

2) 과대금구

관복의 허리에 두르는 과대는 교구와 과판, 수하식, 대선금구 등으로 구성되어 있다. 고구려
의 과대는 완전한 형태로 출토된 사례는 없으나 금·은·금동제 과판과 수하식, 요패 및 대선
금구 등이 알려져 있다(그림 Ⅵ-3). 과대금구는 과판과 수하식의 형태와 무늬 및 결합방식 등
에 따라 몇 가지 형식으로 구분된다. 과판의 형태는 가운데가 오목한 장방형과 방형, 심엽형,
역심엽형 등으로 구분되고, 수하식은 상방하원형, 방형, 말각방형, 심엽형 등으로 구분된다.
과판과 수하식의 결합방식은 하나의 고리로 연결하는 방식과 2개의 고리로 연결하는 방식이
있다.

　　가운데가 오목한 장방형 과판은 산성하 152호분과 195호분, 우산 3560호분에서 출토되
었는데, 수하식은 상방하원형과 말각방형 및 심엽협의 세 종류가 있다. 과판은 가운데 볼록

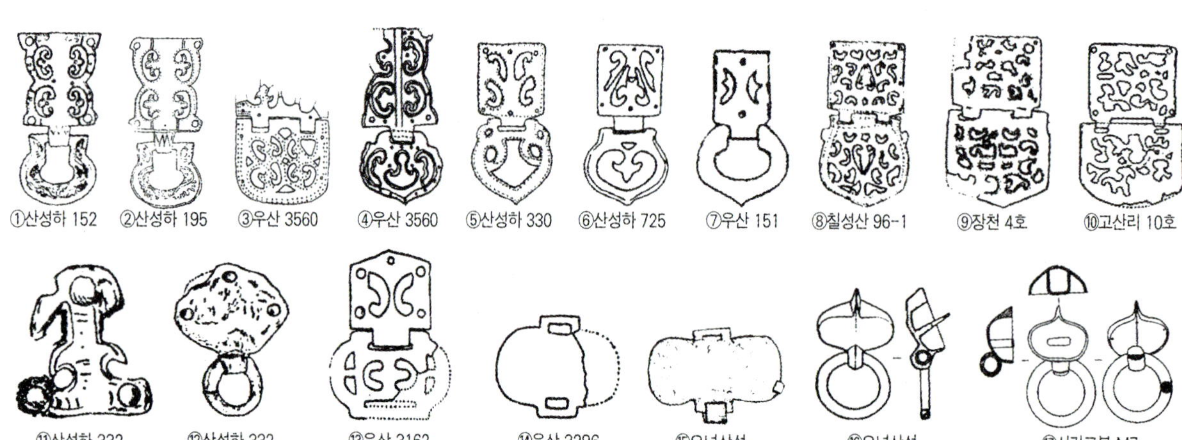

그림 Ⅵ-3 과대장식 각종

한 부분을 중심으로 아래위로 투조삼엽장식이 배치되어 있고, 네 모서리에는 혁대에 고정하기 위한 구멍이 있다(그림 Ⅵ-3:①~④). 장방형 과판의 과대금구는 중원지방의 진(晉)대 고분에서 출토되는 이른바 진식과대와 유사한 형태이며, 서진에서 제작되어 유입된 것으로 생각되고 있다(강현숙 2013: 113; 이한상 2011: 79). 우산 3560호분에서는 간략화된 용문을 장식한 말각방형의 수하식이 함께 출토되었는데(그림 Ⅵ-3:③), 다른 종류의 과대에 장식된 것이 아니라 심엽형 수하식이나 상방하원형 수하식과 번갈아 장식된 것이며, 중원지방이나 삼연지역 고분 출토품에서도 같은 유형이 함께 사용된 예가 확인된다.

한편, 우산 3162호분에서는 과판에 요패가 달린 형태의 과대금구가 출토되었으며, 우산 3296호분과 오녀산성 등에서는 요패가 출토되는데, 중원지역이나 삼연지역에서는 요패가 달린 대금구가 출토된 사례가 없어 고구려적인 특징으로 볼 수 있으며, 신라와 백제 과대의 요패의 발생에 영향을 준 것으로 추정된다(이한상 2011: 80).

방형 과판은 세로로 약간 긴 방형과 옆으로 긴 횡장방형으로 세분할 수 있는데, 방형 과판에는 하나의 고리를 통해 심엽형 수하식을 연결하였고(그림 Ⅵ-3:⑤~⑦), 횡장방형 과판에는 말각방형의 수하식을 2개의 고리로 연결하였다(그림 Ⅵ-3:⑧~⑩). 전자는 서진의 과판을 조형으로 하여 고구려에서 변형한 것으로 생각되며, 후자는 삼연지역이나 중원지역에서 출토된 사례가 없어 고구려에서 제작된 것으로 숫자상으로도 가장 많다(강현숙 2013: 113).

심엽형 과판에 고리형 수하식이 달린 형태는 산성하 332호분, 칠성산 96호분, 우산 3305호분, 태왕릉 등에서 출토되며, 산성하 332호분에서는 수지형 과판이 함께 출토되는 점으로 미루어 동진의 과대에서 영향을 받은 것으로 생각된다(그림 Ⅵ-3:⑪,⑫). 한편 끝이 뾰족한 역심엽형 과판에 고리형 수하식이 달린 과대금구가 오녀산성이나 시가고분군 등에서 출토되는데, 가장 늦은 시기에 출현하는 것이다. 이중 반구상 과판에 달린 못으로 혁대에 직접 고정하는 오녀산성 출토품은 6세기 말경으로 편년되고(이한상 2005: 200), 반구형 과판의 구멍을 통해 실로 꿰매어 혁대에 고정하는 방식의 시가구고분군 대금구는 7세기대 신라나 백제지역에서 출토된 대금구와 유사한 형태이다(이한상 2011: 81-82).

3) 귀걸이

지금까지 알려진 고구려 귀걸이는 80여 점으로 고구려 장신구 중 가장 많은 양을 차지하고 있으며, 대부분 금제이고, 나머지는 금동제 이다. 고구려 귀걸이는 대체로 주환-중간식-수하식으로 구성되며, 주환과 중간식은 유환으로 연결된다. 주환은 태환과 세환으로 나뉘며, 중간식과 수하식은 종류가 다양하다. 중간식은 공구체와 소환연접입방체, 소환연접구체로 나뉘는데, 속이 빈 구형의 공구체 중간식에는 금실과 금알갱이를 붙이는 누금장식이 부가된 경우도 있으며 기술적으로 가장 발전된 형태이다. 소환연접입방체는 작은 고리 6개를 연접하여 입방체를 만든 형태이고, 소환연접구체는 작은 고리 여러 개를 연접하여 속이 빈 구체를 만든 형태로 중간에 눈금을 새긴 돌대를 돌리고 그 아래위로 작은 고리를 연접하여 만든 것도 있다.

수하식은 추형과 심엽형이 주를 이루며, 원판이나 방울 모양의 탁령형, 고추형, 호로형, 풍탁형 등의 수하식이 소량 확인된다. 추형 수하식은 태환이식에 많으며, 위쪽에 원판형 장식을 부착하는 것이 일반적이다. 추형 수하식은 신라·가야·백제지역에서는 출토된 예가 적으며, 원판이 붙은 추형 수하식의 이식은 고구려에서만 출토되므로, 고구려의 특징적인 귀걸이라 할 수 있다. 심엽형 수하식은 세환이식에 많은데, 별도의 장식이 없는 것도 있지만 크기가 다른 심엽형 장식이 3개인 것과 가장 자리를 금박으로 감싼 것, 원판형 장식이 부가된 것 등으로 구분된다.

고구려 귀걸이는 주환의 모양에 따라 태환이식과 세환이식으로 크게 구분되며, 전체적인 형태에 따라 주환만 있는 것(Ⅰ형식), 주환과 유환만 있는 것(Ⅱ형식), 주환과 유환, 수하식 또는 주환과 수하식으로 구성되어 중간식이 생략된 것(Ⅲ형식), 주환과 유환, 중간식, 수하식 모두를 갖춘 것(Ⅳ형식)으로 구분된다. Ⅳ형식은 전형적인 고구려 이식으로 가장 많은 수를 차지하며, 태환식과 세환식 모두 중간식과 수하식의 결합방식에 따라 각각 4개씩의 아형식으로 세분된다(유나리 2015). 고구려 귀걸이는 대체로 4세기대에 등장하며, 5세기에는 다양한 형식이 공존한다.

초기의 귀걸이는 세환식이나 태환식 모두 하나 또는 두 개의 고리로만 구성되어 있는데, 평양의 영화 9년(353)명 전축분에서 출토된 것이 대표적이며, 가장 오래된 예이다(그림 Ⅵ-4: ①). 태환이식 중 초기의 귀걸이는 마선 1호분 출토품을 들 수 있는데, 주환에 연결된 유환 아래에 바로 추형 수하식이 달려 있다(그림 Ⅵ-4:⑦). 같은 형태의 귀걸이는 황남대총 북분에서도 출토되며, 영화 9년명 전축분에서 출토된 귀걸와 유사한 귀걸이는 황남동 109호분 출토품과 유사하여 신라 초기의 귀걸이에 끼친 고구려 귀걸이의 영향을 짐작하게 한다. 이후 귀걸이는 주환과 중간식, 수하식을 모두 갖춘 형태로 변화되며, 이처럼 세 부분으로 구성된 귀걸이는 삼국시대 귀걸이의 전형이 된다.

	Ⅰ형식	Ⅱ형식	Ⅲ형식	ⅣA형식	ⅣB형식	ⅣC형식
4세기중엽	① ②	③	④			
4세기후엽	⑤ ⑥		⑦	⑧		
5세기전엽	⑨	⑩	⑪	⑫ ⑬	⑭ ⑮ ⑯ ⑰	⑱ ⑲ ⑳ ㉑ ㉒
5세기후엽			㉔ ㉕		㉗ ㉘ ㉙ ㉚	㉜ ㉝
6세기전중엽	㉓		㉖		㉛	㉞ ㉟ ㊱

그림 Ⅵ-4 귀걸이 편년표(유나리 2015: 표 6, 7 편집)

남한지역에서도 10여 점의 귀걸이가 출토되었는데, 모두 주환-유환-중간식-수하식으로 구성된 전형적인 고구려 귀걸이 형태이다. 태환식이 주를 이루며, 세환식은 소량이다. 태환식 귀걸이의 유환은 모두 타원형이며, 세환식의 유환은 원형으로 태환식에 비해 작다. 중간식은 모두 구체를 이루고 있는데, 서울 능동 채집품은 중간식 연결금구와 구형 중간식, 원판형 수하식에 누금기법으로 인동문과 화문을 정교하게 장식하였는데, 알려진 고구려 귀걸이 중 가장 화려한 것으로 꼽힌다(그림 Ⅵ-4:㉛). 남성골산성 출토품도 이와 유사한 형태이나 연결금구와 중간식 및 원판형 수하식에 누금장식이 생략된 형태이고, 나머지는 모두 여러 개의 작은 고리를 연접하여 만든 이른바 소환연접구체를 중간식으로 하고 있는데, 연천 선곡리 채집품은 소환연접구체 가운데 횡으로 눈을 새긴 대를 돌린 점에서 차이를 보인다(그림 Ⅵ-4:㉚,㊱). 수하식은 추형과 심엽형 두 종류가 있는데, 서울 능동 채집품과 남성골산성 출토품은 약간 길쭉한 각진 추형이고, 청원 상봉리 채집품과 춘천 중도 출토품은 각이 없는 짧은 형태로 약간의 차이가 있다. 심엽형 수하식은 대체로 끝이 뾰족하고 테두리가 도톰하게 장식된 크고 작은 심엽형 금판 2매를 연결하였으나, 연천 선곡리 채집품은 테두리가 없는 심엽형 금판 1매로 이루어진 점에서 차이가 있다. 또한 수하식 연결금구도 얇은 금판을 둥글게 말아 만들었으나, 선곡리 출토품은 소환 형태의 연결금구를 사용한 점에서도 차이가 있다.

2. 토기

고구려 토기의 가장 큰 특징은 모든 기종이 평저로 제작되었다는 점이다. 호·옹류의 경우에는 목과 구연이 발달되었으며, 호·옹류 및 동이류, 시루류 등에 대상파수가 부착된다는 점도 백제 및 신라, 가야토기와 구분되는 특징이다(그림 Ⅵ-5). 고구려 토기의 기종은 30여 개에 달하는데, 관방유적과 생활유적에서는 거의 모든 기종이 출토되지만 무덤에 부장되는 기종은 구형호류와 심발형토기류, 사이장경옹류, 원통형삼족기류, 부형토기류, 시루류, 완류, 반류, 호자류 등 제한적이다. 특히 사이장경옹류나 원통형삼족기류를 비롯한 고분출토 토기의 상당수는 시유토기인 점이 특징이다. 고구려 토기 중 완류, 동이류, 이배류, 연통 등은 6세기 중엽 이후 사비기 백제 토기에 영향을 주었다. 또, 한강유역에서 출토되는 통일신라기 토기 중 생활용기는 거의 모두 고구려 토기의 기형을 그대로 가지고 있거나 일부 요소를 받아들이고 있어서, 고구려 토기의 영향을 강하게 받고 있음을 알 수 있다. 고구려 멸망 후에는 고구려 토기의 제작전통은 발해에 그대로 이어졌으며, 통일신라와 고려 및 조선시대의 생활용기에 그 전통이 이어져 오늘날 우리가 사용하는 옹기의 원형이 되었던 것으로 생각된다.

그림 Ⅵ-5 용마산 2보루 출토 고구려 토기 각종(양시은 외 2009: 원색사진 14)

1) 연구 경향의 변화

고구려 토기에 대한 관심은 이미 20세기 초부터 시작되었으나, 토기를 대상으로 한 종합적
인 연구는 1980년대 이후에야 본격화되었다. 고구려 토기에 대한 연구사적 검토는 이미 여
러 차례 시도된 바 있다(崔鍾澤 1999b, 2001; 白井克也 2005; 孫顥 2012).[21] 1980년대 이전의 고
려 토기에 대한 연구는 발굴보고서의 개별 토기에 대한 설명이나 도록 및 개설서 등의 고구
려 토기에 대한 개설의 형태로 이루어졌다. 따라서 본격적인 연구논문으로 보기는 어렵고 고
구려 토기의 일반적인 특징을 서술하는데 치중하고 있으며, 고구려 토기에 대한 종합적인 접
근을 시도한 논문은 아주 일부에 지나지 않는다. 1973년 북한의 정찬영은 4세기경까지의 고
구려 고분을 편년하는 논문을 통해 고분 출토 토기류에 대한 종합적인 설명을 시도하였다(정
찬영 1973). 이 글은 고구려 고분을 구조적인 특징에 따라 편년하고 그에 따라 고분출토 토기
를 편년한 것으로 1990년대 중반까지의 연구 경향도 이와 대동소이하다.

　　1980년대에 들어와서 중국에서 그동안 축적된 자료를 바탕으로 토기에 대한 종합적인
연구가 이루어지기 시작한다. 1984년 경테화(耿鐵華)와 린즈더(林至德)는 중국 지안지역 출토
고구려 토기에 대한 분석을 실시하고 변천과정을 제시하였다. 이들은 고구려 토기에 대한 연
구가 부진한 이유를 자료의 부족과 자료의 산재에 있다고 보고 1980년대 들어서 지안지역

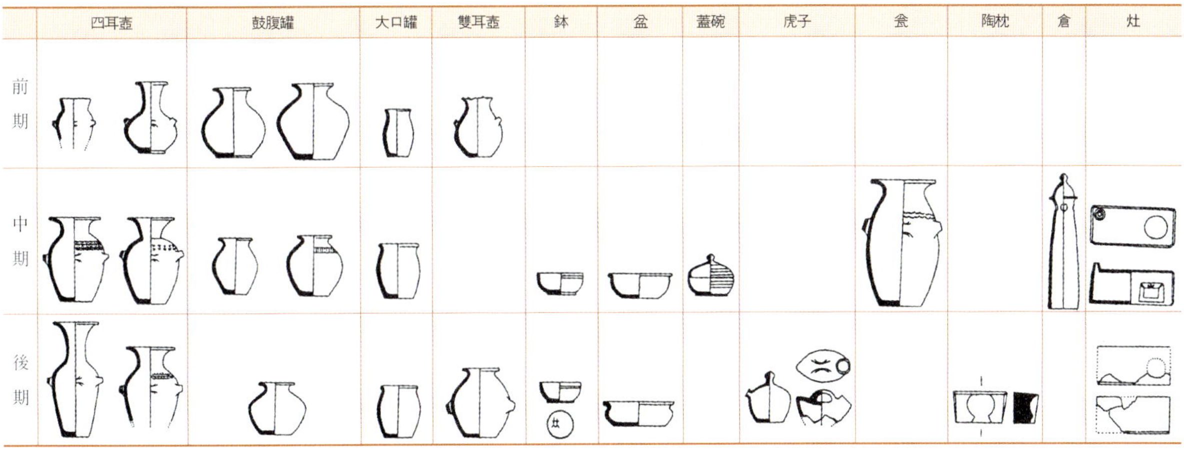

	四耳壺		鼓腹罐		大口罐	雙耳壺	鉢	盆	蓋碗	虎子	釜	陶枕	倉	灶
前期														
中期														
後期														

그림 Ⅵ-6 耿鐵華 · 林至德의 고구려 토기 편년표(耿鐵華 · 林至德 1984)

21　특히 시라이 가쓰야(白井克也)는 시기별·지역별·주제별 연구 성과를 자세히 검토하고, 향후의 연구
과제를 제시한 바 있다(白井克也 2005).

의 고분에서 출토된 96점의 토기를 중심으로 형식분류와 편년을 실시하였다(耿鐵華·林至德 1984). 이들은 고분에서 출토된 토기를 형태와 태토 등의 특징에 따라 분류하고 이를 고분의 편년과 대비하여 3단계의 유형을 설정하고 있다(그림 Ⅵ-6). 이들의 연구는 고분의 편년관에 따라 토기를 나열하고 각 기종별 특징과 변천 과정을 설명하는 단순한 구조이며, 순환논리의 모순을 안고 있기는 하지만 고구려 토기에 대한 본격적인 종합 연구라는 측면에서 의의가 있다.

고구려 토기 연구 초기에서 주목되는 점의 하나는 대표적인 기종인 사이장경옹(四耳長頸甕)에 대한 연구가 집중되고 있다는 점이며, 이 기종의 형식분류와 편년이 고구려 토기 편년의 기준으로 활용되고 있다는 점이다. 대표적인 연구 사례로 중국의 외이춘청(魏存成)의 연구를 들 수 있다. 그는 사이장경옹을 목 형태에 따라 경부에서 구연으로 곧바로 외반되는 형태(Ⅰ형)와 직립의 경부가 형성된 후 꺾여서 구연부로 외반되는 형태(Ⅱ형)의 두 가지 형식으로 나누고, Ⅰ형은 목이 긴 것에서 짧은 형태로 변화되었으며, Ⅱ형은 목이 짧은 것에서 긴 것으로 변화되었고, 동체부의 형태는 두 형식 모두 최대경이 어깨로 올라가고 어깨가 발달하는 형태로 발전하였다고 보았다(魏存成 1985b). 이러한 편년관은 이후 일본의 오가타 이즈미(緒方泉)와 아즈마 우시오(東潮)에 의해 수정이 가해지고 세분화되었다(그림 Ⅵ-7, 8).

1990년대 북한에서 고구려 토기의 일부 특징적인 속성에 대한 연구가 발표되는데, 리광희는 시유토기와 문양에 대한 연구결과를 발표하였다. 그는 이들 논문을 통해 고구려 시유토기가 3세기 이전에 등장하였으며, 고구려 토기 문양의 대부분이 4세기 중엽부터 6세기 말까지의 기간에 사용된 것이라고 주장하였다(리광희 1991a, 1991b). 이들 두 논문은 토기에 대한 설명이나 편년의

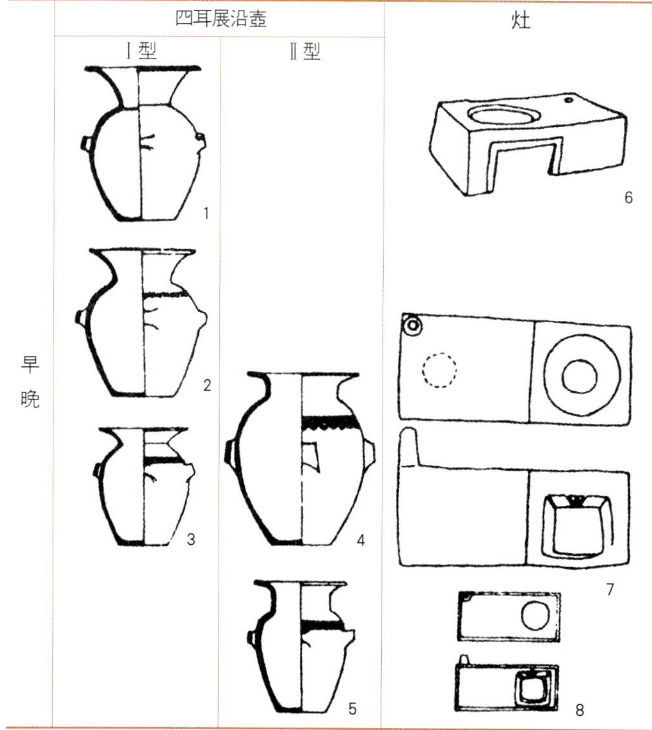

그림 Ⅵ-7 魏存成의 사이장경옹 편년표(魏存成 1985b)

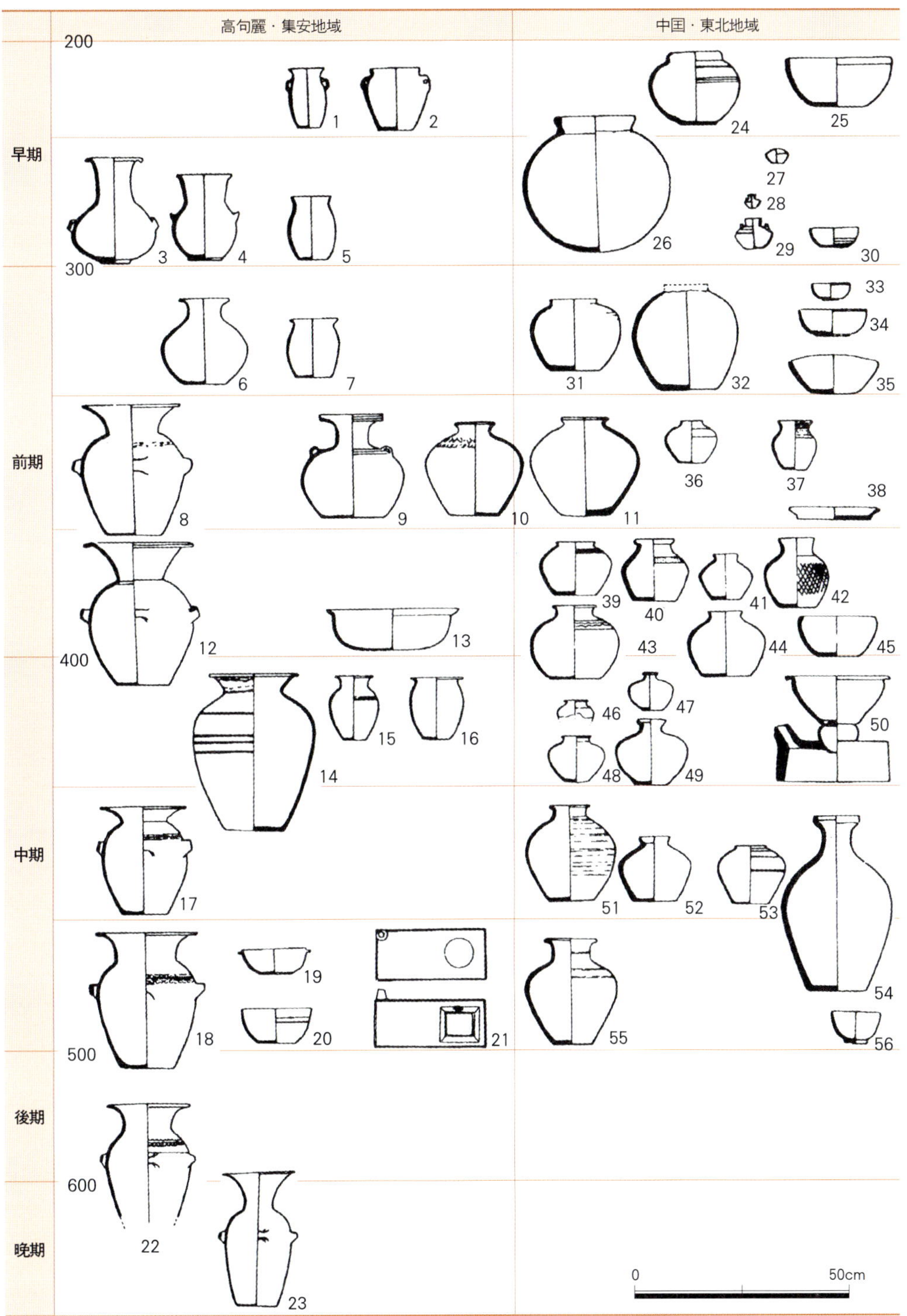

그림 Ⅵ-8 東潮의 고구려 토기 편년표(東潮 1988b)

논리가 단순하고, 시유도기의 출현 시점을 너무 올려 본 문제가 있기는 하지만 고구려 토기의 제작기법에 관한 관심을 가졌다는 측면에서는 평가할 만하다.

1990년대 중반 이후 남한에서도 고구려 토기에 대한 종합적인 연구가 시작되었다. 그동안 고구려 토기에 대한 연구가 주로 고분의 편년 연구를 위한 목적으로 이루어졌으며, 순환논리적인 모순에 빠져 있음을 지적하고, 고구려 토기 자체에 대한 집중적인 분석을 시도하였다. 이 연구에서는 중국과 북한 및 남한지역에서 출토·보고된 고구려 토기 완형 개체 419개체를 대상으로 제작기술 및 형태적 속성들을 분석하여 고구려 토기의 양상과 변천 과정을 고찰하였다(崔鍾澤 1999b). 그러나 편년의 기준이 되는 자료의 부족으로 고구려 토기 변천 과정의 획기를 고분 편년에 의존할 수밖에 없는 한계를 여전히 가지고 있어 세부적인 편년을 위한 보완 연구가 요구된다. 그밖에 고구려 토기의 형성과정에 대한 연구(朴淳發 1999)와 제작기법에 대한 연구(梁時恩 2003)등 각론적인 연구가 이루어졌으며, 고구려 토기에 대한 연구 주제가 점차 세분화되었다.

1980년대 이후 고구려 토기에 대한 종합적인 연구가 본격화되었으나 여전히 많은 부분이 해결되지 못하고 있는 것이 현실이다. 2000년대 이후 중국 동북지방의 오녀산성과 망강루고분군 등의 고구려 초기 유적들에 대한 조사결과가 비교적 자세히 보고되었으며, 간구자고분군과 만발발자유적 등 고구려 이전 시기의 유적에 대한 조사 결과도 보고되고 있다. 또한 국내성과 환도산성 및 통구고분군에 대한 비교적 자세한 조사보고서도 속속 간행되고 있다. 남한지역에서도 5세기 후반 이후의 고구려 토기 자료가 다량 보고되어 연구가 상당히 진척되고 있어서 자료의 부족이라는 근본적인 문제는 어느 정도 극복할 수 있는 배경이 조성되고 있지만 세부 주제에 대한 연구는 여전히 부진한 것이 현실이다. 특히 고구려 토기의 기원과 형성과정에 대한 문제는 고구려 국가의 형성과 관련하여 중요한 문제임에도 불구하고 대세론적인 연구에 머무르고 있다. 최근 고구려 토기의 태토, 표면색조, 시유 여부, 성형 방법 및 표면처리, 문양의 유무 등의 속성에 대한 분석을 통해 시기별 변천 과정이 어느 정도 밝혀지고 있다. 그러나 토기의 제작기술과 관련한 연구와 편년 및 변천 과정에 대한 세밀한 연구는 아직도 정치하지 못한 것이 현실이다. 이러한 연구의 부진은 대체로 자료의 부족에 기인한 바가 큰 것으로 파악되는데, 특히 4세기 이전의 고구려 초기에 해당하는 자료가 절대적으로 부족한 것이 가장 큰 요인의 하나로 작용하고 있다.

2) 고구려 토기의 제작기법

중국이나 북한에서 출토된 토기의 제작기법에 대한 관찰결과가 자세히 보고되지 않고 있어서 한강유역을 포함한 남한지역에서 출토된 자료를 토대로 고구려 토기의 제작기법을 살펴볼 수밖에 없다. 우선 태토의 측면에서 보면 심발류를 제외한 모든 토기는 기본적으로 잘 정선된 니질태토를 사용하였는데, 심발류는 고운 사립이 함유된 점토질 태토를 사용하였으며, 석면을 보강재로 사용하기도 한다. 니질태토의 토기는 별도의 보강재를 사용하지는 않았으나 대부분의 토기에 산화철(Fe_2O_3)성분의 붉은색 덩어리가 섞여 있는 것이 관찰되며(그림 Ⅵ-9:①), 의도적으로 섞은 것인지 원료 점토에 포함되어 있던 것인지 여부는 명확하지 않다. 다만 다른 분석에 따르면 한강유역의 각 유적에서 출토된 토기들은 서로 다른 원료 산지에서 점토를 채취한 것으로 생각된다(崔鍾澤 1995).

고구려 토기의 토기질은 대체로 경질에 가까우나 백제 토기나 신라·가야 토기에서 보이는 정도의 경질은 아니며, 일부는 표면이 손에 묻어날 정도로 약화되어 있다. 일부 회색조의 토기류는 경도가 상당히 높으나 구연부나 동체부 일부가 찌그러지거나 부풀어 오른 경우가 많아 주된 제작기술은 아니었던 것을 알 수 있다. 토기류의 표면색은 황색·흑색·회색의 세 가지로 대별되는데, 황색이 가장 많으며, 흑색과 회색은 비슷하다. 그밖에 토기표면에 슬립을 입힌 것으로 보이는 경우는 간혹 있으며, 중국이나 북한지역의 고분에서 출토된 토기에는 시유토기도 있다.

토기의 성형은 테쌓기를 한 후 물레를 사용하여 마무리하는 방법을 통해 이루어진다. 제작과정을 보면 저부에서 구연부 쪽으로 올라오면서 성형하는데, 먼저 납작한 바닥을 만들고 그 위에 점토 띠를 쌓아 올라가는 방식을 취하고 있다. 바닥과 동체부를 접합하는 방식은 두 가지가 있는데, 첫 번째는 납작한 바닥을 만들고 그 위에 점토 띠를 올려놓고 쌓는 방식이며, 두 번째는 납작한 바닥을 만들고 그 주위에 점토 띠를 붙여서 쌓는 방식이다(그림 Ⅵ-9:②,③). 이 두 가지 방법은 기종과 관계없이 혼용되는 것으로 관찰되는데, 전자는 대체로 장동호류와 같은 소형 기종에서 많이 관찰된다. 한편 일부 기종의 바닥에는 얕은 돌대흔이 관찰되기도 하는데, 이는 토기를 성형할 때 바닥에 받쳤던 판의 흔적으로 생각된다. 완류나 접시류의 경우 바닥에 얕은 굽이 달리는 경우가 있는데, 통굽과 들린 굽의 두 형식이 있으며, 들린 굽의 경우 굽을 부착하는 방식과 통굽의 내부를 깎아서 만드는 방식의 차이가 있다.

동체부는 점토 띠를 쌓고 아래위로 손으로 눌러서 접합한 후 물레질하여 마감하는데, 점

그림 Ⅵ-9 아차산 4보루 출토 고구려 토기의 제작흔 각종(최종택 2013: 삽도 93)

토 띠의 폭은 기종에 따라 다르다. 즉, 장동호류와 같은 소형 기종의 경우 점토 띠의 폭은 2~3cm에 불과하지만 옹류와 같은 대형 기종의 경우 점토 띠의 폭이 10cm를 넘는 것도 있다. 테쌓기를 하면서 손으로 눌러서 점토 띠를 서로 접합하여 구연부까지 성형한 후 안팎을 물레질하여 깨끗이 마무리하였는데, 장동호류 같이 구연부가 좁은 기종의 경우 안쪽은 물레질을 할 수 없어 점토 띠를 눌러 붙일 때 생긴 손자국이 그대로 남아있는 경우가 많다(그림 Ⅵ-9:⑥,⑦). 동체부나 뚜껑에 손잡이를 붙이는 방법은 손잡이의 종류에 따라 차이를 보이는데, 동체부에 대상파수를 부착할 경우 가운데 심을 박고 그 주변에 점토를 덧붙여 마무리하였으며, 뚜껑에 귀손잡이를 부착할 경우는 파수를 부착할 지점에 먼저 여러 줄의 홈을 낸 후 손잡이를 부착하였다(그림 Ⅵ-9:⑧,⑨).

일부를 제외한 거의 모든 토기의 표면은 물레질하여 정면하는데(그림 Ⅵ-9:⑫), 단순히 손으로 정면한 경우가 대부분이지만, 물레를 사용하여 물손질 한 후 훑어 내린 경우와, 예새를 사용하여 상하로 정면한 후에 물레질한 경우 등이 있다(그림 Ⅵ-9:⑩,⑪). 많은 토기들은 물레질을 한 후 부분적으로 깎기 기법을 사용하여 정면하는데, 예새를 사용한 횡방향 정면,

예새를 사용한 횡방향 깎기, 예새를 사용한 종방향 깎기 등이 많이 사용되었다(그림 Ⅵ-9: ⑩). 그밖에 예새를 이용한 횡방향 정면 후 음각선을 그은 경우와 예새를 이용하여 횡방향 깎기와 종방향 깎기를 병행한 경우 등이 있으며, 표면에 승문이 타날된 경우도 가끔 있다.

고구려 토기에 문양이 시문된 경우는 매우 드물고 문양의 종류도 단순한 편이다. 이들 문양은 종류에 따라 서로 다른 기법을 사용하는데, 점열문과 연속사각문은 압날법을 사용하고, 거치문, 어골문, 격자문, 사격자문, 동심원문, 파상문, 중호문은 음각으로 시문하였다.

그밖에 찰과법에 의한 문양은 흔히 암문(暗文)이라고 불리는 것으로 불규칙한 사선문이나 격자문, 연속고리문 등이 이 기법에 의해 시문되고 있다(그림 Ⅵ-10). 특히 암문은 고구려 토기의 특징적인 요소의 하나로 토기표면을 문질러 시문한 것인데, 단단한 도구로 문질러 정면하는 기법에서 유래한 것으로 추정된다. 암문은 중기 후반부터 나타나기 시작하며, 후기를 거쳐 일부 발해 토기에 까지 사용된다.

그밖에 접시류나 완류 등의 바닥에 음각으로 기하학적 기호나 문자를 새기는 경우가 간혹 있으나, 이는 문양이라기보다는 부호로 보는 것이 옳다.

그림 Ⅵ-10 아차산 4보루 출토 고구려 토기의 암문 각종(최종택 2013: 삽도 94)

3) 고구려 토기의 기종과 기능

고구려 토기의 특징은 모든 기종이 평저로 제작되었다는 점이며, 호·옹류의 경우에는 목과 구연이 발달되었다는 점과 호·옹류 및 동이류, 시루류 등에 대상파수가 부착된다는 점이다. 고구려 토기는 대략 30여 개 기종으로 구성되어 있다(그림 Ⅵ-11). 단일 기종으로는 완 및 종지류, 뚜껑류, 구형호류, 접시류, 심발류, 장동호류, 동이류 등이 비교적 높은 구성비를 차지하고 있다. 이들 각 기종은 기능에 따라 실제 생활에 사용된 실용기와 비실용기로 크게 나누어진다.

비실용기는 부장용기과 의례용기로 구분할 수 있는데, 부장용기로 사용된 기종은 사이장경호류와 사이장경옹류, 장경호류, 구형호류(주로 A형), 부형토기류, 창고형토기,[22] (양이)심발류, 직구호류, 소형 시루류, 반류, 반구병류, 호자류, 이배류, 부뚜막형토기 등이 있다. 이중 (양이)심발류와 직구호류, 시루류, 반류, 반구병류, 부형토기류 등은 실용기로도 사용되었다. 특히, 시루류의 경우는 소형만 고분에 부장되고 중·대형은 생활유적에서 출토되고 있으며, 소형의 경우도 시간적으로도 5세기 전반경까지만 고분에 부장되고 있어서 동일 기종 내에서도 기능에 따른 형태적 차이가 있음을 보여주고 있다. 또, 직구호류나 (양이)심발류, 반류 등은 중기까지는 부장용으로 사용되지만 후기에는 실용기로 사용된 예가 증가하며, 실용기의 경우 크기도 커지는 변화를 보인다. 그밖에 형태상 실용기로 보기 어려운 기종으로 원통형삼족기류와 환상병류 등이 있는데, 이들은 출토 예도 많지 않을뿐더러 형태가 특징적이어서 의례용기로 분류할 수 있다.

실용기는 형태와 크기에 따라 저장용기, 조리용기, 배식기, 운반용기 등으로 세분할 수 있다. 이 중 조리용기와 배식기는 형태에 따라 구분이 용이한데, 완류나 접시류, 종지류 등은 크기나 형태에 있어서 배식기로 구분이 가능하며, 시루류는 조리용기로 구분이 가능하다. 심발류는 고분에 부장되는 경우가 많으나 6세기 이후에도 생활유적에서 많이 출토되고, 표면에 그을음이 묻어있는 경우가 많아 직접 불을 받아 조리하는데 사용한 것으로 생각된다. 동

22　좁고 긴 원통형 동체부에 심엽형 투공이 뚫린 보주형 뚜껑이 부착된 형태의 토기로 중국에서는 창고형토기로 불린다(耿鐵華·林至德 1984). 그러나 부여 지방의 백제 토기 중에 이와 유사한 형태의 토기가 연가로 분류되고 있으며, 고구려 토기에서 영향을 받은 것으로 분석되고 있어서 원래 연통으로 기능을 하던 토기가 부장된 것으로 생각된다. 그밖에 아차산 4보루에서는 좁고 긴 원통형의 굴뚝이 출토된 바 있어 실제 고구려에서 토기로 연통을 만들어 사용하였음을 알 수 있다(임효재 외 2000).

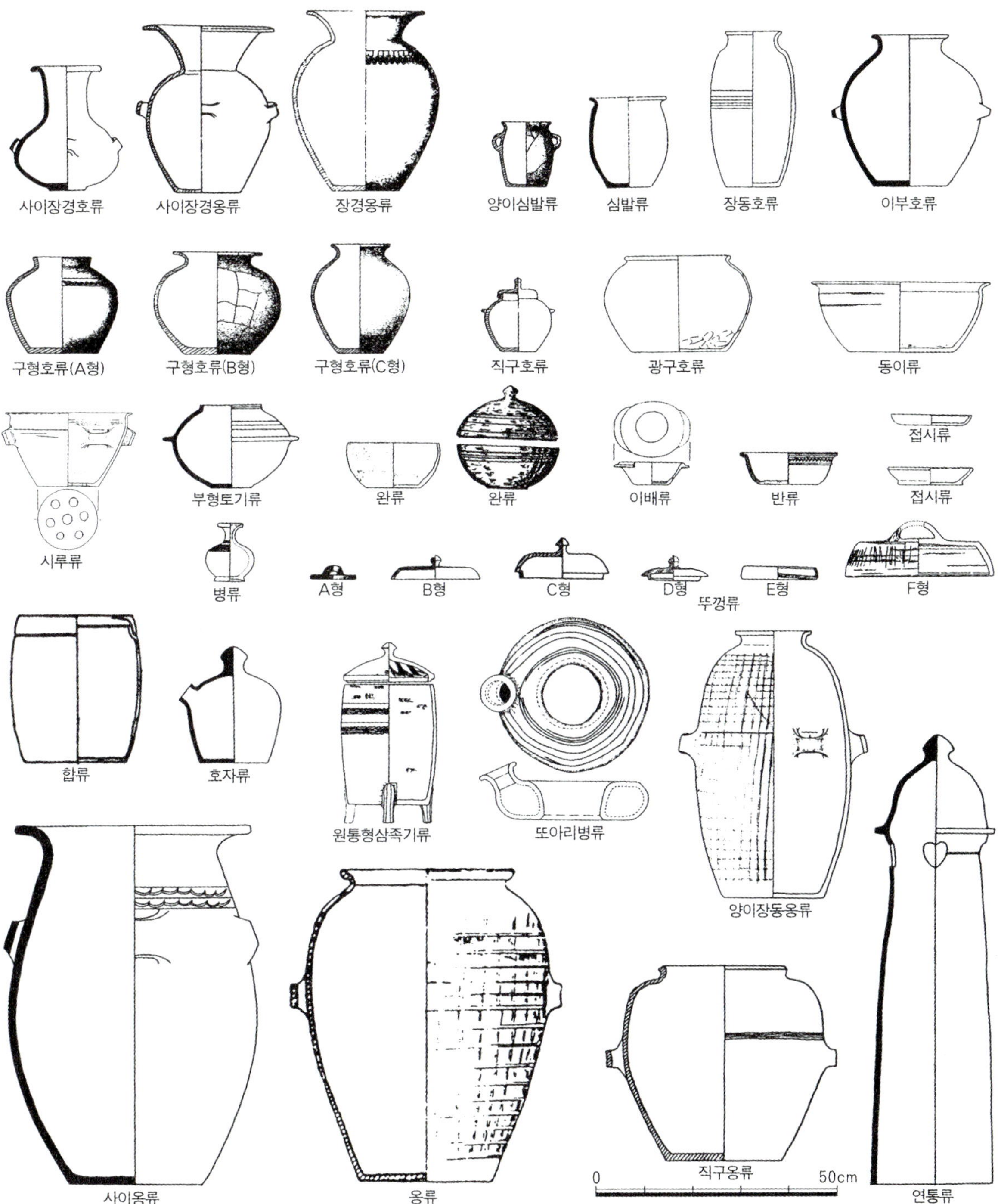

그림 Ⅵ-11 고구려 토기 기종구성도(ⓒ최종택)

구분	사이장경호	사이장경옹	장동호	구형호	옹	직구호	직구옹	광구호
용량(L)	2.0	8.5	2.5	3.8	51.0	5.9	98.3	46.6
구경(cm)	13.6	25.2	11.1	12.6	32.2	14.1	34.2	16.7
높이(cm)	24.8	42.9	26.9	22.0	58.3	18.6	72.0	16.0

이류, 광구호류 및 반류 등은 높이에 비해 구경이 큰 기종들인데, 음식을 조리하거나 조리할 음식물을 준비할 때 사용된 조리용기로 분류된다. 그밖에 부형토기류는 고분에서 주로 출토되지만 6세기 전반의 아차산 보루에서도 출토되며, 심발류와 같이 태토에 모래가 많이 섞여 있어서 조리용기로 사용되었음을 알 수 있다.

저장용기와 운반용기의 구분은 쉽지 않으며, 형태가 유사한 '호·옹류'에 있어서 기능의 파악은 더욱 어려운 문제이다. 하지만 〈표 Ⅵ-1〉에서 보는 바와 같이 '호·옹류'는 기종별로 크기에 있어서 커다란 차이를 보이고 있으며, 이러한 크기의 차이는 기능의 차이를 반영하는 것으로 볼 수 있다. 〈표 Ⅵ-1〉에서 부장용으로 사용된 사이장경호류와 사이장경옹류를 제외하면, 장동호류 및 구형호류와 옹류, 그리고 직구호류와 직구옹류들의 크기는 매우 큰 차이가 있으며, 실제 내용물을 담는 것과 관련된 용량의 차이는 더욱 큰 차이를 보인다.[23] 따라서 형태가 유사한 '호·옹류' 중에서 옹류와 직구옹류는 많은 내용물을 담아 저장하던 저장용기로 구분할 수 있다. 또, 확인된 예가 적기는 하지만 옹류와 높이가 비슷한 양이부장동옹류도 저장용기로 구분할 수 있다. 옹류나 직구옹류에 비해 크기가 작은 장동호류와 직구호류, 구형호류 등은 높이에 비해 구경이 작은 특징을 가지고 있으며, 적은 양의 내용물 특히, 음료 등을 저장하거나 운반하는데 사용된 것으로 구분할 수 있으며, 비교적 큰 기종인 광구호류는 조리용기로 구분할 수 있다.

4) 고구려 토기의 편년

고구려 토기는 기종별로 다양한 형태적 변화를 보이며 발전하는데, 편년을 위해 알려진 절대연대가 부족하고, 고분의 편년도 정치하지 못하여 편년에 어려움이 크다. 아래에서는 절대연대가 있거나 형태적 변화의 파악이 비교적 용이한 주요 기종을 대상으로 편년을 살펴보기로 한다.

23　최근 남한지역에서 출토된 토기를 분석하여 토기의 기능을 세부적으로 분류한 연구가 있어 참고가 된다(사공정길 2013).

(1) 사이장경호 · 옹류

고구려 토기에서 가장 특징적인 기종으로는 아가리가 넓고 목이 긴 형태의 사이장경호류, 사이장경옹류, 사이옹류 및 장경호류를 들 수 있다(그림 Ⅵ-12). 이들 네 개의 기종은 각각 다른 기종이지만 나팔처럼 벌어지는 구연부와 긴 목, 네 개의 대상파수 등의 속성을 하나 이상 공유하고 있거나 모두 가지고 있기도 하여 함께 변화를 관찰하는 것이 편리하다. 또한, 이 네 개의 기종은 거의 모든 개체가 고분에서 출토되고 있으며, 문양이 시문되거나 시유된 예가 많다. 사이장경호류는 네 개의 대상파수가 부착된 편구형 동체부에 좁고 긴 목이 달려있다. 사이장경호류는 상대적으로 소형으로 3세기대에만 사용되었으며, 다른 세 기종은 이 기종에서 파생된 것으로 생각되는데, 이 중 사이장경옹류와 장경옹류는 발해시기까지 계속 사용되고 있다. 나머지 세 기종 중에서 사이옹류는 아가리와 목이 넓으며, 다른 기종에 비해 대형인 특징이 있는데, 형태상 실용성이 강하며, 실제로 생활유적에서 출토되기도 한다. 장경옹류는 대상파수가 부착되지 않은 점만 빼면 사이장경옹류와 같으며, 형태적인 변화도 궤를 같이 한다.

이 네 기종 중 사이장경옹류는 가장 대표적인 고구려 토기로 인식되고 있으며, 형태적 변화도 비교적 일정하여 고분의 편년에 주로 이용되고 있다. 사이장경옹류의 기원에 대해서 중국의 반구호에 연원을 두는 견해와(金元龍·安輝濬 1993) 기형상의 특징으로 보아 중국 한대(漢代)의 종(鍾)에서 영향을 받은 것으로 4세기 이후 고구려의 독자적인 기형으로 발전된다고 보는 견해(姜敬淑 1993) 등이 있다. 그러나 3세기대에 이미 이 기종의 선행 형식으로 볼 수 있는 사이장경호류가 있으며, 장경이나 대상파수 등의 속성은 압록강 중류의 청동기시대 토기에서도 보이기 때문에 전적으로 중국 한대 토기의 영향으로만 보기는 어렵다.

사이장경옹은 나팔처럼 벌어지는 긴 목과 네 개의 대상파수가 특징이다. 이 기종에 대해서 그간 많은 형식 분류와 편년연구가 이루어져왔는데, 대체로 목의 형태를 중심으로 분류가

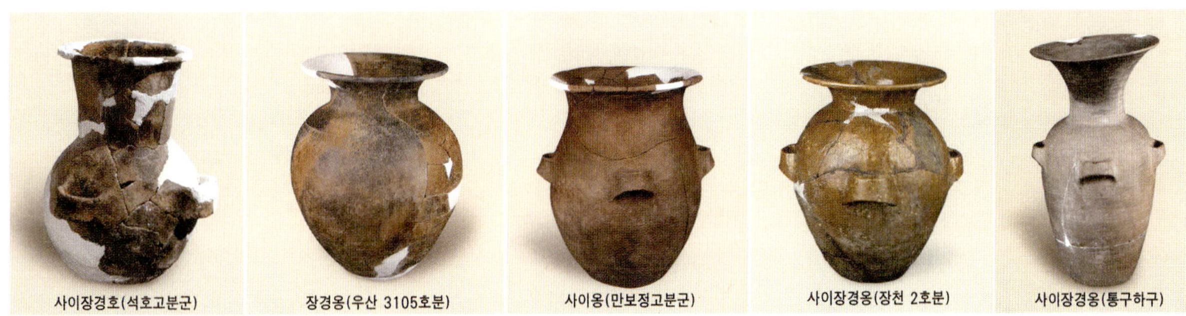

그림 Ⅵ-12 사이장경호, 장경옹, 사이옹, 사이장경옹 각종(吉林省文物考古研究所 외 2010)

이루어져 왔다. 외이춘청은 목의 형태에 따라서 목이 꺾이지 않고 곧바로 외반되는 형태(Ⅰ型)와 목이 한번 꺾여서 외반되는 형태(Ⅱ型)의 두 형식으로 나누고, Ⅰ형은 점차 목이 길어지고 Ⅱ형은 목이 점차 짧아지는 형태로 변화한다고 하였다(魏存成 1985b).

그러나 이러한 목의 형태에 따른 외이춘청의 분류는 모든 개체에 적용하기 어려운 면이 있으며, 특히 이 기종의 특징이 나팔처럼 벌어지는 목이기 때문에 모든 개체들이 정도의 차이는 있지만 꺾여서 벌어지는 목을 가지고 있다. 따라서 어느 선에서 목의 꺾임 정도를 구분할 것인가 하는 것도 문제이다. 또, 동체부의 형태에 있어서도 구형과 세장형의 변이가 관찰되는데, 이러한 점도 형식 분류에 있어서 고려되어야 한다. 이러한 문제를 고려하여 사이장경옹류의 구경비(전체 높이에 대한 구경의 비율)와 동체구율(동체의 둥글기 정도) 속성을 비교하면 5개의 형식으로 분류된다(崔鍾澤 1999b). 각 형식별 특징을 보면 Ⅰ유형과 Ⅱ유형은 구경비는 비슷하지만 동체구율에 있어서 차이를 보이는데, 이는 목높이의 차이로 보인다. 즉, Ⅱ유형에 속하는 것들이 Ⅰ유형에 비해 목높이가 낮은 특징을 가진다. 또, Ⅲ유형은 Ⅱ유형과 동체구율은 비슷하지만 구경비가 높은데 이것도 역시 목높이의 차이로 Ⅱ유형에 비해 Ⅲ유형의 목높이가 높은 것을 알 수 있다. Ⅴ유형에 속하는 개체는 토포리대묘 출토품 1점뿐인데, 목도 세장하면서 동체부도 세

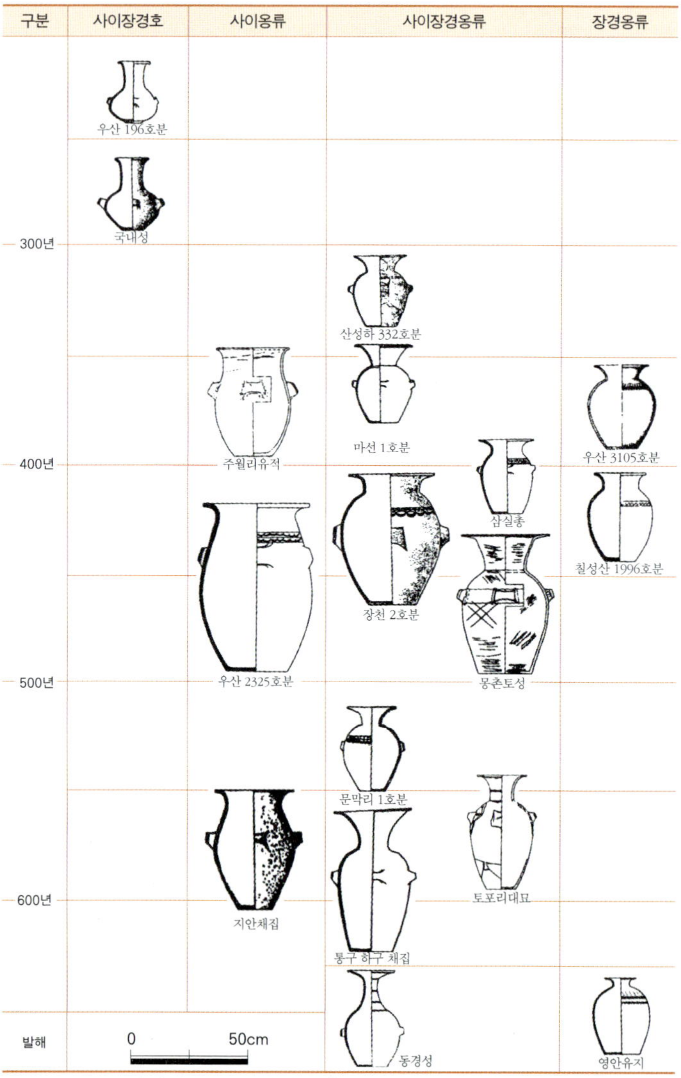

그림 Ⅵ-13 사이장경옹류 편년표(ⓒ최종택)

장한 형태를 하고 있으며, 구경도 작은 편이다.

　이러한 형식 분류에 의하면 사이장경옹류는 동체부가 둥근 형태에서 세장한 형태로의 순으로 배열된다. 각 유형의 연대에 대해서는 Ⅰ유형의 마선구 1호분 출토품은 고분의 구조상 고구려 전기나 중기(魏存成 1985b), 또는 4세기 후반으로(東潮 1997: 426) 편년된다. 그리고 Ⅱ유형의 우산 41호분과 Ⅲ유형의 장천 2호분은 5세기 중엽으로 편년되고 있다(魏存成 1985b). 이러한 고분의 편년관에 따르면, 사이장경옹은 Ⅰ유형에서 Ⅴ유형으로의 변화를 상정할 수 있으며, 이는 결국 동체구율상의 변화로 설명된다. 즉, 사이장경옹류는 동체구율이 큰 것에서 작은 것으로, 바꾸어 말하면 동체가 둥근 것에서 세장한 형태로 변화해 가는 것을 알 수 있다(그림 Ⅵ-13).

(2) 양이)심발류

심발류는 아가리가 넓고 목이 거의 없으며, 긴 동체부를 특징으로 하는데, 동체부에 파수가 달려 있는 경우는 양이심발류로 세분할 수 있다. 이 기종은 다른 기종과는 달리 조질태토가 많으며, 물레나 돌림판을 사용하지 않은 수제품이 많다는 특징이 있다. 또, 파수가 부착된 경우 파수는 우각형이나 유두형도 있지만 대상파수가 주를 이루며, 대상파수의 경우 단면이 원형인 것이 주를 이루고, 종위상으로 부착된 것이 대부분이다. 이와 같은 종위대상파수 또는 고리형 파수는 압록강유역 청동기시대 토기 이래로 보이는 특징이며, 태토가 조질이라는 점과 함께 심발류가 가장 이른 시기에 등장한 기종의 하나임을 보여주는 증거이다.

　심발류는 크기에 따라 대·중·소의 세 그룹으로 구분되지만 시간적인 의미는 없으며, 시간의 변화에 따라 동체부의 세장도가 변화한다. 즉, 초기의 심발류는 최대경이나 구경에 비해 기고가 높은 세장한 형태를 하고 있으며, 점차 둥근 형태로 변화된다. 또, 심발류보다 양이심발류가 대체로 세장형에 가까우며, 양이심발류가 조금 이른 시기에 나타나는 것으로 생각된다.

　이러한 속성을 기준으로 심발류는 3형식으로 구분이 가능하다. 즉 동체부가 세장하고 전체 높이에 비해서 목높이가 낮은 형태(Ⅰ유형)와 목이 짧고 동체부가 볼록한 형태(Ⅲ유형), 그리고 이들의 중간 형태(Ⅱ유형)의 세 유형으로 분류가 가능하다. Ⅰ유형에 속하는 하활용촌 8호분(JXM8) 출토품의 경우 고분의 연대가 가장 이른 시기의 적석총으로 편년되고 있으며, 구체적으로 3세기 이전으로 편년되고 있다(東潮 1988b). 그리고 최근 환런의 오녀산성 3기층에서 출토된 심발류 역시 세장하고 종위대상파수가 부착된 점 등으로 보아 이러한 유형이 이

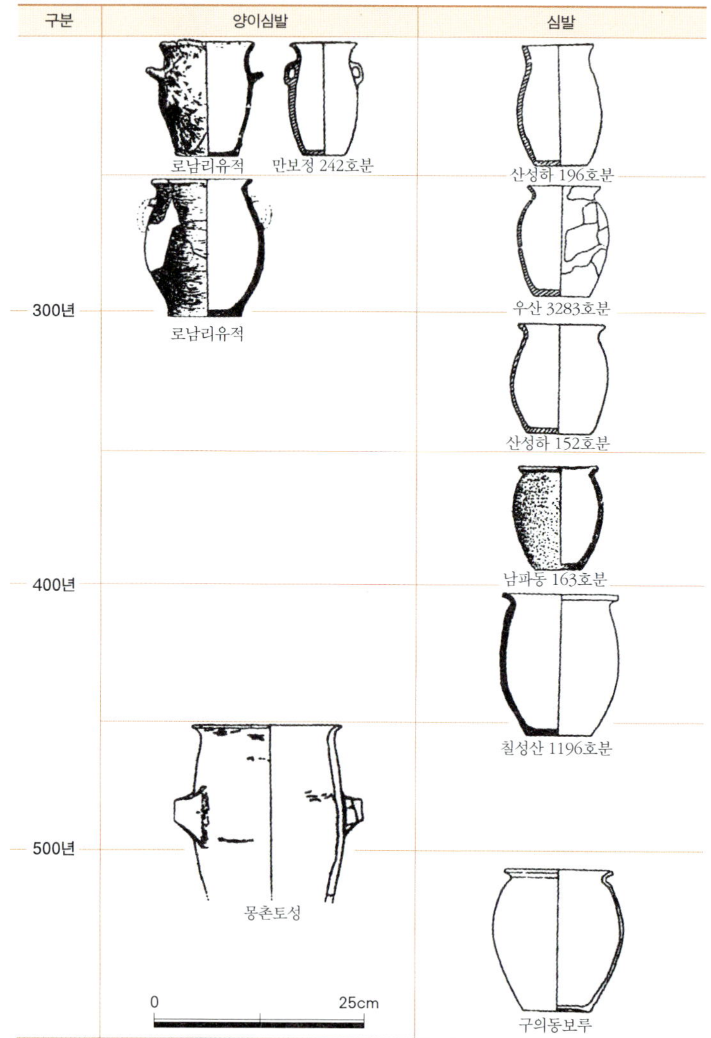

구분	양이심발		심발
	로남리유적 만보정 242호분		산성하 196호분
300년	로남리유적		우산 3283호분
			산성하 152호분
400년			남파동 163호분
			칠성산 1196호분
500년	몽촌토성		구의동보루

그림 Ⅵ-14 (양이)심발류 변천도(ⓒ최종택)

른 시기에 해당하는 것은 분명하다(遼寧省文物考古研究所 2004). 구의동유적에서 출토된 심발의 경우 Ⅲ유형에 속하므로 양이심발류와 심발류는 Ⅰ유형에서 Ⅱ, Ⅲ유형으로 변화되는 것으로 볼 수 있다. 즉, 심발류의 경우 동체부가 세장한 형태에서 둥근 형태로 변하며, 동시에 목이 짧아지고 발달된 형태로 변화된 것으로 추정된다(그림 Ⅵ-14).

(3) 구형호류

구형호류는 구형의 동체부에 짧게 외반된 목이 달린 것 중에서 동체부에 파수가 부착되지 않은 것들이다. 구형호류는 구연부를 포함한 목의 형태와 동체부의 형태에 따라 3개의 세부 형식으로 구분된다. A형 구형호는 동체부가 대체로 구형을 이루나 최대경이 어깨쪽에 있으며, 무엇보다도 목과 구연부가 거의 직립에 가까운 것을 특징으로 한다. B형은 동체부가 눌린 공 모양의 편구형이며, 목은 짧게 직립하다가 밖으로 꺾이는 형태를 하고 있다. C형은 동체부가 대체로 구형을 이루고 있으나, 다른 유형에 비해 세장한 형태이고, 목은 외반되어 있으나 B형에 비해 짧은 것이 특징이다(그림 Ⅵ-15).

A형 구형호류는 주로 우산묘구의 연접식적석총에서 출토된 것으로 이러한 적석총의 연대는 대략 4~5세기로 편년되고 있다(吉林省文物考古研究所·集安市文物保管所 1993). 그런데, 이와 유사한 형태의 토기가 조양 원대자 동진벽화묘와 본계 진묘 등에서도 출토되고 있는데,

이들 고분의 연대는 4세기대로 편년되고 있다(沈白文 1984). A형 구형호류의 어깨에는 두 줄의 침선을 횡으로 돌려 문양대를 구성하고 그 내부에 중호문을 시문한 예가 많으며, 고구려 토기의 문양 중에서 비교적 이른 시기의 형태로 생각된다.

B형 구형호류는 구형호류 중 가장 많은 구성비를 차지한다. 태토는 조질과 니질이 모두 있으나 니질이 많으며, 문양이 시문된 토기는 1점에 불과해 A형과는 다른 특징을 보인다. B형 구형호류 중 발해시기의 민주육대유적 출토품의 경우 목이 짧고 동체부가 납작한 편구형을 이루고 있으며, 고구려 전기로 편년되는 산성하묘구 195호분 출토품(耿鐵華·林至德 1984)의 경우 목이 길

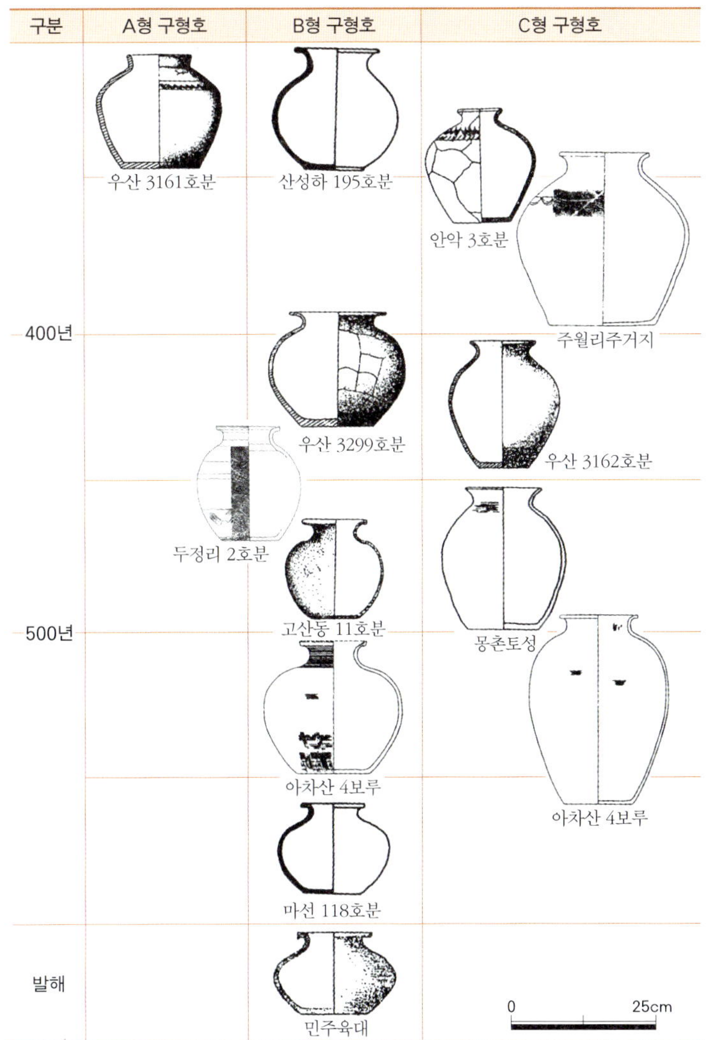

그림 Ⅵ-15 **구형호류 변천도**(ⓒ최종택)

고 동체부가 구형을 이루고 있다. 따라서 B형 구형호류는 동체부가 구형에서 편구형으로, 긴 목에서 짧은 목으로 변화된 것으로 생각된다.

C형 구형호류는 최대경이 어깨에 있으며, 목이 좁은 유형과 최대경이 동체 중앙부나 중상부에 있지만 어깨가 발달하지 않은 유형으로 세분된다. 전자의 경우 안악 3호분에서 3점이 출토되었는데, 어깨에 중호문이 시문되어 있다. 또, 임진강 남안의 파주 주월리유적에서 출토된 토기도 이와 같은 형태이며, 역시 어깨에 중호문이 시문되어 있는데, 안악 3호분의 연대로 보아 4세기 중·후반 경으로 편년할 수 있다. 구형호류 중 최대경이 동체 중앙부에 있는 것들은 점차 동체부가 길어지는 양상을 보이는데, 구의동이나 아차산 보루에서 출토된 것

들은 6세기 대에 속하는 것으로 생각되며, 몽촌토성 출토품은 이보다 약간 이른 5세기 후반
경으로 편년할 수 있다.

(4) 시루(甑)류

시루류는 동체부와 바닥의 형태에 있어서 넓은 것과 좁은 것의 차이가 있으며, 바닥에 굽이
있는 것도 있다. 그러나 시루류의 시간적인 변화를 잘 보여 주는 것은 바닥에 뚫린 구멍의 형
태이다. 시루류는 바닥에 뚫린 구멍의 형태로 보아 작은 구멍이 조밀하게 뚫린 것과 가운데
하나의 원공을 중심으로 6개 또는 4개의 구멍이 뚫린 것이 있다. 이 중 바닥에 구멍이 조밀
하게 뚫린 것으로 상활용촌 2호분 출토품의 경우는 구연부가 안으로 내경하고 있고, 어깨에
는 중호문이 시문되어 있다. 이 상활용촌 2호분 출토 시루는 기존의 편년안에 따르면, 2세기
말로 편년되고 있으나(東潮 1997), 일반적으로 중호문은 고구려 중기에 나타나고 있으므로 그
렇게 연대를 올려 보기는 어렵다.

　또, 우산묘구에서 출토된 소형의 시루류들은 적석총들의 하한이 대략 5세기경으로 밝혀
지고 있으므로(東潮 1997) 대체로 4세기 말이나 5세기로 편년할 수 있다. 이들 우산묘구에서
출토된 시루류는 바닥의 구멍이 가운데의 원공을 중심으로 8개씩 뚫려 있는데, 상활용촌 2
호분 출토품의 경우 작은 구멍이 여러 개 뚫려 있는 형태이므로 이보다 약간 이른 3세기말이
나, 4세기 전반 경으로 편년할 수 있으며, 로남리집자리에서 출토된 시루 역시 이와 비슷한
시기로 생각된다.

　중·대형의 시루류는 북창 대평리 출토품과 지경동 1호분 출토품을 제외하면 모두 정제
된 형태의 구멍이 뚫려 있는데, 한강유역 출토품은 가운데 원공을 중심으로 6개씩의 구멍이
뚫려 있으며, 고이산성과 국내성 출토품은 가운데 원공을 중심으로 네 개씩의 구멍이 뚫려
있다. 이 중 국내성 출토품은 원공 주변에 있는 네 개의 구멍이 타원형으로 길어진 형태를 하
고 있는데, 이는 음식을 조리할 때 더 많은 수증기가 올라오도록 설계된 것이다. 따라서 한강
유역 출토품이 고이산성이나 국내성 출토품보다 이른 시기의 것으로 판단된다. 국내성 출토
품의 경우 고구려 만기로 편년되고 있으므로(動蜂 1993) 고이산성 출토품과 국내성 출토품은
6세기 후반 경으로 그리고, 한강유역 출토품은 5세기 후반에서 6세기 전반 경으로 편년할 수
있다(그림 VI-16).

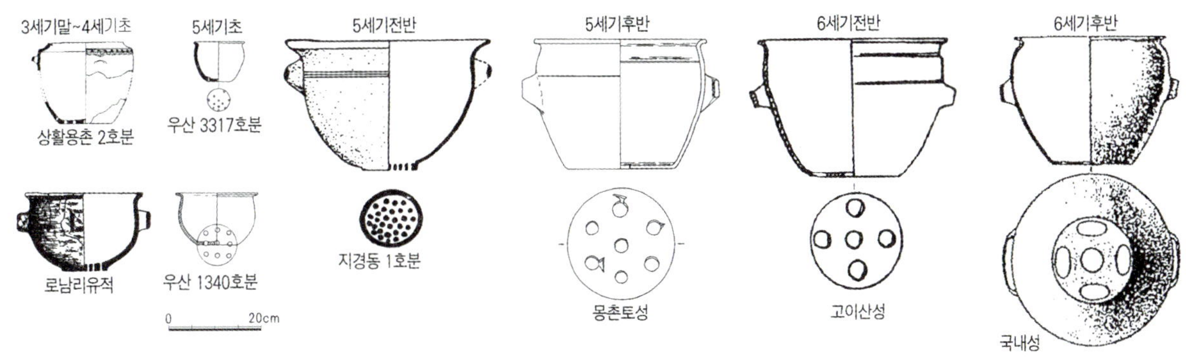

그림 Ⅵ-16 시루류 변천도(ⓒ최종택)

5) 고구려 토기의 형성과 변천

고구려 토기의 기원과 형성과정에 대해서는 아직 논의가 활발하지 못한 형편인데, 이는 전적으로 자료의 부족에 그 원인이 있다고 할 수 있다. 고구려의 국가형성을 기원후 1세기경으로 보는데 대체로 의견이 일치되고 있으나, 기원후 3세기 이전의 고구려 토기 자료는 매우 영성한 것이 현실이다. 특히, 이 시기의 고구려 고분에 대한 연구는 어느 정도 진행되어 있다고 할 수 있으나, 토기에 대한 연구는 더욱 부진한 상황이어서 고구려 토기의 기원문제를 규명하기 위해서는 청동기시대와 초기철기시대 고고 자료의 양상을 파악하여야 한다.

주지하듯 고구려의 발상지는 혼강유역과 압록강 중류역이므로 이 지역의 고고학적 문화양상의 고찰을 통하여 고구려 토기의 형성과정을 파악할 수 있다. 이에 대한 최근의 연구를 보면 혼강-압록강 일대의 청동기문화는 선동검기의 묘후산유형문화와 비파형동검기의 공귀리유형문화로 이해되며, 납납둔유형, 대순자유형 등이 뒤를 잇고 있는데, 대순자유형은 이 지역의 초기철기문화로 기원전 200년경으로 생각되고 있다. 이 중 납납둔유형에는 고구려토기에서 보이는 대상파수가 보이고 있으며, 이는 고구려토기의 초기 형태인 이른바 로남리형토기와 같은 특징이라고 보고 있다(朴淳發 1999).

로남리형토기는 자강도 시중군 로남리유적의 상층에서 출토된 토기를 표지유물로 하는데(정찬영 1973), 횡위 또는 종위상의 대상파수를 특징으로 하며, 이를 고구려 토기의 초현형으로 보고 있다. 보고자에 따르면 이들 토기의 태토에는 청동기시대보다는 적은 양이지만 고운 모래가 섞여 있으며, 경우에 따라서는 청동기시대와 같은 양의 모래를 섞은 경우도 있다고 한다. 또한, 갈색간그릇과 검정간그릇이 주를 이루는데 이 역시 고구려 토기의 주요 특징 중의 하나로 보고 있다. 이에 대해 박순발은 고구려 토기의 특징을 대상파수와 니질태토, 표면의 마연기법으로 설정하고 마연 기법과 대상파수는 미송리형토기나 공귀리형토기에서 보이는 것으로 이 지역 고유의 전통이나, 니질태토는 전국말~한대 회도의 영향을 받은 것으로 보고 있다(朴淳發 1999).

고구려 토기의 일반적인 특징에 대한 이러한 견해는 타당한 것으로 생각되나, 고구려 토기 중 일부는 사립이 섞인 조질태토로 형성기 고구려 토기의 특징을 니질태토로 일반화하는 것은 문제가 있으며, 니질화라는 용어가 적당하다고 생각된다. 어쨌든 현재의 자료로 보아 고구려 토기의 기원은 로남리형토기에서 찾을 수 있으며, 이와 더불어 지안 지방 및 압록강 중류역의 초기 적석총 출토 자료 및 초기철기시대 토기들과의 비교를 통해 밝혀질 것으로 생각된다.

종위 또는 횡위상 대상파수를 가진 심발류는 이른 시기의 고구려 토기의 대표적인 형식이고, 양적으로도 가장 많다. 최근 상세한 발굴보고서가 간행된 오녀산성의 3기층에서 출토된 토기류도 대부분 횡위상 파수가 부착된 심발류이고, 호류나 동이류, 합류 및 컵형토기류 등 다른 기종은 소량에 불과하며, 토기질은 조질이고, 물레를 사용한 흔적도 없다(양시은 2005). 그런데 이러한 형태의 심발류는 크기와 형태에 있어서 차이를 보이고 있는데, 오녀산성 3기층에서 출토된 토기류만을 보아도 적지 않은 차이를 알 수 있다(그림 Ⅵ-17). 또한 종위상 대상파수를 제외하면 청동기시대나 초기철기시대의 토기들과는 기형 면에서 큰 차이가 있다.

심발류 외에 초기 고구려 토기의 대표적인 예로 환런 망강루고분군 출토 토기류를 들 수 있다. 망강루고분군은 무기단식적석총으로 기원전 1세기 전반 또는 고구려 건국을 전후한 시기로 편년되고 있다(梁志龍·王俊輝 1994; 李新全 2005; 여호규 2011; 孫顥 2012). 망강루고분군에서 출토된 토기류를 보면 제작기법의 측면에서는 로남리형토기와 유사하지만 기형의 측면

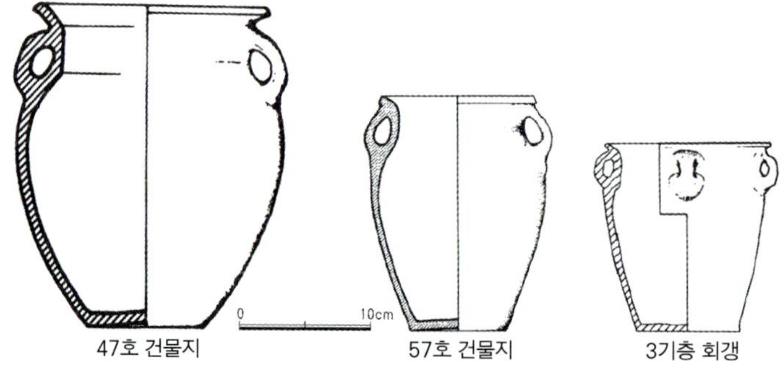

그림 Ⅵ-17 오녀산성 제3기 문화층 출토 심발류 각종(遼寧省文物考古研究所 2004)

에서는 훨씬 다양한 특징을 보인다(**그림 Ⅵ-18**). 망강루고분군 토기류는 모두 수제이고, 조질태토이며, 제작수법이나 기형적인 면에서 시펑(西豊) 서차구고분 토기류와 유사한 전통에 있다(王綿厚 2009). 또한 대부사이호와 같은 일부 기종은 위수(楡樹) 노하심고분군에서 출토된 토기류와 유사하다(孫顥 2012). 망강루고분군에서 출토된 이식과 장신구들은 노하심고분군과 서차구고분군 출토품과 유사하다는 것은 많은 연구자들에 의해 주목받고 있으며, 이 두 고분군은 부여계로 파악되고 있다. 따라서 고구려 초기의 토기에 부여계 토기의 요소가 포함되어있음을 알 수 있다. 필자를 포함하여 여러 연구자들이 고구려 초기 토기의 특징으로 조질태토의 수제 (양이)심발류를 주목하였으며, 태토와 성형방법 및 종위상대상파수 등의 요소가 혼강이나 압록강유역 청동기시대 이래의 토기 전통과 관련된 것으로 이해하여왔다. 그러나 망강루고분군 출토 토기류를 통해볼 때 고구려 토기의 형성과정에 재지적 전통 외에도 부여

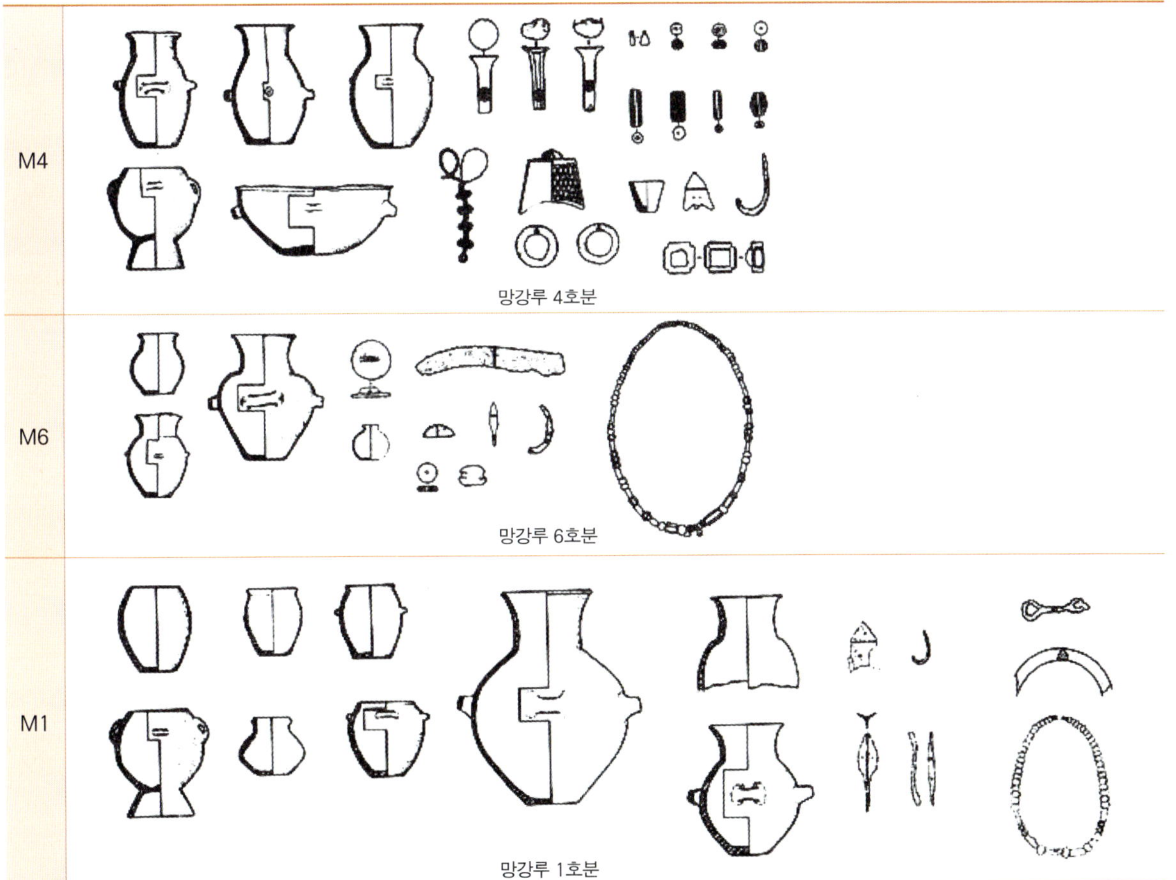

그림 Ⅵ-18 망강루고분군 출토 유물 각종(孫顥 2012: 도3.3)

계토기 등 주변지역의 영향이 일정 정도 작용했음을 고려해야 할 것으로 생각된다.[24]

고구려 토기의 변천 과정을 전·중·후 3기로 구분하는 견해(耿鐵華·林至德 1984)와 조기(200~300년), 전기(300~400년), 중기(400~500년), 후기(500~600년), 만기(600년 이후) 등 5기로 세분하는 견해(東潮 1988b) 등이 있다. 고구려 토기의 변천과정을 5기로 구분한 아즈마 우시오의 견해는 자세하기는 하지만 토기 자료만으로는 이처럼 획기를 세분할만한 변화를 감지하기는 어려운 점이 있으며, 특히 A.D. 200년 이전의 고구려 토기 자료는 매우 영성하여 양상을 파악하기 어렵다. 따라서 현재의 자료상으로는 고구려 토기의 변화 과정을 전기(300년 이전), 중기(300~500년), 후기(500년 이후)의 세 시기로 나누어 살펴보는 것이 안정적이다.[25]

고구려 토기의 제작기술과 관련된 각 속성의 분포는 〈표 Ⅵ-2〉와 같으며, 시기별로 서로 다른 분포양상을 보이고 있다.[26] 고구려 토기 태토는 크게 조질과 니질로 구분되며, 일부 시유토기가 있다. 이들의 시기별 분포를 보면 전기에는 시유토기가 1점도 없으며, 조질이 91%로 대부분을 차지하고, 니질태토는 9%에 불과하다. 중기에는 니질태토가 57%로 증가하고

표 Ⅵ-2 고구려 토기 제작기술 관련 속성들의 시기별 일람표 (단위:개체수)

구분	태토				성형방법			표면색				문양		표면처리		합계
	조질	니질	시유토기	미확인	수제	윤제	미확인	회색	흑색	황색	미확인	유문	무문	마연	마연안함	
전기	21	2	0	14	2	2	33	8	5	10	14	0	37	1	36	37
중기	36	70	17	42	6	82	77	48	21	70	26	33	132	13	152	165
후기	4	141	13	59	2	123	92	52	44	85	36	35	182	15	202	217
합계	61	213	30	115	10	207	202	108	70	165	76	68	351	29	390	419
	419				419			419				419		419		

24 최근 고구려 적석총의 기원과 관련하여 대석개묘(大石蓋墓) 및 대석개적석묘(大石蓋績石墓)가 주목되고 있으며(李新全 2005; 오강원 2005; 여호규 2011), 향후 이들 고분에서 출토된 토기류에 대한 검토가 필요할 것으로 생각된다. 그밖에 통화 만발발자유적이나 창바이 간구자고분군 등에서 출토된 토기류 역시 고구려 토기의 형성과정 연구에 중요하다고 판단되나, 자세한 보고서가 간행되지 않아 실상을 정확히 파악하기는 어렵다.

25 최근 오녀산성과 망강루고분군, 만발발자유적 등 고구려 초기의 유적 조사사례가 증가하고 있으며, 망강루고분군 출토 토기류에서 보이는 바와 같이 고구려 건국을 전후한 시기의 토기와 같은 제작전통과 기형을 가진 토기류가 증가할 가능성이 크다고 생각되며, 자료가 증가된다면 기원후 100년을 경계로 고구려 조기의 토기와 고구려 전기의 토기를 구분할 수도 있을 것으로 생각된다.

26 이하 고구려 토기 제작기술과 관련된 각종 통계치는 필자의 이전 글에서 참조한 것이다(崔鍾澤 1999b).

조질태토는 29%로 감소하며, 시유토기가 14% 가량의 구성비를 보이고 있다. 후기에는 니질태토가 89%, 시유토기가 8%, 조질태토는 3%의 구성비를 보이는데, 시유토기의 태토도 니질로 추정되므로 거의 모든 토기가 니질태토라고 할 수 있다.

이러한 태토별 구성비의 양상을 보면 4세기 이전의 전기에는 조질태토가 주를 이루다가 점차 니질이 증가하여, 후기에는 심발류와 부형토기류 등을 제외하면 모든 토기가 니질로 변화됨을 알 수 있다. 또, 고구려 중기에 들어와서 시유기법이 등장하여 후기까지 일정한 비율을 보이며 사용된다. 토기에 시유하는 제작전통은 당시의 백제나 신라·가야지역에서는 찾아보기 힘든 특징적인 것이며, 시유토기는 대부분 고분에서 출토되고 있어서 부장용으로 제작되었음을 알 수 있다(그림 Ⅵ-19). 시유토기의 기원에 대해서는 3세기 이전으로 보는 견해(리광희 1990)와 3세기 말로 보는 견해(姜敬淑 1993), 4세기 초로 보는 견해(耿鐵華 2001b)가 있는데, 고구려 토기에 보이는 시유토기는 저화도 연유도로 중국의 경우 한대에 제작이 시작되

그림 Ⅵ-19 고분출토 시유토기 각종(吉林省文物考古研究所 외 2010)

며, 고구려의 경우 3세기 말, 늦어도 4세기 초에는 저화도 녹갈도기가 제작된 것으로 보인다.

고구려 토기의 표면색조는 황색과 흑색 및 회색으로 대별되는데, 황색에는 갈색이나 홍갈색, 적색도 포함된다. 각 시기별 표면색은 고구려 전 시기를 통하여 황색이 가장 많으며, 흑색이 가장 적게 나타나는 구성을 보이고 있다. 중기 이후에는 전기에 비해 회색토기의 수량이 다소 증가하는 현상을 보이는데, 발해시기의 토기에 회색의 경질토기가 많은 점을 볼 때 고구려 토기도 점차 회색의 경질토기로 변화하는 것으로 추정된다.

성형기법은 수제와 윤제의 두 가지로 대별되는데, 돌림판이나 물레를 사용한 윤제토기의 경우도 기본적으로는 바닥판을 만들고 그 위에 테쌓기로 성형한 후 돌림판이나 물레를 사용하여 정면하는 것이 일반적이다. 전기에는 수제토기가 50%가량을 차지하지만 중기에는 7%로 급격히 감소하며, 후기에는 2%에 불과한 구성비를 보인다. 따라서 고구려토기는 거의 모든 토기를 돌림판이나 물레를 사용하여 성형하였으며, 전기의 일부 토기만 손으로 빚어 올린 토기임을 알 수 있다.

일반적으로 고구려 토기의 표면처리 기법은 표면을 마연하는 것을 특징으로 들고 있다. 그러나 표면을 마연한 개체는 고구려 전 시기를 통해 아주 소량에 불과하다. 따라서 고구려 토기의 표면처리 특징을 마연이라고 하는데는 문제가 있으며, 이러한 구성비는 시유토기의 구성비와 거의 같은 양으로 마연토기는 고구려 토기의 일부에만 나타나는 특징으로 볼 수 있다. 직접 관찰이 가능한 한강유역 출토품의 경우 대부분의 토기는 물레나 돌림판을 사용하여 표면을 정면하였으며, 장동호류와 같은 일부 기종에서 돌림판이나 물레를 사용하여 표면을 정면한 후 동체 하단부와 저부가 결합되는 부분을 예새로 깎아서 정면하거나 문질러 정면한 예가 있다. 이러한 제작 기법은 표면을 마연하는 기법의 연속으로 볼 수 있으며, 일부는 마연한 것과 같이 약간의 광택을 내는 경우가 있으나, 의도적인 마연과는 다르다. 고구려 토기에는 문양이 거의 시문되지 않는 것이 특징인데, 전기에는 문양이 시문된 토기가 전혀 없으며, 중기와 후기에는 일정한 비율로 문양이 시문된 토기가 사용되고 있다.

고구려 토기는 기종별로 다양한 형태적 변화를 보이며 발전하는데, 시기별 기종 구성상에서도 차이가 보인다. 우선 기종 구성상의 특징을 보면, 전기에는 아주 일부 기종만 출토되며, 중기 이후가 되어야 모든 기종이 고르게 분포하고 있다. 고구려 전기의 토기는 출토 예가 많지 않은데, 기종별로 보면 사이장경호류, 양이심발류 및 심발류, 이부호류, 직구호류, 시루류, 완류, 반류, 이배류, A형 뚜껑류, 접시류, 합류, 대부사이발류 등이다. 이들 전기 토기의 형태상 특징은 파수가 부착된 것이 특징이며, 대부분의 기종에 대상파수나 꼭지형 파수가 부착되어 있다. 또 대상파수의 경우 횡위파수도 있으나, 종위파수가 많다. 토기질은 조질이 우세하며, 표면이 마연된 것이 많고 아직 시유토기는 보이지 않는다. 그밖에 문양이 시문된 토기도 아직 없으며, 대부분 물레나 돌림판을 사용하지 않은 수제토기이다.

중기에는 대부분의 기종이 모두 사용되지만, 대형옹류와 직구옹류 등은 중기 후반에 들어서야 출토 예가 확인된다. 또, 광구호류는 중기에도 나타나지 않는 기종이다. 한편 중기에 들어서면 사이옹류와 사이장경옹류, 장경호류 등의 기종이 새로이 나타나는데, 이 기종들은 사이장경호류에서 파생된 기종으로 생각된다. 또한 심발류에 있어서 파수가 부착된 양이심발류는 출토 예가 감소하는 반면에 심발류는 양적으로 증가하고 동체가 불룩하고 어깨와 목이 발달하는 형태로 바뀌며, 중기 후반 이후에는 수적으로 감소하는 추세를 보인다. 장동호류도 중기에 새로이 나타나는 기종인데, 심발류에서 변화된 기종으로 어깨가 발달하고 목이 길어지는 형태로 변화된다.

구형호류는 중기에 가장 다양한 형태를 보이며 발전하는데, A형과 C형 구형호는 동체부가 길어지고 어깨가 발달하는 형태로 변화되고, B형 구형호는 목이 길고 동체부가 구형인 형태에서 목이 짧고 동체부가 편구형인 형태로 변화된다. 시루류는 바닥의 구멍을 가운데 원공을 중심으로 8개의 구멍을 뚫은 것에서 구멍의 수가 여섯 개로 줄어들며, 구멍의 크기는 커진다. 전기에 일부 나타나는 시루와 중기 초반까지의 시루는 대부분 부형토기와 함께 부장용으로 사용되고, 중기 중반 이후에 들어와서야 실용적인 대형 시루가 등장한다. 부형토기는 중기에 들어와서 새로이 나타나는 기종으로 시유토기도 있으며, 굽이 달린 형태에서 굽이 없는 형태로 변화된다.

그밖에 동이류, 완류, 반류, 이배류 등의 출토 예가 증가하며, 뚜껑에 있어서 보주형 꼭지가 달린 C형과 반형 뚜껑(F형)이 등장한다. C형 뚜껑은 주로 완류나 원통형삼족기류의 뚜껑으로 사용되었던 것이며, 반형 뚜껑은 대형옹류의 뚜껑으로 사용되었던 것인데, 이러한 뚜껑의 출현은 완류 및 대형옹류의 출현과 궤를 같이 하는 것이다. 접시류는 전기의 수제품에서 윤제품으로 바뀌며, 바닥이 넓고 구연이 낮은 납작한 형태로 변하고 낮은 굽이 있는 형태도 등장한다. 또한 중국 육조시대의 반구병과 같은 형태의 병류가 나타나며, 원통형삼족기류와 같은 특이한 기종도 이 시기에 새로이 나타난다.

중기의 토기는 조질태토가 소량 있으나, 니질태토가 주를 이루며, 시유토기가 새로이 등장한다. 거의 모든 토기가 물레나 돌림판을 사용하여 제작되었으며, 테쌓기를 한 경우에도 돌림판이나 물레를 사용하여 표면을 정면하고 있다. 중기 토기의 특징 중의 하나는 문양이 시문된 토기가 많은 점인데, 사이장경옹류와 B형 구형호류 등의 어깨부분에 중호문, 파상문, 점열문, 거치문, 어골문 등의 문양이 시문되고 있다. 또, 일부 토기에서는 암문이 시문되어 있는데, 암문은 중기 후반에 가서야 나타나는 것으로 생각된다.

후기는 중기의 모든 기종이 그대로 사용되지만 호류나 옹류같은 실용기의 출토 예가 증가한다. 사이장경옹류는 동체부가 세장한 형태로 변하며, 발해시기가 되면 목이 좁고 길어져서 병의 형태로 변한다. 후기에는 직구옹류와 대형옹류, 동이류, 등의 대형기종이 많이 보이며, 반류와 뚜껑류도 대형화되는 추세를 보인다. 이러한 기종 내부의 변화 양상은 실용기로서의 기능과 관련된 것으로 후기의 토기 중에 생활유적에서 출토된 예들이 많은 것도 이러한 양상과 관련된 것으로 생각된다. 후기의 토기는 거의 모두 니질태토의 윤제토기이며, 중기에 성행하던 중호문, 점열문, 파상문 등의 문양은 거의 보이지 않고 암문이 많이 시문된다.

3. 와전

고구려는 백제나 신라보다 먼저 기와를 사용하였는데, 국내성 도읍기에 이미 기와제작기술을 받아들여 기와를 얹은 목조건물을 축조하였다. 기와는 중요한 건축부재의 하나로서 초기에는 제작과 사용이 엄격하게 정해져 있었던 것으로 보이는데, 『구당서(舊唐書)』권199 〈고려전〉에는 '불교 사찰과 사당, 왕궁 및 관청건물에만 기와를 얹었다.'고 기록되어 있다.[27] 또한 지안지역에서 출토된 기와에는 '조와소(造瓦所)'에서 만들었다는 기록과 '십곡의 주민이 만들었다(十谷民造).'는 등의 명문이 확인되는 점으로 미루어 기와를 만드는 관청과 이에 대한 제도가 있었음을 알 수 있다. 또한 '官'이나 '寺' 등의 글자가 새겨진 기와가 많이 출토되는 점으로 미루어 관청이나 사찰에 기와를 만드는 수공업 집단이 소속되어 있었던 것으로 추정되기도 한다. 고구려에서 기와가 처음 사용한 시점에 대해서는 아직 명확하지 않으나 통구고분군 마선2378호분에서 기와가 출토되는 점으로 보아 늦어도 기원후 1세기경에는 기와가 사용된 것으로 보이나(吉林省文物考古研究所·集安市博物館 2004) 후대의 수즙 등을 고려하면 확언하기 어렵다. 연대가 확실한 고구려 기와는 권운문와당을 들 수 있는데, 간지명을 통해 볼 때 늦어도 4세기대에는 기와가 사용된 것이 확실하다.

---

27   "其所居必依山谷 皆以茅草葺舍 唯佛寺神廟及王宮官府內用瓦"(『舊唐書』卷199 上 東夷 高麗傳)

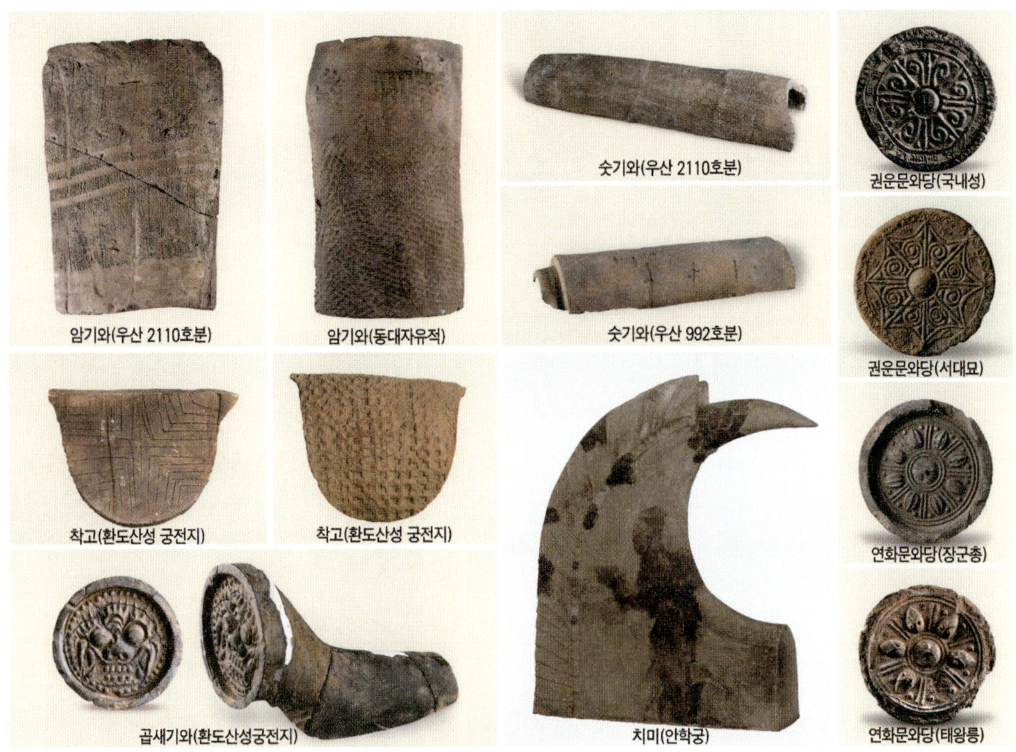

그림 Ⅵ-20 고구려 기와류 각종(吉林省文物考古研究所 외 2010)

고구려 기와는 고구려 전역에서 발견되는데, 도성, 사원, 건물지, 산성 및 보루 등에서 출토되며, 특히 상당 수의 고분에서도 출토된다. 고구려 기와 자료는 발굴조사를 통해 출토된 자료와 일제강점기 이후 수집된 자료 등이 있는데, 최근 조사된 자료에 따르면 모두 3,213점의 기와류가 보고되었으며, 이 중 수막새가 1,819점으로 가장 많고, 평기와가 1,218점으로 그 다음을 차지한다(주홍규 2014: 78-79). 고구려 기와의 종류는 암키와, 수키와, 곱새기와, 수막새, 암막새, 현월와, 배와, 착고, 귀면와, 치미 및 기타 변형와 등 다양하다(그림 Ⅵ-20).

1) 평기와

평기와는 건물의 지붕 전체를 덮는 가장 기본적인 기와로 도성과 산성, 건물지, 고분 등 대부분의 유적에서 가장 많은 양이 출토 된다. 평기와는 장방형의 암키와와 원통을 반으로 나눈 형태의 수키와로 나뉜다. 수키와는 지붕의 기왓등을 이루게 되는데, 토수기와(무단식)와 미구기와(유단식)로 구분된다. 미구기와는 기와 하단부에 언강으로 불리는 턱을 만들고 미구를 달아 다른 기와와 겹쳐 쌓도록 만들었으며, 토수기와는 하단부의 지름이 상단부의 지름보다 좁게 만들어 다른 기와와 겹쳐 쌓을 수 있도록 하였다. 일반적으로 토수기와가 미구기와보다 먼저 사용된 것으로 알려져 있으나, 고구려 고분에서는 두 종류의 수키와가 모두 출토되고 있다(표 Ⅵ-3).

　　미구기와는 미구와 기와 몸통이 만나는 언강부의 길이와 턱의 높이 및 각도에 있어서 차이가 있으며, 언강 턱과 기와 몸체가 만나는 턱의 각도를 기준으로 하여 직각에 가까운 것과 둔각인 것으로 구분된다(그림 Ⅵ-21). 이들은 다시 언강부에 손으로 누른 횡선이 있는 것과 없는 것, 미구 끝부분에 홈이 있는 것 등의 세부적인 차이가 있다. 미구의 홈은 흔히 절수

표 Ⅵ-3 지안 고구려 고분 출토 평기와류 일람

구 분		고분 명	마선 2378	전창 36	마선 626	칠성산 871	임강묘	우산 2110	칠성산 211	서대묘	우산 992	마선 2100	천추묘	태왕릉	장군총
수키와	미구기와	직각	●	●	●				○	○	○	○	○	○	
		둔각		●	●	●	○	●	○			○			
	토수기와						○	●						○	
암키와	승문		○	○	○	○	○	○	○	○	○	○	○	○	○
	승문+격자문						○								
	격자문								○	○	○				
	무문								○	○	○	○	○	○	○
	지두문								○	○	○	○	○	○	○

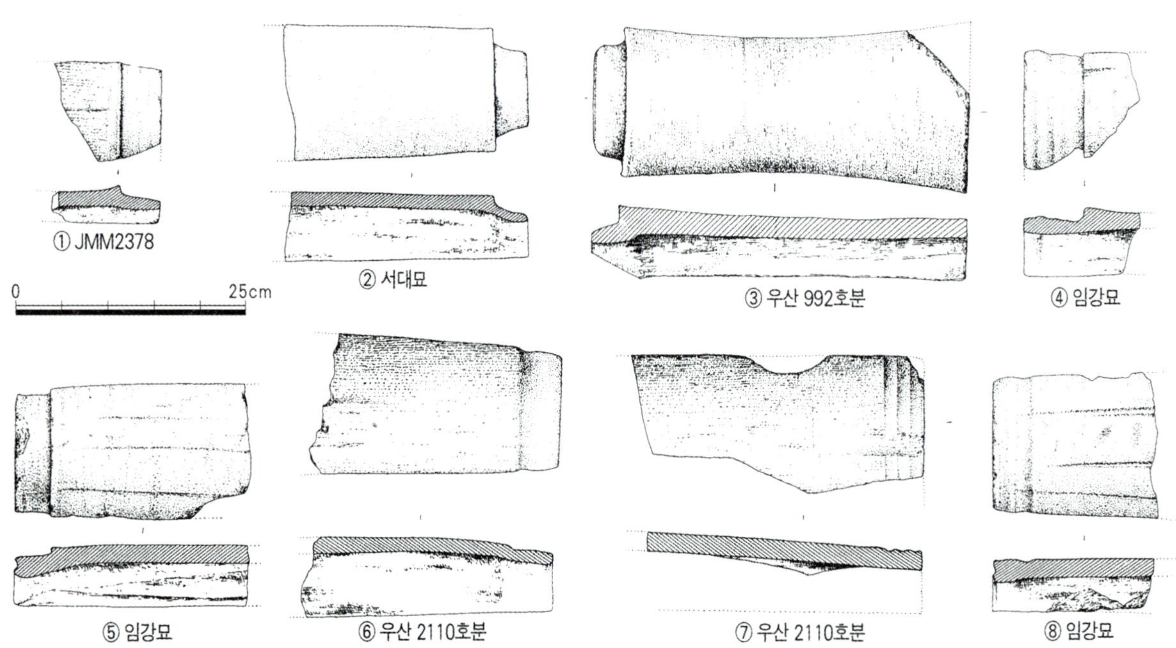

그림 Ⅵ-21 지안 고구려 고분 출토 수키와 각종(吉林省文物考古硏究所·集安市博物館 2004c)

홈으로 불리는데, 빗물이 기왓등에서 기왓골로 바로 흘러내리도록 하는 기능을 한다. 수키와 등문양은 승문과 무문이 있는데, 승문 수키와는 이른 시기의 고분에서 주로 출토되며, 무문 수키와는 늦은 시기의 고분에서 출토된다.

토수기와는 임강묘와 우산 2110호에서만 확인되며, 미구기와는 장군총을 제외한 모든 고분에서 출토된다. 이는 일반적으로 고구려의 생활유적에서는 토수기와가 주로 출토되는 점과 다른 특징적인 것으로 이들 고분의 위계와 관계된 것으로 생각된다. 언강부의 모양도 고분별로 다소의 차이를 보이는데, 출토양상을 보면 이는 시간적 차이를 반영하지는 않는 것으로 생각된다(최종택 2006: 152).

고분에서 출토된 암키와도 승문과 무문이 주를 이루는데, 임강묘에서는 승문기와의 선단부에 격자문이 함께 타날된 사례가 보이고, 칠성산 211호분과 우산 992호분에서 격자문이 타날된 기와가 일부 확인되지만 수적으로 소량에 불과하여 고분에 사용된 기와에는 격자문이 크게 유행하지는 않은 것으로 보인다(그림 Ⅵ-22). 또 칠성산 211호분부터는 기와 선단부에 손으로 누른 지두문 기와가 등장하는데 천추총 이후부터는 지두문이 기와 등 쪽으로 길게 연장되고, 지두문 내부에 문양이 시문되기도 한다. 지두문은 세부적으로 코일문, 삼각문, 사각문 등으로 세분되기도 하는데, 기와 선단부에 지두문이 시문된 암키와는 암막새의 기능을 한 것으로 추정되기도 한다(주홍규 2014: 84).

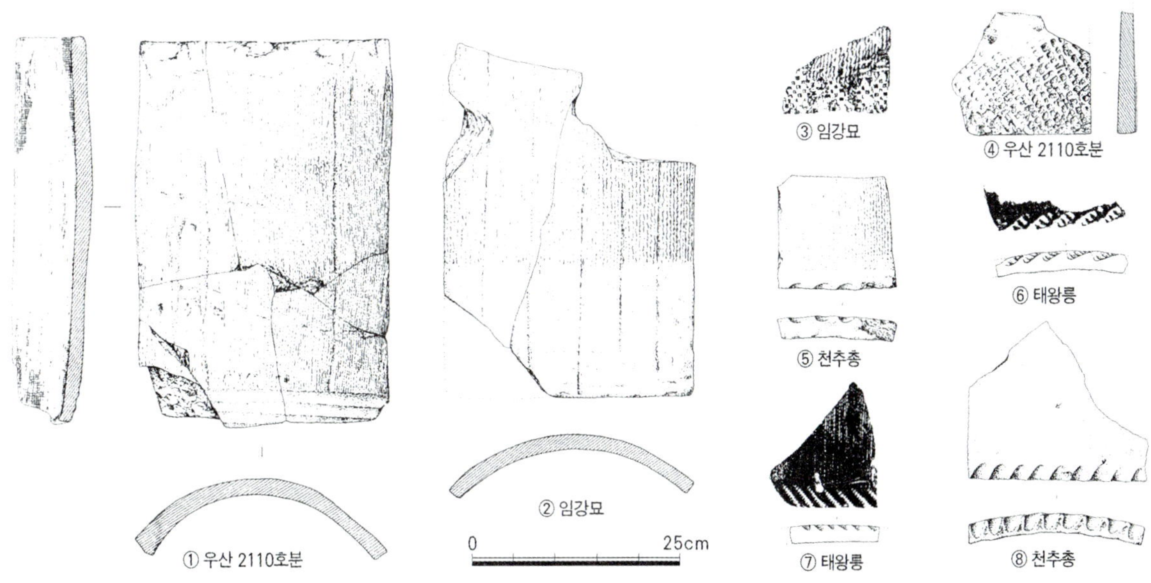

그림 Ⅵ-22 지안 고구려 고분 출토 암키와 각종(吉林省文物考古硏究所·集安市博物館 2004c)

평기와는 와통을 사용하여 제작하는데, 암키와는 커다란 와통에 포목을 두르고 점토 소지를 붙여 성형한 후 3~4개로 나누는 반면 수키와는 지름이 작은 와통을 사용하여 성형한 후 2등분하여 제작하는 것이 일반적이다.[28] 고구려 기와는 임진강유역의 호로고루, 한강유역의 홍련봉 1보루 등 남한지역의 고구려 유적에서도 출토되는데, 이에 대한 분석을 통해 제작 기법이 자세히 밝혀지고 있다(심광주 2005a; 백종오 2005).

고구려 기와의 태토는 대체로 사립이 섞이지 않은 니질토를 사용하였다. 임진강유역에서 출토된 기와의 경우 산화철 성분의 붉은색 덩어리가 섞여 있는 경우가 많은데, 성형시 가소성을 높이고, 소성 과정에서 변형을 줄이기 위한 것으로 생각된다. 성형은 원형의 와통에 포목을 두르고 점토띠나 점토판 소지를 붙여 제작하였는데, 점토띠를 감아올려서 성형한 사례가 더 많이 확인된다. 와통은 좁은 각재를 둥글게 연결하여 만든 모골와통을 사용하였으며, 남한지역에서 출토된 고구려 기와의 내면에는 1.7~2.2cm 폭의 모골흔이 남아있다. 성형시 점토 소지 내부의 공기를 제거하고 표면을 고르기 위해 기와 외면은 고판으로 두드리는데, 이 과정에서 배면에 문양이 남게 된다. 기와 등의 문양은 승문, 거치문, 횡선문, 격자문, 사격자문, 복합문 등이 있는데, 승문이 가장 많고, 수키와는 타날 후 문양을 지운 것이 주를 이룬다.[29] 성형을 마친 기와는 와통에서 분리하여 수키와는 2매, 암키와는 3~4매로 분할하게 되는데, 동일한 크기로 분할하기 위해 와통에 노끈 등을 이용해 분할 돌대를 붙여 놓는다. 기와의 분할은 기와의 안팎에서 와도를 이용해 자른 후 모서리부분을 2~3차례 추가 정면하여 매끈하게 다듬으며, 암키와의 경우는 하단부 모서리를 잘라 귀접이를 한 경우도 상당수 확인된다(심광주 2005a).

2) 막새기와

막새기와는 처마에 다는 기와로 기와 끝에 드림새를 붙인 형태로 암막새와 수막새로 구분되며, 수막새가 주를 이루고 암막새는 매우 적은 양이 출토된다.[30] 흔히 와당으로 불리는 고구

---

28 이와는 달리 임강총에서는 포목의 통보흔이 암키와 측면에 남아있고, 측면에 와도흔이 없는 기와가 출토되는데, 낱장으로 제작된 유일한 사례이다(주홍규 2014: 84).

29 암키와 등문양은 기와를 지붕에 올릴 때 점토와 기와가 잘 접착되도록 하는 역할을 한 것으로 생각되며, 수키와의 경우는 등이 밖으로 노출되므로 문양을 지워 매끄럽게 처리한 것으로 생각된다.

30 안학궁에서 출토된 암막새의 문양 구성이 만월대 고려궁성에서 출토된 것과 유사하다는 점 등을 이유

려 수막새는 1,800여 점이 확인되는데, 발굴조사를 통해 출토된 자료는 소량에 불과하다. 고구려 수막새는 와당면의 문양에 따라 크게는 권운문와당, 연화문와당, 인동문와당, 복합문와당, 귀면문와당 등으로 구분할 수 있다. 그러나 수막새의 문양은 매우 복잡하기 때문에 연구자에 따라 분류가 다양하며, 권운문(卷雲文), 연화문(蓮華紋), 복선연화문(輻線蓮華紋), 복선당초부연화문(輻線唐草附蓮華紋), 복선당초리연화문(輻線唐草離蓮華紋), 연화계선문(蓮華繫線紋), 연화중권문(蓮華重圈紋), 연화중권선문(蓮華重圈線紋), 연화인동변문(蓮華忍冬弁紋), 호선연화문(弧線蓮華紋), 당초연화문(唐草蓮華紋), 당초부연화문(唐草附蓮華紋), 평면형단변연화문(平面形單弁蓮華紋), 평면형중변연화문(平面形重弁蓮華紋), 복합연화문(複合蓮華紋), 복합연화뢰문(複合蓮華蕾紋), 복합연화시대문(複合蓮華柿帶紋), 복합연화시형문(複合蓮華矢形紋), 복합연화골문(複合蓮華骨紋), 복합연화V자문(複合蓮華V字紋), 복합연화인동문(複合蓮華忍冬紋), 복합연화연화인동변문(複合蓮華蓮華忍冬弁紋), 복합연화귀면문(複合蓮華鬼面紋), 복합인동화문(複合忍冬花紋), 인동문(忍冬紋), 화문(花紋), 보상화문(宝相花紋), 와권문(渦卷紋), 반규문(蟠虯紋), 기하문(幾何紋), 성형문(星形紋), 법륜문(法輪紋), 중권문(重圈紋), 귀면문(鬼面紋) 등 34개 유형으로 세분하기도 한다(그림 Ⅵ-23~25). 이 중 권운문와당과 인동문와당, 연화중권문와당, 복합연화시대문와당은 국내성지역에서만 출토되고, 복선연화문와당, 연화문와당, 귀면문와당은 국내성과 평양 모두 확인되며, 이상 7개 유형을 제외한 27개 유형은 평양지역에서만 확인되는 등 시간적, 지역적 차이가 확인된다(주홍규 2014: 97).

수막새는 와범을 이용해 제작한 후 수키와와 접합하는 과정을 거치는데, 수키와와 와당면을 접착하는 방법에도 여러 차이가 있다(그림 Ⅵ-26). 첫째, 와당면을 분할하지 않은 수키와에 끼워 넣는 끼우기 방법, 둘째, 분할된 수키와에 와당을 붙이고 주연부를 별도로 제작하는 방법, 셋째, 와범을 통해 주연부까지 제작된 와당면 뒤에 분할된 수키와를 접합하는 배면접합, 넷째, 와범을 통해 와당면과 하반부 주연을 만들고 수키와를 끼우면서 상반부 주연을 성형하는 방법 등이 있는데, 배면접합 방법이 일반적으로 사용된다(김진경 2015). 또한 와당과 수키와를 접합하기 위해 와당 뒷면을 도구를 이용해 긁어내는데, 사용된 도구에 따라 세 가지 방식으로 구분되며, 다치구를 이용해 긁어내는 방식이 권운문와당을 제외한 모든 종류의 와당 접합에 사용된다(주홍규 2014: 97). 한편, 와범을 이용해 와당을 제작하는 과정에서 분리

로 고려시기의 것으로 보기도 한다. 이러한 이유와 출토량이 매우 적다는 점에서 고구려 시기에 암막새가 사용되었는지 여부는 불분명하다(주홍규 2014: 101).

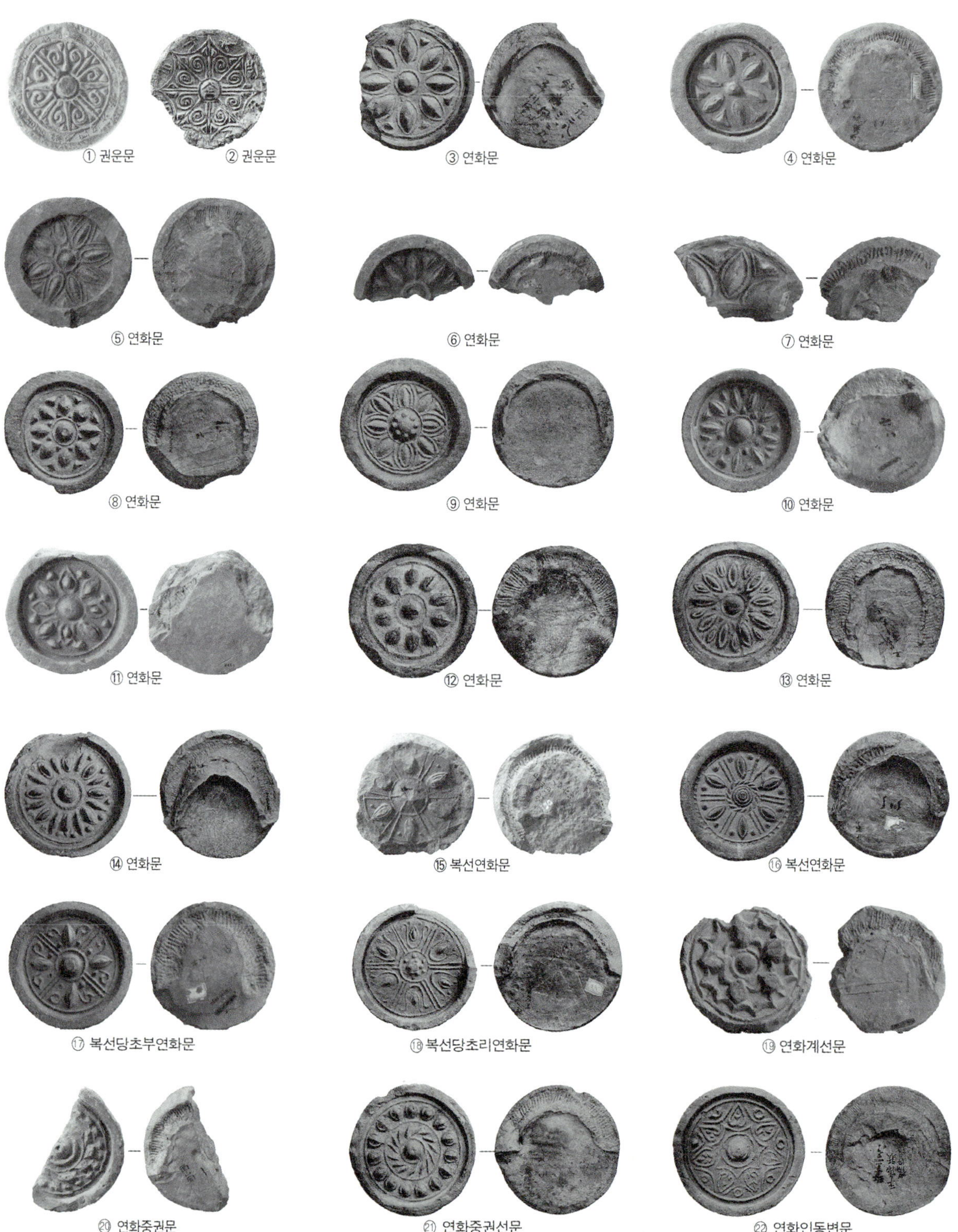

그림 Ⅵ-23 고구려 와당 각종(축척부동, 주홍규 2014: 도면 4~10 재편집)

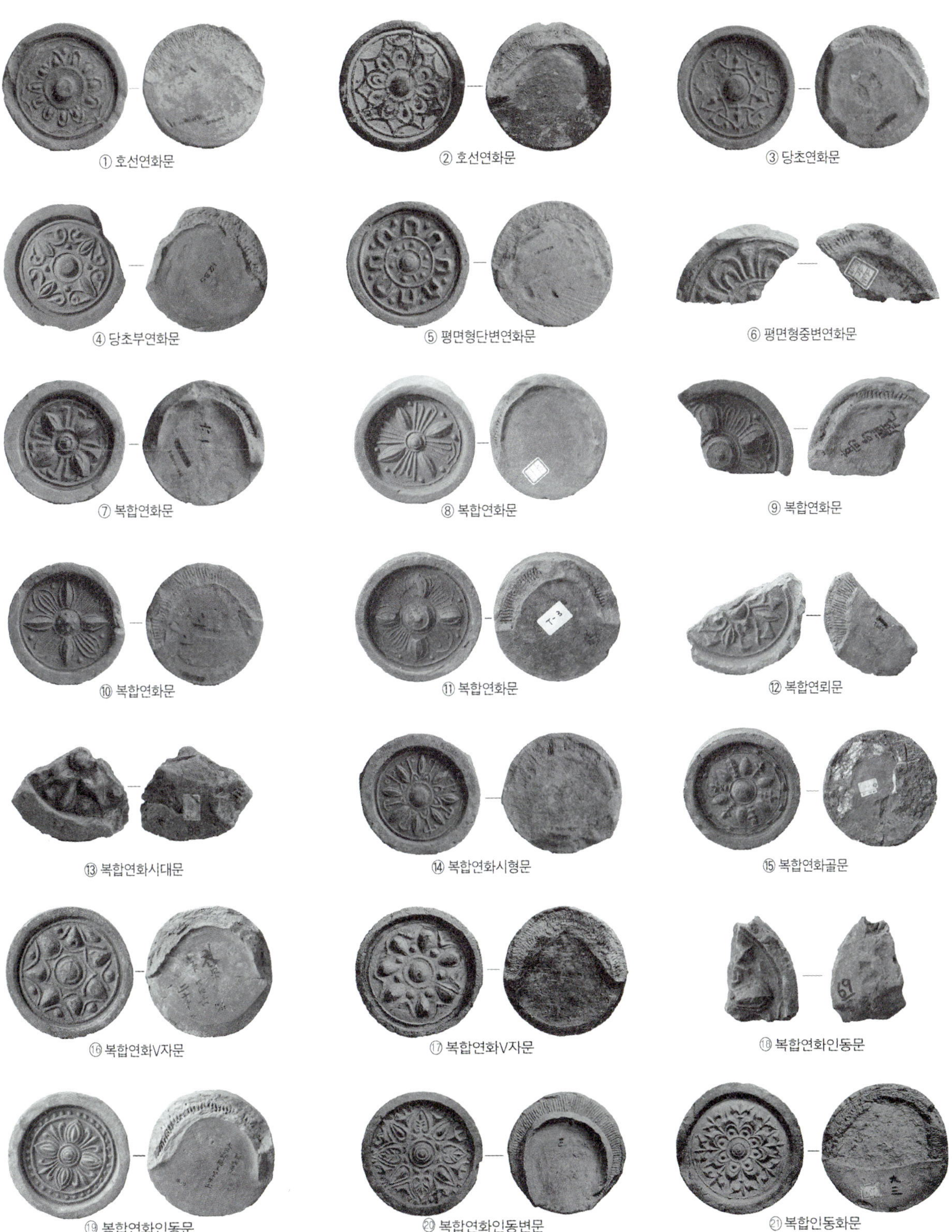

그림 Ⅵ-24 고구려 와당 각종(축척부동, 주홍규 2014: 도면 4~10 재편집)

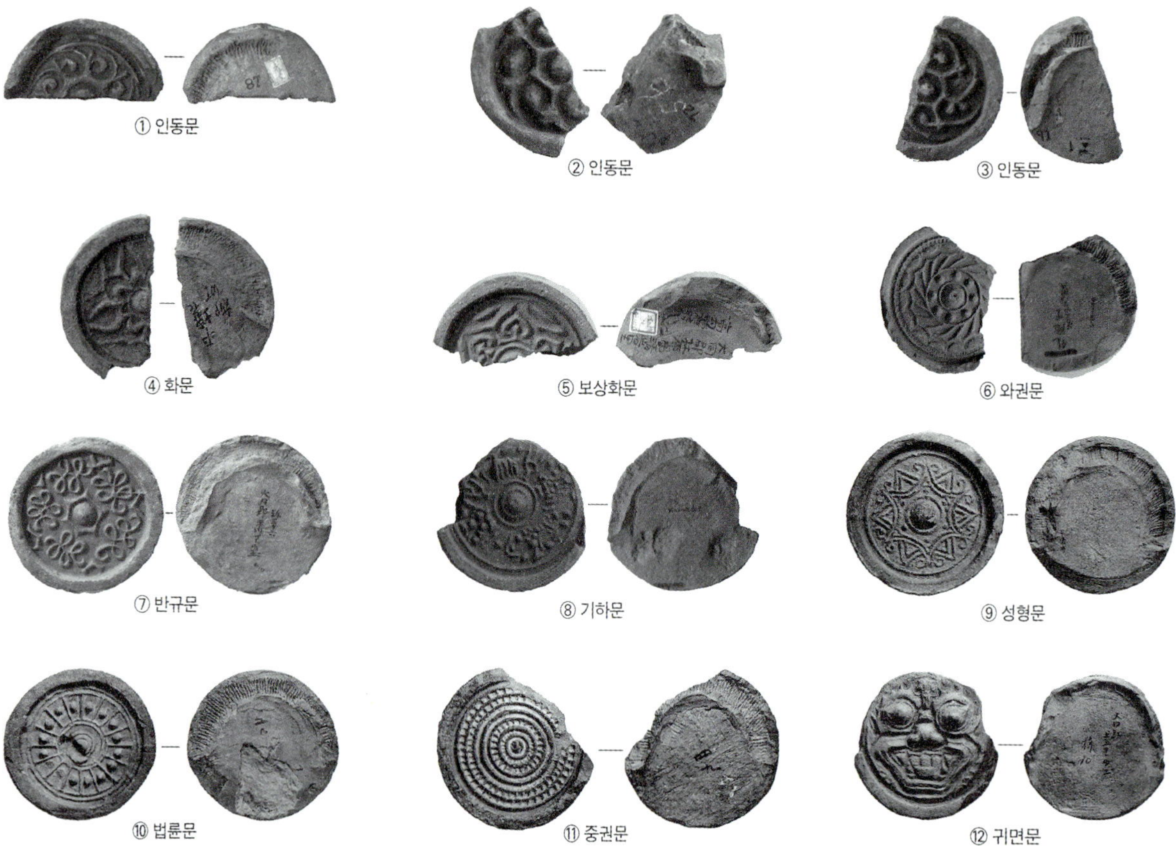

그림 Ⅵ-25 고구려 와당 각종(축척부동, 주홍규 2014: 도면 4~10 재편집)

접합기법	사례	특징	고구려 수막새 유형
긁기1		수키와를 와당부의 뒷면에 접합하기 위해 단위를 가지지 않는 날카로운 도구를 이용해 긁어낸 것	복선연화문, 복합연화문
긁기2		와당부에 수키와를 접합하기 위해 뒷면을 일정한 폭을 가지는 도구를 이용해서 긁어낸 것	복선연화문
긁기3		와당부에 수키와를 접합하기 위해 단위를 가지는 빗상의 도구(多齒具)를 이용해 뒷면을 긁어낸 것	권운문 수막새를 제외한 모든 유형의 고구려 수막새

그림 Ⅵ-26 고구려 수막새 제작기법 모식도(좌:김진경 2015) 및 접합기법(우:주홍규 2014)

가 용이하도록 와범에 모래를 뿌리는 분리사가 확인되는 경우도 있으며, 와당면에 채색을 하는 이른바 청곤기법이 확인되기도 한다. 또한 동일한 와범을 사용해 제작한 이른바 동범와도 상당수 확인된다(왕비봉 2013).

(1) 권운문와당

권운문와당은 모두 78점이 확인되는데, 국내성과 주변의 건물지 및 대형 적석총 등 지안지역에서만 출토되며, 사용 시기도 4세기대로 제한되어 가장 이른 시기에 사용된 고구려 와당이다. 고구려 권운문와당은 중국 한, 위진남북조 시기 및 낙랑의 권운문와당과 유사한 점도 있지만 일정한 차이를 보이기도 하여 직접적인 영향 관계를 논하기는 어렵지만 중국의 권운문와당에서 모티브를 채용한 것은 분명해 보인다. 또한 권운문와당 중 일부에는 '太寧(태녕)', '己丑(기축)', '戊戌(무술)', '丁巳(정사)' 등 간지명이 있어서 편년 자료로 유용하다. 권운문와당은 가운데의 둥근 당심 또는 중방과 운문부, 주연부의 세부분으로 구성되며, 운문의 모양, 주연부의 문양, 운문부를 구분하는 구획선, 주연부와 운문부 사이의 연호부, 연호부 문양 등의 세부 속성에 따라 여러 형식으로 구분된다. 이러한 속성을 근거로 다양한 형식분류가 이루어지고 있는데, 대체로 5개 형식으로 구분할 수 있다(그림 VI-27).

Ⅰ형식은 자방을 중심으로 1조의 구획선으로 운문부를 8개로 구획하였으며, 주연부에는 음각한 삼각문을 교대로 배치한 형태로 내향연호부가 없다는 점과 주연부와 운문부 사이에 별도로 공간을 두고 명문을 새긴 것이 가장 큰 특징이다. 지안시 인민욕지와 영극원 출토품 2점이 이형식에 속하는데, 태녕4년 운운하는 명문이 새겨져 있는데 326년에 해당된다.[31] Ⅱ형식은 운문부가 8개로 구획되어 있고, 주연부에 삼각문이 시문되는 점에서는 Ⅰ형식과 같은 형태이나 주연부와 운문부 사이의 명문을 새긴 부분이 없어지고, 내향연호부가 생긴다는 점에서 차이가 있다. 내향연호부에는 기축, 무술 등의 명문이 양각되어 있는데, 각각 328년과 338년으로 비정된다. Ⅱ형식은 권운문와당의 전형적인 형태이며, 수적으로도 가장 많다. Ⅲ형식은 Ⅱ형식과 유사한 형태이나 운문부를 4구획한 것이 나타나고, 주연부에 명문을 새기고 연호부에 문양을 새기는 등의 변화가 있다. 국내성에서 출토된 와당에는 을묘, 우산 3319

31　태녕은 323년부터 325년까지 3년간 사용된 동진(東晉)의 연호로 태녕 연간은 3년에 끝나므로 태녕 4년은 존재하지 않으나 당시 고구려에서 중원의 상황을 자세히 알 수 없어서 생긴 착오이거나 윤달을 계산한 결과로 보아 326년으로 이해하는 것이 무난하다.

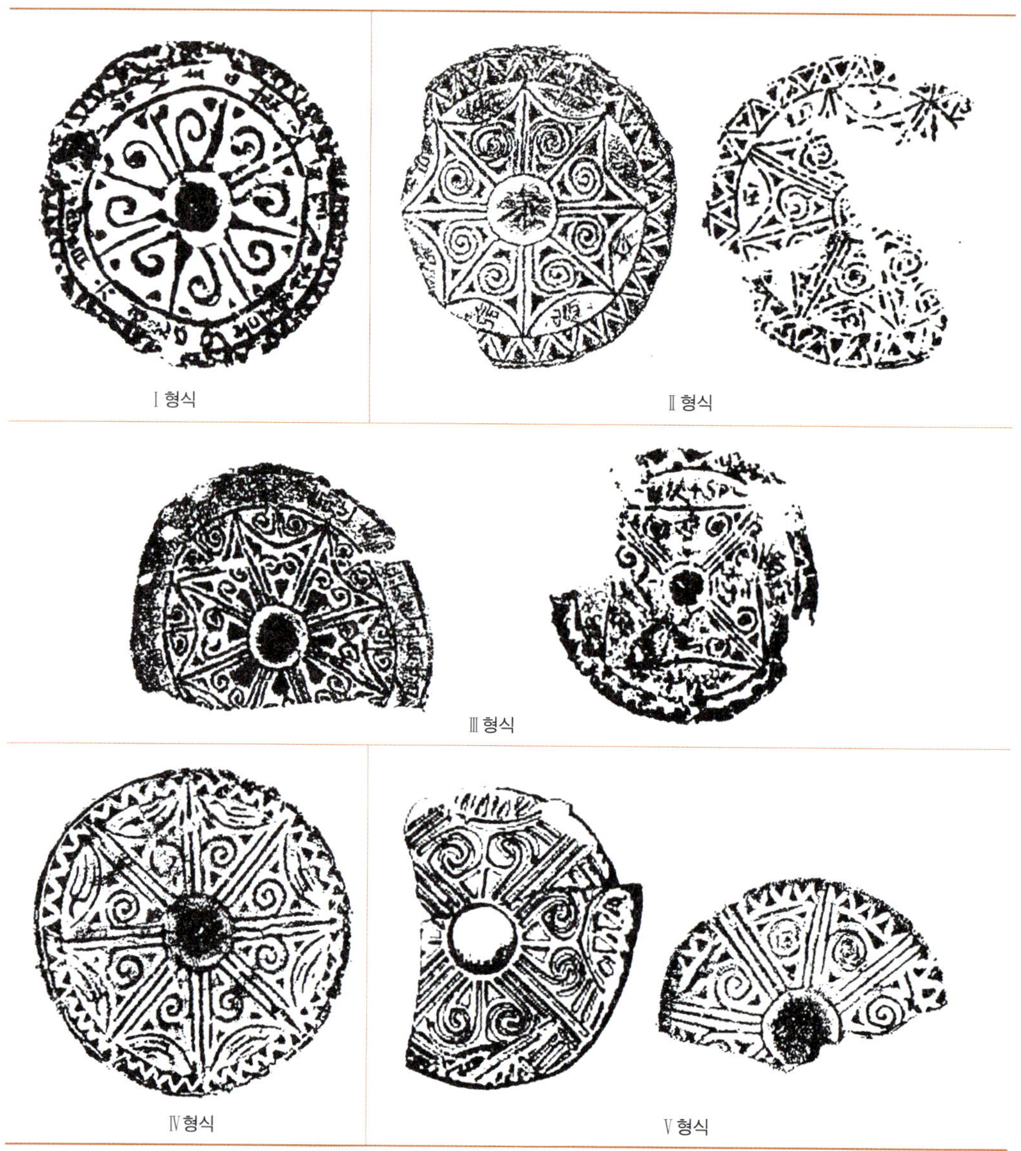

그림 Ⅵ-27 고구려 권운문와당의 제형식(축척부동, 정윤경 2010: 53)

호분에서 출토된 와당에는 을묘와 정사 등의 간지가 새겨져 있는데, 을묘년은 355년, 정사년은 357년으로 비정된다. 또한 이수원자유적과 우산 3319호분 채집품 등 운문부를 4구획한 와당에는 넓어진 연호부에 '十谷民造'라는 명문이 양각되어 있다. Ⅳ형식은 운문부를 구획하는 구획선이 2~3조로 많아지고 주연부를 관통하는 것이 특징이며, 연호부에는 명문대신 비조문이 시문되는 것이 특징이다. 이 형식의 권운문와당은 마선 2100호분과 천추총에서만 출토된다. 마지막으로 Ⅴ형식은 천추총에서만 출토되는데, 전형적인 권운문와당과는 달리 연호부와 주연부가 변형 또는 퇴화된 모습을 보인다(정윤경 2015: 44-53). 가장 늦은 단계의 권운 문와당이 출토되는 천추총에서는 태왕릉에서 출토되는 연화문와당이 함께 출토되는데, 이는 권운문와당에서 연화문와당으로의 변화 과정을 보여주는 것으로 생각된다.

(2) 연화문와당

연화문와당은 고구려 와당 중 가장 많은 양을 차지하며, 문양의 종류도 다양하다. 연화는 불교의 전래와 관련이 있는데, 고구려에 불교가 공인된 것은 372년의 일이다. 372년 전진(前秦) 왕 부견(符堅)이 승려 순도(順道)를 통해 불상과 불경 등을 고구려에 전하였으며, 이어 375년에는 초문사(肖門寺)와 이불란사(伊弗蘭寺)가 건립되었다. 그러나 고구려에 불교가 전해진 것은 그보다 훨씬 전의 일인데, 4세기 전반 동진의 승려 지둔(支遁)이 고구려의 도인에게 편지를 보냈다는 기록이 있으며, 357년에 축조된 안악 3호분 벽화에도 불교의 상징인 연꽃이 그려지기도 한다. 불교가 공인된 이후 아도(阿道)를 비롯해 승려들이 고구려에 입국하고, 고국양왕은 불교를 믿어 복을 받으라는 교를 내리기도 한다. 또한 광개토대왕은 평양에 9개의 사찰을 건립하기도 하는데, 이처럼 불교의 수용은 국가의 적극적 후원하에 이루어졌으며, 4세기 중엽 이후에는 불교를 상징하는 연꽃을 소재로 하는 연화문와당이 주로 제작·사용된다.

연화문와당은 중앙부의 반구형 중방(또는 자방)과 외곽의 주연부, 중방과 주연부 사이의 문양부로 구분된다. 중방은 내부에 돌기를 배치하지 않은 것, 가운데 하나의 돌기를 배치한 것, 여러 개의 돌기를 배치한 것, 문양을 배치한 것, 구획선을 배치한 것, 동심원으로 작은 중방을 표현한 것 등으로 나뉘며, 중방 외곽에 1~3조의 권선을 배치한 경우도 있다. 문양부는 주문양인 연화나 연판을 배치하고 사이사이에 다른 문양을 배치하는데, 문양을 높게 시문하여 양감을 강조하였다. 문양부는 1~3조의 복선(구획선)으로 당면을 4, 6, 8개로 구분한 것(복선연화문)과 복선이 없는 것(무복선연화문)으로 구분되며, 무복선연화문와당의 경우도 연화에 의해 4, 6, 8, 9개 등으로 당면이 분할된다. 한편 복합연화문와당은 양각 또는 선각으로 연화와 연판 또는 인동문, 당초문 등을 시문한 것으로 매우 복잡한 양상을 보인다. 연화문와당의 주연부는 권운문와당에 비해 상당히 높으며, 문양이나 명문을 시문하지 않고, 주연부 내부에 1~2조의 권선을 배치하기도 한다.

연꽃을 모티프로 하는 연화문와당에는 다양한 방법으로 연꽃이 표현되어 있는데(그림 Ⅵ-28), 연꽃 봉우리를 표현한 것(연봉형), 개화하는 연꽃을 측면에서 바라본 것(측면연화), 만개한 연꽃을 위에서 내려다 본 것(정면연화) 등 다양한데, 이러한 표현기법은 벽화에서 다양하

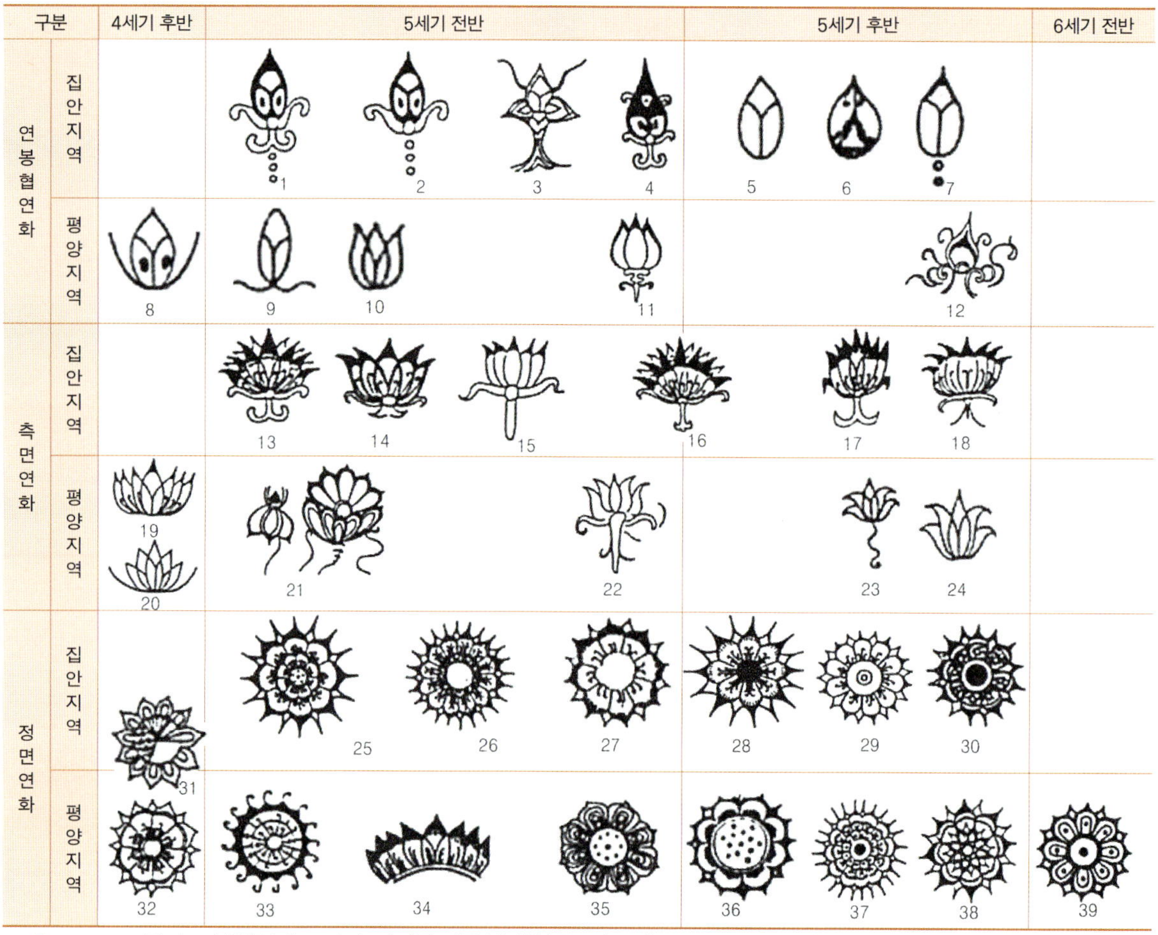

구분		4세기 후반	5세기 전반	5세기 후반	6세기 전반
연봉협연화	집안지역		1, 2, 3, 4	5, 6, 7	
	평양지역	8	9, 10, 11	12	
측면연화	집안지역		13, 14, 15, 16	17, 18	
	평양지역	19, 20	21, 22	23, 24	
정면연화	집안지역	31	25, 26, 27	28, 29, 30	
	평양지역	32	33, 34, 35	36, 37, 38	39

그림 Ⅵ-28 고구려 고분벽화에 묘사된 연화문 각종(축척부동, 전호태 1999: 108 그림 재편집)

1.무용총, 2.무용총, 3.삼실총, 4.마선 1호분, 5.천왕지신총, 6.장천 1호분, 7.장천 1호분, 8.안악 3호분, 9.복사리벽화분, 10.안악 1호분, 11.룡강대묘, 12.쌍영총, 13.무용총, 14.삼실총, 15. 삼실총, 16.산성자귀갑총, 17.마선 1호분, 18.장천 1호분, 19.태성리 1호분, 20.안악 3호분, 21.덕흥리벽화분, 22.성총, 23.안악 2호분, 24.안악 2호분, 25.삼실총, 26.마선 1호분, 27.통구 12호분, 28.장천 1호분, 29.장천 1호분, 30.장천 1호분, 31.안악 1호분, 32.안악 3호분, 33.안악 1호분, 34.감신총, 35.룡강대묘, 36.덕화리 1호분, 37.쌍영총, 38.쌍영총, 39.내리 1호분

게 나타난다. 연봉형의 경우에도 꽃받침의 유무, Y자형 문양 유무, 내부 자방의 유무 등에서 차이를 보이고, 측면연화와 정면연화의 경우도 세부적으로 표현된 요소들에서 차이를 보인다. 또한 각각의 문양요소들은 지안지역과 평양지역 벽화고분에 모두 등장하지만 세부적인 표현기법에서 차이를 보이고 있으며, 와당의 경우도 양 지역 간에 공유되는 문양도 많지만 일부 문양은 특정 지역에서만 나타나는 차이를 보인다.

연화문 와당은 연화의 모양(연봉형, 측면연화, 정면연화)과 배치, 다른 문양요소의 추가 등에 따라 무복선연화문와당과 복선연화문와당(복선연화문, 복선당초부연화문, 복선당초리연화문), 복합연화문와당(연화계선문, 연화중권문, 연화중권선문, 연화인동변문, 호선연화문, 당초연화문, 당초부연화문, 평면형단변연화문, 평면형중변연화문, 복합연화문, 복합연화뢰문, 복합연화시대문, 복합연화시형문, 복합연화골문, 복합연화V자문, 복합연화인동문, 복합연화연화인동변문, 복합연화귀면문) 등으로 세분된다(그림 VI-23~24). 복합연화문와당 중 연화중권문와당, 복합연화시대문와당은 국내성지역에서만 출토되고, 무복선연화문와당과 복선연화문와당은 국내성과 평양 모두 확인되며, 나머지 대부분의 복합연화문와당은 평양지역에서만 확인된다.

연화문와당은 지안지역의 대형적석총과 평양지역의 봉토석실분에서 일부가 출토되기도 하지만 대부분은 건물지에서 주로 출토되는데, 건물지 출토 와당의 대부분은 일제강점기 이후 채집된 것이며, 발굴조사를 통해 출토된 것은 소량에 불과하다. 이처럼 불분명한 출토상황과 다양한 문양으로 인해 고구려 연화문와당의 편년과 변천 과정은 아직도 명확하지 못한 점이 많다. 지안지역 대형적석총에서는 회색의 복선연화문와당만 출토되며, 평양지역의 고분에서는 적색의 복선연화문와당과 일부 복합연화문와당이 출토된다. 와당이 출토되는 대형 고분은 왕이나 귀족계층의 무덤으로 추정되는데, 구조나 출토유물, 벽화 등을 통해 비교적 정교한 편년이 이루어지고 있어서 이를 통해 복선연화문와당의 편년과 변천 과정을 살펴볼 수 있다.

복선연화문와당은 지안의 천추총과 태왕릉, 장군총, 우산 2112호분에서 출토되며, 평양지역의 경신리 1호분에서 출토된다. 천추총에서는 권운문와당이 함께 출토되며, 태왕릉에서는 가장 다양한 형식의 연화문와당이 출토되는데(그림 VI-29), 모두 7개의 형식으로 구분된다(吉林省文物考古硏究所·集安市博物館 2004c). 태왕릉 출토 와당은 반구형 중방 중앙부에 하나의 돌기가 있으며, 중방 주변에는 2조의 권선을 배치하였고, 높은 주연부 안쪽에도 2조의 권선을 배치한 비교적 단순한 형태이다. 당면은 2조 또는 3조의 구획선으로 당면을 6개 또는 8개로 구분하고, 내부에는 연봉형 연화를 배치하였으며, 연화의 끝부분 주연부쪽으로는 각각 2개씩의 주문(珠文)을 배치하였다.

태왕릉 연화문와당 A형은 당면을 6개로 구분하였으며, 연봉형 연화는 아래쪽이 약간 편평한 행인형(杏仁形)이며, 연봉 내부에 Y자형 문양이 표현되어 있다. B형은 역시 당면을 6개로 구획하였는데, 역시 행인형 연화의 내부에는 Y자형 문양 대신 세로 방향의 선이 표현되어 있다. 나머지는 모두 당면을 8개로 구획하였는데, 내부의 연화 모양에서 차이가 있다. C형은

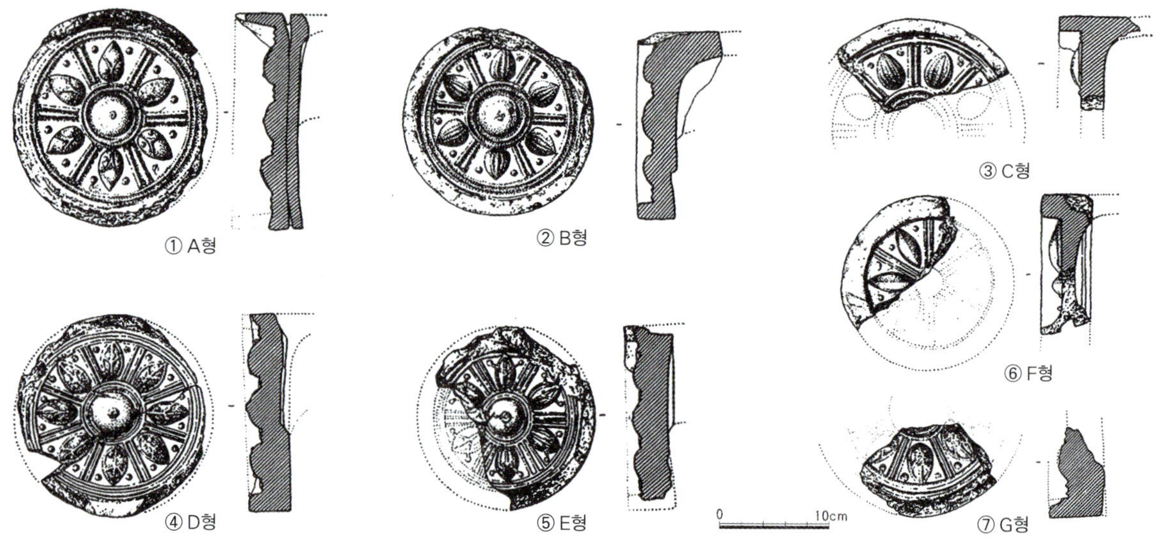

그림 Ⅵ-29 태왕릉 출토 복선연화문와당 각종(吉林省文物考古研究所 · 集安市博物館 2004c의 그림 재편집)

세로 선이 있는 행인형 연화를 배치하였으며, D형은 가운데 세로 방향의 선이 있는 Y자형 문양의 선형(船形) 연화를 배치하였다. E형 역시 Y자형 문양이 있는 선형 연화를 배치하였으나 Y자형 문양이 연봉의 범위를 벗어나 주연부 쪽의 주문과 연결된 점에서 차이가 있다. G형은 D형과 기본적인 형태가 같으나 선형 연화의 하단부가 약간 편평하다는 점에서 차이가 있다. F형은 선형 연화가 더욱 세장한 형태이며, 가운데 1조의 세로 선을 표현한 점에서 다른 형식과 차이가 있다(그림 Ⅵ-29).

이 중 A형은 태왕릉에서만 출토되고, B형은 천추총과 태왕릉에서 출토되며, C형은 태왕릉과 장군총, D형과 E형은 태왕릉과 우산 2112호분에서 출토된다. F형은 경신리 1호분 출토품과 유사한데, 경신리 1호분 출토품은 권선이 1줄이며, 중방에 복수의 원형의 동기가 시문되는 등 차이를 보인다. 또한 태왕릉 D, E, G형은 연화의 형태 등에서 기본적으로 같은 모티브로 구성되어 있으나 세부적인 차이만 있다. 이상과 같은 문양요소와 출토맥락 등을 고려할 때 고분에서 출토된 복선연화문와당은 태왕릉 A형 → B형 → C형 → D, E, G형 → F형 → 경신리 1호분 출토품 순으로 변화하는 것으로 추정할 수 있다(김희찬 2005b: 111-113).[32] 각 형

---

32 이 경우 태왕릉보다 먼저 축조된 천추총에서 태왕릉 보다 늦은 형식의 와당이 출토되는 문제가 있으나 천추총에는 가장 늦은 시기의 권운문와당이 주로 출토되므로, 연화문와당은 후일의 수즙 과정에서 사용된 것으로 보는 것이 일반적인 견해이다.

식의 실연대에 대해서는 연구자마다 다소 견해 차이가 있으나 태왕릉 A형은 4세기 4/4분기, C형은 5세기 1/4분기, B형은 A형과 B형 사이의 어느 시점 등으로 비정되고, D형, E형, G형은 5세기 2/4분기, 경신리 1호분 출토품은 5세기 3/4분기 이후로 비정된다(주홍규 2015: 125-128).

무복선연화문와당은 복선이 없이 연화만을 문양 모티브로 하는 와당으로 연화의 모양은 선형이 주를 이루며, 주연부와 연화문 사이에 삼각형 주문이 배치되는 경우가 대부분이다(그림 Ⅵ-23:③~⑭). 반구형 중방에는 하나 또는 여러 개의 돌기가 배치되거나 없는 경우도 있으며, 중방과 주연부에는 1조의 권선이 시문되는 경우가 대부분이다. 무복선연화문와당은 평양지역과 지안지역에서 모두 출토되는데, 연화가 모두 선형의 연봉을 표현하고 있다. 지안지역의 무복선연화문와당의 변화 과정을 보면 행인형 연화가 선형으로 변화하는 것을 볼 수 있으며, 이러한 점을 감안하면 지안지역의 국내성과 환도산성에서 출토된 무복선연화문와당은 태왕릉 D, E, G형 와당과 비슷한 5세기 중엽이나 5세기 말엽으로 편년할 수 있다(김희찬 2005a: 66).

복합연화문와당은 연봉형 연화와 함께 연판형 연화문, 인동문, 당초문, 귀면문 등의 문양이 함께 시문되는 것을 말하는데(그림 Ⅵ-23:⑳~㉒, 그림 Ⅵ-24:①~⑳), 연봉형 연화와 선각의 연판형 연화가 함께 시문되는 경우가 대부분이며, 연구자에 따라서는 이러한 형태만을 복합연화문와당으로 분류하기도 한다(그림 Ⅵ-24:⑦~⑪).

복합연화문와당의 문양은 크게 4유형으로 구분되는데, 첫째는 연화 내부 좌우에 각각 2개의 고사리 문이나 '∩'자형 꽃술을 대칭으로 배치한 것(A형), 둘째, 연화 내부 좌우에 각각 1개의 고사리문 형태의 꽃술을 좌우 대칭으로 배치한 것(B형), 셋째, 연화 내부 좌우에 외반·내만·직립의 꽃술을 1개씩 대칭으로 배치한 것(C형), 넷째, 연화 내부에 꽃술 또는 수직 융기선을 표현하지 않은 것(D형) 등이다. 또한 중방의 형태에 따라 5개 유형으로 분류되는데, 첫째는 정점에 주점이 있는 반구형 중방을 중심으로 주위에 1조의 권선과 자방 내부에 1조의 원권문이 있는 것(a형), 둘째는 정점에 주점이 있는 반구형 중방을 중심으로 주위에 1조의 권선이 있는 것(b형), 셋째는 중방 내부에 원권문과 방사선문, 연자문, 방사선문과 연자문을 함께 표현한 것(c형), 넷째는 축소되거나 비균형적으로 확대된 중방을 중심으로 1조의 권선만 돌아간 것과 중방 내부에 1조의 원권문만 표현된 것(d형), 다섯째는 중방 내부에 복수의 원권문을 표현한 것(e형) 등이다. 이상과 같은 문양 속성과 중방부 형태의 관계를 살펴보면 대체로 A-a, B-b, C-c, D-d와 같이 유형화 할 수 있는데, 이를 각각 형식으로 설정할 수 있

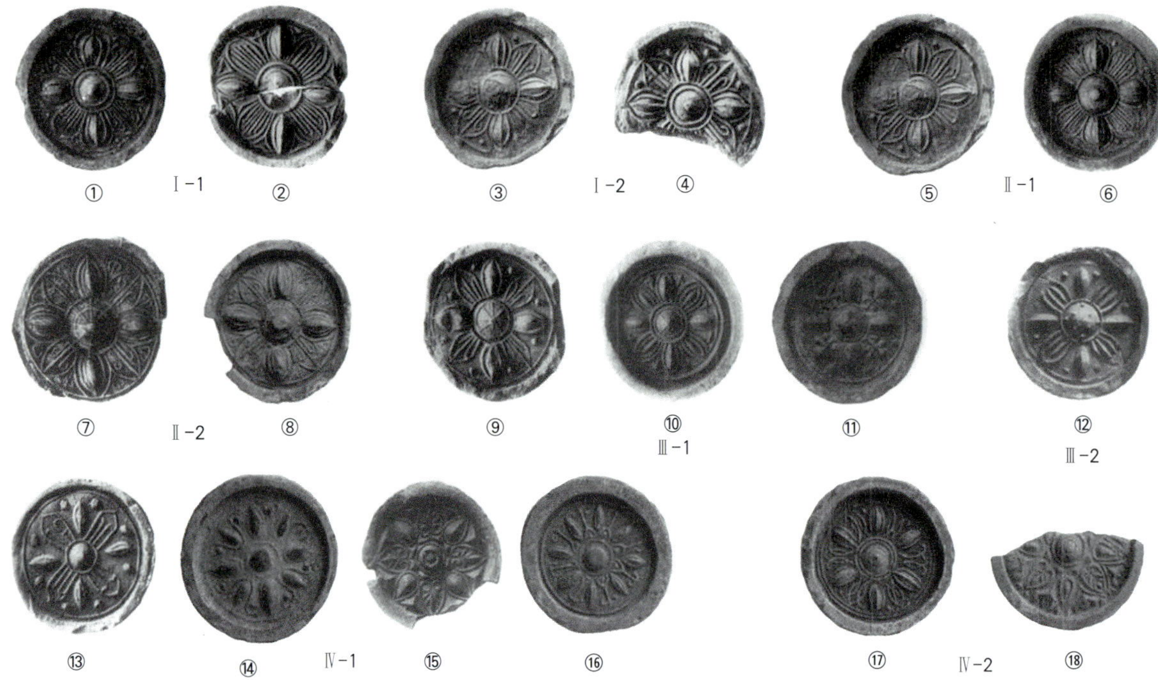

그림 VI-30 고구려 복합연화문와당 각종(김희찬 2006b: 사진 4~15 재편집)

다. 각 형식은 다시 몇 개씩의 세부 형식으로 나뉘는데(**그림 VI-30**), I 형식에서부터 IV형식으로 변화하는 것으로 보이며, I -1식은 5세기 중엽~말엽, IV-2식은 7세기로 비정된다(김희찬 2006b).

이상의 복합연화문 외에도 복합인동화문(**그림 VI-24:㉑**), 인동문, 화문, 보상화문, 와권문, 반규문, 기하문, 성형문, 법륜문, 중권문 등 특징적인 문양의 와당들도 사용된다(**그림 VI -25**). 이 중 인동문와당은 지안지역과 평양지역에서 함께 사용되며, 나머지 와당들은 평양지역에서만 사용된다. 인동문와당은 문양을 표현하는 융기선의 굵기에 따라 세선식, 중세선식, 태선식의 3형식으로 구분되며, 각 형식은 중방의 형태와 문양의 형태 등에 따라 세분된다. 세선식의 인동문와당은 5세기 말엽~6세기 초엽 지안지역에서 처음 등장하며, 중세선식은 6세기 초엽~6세기 말엽, 태선식은 7세기대로 편년된다(김희찬 2009a).

(3) 귀면문와당

귀면문와당은 와당면 전체에 귀면을 시문한 것으로 커다랗게 튀어나온 반구형의 두 눈과 코, 과장되게 표현한 입과 송곳니 등을 특징으로 한다. 귀면문와당은 연구자에 따라 수면문와당,

인면문와당, 용면문와당 등으로 불리기도 하지만 전반적인 형태가 괴수의 얼굴을 형상화한 것으로 벽사의 의미로 생각된다. 지금까지 알려진 귀면문와당은 모두 198점에 달하는데, 지안지역의 국내성과 환도산성, 동대자유적 등에서 170여 점이 출토되었고, 평양지역의 청암리토성과 주암리, 상오리사지, 정릉사지 등에서 28점이 출토되었다(김민성 2017).

귀면문와당은 눈과 눈썹 및 입의 모양, 이빨의 수, 미간의 장식, 코의 모양 등의 속성에 따라 다양한 형식으로 구분되는데, 대체로 입의 모양에 따라 역사다리꼴과 장방형 등 두 종류로 대별된다(그림 Ⅵ-31). 또한 장방형 입을 가진 와당의 경우는 문양부와 외부 권선 사이의 연주문 유무에 따라 2유형으로 세분된다. 장방형 입의 연주문이 없는 와당은 2중으로 돌아가는 큰 안구 위에 화염문이 배치된 것과 안구 끝이 치켜올라가듯이 표현되어 있으며, 미간에서 양쪽으로 휘날리듯 뻗어 나온 긴 선형의 문양이 배치된 유형으로 세분된다(주홍규 2019: 304-305).

역사다리꼴의 귀면문와당은 북위시기의 평성 명당유지 및 낙양 영녕사지 출토품과 크고 넓게 사다리꼴로 벌린 입의 표현이나 안구의 끝이 경사지게 치켜 올라간 점, 안구의 아래까지 입이 표현되어 있는 점 등의 특징이 유사하다는 점에서 영향 관계가 인정되며, 그 시기는 대체로 6세기 1/4분기로 비정할 수 있다.[33] 또한 장방형 입의 귀면문와당은 북위지역에서도 확인되지 않는 형식으로 역사다리꼴 와당보다 늦은 6세기 3/4분기 이후의 것으로 추정된다. 한편 이 중 장방형 입을 가진 Ⅱ형식은 지안지역에서만 출토되며, 역사다리꼴의 입을 가진 Ⅰ형식은 평양지역에서만 출토되는데, 고구려 귀면문와당은 평양지역에서 먼저 채택된 후

형식	Ⅰ	ⅡA1	ⅡA2	ⅡB
문양특징	①	②	③	④
유적	청암리사지 / 정릉사지	국내성 / 동대자유적 / 환도산성		환도산성 / 동대자유적

그림 Ⅵ-31 고구려 귀면문와당의 형식분류(주홍규 2019: 그림 7 재편집)

[33] 고구려에서 귀면문와당이 처음 제작된 시기에 대해서는 4세기대로 보는 견해부터 7세기대로 보는 견해까지 다양한데, 향후 고구려 고고학 연구에 있어서 해결해야 할 주요한 문제 중의 하나이다.

국내성지역으로 확산된 것으로 이해된다(주홍규 2019: 307-308).

3) 기타

이상에서 살펴 본 평기와류와 막새기와류가 주를 이루지만 곱새기와, 현월와, 배와, 착고, 귀면와(마루수막새), 치미 등이 소량 출토된다. 현월와는 기존에 반막새 또는 반와당으로 불리던 것이나 중국의 전국시대와 한대의 반와당과는 달리 와당면과 수키와를 직각으로 접합하지 않고 비스듬하게 접합한 점에서 차이가 있어서 구분된다(그림 Ⅵ-32:①~⑥). 현월와는 지안지역에서는 보이지 않고 평양지역에서만 확인되며, 지붕이 연결되는 경사면에 사용한 것으로 고구려에서만 확인되는 특수한 기와이다(주홍규 2014: 96). 곱새기와는 지붕마루 중 추녀마루나 내림마루의 끝단에 사용되는데, 위로 휘어진 수키와 끝에 수막새가 달린 형태로 지안지역의 환도산성이나 평양지역의 안학궁 등에서 출토된다(그림 Ⅵ-32:⑦~⑨). 귀면와는 지붕마루에 쌓은 적새 마구리를 장식하는 기와로 흔히 곱새기와 아래에 위치하게 되는데, 벽사의 의미를 가진다. 귀면와는 출토례가 많지는 않은데, 안학궁에서 출토된 사례가 있다. 착고는 지붕마루 밑의 공간을 막는 기능을 하는 특수기와인데, 지안지역의 우산 3319호분과 천추총에서 소량 확인되며, 남한지역의 연천 호로고루에서도 출토된 사례가 있다. 배와는 단면 삼각형의 특수기와로 임강총에서만 출토되는데, 용도는 확실하지 않다. 치미는 용마루 좌우에

그림 Ⅵ-32 고구려 특수 기와류 각종(축척부동, 주홍규 2014: 도면 4~10 재편집)

얹어 장식하는 기와로 하단부 중앙에는 적새에 올릴 수 있도록 방형 홈이 가로로 패여 있다. 치미는 고분벽화의 전각도에 흔히 등장하지만 실물로는 안학궁에서 몇 점이 출토되었으며, 남한지역의 연천 호로고루에서도 치미기와 편이 출토된 바 있다.

4) 전

일반적으로 고대의 전(塼)은 기와와 함께 건축 부재로 사용되며, 고분의 축조재료로 사용되기도 한다. 고구려의 전은 국내성, 환도산성, 평양성, 고이산성 등 도성 및 산성, 청암리사지, 정릉사지 등 사찰, 우산 3319호분, 천추총, 태왕릉 등 고분에서도 출토된다.

그러나 전이 고분의 주재료로 사용된 예는 매우 드문데, 지안지역은 우산 3319호분이 유일하고, 평양지역도 영화9년명 전축분과 평양역전이실분 등 소수에 불과하다. 지안 우산 3319호분은 계단식적석총으로 묘실바닥과 벽면을 무문전으로 축조하였다. 평양역전이실분과 영화9년명 전축분은 봉토분으로 벽면의 일부 또는 전부를 전으로 축조하였다. 천추총과 태왕릉은 계단식석실적석총으로 전이 출토되지만 묘실의 축조에 전을 사용하지는 않았다. 태왕릉을 제외한 나머지 고분들이 대체로 4세기 중엽경에 해당되므로 늦어도 4세기 중엽에는 고구려에서 전이 사용된 것을 알 수 있다.

전을 건축에 사용한 예는 평양의 금강사지와 정릉사지 등에서 확인되는데, 전을 이용해 벽체를 축조한 것은 아니며, 전은 주로 건물이나 회랑의 바닥이나 도로를 포장하는데 사용된 것으로 보인다. 평양 평천리에서는 전의 한쪽이 휘어진 부채꼴 전이 출토되었으며, 양쪽 장변에 당초문과 변형기하문을 시문하였는데, 우물과 같은 원형 구조물에 사용된 것으로 추정된다. 6세기 전반의 한강 북안의 구의동보루에서도 무문전이 출토된 점으로 미루어 최전방 군사시설의 병사들도 벽돌을 바닥에 깔고 생활할 정도로 널리 보급되었던 것으로 생각된다.

고구려 전의 형태는 방형·장방형·삼각형·부채꼴 등 다양한데, 장방형이 대부분이다. 전의 표면과 측면에는 문양이 없는 것이 일반적이나 승문이나 연화문, 당초문, 능형문, 기하문 등을 시문한 것도 있다. 지안의 태왕릉에서는 '原太王陵安如山固如岳'이라는 글자를 새긴 명문전이 출토되었으며, 천추묘(千秋墓)에서는 '千秋萬歲永固'·'保固乾坤相畢' 등의 길상문구를 새긴 명문전이 출토되기도 한다(그림 Ⅵ-33).

그림 Ⅵ-33 지안지역 출토 고구려 전 각종(吉林省文物考古研究所 외 2010)

4. 무기와 무구

무기는 공격용무기와 방어용무기로 크게 나뉜다. 공격용무기는 다시 활(弓)과 쇠뇌(弩)와 같은 원거리무기와 칼(刀·劍)·도끼(斧)·창(矛)·꺾창(戈)·극(戟)·낫(鎌) 등의 근거리무기, 그리고 성을 공격할 때 사용되는 충차와 사다리 같은 공성용무기로 나뉜다. 방어용무기는 갑옷(甲)과 투구(冑) 및 방패와 같은 개인용 방어구와 마름쇠, 노포와 포노 등의 성을 지키기 위한 것도 있다. 또한 무기는 용도에 따라 베는 무기(도검)와 찌르는 무기(창), 걸어 당기는 무기(과, 낫)와 내려치는 무기(도끼), 던지는 무기(투창, 투석)와 쏘는 무기(활) 등으로 나눌 수 있으며, 극과 같이 찌르는 용도와 걸어 당기는 용도를 겸한 무기도 있다. 이 중 공성용 무기와 방패는 실물로 출토된 사례가 없어 실상을 파악하기 어려우며, 방패는 벽화를 통해 일부 내용을 파악할 수 있다.

무기는 이미 선사시대부터 제작되었으나, 철기의 보급이 확대된 삼국시대에 들어와서 종류가 다양해지고 기능적으로 발전하게 된다. 고구려 초기에는 칼과 창이 주력 무기였으나, 곧이어 창 중심으로 무기체계가 단일화되어 개인용 무기로 창이 중요해지게 되었으며, 화살촉이 다량으로 출토되는 점으로 미루어 활 역시 부대 전투에 중요한 무기로 사용되었음을 알 수 있다. 또한 4세기 이후에는 갑옷과 투구가 발달하고, 말을 부리기 위한 각종 마구와 말갑옷 등이 발달하는 등 무기체계가 복합적으로 변한다. 따라서 전투 행위는 개인 중심의 보병전에서 보병과 기병의 복합전으로 변모하며, 전쟁의 규모도 커지게 된다.

고구려 무기체계에 대한 연구는 1950년대 말 북한학자들에 의해서 시작되었다. 초기의 연구는 주로 벽화의 내용을 바탕으로 이루어졌다. 전주농은 벽화의 내용을 분석하여 고구려 무기를 공격용무기와 방어용무기로 나누고 궁시, 도검, 도끼, 갑주, 방패, 마갑 등에 대해 일별하였다(전주농 1958, 1959). 이어 박진욱은 삼국시대의 무기류를 창, 활과 화살, 갑옷 등으로 나누어 출토유물에 대한 구체적이고 세밀한 분석을 실시하였으며(박진욱 1964a, 1964b, 1965, 1967), 이러한 분석결과를 바탕으로 삼국시대 무기의 특성과 병종구성 및 전투형식에 대한 종합적인 고찰을 실시하였다(박진욱 1970). 그에 따르면 삼국시대의 무기는 원거리무기(궁시와 노), 근거리무기(모, 극, 도, 부), 공성 및 수성용무기, 방어용무기 등으로 구성되며, 병종은 보병과 기병으로 구분되는데 기병의 역할이 훨씬 중요하였다고 한다. 이러한 박진욱의 연구 성과는 이후 북한에서 간행된 개설서에 거의 그대로 반영되고 있다.

일본에서는 1970년대 말 벽화내용을 분석하여 고구려 무기체계의 변화양상을 고찰한 글이 발표되었고(堀田啓一 1979), 1990년대 이후 중국에서도 고구려 무기체계와 관련된 연구 성과들이 발표되고 있다(耿鐵華 1993).

남한에서는 1980년대 중반 고구려의 무기와 마구류에 대한 검토가 이루어지기 시작했으나(金基雄 1985), 북한학계의 연구 성과를 정리·소개하는 수준이었다. 이후 고구려 무기에 대한 개별적인 분석이 이루어지긴 하였으나 벽화의 내용과 출토유물의 성격을 정리하는 수준을 벗어나지는 못하였다(金性泰 1993, 1994, 1995). 이후 문헌기록과 벽화자료의 분석을 통해 3세기 중반에서 6세기 중반경의 무기체계와 병종구성 및 그 변화양상을 추론한 괄목할만한 연구가 이루어졌다(余昊奎 1999). 한편 남한지역에서 고구려 유적 발굴조사가 실시된 이후 아차산 일원 고구려 보루 발굴성과를 바탕으로 경기북부지역의 고구려 관방체계를 분석하고, 아차산일원 고구려 군의 편제에 대한 분석도 발표되었다(崔鍾澤 1999a). 2000년대 초반 중국 환런지역의 오녀산성과 지안지역의 국내성과 환도산성 및 왕릉급 고분에 대한 발굴조사 보고서가 간행되면서 무기체계에 대한 연구도 활기를 띠게 되는데, 상기 보고서의 내용을 바탕으로 고구려의 갑주에 대한 세밀한 분석이 있었으며(송계현 2005), 출토된 고구려 무기체계를 검토하고 고구려 무기체계의 변화 과정을 고찰한 연구도 있었다(김길식 2005). 또한 고분에서 출토된 4~5세기대 갑주와 마구를 분석하고, 신라 및 가야와 비교한 연구도 이루어졌으며(강현숙 2008), 고구려 무기에 대한 집성작업도 이루어졌다(이유경 2011; 조성윤 2011; 곽보선 2012; 김보람 2012). 그밖에 무기와 무장 등 무기체계를 바탕으로 한 고구려 군의 전술에 대한 연구도 이루어졌다(서영교 2004a, 2004b; 정동민 2008).

1) 고구려 무기와 무구 출토 현황

고구려 고분과 성곽 등에서 상당량의 무기류가 출토되었으나 2000년대 이전 중국에서 조사된 자료는 보고된 것이 적어서 시간적 위치가 명확히 알려진 자료는 빈약하다. 고구려의 무기류를 환런지역, 지안지역, 북한지역, 남한지역 등 지역별로 구분하여 살펴보기로 한다.

(1) 환런지역 출토 무기류

환런지역에서 출토된 무기류는 〈표 Ⅵ-4〉와 같은데, 최근 조사된 오녀산성 출토자료를 제외하면 매우 빈약하다. 환런지역은 고구려 초기의 도읍이었음에도 불구하고 하고성자성 출토 유물 3점을 제외하면 초기의 자료는 없다. 최근 조사된 오녀산성의 경우 두 개의 고구려 문화층이 있는 것으로 보고되고 있는데, 이 중 고구려 조기로 편년되는 3기 문화층에서는 무기가 출토되지 않았으며, 4세기 말~6세기대로 편년되는 4기 문화층에서만 다량의 무기류가 출토되고 있다. 환런지역 출토 무기류는 철촉, 도, 모, 부가 중심인데, 이는 이미 고구려 중기의 완성된 무기체계의 양상을 보이고 있다. 통계적인 의미를 부여하기는 어렵지만 철촉이 전체

표 Ⅵ-4 환런지역출토 무기류 일람표

유적명 \ 구분	鏃						刀		矛				鉤戈	多支矛	斧			합계
	鑿頭形	廣葉形	柳葉形	細長形	三翼形	其他	鐶頭	無鐶頭	有關直基	有關燕尾	無關直基	無關燕尾			橫孔斧	有銎斧	其他	
오녀산성	26	30	26	83		34		4	2		2			4	6	1	2	220
하고성자성	1	2																3
고력묘자 15호분							1											1
미창구장군총															1			1
오도하자고분						2												2
합 계	27	32	26	83	0	36	1	4	2	0	2	0	0	4	7	1	2	227
	204						5		4				4		10			

의 90% 가까이를 차지하며, 부와 모, 도는 대체로 비슷한 양상을 보이고 있다.

화살촉은 삼익형촉을 제외하고 모든 형식이 출토되는데, 하고성자성에서 출토된 착두형촉, 광엽형촉 각 1점과 오도하자고분군에서 출토된 추형촉 2점을 제외하면 모두 오녀산성 4기층에서 출토되었다(그림 Ⅵ-34). 오녀산성 출토 화살촉 중에서는 세장형촉이 가장 많으며, 유엽형촉과 합치면 전체의 절반이 넘는다. 세장형촉은 촉두부가 납작한 오각형으로 신부와 슴베가 세장하여 전체 길이가 25cm 가량되며, 유엽형촉은 촉두와 신부가 구분 없이 길게 이어지고, 단면은 능형이며 두부에는 혈구와 같은 홈이 패여 있는 형태이다. 이러한 형태의 철촉은 고구려 중기 이후 등장하여 6세기 이후 유행한 것으로 생각되며, 푸순 고이산성, 선양 석대자산성, 지안 환도산성, 남한의 아차산 보루 등 관방시설에서 집중적으로 출토되는 점으로 미루어 살상력을 극대화한 실전용 촉으로 생각된다. 한편 기존에 초장경오각형촉으로도 불리던 세장형촉은 철기 저장고에서 집중적으로 출토되는데, 6세기 전반경의 아차산 보루 출토유물과 크기나 형태에 있어서 매우 유사하다. 이러한 점으로 보아 오녀산성 4기층의 하한은 6세기 중반까지 내려오는 것으로 생각된다.

도는 5점이 알려져 있으나 오녀산성 출토품은 모두 소형으로 도자에 가까워 무기로 보기는 어렵다. 고력묘자 M15호분에서는 환두도 1점이 출토되었는데, 전체 크기는 알 수 없다.

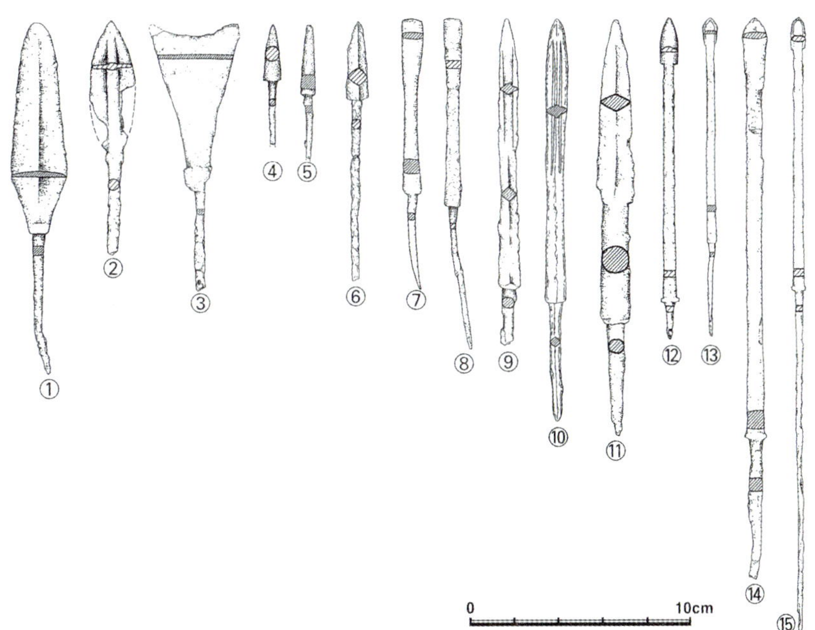

그림 Ⅵ-34 환런지역 출토 철촉 각종

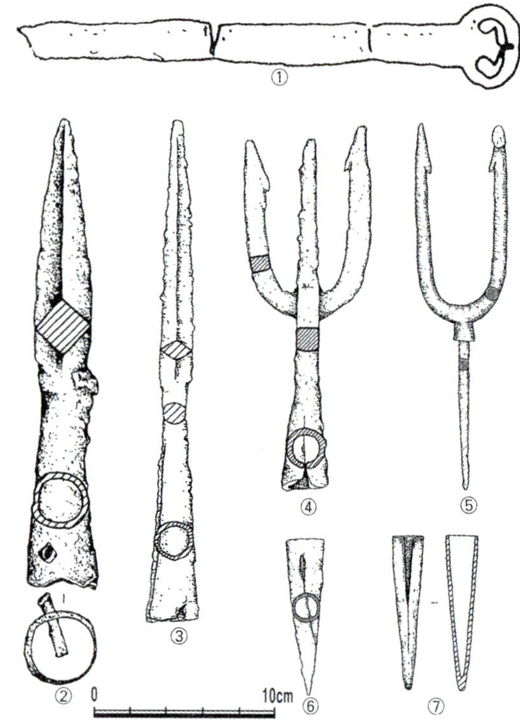

그림 Ⅵ-35 환런지역 출토 철도, 철모 각종

환두부 내에는 3엽 장식이 가미되어 있어 고분에 부장된 장식대도로 구분된다(그림 Ⅵ-35:①). 모는 오녀산성 출토품 4점이 알려져 있는데, 무관직기형과 유관직기형이 각각 2점씩이다. 유관직기형은 도면이 자세하지 않으나 봉부의 단면은 원형으로 보이며, 무관직기형은 봉부 단면이 마름모꼴로 날폭은 좁고 두껍다(그림 Ⅵ-35:②,③). 이 역시 고구려 중기 이후 자돌 기능이 강화된 철모의 특징으로 이해된다. 그밖에 오녀산성에서는 2지창과 3지창이 출토되었는데(그림 Ⅵ-35:④,⑤), 모가 다양한 형태로 분화된 양상으로 생각된다. 오녀산성에서는 철모 자루 끝에 착장되는 철준도 함께 출토된다(그림 Ⅵ-35:⑥,⑦). 부는 미창구장군총과 오녀산성에서 출토되었는데, 대부분은

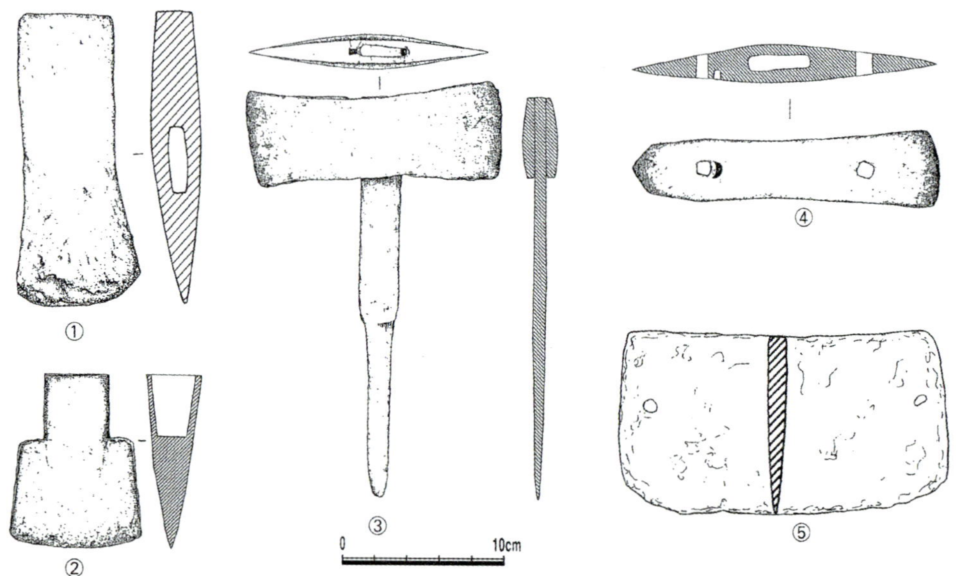

그림 Ⅵ-36 환런지역 출토 철부, 철서, 철작 각종

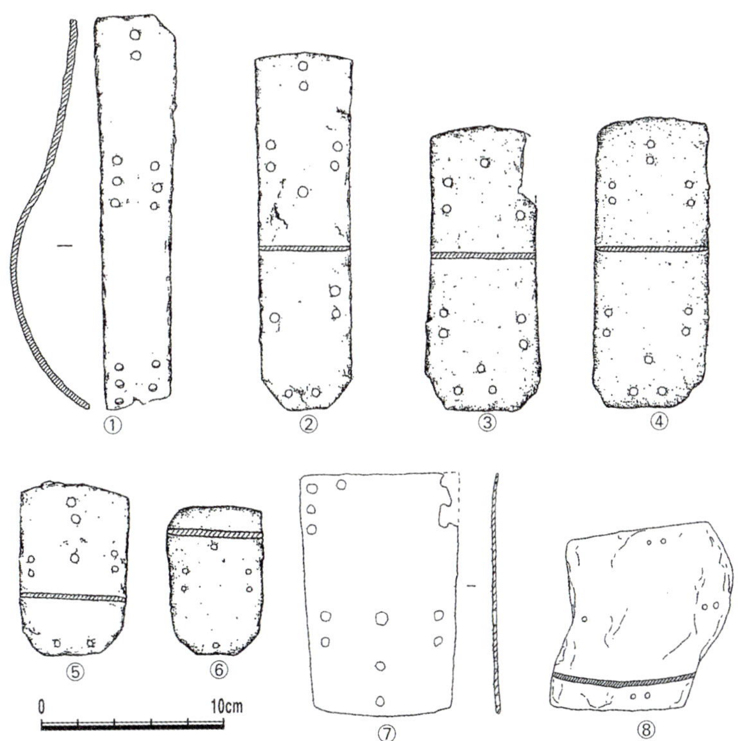

그림 Ⅵ-37 환런지역 출토 찰갑편 각종

신부에 옆으로 구멍이 뚫린 횡공부로서 벽화에 등장하는 부월수의 도끼와 유사하다(그림 Ⅵ-36:①). 한편 오녀산성에서는 두 점의 양날부가 출토되었는데, 1점은 쇠자루가 결합된 상태이며, 쇠자루의 끝부분은 뾰족하게 처리된 점으로 보아 여기에 다시 목제 자루를 결합한 것으로 보인다(그림 Ⅵ-36:③,④). 그 외에도 오녀산성에서는 작(斫) 2점이 출토되었다(그림 Ⅵ-36:⑤). 같은 형태의 양날부와 작은 아차산 보루와 구의동보루에서도 출토되는데, 두 유적의 무기체계가 유사함을 엿볼 수 있다.

방어용 무기류로는 찰갑이 있는데, 오녀산성에서 53점 이상이 출토되었다. 찰갑의 형태로 보아 소찰주(그림 Ⅵ-37:⑧)와 마갑(그림 Ⅵ-37:⑦)에 사용된 것으로 보이는 것이 있으며, 나머지 대부분은 장방형으로 일정한 정형성이 있다. 대소의 차이는 있으나 찰의 상변은 직선이고 하변은 양쪽 모서리를 접은 형태인데, 이러한 형태의 찰(札)은 대개 6세기대에 주로 사용되는 것으로 알려져 있다(송계현 2005).

(2) 지안지역 출토 무기류

지안지역에서 출토된 무기류는 〈표 Ⅵ-5〉와 같다. 지안지역 출토 무기류는 최근 조사된 왕릉

표 Ⅵ-5 지안지역 출토 무기류 일람표

구분 / 유적명	鏃						刀		矛				鉤戈	多支矛	斧			합계
	鑿頭形	廣葉形	柳葉形	細長形	三翼形	其他	鐶頭	無鐶頭	有關直基	有關燕尾	無關直基	無關燕尾			橫孔斧	有銎斧	其他	
마선 626호분		1																1
칠성산 871호분			1						1									2
임강총		1						1										2
우산 2110호분		1			1													2
우산 992호분								1						1				2
마선 2100호분		1		2				6	1						1		1	12
천추총								1										1
태왕릉		2		2	2	2		5	1						1			15
장군총								1										1
국내성	9	2	25	1		2	1		1									41
환도산성	2		21	1					1									25
지안시 일원	3	15	4	11	2	6	6	5	4	8		1	1	2				68
합 계	14	23	29	38	5	11	6	21	9	8	0	1	2	2	2	0	1	172
	120						27		18				4		3			172

급고분에서 출토된 자료와 국내성, 환도산성 등 성곽에서 출토된 자료 및 기존에 조사된 고분에서 출토된 자료 등으로 구성되어 있다. 이 중 마선 626호분, 칠성산 871호분, 임강총, 우산 2110호분 등은 4세기 이전으로 편년되고 있으며, 우산 992호분, 마선 2100호분 등은 4세기, 천추총과 태왕릉은 4세기말~5세기초로 편년되고 있어서 무기류의 변화양상을 대략 짐작할 수 있다.

지안지역 출토 무기류도 촉, 도, 모, 부를 기본으로 하고 있으며, 4세기 이전으로 편년되는 고분에서는 부를 제외하고 나머지 무기류가 모두 출토되고 있다. 역시 철촉이 가장 출토빈도가 높으며, 4세기 이전의 유적에서는 광엽형촉의 출토빈도가 상대적으로 높다. 반면 세장형촉과 유엽형촉은 국내성과 환도산성에 집중되고 있으며, 이는 환런지역의 오녀산성의 출토양상과 유사하다. 오각형의 촉두에 촉신과 슴베가 긴 세장형촉은 칠성산 871호분에서도 보이는 바 이러한 형태의 살상력이 큰 실전용 촉이 이미 3세기대에는 출현한 것으로 보이지만 주로 4세기 이후에 집중되고, 국내성과 같은 평지성보다 방어기능이 강한 환도산성에서 많이 출토되는 점도 세장형촉의 기능적인 면을 보여주는 특징으로 생각된다. 그밖에 과거 고구려 화살촉의 전형으로 생각되던 착두형촉은 고분에서는 출토예가 없으며, 환런지역에서

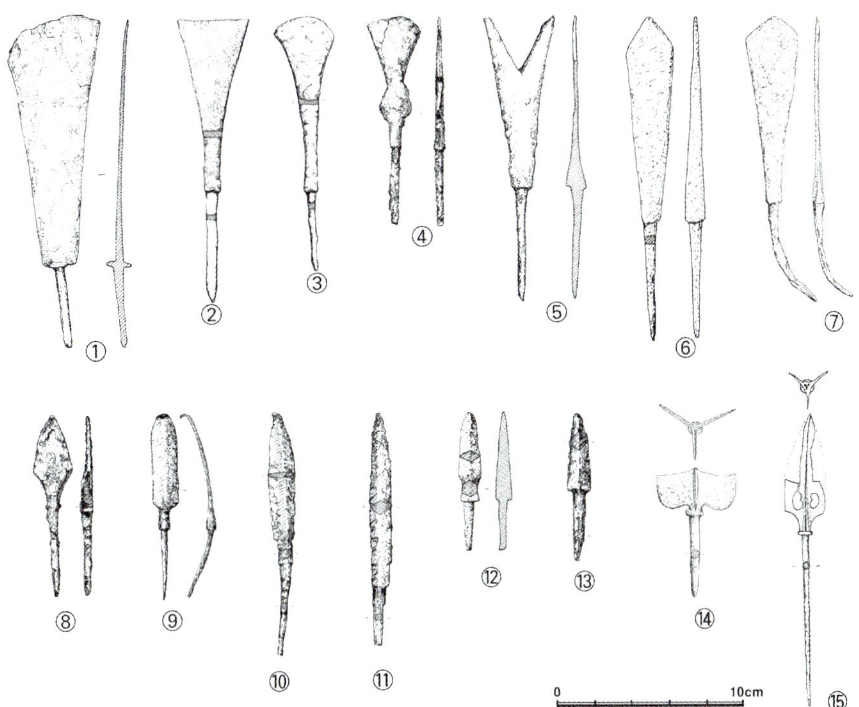

그림 Ⅵ-38 지안지역 출토 철촉 각종(1)

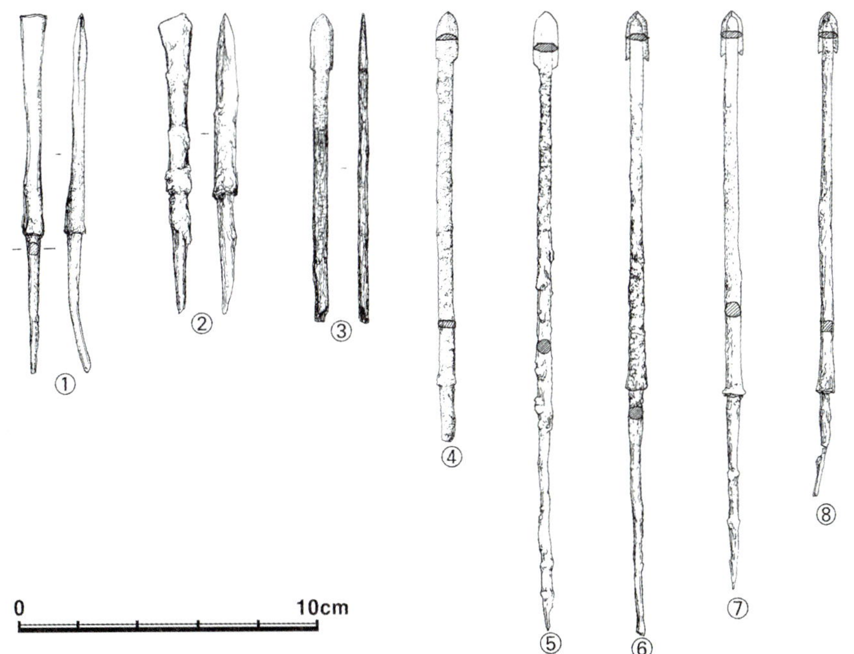

그림 Ⅵ-39 지안지역 출토 철촉 각종(2)

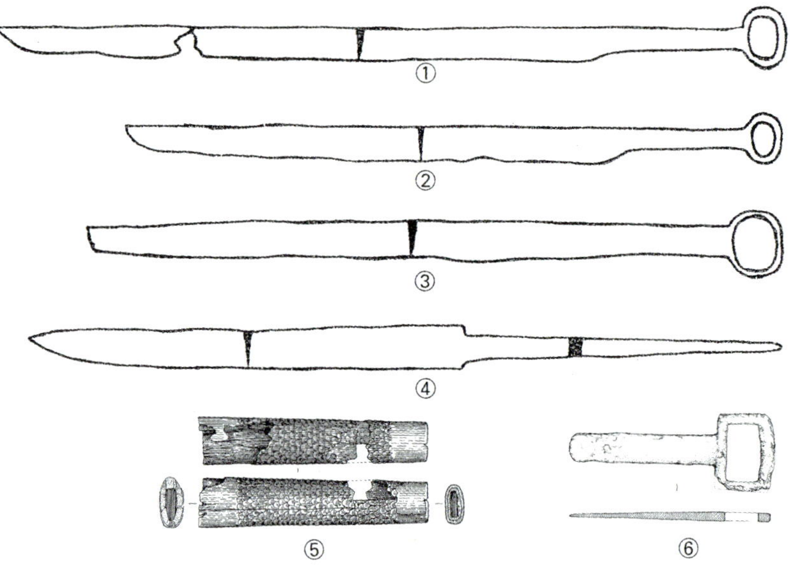

그림 Ⅵ-40 지안지역 출토 철도 각종

보이지 않던 삼익촉이 왕릉급 고분에서 출토되는 점은 주목된다. 삼익촉은 다른 출토 예로 보아 명적으로 사용된 것으로서 소유자의 위계와도 관련될 가능성이 크다(그림 Ⅵ-38, 39).

도는 27점으로 비교적 많은 양이나 왕릉급고분에서 출토된 대부분의 자료는 크기가 작아서 무기류로 보기는 어렵다. 다만 이 시기 무기로서의 도의 모습은 지안시 일원에서 출토된 자료를 통해 살펴볼 수 있는데, 대체로 장식이 없는 환두도와 환두가 없는 도로 구분이 된다(그림 Ⅵ-40). 일부는 슴베의 모양으로 보아 원래 환두가 없었던 것으로 보이는 예도 있지만 환두를 별도로 제작하여 붙이는 경우도 있으므로 분명치 않다. 그밖에 우산 992호분에서는 장식대도의 칼집이 출토되었으며(그림 Ⅵ-40:⑤), 마선 2100호분에서는 도의 환두부로 추정되는 유물이 1점 출토되었는데, 환두부는 장방형에 가깝고 병부와 신부는 분리된 형태로 제작되었다(그림 Ⅵ-40:⑥).

모는 관부가 형성된 것이 대부분으로 직기형과 연미형의 빈도가 비슷하다. 왕릉급고분에서는 모두 유관직기형 모가 출토되지만 그 의미를 부여하기는 쉽지 않다. 일반적으로 고구려 무기에 있어서 유관직기형 모가 먼저 출현하는 것으로 알려져 있으나 오녀산성이나 아차산 보루의 예로 보아 고구려 중기 이후에는 직기형과 연미형이 함께 사용된 것으로 이해된다. 지안지역 출토 모 중에는 봉부에 역V자상으로 홈이 패여 있는 것이 있는데, 도검류에서 보이는 혈구의 기능을 하였던 것으로 보인다. 그밖에 병부에 반부가 설치된 것도 있어서 모

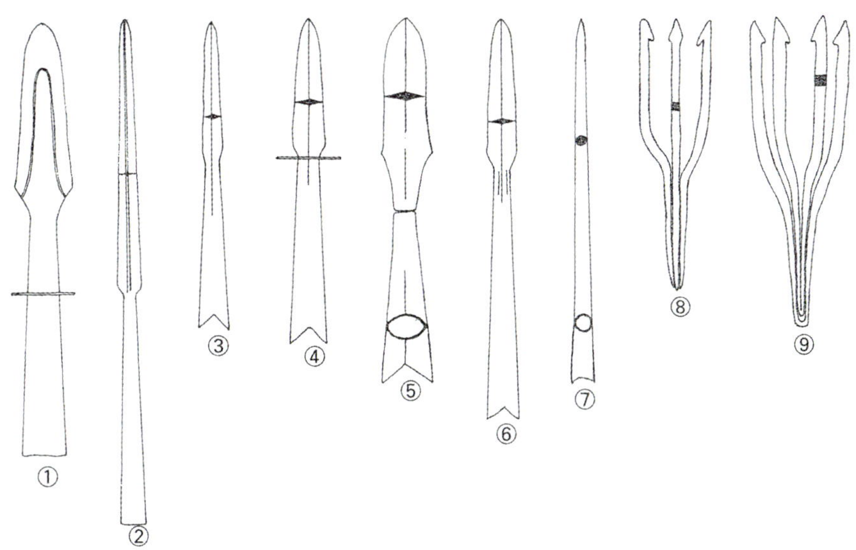

그림 Ⅵ-41 지안지역 출토 철모 각종

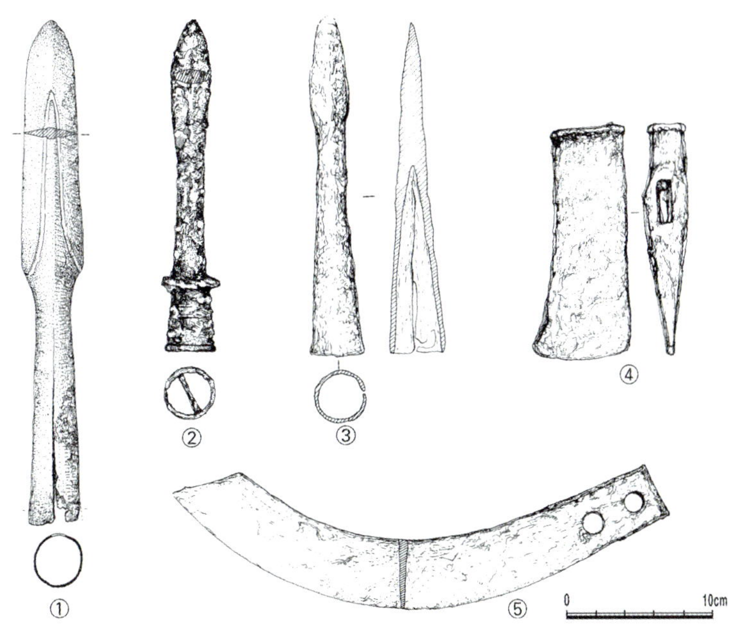

그림 Ⅵ-42 지안지역 출토 철모, 철부 각종

가 다양한 형태로 분화된 모습을 볼 수 있다. 그 외에도 지안시 일원에서 출토된 장병기 중에는 갈고리창과 삼지창, 사지창 등도 있다(**그림 Ⅵ-41, 그림 Ⅵ-42 : ①~③**).

부는 마선 2100호분과 태왕릉에서 횡공부가 각각 1점씩 출토되었으며, 태왕릉에서 출토된 부는 공부가 다른 것에 비해 인부 쪽으로 많이 내려와 있는 점이 특징적이다. 4세기로 편년되는 마선 2100호분에서 횡공부가 출토되는 점으로 보아 이러한 형태의 부는 4세기 이후에 출현한 것으로 생각된다. 한편 마선 2100호분에서는 곡인의 부월이 출토되었는데, 지금까지 알려지지 않은 새로운 형태의 장병기로 생각된다(그림 Ⅵ-42).

　　방어용무기인 찰갑은 칠성산 871호분과 칠성산 211호분, 우산 992호분, 마선 2100호분, 천추총, 태왕릉 등 왕릉급 고분에서 다량으로 출토되는데, 2세기대로 편년되는 칠성산 871호분을 제외하면 4세기 이후의 고분에서 주로 출토된다. 찰(札)의 형태는 폭이 넓은 장방형과 좁은 장방형의 두 종류로 대별되는데, 전자는 마갑으로 추정된다(그림 Ⅵ-43, 44). 나머지 세장한 찰갑은 길이에 있어서 차이가 있으나 상방하원형의 특징을 지니고 있으며, 이러한 형태의 소찰은 대체로 5세기대에 유행한 것으로 알려져 있다(송계현 2005). 그밖에 우산 992호분에서는 마주 1점이 출토되었다(그림 Ⅵ-44:①).

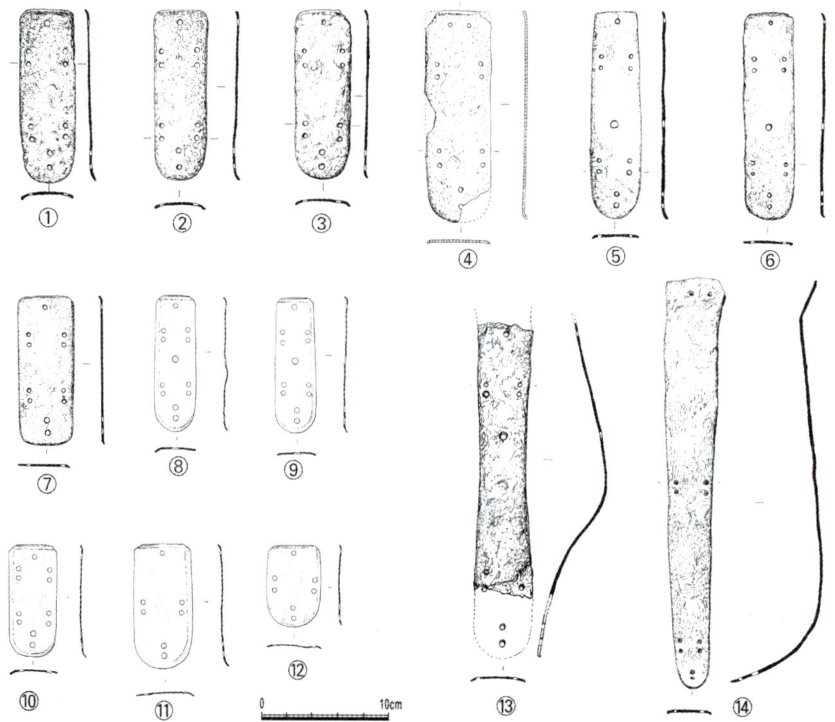

그림 Ⅵ-43 지안지역 출토 찰갑편 각종

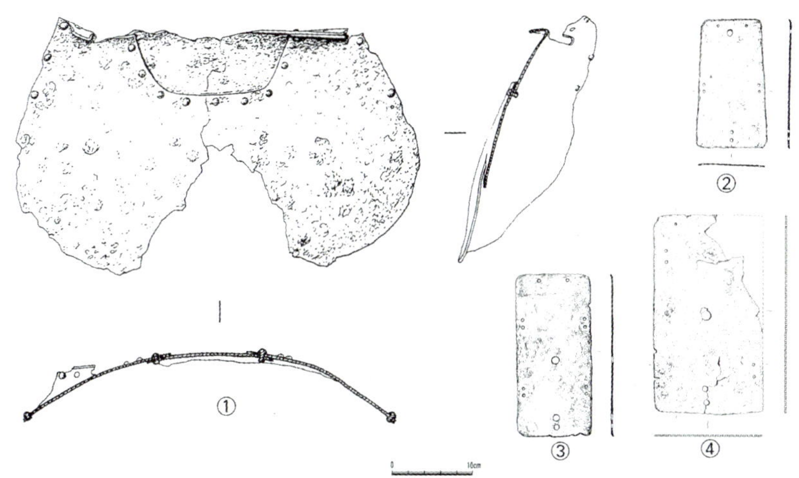

그림 Ⅵ-44 지안지역 출토 마주 및 마갑편 각종

(3) 북한지역출토 무기류

북한지역에서 출토된 무기류는 보고예가 매우 적은데, 최근 간행된 개설서에 소개된 자료를 정리하면 〈표 Ⅵ-6〉과 같다. 화살촉은 착두형촉, 광엽형촉, 유엽형촉 등 다양하나 세장형촉은 소수에 불과하며, 삼익촉은 보고된 예가 없다. 한편 평양역전이실분에서는 2개체분의 활대가 출토되었는데, 소갈비뼈를 이용해 3개의 활대를 연결한 것으로 보고되었다. 이 유물은 실물로 출토된 유일한 자료로 안악 3호분 행렬도에 묘사된 활과 같은 종류의 것으로 추정된다.

도는 4점이 알려져 있는데, 3점은 환두도이며 나머지 1점은 환두가 없는 것이다. 모는 유관직기형 3점과 유관연미형 2점, 무관직기형 4점이 알려졌으며, 봉부의 형태에 따라 광봉형과 협봉형으로 구분된다. 부는 3점 모두 공부가 있는 주머니 모양이며, 3세기 이전의 이른 시기에 해당하는 것이다. 그밖에 방어용무기로 롱오리산성에서 철제투구가 1점 출토되었다.

표 Ⅵ-6 북한지역출토 무기류 일람표[34]

구분 / 유적명	鏃						刀		矛				鉤戈	多支矛	斧			합계
	鑿頭形	廣葉形	柳葉形	細長形	三翼形	其他	鐶頭	無鐶頭	有關直基	有關燕尾	無關直基	無關燕尾			橫孔斧	有銎斧	其他	
북한각지출토		16	6				3	1	3	2	4			1		3		39
합 계		22					4		9					1		3		

34　이 표는 2005년 간행된 개설서의 내용을 정리한 것으로 북한지역에서 출토된 대표적인 무기류를 집성한 것이며, 북한지역 출토 무기류의 전체는 아니다(리광희 2005).

(4) 아차산일원 보루 출토 무기류

1990년대 후반 이후 남한지역에서 많은 유적이 조사되었는데, 임진·한탄강유역에서부터 금강유역의 대전에 이르기까지 넓은 범위에 걸쳐 있다. 그중 가장 많은 유적이 조사된 아차산 일원의 보루에서 출토된 무기류를 중심으로 6세기 전반 무기 양상을 살펴보기로 한다. 지금까지 보고된 양으로만 보면 아차산 일원의 보루에서 출토된 무기류가 가장 많다. 아차산 일원 고구려 보루의 연대는 대략 500년경에서 551년까지로 비교적 명확하게 밝혀지고 있어서 (崔鍾澤 2006) 고구려 무기체계의 변화를 살피는데 중요한 역할을 할 수 있다.

발굴조사 내용이 보고된 7개의 보루에서는 모두 1,757점의 무기류가 출토되었는데, 역시 철촉이 가장 많은 양을 차지한다(표 Ⅵ-7). 철촉은 아차산 4보루에서 출토된 삼익촉 1점과 착두형촉 5점 및 소량의 기타 형식을 제외하면 모두 세장형촉이다(그림 Ⅵ-45). 세장형촉은 오각형의 납작한 촉두와 단면 방형의 긴 촉신에 좁고 긴 슴베를 가진 형태로 전체 길이는 25cm 가량 된다. 이러한 촉은 2세기대로 편년되는 칠성산 871호분에서 출토된 예가 있지만 대체로 4세기 이후에 유행한 것으로 보인다. 또한 환런지역의 오녀산성이나 지안지역의 환도산성, 선양 석대자산성, 푸순 고이산성 등 방어기능이 강조되는 성곽에서 주로 출토되는 점으로 미루어 고구려 중기 이후에는 인마살상용의 대표적인 화살촉으로 사용된 것으로 이해된다.

도는 6점 모두 환두부가 유리된 채로 출토되었으나 잔존하는 병부의 형태로 보아 원래는 환두도로 추정된다(그림 Ⅵ-46). 아차산 4보루 출토 철도의 병부 쪽에는 얇은 철판을 타원형으로 접어서 만든 초구금구가 남아있다. 구의동보루에서 출토된 도가 가장 완전한 형태인데,

표 Ⅵ-7 아차산일원 보루 출토 무기류 일람표

구분 / 유적명	鏃						刀	矛				斧			札甲	합계 (찰갑제외)
	鑿頭形	廣葉形	柳葉形	細長形	三翼形	其他		有關直基	有關燕尾	無關直基	無關燕尾	橫孔斧	有鐏斧	其他		
구의동보루				1,300 (약3천여 점)			2	7	1	2		4				1,316
홍련봉 1보루				28		5	1	3				1		1	23	39
홍련봉 2보루				126(+83)				4	3	1		3		1	54	221
용마산 2보루				13		3	1	2				2	1		68	22
아차산 3보루				65			1	2					1	1	80	70
아차산 4보루	5			32(+13)	1		1					2		4	123	58
시루봉보루				24		3		2	1			1			4	31
합계 (찰갑 제외)	5			1,684 / 1,701	1	11	6	18 / 28	7	3		13 / 22	2	7	352	1,757

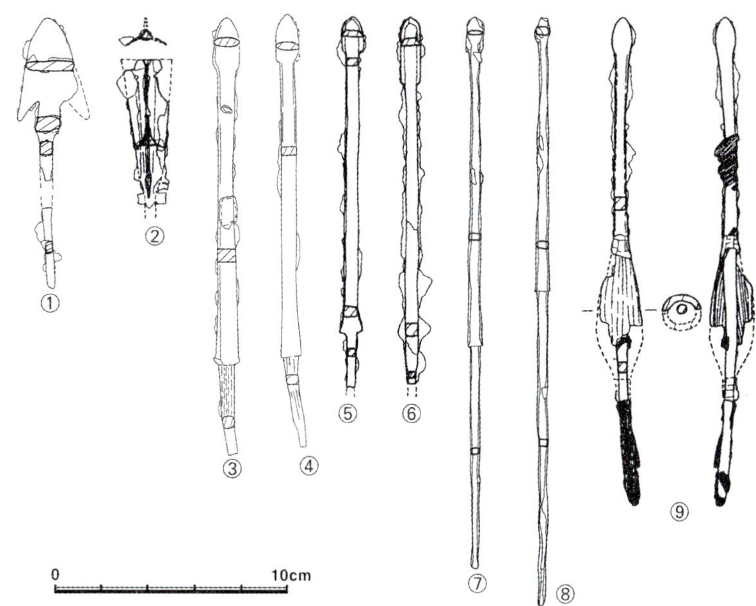

그림 Ⅵ-45 아차산보루 출토 철촉 각종

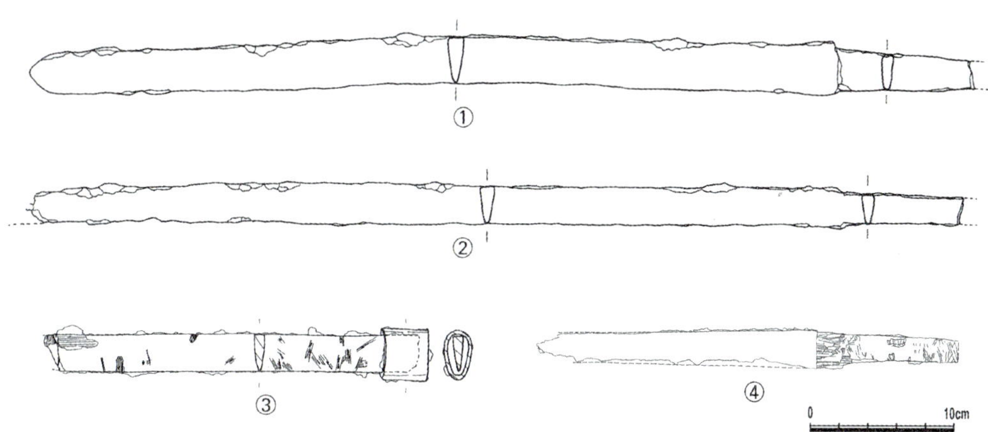

그림 Ⅵ-46 아차산보루 출토 철도 각종

현존하는 길이는 68.3cm 이다.

모는 28점 중 25점이 관부가 형성된 형태이며, 관부가 없이 봉부로 이어지는 형태는 3점에 불과하다(그림 Ⅵ-47). 유관철모 중 공부 하단이 직기형인 것이 연미형에 비해 빈도가 높다. 모는 봉부의 형태에 따라 광봉형과 협봉형으로 나뉘는데, 구의동보루 출토품 일부를 제외하면 모두 협봉형이다. 봉부의 길이도 장봉과 단봉이 있으나 단봉이 많다. 부는 거의 모든

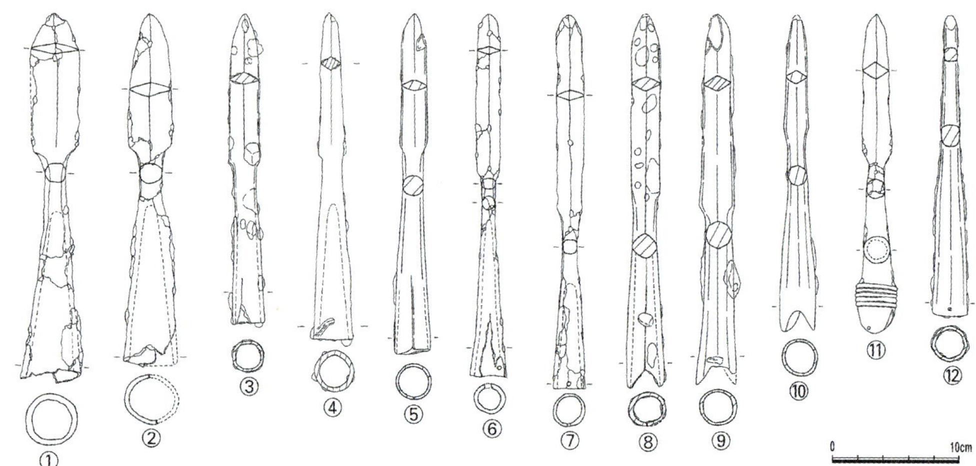

그림 Ⅵ-47 아차산보루 출토 철모 각종

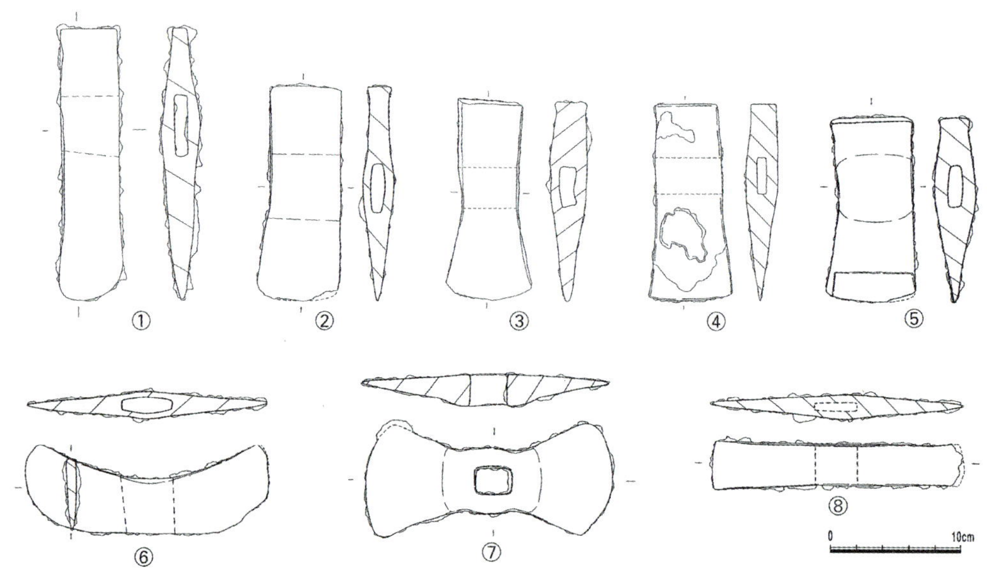

그림 Ⅵ-48 아차산보루 출토 철부 각종

보루에서 확인되는데, 대부분이 횡공부이다. 횡공부 외에 공부가 있는 철부도 있으나 이는 무기로 보기 어렵다. 그밖에 초승달모양의 월형부와 양인부 등 특수한 형태의 도끼도 소량 출토되었다(그림 Ⅵ-48).

방어무기로는 아차산 4보루에서 복발이 있는 소찰주 1식과 다양한 형태의 찰갑편이 출토 되었다. 소찰주는 아차산 제4보루의 1호 건물지 내부에 설치된 8호 온돌 아궁이에서 출토된 것으로 복발 1개와 52매의 소찰로 이루어져 있다. 복발은 소위 몽고발형으로 반구형이며, 평면은 타원형에 가까운 말각삼각형으로서 전면이 좀 더 뾰족하게 돌출되어 있다(그림 Ⅵ-49). 복발의 하단부는 마치 차양처럼 짧게 벌어져 있는데, 여기에 1.5~2.0cm 간격으로 작은 구멍이 2개씩 뚫려 있어 가죽 끈을 이용해 다른 소찰들과 연결하도록 하였다. 복발의 지름은 16.2×14.4cm, 높이는 7.2cm, 두께는 0.3cm 가량 된다.

복발에 연결되었던 소찰은 모두 52매가 확인되었으나 출토시에 이미 주의 원형이 파괴된 상태였기 때문에 전체 형태의 복원이 쉽지 않다. 소찰은 두께 0.2cm 내외의 얇은 철판을 이용해 외형을 제작한 후 각 테두리 중간 부분에 2개 혹은 1개씩의 구멍을 뚫은 것이 대부분인데, 크게 3가지 유형으로 구분된다.

첫 번째 유형은 전체의 2/3를 차지하는데, 외형과 구멍 배치 면에서 비교적 일관된 정형성을 보인다. 대체로 소찰의 상부 V자형으로 오목하게 들어간 부분에 한 개의 구멍이 있고 다른 모서리에는 각 2개씩의 구멍을 가지고 있으며, 일부 추가로 구멍을 더 뚫은 것들도 있다(그림 Ⅵ-49:⑬~⑰). 두 번째 유형은 전체의 1/3 가량을 차지하며, 그 형태가 매우 독특하고 개별적이어서 이들이 특정 부위에 부착되었던 것이라 생각되나 그 정확한 위치는 확인하기 어렵다. 이들 중 일부는 위쪽 모서리를 따라 등 간격으로 4개씩의 구멍이 뚫려 있고 폭 약 0.6cm 정도를 바깥쪽으로 꺾었으며 다른 모서리에는 역시 2개씩의 구멍을 중간지점에 뚫었다. 보존처리 과정에서 이러한 소찰에 부착된 일부의 녹편이 복발의 차양에 부착되어 있는 녹의 일부와 들어맞는 것이 확인되어 이들이 복발과 직접 연결되는 최상단에 배치되었던 것임을 알 수 있다(그림 Ⅵ-49:④~⑧). 세 번째 유형은 다른 소찰에 비해 넓고 길며, 두 점밖에 출토되지 않아 좌우 볼가리개로 사용되었던 것으로 추정된다(그림 Ⅵ-49:②~③). 같은 형태의 소찰 1점이 구의동 1보루에서 확인되는데, 크기는 아차산 4보루 출토품에 비해 작다.

소찰들 중 일부는 표면에 목질로 보이는 흔적이 뚜렷하게 남아있는 것들도 있으며, 다른 유기물질이 유착된 것으로 보이는 예들도 있다. 남은 유기물은 대체로 그 폭이 0.2~0.3cm인데 구멍의 지름이 대체로 이와 같으므로 이들이 소찰들의 결합 시에 사용된 가죽 끈 등과 관련된 것으로 보인다. 이상과 같은 소찰들의 형태적 특징을 감안하면 아차산 4보루 출토 소찰주는 〈그림 Ⅵ-49:우〉와 같은 구조로 연결되었을 것으로 추정된다.

지금까지 실물로 출토된 고구려의 투구로는 고이산성과 롱오리산성 출토품 등 2점이 알려져 있으며, 2점 모두 종장판주에 속한다. 아차산 제4보루출토 소찰주는 고구려 지역에서는 처음으로 출토된 실물자료이며, 최근 같은 형태의 소찰이 오녀산성 서문지에서 1점 출토

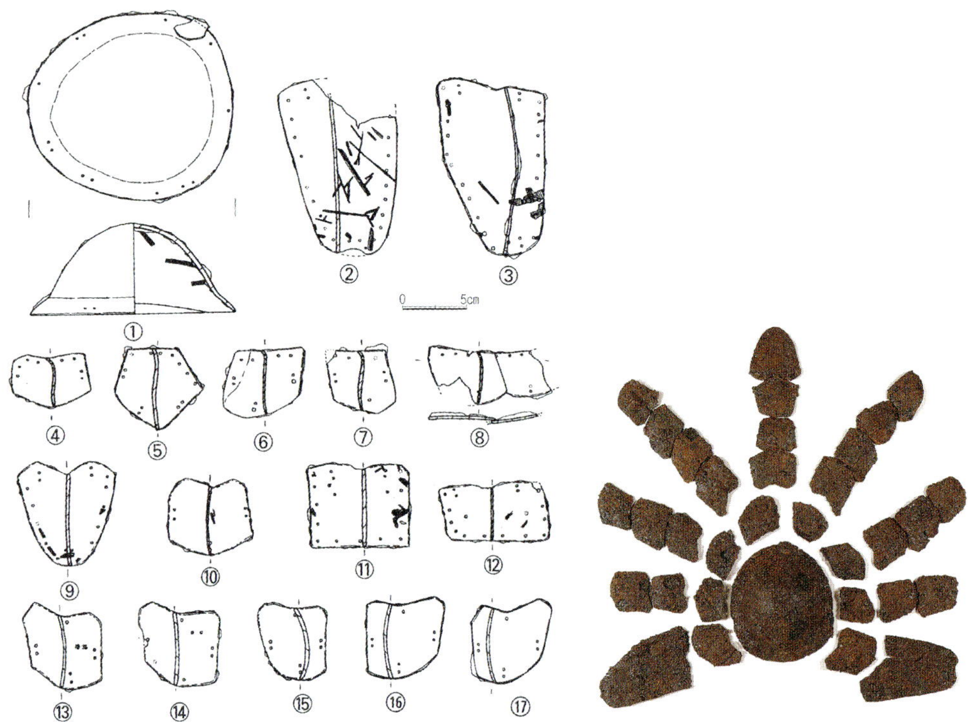

그림 Ⅵ-49 아차산 4보루 출토 소찰주

되었는데, 아차산 4보루 출토품에 비해 다소 크다. 이 밖에도 연천 무등리 2보루와 양주 태봉산보에서도 투구가 출토되었다. 실물자료는 아니지만 같은 형태의 소찰주는 5세기대의 삼실총 2실 서벽 벽화나 통구 12호분 벽화에서도 확인할 수 있다. 또한 가야지역에서는 6세기 전엽의 합천 반계제 가A호분이나 옥전 M3호분에서도 같은 형태의 소찰주가 출토되어 같은 계통으로 추정되나, 가야지역 소찰주의 경우는 방형 소찰이 주로 사용되는 점에서는 차이가 있다(송계현 2005).

아차산 일대의 고구려 보루에서는 총 280점에 달하는 찰갑편이 출토되었다. 형태가 불분명하거나 소찰주에 사용된 것으로 보이는 것이 있으나 극소수에 불과하며, 대부분은 찰갑에 사용된 것으로 추정되는 장방형의 소찰들이다. 이 중 전체 길이와 폭을 확인할 수 있는 개체는 112점인데, 크기와 형태에 따라 세 형식으로 구분된다.

첫째 형식은 길이 4.6~6.5cm, 폭 2.1~3.6cm 가량의 소형 찰이다(그림 Ⅵ-50:①). 길이 5.5cm를 기준으로 두 개의 소그룹으로 구분이 가능하나 전체적인 형태나 구멍의 배치는 동일하다. 전체적으로 장방형을 이루는데, 상변은 직선에 가까운 호형을 이루며, 하변으로 내려갈수록 점차 좁아진다. 하변은 양쪽을 접은 사다리꼴이 대부분이나 일부 완만한 호형을 이

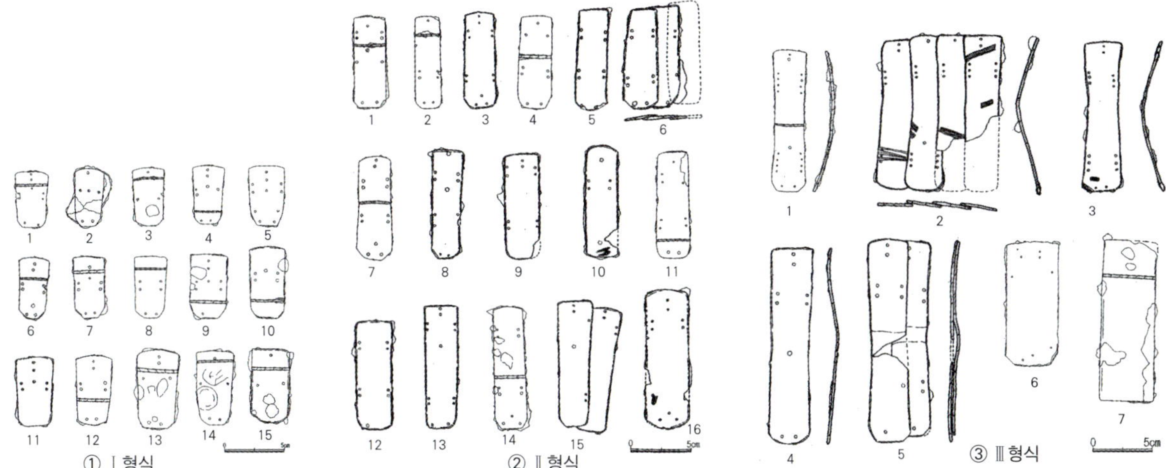

그림 Ⅵ-50 아차산보루 출토 찰갑편 각종

루는 경우도 있다. 구멍의 위치와 개수는 일정한 정형성을 보이는데, 상변 가운데에 세로로 2개, 하변에는 가로로 2개가 배치되어 있으며, 장변의 중앙 상단부에 세로로 2개씩, 장변과 하단부가 만나는 지점에 각각 하나씩의 구멍이 있다. 일부 개체에서는 소찰 중앙부 상단과 하단에도 하나씩의 현수공이 확인되기도 한다.

같은 형식의 소찰은 경기도 양주시의 태봉산보루와 환런의 오녀산성에서도 출토된다. 지안지역에서는 마선 2100호, 천추묘, 태왕릉, 우산 41호분 등에서 확인되는데, 마선 2100호와 천추묘 출토품은 금동제이며, 이를 주의 볼가리개와 수미부의 소찰로 보기도 한다(송계현 2005: 174-176). 그런데, 지안지역의 4~5세기 대 고분에서 출토되는 이 형식의 소찰은 상변이 둥글고 하변이 직선형인데 비해, 아차산 보루 출토품과 태봉산보루 및 오녀산성 출토품은 상변은 직선에 가까운 호형, 하변은 사다리꼴을 하고 있는 점에서는 차이가 있다.

둘째 형식은 길이 7.2~10.7cm, 폭 2.1~3.6cm 가량으로 Ⅰ형식 소찰과 폭은 같으나 길이가 길어서 세장방형을 띠고 있다(그림 Ⅵ-50:②). 길이 9cm를 기준으로 대소 두 그룹으로 구분이 가능하지만 전체적인 형태와 구멍의 배치는 동일하다. 가장 일반적인 형태의 소찰로 상하 폭은 차이가 없이 일정한 편이며, 상변은 직선형 또는 완만한 호형을 이루고, 하변은 모서리를 접어 사다리꼴을 이룬 경우가 대부분이다. Ⅰ형식의 소찰과 기본적인 형태는 같으나 훨씬 세장하다. 구멍의 배치는 상변 중앙에 세로로 2개, 하변 중앙에 가로로 2개가 있으며, 장변의 상단부와 하단부 외연에 각각 두 개씩의 구멍이 세로로 배치되어 있다. 장변의 중앙 상부와 하단부 중앙에 각각 하나씩의 현수공이 뚫린 경우도 있다. 구멍의 배치 역시 Ⅰ형식과 같으나 장변에 두 개씩의 구멍이 추가된 것에 차이가 있으며, 이는 찰이 길어진 것과 관련된 것으로 생각된다.

같은 형태의 소찰은 경기도 양주시의 태봉산보루와 환련의 오녀산성 및 지안지역의 고분 군에서도 출토되는데, 지안지역 고분 출토품의 경우 상변이 둥글고, 하변이 직선인 점에서는 차이가 있다.

셋째 형식은 길이 11.7~16.0cm, 폭 2.9~3.4cm 가량으로 Ⅱ형식 소찰에 비해 훨씬 더 세장하며, 장변의 중앙부가 약간 축약된 형태이다(그림 Ⅵ-50:③). 길이 15cm를 기준으로 두 그룹으로 세분되는데, 길이의 차이뿐만 아니라 구멍의 배치에서도 약간의 차이를 보인다. 소찰의 장변은 직선이며, 하변은 호형을 이루거나 귀를 접은 사다리꼴이다. 구멍의 배치는 기본적으로는 Ⅰ, Ⅱ형식의 소찰과 유사하나 장변에 뚫린 구멍의 개수가 많다. 상변 중앙에 세로로 2개, 하변 중앙에는 가로로 2개의 구멍이 뚫려 있으며, 장변의 중앙이나 중앙부 바로 아래에 현수공이 있다. 장변에는 Ⅱ형식과 마찬가지로 상하로 나뉘어 각각 2개씩의 구멍이 배치된 예도 있으나, 3개씩 또는 4개씩의 구멍이 뚫려 있는 경우도 있다. 이 중 아차산 4보루에서 출토된 5점의 소찰은 중앙부가 꺾여 있는데, 경갑이나 요갑 부위로 추정된다.[35]

이상의 소찰은 대부분 낱개로 유리된 채로 출토되어 결구기법이나 부위를 파악하기는 어렵다. 다만 일부 소찰들은 여러 매가 연접된 상태로 출토되고 있어서, 본래 같은 형태의 구멍을 가진 소찰을 종횡으로 나란히 포개어 결합했음을 알 수 있다. 이들은 가죽 끈을 구멍에 통과시켜 연결시켰을 것으로 생각되는데, 실제로 구멍 주위에 가죽 끈 등의 유기물 흔적이 뚜렷하게 남아있는 경우도 있다. 특히 일부 남아있는 유기질 흔적으로 미루어 보아 각 찰을 연접한 상태에서 횡방향으로 연결해 나갔을 가능성이 있는 것으로 생각되나 정확한 횡결기법을 파악하기는 쉽지 않다.[36] Ⅰ형식의 소찰은 소찰주에 사용된 것으로 볼 수도 있겠으나, 아차산 4보루에서 특이한 형태의 소찰주가 확인된 점으로 미루어 볼 때 찰갑에 사용된 것으로 판단된다. 소찰 자체만으로는 각 형식별 사용된 부위를 구분하기 어려우나 신갑의 일부가 아닐까 생각되며, Ⅰ형식은 신갑의 상부, Ⅱ형식과 Ⅲ형식은 요갑 또는 경갑으로 추정된다.

35 　몽촌토성의 85-4호 저장공에서 출토된 골제찰갑의 소찰들도 Ⅲ형식 소찰들과 크기나 외형, 구멍의 배치 등에 있어서 거의 일치한다. 물론 형태적인 유사성만으로 판단할 수는 없는 문제이기는 하지만 몽촌토성에서 다양한 종류의 고구려 유물이 출토되는 점으로 미루어 볼 때 이 골제찰갑도 고구려 유물일 가능성이 크다고 생각된다.

36 　근래 연천 무등리 2보루에서 갑옷 1개체가 그대로 주저앉은 채로 발견된 바 있다. 이에 대한 자세한 연구가 이루어진다면 고구려 갑옷의 제작 기술에 대한 정보가 추가될 수 있을 것으로 기대된다.

2) 고구려 무기체계의 변천

고구려의 무기체계는 크게는 공격용무기와 방어용무기로 대별된다. 공격용무기는 활로 대표되는데, 실물자료로 출토된 예는 평양역전이실분 출토품이 유일하다. 벽화고분에도 다양한 형태의 활이 묘사되어 있는데 기본적으로는 길이가 짧은 단궁이다. 평양역전이실분 출토 활은 소의 갈비뼈를 붙여 만든 것으로 세부분으로 나뉘어 있으며, 안악 3호분 행렬도에도 묘사된 활과 같은 형태의 것으로 보인다. 실물로 출토된 예는 없으나 문헌기록에는 원거리무기로 쇠뇌(弩)가 활과 함께 등장하는데, 4세기 이후 무기로 사용되기는 하였으나 6세기 이후 주요 무기로 사용된 것으로 보기도 한다(余昊奎 1999: 13). 활과 함께 사용된 화살촉은 명적으로 사용된 삼익촉을 제외하면 착두형과 광엽형, 유엽형, 세장형 등으로 구분되고, 시기별로 변화 양상을 보이는 동시에 기능적인 차이도 함께 내포하고 있다.

근거리무기는 다시 단병기와 장병기로 나뉜다. 단병기는 도로 대표되며, 벽화에는 환두도로 묘사되는 점으로 보아 실물로 출토되는 자료에 환두가 없더라도 당초 환두도였던 것으로 추정할 수 있다. 또 다른 단병기로 부가 있는데, 한쪽에만 날이 있는 단인의 횡공부가 주를 이루지만 상인부와 월형부 등 다양한 형태의 도끼도 함께 확인된다. 그밖에 이른 시기의 유적에서는 공부가 있는 주머니형 도끼가 출토되기도 한다.

장병기는 모로 대표되는데, 목제 자루에 창날과 창고달이를 착장하여 사용한 것이다. 문헌에는 모를 길이에 따라 세 종류로 구분하여 묘사하고 있는데, 기병용 장창인 삭(矟), 보병용 창인 모(矛), 단창인 연(鋋)이 그것이다.[37] 모는 형태에 따라 유관직기형, 유관연미형, 무관직기형 등으로 나뉘며, 봉부의 형태에 따라 광봉형과 협봉형으로 구분하기도 하는데, 봉부의 형태가 시간적인 차이 및 기능적인 차이를 반영하는 것으로 이해된다. 벽화와 문헌기록에는 모 외에도 고구려의 주요 장병기로 극이 묘사되어 있으나 실물로 출토된 자료는 없다. 그밖에 출토유물 중에는 갈고리창과 다지창 등의 장병기가 출토되기도 한다. 또한 단병기로 구분되는 부 중에서 월형부와 쌍인부 등도 장병기로 사용되었을 가능성이 크며, 농공구로 분류되는 낫도 실전에서 자루를 길게 장착하면 무기로 사용될 수도 있다.

방어용무기는 갑주로 대표되는데, 벽화에는 다양한 형태의 주가 묘사되어 있으나 실물자료는 빈약하다. 갑옷은 모두 찰갑으로 찰의 하변이 원형인 것과 모를 접은 것의 두 유형이 있

37　兵器有甲弩弓箭戟矟矛鋋(『周書』 卷49 高麗傳).

는데 전자가 먼저 등장하는 것으로 알려져 있다. 방패는 벽화에 등장하지만 실물자료는 확인되지 않는데, 장육각형 타원형 등 다양한 형태가 있다. 그밖에 무기체계에는 공성용무기와 성곽방어용 무기가 포함되어야 하겠으나 자료상의 한계로 자세한 내용을 알기는 어렵다.

고구려 무기체계의 변천에 대해서 1~2세기(한대 무기의 영향과 고구려 무기의 성립), 2세기~3세기 중엽(고구려 독자적 무기체계의 형성), 3세기 후반~4세기 중후엽(고구려 무기체계의 확립), 4세기 중후반~5세기 중엽(첨단무기로의 기능 확대), 5세기 후반~6세기 후반(전투양상의 변화에 다른 다양한 무기의 발달) 등으로 세분하여 고찰한 연구가 있다(김길식 2005). 이러한 구분에 개연성이 없는 것은 아니나 현재의 자료로 보는 한 이처럼 세분하여 변천 과정을 고찰하는 데는 무리가 따른다.

고구려 무기체계는 대략 300년과 500년경을 기점으로 하여 4세기 이전, 4~5세기, 6세기 이후의 세 시기로 나누어 변화 과정을 살필 수 있다. 4세기 이전에 이미 궁시, 도, 모를 근간으로 하는 무기체계가 갖추어진 것은 사실인 것으로 보인다. 그러나 실물자료로는 이 시기 무기체계를 자세히 파악하기는 힘들다. 4~5세기에는 이전 시기에 없던 단병기이자 타병기인 부가 등장하며, 이전 시기에 비해 세장한 형태의 화살촉이 본격적으로 사용되기 시작한다. 또한 이전 시기와는 달리 모 중심의 무기체계가 확립되며, 도는 여전히 사용되지만 지휘용이나 포로참수용 등 제한적인 용도로 사용된 것으로 보인다. 모에 있어서도 광봉형과 함께 협봉형이 사용되는 변화를 보인다. 이러한 변화는 갑주의 발달과도 관련이 있는 것으로 보이는데, 화살촉에 있어서 관통력을 높인 세장형으로 변화함과 동시에 모에 있어서도 폭이 좁고 단면이 두꺼운 협봉형이 개발된 것으로 추론할 수 있다. 타병기로서의 부의 등장도 이러한 흐름과 궤를 같이 하는 것으로 이해된다. 6세기 이후에는 화살촉이 세장형으로 정형화되는 경향을 볼 수 있으며, 모도 협봉형 중심으로 변화하는 한편 월형부와 쌍인부, 갈고리창과 다지창 등 장병기가 다양화되는 경향도 감지할 수 있다. 이러한 무기체계의 변화양상은 3세기 중엽경의 상황을 전하는 위략(魏略)의 기사[38]와 6세기 중반경의 내용을 전하는 주서(周書)의 기사[39]를 비교 분석한 결과와도 일치하며(余昊奎 1999), 고구려 국가의 발전단계와도 궤를 같이하는 것으로 생각된다.

38　有氣力便弓矢刀矛有鎧習戰(『太平御覽』 卷783 所引 魏略).

39　兵器有甲弩弓箭戟矟矛鋋(『周書』 卷49 高麗傳).

3) 고구려 군의 병종구성과 군사편제

벽화와 문헌기록 검토를 통한 고구려 군의 병종구성에 대한 논의는 이미 1970년대부터 시작되었다(박진욱 1990; 堀田啓一 1979; 余昊奎 1999). 약 23기의 벽화고분에 다양한 형태의 무장을 한 병사가 묘사되어 있다. 이 중 덕흥리벽화분과 약수리벽화분, 안악 3호분 등에는 행렬도가 묘사되어 있는데, 이를 통해 고구려 군의 병종구성을 파악해 볼 수 있다.

고구려의 군사는 보병과 기병으로 대별된다. 보병은 다시 무장상태에 따라 갑옷과 투구를 착용한 중장보병과 착용하지 않은 경장보병으로 나뉘는데, 벽화의 내용을 보면 경장보병의 비율이 우세하다. 기병 역시 병사와 말이 갑옷과 투구 등 구장개를 모두 갖춘 중장기병과 무사만 무장을 한 갑주기병, 무사와 말 모두 무장하지 않은 경장기병으로 구분되는데, 갑주기병은 매우 적으며, 중장기병과 경장기병의 비율은 비슷하다. 또, 보병이나 기병 모두 갑주를 착용한 비율이 높지 않으나 기병이 보병에 비해 무장 비율이 높은 편이다.

기병은 문헌기록에 보이는 장창인 삭을 주요 무기로 사용하였으나, 보병은 도, 모, 극, 궁시, 노 등 다양한 무기를 소지하고 있다. 벽화고분의 그림을 보면 병종별로 주로 사용하는 무기에 다소 차이가 있다. 병종별 무기 구성을 보면 보병은 부, 모, 도, 궁시+도, 궁시+모 등의 순으로 나타나고 있으며, 기병은 궁시, 모, 도 등의 순으로 무기를 소지하고 있어서 보병의 주력 무기는 부와 모, 도이며, 기병은 궁시와 모를 주력 무기로 하였음을 알 수 있다(여호규 1999: 46). 그러나 이는 벽화에 나타난 모든 무사를 대상으로 한 것이고, 전투와 관련된 장면만을 대상으로 할 경우 모가 가장 많이 사용되고 있으며, 따라서 모가 가장 중요한 개인 무기였다고 할 수 있다.

한편 보병의 경우는 소지한 무기에 따라 궁수와 창수 및 부월수, 환도수 등으로 구분된다. 전투시 이들 병종별 군사들의 배치에 대한 자세한 기록은 없으나 벽화 내용을 바탕으로 추정해 보면 평지에서 대회전을 벌일 경우 진영의 맨 앞에는 중장기병이 서고, 이어 경장기병, 창수, 환도수, 부월수, 궁수가 그 뒤를 따르고 있었던 것으로 보인다.

문헌기록에 등장하는 전쟁관련 기사를 검토하면 고구려 군대의 규모는 시기별로 차이가 많은데, 1~3세기 대에는 대체로 수천에서 2만 전후로 나타나고 있다. 구체적으로 2세기의 병력동원 규모는 1만 명을 넘지 못하며, 3세기 중엽 경에는 2만 명으로 늘어난다. 4~5세기 대에는 국가의 지배체제가 확립되고 왕권이 강화되면서 병력동원체계가 발전하여 4~5만 명의 병력이 동원되고 있다(余昊奎 1999). 이러한 점은 4세기 이후 왕권에 의한 집권력이 강화되고 국가차원의 병력동원체제가 마련되었음을 반영하는 것으로 이해된다(林起煥 1996: 180).

문헌기록을 통해 볼 때 고구려 후기의 군사조직은 중앙과 지방으로 나뉜다. 중앙의 군사조직은 5부를 중심으로 구성되었으며, 중앙의 최고위 무관직은 대모달(대당주)로서 궁중숙위를 담당하였다. 그 아래에는 대형 이상 관등의 말객과 당주가 있었으며, 말객은 1천 명, 당주는 1백 명의 상비군을 거느리고 있었다. 한편 지방의 군사조직은 행정구역과 같은 체계로 구성되었는데, 최상위 지방관으로 욕살이 있고, 그 하위에는 말객의 다른 이름인 군두 그리고 최하위 지방관인 루초 또는 백두로 구성되었으며, 백두는 중앙의 당주와 대응하는 편제이다(林起煥 1996:181-182).

고구려의 군사조직에 대한 더 이상의 자세한 기록은 없으나 최근 조사된 아차산일원의 고구려 보루발굴을 통하여 6세기 전반경 고구려 군의 편제에 대한 새로운 자료가 확보되었다. 아차산 일원에는 약 20여 개소의 보루가 분포하며, 한강변을 따라 설치된 보루와 아차산 능선을 따라 배치된 것으로 구분된다. 발굴조사 결과에 의하면 한강변에 위치한 최전방 초소의 성격을 가진 구의동보루는 기습공격을 받아 전멸하였으며, 반면에 아차산 일원의 고구려 보루는 무기와 장비를 거두어 철수한 것으로 보인다(崔鍾澤 1999a). 구의동보루는 전소된 채 무너져 있었으며, 온돌아궁이에는 솥이 그대로 걸려 있었고 다량의 무기와 토기류가 출토되었다. 출토된 무기류는 도 2점, 모 10점, 부 4점, 촉 1,300여 점이다. 이 중 도는 지휘용으로 겸장하였으며, 부는 근접전에서 부대원이 공용으로 사용한 무기로 추정되고, 4세기 이후 고구려 군의 주력무기가 모로 일원화되는 점을 감안하면 구의동보루에는 10명의 병사가 주둔하였던 것으로 추론할 수 있다.[40] 이럴 경우 병사 1인당 약 3백 발의 화살을 보유하고 있었던 것으로 추산된다. 한편 아차산 4보루에는 구의동보루와 유사한 면적의 온돌 단위가 10개 확인되므로 100여 명의 병사가 주둔하였음도 추론할 수 있으며, 아차산 일원에서 확인된 보루를 모두 합하면 6세기 전반 아차산 일원에는 약 2천여 명의 고구려 군이 주둔하였던 것으로 추산할 수 있다. 이상의 추론이 타당하다면 아차산 4보루와 같은 대형급 보루에는 루초 또는 백두에 해당하는 지휘관을 상정할 수 있으며, 아차산 능선과 용마산 능선에는 각각 말객 또는 군두에 해당하는 지휘관이 파견되었을 것으로 이해할 수 있다.

40　『新唐書』에는 당의 군대조직에 대해, '士以三百人爲團, 團有校尉, 五十人爲隊, 隊有正, 十人爲火, 火有長(『新唐書』卷50「志」第14 兵)'라고 기록하고 있으며, 구의동보루의 조직은 火에 비교된다. 한편 이에 대해『晉書』에 보이는 '五人爲伍 五伍爲兩 四兩爲卒 五卒爲旅 五旅爲師 五師爲軍(『晉書』卷14「兵」第4 地理(上))' 기사에 보이는 '오(伍)' 2개 단위가 구의동보루에 주둔한 것일 가능성을 제기한 주장도 있다(金性泰 2005: 124)

5. 마구

마구는 말에 오르기 위한 기승구와 말을 조정하기 위한 조정구 또는 제어구, 말을 장식하던 장식 등으로 구성된다. 실물로 남아 전하는 마구는 재갈(轡), 등자(鐙子), 안장(鞍裝) 등 기능과 관련된 것과 십금구(辻金具)와 교구(鉸具) 등 마구를 말에 장착하는데 사용되는 도구 및 행엽 (杏葉), 운주(雲珠) 등 각종 장식이 있다. 그밖에 마구를 말에 장착하거나 부리기 위해 사용되었던 굴레, 고삐, 가슴걸이, 후걸이 및 안장, 다래 등 유기물로 구성된 부분은 벽화 등을 통해 내용을 파악할 수 있다(그림 VI-51).

마구의 등장은 청동기시대 유라시아 초원지대에서 말의 사용과 관련된 것으로 재갈 등 제어구가 가장 먼저 등장하는데, 기원전 3천 년대에 전차의 발생과 함께 등장하였다. 이후 기원전 1천 년대 말엽에는 안장이 등장하였다. 등자의 발생은 이보다 다소 늦은 것으로 보이는데, 동북아시아에서 금속제 등자가 널리 사용되는 것은 5세기경으로 보인다(강인욱 2006). 고구려의 금속제 마구는 4세기대에는 등장하는데, 고분에서 출토된 실물자료뿐만 아니라 안악 3호분 등의 4세기대의 고분벽화에는 각종 마구와 마갑, 마주를 갖춘 개마가 표현되고 있다. 마구 중에서 안장과 등자 및 재갈은 말타기 기술과 관련된 도구와 갑주의 발달은 기마부대의 전력 향상에 큰 영향을 주었으며, 기병 전술의 발달을 가져왔다.

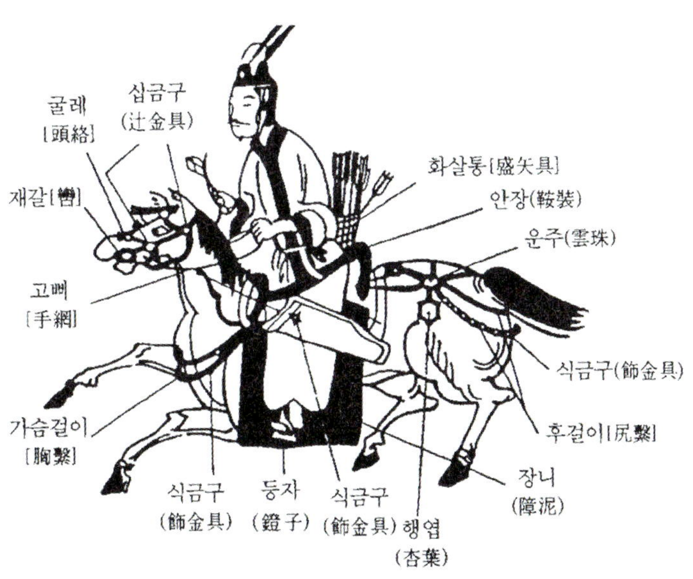

그림 VI-51 마구 각 부위 명칭

1) 재갈(轡)

말을 조정하기 위한 기구는 주로 재갈과 관련된 것으로 말의 입에 물리던 재갈쇠(銜)와 재갈
멈치(鏡板, 鑣) 및 고삐이음쇠(引手)와 고삐 등으로 구성된다(그림 Ⅵ-52). 재갈은 전술의 변화
에 따른 마구의 변화를 잘 보여주는데, 재갈쇠, 고삐이음쇠와 재갈멈추개 등의 형태가 변하
며, 자세한 편년이 이루어지고 있다(桃崎祐輔 2005a, 2005b, 2010; 諫早直人 2007; 장윤정 2014). 지
금까지 알려진 재갈은 20여 점이 안되는데, 북한지역의 자강도 법동리 하구비적석총과 서해
리 2지구 1호분, 평성 지경동 1호분, 중국 지안시 만보정 242호분, 만보정 1078호분, 임강총,
우산 3241호분, 우산 3283호분, 집석공로고분군, 칠성산 1096호분 및 환런 오녀산성 철기
저장고 등에서 출토되었으며, 남한지역의 아차산 4보루에서도 출토되었다(그림 Ⅵ-53).

　　고구려의 재갈은 재갈멈추개의 형태에 따라 표비(鑣轡)와 판비(板轡)로 구분된다. 표비는
하구비적석총 출토품과 만보정 242호분 출토품이 대표적인데, 2개의 재갈쇠가 연결된 2연
식 함과 복조식 인수로 구성된 특징은 같다. 그러나 표의 형태에서는 차이가 있는데, 전자는
두 개의 구멍이 뚫린 봉상의 2공식 표이고, 후자는 S자형 표로 차이가 있다. 또한 만보정 242
호분 출토품에는 장방형의 입문(立聞)이 달려 있다. 이와 유사한 형태의 표비는 흉노지역 고
분과 부여지역의 고분에서 출토되는데, 대체로 봉상의 표비가 S자형 표비보다 이른 시기에
사용되는 것으로 알려져 있다. 만보정 242호 표비는 뤄양(洛陽) 소구한묘(燒溝漢墓) 출토품과
비교하여 3세기 말로 비정되며, 하구비적석총 표비는 3세기 중엽 이전으로 비정된다.

　　이상의 2점 외에도 서해리 2지구 1호분, 우산 3241호분, 우산 3283호분 등에서 출토된 재

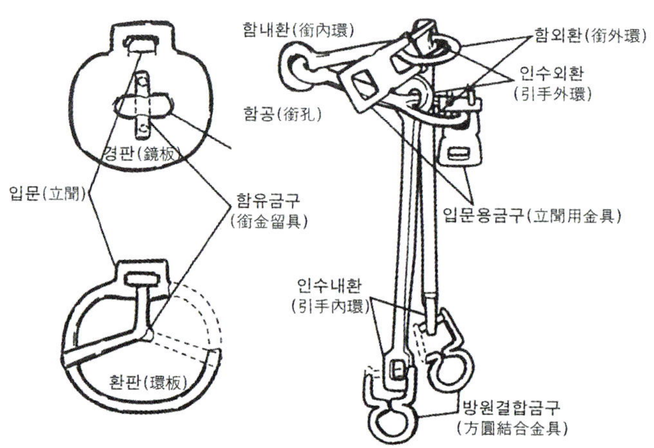

그림 Ⅵ-52 재갈 각 부위 명칭

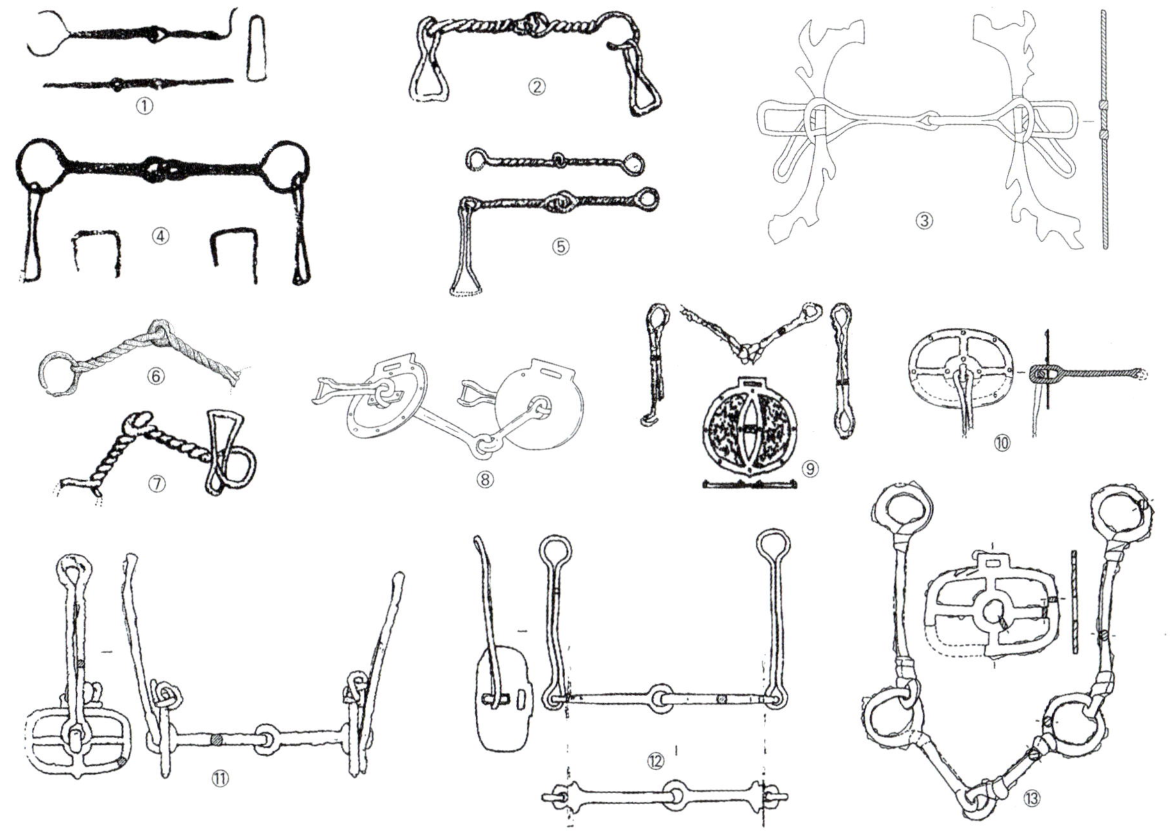

그림 Ⅵ-53 **고구려 재갈 각종(축척부동)**

① 법동리 하구비적석총, ② 우산 3241호분, ③ 만보정 242호분, ④ 서해리 2지구 1호분, ⑤ 우산 집석공로고분군, ⑥ 임강총, ⑦ 우산 3283호분, ⑧ 칠성산 1096호분, ⑨ 평성 지경동 1호분, ⑩ 만보정 1078호분, ⑪ 오녀산성, ⑫ 오녀산성, ⑬ 아차산 4보루

갈도 표비에 해당된다. 재갈쇠는 2조의 철봉을 꼬아서 만들었으며(서해리고분은 제외), 복조식 인수를 특징으로 하는데, 인수의 길이가 다소 길어진 특징이 있다. 이러한 점을 근거로 이들 4점의 재갈은 만보정 242호분 출토품보다 다소 늦은 4세기 전엽~4세기 중엽으로 편년된다.

판비는 장방형 입문이 달린 원형 또는 타원형의 경판(또는 銜留)과 2연식 함, 2조식의 긴 인수 등을 특징으로 한다. 세부적으로 약간씩의 차이가 있는데, 경판의 형태가 원형에 가까운 것과 타원형으로 구분된다. 원형 경판의 경우 함 외환과 결합하는 함공이 원형인 것(그림 Ⅵ-53:⑧)과 함공이 렌즈 모양인 것(그림 Ⅵ-53:⑨)의 차이가 있다. 타원형 경판은 가운데의 원형 함공과 십자형 띠를 통해 바깥쪽 테두리와 연결되며, 함공, 십자형 띠와 함유 테두리를 제외한 공간은 뚫려있는 형태이나(그림 Ⅵ-53:⑩,⑪,⑬), 오녀산성 출토품 중 1점은 테가 없는 판상으로 차이가 있다. 재갈쇠는 모두 1조의 봉상 2연식 함이며, 아차산 4보루 출토품은 함 내환과 외환 모두 철봉을 둥글게 말아 환을 만들고 1~2바퀴 감아서 마무리한 특징이 있다. 인수는 표비에 비해서 긴 편인데, 2조의 철봉을 접어서 만들었으며, 아차산 4보루 출토품만 1조의 철봉을 구부려 외환과 내환을 만들고 감아서 마무리하였다. 인수 내환과 외환 모두 원형이지만 칠성한 1096호분 출토품의 인수 외환은 이른바 삽자루형으로 차이가 있다. 이상의 판비는 칠성산 1096호분 → 지경동 1호분·만보정 1078호분 → 오녀산성·아찬산 4보루의 순으로 편년되는데, 칠성성산 1096호분 출토품은 4세기 후엽~5세기 초엽, 지경동 1호분과 만보정 1078호분 출토품은 5세기 전엽~5세기 말, 오녀산성과 아차산 4보루 출토품은 6세기 전엽~6세기 중엽으로 비정된다.

2) 등자

등자는 안장에 매달아서 발을 올려놓는 장치로 등자를 사용함으로써 기병의 활동이 자유롭게 되었다. 처음에는 나무로 제작하거나 나무에 철판을 씌운 등자가 유행하였으나 점차 통으로 된 철제 등자로 바뀌게 되었다. 고구려 등자 역시 출토량이 많지 않은데, 지안시 칠성산 1096호분, 태왕릉, 만보정 1078호분, 국내성, 하해방대대, 환런현 오녀산성과 선양 석대자산성 및 푸순 고이산성 등에서 출토되었으며, 북한의 평성 지경동 1호분과 남한의 아차산 4보루에서 모두 20여 점 내외의 등자가 출토되었다(그림 Ⅵ-54).

동북아시아 지역의 등자는 병부의 길이에 따라 단병 등자와 장병 등자로 나뉘는데, 고구려 등자는 모두 장병 등자인 것이 특징이다. 또한 등자의 몸통은 타원형에 가까워 윤등으로 불리는데, 제작 기법에 따라 크게 두 형식으로 구분된다. 첫째는 나무로 등자 모양의 심을 만들고 그 위에 철판을 씌우고 못으로 고정한 목심철판피윤등(木心鐵板被輪鐙)이고, 둘째는 목심 없이 등자 전체를 철로 만든 형태이다. 태왕릉에서는 용문이 투조된 금동판으로 씌운 목심금동판장용문투조윤등이 출토되었는데, 윤부를 싸고있는 금동판에는 용 또는 사신을 정교하게 투조하여 장식하였다.

목심윤등은 타원형의 윤부와 긴 병부를 특징으로 하는데, 병부 끝에는 장방형의 구멍이 윤부와 평행하게 뚫려 있다. 답수부는 대체로 직선에 가까운 형태이나 칠성산 1096호분과 태왕릉 등자는 답수부 가운데가 약간 융기되어 있다. 이러한 형태의 장병 등자는 원대자벽화분이나 효민둔 154호분, 십이대향 전창 M1호분에서 출토되는데, 시간이 지남에 따라 윤부

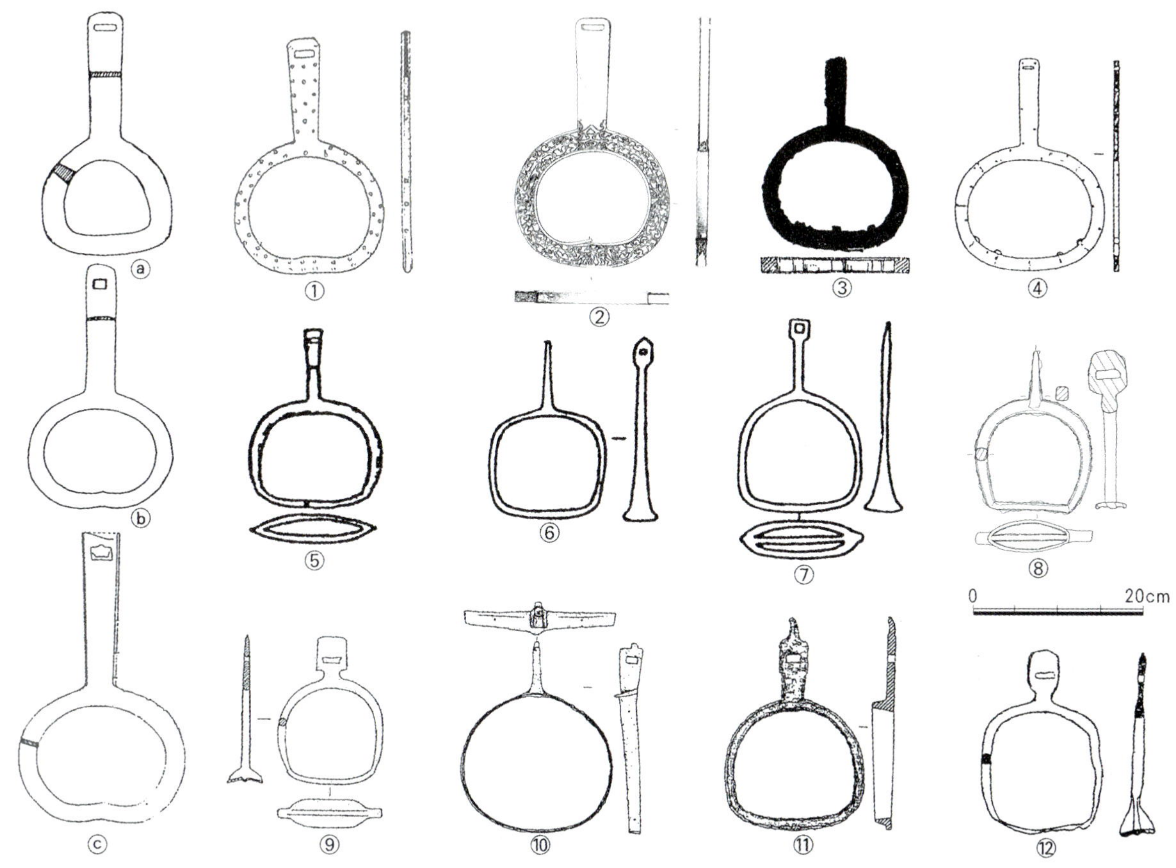

그림 Ⅵ-54 고구려 등자 및 삼연지역 등자 각종

① 칠성산 1096호분, ② 태왕릉, ③ 지경동 1호분, ④ 만보정 1078호분, ⑤ 하해방대대, ⑥ 국내성, ⑦ 국내성, ⑧ 아차산 4보루, ⑨ 석대자산성, ⑩ 오녀산성, ⑪ 오녀산성, ⑫ 고이산성, ⓐ 차오양 원대자벽화분, ⓑ 안양 효민둔 154호분, ⓒ 차오양 십이대향 전창 88 M1호분

의 형태가 삼각형에서 타원형으로 변하는 것으로 알려져 있다. 타원형 윤부의 답수부 중앙부
가 약간 융기한 형태적 특징을 통해 보면 칠성산 1096호분과 태왕릉 등자는 효민둔 154호분
이나 십이대향 전창 M1호분과 같거나 다소 늦은 시기로 편년되는데, 대체로 4세기 후엽이나
5세기 초엽으로 비정된다.

지경동 1호분과 만보정 1078호분 출토 등자는 윤부가 더욱 타원형이고 답수부도 직선에
가까우며, 중앙부가 융기하지 않는 대신에 여러 개의 돌기가 있다. 이는 승마 시 발이 미끄러
지는 것을 방지하기 위한 것으로 기능적으로 개선된 형태이다. 이러한 형태의 등자는 대체로
5세기 전엽~5세기 후엽으로 비정된다.

남한의 아차산 4보루에서 출토된 등자는 주조품으로 병부의 길이가 짧아졌으며, 상단의 장방형 현수공은 윤부와 직교하게 뚫려 있다. 윤부는 세로로 긴 타원형에 가까우나 답수부는 완전히 직선이며, 답수부 바닥은 렌즈 모양으로 넓어졌다. 이러한 변화는 발이 미끄러지는 것을 방지하는 방향으로 기능이 더욱 개선된 결과로 보이는데, 유사한 형태의 철제 등자는 국내성과 석대자산성, 고이산성 등에서도 출토된다. 아차산 보루의 연대가 6세기 전반으로 비정되는 점을 감안하면 이러한 형태의 등자는 6세기 이후에 등장하는 것으로 보이며, 일부는 7세기 후반까지도 사용된 것으로 추정된다. 한편, 오녀산성에서 출토된 목심윤등은 병부가 짧고, 현수공이 윤부와 직교된 방향으로 뚫려 있으며, 윤부가 병부보다 넓은 점 등에서 5세기대 목심윤등과는 차이가 크며, 오히려 철제 등자와 형태적으로 유사하다. 때문에 오녀산성 출토 목심윤등 역시 6세기 중엽 이후로 비정할 수 있다.

3) 안장

안장은 말을 탄 무사의 몸을 안정시켜주며, 자유로운 활동을 도와주기 때문에 중무장한 기마전에 있어서 매우 중요한 요소의 하나이다. 안장은 사람의 엉덩이가 닿는 부분인 거목(居木)과 앞뒤 한 쌍의 안장가리개(鞍輪)로 구성되어 있다(그림 Ⅵ-55). 안장가리개는 보통 쇠로 제작되지만 금동으로 만든 장식적인 것도 있다. 안장은 가죽이나 천으로 만든 연식안과 나무나 금속으로 만든 경식안으로 구분되는데, 고구려는 대체로 경식안을 사용한 것으로 생각된다. 경식안의 경우에도 안장의 주요 부분인 거목과 안장의 앞뒤를 가리는 안교 등 목재로 제작된 부분은 실물로 남아 전해지지 않고, 안교에 사용된 금속부만 출토된다. 출토되는 안장 관

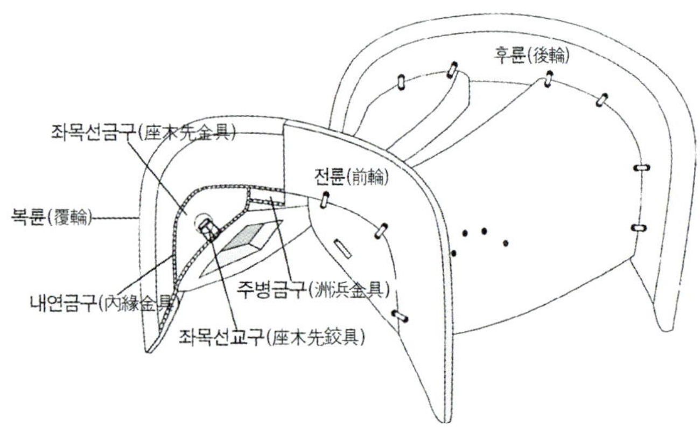

그림 Ⅵ-55 안장 각 부위 명칭

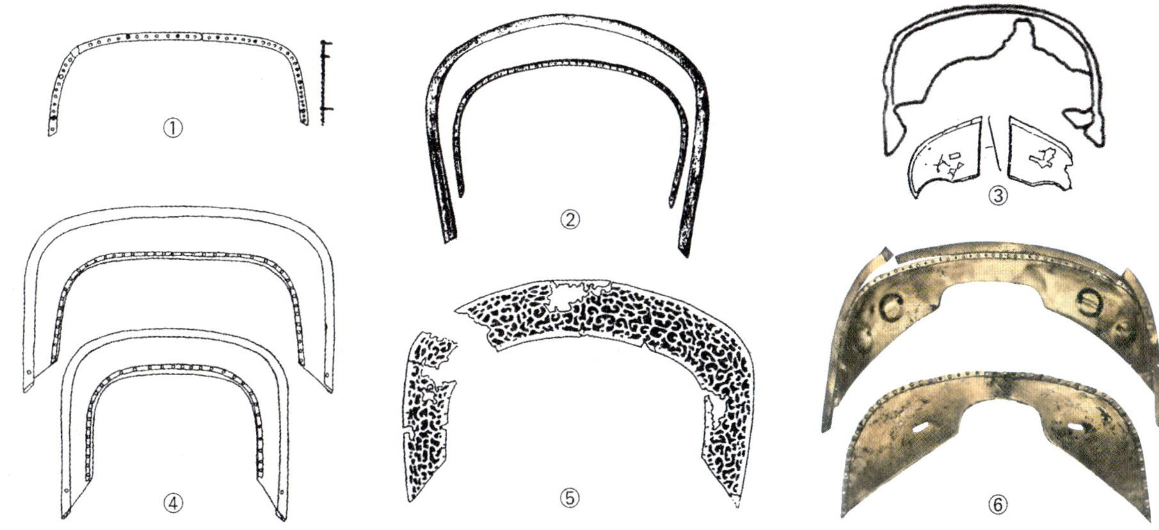

그림 Ⅵ-56 고구려 안장금구 각종
① 우산 152호분, ② 지경동 1호분, ③ 마선 1호분, ④ 칠성산 1096호분, ⑤ 만보정 1078호분, ⑥ 장천 4호분

련 금구는 전교와 후교의 테두리(覆輪)와 안교의 내부를 가려 장식하는 좌목선금구와 그 테두리(內緣金具)가 주를 이루며, 좌목선금구에 달린 좌목선교구 등이 있다.

고구려의 안장 관련 금구는 우산 152호분, 마선 1호분, 칠성산 1096호분, 만보정 1078호분, 장천 4호분, 지경동 1호분 등에서 출토되었는데, 철제도 있으나 금동제가 많으며, 만보정 1078호분에서는 출토된 금동제 안교에는 권운문이 정교하게 투조되어 있다(그림 Ⅵ-56). 만보정 242호분은 3세기 후엽, 칠성산 1096호분은 4세기 후엽~5세기 초엽, 만보정 1078호분과 지경동 1호분은 5세기 전엽~5세기 중엽, 마선 1호분은 5세기 중엽으로 편년된다.

4) 마구장식

마구와 관련된 장식은 말 정수리를 장식하던 관자 또는 당루와 가슴걸이(胸繫)와 후걸이(尻繫)에 매달아 장식하는 말띠드리개(杏葉), 삼계(三繫)의 가죽 띠가 교차하는 곳을 고정하는 말띠꾸미개(雲珠)와 고들개에 다는 말방울(馬鈴, 馬鐸) 등이 있다.

행엽은 말띠드리개라고도 하는데, 가슴걸이나 후걸이의 말띠꾸미개에서 연결된 가죽 끈에 매달아 장식하는 것으로 삼국시대 행엽은 심엽형, 타원형, 편원어미형. 검릉형 등이 있으나 고구려에서는 심엽형 행엽만 출토된다. 고구려의 행엽은 칠성산 1096호분, 우산 2891호

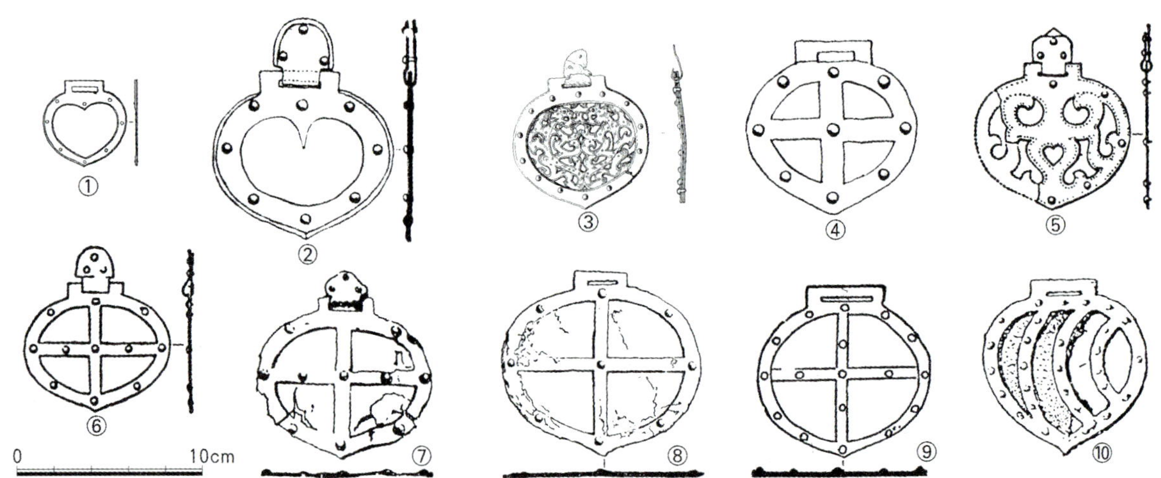

그림 Ⅵ-57 고구려 행엽 각종

① 칠성산 1096호분, ② 우산 2891호분, ③ 태왕릉, ④ 우산 3105호분, ⑤~⑥ 만보정 1078호분, ⑦ 장천 2호분, ⑧ 마선 1호분, ⑨ 산성하 동대파 217호분, ⑩ 패왕조산성

분, 태왕릉, 우산 3105호분, 만보정 1078호분, 장천 2호분, 마선 1호분, 지경동 1호분, 산성하고분군 동대파 217호분 등 고분에서 주로 출토되지만, 패왕조산성이나 남한의 수락산보루 등 관방시설에서 출토되기도 한다(그림 Ⅵ-57). 대체로 4세기 후엽~5세기 초엽의 행엽은 심엽형 대판 테두리를 따라 주연 판만 얹어 장식하거나, 투조 장식을 하는데 비해, 5세기 중엽 이후의 행엽은 심엽형 대판 위에 주연 판과 십자형 지판을 얹어 장식하는 점에서 차이가 있다. 태왕릉 출토 행엽에는 권운문을 투조 장식하였고, 만보정 1078호분 출토 행엽도 투조 장식이 있다.

말띠꾸미개는 보통 운주(雲珠)라고 부르며 삼계(三繫)의 가죽 띠가 교차되는 곳을 고정하기 위한 용도이지만 그 자체로 장식 효과가 있다. 운주는 보통 여러 개의 가죽 띠가 교차되는 지점에 사용되므로 여러 개의 각부가 달려 있다. 일본에서는 5개 이상의 끈이 교차되는 5각 이상을 운주라고 부르고 3각이나 4각의 운주는 따로 십금구(辻金具)로 구분하기도 한다. 또한 가죽 띠가 교차하지 않는 곳에 세워서 장식하는 운주를 일괄하여 식금구(飾金具)라고 한다. 삼국시대 운주는 가죽 띠가 교차하는 곳에 사용하는 환형, 판형, 반구형 운주가 있으며, 가죽 띠가 교차하지 않는 곳에 세운 반구형 운주 위에 입주를 세우고 영락을 달아 장식한 입주부 운주, 입주를 세우지 않고 못을 박아 고정한 무각소반구형 운주 등이 있다.

고구려의 운주는 주로 고분에서 출토되는데, 금동으로 제작되어 장식성이 강하다. 특히,

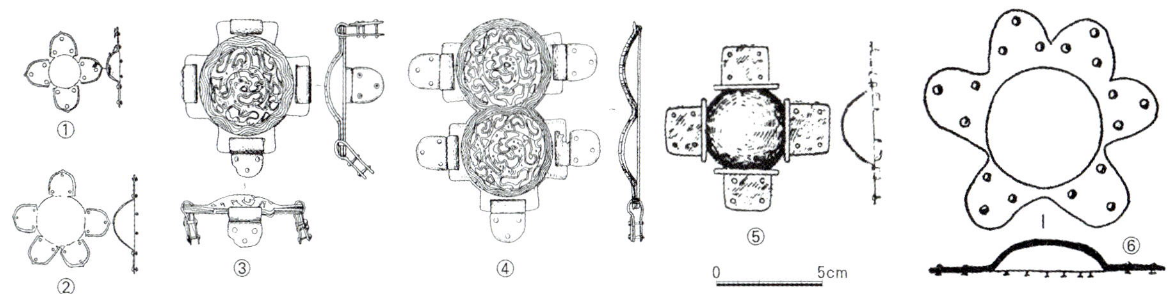

그림 Ⅵ-58 고구려 반구형 운주 각종
①~② 칠성산 1096호분, ③~④ 태왕릉, ⑤ 우산 1041호분, ⑥ 산성하 동대파 217호분

태왕릉 출토 운주는 대판 위에 용문 등을 정교하게 장식하였다. 출토된 운주는 모두 반구형 운주이며, 환형이나 판형 운주는 보이지 않는다(그림 Ⅵ-58). 고구려의 입주부 운주는 다른 식금구에 비해 많은 양이 출토되는데, 좌판, 입주, 원통, 방사상 가지, 보요 등으로 구성된다. 운주는 좌판 형태, 원통의 유무, 보요의 개수 및 입주의 구조, 좌판과 원통의 연결방식, 좌판 및 입주의 크기 등의 속성에 따라 7개 형식으로 구분되며, 5단계의 변천 과정을 거치며 변화된다(서나영 2013).

고구려의 입주부 운주는 3세기 후반, 늦어도 4세기 초반에는 등장하는데, 첫 번째 단계는 기본형 입주와 화판형 좌판만으로 구성된 Ⅰ형식 입주부운주만이 사용된다(그림 Ⅵ-59). 두 번째 단계는 기존의 Ⅰ형식이 고수되면서 원판형좌판(Ⅳ·Ⅴ형식)과 원통형 입주(Ⅴ형식)가 입주부운주의 구성요소로서 등장한다. 그러나 아직 가지가 생성되기 전 단계이며, 1·2단 구조의 입주부운주들이 가장 복합적으로 병존하는 단계로 과도기적인 특징이 가장 잘 드러난다. 두 번째 단계는 권운문와당과 마구류 등의 공반유물을 토대로 할 때 4세기 중반으로 비정된다. 세 번째 단계는 4세기 후반 늦어도 5세기 초엽에 해당되는데, Ⅱ·Ⅲ·Ⅴ형식의 운주가 공존한다. 화판형과 원판형 운주 모두 입주가 달리는데, 화판형 좌판은 초대형 및 대형고분인 마선 2100호분, 마선 1000호분, 우산 541호분, 우산 540호분에서 출토되었다. 이들은 모두 10판의 화판을 갖는 소형 좌판으로(Ⅱ형식), 특히 우산 541호분은 기본형 입주(Ⅱ형식)와 변형 입주(Ⅲ형식)가 공반되고 있다. 즉, 이 단계를 기점으로 하여 입주의 1차 변형인 가지가 생성된 것으로 보인다. 원판형 좌판은 대형급보다는 작은 벽화분인 마선 1호분과 연접분인 우산 3105호분에서 출토되었는데, 모두 기본형 입주를 갖으며, 좌판은 화판형에 비해 직경이 긴 편이다. 네 번째 단계는 Ⅴ형식과 Ⅵ형식이 병존하는 단계로 원판형 좌판만 확인되며, 가지가 생성된 변형 입주가 출현하는 시기이다. 이들은 벽화고분인 우산 1041호분과 장천 2

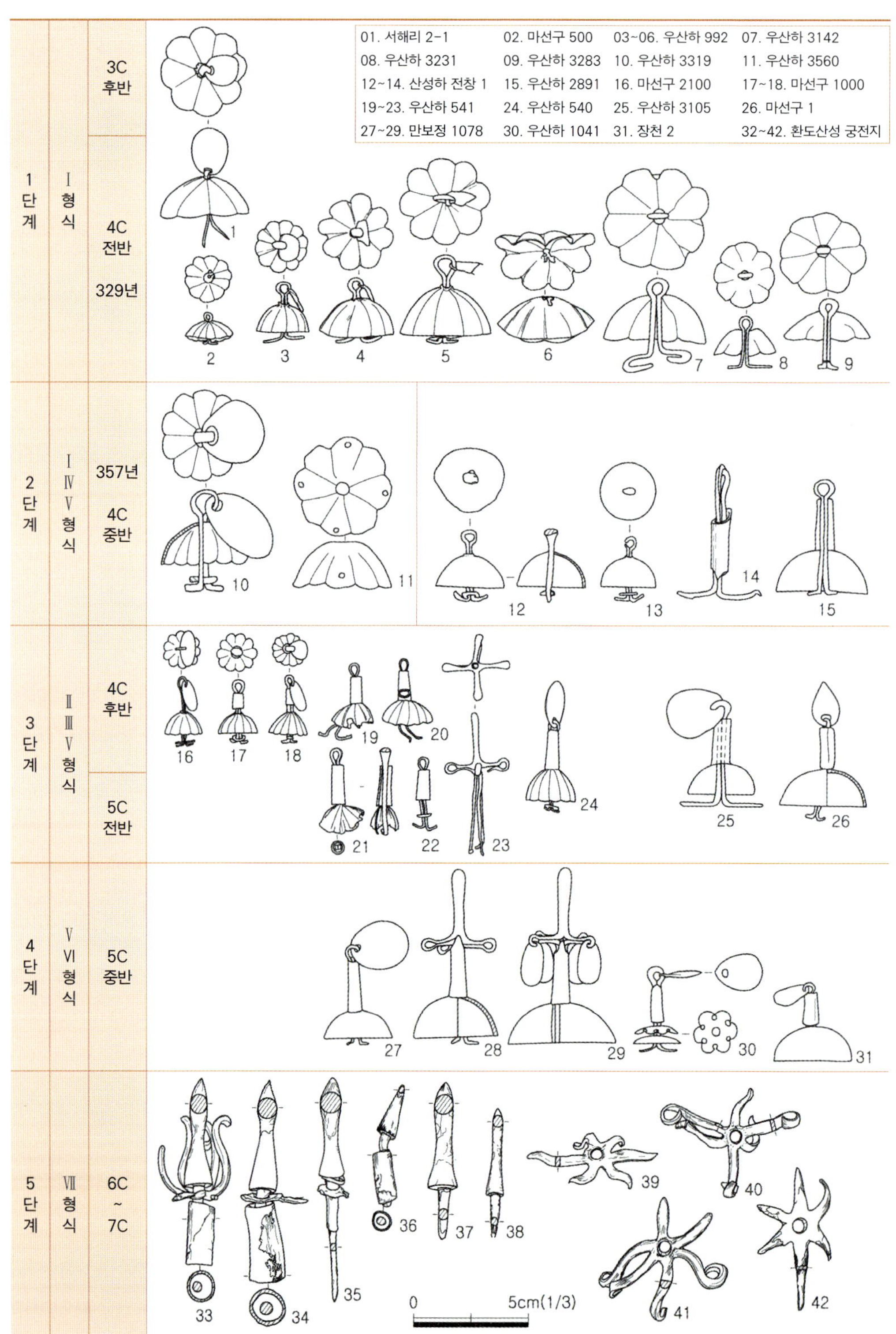

그림 Ⅵ-59 고구려 입주부운주의 변천양상(서나영 2013: 도면 16)

호분, 기단적석총인 만보정 1078호분에서 출토되었다. 2기의 벽화고분 출토품은 좌판과 원통의 이음새 방식이 분리형으로, 1기의 기단적석총 출토품은 일체형으로 확인된다. 특히 우산 1041호분의 출토품은 2중 좌판을 갖는 형태로 고구려에서는 유일무이한 사례이다. 네 번째 단계는 대략 5세기 중엽 경으로 비정된다. 마지막으로 다섯째 단계는 봉상의 변형입주와 가지가 독립된 Ⅷ형식이 사용된 단계로 환도산성 궁전지 출토품이 유일하며, 그 연대는 6~7세기대로 비정된다(서나영 2013: 63-76).

6. 농공구 및 기타

한반도에서 철기가 가장 먼저 도입된 곳은 압록강유역으로 이미 기원전 4~3세기경에 중국의 연(燕)나라로부터 유입된 주조철기를 사용하였다. 이후 고구려에서도 본격적인 철기가 제작되기 시작하며, 여러 곳의 제철유적이 발굴되었다. 초기의 제철유적은 압록강 중류유역인 자강도 일원에서 주로 발굴된다. 자강도 로남리유적에서는 제철유구과 함께 선철 및 강철제 무기와 공구들이 출토되고 있다. 로남리 제철유적은 돌로 쌓은 노와 장방형의 돌무지로 이루어져 있다(그림 Ⅵ-60). 노는 발굴 당시에는 기초시설인 돌만 남아있었으나, 원래는 돌과 흙을 섞어 쌓은 형태였을 것으로 추정되며, 그 앞의 장방형 돌무지는 녹아서 흘러내리는 쇳물을 받던 시설로 보인다(정찬영 1983: 51-52). 이러한 제철시설은 자강도 토성리유적, 장성리유적 등에서도 확인되며, 고구려 초기부터 이미 일정한 정형성을 갖춘 제철업이 이루어졌음을 보여준다. 고구려 중기에 들어서 제철기술은 더욱 발전하는데, 구의동보루에서 출토된 화살

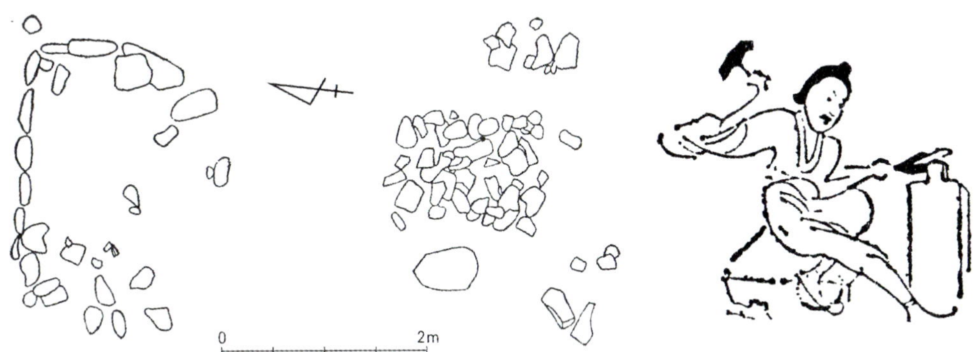

그림 Ⅵ-60 로남리 제철유구와 오회분 4호묘 단야신(정찬영 1983: 그림 32; 李殿福 1984: 도7)

촉과 도끼의 분석결과 초강(炒鋼)을 소재로 하여 만들어졌으며, 탄소함량이 0.86%에 달하는 고탄강으로 오늘날의 공구강 수준에 맞먹는 강도를 지닌 것으로 밝혀진 바 있다(尹東錫·李南珪 1985). 이러한 제철기술의 발달은 철제 농기구 및 공구류의 발달과 보급을 통한 농업생산력의 증대를 가져와 고구려 국가체제의 확립과 발전에 크게 기여한 것으로 생각된다.

고구려의 제철기술이 상당히 발달한 수준이었음은 출토된 철기의 성분분석을 통해서도 알 수 있다. 철기는 제작과정의 공정 차이로 인해 각각 다른 탄소함량을 갖게 되며, 철기 조직 내부에 포함된 탄소함량에 따라 순철과 강철 및 주철로 크게 구분되는데, 이들은 각각 다른 물성을 가지게 된다. 즉, 탄소함량이 0.02% 미만의 순철은 재질이 무르기 때문에 가공이 쉬운 특성을 가지나 쉽게 변형되거나 마모가 쉬워서 공구로 사용하기에는 적합하지 않다. 탄소함량이 2% 이상인 주철은 잘 휘어지지 않는 장점이 있으나 일정 수준 이상의 힘을 가했을 때 쉽게 부러지는 단점이 있다. 강철은 순철과 주철 사이의 탄소함량을 가지는 것으로 순철과 주철의 장점을 다 가지고 있어서 다양한 공구와 무기의 제작에 사용되었다.

철기의 탄소함량은 담금질과 같은 열처리를 통하여 조절되는데, 이를 통해 다양한 강철을 만들어 용도에 적합한 재질의 강철을 제작하였다. 도끼와 같은 공구에는 공구용 강철을 사용하였고, 창과 같은 무기류에는 구조용 강철을 사용하였다. 하나의 철기에도 부위별로 서로 다른 성질의 강철을 이용하였는데, 아차산 일원에서 출토된 철기의 미세조직분석 결과 적어도 두 가지 이상의 제작기법이 사용되었음을 알 수 있다. 하나는 순철을 이용하여 최종적인 철기의 형태를 미리 만든 후 탄소가 많이 함유된 목탄과 함께 가열하여 철기의 표면에 탄소를 침투시킴으로써 철기의 표면 전체 또는 날과 같은 특정 부위만 강철이 되도록 하는 것이다. 이러한 침탄기법은 비교적 넓은 부위를 강철로 만들 수 있는 장점이 있어서 삽날과 같이 사용할 때 넓은 부위의 마모가 예상되는 공구류의 제작에 이 방법을 주로 사용하였다. 이와는 달리 형태를 이루는 대부분은 순철로 만들고 주요 기능을 하는 부위만 강철을 붙여서 만드는 합단기법도 사용되었으며, 칼이나 창, 화살촉 등과 같은 무기는 날 부분의 강도가 높아야 하므로 몸체는 순철로 만들고 날 부위만 강철을 붙여서 제작하였다(崔鍾澤 외 2002).

1) 농기구

일반적으로 농기구는 땅을 갈 때 사용하는 기경구(起耕具), 땅을 삶거나 고르게 펴는 마전구(摩田具), 김을 매는데 사용하는 제초구 및 수확구 등으로 구분된다. 기경구로는 보습과 볏,

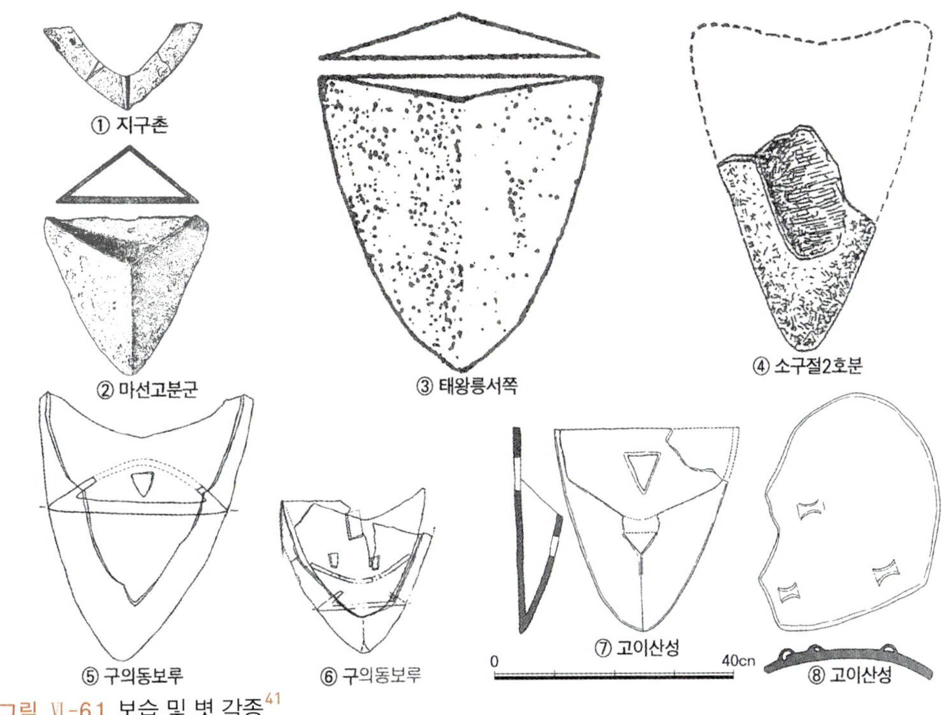

그림 Ⅵ-61 보습 및 볏 각종[41]

가래날 등이 있으며, 마전구로는 쇠스랑, 제초구로는 호미와 괭이, 수확구로는 낫 등이 알려져 있다.

밭갈이용 쟁기에 고정하여 사용하는 보습(犁)은 세로로 긴 삼각형이 일반적인데, 출토량이 많지 않아서 10여 점에 불과하지만 우경이 있었음을 보여주는 중요한 자료이다. 보습은 모두 주조품으로 바닥은 편평하고, 등대에는 날이 있어서 공부의 횡단면은 납작한 삼각형을 이룬다(그림 Ⅵ-61). 태왕릉 서쪽에서 채집된 보습이 가장 큰데, 길이와 폭이 50.4cm에 달한다. 지안시 유림향 지구촌 채집품은 'V'자형으로 다른 보습들과는 차이가 있으며, 삼각형 보습의 날 끝에 덧씌워 사용한 것으로 뤄양(洛陽) 소구한묘 등 한대 고분에서 출토되는 것과 유사한 형태이다(耿鐵華 1989: 99).

마선고분군 채집품[42]과 태왕릉 서쪽 채집품은 등대에 날이 뚜렷한데, 이러한 형태는 중국

---

41 1976년도 간행된 구의동보루 보고서에서는 모두 4점의 보습이 출토된 것으로 보고하였는데, 원래 2점의 보습이었으나 등 부분이 떨어져 나온 탓에 4점으로 집계되었다(崔鍾澤 1991). 〈그림 Ⅵ-61:⑥〉은 분리된 보습의 바닥과 등을 도상으로 합친 것이다.

42 기존의 글에서 이 유물은 지안시 태왕릉 서쪽에서 출토된 것으로 보고하였으나(耿鐵華 1989: 99), 최

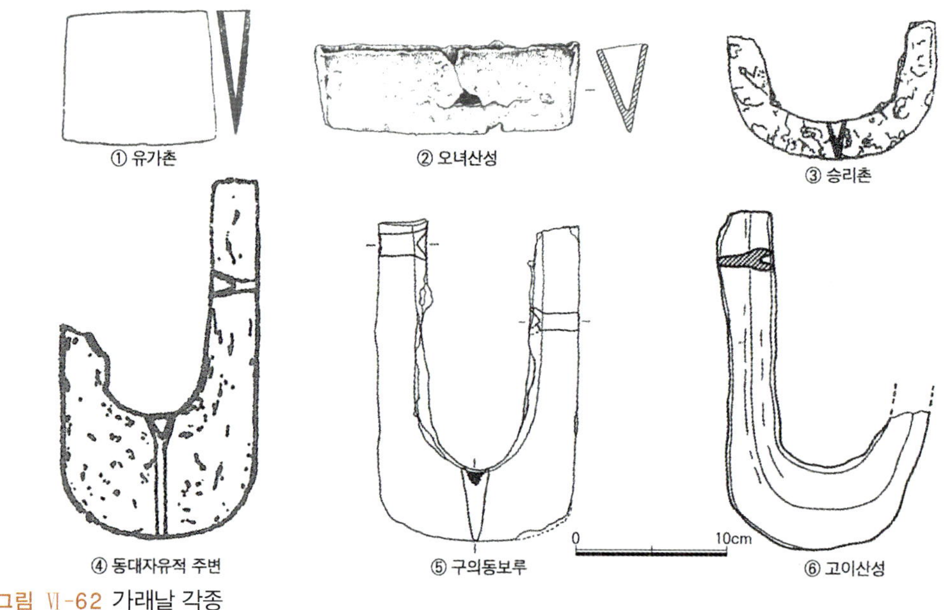

그림 Ⅵ-62 가래날 각종

에서는 한대 중기 이후부터 사용된 것이다(김재홍 2011: 221). 마선고분군 채집품과 태왕릉 서쪽 채집품은 바닥과 등에 구멍이 확인되지 않으나 구의동보루와 고이산성 출토품은 바닥과 등에 쟁기술과 고정하기 위한 구멍이 뚫려 있다. 바닥 가운데는 삼각형 구멍이 뚫려 있으나, 고이산성 출토품은 등날 부분에 하나의 삼각형 구멍이 뚫려 있고, 구의동보루 출토품은 등날 좌우로 작은 장방형 구멍이 두 개 뚫려 있어서 차이를 보인다. 푸순 고이산성에서는 상기 보습 외에도 볏(鐴)이 출토되었는데 삼국시대 볏으로는 유일한 자료이다(김재홍 2011: 223).

가래날은 'U'자형 쇠날 또는 'U'자형 삽날 등으로 불리는 것으로 일자형과 'U'자형의 두 종류가 있다(그림 Ⅵ-62). 일자형은 주조품으로 단면 'V'자형의 공부에 자루를 끼워 사용하는데, 자루와 평행하게 연결하여 삽이나 가래로 사용하며, 'ㄱ'자형 자루와 연결하면 괭이로 사용한다. 같은 형태의 가래 날은 중국 한대에 농기구로 많이 사용되며, 오녀산성 출토품도 고구려 이전 시기 문화층에서 출토된 것으로 'U'자형 가래날이 등장하기 이전에 사용된 것이다.

'U'자형 가래날은 말굽 모양의 쇠날로 날 안쪽으로는 자루를 끼우기 위한 홈이 있어 'Y'자 모양의 단면을 이룬다. 대체로 삽과 같은 형태의 자루를 평행하게 끼워서 가래로 사용하는데, 자루와 직각으로 연결하여 화가래로 사용하기도 한다. 'U'자형 가래날은 평면형태에

근 간행된 자료에 따르면 지안 마선고분군에서 채집된 것으로 보인다(吉林省文物考古研究所 외 2010: 182).

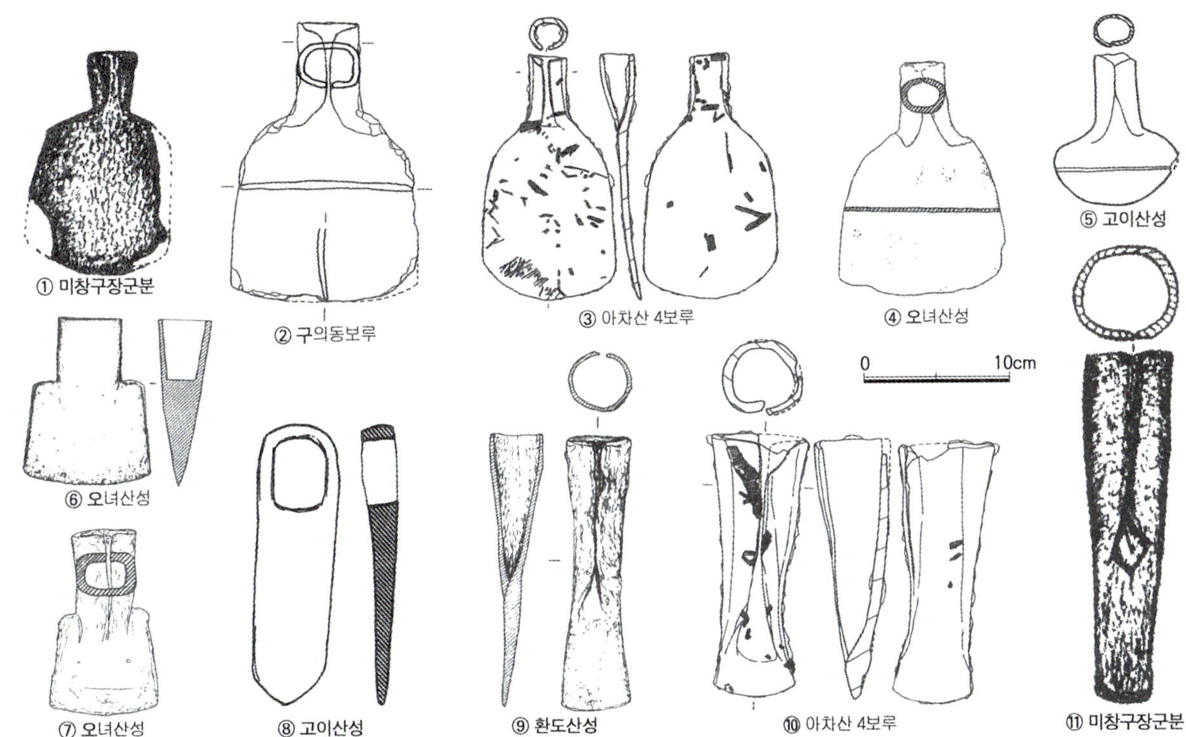

그림 Ⅵ-63 호미와 괭이 각종

따라 날 폭에 비해 길이가 긴 세장형과 길이에 비해 날이 넓은 장방형으로 구분되며, 날의 모양에 따라 직선형과 곡선형으로 구분된다. 지안시 교구향 승리촌 출토품과 같이 둥근 날을 가진 장방형가래날(그림 Ⅵ-62:③)이 이른 시기에 사용되며 고구려 중기 이후에는 주로 세장형 가래날이 사용된 것으로 생각된다.

호미(鋤)는 'ㄱ'자형의 짧은 자루를 끼워 김매기를 하거나 작물에 흙을 북돋는데 사용한 농기구로 2~3m 정도의 긴 자루를 장착하여 논의 물꼬를 트거나 막는 용도로 사용할 때는 살포라고 불린다. 한반도 남부지역에서는 무덤에서 주로 출토되어 의례용으로 분류하기도 한다. 호미는 얇은 철판을 두드려 만든 납작한 장방형 몸체에 자루를 끼우는 투겁이 달린 형태로 오녀산성 출토품(그림 Ⅵ-63:⑥)을 제외하면 모두 단조품이다.

괭이(钁)는 단조철부로 불리는 것으로 좁고 긴 철판을 두드려 말아 만든 투겁에 'ㄱ'자형 자루를 끼워 땅을 파거나 일구는데 사용한 농기구이며, 짧은 자루를 부착하면 자귀와 같은 공구로 사용되기도 한다(그림 Ⅵ-63:⑨~⑪). 고이산성에서는 주조품 괭이가 1점 출토되었는데, 날과 직각으로 뚫린 구멍에 직선의 자루를 장착하도록 하였다(그림 Ⅵ-63:⑧). 괭이는 산

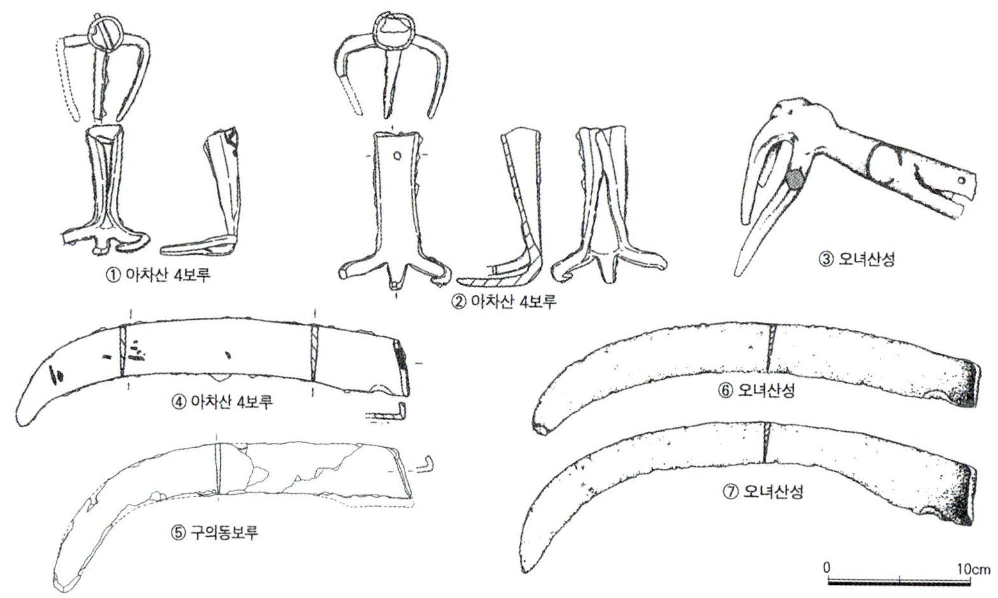

그림 Ⅵ-64 쇠스랑 및 낫 각종

성이나 보루 등 관방유적에서 많은 양이 출토되는데, 아차산 4보루에서만 31점이 출토되었다. 괭이는 크기와 모양에 차이를 보이기도 하지만 날이 마모된 형태에 따라 용도를 구분할 수 있다. 날이 둥글게 닳은 것은 땅을 파거나 나무를 자르거나 다듬는데 사용된 것이며, 날이 직선으로 닳은 것은 돌을 깨거나 다듬는데 사용된 것이다.

쇠스랑(齒擺)은 오늘날 농가에서 사용하는 것과 같은 형태의 농기구로 땅을 파거나 고르는데 사용된다. 세 가닥의 날을 가지고 있으며, 날과 수직으로 꺾어서 철판을 두드려 말아서 만든 투겁이 달려있다. 투겁은 철판을 밖으로 말아 만든 것과 안으로 말아 접은 것의 차이가 있으나 기능이나 시공간적인 차이를 반영하지는 않는 것으로 보인다. 쇠스랑은 날의 길이에 따라 두 종류로 구분되는데, 날이 짧은 것은 단단한 흙을 파거나 부수는데 사용하며, 날이 긴 것은 무른 땅에 사용하는 것으로 알려져 있다(김재홍 2011: 214). 쇠스랑은 일반적으로 농기구로 분류되지만 지안시 만도리고분에서 출토된 것과 같이 투겁이 길고 날이 짧은 형태는 갈고리창(鉤戈)이라는 무기로 분류하기도 한다.

낫(鎌)은 대표적인 수확구로 안으로 휜 날을 가지고 있으며, 끝은 뾰족하게 휘어 있다. 자루는 날과 수직으로 부착하는데, 끝을 둥글게 휘어서 자루에 단단히 고정되도록 하고 있으며, 못으로 고정하였던 구멍이 뚫린 예가 많다. 낫은 날이 직선인 것에서 곡선인 것으로, 날 끝이 둥근 것에서 뾰족한 것으로 변화된다(김재홍 2011: 218). 낫은 일반적으로 농기구로 사용되지만 고분에서 출토되는 경우도 많아 무기로도 사용된 것으로 추정된다.

2) 공구 및 기타

동일한 공구라도 서로 다른 작업에 사용할 수 있으므로 기능에 따라 공구류를 분류하기 위해서는 출토상황을 고려해야 한다. 그러나 실제 유적에서 출토되는 공구류는 사용된 장소와 유리된 채 출토되는 경우가 많으므로 공구류의 기능을 명확히 구분하기 어려운 점이 있으며, 형태적인 특징에 따라 구분할 수밖에 없는 한계가 있다. 공구류는 크게 단야구와 목공구, 석공구 등으로 구분할 수 있으며, 그밖에도 다양한 형태의 생활 용구와 장구류 등이 있다.

단야구는 철소재를 가공하거나 수리하는데 사용되며, 지안시 오회분 4호묘의 벽화에는 단야신이 묘사되어 있는데, 집게로 철기를 잡고 모루에 대고 망치질하는 대장장이 모습이 잘 표현되어 있다(그림 VI-60:우). 실제 유물로 출토되는 단야구는 모루와 망치, 집게 외에도 끌과 정, 줄 및 천공기 등이 알려져 있다(그림 VI-65). 모루는 국내성 남벽 부근에서 1점이 출토되었는데, 윗면 길이 16cm, 너비 14.5cm, 밑면 13cm, 높이는 10cm가량의 작은 입방체 모양이다. 모루의 윗면이 약간 넓은데, 한쪽으로 치우쳐 두 개의 작은 돌기가 있고, 그 옆쪽으로는 사용으로 인해 오목하게 파인 홈이 있다(動蜂 1993: 196). 망치는 대체로 머리가 넓고, 끝

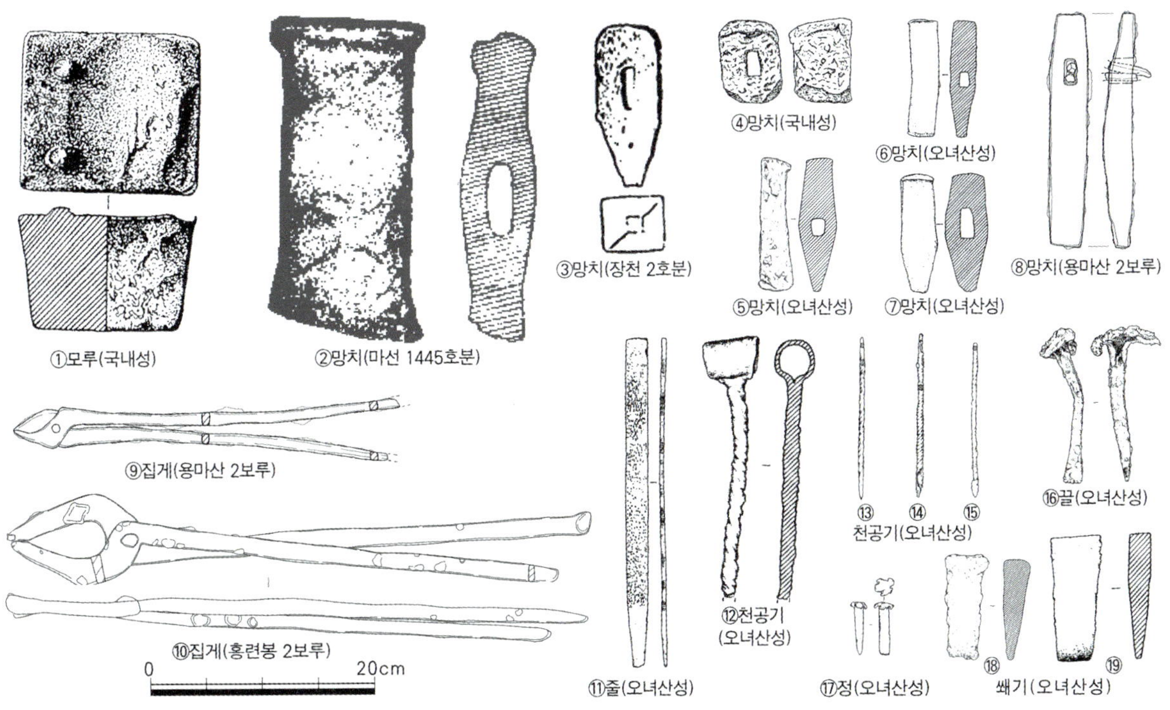

그림 VI-65 단야구 각종

이 뾰족한 형태를 이루고 있으나 크기와 세부 형태는 차이가 있는데, 각각 공정에 따라 다양한 형태의 망치가 사용된 것으로 생각된다. 집게는 아차산 보루 중 용마산 2보루와 홍련봉 2보루에서 각각 1점씩 출토되었는데, 홍련봉 2보루 출토품은 길이 50.5cm의 대형으로 달구어진 쇠를 다루기에 적합하다. 철기 표면을 연마하는데 사용된 줄은 오녀산성 철기 저장고에서 1점이 출토되었는데, 삼국시대 유물로는 유일한 자료이다(차순철 2004: 117). 단면 장방형의 세장한 형태이며, 한쪽 끝은 뾰족하게 슴베를 만들어 자루를 장착하도록 하였다. 천공기는 가느다란 철봉으로 신부는 꼬여 있으며, 끝은 뾰족하게 가공되어있다. 한편 아차산 3보루에서는 소형 단야시설이 확인되었고, 아차산 4보루에서는 파손된 단조철부가 한곳에 모여 있는 채로 출토되었다. 이러한 점과 오녀산성과 남한의 여러 보루유적에서 단야구가 출토되는 점으로 미루어 적어도 고구려 중기 이후에는 군사시설에서 철기를 수리하는 등의 작업이 이루어졌으며, 군사 중에는 이를 담당하는 공인이 포함되어 있었던 것으로 추정할 수 있다.

공구는 나무를 베거나 가공하는 목공구와 돌을 다루는데 사용한 석공구 등으로 구분할 수 있으며, 도끼(橫孔斧)와 망치, 단조철부(鍛造鐵斧) 및 주조철부(鑄造鐵斧), 끌(鑿)과 정(釘), 살포형 철기, 낫(鎌) 등이 있다(그림 Ⅵ-66). 도끼는 무기로도 사용되지만 나무를 베는 등의 용

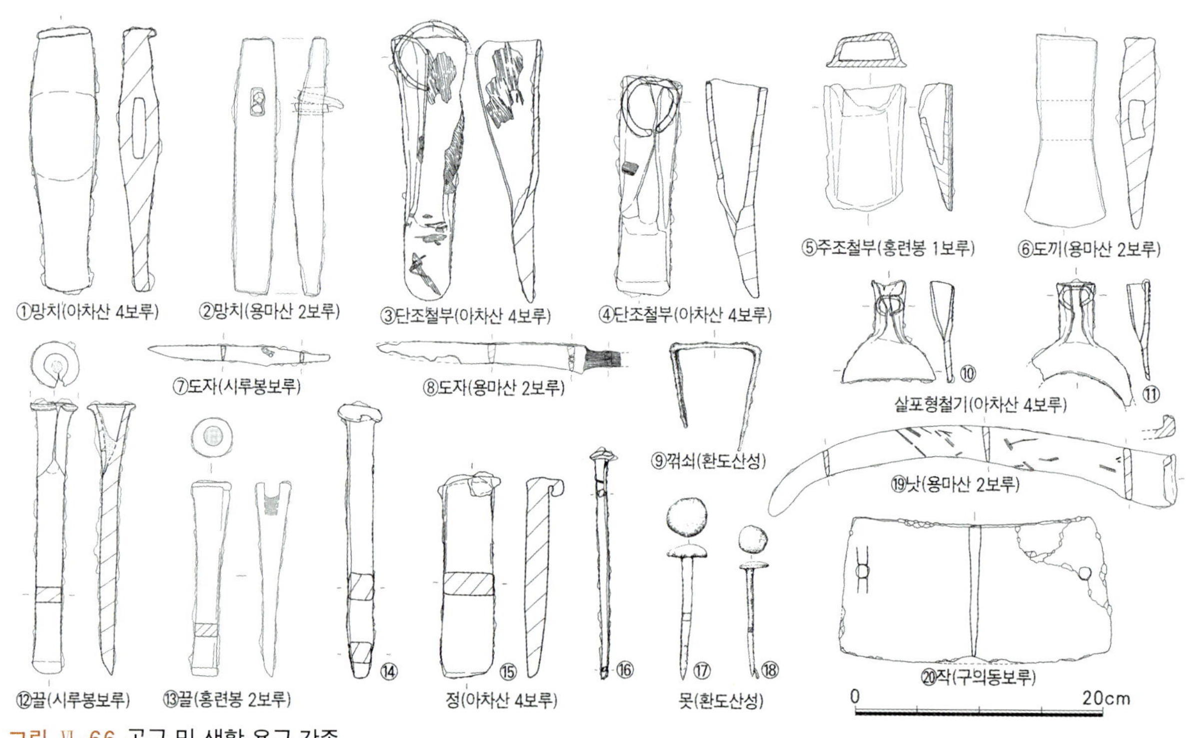

그림 Ⅵ-66 공구 및 생활 용구 각종

도로 사용하였을 것으로 생각되며, 단조철부는 괭이와 같은 농기구로 사용되지만 ㄱ자형의 짧은 자루를 장착하면 자귀와 같은 목공구 및 석공구로도 사용한 것으로 추정된다. 망치 또한 단야구로도 사용되지만 형태만으로는 구분이 어려우며, 끌이나 각종 정과 함께 나무에 구멍을 뚫거나 석재를 가공하는데 사용된 것으로 생각된다. 낫은 곡식의 수확에 사용되는 농기구로 구분되지만 일상 생활에서는 작은 나무를 자르거나 풀을 베는데에도 사용된다.

　살포형 철기는 아차산 4보루에서 여러 점 출토되었는데, 전체적으로 살포와 같은 모양이지만 날이 작고, 직선이나 안으로 휘어있다. 살포와는 달리 날카로운 날이 위쪽으로 비스듬하게 세워져 있어서 농기구가 아니라 목공구로 추정되는데, 투겁에 짧은 자루를 달아서 목재의 껍질을 벗기거나 표면을 가공할 때 사용한 공구로 추정된다(그림 Ⅵ-66:⑩,⑪). 끌은 주로 목재를 가공하는데 사용된 목공구로서 단면 직사각형의 긴 몸체와 자루를 끼우기 위한 투겁으로 이루어져 있다. 아차산의 보루에서는 여러 점의 끌이 출토되는데, 투겁의 내부에 나무 자루를 끼웠던 흔적이 발견되지 않을 뿐 아니라, 투겁의 끝이 여러 차례 두드려서 밖으로 말려 있는 점 등으로 보아 자루를 끼우지 않고 사용한 것으로 보인다(그림 Ⅵ-66:⑫). 투겁이 달린 끌 이외에도 여러 종류의 끌 또는 정이 많이 출토되는데, 석재나 목재를 다듬는데 사용된 것들이다. 특히 일부 날이 넓고 신부가 얇은 형태의 정은 돌을 깨는데 사용한 쐐기로 생각된다(그림 Ⅵ-66:⑮).

　생활용구로는 손칼(刀子), 작(斫), 가위 등 일상 생활에 사용되는 도구들과 차관(車輨), 문지도리쇠, 문확쇠 및 각종 고리와 교구, 경첩 등이 있으며, 그밖에도 쇠사슬, 갈고리, 투겁고리, 깃대, 망태형 철기 등 다양한 철제 이기들이 있다(그림 Ⅵ-67). 작은 오늘날 중식용 주방칼과 같은 형태인데, 중국 한대의 철기 중 이런 형태를 질(銍)이라고 하여 벼 등을 베는 수확 도구로 분류하기도 한다. 그러나 수확 도구로 보기에는 너무 무겁고 크며, 형태상 주방용 칼로 사용된 것으로 추정된다. 이런 형태의 칼은 구의동보루에서 2점, 오녀산성에서 1점이 출토되었는데, 전체적으로 장방형을 하고 있으며, 등 부분은 두껍고 날 쪽으로 가면서 점차 얇아져서 예리하고 곧은 날에 이른다. 두 점 모두 등 쪽에 자루를 고정하기 위한 작은 구멍이 두 개씩 뚫려 있어서 자루에 장착하도록 고안되어 있다(그림 Ⅵ-66:⑳). 가위는 하나의 철봉을 'X'자 모양으로 구부려 만들었는데, 날 부위는 두드려 납작하게 한 후 안쪽에 날을 세운 것으로 한 손으로 사용하는 쪽가위 형태이다. 교구는 마구를 장착하는데 사용되지만 일상 생활에서도 다양한 물건을 묶거나 연결하는데 사용되며, 산성이나 보루 등 관방유적에서 많은 양이 출토된다. 교구는 철봉을 말아 테두리를 만들고 'T'자형의 회전형 교침을 끼워 넣은 형

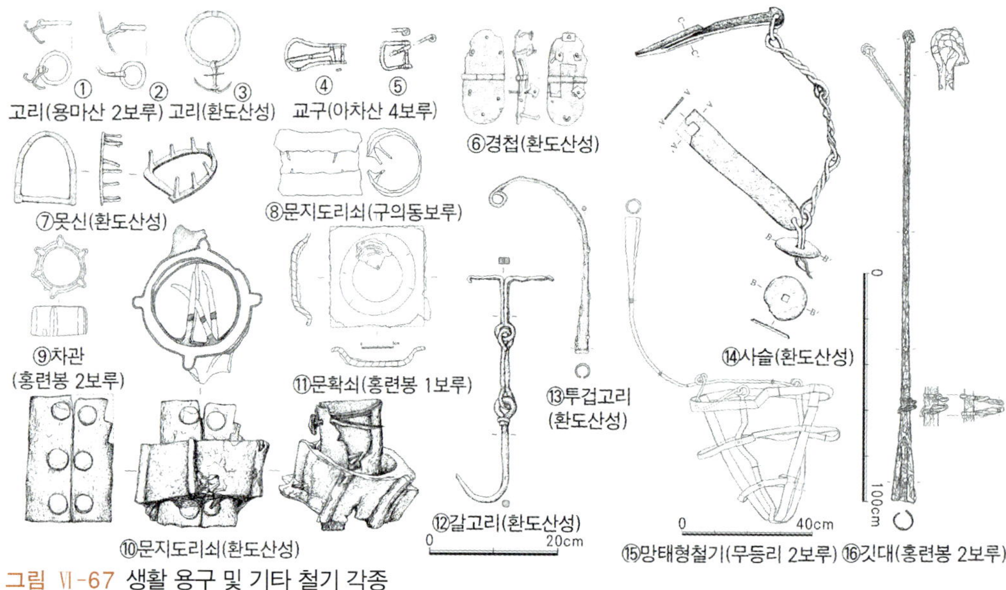

그림 Ⅵ-67 생활 용구 및 기타 철기 각종

태(그림 Ⅵ-67:④)와 철봉을 'ㄷ'자로 구부려 테두리를 만든 뒤 그 양각에 단면 원형의 교축을 가로질러 고정한 형태(그림 Ⅵ-67:⑤)의 두 형태가 있는데, 전자가 약간 크다. 그밖에 어로 도구로 낚시바늘이 있는데, 우산 3283호분에서는 길이 2.6cm 가량의 낚시바늘 41점이 출토되었다.

차관은 수레 굴통쇠 또는 수레 굴대라고 불리는 것으로 수레바퀴 축을 끼워 돌아가도록 하는 장치로(그림 Ⅵ-67:⑨) 오녀산성 등 대형 산성뿐만 아니라 아차산 일대의 보루 등 소형 관방시설에서도 많이 출토된다. 그런데 환도산성 2호 문지에서는 같은 형태의 대형 차관 내부에 문지도리쇠가 결합된 상태로 출토되었으며(그림 Ⅵ-67:⑩), 구의동보루에서도 차관과 문지도리쇠가 출토되었다(그림 Ⅵ-67:⑧). 이러한 점으로 미루어 차관은 수레 부속품으로 사용된 경우와 문지도리 부속품으로 사용된 두 경우가 있는 것으로 보인다. 환도산성 문지도리쇠와 결합된 차관은 크기도 크고 외부의 돌대가 4개로 다른 차관과는 차이가 있으나 기능상의 차이는 아닌 것으로 생각된다. 그밖에 홍련봉 1보루에서는 건물지 입구 쪽 돌확 주변에서 확쇠가 2점 출토되었는데(그림 Ⅵ-67:⑪), 문지도리 아래위에 하나씩 장착하였던 것으로 추정된다. 그밖에 용마산 2보루와 환도산성 궁전지 등 건물지 주변에서 다양한 형태의 문고리가 출토되며, 다양한 형태의 대상철기가 출토되는데, 목제 문에 부착되었던 것으로 생각된다.

환도산성에서는 용도가 분명하지 않은 철제 고리와 쇠사슬이 출토되는데, 한쪽이 나무에 결합된 갈고리가 달린 것(그림 Ⅵ-67:⑫)과 뾰족한 끝을 다른 쪽 대상철기와 결합할 수 있도록 된 것(그림 Ⅵ-67:⑭) 등 다양한 형태가 있다. 전자와 같은 형태는 천장이나 벽면에 고정시켜 다른 물건을 걸어두는 용도로 생각되고, 후자는 특정 물체를 휘감아 고정시키는 용도로 생각된다. 그밖에 장군총 주변에서는 고분 정상에 둘렀던 난간을 연결하는 쇠사슬이 출토되는 점으로 미루어 다양한 형태의 철제 고리와 사슬 등이 사용되었던 것으로 생각된다.

그밖에 홍련봉 2보루에서는 철제 깃대가 출토되었는데, 길이 196cm 가량의 투공이 달린 긴 철봉 형태이며, 철봉의 끝은 접어서 원형 고리를 만들었고 여기에 별도로 제작된 원형 고리가 달려 있다(그림 Ⅵ-67:⑯). 또한 투겁 상부에는 꼬아서 만든 고리 두 개가 달려 있는데, 철봉 끝의 고리와 함께 깃발 등을 고정하기 위한 장치로 생각된다(이정범 외 2015: 386-387). 크기는 다르지만 환도산성 궁전지에서도 비슷한 형태의 투겁이 달린 철제 고리가 출토되었는데, 홍련봉 2보루 출토 깃대와 유사한 기능을 한 것으로 추정된다(그림 Ⅵ-67:⑬). 무등리 2보루에서는 망태형철기로 불리는 철기가 2점 출토되었는데, 형태상으로는 말안장 뒷부분에 고정시켜 장식하는 이른바 사행상철기와 유사하다(그림 Ⅵ-67:⑮). 착장부와 연결부, 망태부의 세부분으로 구성되는데, 착장부는 투겁이 있는 작은 철봉형으로 끝에서부터 중간부에 이르는 부분은 S자형태로 휘어져 있다. 착장부 끝부분에는 가느다란 철봉을 구부려 만들었으며 끝부분은 고리를 만들어 철대를 엮어 만든 망태부와 연결하였다. 보고서에서는 이러한 특징을 근거로 사행상철기가 아닌 다른 용도의 철기로 추정하였지만(이선복 외 2015: 66-67), 고분벽화에 등장하는 사행상철기와 유사한 점이 많아서 추가 연구가 필요하다. 이상의 공구와 생활 용구들 외에도 고분에서는 장막걸이 등의 장구류가 출토되는데(그림 Ⅴ-11), 관못과 꺾쇠, 관고리는 목관이나 목곽을 제작하거나 운반하는데 사용된 것이며, 장막걸이는 목곽에 시신을 안치한 후 장막을 쳤음을 보여주는 자료로 고구려의 장속을 이해하는데 중요한 자료이다(孫仁杰 1993a).

3) 금속제 용기

철제 용기류는 다양한 형태의 호와 세발솥과 솥, 부뚜막 등이 있다(그림 Ⅵ-68). 세발솥은 칠성산고분군 채집품과 환도산성 출토품과 같이 신부가 얕은 형태와 전이 달린 형태의 두 종류가 있는데, 전자는 다리도 짧고 구연부에 한 쌍의 고리형 손잡이가 달린 것이 특징이다. 후자는 신부가 깊고 다리도 높은 편인데, 전자에 비해 늦은 시기에 사용된 것으로 추정된다. 철제 솥은 바닥에 좁고 높은 굽이 달린 것과 넓고 얕은 굽이 달린 것으로 구분되며, 크기가 크고 높은 굽이 달린 것에서 굽이 없는 작은 형태로 변화된다(趙書勤 1993).

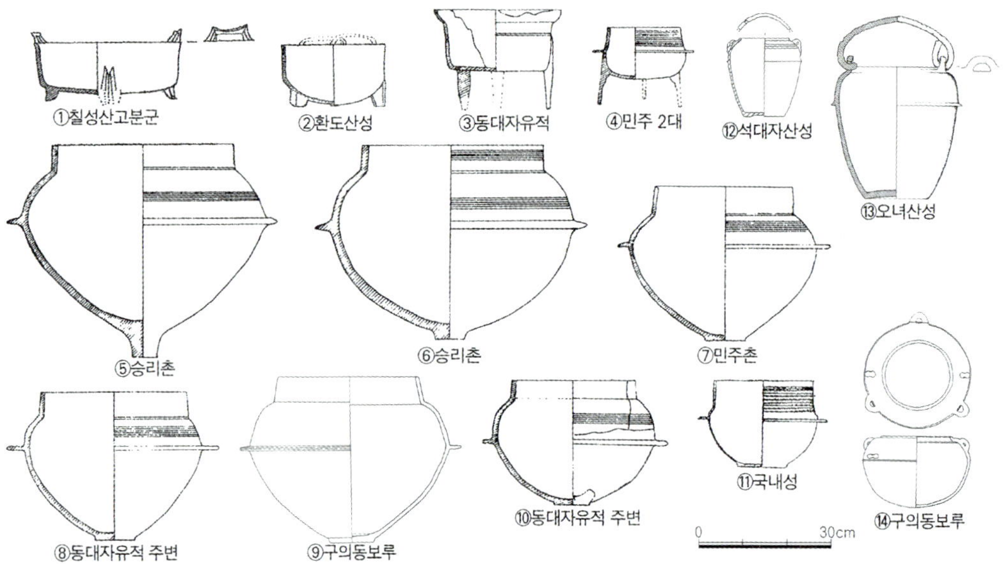

그림 Ⅵ-68 철제 용기류 각종

철제 호는 둥근 공 모양의 몸체에 고리 손잡이가 달린 형태로 일반적으로 솥보다 작다. 모양도 쇠솥과는 달리 몸체에 전이 달리지 않고 목도 짧은 것이 특징이다. 구의동보루에서는 솥과 항아리가 나란히 온돌 아궁이에 걸려 있었으며, 출토된 시루의 몸통에 항아리의 아가리에 오래 놓인 채로 있어서 녹이 붙어 있는 것이 있는 점으로 보아 항아리에도 시루를 얹어 사용한 것으로 보인다. 구의동보루에서 출토된 것은 몸통 위쪽에 여기에 한 줄의 선을 돌리고 바로 위에 세 개의 고리가 가로로 달려 있다. 또 구연부 바로 아래에 이들 고리와는 별도로 한 쌍의 세로 고리가 부착되어 있는데, 그릇을 매달기 위한 것으로 보인다(그림 Ⅵ-68: ⑭). 석대자산성 저수시설과 오녀산성 저장고에서 출토된 호는 구경에 비해 높이가 높은 형태이며, 구연부 바로 아래에 세로 고리가 한 쌍 부착되어 있으며, 여기에 철봉을 휘어 만든 고리가 연결되어 있다.

철제 부뚜막은 운산 용호동 1호분에서 1점 출토되었는데, 실제 사용된 것이 아니라 부장용으로 제작된 것이다(그림 Ⅵ-69:⑦). 장방형의 부뚜막 한쪽에는 원통형의 굴뚝이 달려있고, 반대쪽에 네모난 아궁이가 있으며, 그 위에는 솥을 올리는 자리가 둥글게 뚫려 있다. 아궁이는 문양이 장식된 틀이 붙어 있는데, 고분에서 출토되는 토제 부뚜막에도 같은 장식이 있다.

청동제 용기는 주로 고분에서 출토되는데, 지안 우산 68호분에서는 정(鼎)과 세(洗), 솥

(釜)과 시루(甑)가 출토되었고, 칠성산 96호분에서는 정과 초두(鐎斗), 유개합이 출토되었다 (그림 Ⅵ-69). 정은 우산 68호분과 칠성산 96호분에서 각각 1점씩 출토되었는데, 2점이 유사한 형태이나 우산 68호분 출토품이 조금 작다. 편구형의 동체부에 비교적 높은 다리가 세 개 부착되었고, 어깨에는 한 쌍의 파수가 달렸다. 뚜껑에도 둥근 고리형 파수가 달려있으며, 우산 68호분 출토품은 뚜껑 손잡이 바로 옆에 명문이 있다. 고구려 고분에서 출토된 청동정은 이 2점이 유일한 사례로 중국에서 제작되어 고구려로 전해진 것으로 추정하는 것이 일반적이다.

세는 얕은 반형 동체에 짧은 다리가 달린 형태로 의례 전에 손을 씻는 용도로 사용된 것으로 역시 중국에서 제작되어 전해진 것으로 추정된다(그림 Ⅵ-69:④). 마선 2351호분에서도 유사한 세가 출토되었다. 초두는 칠성산 96호분 2호 묘실에서 출토되었으며, 고구려 고분에서 출토된 유일한 사례이다(그림 Ⅵ-69:⑤). 외절 구연의 반형 동체에 수각형 다리 세 개가 달려 있으며, 단면 원형의 손잡이에는 용머리가 장식되어 있다. 같은 형태의 초두가 챠오양 (朝陽) 원대자벽화묘에서도 출토되는데, 이를 고려하면 칠성산 96호분 출토 초두는 4세기 중엽 경으로 비정된다. 칠성산 96호분 2호 묘실에서는 유개합이 1점 출토되었는데, 합신부에는 얕은 굽이 달려있고, 뚜껑에는 십자 모양의 손잡이가 부착되어 있다(그림 Ⅵ-69:①). 유사한 형태의 은합이 경주의 서봉총에서 출토되었는데 연수(延壽)라는 연호와 명문이 있어 고구려에서 전해진 것으로 추정된다. 뚜껑에 화판 장식을 하고 보주형 꼭지를 부착한 유사한 형태의 합이 국내성에서 채집되었는데, 유사한 형태의 청동합이 경주의 호우총에서 출토되었다. 또한 경주 금관총에서는 고구려토기 사이호와 유사한 형태의 청동제 사이호가 출토되기도 하는데, 이와 같은 고분에서 출토되는 청동제 용기는 4~5세기 고구려와 신라의 관계를

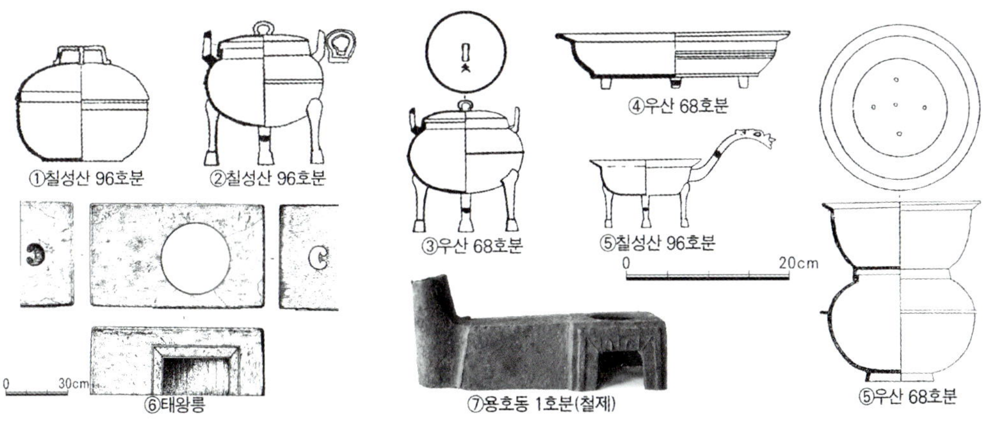

그림 Ⅵ-69 청동제 용기류 각종

보여주는 물적 증거로 중요하다. 그밖에 태왕릉에서는 청동제 부뚜막이 1점 출토되었는데
(그림 Ⅵ-69:⑥), 청동제 부뚜막으로는 유일한 출토예이며, 다른 고분에서는 주로 토제 부뚜
막이 출토되는 점으로 미루어 태왕릉의 높은 위상을 보여주는 것으로 생각된다.

VII

고구려 고고학의 과제와 전망

중국 동북지방과 한반도 북부 및 중부 지역에 남아있는 많은 고구려 유적, 유물은 고구려가 700여 년간 한반도 북부와 중국 동북지역 일대에 걸쳐 자리였음을 실증하여준다. 특히 각지에 축조된 고구려 성곽은 고구려의 넓은 영역을 보여주는 한편, 태왕릉, 장군총을 위시한 거대한 적석총과 다양한 내용의 유려하고도 화려한 필치의 채색 벽화분은 고구려가 강력한 군사강국일 뿐 아니라 수준 높은 문화국가였음을 잘 보여준다. 때문에 고구려 사람들이 남긴 고고학 자료는 고구려사 복원에서 문자기록이 갖는 한계를 극복해 줄 중요한 증거이며, 그 증거는 세계사적으로 문화적 가치를 인정받았다.

그러나 돌이켜보면, 고구려 고고학 연구는 시작부터 일제의 식민지 지배로 인한 왜곡을 겪었으며, 해방 후에 남, 북 분단에 따른 역사인식의 차이 그리고 중국의 역사 왜곡 등 학문 외적인 요인이 고구려 고고학 조사와 연구에 영향을 끼쳐왔고, 현재도 여전히 정치, 사회적 환경 변화가 고구려 고고학 연구에 장애가 되고 있다.

고구려 고고학에 대한 남한 학계의 관심은 그리 오래되지 못하였다. 고구려의 주된 역사 무대가 한반도 북부와 중국 동북지방이다 보니, 실제 유적의 조사가 가능하지 못하여서, 남한에서의 고고학 연구는 북한이나 중국의 고고학 조사 성과에 의존할 수밖에 없다. 그러나 중국이나 북한의 고구려사에 대한 인식은 고고학 조사나 연구와 불가분의 관계를 갖고 있어서 중국과 북한의 고구려 유적 조사를 그대로 받아들일 것인가 하는 문제에 부딪히게 된다.

역사의 주체적 발전을 강조하는 북한이 바라보는 고구려는 고조선을 계승한 천년 강성대국이다. 평양을 고조선의 중심지로 보고, 고조선을 계승한 고구려의 역사, 문화를 평양을 중심으로 고구려사를 재구성하였고, 고구려 고고학의 조사와 연구는 평양을 중심으로 역사가 주체적으로 발전하였음을 실증하는 것을 목적으로 하고 있다. 최근 대동강유역이 인류문명의 발상지라는 명제 하에 '대동강문화'를 표방(李淳鎭 外 2001)하는 것이나 단군릉과 동명왕릉의 개건이 그 단적인 예라고 할 수 있다. 대동강문화론의 연장선상에서 고구려 유적과 유물은 평양이 역사 발전의 중심지였음을 증명하는 물질 증거로 이용된다. 고구려의 건국을 기원전 277년으로 상향 조정함에 따라서 고분의 연대로 상향조정하고, 낙랑의 존재를 부정하고 3세기에 이미 평양이 고구려의 부수도로서 위상을 갖추었다고 보고 있다. 성곽 연구도 마찬가지여서 평양의 청암리토성이나 청호리토성 등과 같은 고구려 성의 아래에 고조선 시기의 문화층이 있다고 하거나, 고조선 시기의 성으로 이해하고 있던 덕산리토성에서 고구려 시기의 문화층이 확인되었다고 하는 등의 조사 성과를 통해 고구려가 고조선을 계승하였음을 강조하고 있다. 또한 고려시대 성곽으로 보았던 적두산성도 고구려 시기에 초축된 성이었음을 강조함으로써 고조선, 고구려, 고려로의 계승성을 부각시킨다.

　중국에서는 고구려를 중국 북방에 있었던 소수민족의 정권으로 인식하고 있다. 과거에는 고구려의 기원을 부여에서 찾기도 하지만, 최근에는 역사를 더욱 소급하여 중원 민족과 관련시키려는 등 역사를 왜곡하는 주장을 하기도 한다. 실례로 고구려를 한나라의 현도군(玄菟郡) 내 거주하였던 중국 고대민족의 하나인 고이족(高夷族)의 후속 정권으로 보기도 하고, 요서지방의 홍산문화(紅山文化) 주인공을 상나라 사람으로 비정하고 그 중 일부가 동쪽으로 이동하여 고구려의 기원이 되었다고 보는 견해가 그 단적인 예로, 사실 이러한 견해의 오류는 굳이 일일이 열거할 필요도 없다. 설사 고구려의 기원을 부여에서 구한다고 하여도 부여를 만주지역에 거주하였던 중국 고대 소수민족으로 보고 있어서 문제는 마찬가지이다. 중국 동북지방 최초의 국가인 부여가 한나라와 신속관계(臣屬關係)에 있었다는 인식의 연장선에서 고구려의 건국을 보는 입장은 압록강과 혼강 유역에 거주하면서 적석총을 남긴 선주민을 고려하지 않은 비약이다. 이러한 중국 측의 주장은 고구려 건국을 주도한 주몽이 부여에서 남하하였다는 역사기록을 염두에 둔 즉물적(卽物的) 해석이라고 할 수 있다. 결국 고구려 고고자료를 보는 중국의 시각은 고구려가 중국 동북지방의 여타 민족의 정권과 마찬가지로 중국 역사의 일원이라는 인식에서 비롯된 것이며, 궁극적으로는 다종족 통일국가론을 표방한 중국의 대중화주의 전략의 일환이라고 할 수 있다.

　이렇듯 중국과 북한에서 고구려를 바라보는 시각이 첨예하게 대립되어 있어서 이러한 편향된 시각으로는 새로운 유적, 유물이 조사되었다고 하여도 고구려 실체에 접근하는 데는 아무런 도움이 되지 못한다. 북한이나 중국 공히 일제강점기 이래 지속적인 새로운 자료의 축적이 연구 시각과 방법론의 개발로 이어지지 못한 채 편향된 역사인식을 더욱 공고히 해주고 있는 실정이다. 게다가 새로운 발굴 기법으로 조사된 자료가 증가되고 있다고는 하지만, 발굴조사보고서는 매우 소략하여 유구나 층위에 대해서는 정확하게 기술하지 않고 간단히 보고함으로써 조사 자체를 신뢰하기 어려운 경우도 적지 않다. 해석 또한 마찬가지여서 고고학 조사 결과를 고조선에서 고구려 계승으로의 평양 중심적인 주체적 해석으로 귀결시키거나 반대로 중국의 영향을 강조하거나 700여 년의 고구려 역사를 중국 중심으로 풀어내려고 하므로 그들의 연대관이나 해석을 신뢰하기 어렵다.

　때문에 남한에서의 고구려 고고학 연구는 북한이나 중국의 고고학 자료를 그대로 취신(取信)할 것인가 하는 문제의식에서 출발해야 할 것이다. 물론, 북한과 중국 양측의 연구 성과에 대한 검증이나 체계적인 비판이 쉽지는 않지만, 고고학 연구의 1차 자료라고 할 수 있는 고고학 조사가 갖고 있는 이러한 문제를 인식하고, 북한이나 중국의 조사 보고를 꼼꼼히 들여다볼 필요가 있다. 아울러 현재 고구려의 유적, 유물이 중국과 북한의 영토 범위에 있으며, 우리가 연구하고 복원하려는 고구려는 이미 과거사로 현재의 고구려가 아니라는 점을 직시할 필요가 있다. 때문에 고조선, 고구려, 발해로 이어지는 만주 일대에 있었던 우리 역사의 흐름에 대한 인식과 함께 고구려에 대한 객관적인 시각을 견지하고, 문헌자료와 고고자료에 근거한 실증적인 연구가 어느 때 보다 필요하다.

고구려가 한반도 삼국 중 가장 먼저 고대국가로 발전하여 삼국의 물질문화를 선도하였다는 것은 누구나 인정하고 있는 사실이다. 이는 고구려가 지정학적으로 대륙의 선진문화를 받아들이기에 유리한 곳에 자리하였기 때문이다. 고구려를 보는 이러한 시각은 태왕릉이나 장군총과 같은 거대한 적석총과 강서대묘와 같은 사신도가 그려진 벽화분 등에 의해서 증명되는 듯했고, 이로 인해 백제나 신라, 가야의 문물 해석이나 연대 판단에서 고구려가 기준이 되기도 하였다. 그러나 1980년대를 거치면서 한반도 각지에서 많은 고고학 자료가 축적됨으로써 대륙의 문물이 고구려와 백제나 신라, 가야의 형성과 발전에 영향을 미쳤다는 단선 전파에 의거한 문화진화론적 시각은 수정되고 있다. 물론 그렇다고 하여 삼국의 물질문화에 고구려가 끼친 영향은 부정할 수는 없다. 그동안 축적된 고구려 고고학 자료가 고구려사의 복원에 건설적인 기여를 할 만큼 양과 질 모두 풍부하다고 할 수 없지만 그간의 남한에서 고구려 고고학 연구 성과는 고구려의 성장, 발전 과정을 복원하는데 있어 분명 많은 진전을 이루었다.

그럼에도 불구하고 여전히 해결되지 않는 문제는 바로 역사기록과 고고학 자료가 반드시 일치하지는 않는다는 점이다. 기록에 의하면 고구려는 일찍부터 주변지역을 복속하여 영역을 확장하였으나, 실제 복속지에서 고구려 정체성을 보여줄 만한 고고학적 증거는 확실하지 않아서 기록과 고고학 자료를 연결시키는데 어려움이 있다. 그 대표적인 예가 천도와 도성의 위치 비정이다. 흘승골성으로 보는 데에 이견이 없는 오녀산성의 발굴 결과에서도 고구려 초기의 생활상 구체적으로 드러나지 않으며, 발굴 결과에 따르면 오녀산성의 중심 시기는 오히려 4, 5세기대가 된다. 그리고 국내로의 천도와 관련하여 여러 입장이 제시되고 있는 것도 고고학 자료가 문헌 기록을 실증하여 주지 못하기 때문이다. 이러한 문제는 역사고고학에서 종종 부딪치는 문제로, 고고학 자료와 역사기록 어느 것을 취신할 것인가에 대한 비판적 검토와 논의는 고고학 자료가 충실히 축적되기 전까지는 앞으로도 지속되어야 한다.

이러한 논쟁을 해결하기 위해서는 왕도 중심의 고고학 조사는 물론이고 지방 각지에서의 조사도 필요하다. 중앙과 지방에서의 고고학 조사는 단편적이고 일회적이 아닌 유적의 전면 발굴조사를 통해 유구와 유물의 층위적 맥락을 파악할 필요가 있다. 중국이나 북한 학계의 문화 층위를 중심으로 하는 고고학 조사 방식은 자칫 시간의 변화를 놓칠 수 있기 때문이다. 아울러 현재 고구려 고고학 연구의 시급한 과제의 하나가 안정적인 편년안 마련에 있으므로, 발굴 보고는 종합적이어야 한다. 현재의 방식처럼 대표 유물이나 대표 유구의 보고만으로는 유적의 전반적인 상황을 파악할 수 없기 때문이다.

고구려 유적의 개방과 공동조사 또한 반드시 필요하다. 유적을 공개하지 않거나 공동조사를 하려하지 않는 것은 중국이나 북한의 폐쇄적인 역사인식에 기인한 것이므로 유적의 개방과 공동조사는 역사인식의 차이를 극복할 수 있는 계기가 될 수 있을 것이다. 유적의 개방과 공동조사가 중요한 것은 고구려 고고학 연구에서 필요한 것이 종합적이고 구체적인 고고학 자료의 확보와 객관적 시각의 견지이기 때문이다. 고구려 유적, 유물의 개방과 남한, 북한, 중국의 공동조사, 연구자간의 활발한 교류와 논의를 거치다보면, 고구려 고고학은 고구려의 역사적 실체에 보다 가까워 질 것이다. 그러한 노력을 하다보면 고구려를 둘러싼 민족주의적인 해석이나 역사 왜곡으로 야기되는 국가 간의 역사 분쟁도 자연스럽게 해결될 수 있을 것이다.

번호	이름	한자	종류		소재지		둘레 km	축조재료	
			분류1	분류2	분류1	분류2			
1	동단산성	東團山山城	산성	산정식	吉林省	吉林市	0.5	토석혼축	
2	남성자고성	南城子城址	평지성		吉林省	吉林市	1.3	토축	
3	관지성지	官地城址	평지성		吉林省	吉林市	1.2	토축	
4	용담산성	龍潭山山城	산성	포곡식	吉林省	吉林市	2.4	토축+토석혼축+석축	
5	삼도령자산성	三道嶺子山城	산성	산정식	吉林省	吉林市	0.5	토석혼축	
6	남산산성	南山山城	산성	포곡식	吉林省	吉林市/蛟河市	1.0	토축	
7	소립자산성	小砬子山城	산성	산정식	吉林省	吉林市/蛟河市	0.4	토축	
8	동산산성	東山山城	보루	산정식	吉林省	吉林市/蛟河市	0.2	토석혼축	
9	대마종령산성	大馬宗嶺山城	보루	산정식	吉林省	吉林市/磐石縣	0.3	토석혼축	
10	성자구관애	城子溝關隘	관애		吉林省	吉林市/磐石縣	0.2	토석혼축	
11	지방구관애	紙房溝關隘	관애		吉林省	吉林市/磐石縣	0.2	토석혼축	
12	용수산성	龍首山城	산성	포곡식	吉林省	遼源市	1.2	토축	
13	성자산산성	城子山山城	산성	포곡식	吉林省	遼源市	0.7	토축	
14	공농산성	工農山城	산성	포곡식	吉林省	遼源市	1.4	토축	
15	람가산성	藍家山城	산성	포곡식	吉林省	遼源市		토축	
16	소성구관애	小城溝關隘	관애		吉林省	遼源市/東遼縣	0.2	토석혼축	
17	자안산성	自安山城	산성	포곡식	吉林省	通化市	2.7	석축+토석혼축	
18	이도구문관애/압원진관애	二道溝門關隘/鴨園鎭關隘	관애		吉林省	通化市	0.3	토석혼축	
19	석호관애/대라권구관애	石湖關隘/大羅圈溝關隘	관애		吉林省	通化市	0.4	토석혼축	
20	국내성	國內城	평지성		吉林省	通化市/集安市	2.7	석축	
21	환도산성/산성자산성	丸都山城/山城子山城	산성	포곡식	吉林省	通化市/集安市	6.9	석축	
22	패왕조산성	覇王朝山城	산성	산상포곡식	吉林省	通化市/集安市	1.3	석축	
23	관마산성/관마장 관애	關馬山城/關馬墻關隘	산성/관애		吉林省	通化市/集安市	1.0	토석혼축	
24	장천고성	長川古城	평지성		吉林省	通化市/集安市	0.4	석축+토축	
25	양민고성	良民古城	평지성		吉林省	通化市/集安市	1.4	석축+토석혼축	

유적현황	출토유물	출전
2007년 발굴조사, 내성+중성+외성	고구려 기와, 부여, 발해 및 요금 토기	北方文物 1986-4
동단산산성과 세트, 2016년 발굴조사, 평면형태 원형, 동남쪽 성벽 높이 5~6m, 남문지, 북문지, 해자	고구려, 부여, 발해, 요금 유물	中國文物地圖集
평면형태 장방형, 훼손 심함	마제석기, 토기	中國文物地圖集
2011년, 2016년 발굴조사, 성벽 높이 10m, 각루4, 문지3, 저수시설(수뢰, 용담), 저장시설(한뢰) 등, 공원 재정비	고구려 연화문와당, 토기, 철솥 등	北方文物 1986-4
훼손 심함, 잔존 성벽 길이 520m, 높이 3m	기와	北方文物 1986-4
잔존 성벽 높이 2.5m, 문지2(동,서), 망루2		蛟河縣文物志
잔존 성벽 높이 1.5m, 서벽이 상대적으로 낮음, 문지1, 각루3		蛟河縣文物志
잔존 성벽 높이 4.5~10m, 서문지	토기	蛟河縣文物志
남벽 길이 150m, 잔존 성벽 높이 1.2m, 외곽에 너비 1.5m 도랑, 서문, 내부에 높이 2m, 길이 8.5m 평대(봉화?)	철촉, 청동완	磐石縣文物志
잔존 성벽 높이 2m	석부	磐石縣文物志
잔존 성벽 높이 2~3m	시루, 청동완	磐石縣文物志
잔존 성벽 높이 2m, 문지2(북,서), 각루4, 저수시설2, 공원 재정비, 훼손 심함	고구려 연화문와당, 토기, 철기	考古1994-3
잔존 성벽 높이 3m, 외곽에 호, 문지2(남,북_옹성), 치1, 각루2	니질회도, 철촉	遼源市文物志
	니질회도, 대상파수	遼源市文物志
소고려성으로 알려짐, 도로 개설로 양분됨		지방지
잔존 성벽 높이 3.8m, 차단벽 중앙부 폭 22m 문지 추정 개구부	승문기와	中國文物地圖集
2004년, 2007~2009년 발굴조사 후 정비복원, 문지4(현문1), 잔존 성벽 높이 0.8~1m, 주거지, 우물, 배수시설	고구려 기와, 이형 토제품, 한대 및 금대 유물	博物館硏究1991-3
잔존 성벽 높이 0.3~0.7m		中國文物地圖集
잔존 성벽 높이 1.5~2.5m, 할석 및 강돌 기초시설, 양쪽 기단부에 치석된 석재, 내부 토석혼축, 반원형 치6		高句麗の歷史と遺跡
고구려 도성(세계문화유산), 방형 석축 평지성, 2000년대 대대적인 발굴조사 후 정비복원, 치, 각루, 배수시설, 건물지 등	고구려 와당, 문자기와, 토기, 철기	國內城
고구려 도성(세계문화유산), 2000년대 대대적인 발굴조사 후 정비복원, 성벽 높이 5m 이상, 여장과 돌구멍, 문지 다수(옹성문 포함), 초석건물지, 망대, 저수지, 고분 등	고구려 와당, 기와, 토기, 철기	丸都山城
2010년대 중후반 발굴조사, 잔존 성벽 높이 5.2m, 여장, 돌구멍, 치, 문지2(남,북_옹성)	고구려 토기, 철기(차관,촉), 동촉	高句麗の歷史と遺跡
세 갈래의 계곡에 차단벽, 남벽 길이 60m, 높이 1.5~2.1m, 북벽 길이 78m, 높이 2.5m, 동벽 길이 70m, 높이 1m, 문지3, 북벽 외곽에 호		考古1964-2
방형 평지성, 토축벽(남,북), 석축벽(동,서)	철촉	高句麗の歷史と遺跡
운봉댐 수몰지구, 장방형 평지성, 남북350~400m, 외벽은 석축, 내부는 토석혼축, 잔존 성벽 높이 1.5m		東北史地2004-2

번호	이름	한자	종류		소재지		둘레 km	축조재료	
			분류1	분류2	분류1	분류2			
26	망파령관애	望波嶺關隘	관애		吉林省	通化市/集安市	0.8	석축	
27	칠개정자관애	七個頂子關隘	관애		吉林省	通化市/集安市	0.2	석축	
28	노변장관애	老邊墻關隘	관애		吉林省	通化市/集安市	0.2	토석혼축	
29	대천성지	大川城址	평지성		吉林省	通化市/集安市	0.2	석축	
30	건설산성	建設山城	보루	산정식	吉林省	通化市/通化縣	0.3	석축	
31	영과포산성	英戈布山城	산성		吉林省	通化市/通化縣		석축	
32	휘발성	輝發城	산성	산정식	吉林省	通化市/輝南縣	0.7	토석혼축	
33	조어대성지	釣魚台城址	보루	산정식	吉林省	通化市/輝南縣	0.2	토석혼축	
34	조어대고성	釣魚台古城	강안평지성		吉林省	通化市/柳河縣	0.7	석축	
35	나통산성	羅通山城	산성	포곡식	吉林省	通化市/柳河縣	0.8	석축	
36	임강고성/ 임성성지	臨江古城/ 臨城城址	평지성		吉林省	臨江市(渾江市)	0.1	석축	
37	화피전자고성	樺皮甸子古城	평지성		吉林省	臨江市(渾江市)	0.2	토석혼축	
38	협피고성	夾皮溝古城	평지성		吉林省	臨江市(渾江市)	0.3	토석혼축	
39	동마고성	東馬鹿泡子古城	평지성		吉林省	臨江市(渾江市)	0.2	토석혼축	
40	팔도구진산성	八道溝鎭山城	산성		吉林省	白山市/長白縣	0.5	석축	
41	십사도구고성	十四道溝古城	평지성		吉林省	白山市/長白縣	0.2	토석혼축	
42	십사도구관애	十四道溝關隘	관애		吉林省	白山市/長白縣	0.5	석축	
43	십이도만관애/ 십이도구관애	十二道灣關隘	관애		吉林省	白山市/長白縣	0.3	토석혼축	
44	흥안고성	興安古城	평지성		吉林省	延邊/延吉市	1.8	토석혼축	
45	성자산산성/ 마반촌산성	城子山山城/ 磨盤村山城	산성	포곡식	吉林省	延邊/圖們市	4.5	토석혼축	
46	살기성	薩其城	산성	포곡식	吉林省	延邊/琿春市	7.0	석축	
47	온특혁부성	溫特赫部城/ 高力城子土城	평지성		吉林省	延邊/琿春市	2.3	토축	

유적현황	출토유물	출전
성벽 총 길이 750m, 잔존 높이 1.5~2.5m	토기, 등자	集安縣文物志
잔존 성벽 높이 2.4m, 동벽의 남쪽 8m 지점에 길이 20m 가량의 보조 성벽		中國文物地圖集
잔존 성벽 높이 1~2m, 잔존 길이 170m		集安縣文物志
원형 석축 평지성, 전체 둘레 153m, 잔존 성벽 높이 1m, 초소?		中國文物地圖集
성벽+자연절벽, 잔존 성벽 높이 1m, 문지2, 우물, 성 진입로에 차단벽	토기	通化縣文物志
제대로 다듬지 않은 불규칙한 돌을 이용한 성벽+절벽(동벽), 고구려?		通化縣文物志
발굴조사 후 명대 여진성으로 정비복원, 타원형 평면, 토석혼축 3중 성벽, 내성 둘레 706m, 중성 1,313m, 평지 외성 2,647m, 고구려는 내성만 사용?	후대 유물	文物1965-7
토석혼축 성벽+절벽(동벽), 외곽에 호, 남문지	토기	中國文物地圖集
석축성벽(1면)+자연절벽, 잔존 성벽 높이 1~1.8m, 문지1	토기(호,완,두형토기), 청동기, 옥기	中國文物地圖集
2010년대 발굴조사 후 정비복원, 잔존 성벽 높이 4m, 문지5(반원형용성3), 각루2, 점장대, 저수지, 건물지, 고구려~요금	도기, 철기, 도금기, 옥기, 동전	文物1985-2
말각장방형 평면, 둘레 60m, 북문지	토기, 철촉	中國文物地圖集
동서100m, 남북200m 방형 평면(손인걸: 성벽 둘레 220m), 잔존 성벽 높이 2m, 문지2(남,북), 각대, 성 외부 기와건물지	은반지, 고구려 기와, 토기, 청화백자	中國文物地圖集
고려성자고성, 불규칙한 장방형 평지성(동서50m, 남북100m), 훼손 심함	토기, 철촉, 석기(창,촉,도), 동전	中國文物地圖集
방형 토성(둘레 150m 내외), 내부 토축, 외부 석축	철기	東北史地2004-5
		高句麗. 渤海古城址研究匯編
장방형 평지성(동서40m, 남북20m)	토기, 철솥, 석부	中國文物地圖集
십사도구고성 서쪽에 차단벽 500m		東北史地2004-5
성벽 길이(30m), 호, 문지		中國文物地圖集
장방형 평지성(동서500m, 남 380m), 석축 기초+토축 성벽, 각루(동북모서리)	고구려 기와, 니질회도	延吉市文物志
2010년대 발굴조사 후 정비복원, 성 중앙부 계단상 건축대지에 고구려 기와, 금대 유물 다수 분포, 잔존 성벽 높이 1~3m, 문지4(동, 동북, 서, 동남), 일부 용성구조, 서문지 바깥 토축 차단벽, 인근 하룡고성 분포	고구려 기와, 토기, 자기, 철기, 도장	中國文物地圖集
발굴조사?, 문지5, 북문에는 높이 10m 석축성벽 잔존, 망대3, 건물지2	고구려-발해 기와	연변문화유물략편
사다리꼴 평면, 성 북쪽은 금대 비우성(斐優城)과 주택으로 인해 대부분 파괴됨, 잔존 성벽 높이 2~3m	고구려 연화문와당, 기와, 토기	연변문화유물략편

번호	이름	한자	종류		소재지		둘레 km	축조재료	
			분류1	분류2	분류1	분류2			
48	석두하자고성	石頭河子古城	평지성		吉林省	延邊/琿春市	0.8	석축	
49	하룡고성	河龍古城	평지성		吉林省	延邊/圖們市	1.0	토축	
50	토성둔고성	土城屯古城	평지성		吉林省	延邊/龍井市	1.9	토석혼축	
51	증평고성	仲坪古城	평지성		吉林省	延邊/龍井市	1.6	토석혼축	
52	동흥고성	東興古城	평지성		吉林省	延邊/龍井市		토석혼축	
53	탑산산성	塔山山城	산성	포곡식	遼寧省	沈陽市	1.0	토축	
54	석대자산성	石臺子山城	산성	산상포곡식	遼寧省	沈陽市	1.7	석축	
55	대흑산산성	大黑山山城	산성	포곡식	遼寧省	大連市	5.0	석축	
56	득리사산성	得利寺山城	산성	포곡식	遼寧省	大連市/瓦房店市	2.2	석축	
57	남마권자산성	南馬圈子山城/馬圈山城	산성	포곡식	遼寧省	大連市/瓦房店市	1.0	토축/석축	
58	람고산성	嵐崮山城	산성	산정식	遼寧省	大連市/瓦房店市		석축	
59	성산산성	城山山城	산성	포곡식	遼寧省	大連市/庄河市	3.1	석축	
60	후성산산성	後城山山城/夾河山山城	산성	포곡식	遼寧省	大連市/庄河市	4.7	석축	
61	오고성/위패산성	吳姑城/魏覇山城	산성	포곡식	遼寧省	大連市/普蘭店市	5.0	석축	
62	마운산산성	摩雲山山城	산성		遼寧省	鞍山市/千山區		석축	
63	용봉욕산성	龍鳳峪山城	산성		遼寧省	鞍山市/海城市	0.7	석축	
64	남태산성	南台山城	보루	산정식	遼寧省	鞍山市/海城市	0.2	토축	
65	영성자산성	英城子山城	산성	포곡식	遼寧省	鞍山市/海城市	2.5	토축	
66	요구산성	窯溝山城	보루	산정식	遼寧省	鞍山市/海城市	0.2	석축	
67	자구산성	茨溝山城	보루	산정식	遼寧省	鞍山市/岫岩縣			
68	성구산성	城溝山城	산성		遼寧省	鞍山市/岫岩縣	1.5	석축	
69	송수구산성	松樹溝山城	산성	포곡식	遼寧省	鞍山市/岫岩縣	2.5	석축	
70	남구산성	南溝山城	산성	포곡식	遼寧省	鞍山市/岫岩縣	2.5	석축	
71	석문산성	石門山城	산성	포곡식	遼寧省	鞍山市/岫岩縣	1.5	석축	
72	뇨구문산성	鬧溝門山城	산성	포곡식	遼寧省	鞍山市/岫岩縣	0.6	석축	
73	류가산성	劉家山城	산성	포곡식	遼寧省	鞍山市/岫岩縣		석축	
74	석성산성	石城山城	산성		遼寧省	鞍山市/岫岩縣		석축	
75	남년산성	南碾山城	산성	포곡식	遼寧省	鞍山市/岫岩縣	1.2	석축	
76	상피욕산성	桑皮峪山城	산성		遼寧省	鞍山市/岫岩縣		석축	
77	낭랑산성	娘娘山城	산성	포곡식	遼寧省	鞍山市/岫岩縣	2.8	석축	

유적현황	출토유물	출전
장방형 평면, 잔존 성벽 높이 2~2.5m, 문지4, 각루	고구려 기와, 발해 유물	연변문화유물략편
대부분 파손됨	고구려 기와, 발해 및 요금 유물	연변문화유물략편
장방형 평면, 잔존 성벽 높이 1~1.5m	고구려-발해 기와	연변문화유물략편
동서500m, 남북300m 범위, 건물지	고구려 기와, 발해 유물	연변문화유물략편
일제강점기 조사, 훼손 심함, 내성과 외성?	고구려-발해 기와	間島省古迹調査報告
잔존 성벽 높이 1m, 남문지1, 전탑1(훼손), 개모성?	고구려 연화문와당, 기와, 토기	瀋陽市文物志
2000년대 전면 발굴조사 및 복원, 잔존 성벽 높이 1.5~2m, 치10, 문지3, 상태 양호, 저수지, 건물지, 주변 고분군	고구려 토기, 철기(찰갑,솥)	石臺子山城
정비복원, 돌구멍, 문지, 비사성?	고구려 연화문와당	中國文物地圖集
남북600m, 동서400m 장방형 산성, 잔존 성벽 높이 3~10m, 문지2(동,서), 옹성 구조, 저수시설		中國文物地圖集
토축과 석축 성벽, 저수시설	고구려 기와	中國文物地圖集
산정상부에 위치, 평면형태는 타원형, 길이 270m, 폭 100m, 성벽 훼손 심함, 잔존 길이 30m, 폭 2m, 잔고 1m, 남문 폭 2.8m		中國文物地圖集
발굴조사 후 정비복원, 보존상태 양호, 내성, 외성, 성문지2, 저수지1, 망대2, 점장대1, 건물지 다수, 치1, 여장	고구려 연화문와당, 기와, 토기, 철기	東北史地2006-4
성산산성과 협하를 사이에 두고 마주함, 발굴조사, 성문지2, 돌구멍		中國文物地圖集
발굴조사 후 일부 정비복원, 상태 양호, 잔존 성벽 높이 9.4~10.24m, 문지(동,서,남), 저수시설, 점장대	고구려 연화문와당, 기와, 환두대도	中國文物地圖集
동서400m, 남북200m, 잔존 성벽 높이 2m, 우물1		中國文物地圖集
방형 평면, 동서180m, 남북160m, 잔존 성벽 높이 2~3m	기와, 벽돌	中國文物地圖集
장방형 평면, 잔존 성벽 높이 1.6m, 남문지, 우물1	승문벽돌, 승문기와	中國文物地圖集
문지(서-옹성,동,북), 망대5, 우물1, 안시성?	고구려 와당, 기와, 토기, 철기	中國文物地圖集
장방형 평면, 잔존 성벽 높이 1.4m, 수혈5		中國文物地圖集
잔존 성벽 길이 45m, 높이 0.7m	돌절구	中國文物地圖集
방형 평면, 토심석축성벽, 잔존 성벽 높이 3m, 문지(서,남)	기와	中國文物地圖集
내-외성, 내성 둘레 2.5km	고구려 연화문와당, 토기	中國文物地圖集
타원형 평면	토기	中國文物地圖集
타원형 평면	토기	中國文物地圖集
장방형 평면(200×100m), 남문지		中國文物地圖集
동서204m, 남북200m 규모, 잔존 성벽 높이 1m, 남문지		中國文物地圖集
장방형 평면(300×100m), 토심석축성벽		中國文物地圖集
잔존 성벽 높이 2m, 동문지		中國文物地圖集
		中國文物地圖集
내성, 외성, 잔존 성벽 높이 3~5m, 문지4, 저수지, 우물, 배수로, 성 내부 적석총	고구려 연화문와당, 기와, 철기	中國文物地圖集

번호	이름	한자	종류		소재지		둘레 km	축조재료	
			분류1	분류2	분류1	분류2			
78	마권산성	馬圈山城	산성	포곡식	遼寧省	鞍山市/岫岩縣	1.3	토석혼축	
79	와방점산성	瓦房店山城	산성	산정식	遼寧省	鞍山市/岫岩縣		석축	
80	왕가보산성	王家堡山城	산성		遼寧省	鞍山市/岫岩縣		석축	
81	청량산성	淸凉山城	산성	포곡식	遼寧省	鞍山市/岫岩縣	5.0	석축	
82	이도령산성	二道嶺山城	산성	포곡식	遼寧省	鞍山市/岫岩縣	1.0	석축	
83	고이산성	高爾山城	산성	포곡식	遼寧省	撫順市/順城區	2.8	토축	
84	철배산성	鐵背山城	산성	산정식?	遼寧省	撫順市/富順縣			
85	삼송산성	杉松山城	산성	산정식?	遼寧省	撫順市/新賓縣	1.0	석축/토축	
86	황람산성	黃嵐山城	보루	산정식	遼寧省	撫順市/新賓縣	0.2	석축	
87	오룡산성	五龍山城	산성	포곡식	遼寧省	撫順市/新賓縣	2.0	석축	
88	전수호산성	轉水湖山城	산성	산정식	遼寧省	撫順市/新賓縣	1.4	석축	
89	흑구산성	黑溝山城	산성	산정식	遼寧省	撫順市/新賓縣	1.5	석축	
90	태자성	太子城	강안평지성		遼寧省	撫順市/新賓縣	1.4	석축	
91	구노성/ 비아랍성	舊老城/ 費阿拉城	산성?		遼寧省	撫順市/新賓縣		토축	
92	쌍립산성	雙砬山城	산성		遼寧省	撫順市/淸原縣		토석혼축	
93	변우산성	邊牛山城	산성	포곡식	遼寧省	本溪市/溪湖區	1.2	토축	
94	운반산산성	雲盤山山城	산성		遼寧省	本溪市/本溪縣		토축	
95	이가보산성 / 강초산성	李家堡山城/ 荏草山城	산성	포곡식	遼寧省	本溪市/本溪縣		석축	
96	서구산성	西溝山城	산성	포곡식	遼寧省	本溪市/本溪縣	1.2	석축	
97	유관산성	有官山城	보루	산정식	遼寧省	本溪市/本溪縣	0.4	석축	
98	하보산성	下堡山城	보루	산정식	遼寧省	本溪市/本溪縣	0.3	석축	
99	마평구산성	馬平溝山城	보루	산정식	遼寧省	本溪市/本溪縣		석축	
100	오녀산성	五女山城	산성	산정식	遼寧省	本溪市/桓仁縣	4.8	석축	
101	마안산성	馬鞍山城	산성?		遼寧省	本溪市/桓仁縣	0.9	석축	
102	고검지산성	高儉地山城	산성	산상포곡식	遼寧省	本溪市/桓仁縣	1.4	석축	

유적현황	출토유물	출전
원형 평면, 잔존 성벽 높이 1~2m, 남문지	토기	中國文物地圖集
잔존 성벽 길이 10m, 높이 2.5m, 치, 북문지		中國文物地圖集
		中國文物地圖集
잔존 성벽 높이 3m		中國文物地圖集
잔존 성벽 높이 0.5m, 서문지		中國文物地圖集
1940년대, 1980년대 발굴, 동성, 서성, 남위성, 북위성, 동남의 소성3, 잔존 토축 성벽 높이 8m, 동성(2.8km)이 주성, 전체 성벽 길이 4km, 문지(남,북,동), 정비복원, 신성?	고구려 연화문와당, 기와, 토기, 철기	遼海文物學刊1987-2
청대 계반성 하부에 고구려 성 존재		中國文物地圖集
대부분 석축 성벽(북벽 일부 토축), 동북 잔존 성벽 높이 6m		中國文物地圖集
잔존 성벽 높이 0.8m(남벽), 서문지	토기, 석기	中國文物地圖集
문지(남,서), 성 내 북쪽과 동쪽에 계단상 대지, 저수시설	고구려 연화문와당, 기와, 철기	中國文物地圖集
흑구산성 인근, 문지3(동1,서2), 각대, 망대, 우물2	고구려 토기	北方文物1991-1
석축 성벽 447m, 나머지 자연절벽, 돌구멍, 문지2(동,북), 망대, 각대	고구려 토기	文物1985-2
발굴?, 동벽 단애, 나머지 석축성벽, 문지(남,북), 동-내성, 기와 건물지, 북벽-망대, 서벽-돌구멍, 명대 봉화시설	고구려 기와, 토기	中國文物地圖集
명대 비아랍성의 내성(둘레 960m)-고구려?		中國文物地圖集
동서220m, 남북100m 규모, 잔존 성벽의 높이 2.5m, 문지(서,남)	도금장식, 철기	遼寧文物1982-3
문지3(서-옹성), 잔존 판축 성벽 높이 12m(서벽), 각루2	고구려 토기, 요금 기와	中國文物地圖集
잔존 성벽 길이 750m, 높이 1~2m		中國文物地圖集
장방형 평면(1.5×1km), 잔존 성벽 높이 2~5m, 문지(동,서)		中國文物地圖集
석축성벽(남,북), 자연절벽(동,서), 잔존 성벽 높이 4m, 문지(남,북)		中國文物地圖集
보루, 문지2		遼東半島地區的高句麗山城
중국측 연구서 정보 각각 다름		遼東半島地區的高句麗山城
남북23m, 동서19m 규모, 장방형 석재 이용, 잔존 성벽 높이 1.2m, 남문지		中國文物地圖集
고구려 초기 도성(세계문화유산), 2000년대 대대적인 발굴조사 후 정비복원, 여장, 돌구멍, 문지3, 초석 대형 건물지, 온돌 건물지, 저수지, 우물, 샘, 흘승골성?	고구려 토기, 철기	五女山城
석축성벽(서,북) 400m, 자연절벽(남,동) 500m, 문지1	토기, 철촉	北方文物1995-3
2008~2009년 발굴 후 일부 정비복원, 성벽 상태 양호, 여장, 돌구멍, 문지4(남1,북2,동1), 치1, 망대3, 등성시설5, 저수시설, 건물지(수혈,지상식)	고구려 토기	博物館研究1992-1

번호	이름	한자	종류		소재지		둘레 km	축조재료	
			분류1	분류2	분류1	분류2			
103	성장립자산성	城墻砬子山城	산성	산정식	遼寧省	本溪市/桓仁縣	1.3	석축	
104	와방구산성	瓦房溝山城	산성?		遼寧省	本溪市/桓仁縣		석축	
105	하고성자토성	下古城子城	평지성		遼寧省	本溪市/桓仁縣	0.9	토축	
106	나합성	喇哈城址	평지성		遼寧省	本溪市/桓仁縣		석축	
107	동고성	東古城	평지성		遼寧省	本溪市/桓仁縣			
108	북구관애	北溝關隘	관애		遼寧省	本溪市/桓仁縣	0.3	석축	
109	애하첨고성	靉河尖古城	평지성		遼寧省	丹東市/振安區	2.2	토축	
110	마권성지	馬圈城址	평지성		遼寧省	丹東市/東港市	0.6	토축	
111	설와성지	雪洼城址	보루	산정식	遼寧省	丹東市/東港市	0.2	석축	
112	루방둔성지	樓房屯城址	보루	산정식	遼寧省	丹東市/東港市	0.1	석축	
113	불노방성지	佛老房城址	보루	산정식	遼寧省	丹東市/東港市	0.2	석축	
114	상가구성지	常家溝城址	보루	산정식	遼寧省	丹東市/東港市	0.1	석축	
115	이가성지	李家城址	보루	산정식	遼寧省	丹東市/東港市		석축	
116	장가산성	張家山城	산성		遼寧省	丹東市/東港市	1.1	석축	
117	고가보산성	高家堡山城	보루	산정식	遼寧省	丹東市/東港市	0.3	석축	
118	주가구 유적	周家溝遺址	보루	산정식	遼寧省	丹東市/東港市	0.4	석축	
119	이도구산성	二道溝山城	산성		遼寧省	丹東市/鳳城市		석축	
120	봉황산산성	鳳凰山山城	산성	포곡식	遼寧省	丹東市/鳳城市	16.0	석축	
121	청성산산성	靑城山山城	보루	산정식	遼寧省	丹東市/鳳城市	0.1	토석혼축	
122	첨립산성	尖砬山城	보루	산정식	遼寧省	丹東市/鳳城市	0.2	석축	
123	양둔산성	楊屯山城	산성		遼寧省	丹東市/鳳城市	0.5	석축	
124	단결산성	團結山城	보루	산정식	遼寧省	丹東市/鳳城市	0.2	석축	
125	고태보산성	高台堡山城	산성		遼寧省	丹東市/寬甸縣		석축	
126	소성자산성/ 평정산산성	小城子山城/ 平頂山山城	산성	산정식	遼寧省	丹東市/寬甸縣	1.5	석축	
127	호산산성	虎山山城	산성		遼寧省	丹東市/寬甸縣		석축	
128	오관산성	五官山城	보루	산정식	遼寧省	營口市/老邊區	0.3	석축	
129	학양사산성	鶴羊寺山城	산성		遼寧省	營口市/蓋州市		석축	
130	파태산성	破台山城	산성		遼寧省	營口市/蓋州市		석축/토축	
131	분영산성	奮英山城	산성	포곡식	遼寧省	營口市/蓋州市		석축	
132	적산산성	赤山山城	산성	포곡식	遼寧省	營口市/蓋州市	2.4	석축	
133	손가산성	孫家山城	산성	포곡식	遼寧省	營口市/蓋州市		석축	
134	노야령산성	老爺嶺山城	산성		遼寧省	營口市/蓋州市		석축	

유적현황	출토유물	출전
산성 평면형태 장방형, 남북 길이 400m, 동서 너비 300m, 동북문1, 장대1, 우물		博物館研究1992-1
장방형 평면(동서400×남북200m), 훼손 심함		博物館研究1992-1
1982년, 1998년 시굴조사, 방형 평면, 훼손 심함	고구려 토기, 철촉, 귀면와?	五女山城
고구려?, 방형 평면, 현재 수몰	토기, 철기	東北史地2004-2
고구려?, 1980년 당시 뚜렷한 성벽 흔적 확인하지 못함	기와, 토기, 마제석부	桓仁縣文物志
		桓仁縣文物志
한대 안평성, 장방형 평면(남북600×동서500m), 석축 기초+토축, 고구려 재사용	고구려 연화문와당, 안평성 명문토기, 철기, 한대유물(와당,오수전)	中國文物地圖集
방형 평면, 잔존 성벽 높이 1.3m		中國文物地圖集
장방형 평면(90×40m), 잔존 성벽 높이 3m		中國文物地圖集
장방형 평면(40×25m)		中國文物地圖集
장방형 평면(50×30m), 훼손 심함	기와	中國文物地圖集
장방형 평면(40×20m), 성의 서쪽과 남쪽에 장대		中國文物地圖集
잔존 성벽 높이 3m, 우물1, 훼손 심함		中國文物地圖集
장방형 평면(500×50m), 잔존 성벽 높이 1m, 북문지		中國文物地圖集
장방형 평면(110×40m)		中國文物地圖集
동서150m, 남북50m 규모, 잔존 성벽 높이 1.2m	철부	中國文物地圖集
잔존 성벽 길이 100m, 높이 1~2m, 훼손 심함		中國文物地圖集
발굴조사 후 정비복원, 내성, 외성, 성문(동,남,북), 차단벽, 건물지, 점장대, 돌구멍, 치, 적석총, 오골성?	고구려 연화문와당, 기와, 토기, 철기	中國文物地圖集
장방형 평면(40×25m), 남문지		中國文物地圖集
석축(서벽), 나머지 자연절벽, 잔존 성벽 높이 3~4m, 우물1		中國文物地圖集
삼각형 평면, 남벽 잔존 성벽 길이 30m, 높이 2m		中國文物地圖集
잔존 성벽 높이 1m		中國文物地圖集
장방형 평면(남북500m, 동서400m), 문지(동,남)		中國文物地圖集
오녀산성 유사 구조, 서문, 수문, 점장대, 주거지, 우물, 저수시설	고구려 토기, 철기(등자,촉)	東北史地2009-5
고구려 대형 우물(직경 4.4m, 깊이 11.25m) 확인, 중국측 명대 장성 동단기점으로 재정비, 박작성?	고구려 토기, 철기(찰갑,촉,겸), 목선	中國文物地圖集
장방형 평면(100×50m), 잔존 성벽 높이 0.6~0.9m	기와, 토기	中國文物地圖集
문지2, 망대1, 봉화대2	고구려 기와	中國文物地圖集
장방형 평면(동서2.5km, 남북1.5km). 석축성벽(남,북,동), 토축성벽(서), 북벽 잔존 성벽 높이 3m		中國文物地圖集
방형 평면, 서문지		中國文物地圖集
잔존 성벽 높이 0.3~3m, 문지(동,서), 치, 초석건물지, 망대1		中國文物地圖集
400×250m 규모, 잔존 성벽 높이 2m, 동문지		中國文物地圖集
잔존 성벽 높이 1m		中國文物地圖集

번호	이름	한자	종류		소재지		둘레 km	축조재료	
			분류1	분류2	분류1	분류2			
135	연통산산성	煙筒山山城	산성	산정식	遼寧省	營口市/蓋州市		석축	
136	고려성산성/청석령산성	高麗城山城/靑石嶺山城	산성	포곡식	遼寧省	營口市/蓋州市	5.0	석축/토축	
137	고력성산성	高力城山城	보루	산정식	遼寧省	營口市/蓋州市	0.3	석축	
138	고장산성/마권자산성	高庄山城/馬圈子山城	산성	포곡식	遼寧省	營口市/大石橋市		석축	
139	해룡천산성	海龍川山城	산성	포곡식	遼寧省	營口市/大石橋市	4.0	석축	
140	요동성	遼陽城	평지성		遼寧省	遼陽市/文聖區			
141	연주성/백암성	燕州城/白巖城	산성		遼寧省	遼陽市/燈塔市	2.5	석축	
142	용담사산성	龍潭寺山城	산성	포곡식	遼寧省	鐵嶺市/開原市	1.5	토석혼축	
143	마가채산성	馬家寨山城	산성	포곡식	遼寧省	鐵嶺市/開原市	1.5	석축/토축	
144	고성자산성	古城子山城	산성	포곡식	遼寧省	鐵嶺市/開原市	1.1	토석혼축	
145	최진보산성	催陳堡山城	산성	포곡식	遼寧省	鐵嶺市/鐵嶺縣	5.2	석축/토축	
146	장루자산성/청룡산고성	張樓子山城/靑龍山古城	산성	포곡식	遼寧省	鐵嶺市/鐵嶺縣		토축	
147	령서산성	嶺西山城	보루	산정식	遼寧省	鐵嶺市/鐵嶺縣		토석혼축	
148	후영반산성	后營盤山城	보루	산정식	遼寧省	鐵嶺市/鐵嶺縣		석축	
149	청산산성	靑山山城	보루	산정식	遼寧省	鐵嶺市/鐵嶺縣		석축	
150	하유산성	下裕山城	보루	산정식	遼寧省	鐵嶺市/鐵嶺縣		석축	
151	성자산산성	城子山山城	산성	산상포곡식	遼寧省	鐵嶺市/西豊縣	4.4	석축	
152	항요산성	缸窯山城	보루	산정식	遼寧省	鐵嶺市/西豊縣		토석혼축	
153	주가둔성지	周家屯城址	평지성		遼寧省	鐵嶺市/西豊縣	0.5	토축	
154	백마산성	白馬山城	산성	포곡식	평안북도	피현군	1.4	석축	
155	걸망성	契亡城	산성	포곡식	평안북도	피현군	2.8	석축	
156	룡골산성	龍骨山城	산성	포곡식?	평안북도	피현군	0.7	석축	
157	통주성	通州城	평산성	포곡식	평안북도	동림군	4.1	석축	
158	롱오리산성	籠吾里山城	산성	포곡식	평안북도	태천군	2.0	석축	

유적현황	출토유물	출전
문지1, 수구, 망대4, 장대2, 우물	기와, 벽돌	中國文物地圖集
구간별로 석축, 토축, 토석혼축 혼재, 문지(동,북,서), 망대, 건 안성?	고구려 연화문와당, 기와, 철기(찰갑, 등자)	中國文物地圖集
동북 잔존 성벽 높이 3m, 동문지, 치2		中國文物地圖集
둘레 120m 소형 석축 보루, 잔존 성벽 높이 0.4~0.9m, 남문지, 적대, (중국 자료에는 외성 길이 1,000m, 너비 800m, 내성 길이 70m, 너비 30m로 기록), 훼손 심함	기와, 동촉	中國文物地圖集
잔존 성벽 높이 1m	기와?	中國文物地圖集
훼손 및 도시 개발로 흔적을 찾아보기 어려움	고구려 연화문와당, 기와	中國文物地圖集
2000년대 후반 발굴조사 및 정비복원, 석축성벽(동,서,북), 자연 성벽(남-태자하), 잔존 성벽 높이 5~8m, 치 다수, 명대 개축, 백암성?	고구려 연화문와당, 기와, 토기, 찰갑	中國文物地圖集
동벽: 잔존 성벽 길이 150m, 높이 2~3m, 마도시설, 저수시설2, 성 밖 배수로, 타원형 요망대4, 문지(옹성), 청대 용담사 존재	기와, 철기	中國文物地圖集
凹자형 평면, 석축과 토축 성벽, 남문지(배수로), 저수지, 요망대4	기와, 철촉	中國文物地圖集
잔존 성벽 높이 10m, 마도, 샘물, 요망대	기와, 철솥	中國文物地圖集
동서2km, 남북1km 규모, 잔존 성벽 높이 2m, 남문지(옹성,차단벽), 동벽 토벽 높이 10m, 성 밖에는 호가 둘러져 있음, 요망대4, 수혈 주거지	기와, 토기, 철촉	中國文物地圖集
발굴조사?, 토축 성벽, 잔고 1.5m, 성문 주변의 성벽 잔고 15~20m	기와, 토기	中國文物地圖集
토석혼축 성벽, 흔적만 확인됨		中國文物地圖集
원형 평면(남북100m, 동서50m)		中國文物地圖集
한 변 20m 방형 평면, 훼손 심함	기와	中國文物地圖集
방형 평면, 훼손 심함		中國文物地圖集
2000년대 발굴조사 후 정비복원, 불규칙한 타원형 평면(동서 1.3km,남북0.8km), 잔존 성벽 높이 6~7m, 장대지(기와), 수혈 주거지	고구려 연화문와당, 기와, 요금대 유물	中國文物地圖集
장방형 평면(70×40m), 북문지	토기	中國文物地圖集
장방형 평면(150×120m)	토기, 철기	中國文物地圖集
시기를 달리하는 내성과 외성, 고성, 고구려: 고성(우마성), 2중 성벽, 치1, 고려시대 개축	고구려 기와, 후대 기와	조선유적유물도감3
잔존 성벽 높이 2~3m, 문지7(옹성), 치7, 장대5, 고구려 축조 후 고려 개축 흥화진성?	고구려 기와	조선고고학전서27
내성: 고구려 축조 후 개축, 외성: 조선	철촉	조선향토대백과
남벽 일부 잔존, 고구려 축조 후 고려 및 조선 개축		조선고고학전서27
잔존 성벽 높이 4~6m, 문지4(동북-암문, 남-반원형 옹성), 치, 장대지, 철성, 성 남문 안쪽 바위에 성 축조 기록 각석		조선유적유물도감3

번호	이름	한자	종류		소재지		둘레 km	축조재료	
			분류1	분류2	분류1	분류2			
159	룽한산성	凌漢山城	산성	포곡식	평안북도	곽산군	2.8	석축	
160	철옹성	鐵甕城	산성	산정식/ 포곡식	평안북도	영변군	1+14	석축	
161	안주성	安州城	평산성	포곡식	평안남도	안주시	2.2	석축	
162	청룡산성/ 자모산성	青龍山城/ 慈母山城	산성	포곡식	평안남도	평성시	5.3	석축	
163	흘골산성	紇骨山城	산성	포곡식	평안남도	성천군	1.3	토축	
164	황룡산성	黃龍山城	산성	포곡식	평안남도	남포특급시	2.1	석축	
165	덕산토성		평지성		평양시	은정구역	1.6	토축	
166	대성산성	大城山城	산성	포곡식	평양시	대성구역	7.1	석축	
167	안학궁	安鶴宮	평지성		평양시	대성구역	2.5	토석혼축	
168	청암리토성	清岩里土城	평지성		평양시	대	3.5	토축	
169	평양성	平壤城	평산성		평양시	중구역	16.0	석축	
170	고방산성	高方山城	산성	포곡식	평양시	대성구역	4.0	토석혼축	
171	청호동토성		평지성		평양시	대성구역		토축	
172	황주성	黃州城	산성	포곡식	황해북도	황주군	4.0	석축	
173	휴류산성	鵂鶹山城	산성	포곡식	황해북도	봉산군	2.9	석축	
174	대현산성	大峴山城	산성	포곡식	황해북도	서흥군	7.0	석축	
175	태백산성	太白山城	산성	포곡식	황해북도	평산군	2.4	석축	
176	구월산성	九月山城	산성	포곡식	황해남도	은천군	5.2	석축	
177	고현리토성	古縣里土城	평지성		황해남도	삼천군	0.4	토석혼축	
178	장수산성	長壽山城	산성	포곡식	황해남도	신원군	10.5	석축	

유적현황	출토유물	출전
잔존 성벽 높이 4~6m, 여장, 문지(동,서-반월형 옹성), 장대4, 건물지	고구려 기와	조선유적유물도감3
고구려: 영변 본성, 약산성(본성 내 서쪽), 후대: 북성, 신성, 조선 초 개축 / 본성 둘레 14km, 약산성 1km, 신성 3km, 북성 2km		사진으로 보는 북한 국보유적
고구려: 내성(고려 개축), 조선: 외성, 신성 / 문지, 연못, 장대, 치6	고구려 기와	조선향토대백과
고구려: 내성, 잔존 성벽 높이 4m, 우물, 치, 성문5, 망대	고구려 기와	조선유적유물도감3
성벽 잔존 높이 4m	고구려 기와	조선향토대백과
문지(동,남,북)-옹성, 장대, 치4	고구려 기와	조선유적유물도감3
남문지(고구려 기와), 고려 개축	고구려 기와	조선고고연구2007-3
평양도성, 발굴조사 후 정비복원, 성벽 전체 연장 길이 9.3km(3중 성벽 포함), 소문봉 수직기둥홈, 문지20, 치65, 2중성벽, 장대, 건물지, 연못170	고구려 연화문와당, 토기, 불상	대성산의 고구려유적
전기 평양 평지 도성?, 발굴조사 후 정비복원, 고구려 석실분 파괴하고 궁 축조, 3개의 중심축을 기준으로 초석 건물 및 회랑 배치, 궁전터21, 회랑31, 문지(동,서,북,남(3)), 해자	고구려 연화문와당, 토기	대성산의 고구려유적
전기 평양 평지 도성?, 일제강점기 및 1990년대 발굴조사, 토성 내 청암리사지 확인, 벽화건물, 북벽 잔존 성벽 높이 5m, 성벽 훼손 심함	고구려 연화문와당	조선고고연구1998-2
평양도성, 장안성, 발굴조사 후 정비복원, 성벽 16km(전체 연장 23km), 내성, 외성, 중성?, 북성, 552년 축성 시작~593년 완성, 외성 내 방리제 실시	고구려 연화문와당	고구려 평양성
	고구려 기와	조선고고학전서27
대동강변 다리 부근 위치		조선고고학전서27
잔존 성벽 높이 4~5m, 성문7, 수구3, 치10(적대 포함), 장대지, 저수시설, 조선 개축	고구려 기와	력사과학1982-2
훼손 심함, 주변에 고구려 고분군 분포	고구려 기와	조선향토대백과
문지3(남,동,북), 장대4, 건물지, 연못, 남문지 일대 고구려 기와 집중, 조선 개축	고구려 기와	조선유적유물도감3
잔존 성벽 높이 7m, 문지4, 동문지 일대 고구려 기와 집중, 치5, 조선 개축	고구려 기와	조선유적유물도감3
잔존 성벽 높이 3.5~5.2m, 문지3(동,서,남), 치, 여장, 건물지, 고려 및 조선 개축	고구려 기와	조선고고연구1989-1
토축성벽(석축 기초), 잔존 성벽 높이 1.5m, 문지, 우물, 초석 건물지	고구려 기와, 고려 자기, 벽돌	조선고고연구1989-2
내성+외성, 외성 둘레 7.95km, 내성 4.7km, 평지와 맞닿은 내성 남문과 외성 동문에 각각 160m, 100m 길이의 2중 성벽, 내성 남문과 외성 동북 모서리에 철성(凸城), 차단벽, 문지는 외성3(남,북,동), 내성3(남,북,서), 장대6, 건물지80, 제철지6, 도시유적, 한성?	고구려 연화문와당, 기와	조선고고연구1990-2

번호	이름	한자	종류		소재지		둘레 km	축조재료	
			분류1	분류2	분류1	분류2			
179	도마동토성		평지성		황해남도	신원군		토축	
180	아양리토성		평지성		황해남도	신원군		토축	
181	오누이산성/자매산성	姉妹山城	산성	포곡식	황해남도	태탄군	3.5	석축	
182	옹진고성	甕津古城	산성	포곡식	황해남도		4.3	토석혼축	
183	수양산성	首陽山城	산성	포곡식	황해남도	해주시	5.3	석축	
184	치악산성	雉岳山城	산성	포곡식	황해남도	배천군	3.6	석축	
185	봉세산성	鳳勢山城	산성	포곡식	황해남도	연안군	2.3	석축	
186	연안읍성	延安邑城	평지성		황해남도	연안군	2.0	석축	
187	운두산성	雲頭山城	산성	포곡식	함경북도	회령시	6.0	석축	
188	부거석성	富居石城	평지성		함경북도	청진시		석축	
189	가응산성	加應山城	강안평지성		함경남도	단천시	1.3	석축+토축	
190	거산성	居山城	산성	산정식	함경남도	북청군	0.6	석축	
191	룡전리산성	龍田里山城	산성	포곡식	함경남도	북청군	0.7	토축+석축	
192	애수진성	隘守鎭城	산성		함경남도	고원군	0.7	석축	
193	온정리성	溫井里城	산성	포곡식	강원도	고성군	0.6	석축	
194	학성산성	鶴城山城	산성	포곡식	강원도	안변군	2.1	석축	
195	심동리산성		산성	포곡식	강원도	이천군	0.6	석축	
196	성산고성		산성	산정식	강원도	이천군	0.3	석축	
197	만경산성	萬景山城	산성	산정식	강원도	철원군	0.5	석축	
198	거성	舉城	산성	포곡식	강원도	철원군	0.9	토석혼축	
199	노기산성		산성	산정식	강원도	철원군	0.4	토석혼축	
200	삭령산성		산성	산정식	강원도	철원군	0.6	석축	
201	전곡리목책	全谷里木柵	평지성		경기도	연천군		목책	
202	은대리성	隱垈里城	강안평지성		경기도	연천군	1.0	토축+석축 부가	

유적현황	출토유물	출전
장수산성 남쪽의 신원 도시유적 내 평지성	고구려 기와	조선고고연구2008-3
장수산성 남쪽 신원 도시 내 평지성, 붉은색 기와 퇴적층에서 313년으로 추정되는 '영가(永嘉) 7년'명 전돌, 파상문 시문 토기 출토	고구려 기와, 영가7년명 전돌	조선고고연구2008-3
잔존 성벽 높이 1.5~2.9m, 문지4, 장대2		력사과학 1990-3
평산성?, 내성(고구려)+외성, 둘레 4.3km(토벽 3.5km, 평지 석벽), 문지(산성2,읍성3),	고구려 기와	력사과학 1986-2
잔존 성벽 높이 5m, 고구려 성벽 대부분 훼손, 후대 개축, 문지4(동,서,남,북), ㄱ자 모양의 옹성, 치11, 장대, 건물지, 연못	고구려 기와	조선유적유물도감3
잔존 성벽 높이 3.5m, 문지3(남-옹성,서,북), 치11, 2중성벽, 건물지7	고구려 기와	고고민속 1966-1
성벽은 기초부터 2.5m 높이까지는 치석된 석재로 쌓음, 그 위쪽 1.5m는 토석혼축 구간 있음, 성문 4(북, 동, 동남, 서), 치 7, 장대 4, 건물지 11, 우물, 연못, 인근 연안읍성에서도 고구려 기와 출토	고구려 기와, 토기	조선고고연구1994-4
잔존 성벽 높이 6m(남벽), 해자, 훼손 심함		사진으로 보는 북한 국보유적
석축성벽(남,동)-잔존 높이 3~5m, 자연절벽(서,북), 문지4(동, 남-옹성), 장대4, 발해?		조선유적유물도감3
	고구려-발해 기와, 토기	조선고고연구1998-4
내성+외성, 토축+석축 성벽 혼재, 문지4(외성3,내성1)	고구려-발해 기와, 토기	조선고고연구1992-3
잔존 성벽 높이 4m, 발해 건물지 아래 고구려 문화층	고구려-발해 기와, 토기	朝鮮寶物古跡調査資料
잔존 성벽 높이 4~5m, 토축+석축 성벽 혼재, 전체 둘레 1.5km?	고구려-발해 기와, 토기	조선고고연구1990-4
고구려~고려 사용, 훼손 심함	기와	조선향토대백과
잔존 성벽 높이 4~6m, 문지4, 장대	기와, 자기, 도기	조선고고연구1994-2
		조선고고연구1994-4
북문지, 장대지2	고구려 기와, 와당?	조선고고학전서27
해발 671m, 신증동국여지승람: 고성 둘레는 740자, 성벽 높이 11자, 고구려? 신라?	기와	조선고고학전서27
산봉우리 능선을 따라 석축	기와	조선향토대백과
500m 북쪽에 고구려의 석실봉토분이 있음	기와	조선고고학전서27
고구려? 신라?	기와	조선고고학전서27
성 내부 건물지에서 고구려 기와 출토	기와, 토기	조선고고학전서27
토성은 미존재, 목책만 확인, 건물지	고구려 토기	연천 전곡리성
2003년 시굴, 토루에 석축 덧붙임, 정비복원	고구려 토기	연천 은대리성 지표 및 시발굴조사보고서

번호	이름	한자	종류		소재지		둘레 km	축조재료	
			분류1	분류2	분류1	분류2			
203	아미성	阿未城	보루	산정식	경기도	연천군	0.4	석축	
204	우정리보루	牛井里堡壘	보루	산정식	경기도	연천군	0.3	석축	
205	당포성	堂浦城	강안평지성		경기도	연천군	0.5	석축	
206	무등리1보루	舞登里1堡壘	보루	산정식	경기도	연천군	0.2	석축	
207	무등리2보루	舞登里2堡壘	보루	산정식	경기도	연천군	0.3	석축	
208	고성산보루	古城山堡壘	보루	산정식	경기도	연천군	0.0	석축	
209	광동리보루	廣洞里堡壘	보루	산정식	경기도	연천군	0.2	석축	
210	호로고루	瓠蘆古壘	강안평지성		경기도	연천군	0.4	목책/석축	
211	두루봉보루		보루	산정식	경기도	연천군	0.1	석축	
212	덕진산성	德津山城	보루		경기도	파주시		석축	
213	조랑진보루		보루	산정식	경기도	파주시		석축	
214	태봉산보루	胎峰山堡壘	보루	산정식	경기도	양주시	0.1	석축	
215	소래산보루	蘇萊山堡壘	보루	산정식	경기도	양주시	0.1	석축	
216	도락산2보루	道樂山2堡壘	보루	산정식	경기도	양주시	0.2	석축	
217	도락산3보루	道樂山3堡壘	보루	산정식	경기도	양주시	0.2	석축	
218	불곡산4보루	佛谷山4堡壘	보루	산정식	경기도	양주시	0.2	석축	
219	불곡산9보루	佛谷山9堡壘	보루	산정식	경기도	양주시	0.2	석축	
220	고장산2보루	高嶂山2堡壘	보루	산정식	경기도	양주시	0.5	석축	
221	독바위보루		보루	산정식	경기도	양주시	0.5	석축	
222	천보산2보루	天寶山2堡壘	보루	산정식	경기도	양주시	0.1	목책/석축	
223	천보산5보루	天寶山5堡壘	보루	산정식	경기도	양주시	0.2	석축	
224	사패산1보루	賜牌山1堡壘	보루	산정식	경기도	양주시	0.3	석축	
225	수락산보루	水落山堡壘	보루	산정식	서울시	노원구	0.2	석축	
226	봉화산보루	烽火山堡壘	보루	산정식	서울시	중랑구	0.3	석축	
227	배봉산보루	拜峰山堡壘	산성	산정식	서울시	동대문구	0.1	석축	
228	망우산1보루	忘憂山1堡壘	보루	산정식	구리시	아천동	0.2	석축	
229	망우산2보루	忘憂山2堡壘	보루	산정식	구리시	교문동	0.1	석축	
230	망우산3보루	忘憂山3堡壘	보루	산정식	구리시	교문동		석축	
231	시루봉보루	甑峰堡壘	보루	산정식	구리시	아천동	0.3	목책/석축	
232	용마산1보루	龍馬山1堡壘	보루	산정식	서울시	광진구	0.1	석축	

유적현황	출토유물	출전
고구려?(기존 지표조사에서 고구려 기와, 토기 출토되었다는 보고 있음)		남한의 고구려유적
훼손 심함	토기	남한의 고구려유적
2002~2003년, 2005~2006년 발굴, 성벽 외면은 석축, 기단부와 중심부, 내면은 토축, 수직기둥홈, 돌구멍 등, 신라 재사용, 정비복원	고구려 기와, 토기	연천 당포성 II
2017년 발굴, 석축성벽	고구려 기와, 토기, 차관	연천무등리1보루
2010~2012년 발굴, 석축성벽, 치2, 석축유구, 배수로, 창고 등	고구려 토기, 철기(갑주,망태기형), 탄화미, 슬래그	연천무등리2보루
함몰부(봉수?), 둘레 30m	토기	남한의 고구려유적
고구려?, 훼손 심함	토기	남한의 고구려유적
2001년, 2006년, 2009년, 2011년 발굴, 2중목책, 석축성벽(수직기둥홈), 기와건물지, 건물지, 우물, 신라 고려 재사용, 정비복원	고구려 연화문와당, 기와, 토기, 철기, 탄화곡물	연천호로고루
둘레 50m, 접근 불가 지역	기와, 토기	남한의 고구려유적
2004년, 2012~2015년 발굴, 고구려 석축성벽 일부 확인	토기	파주덕진산성
		남한의 고구려유적
2014~2017년 발굴, 석축성벽, 치1, 건물지, 저수시설	고구려 토기,철기(갑주)	양주태봉산보루
훼손 심함	토기	남한의 고구려유적
	토기	남한의 고구려유적
	토기	남한의 고구려유적
	토기	남한의 고구려유적
훼손 심함	토기	남한의 고구려유적
	토기	남한의 고구려유적
2018년 발굴, 석축성벽, 건물지, 저수시설, 훼손 심함	고구려 토기	약보고서(2018)
2012년 발굴, 석축성벽, 치1, 굴립주건물지, 온돌건물지, 저수시설, 훼손심함	고구려 토기, 철기	양주천보산2보루
	고구려 토기	남한의 고구려유적
	고구려 토기	남한의 고구려유적
저수시설	고구려 토기, 철기(마구)	남한의 고구려유적
훼손 심함	고구려 토기	남한의 고구려유적
2016년 발굴, 훼손 심함, 정비복원	고구려 토기	배봉산보루유적
복토정비	토기	남한의 고구려유적
	토기	남한의 고구려유적
	토기	남한의 고구려유적
1999~2000년, 2009~2011년 발굴, 석축성벽, 치, 외황, 건물지, 저수시설, 배수로, 집수정, 정비복원	고구려 토기, 철기	시루봉보루 II
	토기	남한의 고구려유적

번호	이름	한자	종류		소재지		둘레 km	축조재료	
			분류1	분류2	분류1	분류2			
233	용마산2보루	龍馬山2堡壘	보루	산정식	서울시	광진구	0.2	석축	
234	용마산3보루	龍馬山3堡壘	보루	산정식	서울시	광진구	0.2	석축	
235	용마산4보루	龍馬山4堡壘	보루	산정식	서울시	광진구	0.3	석축	
236	용마산5보루	龍馬山5堡壘	보루	산정식	구리시	아천동	0.1	석축	
237	아차산1보루	峨嵯山1堡壘	보루	산정식	서울시	광진구	0.1	석축	
238	아차산2보루	峨嵯山2堡壘	보루	산정식	구리시	아천동	0.1	석축	
239	아차산3보루	峨嵯山3堡壘	보루	산정식	구리시	아천동	0.4	석축	
240	아차산4보루	峨嵯山4堡壘	보루	산정식	구리시	아천동	0.3	목책/석축	
241	아차산5보루	峨嵯山5堡壘	보루	산정식	구리시	아천동	0.2	석축	
242	홍련봉1보루	紅蓮峰1堡壘	보루	산정식	서울시	광진구	0.1	석축	
243	홍련봉2보루	紅蓮峰2堡壘	보루	산정식	서울시	광진구	0.2	석축	
244	구의동보루	九宜洞堡壘	보루	산정식	서울시	광진구	0.1	석축	
245	몽촌토성	夢村土城	산성		서울시	송파구		토축	
246	도기동산성	道基洞山城	산성	포곡식	경기도	안성시	2.0+	목책/석축	
247	남성골산성	南城谷山城	산성	산정식	충청북도	청원군	0.4	목책	
248	월평동산성	月坪洞山城	산성		대전시	서구		목책+석축	

유적현황	출토유물	출전
2005~2006년 발굴, 석축성벽, 치3, 건물지, 부속시설, 저수/저장시설, 창고, 수혈, 나무사다리, 복토정비	고구려 토기, 철기	용마산제2보루
	고구려 토기	남한의 고구려유적
	고구려 토기	남한의 고구려유적
저수시설	고구려 토기	남한의 고구려유적
	고구려 토기	남한의 고구려유적
	고구려 토기	남한의 고구려유적
2005년 발굴, 석축성벽, 건물지, 배수시설, 방앗간, 단야시설, 저장시설, 계단식 출입시설, 복토정비	고구려 토기, 철기	아차산제3보루
1997~1998년, 2007년 발굴, 석축성벽, 치5, 건물지, 저수시설, 배수시설, 단야시설, 정비복원	고구려 토기(명문), 철기(갑주)	아차산 제4보루
	고구려 토기	남한의 고구려유적
2004년, 2012~2013년 발굴, 석축성벽, 기와건물지, 건물지, 수혈건물지, 수혈유구, 저수/저장시설, 배수시설, 2보루 연결도로 정비복원	고구려 연화문와당, 기와, 토기, 철기	홍련봉제1보루
2005년, 2012~2013년, 2016~2018년 발굴, 석축성벽, 치, 외황, 온돌건물지, 저수시설, 배수시설, 집수정, 1보루 연결도로, 정비복원	고구려 토기, 철기	홍련봉제2보루
1977년 발굴, 화재전소, 초소, 유적 외곽 목책, 석축성벽, 온돌, 배수로, 저수시설, 보루 2개 존재, 현재 멸실	고구려 토기, 철기, 전돌	한강유역의 고구려요새
1985~1989년 발굴, 2015~2020년 북문지 발굴, 백제 왕성 재사용, 정비복원	고구려 토기	몽촌토성
2015년 발굴, 내성 1.4km, 외성 2km 이상, 2중 목책, 석축성벽, 백제성 재사용	고구려 토기, 철기	안성도기동산성
2001~2002년, 2006년 발굴, 2중 목책, 호, 석축 문지(동문), 온돌 건물지, 치 등	고구려 토기, 철기, 금제귀걸이	청원남성곡고구려유적
1994~1995년 발굴, 목책, 수직기둥홈 석축성벽, 백제성 재사용	고구려 토기	대전월평동산성

참고문헌

국문

諫早直人, 2007,「製作技術로 본 夫餘의 轡와 韓半島 南部의 初期 轡」,『嶺南考古學』43.

姜敬淑, 1993,「高句麗 土器의 對中交涉」,『韓國美術의 對外交涉 Ⅰ-高句麗-』, 第四回 全國美術史學 大會 發表要旨.

姜仁求, 1991,「高句麗 封土石室墳의 재검토」,『韓國考古學報』25.

江原文化財研究所, 2005a,『下花溪里·哲亭里·驛內里 遺蹟(Ⅰ)-國道 44號線(구성포-어론간) 道路 擴·鋪裝工事區間內 遺蹟發掘調査報告書』, 江原文化財研究所 學術叢書 33冊.

강원문화재연구소, 2005b,『洪川 驛內里 古墳群-國道 44號線(구성포-어론간) 道路 擴·鋪裝工事區間內 遺蹟發掘調査報告書Ⅱ』, 江原文化財研究所 學術叢書 33冊.

강원문화재연구소, 2007,『洪川 哲亭里 Ⅱ遺蹟-홍천 구성포-두촌간 도로 확·포장공사내 유적발굴조사 약보고서』.

江原文化財研究所, 2008,『泉田里 B지역』, 江原文化財研究所 學術叢書 80冊.

江原文化財研究所, 2011,『春川 牛頭洞遺蹟Ⅰ-직업훈련원 진입도로 확포장공사구간내 유적 발굴조사 보고서』, 江原文化財研究所 學術叢書 112冊.

강인욱, 2006,「고구려 鐙子의 發生과 유라시아 초원지대로의 전파에 대하여」,『북방사논총』12.

강현숙, 1994,「고구려 봉토 석실분의 변천에 관하여」,『韓國考古學報』31.

강현숙, 2005,『고구려와 비교해 본 중국 한·위·진의 벽화분』, 지식산업사.

강현숙, 2006,「중국 길림성 집안 지역 고구려 왕릉의 구조에 대하여」,『한국고대사연구』41.

강현숙, 2007,「고구려 고분 출토 와당의 변천 연구」,『한국고고학보』64.

강현숙, 2008a,「古墳 出土 甲冑와 馬具로 본 4, 5세기의 新羅, 伽倻와 高句麗」,『신라문화』32.

강현숙, 2008b,「전 동명왕릉과 진파리 고분군의 성격 검토」,『호서고고학보』18.

강현숙, 2010,「중국 길림성 집안 동대자유적 재고」,『한국고고학보』75.

강현숙, 2011,「3-4세기 고구려 횡혈식 무덤의 등장과 확산」,『역사문화연구』40.

강현숙, 2013,『고구려 고분 연구』, 진인진.

강현숙, 2015,「고구려 초기 도성에 대한 몇 가지 고고학적 추론」,『역사문화연구』56.

강현숙, 2018,「고구려 무덤제사에 대한 고고학적 연구」,『한국상고사학보』101.

강현숙, 2020,「북한의 고구려 고고학 조사·연구의 성과와 과제」,『문화재지』53.

京畿文化財研究院, 2009,『龍仁 麻北洞 聚落遺蹟-삼막곡~연수원간 도로개설구간내 문화유적 시·발굴조사 보고서』, 學術調査報告 第109冊.

고구려연구재단, 2006,『고구려 안학궁 조사 보고서 2006』.

과학원고고학 및 민속학연구소, 1958, 「안악 3호분발굴보고」, 『유적발굴보고 4』.

국립문화재연구소, 1998, 『북한문화재 해설집』 2.

국립문화재연구소, 2001, 『고고학사전』.

권순홍, 2015, 「고구려 초기 도성과 개도」, 『한국고대사연구』 78.

권순홍, 2019, 「고구려 도성 연구」, 성균관대학교 박사학위논문.

금경숙, 2001, 「高句麗 領域으로서의 北漢江 流域 – 靺鞨문제와 관련하여-」, 『韓國史學報』 第 11號, 高麗史學會.

金基雄, 1985, 「高句麗 武器와 馬具」, 『韓國史論』 15, 國史編纂委員會.

기경량, 2017, 「고구려 왕도 연구」, 서울대학교 박사학위논문.

김길식, 2005, 「고구려의 무기체계의 변화」, 『한국 고대의 Global Pride, 고구려』, 고려대학교박물관.

김도경 · 주남철, 2003, 「집안 동대자유적의 건축적 특성에 관한 연구」, 『대한건축학회논문집』 179.

김두철, 2001, 「〈고구려 마구의 발전과 주변 민족 및 지역과의 관계(위존성)〉의 토론」, 『고구려연구』 12.

김민성, 2017, 「고구려 귀면문 수막새 연구」, 고려대학교 석사학위논문.

김병모 · 김아관 · 안성민 외, 2012, 『漣川 江內里遺蹟-군남 홍수조절지 건설사업 문화재 시발굴조사(1 구역)』, 高麗文化財硏究院.

김병희 · 유용수 · 김정인 · 오운석, 2010, 『忠州 豆井里遺蹟-충주 클린에너지파크 조성부지 문화유적 발굴조사보고서』, 중원문화재연구원.

김보람, 2013, 「고구려 철촉 연구」, 고려대학교 석사학위논문.

김상익 · 김충배, 2003, 『연천 신답리고분 발굴조사보고서』, 토지박물관 학술조사총서 제 16집, 한국토지공사 토지박물관.

金性泰, 1993, 「高句麗의 武器(1)」, 『文化財』 26, 國立文化財硏究所.

金性泰, 1994, 「高句麗의 武器(2)」, 『文化財』 27, 國立文化財硏究所.

金性泰, 1995, 「高句麗의 武器(3)」, 『文化財』 28, 國立文化財硏究所.

김성태, 2005, 「최근 보고된 고구려 무기의 검토」, 『고구려연구』 20.

김용남, 1979, 「새로 알려진 덕흥리 고구려 벽화무덤에 대하여」, 『력사과학』 1979-3.

김용성, 2005, 「고구려 적석총의 분제와 묘제에 대한 새로운 인식」, 『북방사논총』 3.

金元龍, 1973, 「高句麗의 壁畵古墳」, 『아시아公論』 2卷 10號, 아시아公論社.

金元龍, 1980, 『韓國壁畵古墳』, 一志社.

金元龍, 1981, 「春城郡 芳洞里의 高句麗式 石室墳 二基」, 『考古美術』 149.

金元龍 · 安輝濬, 1993, 『新版韓國美術史』, 서울大學校出版部.

김일권, 2008, 『고구려 별자리와 신화』, 사계절.

김일성종합대학출판사, 1973, 『대성산의 고구려 유적』 (고고학 및 민속학강좌).

김일성종합대학출판부, 1976, 『동명왕릉과 그 부근의 고구려유적』.

김재현, 2003, 「연천 신답리 1호분 출토 인골에 대하여」, 『연천 신답리고분 발굴조사보고서』, 토지박물관 학술조사총서 제 16집, 한국토지공사 토지박물관.

김재홍, 2011, 『韓國 古代 農業技術史 硏究-鐵製 農具의 考古學』, 도서출판 考古.

김정기, 1991, 「고구려 정릉사지 및 토성리사지 발굴보고개요와 고찰」, 『불교미술』 10.

김진경, 2011, 「고구려 연화문와당 제작기법 연구」, 서울대학교 석사학위논문.

金鎭晶·白先溶, 1987, 「春城郡 新梅里 高句麗式 石室墳 出土 人骨」, 『三佛金元龍敎授停年退任紀念論叢-考古學編』, 三佛金元龍敎授停年退任紀念論叢刊行委員會.

김현숙, 2017, 「고구려 초기 왕성의 위치와 국내 천도」, 『선사와 고대』 54.

김희선, 2008, 「북위·수당대 도성과 고구려 장안성」, 『백산학보』 81.

金希燦, 2005a, 「고구려 연화문 와당에 반영된 연화의 형태적 특성」, 『白山學報』 73.

김희찬, 2005b, 「국내성지역에서 새로 발굴된 와당 연구-연화문 와당을 중심으로」, 『고구려연구』 19.

김희찬, 2006a, 「고구려 연화문 와당의 형식과 변천 -구획선 연화문 와당을 중심으로」, 『고구려연구』 22.

김희찬, 2006b, 「고구려 연화복합문 와당의 형식과 그 특성」, 『고구려연구』 23.

김희찬, 2008a, 「4세기 고구려 연화문 와당의 개시연대에 대한 연구」, 『한국사상과 문화』 45.

김희찬, 2008b, 「고구려 권운문 와당 연구」, 『고구려발해연구』 31.

김희찬, 2009a, 「고구려 인동문 와당의 형태와 문양 변화」, 『한국사상과 문화』 50.

金希燦, 2009b, 「복합문 인동이 표현된 고구려 와당의 문화적 성격」, 『白山學報』 85.

김희찬, 2011, 「고구려 복합문 와당의 출현과 형성 과정」, 『고구려발해연구』 39.

남시진, 2010, 「고대건축의 기초공법 연구」, 『한국전통문화연구』 8.

남일룡·김경찬, 1998, 「청암동토성에 대하여(1)」, 『조선고고연구』 1998-2.

남일룡·김경찬, 2000, 「청암동토성에 대하여(2)」, 『조선고고연구』 2000-1.

노태돈, 1999, 『고구려사연구』, 사계절.

노태돈, 2012, 「고구려 초기의 천도에 관한 약간의 논의」, 『한국고대사연구』 68.

盧爀眞·沈載淵, 1993, 「江原道 春城郡 芳洞里의 特異構造 石室墳」, 『古文化』 第42·43合輯, 韓國大學博物館協會.

도유호, 1949a, 「안악에서 발견된 고구려 고분들」, 『문화유물』 1호.

도유호, 1949b, 「최근 안악에서 발견된 고구려 고분의 벽화와 연대에 대하여」, 『력사제문제』 9호.

도유호, 1959, 「고구려 석실봉토분의 유래와 서역문화의 영향」, 『문화유산』 1959-4.

동북아역사재단, 2008, 『일본소재 고구려유물 Ⅰ』.

동북아역사재단, 2009, 『일본소재 고구려유물 Ⅱ』.

동북아역사재단, 2010, 『일본소재 고구려유물 Ⅲ』.

동북아역사재단, 2011, 『일본소재 고구려유물 Ⅳ』.

東潮·田中俊明(박천수·이근우 역), 2008, 『고구려의 역사와 유적』, 동북아역사재단.

리경식, 1990, 「고구려 벽화무덤에 작용된 립체표현수법」, 『조선고고연구』 1990-2.

리광희, 1990, 「고구려무덤을 통하여 본 유약바른 질그릇의 발생시기에 대하여」, 『조선고고연구』 1990-4.

리광희, 1991a, 「고구려시기 유약바른 질그릇의 변천」, 『조선고고연구』 1991-1.

리광희, 1991b, 「고구려시기 질그릇들에 그려진 장식무늬에 대하여」, 『조선고고연구』 1991-3.

리광희, 2005, 『고구려유물연구』, 과학백과사전출판사.

리광휘, 2006, 「기와와 질그릇을 통해 본 안학궁의 존속연대」, 『고구려 안학궁 조사 보고서』, 고구려연구재단.

리준걸, 1981, 「28수를 다 그린 진파리 4호무덤」, 『력사과학』 1981-3.

리창언, 1991, 「최근에 조사발굴된 압록강류역의 돌각담무덤들에서 주목되는 몇가지 문제」, 『조선고고연구』 1991-3.

리창언, 1993, 「압록강류역에서 고구려돌칸흙무덤의 발생과 년대」, 『조선고고연구』 1993-2.

민덕식, 2003, 「고구려 평양성의 도시형태와 설계」, 『고구려연구』 15.

박룡연, 1989, 「연변 옛장성에 대하여」, 『조선학연구』 2.

朴淳發, 1999, 「高句麗土器의 形成에 대하여」, 『百濟硏究』 29.

박순발, 2012, 「고구려의 도성과 묘역」, 『한국고대사탐구』 12.

박윤원, 1963, 「안악 3호분은 고구려 미천왕릉이다」, 『고고민속』 1963-2.

朴眞奭·姜孟山, 1999, 『고구려 유적과 유물 연구』, 백산자료원.

박진욱, 1964a, 「3국시기 창에 대한 약간의 고찰」, 『고고민속』 1964-1.

박진욱, 1964b, 「3국시기의 활과 화살」, 『고고민속』 1964-3.

박진욱, 1965, 「3국시기의 갑옷과 투구」, 『고고민속』 1965-2.

박진욱, 1967, 「우리나라 활과 활촉의 형태와 변천」, 『고고민속』 1967-1.

박진욱, 1970, 「삼국무기의 특성과 그것을 통하여 본 병종 및 전투형식」, 『고고민속론문집』 2, 고고학연구소.

박창수, 1990, 「고구려의 성분포와 서북방어체계」, 『력사과학론문집』 15집, 과학백과사전출판사.

박황식, 1965, 「미천왕무덤의 건축구성에 대하여」, 『고고민속』 1965-1.

方起東(서영대 역), 1990, 「집안동대자고구려건축유적의 성질과 연대」, 『인하대 인문과학연구소 논문집』 16.

方起東(엄장록 역), 1995, 「집안 동대자고구려 건축유지의 성격과 연대」, 『중국 경내 고구려유적 연구』.

白井克也, 2005, 「고구려토기 연구의 성과와 과제」, 『한국 고대의 Global Pride, 고구려』, 고려대학교 박물관.

백종오, 2005, 「南韓地域 高句麗 기와 製作方法 考察」, 『백산학보』 72.

백종오, 2006, 『고구려 기와의 성립과 왕권』, 주류성.

사공정길, 2013,「고구려 식생활 연구」, 고려대학교 석사학위논문

사회과학원 고고학 및 민속학연구소, 1976,『동명왕릉과 그 부근의 고구려 유적』.

사회과학원 고고학연구소, 1975,『고구려문화』, 사회과학출판사.

사회과학원 고고학연구소, 1979a,『조선고고학개요』, 과학백과사전출판사.

사회과학원 고고학연구소, 1979b,『고구려문화』, 사회과학출판사.

사회과학원 고고학연구소, 2009a『고구려의 성곽』, 조선고고학전서 27, 진인진.

사회과학원 고고학연구소, 2009b,『고구려의 건축』, 조선고고학전서 28, 진인진.

사회과학원 고고학연구소, 2009c,『고구려의 돌칸흙무덤(1)』, 조선고고학전서 30, 진인진.

사회과학원 고고학연구소, 2009d,『고구려 유물』, 조선고고학전서 34, 진인진.

사회과학원출판사, 1966,『중국 동북 지방의 유적 발굴 보고 1963~1965』, 평양종합인쇄공사.

서길수, 1999,「고구려 축성법 연구(1) -석성의 체성 축조법을 중심으로」,『고구려연구』8.

서길수, 2006,「에두아르 샤반느의 고구려 국내성 탐사(1907)에 관한 연구」,『고구려연구』12.

서길수, 2009,『고구려 축성법 연구』, 학연문화사.

서나영, 2013,「고구려 입주부운주 연구」, 고려대학교 석사학위논문.

서영교, 2004a,「고구려 기병과 등자-고구려 고분벽화 분석을 중심으로」,『역사학보』181.

서영교, 2004b,「고구려 벽화에 보이는 고구려의 전술과 무기-기병무장과 그 기능을 중심으로」,『고구
려연구』17.

서정호, 2005,「집안 민주유적 건물지의 성격에 관한 연구」,『고구려연구』19.

손수호, 2001,『고구려고분연구』, 사회과학출판사.

손영식, 2011,『한국의 성곽』, 주류성.

손영종, 1987,「덕흥리 벽화무덤의 주인공의 국적문제에 대하여」,『력사과학』1987-1.

송계현, 2005,「桓仁과 集安의 고구려 갑주」,『북방사논총』3.

송호정 외, 2016,『한국고대사1-고대국가의 성립과 전개 』, 푸른역사.

申澄植, 1996,『集安 高句麗遺蹟의 調査研究』, 國史編纂委員會.

심광주, 2005a,「南韓地域 出土 高句麗 기와에 대한 研究」,『한국기와학회 학술논집』1집, 한국기와학회.

심광주, 2005b,「고구려와 백제의 성곽문화」,『고구려연구』20.

沈光注, 2006,「南韓地域 高句麗 城郭 研究」, 상명대학교 박사학위논문.

심광주, 2014,「고구려 성곽 발굴조사 성과와 축성기법」,『아차산 일대 보루군의 역사적 가치와 보존
방안』, 한강문화재연구원.

심광주, 2018,「임진강유역 고구려 성곽의 발굴조사 성과와 축성법」,『고구려발해연구』62.

안병찬, 1990,「장수산일대의 고구려유적유물에 대하여」,『조선고고연구』1990-2.

안병찬·최승택, 1998,「새로 발굴된 평양성에 대하여」,『조선고고연구』1998-4.

안성현, 2016,「남한지역 토성벽에 잔존하는 석축부에 대한 연구」,『야외고고학』25.

梁時恩, 2003,「한강유역 출토 고구려토기의 제작기법 검토」,『韓國考古學報』49.

양시은, 2005, 「환인 오녀산성 출토 고구려 토기의 양상과 성격」, 『북방사논총』 3.

양시은, 2008, 「사진을 통해 본 고구려의 성곽」, 『하늘에서 본 고구려와 발해』, 서울대학교박물관.

양시은, 2010, 「고구려의 한강유역 지배방식에 대한 검토」, 『고고학』 9-1.

양시은, 2011, 「남한에서 확인되는 고구려의 시·공간적 정체성」, 『고고학』 10-2.

양시은, 2012a, 「아차산 고구려 보루의 구조 및 성격」, 『고문화』 79.

양시은, 2012b, 「연변지역 고구려 유적의 현황과 과제」, 『동북아역사논총』 38.

양시은, 2013a, 「高句麗 城 硏究」, 서울대학교 박사학위논문.

양시은, 2013b, 「고구려 성의 기원에 대한 일고찰」, 『고구려발해연구』 47.

양시은, 2014a, 「고구려 도성 연구의 현황과 과제」, 『고구려발해연구』 50.

양시은, 2014b, 「남한지역 출토 고구려 토기의 현황과 특징」, 『호남고고학보』 46.

양시은, 2016a, 『고구려 성 연구』, 진인진.

양시은, 2016b, 「최근 북한 고고학계의 고구려 연구 동향: '조선고고연구'를 중심으로」, 『고구려발해연구』 56.

양시은, 2020, 「오녀산성의 성격과 활용 연대 연구」, 『한국고고학보』 115.

양시은·김진경·조가영·이정은·이선복, 2009, 『용마산 제2보루 발굴조사보고서』, 서울대학교박물관.

梁志龍, 2008, 「關于高句麗建國初期王都的深討」, 『졸본시기의 고구려 역사 연구』, 2008년 한·중 고구려역사 연구 학술회의 자료집, 동북아역사재단.

余昊奎, 1998a, 「高句麗 初期 兵力動員體系」, 『軍史』 36.

余昊奎, 1998b, 『高句麗 城 Ⅰ』, 國防軍史硏究所.

余昊奎, 1999a, 「高句麗 中期의 武器體系와 兵種構成」, 『韓國軍事史硏究』 2.

余昊奎, 1999b, 『高句麗 城 Ⅱ』, 國防軍史硏究所.

여호규, 2005, 「고구려 국내 천도의 시기와 배경」, 『한국고대사연구』 38.

여호규, 2008, 「압록강 중상류 연안의 고구려 성곽과 동해로」, 『역사문화연구』 29.

여호규, 2011, 「高句麗 초기 積石墓의 기원과 築造集團의 계통」, 『역사문화연구』 39.

여호규, 2012a, 「고구려 성곽과 방어체계의 변천」, 『한국군사사 14 -성곽』, 육군본부.

여호규, 2012b, 「고구려 적석총의 내·외부 구조와 형식분류」, 『동아시아의 고분문화』.

여호규, 2013, 「고구려 도성의 의례공간과 왕권의 위상」, 『한국고대사 연구』 71.

여호규, 2014, 「고구려 도성의 구조와 경관의 변화」, 『삼국시대 고고학개론 1 - 도성과 토목편』, 진인진.

여호규, 2015, 「삼국 초기 도성의 형성 과정과 입지상의 특징」, 『삼국시대 국가의 성장과 물질문화』 I, 한국학중앙연구원출판부.

여호규, 2019, 「고구려 국내성기의 도성 경관과 토지이용」, 『고구려발해연구』 65.

예맥문화재연구원, 2008, 『原州 建登里遺蹟-원주 건등리 아파트신축부지 발굴조사보고서』, 學術調査 報告書 第7冊.

오강원, 2004, 「萬發撥子를 통하여 본 通化地域 先原史文化의 展開와 初期 高句麗文化의 形成過程」,

『동북아역사논총』 창간호.

오철민, 2012, 「고구려장성의 축조형식에 대하여」, 『조선고고연구』 2012-2.

王飛峰, 2013, 「高句麗 瓦當 硏究」, 高麗大學校 博士學位論文.

외이춘청(신용민 역), 1996, 『고구려고고』, 호암미술관(魏存成, 1994, 『高句麗考古』).

魏存成, 2001, 「高句麗 馬具의 發展과 周邊 民族 및 地域과의 關係」, 『고구려연구』 12.

유나리, 2015, 「고구려 금제 이식 연구」, 고려대학교 석사학위논문.

尹東錫·李南珪, 1985, 「韓國古代鐵器의 CMA와 EPMA에 依한 硏究-九宣洞鐵斧·鐵鏃을 中心으로-」, 『한국고고학보』 17, 18합집.

이경미, 2017, 「압록강~요하 유역 고구려 성곽과 지방통치 연구」, 한국외국어대학교 박사학위논문.

이선복·김준규, 2018, 「남한지역 고구려 보루 유적 편년에 대한 대안적 접근 -무등리 보루 편년을 중심으로-」, 『고구려발해연구』 62.

이순자, 2009, 『일제강점기 고적조사사업 연구』, 경인문화사.

李新全, 2005, 「五女山山城及其周圍的高句麗早期遺蹟」, 『고구려문화의 역사적 의의』, 고구려연구재단.

이유경, 2011, 「고구려 찰갑에 대한 연구」, 고려대학교 석사학위논문.

李印學·李秀珍, 2009 『龍仁 麻北洞 遺蹟』, 韓國考古環境硏究所.

이재설·신승주·박지영·조충현, 2009, 『서울-춘천고속도로 5공구 I·J·K지구내 가평 신천리유적』, 한백문화재연구원 학술조사총서 제 13책, 한백문화재연구원.

李殿福(차용걸·김인경 역), 1994, 『중국내의 고구려 유적』, 학연문화사.

이정빈, 2017, 「고구려의 국내성·환도성과 천도」, 『한국고대사연구』 87.

이준성, 2019, 「고구려의 형성과 정치체제 변동」, 연세대학교 박사학위논문.

이한상, 2005, 「고구려의 장신구」, 『한국 고대의 글로벌 프라이드 고구려』, 고려대학교박물관.

이한상, 2011, 『동아시아 고대 금속제 장신구문화』, 도서출판고고.

이형호, 2014, 「남한지역 출토 고구려토기 연구」, 고려대학교 석사학위논문.

이희수·배기동·이한용·김기룡, 2009, 『용인 보정동 고분』, 한양대학교 문화재연구소 총서 제 16집.

임기환, 1992, 「낙랑 와·전·토기명」, 『역주 한국고대금석문 1』, 한국고대사회연구소.

林起煥, 1996, 「지방·군사제도」, 『한국사 5』, 국사편찬위원회.

임기환, 2004, 『고구려 정치사연구』, 한나래.

임기환, 2007, 「고구려 평양 도성의 정치적 성격」, 『한국사연구』 137.

임기환 외, 2009, 『고구려 왕릉 연구』, 동북아역사재단.

임기환, 2012, 「고구려의 군사제도와 방어체계」, 『한국군사사 1 - 고대 I 』, 육군본부.

임기환, 2015, 「고구려 국내도성의 형성과 공간 구성」, 『한국사학보』 59.

임기환, 2018, 「고구려 국내 천도 시기 재론」, 『사학연구』 132.

林永珍, 1992, 「高句麗 考古學」, 『國史館論叢』 33.

임효재·최종택·양성혁·윤상덕·장은정 2000, 『아차산 제4보루-발굴조사 종합보고서-』, 서울대학교

박물관.

장상렬, 1990, 「고층나무탑을 기본으로 하는 1탑 3금당식 사원건축형식의 력사적 연원」, 『력사과학』 1990-2.

장윤정, 2014, 「馬具로 본 우리나라와 중국 동북지방의 교류」, 『문물연구』 25.

전주농, 1957, 「고구려 고분벽화 악기연구」, 『문화유산』 1957-1.

전주농, 1958, 「고구려시기의 무기와 무장(1)」, 『문화유산』 1958-1.

전주농, 1959a, 「안악 ′하무덤′(3호분)에 대하여-그 발견 10주년을 기념하여」, 『문화유산』 1959-2.

전주농, 1959b, 「고구려시기의 무기와 무장(2)」, 『문화유산』 1959-1.

전주농, 1963, 「다시 한 번 안악의 왕릉을 논함-미천왕릉설의 타당함을 증명함」, 『고고민속』 1963-2.

전주농, 1964, 「고구려 벽화무덤의 시원에 대하여」, 『고고민속』 1964년 3기, 고고민속편집부.

田中俊明, 2005, 「高句麗平壤遷都と王宮城」, 『고대도성과 익산왕궁성』, 제17회마한백제문화국제학술회의, 원광대학교 마한·백제문화연구소.

全虎兌, 1994, 「高句麗 古墳壁畵 硏究文獻 分類와 檢討」, 『歷史와現實』 17.

전호태, 1999, 『고분벽화 본 고구려 이야기』, 풀빛.

전호태, 2000, 『고구려 고분벽화 연구』, 사계절.

전호태, 2004, 『고구려 고분벽화의 세계』, 서울대학교출판부.

전호태, 2013, 「고구려의 건축과 주거문화」, 『백산학보』 97.

정동민, 2008, 「高句麗 重裝騎兵의 特徵과 運用形態의 變化」, 『한국고대사연구』 52.

정동민, 2011, 「재갈을 통해 본 高句麗와 前燕의 교류양상」, 『역사문화연구』 39.

정동민, 2016, 「612년 고구려 원정 隋軍의 군단 편성과 兵種 구성」, 『한국고대사연구』 82.

정동민, 2017, 「고구려 騎乘用 馬具의 출토 양상과 계통」, 『역사문화연구』 64.

정백원, 1957, 「조선고대무덤에 관한 연구II」, 『문화유산』 1957-3.

정영진, 1990, 「연변지구의 고구려유적 및 몇 개 문제에 대한 탐구」, 『한국상고사학보』 4.

정윤경, 2010, 「고구려 권운문와당 연구」, 고려대학교 석사학위논문.

정인성, 2011, 「일제강점기 고구려유적 조사연구 재검토 Ⅳ」, 『일본소재 고구려유물 Ⅳ』, 동북아역사재단.

정찬영, 1961, 「고구려 적석총에 대하여」, 『문화유산』 1961-5.

정찬영, 1963, 「자성군 조아리·서해리·법동리·송암리 고구려고분 발굴보고」, 『고고학 자료집(각지 유적 정리보고)』 3집, 과학원출판사.

정찬영, 1967, 「고구려 초기묘제의 유래」, 『고고민속』 1967-4.

정찬영, 1973, 「기원 4세기까지의 고구려 묘제에 대한 연구」, 『고고민속론문집』 5.

정찬영, 1983, 『압록강·독로강 유역 고구려 유적 발굴보고』, 과학백과사전출판사.

정호섭, 2011, 『고구려 고분의 조영과 제의』, 서경문화사.

조선유적유물도감편찬위원회, 1990, 『조선유적유물도감 5 -고구려편3』, 외국문물종합출판사.

조성윤, 2011,「한강유역 고구려 무기체계 연구」, 고려대학교 석사학위논문.

조용환, 2015,「고구려 건물지 연구」, 고려대학교 석사학위논문.

趙由典, 1987,「春城郡 新梅里 高句麗式 石室墳一例」,『三佛 金元龍敎授 停年退任紀念論叢』Ⅰ, 一志社.

조진숙·추원교, 2004,「高句麗 馬具裝飾의 造形性에 관한 硏究」,『한국공예논총』제7집 2권.

주영헌, 1960a,「고구려 벽화무덤의 구조형식과 벽화내용의 변화·발전(1)」,『문화유산』1960-2.

주영헌, 1960b,「고구려 벽화무덤의 구조형식과 벽화내용의 변화·발전(2)」,『문화유산』1960-3.

주영헌, 1961,『고구려 벽화무덤의 편년에 관한 연구』, 과학원출판사.

주영헌, 1962,「고구려 적석무덤에 관한 연구」,『문화유산』1962-2.

주영헌, 1963a,「안악 제3호무덤의 피장자에 대하여」,『고고민속』1963-2.

주영헌, 1963b,「고구려 봉토무덤의 기원과 그 변천」,『고고민속』1963-3.

주영헌, 1965,「고구려 벽화무덤의 구조형식과 벽화내용의 변화발전」,『고고민속』1965-4.

주영헌, 1984,「고구려 돌칸흙무덤의 연원」,『력사과학』1984-3.

주영헌, 1986,『고구려고분벽화』, 조선화보사.

주홍규, 2009,「集安지역 고구려기와의 제작기법과 변천」,『한국상고사학보』66.

주홍규, 2014,「고구려 기와의 분류와 특징에 관한 일고찰」,『선사와 고대』41.

주홍규, 2015,「고구려 고분출토 구획선연화문 수막새의 변천」,『한국상고사학보』88.

주홍규, 2019,「고구려 귀면문수막새의 변천 양상」,『동북아역사논총』63.

池炳穆, 1987,「高句麗成立過程考」,『白山學報』34.

차순철, 2004,「오녀산성 출토 고구려 단야구에 대한 검토」,『북방사논총』2.

蔡秉瑞, 1959,「安岳近傍壁畵古墳發掘手錄」,『亞細亞硏究』2卷 2號, 高麗大學校亞細亞問題硏究所.

채희국, 1959,「고구려석실봉토분의 기원에 관하여」,『문화유산』1959-3.

채희국, 1964,『대성산 일대의 고구려유적에 관한 연구』, 유적발굴보고 제9집, 사회과학출판사.

채희국, 1985,『고구려 력사 연구:고구려건국과 삼국통일을 위한 투쟁, 성곽』, 김일성 종합대학출판사.

천석근, 1981,「고구려 옷의 기본 형태와 일본 고분시대 옷의 변천」,『력사과학』1981-1.

최승택, 1991a,「장수산성의 축조년대에 대하여」,『조선고고연구』1991-3.

최승택, 1991b,「장수산성 1호 건물터에 대하여」,『조선고고연구』1991-4.

최승택·문혁, 2003,「대령강반의 장성방위시설에 대하여」,『조선고고연구』2003-1.

崔鍾澤, 1991,「九宜洞遺蹟 出土 鐵器에 대하여」,『서울大學校博物館年報』3, 서울大學校博物館.

崔鍾澤, 1995,「漢江流域 高句麗 土器 硏究」,『한국고고학보』33.

崔鍾澤, 1999a,「京畿北部地域의 高句麗 關防體系」,『高句麗硏究』8.

崔鍾澤, 1999b,「高句麗 土器 硏究」, 서울大學校 博士學位論文.

최종택, 2001,「고구려 토기 연구 현황과 과제」,『고구려연구』12.

최종택, 2002,「몽촌토성 내 고구려유적 재고」,『한국사학보』12.

崔鍾澤·張恩晶·朴長植, 2002,『三國時代 鐵器 硏究-微細組織分析을 통해 본 鐵器 製作技術體系-』,

서울大學校博物館學術叢書 10, 서울大學校博物館.

최종택, 2004, 「아차산 고구려보루 출토 철제갑주와 마구」, 『제10회 가야사국제학술회의발표자료집』.

崔鍾澤, 2006a, 「南韓地域 高句麗 土器의 編年研究」, 『先史와 古代』 24.

崔鍾澤, 2006b, 「集安 '高句麗王陵' 出土遺物의 諸問題」, 『한국고대사연구』 41.

崔鍾澤, 2008, 「고고자료를 통해 본 웅진도읍기 한강유역의 상황」, 『百濟研究』 47.

최종택, 2009, 「벽화와 유물을 통해 본 고구려의 군사체계」, 『제33회 한국고고학전국대회발표자료집』, 한국고고학회.

崔鍾澤, 2011, 「南韓地域 高句麗古墳의 構造特徵과 歷史的 意味」, 『韓國考古學報』 81.

최종택, 2013, 『아차산보루와 고구려 남진경영』, 서경문화사.

최종택, 2014, 「남한지역 고구려유적 연구현황과 과제」, 『고구려발해연구』 50.

최종택, 2015, 「고구려 고고학 연구 120년」, 『고구려발해연구』 53.

崔鍾澤·吳珍錫·李廷範·趙晟允, 2007, 『峨嵯山 第堡3壘 1次 發掘調査報告書』, 高麗大學校考古環境研究所.

崔鍾澤·李秀珍·吳恩妊·吳珍錫·李廷範·趙晟允, 2007, 『紅蓮峰 第1堡壘 發掘調査 綜合報告書』, 高麗大學校考古環境研究所.

崔鍾澤·李秀珍·吳恩妊·趙晟允, 2007, 『紅蓮峰 第堡2壘 1次 發掘調査報告書』, 高麗大學校考古環境研究所.

최희림, 1978, 『고구려 평양성』, 과학백과사전출판사.

韓國文化財保護財團, 2005, 『鎭川-鎭川 Ⅰ·C間 道路 擴·鋪裝工事區間 內 松斗里遺蹟 發掘調査 報告書』, 學術調査報告書 第163册.

韓國文化財保護財團, 2012, 『성남 판교동유적 Ⅱ-19, 22구역』.

翰林大學校博物館, 2000, 『春川市 東面 萬泉里古墳 發掘調査報告書』, 翰林大學校博物館研究叢書 13.

한백문화재연구원, 2013a, 『화성 청계리유적 Ⅰ-가지구』

한백문화재연구원, 2013b, 『화천 거례리유적-4대강 살리기 북한강 12공구 거례1지구 4구간 A·C-F구역』.

한인덕, 2003, 「로암리돌천정벽돌무덤에 대하여」, 『조선고고연구』 2003-3.

한인호, 1981, 「정릉사 건축의 평면구성에 대하여」, 『력사과학』 1981-2.

한인호, 1986, 「정릉사에 대하여」, 『조선고고연구』 1986-3.

한인호, 1995, 『조선중세건축유적연구(삼국편)』, 사회과학출판사.

한인호·리호, 1991, 「안학궁터부근의 고구려리방에 대하여」, 『조선고고연구』 1991-4.

중문

耿鐵華, 1987, 「高句麗貴族冉牟墓及墓志考釋」, 『遼海文物學刊』 1987-2.

耿鐵華, 1989, 「集安高句麗農業考古槪述」, 『農業考古』 1989-1.

耿鐵華, 1993, 「高句麗兵器初論」, 『遼海文物學刊』 1993-2.

耿鐵華, 2001a, 「高句麗紇升骨城新考」, 『北方民族』 2001-2.

耿鐵華, 2001b, 「高句麗釉陶器的類型與分期」, 『考古與文物』 2001-3.

耿鐵華, 2004a, 『高句麗考古研究』, 吉林文史出版社.

耿鐵華, 2004b, 「集安作爲高句麗都城的考古學證明」, 『東北史地』 2004-2.

耿鐵華, 2008a, 『中國高句麗王城王陵及貴族墓葬』.

耿鐵華, 2008b, 『高句麗古墓壁畵研究』, 吉林大學出版社.

耿鐵華, 2013, 『高句麗研究文獻目錄 1952-2012年』, 吉林大學出版社.

耿鐵華·孫仁杰·遲勇, 1993, 「高句麗兵器研究」, 『高句麗研究文集』, 延邊大學校出版社.

耿鐵華·林至德, 1984, 「集安高句麗陶器的初步研究」, 『文物』 1984-1.

耿鐵華·尹國有, 2001, 『高句麗瓦當研究』, 吉林人民出版社.

耿鐵華·李樂營, 2012, 『高句麗研究史』, 吉林大學出版社.

國家文物局 主編, 1992, 『中國文物地圖集-吉林分册』.

吉林省考古研究室·集安縣博物館, 1984 「集安高句麗考古的新收穫」, 『文物』 1984-1.

吉林省文物考古研究所·集安市文物保管所, 1993, 「集安洞溝古墓群禹山墓區集錫公路墓葬發掘」, 『高句麗研究文集』, 延邊大學出版社.

吉林省文物考古研究所·集安市博物館, 2002, 『洞溝古墓群 -1997年調査測繪報告』, 科學出版社.

吉林省文物考古研究所·集安市博物館, 2004a, 『國內城, 2000-2003年集安國內城與民主遺址試掘報告』.

吉林省文物考古研究所·集安市博物館, 2004b, 『丸都山城』, 文物出版社.

吉林省文物考古研究所·集安市博物館, 2004c, 『集安高句麗王陵』, 文物出版社.

吉林省文物考古研究所·集安市博物館, 2005, 「洞構古墓群禹山墓區JYM3319號墓發掘報告」, 『東北史地』 2005-6.

吉林省文物考古研究所·集安博物館, 2010, 「2008年集安市洞溝古墓群考古發掘報告」, 『邊疆考古研究』 9.

吉林省文物考古研究所·集安市博物館, 2012, 「集安國內城東南城垣考古淸理收穫」, 『邊疆考古研究』 11.

吉林省文物考古研究所·集安市博物館·吉林省博物院, 2010, 『集安出土高句麗文物集粹』, 科學出版社.

吉林省文物工作隊, 1983, 「吉林集安長川2號封土墓發掘紀要」, 『考古與文物』 1983-1.

吉林省文物工作隊·集安文管所, 1984, 「1976年集安洞溝高句麗墓淸理」, 『考古』 1984-1.

吉林省文物志編纂委會, 1984, 『集安縣文物志』.

吉林省博物館文物工作隊, 1977, 「吉林集安的兩坐高句麗墓」, 『考古』 1977-2.

吉林省地方志編纂委員會, 1991,「東臺子遺址」,『吉林省志』43(文物志), 吉林人民出版社.

吉林省集安市文物局, 2008,『高句麗王城王陵及貴族墓葬』, 上海世界圖書出版公司.

吉林集安縣文管所, 1982,「集安萬寶汀墓區242號古墳清理簡報」,『考古與文物』1982-6.

佟達, 1993,「關于高句麗南北交通道」,『博物館研究』1993-3.

勤蜂, 1993,「國內城中新發現的遺蹟和遺物」,『高句麗研究文集』, 延邊大學出版社.

劉子敏, 2006,「關于高句麗第一次遷都的問題的探討」,『東北史地』2006-4.

萬欣·梁志龍, 1998,「遼寧桓仁縣高麗墓子高句麗積石墓」,『考古』1998-3.

撫順市博物館 外, 1985,「遼寧省新賓縣黑溝高句麗早期山城」,『文物』1985-2.

方起東, 1964,「吉林輯安麻癬溝1號壁畫墓」,『考古』1964-2.

方起東, 1982,「集安東臺子高句麗建築遺址的性質和年代」,『東北考古與歷史』1982-1.

方起東, 1985,「高句麗石墓的演進」,『博物館研究』1985-2.

方起東, 1986,「千秋墓, 太王陵和將軍墳墓主人的推定」,『博物館研究』1986-2.

方起東, 1993,「高句麗的墓制和葬俗」,『東北亞歷史與考古信息』1993-1.

方起東, 1996,「高句麗墓葬研究中的其個問題」,『遼海文物學刊』1996-2.

方起東·劉振華, 1979,「統一多民族國家的歷史見證-吉林省文物考古工作三十年的主要收獲」,『文物考古工作三十年』, 文物出版社.

方起東·劉萱堂, 2002,「集安下解放第31號高句麗壁畫墓」,『北方文物』2002-3.

徐家國·孫力, 1987,「遼寧撫順高爾山城發掘簡報」,『遼海文物學刊』1987-2.

徐光輝, 1993,「高句麗積石墓研究」,『青果集』, 中國大百科全書出版社.

孫仁杰, 1985,「集安出土的高句麗金飾」,『博物館研究』1985-1.

孫仁杰, 1993a,「高句麗積石墓葬具研究」,『高句麗研究文集』, 延邊大學出版社.

孫仁杰, 1993b,「高句麗串墓的考察與研究」,『高句麗研究文集』, 延邊大學出版社.

孫仁杰·遲勇, 2007,『集安高句麗墓葬』, 香港亞洲出版社.

孫顥, 2012,「高句麗陶器研究」, 吉林大學 博士學位論文.

宿白, 1952,「朝鮮安岳研究發現的冬壽墓」,『文物參考資料』1952-1.

梁志龍, 1992,「桓仁地區高句麗城址概述」,『博物館研究』1992-1.

梁志龍·王俊輝, 1994,「遼寧桓仁出土青銅遺物墓葬及相關問題」,『博物館研究』1994-2.

梁振晶, 1994,「高句麗千里長城考」,『遼海文物學刊』1994-2.

梁振晶, 2008,「桓仁縣上古城子魏晋時期墓群」,『中國考古學年鑑』, 文物出版社.

王健群, 1987,「高句麗千里長城」,『博物館研究』1987-3.

王綿厚, 1997,「高句麗的城邑制度與都城」,『遼海文物學刊』1997-2.

王綿厚, 2002,『高句麗古城研究』, 文物出版社.

王綿厚, 2009,「試論桓仁'望江樓積石墓'與'卒本夫餘'」,『東北史地』2009-6.

王從安·紀飛, 2004,「卒本城何在」,『東北史地』2004-2.

王志剛, 2010,「集安市五座高句麗墓葬」,『中國考古學年鑑』2009, 文物出版社.

王志剛, 2011,「集安市高句麗時期國內城城址」,『中國考古學年鑑』2010, 文物出版社.

王志剛, 2016,「高句麗王城及相觀遺存研究」, 吉林大學 博士學位論文.

遼寧省文物考古研究所, 2004,『五女山城-1996~1999, 2003年桓仁五女山城調查發掘報告』, 文物出版社

遼寧省文物考古研究所, 2012,「2008-2009年遼寧桓仁縣高儉地高句麗山城發掘簡報」,『東北史地』 2012-3.

遼寧省文物考古研究所·瀋陽市文物考古研究所, 2012,『石臺子山城』, 文物出版社.

魏存成, 1985a,「高句麗初,中期的都城」,『北方文物』1985-2.

魏存成, 1985b,「高句麗四耳展沿壺的演變及其有關的幾個問題」,『文物』1985-5.

魏存誠, 1987,「高句麗積石墓的類型和演變」,『考古學報』1987-3.

魏存成, 1991,「高句麗馬具的發現与研究」,『北方文物』1991-4.

魏存成, 1993,「集安高句麗大型積石墓王陵」,『靑果集』, 中國大百科全書出版社.

魏存成, 1994,『高句麗考古』, 吉林大學出版社.

魏存成, 2001,『高句麗遺蹟的考古發現與研究』, 吉林大學出版社.

尹國有, 2003,『高句麗壁畵研究』, 吉林文學出版社.

栗谷, 1983,「關于高句麗的山城」,『博物館研究』1983-1.

李健才, 1994,「關于高句麗南北道的探討」,『歷史地理』8輯.

李健才, 2000,「再論唐代高麗的扶余城和千里長城」,『北方文物』2000-1.

李樂營·李淑英, 2006,『中國高句麗學者與研究綜述』, 吉林文史出版社.

李新全, 2009,「高句麗的早期都城及遷徒」,『東北史地』2009-6.

李新全·梁志龍·王俊輝, 2004,「關于高句麗兩座土城的一點思考」,『東北史地』2004-3.

李龍彬, 2007,「鳳城市高句麗鳳凰山山城」,『中國考古學年鑑』, 文物出版社.

李龍彬, 2008,「鐵嶺境內高句麗山城的几個問題」,『東北史地』2008-4.

李殿福, 1980a,「集安高句麗墓研究」,『考古學報』1980-2.

李殿福, 1980b,「集安高句麗壁畵初探」,『社會科學輯刊』1980-4.

李殿福, 1982,「輯安山城子山城考略」,『求是學刊』1982-1.

李殿福, 1983,「集安洞溝三座壁畵墓」,『考古』1983-4.

李殿福, 1984,「吉林集安五盔坟四号墓」,『考古學報』1984-1.

李殿福, 1998,「高句麗山城研究」,『北方文物』1998-4.

李殿福, 2006,「國內城始建于戰國晚期燕國遼東郡塞外的一個據點之上」,『東北史地』2006-3.

李殿福·孫玉良, 1990,「高句麗的都城」,『博物館研究』1990-1.

林至德·耿鐵華, 1985,「集安出土的高句麗瓦当及其年代」,『考古』1985-7.

張福有, 2004,「高句麗第一個平壤城在集安良民卽國之東北大鎮-新城」,『東北史地』2004-6.

張福有, 2005,「集安禹山3319號墓卷云紋瓦當銘文認識與考證」,『中國歷史文物』2005-3.

張福有·孫仁杰·遲勇, 2007, 『高句麗王陵通考』, 香港亞洲出版社.

張福有·孫仁杰·遲勇, 2010, 『高句麗千里長城』, 吉林人民出版社.

張雪岩, 1979, 「集安縣兩座高句麗積石墓的淸里」, 『考古』 1979-1.

張雪岩, 1993, 「集安靑銅短劍墓及相關問題」, 『高句麗硏究文集』, 延邊大學出報.

張馭寰, 1958, 「輯安附近高句麗時代的建築」, 『文物』 1958-4.

鄭永振, 2003, 『高句麗渤海靺鞨墓葬比較硏究』, 延邊大學出版社.

趙書勤, 1993, 「集安出土的高句麗鐵鍋」, 『高句麗硏究文集』, 延邊大學出版社.

趙俊杰, 2008, 「試論高句麗山城城墻上石洞的功能」, 『博物館硏究』 2008-1.

趙俊杰·馬健, 2014, 「集安禹山41號高句麗壁畵墓的時代」, 『考古與文物』 2014-1.

遲勇, 1993, 「高句麗都城的戰略防御系统」, 『高句麗硏究文集』, 延邊大學出版社.

陳大爲, 1960, 「桓仁縣考古調查發掘簡報」, 『考古』 1960-1.

陳大爲, 1981, 「桓仁高句麗積石墓的外形化內部結構」, 『遼寧文物』 1981-2.

陈大爲, 1986, 「遼寧高句麗山城初探」, 『中國考古學會第五次年會論文集』, 文物出版社.

陳大爲, 1989, 「遼寧境內的高句麗遺蹟」, 『遼海文物學刊』 1989-1.

陳大爲, 1995, 「遼寧高句麗山城再探」, 『北方文物』 1995-3.

陳相偉, 1983, 「吉林集安長川2號封土墓發掘記要」, 『考古』 1983-4.

陳相偉·方起東, 1982, 「集安長川一號壁畵墓」, 『東北考古與歷史』 1982-1.

集安縣文物保管所, 1979, 「集安縣兩座高句麗積石墓的淸理」, 『考古』 1979-1.

集安縣文物保管所, 1984, 「集安高句麗國內城址的調查與試掘」, 『文物』 1984-1.

馮永謙, 2002, 「高句麗千里長城建置辨」, 『社會科學戰線』 2002-1.

일문

關野貞, 1914a, 「滿洲輯安縣及び平壤附近に於ける高句麗時代の遺跡1·2」, 『考古學雜誌』 5-3·4.

關野貞, 1914b, 「樂浪帶方の遺蹟」, 『朝鮮古蹟調査略報告』.

關野貞, 1941, 「高句麗の平壤及び長安城に就いて」, 『朝鮮の建築と藝術』, 岩波書店.

堀田啓一, 1979, 「高句麗壁畵古墳にみえる武器と武裝」, 『展望アジアの考古學』, 橿原考古學硏究所.

桃崎祐輔, 2005a, 「高句麗太王陵出土瓦馬具からみた好太王陵說の評價」, 『海と考古學』, 六一書房.

桃﨑祐輔, 2005b, 「東アジア騎馬文化の系譜」, 『馬具硏究のまなざし』.

桃﨑祐輔, 2010, 「高句麗と馬具の系譜」, 『季刊考古學』 113輯.

東潮, 1988a, 「集安の壁畵古墳とその變遷」, 『好太王と集安の壁畵古墳』, 木耳社.

東潮, 1988b, 「高句麗文物に關する編年學的考察」, 『橿原考古學硏究所論集』 10輯, 吉川弘文館.

東潮·田中俊明, 1995, 『高句麗の歷史と遺跡』, 中央公論社.

東潮, 1997, 『高句麗考古學硏究』, 吉川弘文館.

東潮, 2011, 『高句麗壁畵と 東亞世亞』, 學生社.

梅原末治·藤田亮策, 1966, 『朝鮮古文化綜鑑』4, 養德社.

梅原末治, 1938, 『昭和十二年度古蹟調査報告書』, 朝鮮古蹟硏究會.

緖方泉, 1985a, 「高句麗古墳群に關する-試考(上)」, 『古代文化』 37-1, 古代學協會.

緖方泉, 1985b, 「高句麗古墳群に關する-試考(下)」, 『古代文化』 37-3, 古代學協會.

緖方泉, 1985c, 「高句麗の四耳壺(二)-新羅慶州金冠塚出土四耳壺との比較がら-」, 『同志社大學考古學
　　　　シリーズⅡ』.

小泉顯夫, 1986, 『朝鮮古代遺跡の遍歷 : 發掘調査三十年の回想』, 六興出版.

永島暉臣愼, 1982, 「高句麗の壁畵古墳」, 『日本古代文化流波』.

李進熙, 1956, 「黃海道發見の高句麗壁畵古墳」, 『駿台史學』 6輯, 明台大學史學地理學會.

田村晃一, 1982, 「高句麗積石塚の構造と分類について」, 『考古學雜誌』 68-1, 日本考古學會.

田村晃一, 1984, 「高句麗の積石塚の年代と被葬者の問題について」, 『靑山史學』 8輯.

田村晃一, 2001, 『樂浪と高句麗の考古學』, 同成社.

朝鮮古跡硏究會, 1937, 『高句麗古墳 調査, 昭和12年度 古蹟調査報告』.

朝鮮總督府, 1916, 『大正五年度古蹟調査報告』.

朝鮮總督府, 1929, 『高句麗時代之遺蹟』.

朝鮮古蹟硏究會, 1940, 『昭和十三年度蹟調査報告』.

池內宏, 1938, 『通溝 上-滿洲國通化省輯安縣高句麗遺蹟』, 日滿文化協會.

영문

J. Choi et al, 2017, Radiocarbon Dating and the Historical Archaeology of Korea: An Alternative
　　　　Interpretation of Hongryeonbong Fortress II in the Three Kingdoms Period, Central
　　　　Korea, *Journal of Field Archaeology* 42(1), pp.1-12.